제4판

산업조직론

Theory of Industrial Organization

박종국

法 文 社

제4판 머리말

이 책이 처음 나온 지 11년이 넘었고 제4판을 내게 되어 여간 기쁜 마음이 아니다. 저자로서 대단한 특권이라 생각하며 동시에 무거운 책임감도 느낀다. 이 책을 이용한 모든 교수님과 강사님에게 고마움을 전한다. 이 책으로 공부한 학생 모두에게 감사와 격려를 보낸다. 저자의 산업조직론 수강생들은 강의 중에 또는 이메일을 통해서 많은 질문과 반론을 제기하면서 본 과목에 대한 높은 열정을 보였다. 코로나 감염증 기간에 줌으로 비대면 수업(2021. 3 – 2022. 6)을 하는 불편한 학습 환경에도 불구하고 그 깊은 열정과 관심이 다시 느껴졌다. 경제학과 대학원에서 산업조직론을 주제로 석사 논문을 작성하는 대학원생의 비율도 꽤 높은 편이다. 다른 대학교에서도 저자가 경험하는 비슷한 사례가 많이 있을 것으로 생각된다. 이러한 현상은 강의자이며 연구자인 저자에게 또 다른 즐거움이다.

산업조직론은 기업의 전략적 행동, 기업 간 상호작용, 규제와 경쟁정책을 연구하는 경제학의 한 분야이다. 교육자뿐만 아니라 학생, 기업의 전략 담당자, 정부 정책 입안자와 연구자들에게 매력적인 분야이다. 기업 행동에 대한 현실적인 분석과 견고한 이론 체계를 제공하기 때문이다. 학술적인 면에서 흥미도를 고조시키며, 기업 전략을 설계하는데도 유용성이 상당할 것이다. 경제적 규제를 어느 지점에 적용할 것인지, 아니면 어떤 경쟁 정책을 도입할 것인지 등에 대해서도 산업조직론에 대한 이해가 요구된다.

전통적 산업(예, 라면 산업, 자동차 산업 등)에서 기업들의 전략적 행동은 약탈 전략, 진입저지 전략, 제품 브랜드 증식(product proliferation), 묶음판매(끼워팔기), 가격차별, 제품 차별화, 수직 배제, 그리고 혁신 등 다양하다. 첨단 기업, 이커머스, IT와 스마트폰 중심의 신사업 기업들은 대표적으로 플랫폼기업의 행동을 전략화 한다. 물론 플랫폼기업도 전통적 산업에서의 전략적 행동을 구사한다. 기업의 전략적 행동이 기업 이윤뿐만 아니라 소비자잉여와 사회후생에 어떤 영향을 미치는지를 살펴보는 것은 산업조직론의 주요한 과제이다.

제4판을 개정하면서 중복적이거나 난해한 내용은 삭제했다. 불분명한 설명은 조금 더 간명하고 쉬운 말로 고쳐보려고 노력했다. 저자의 강의를 수강한 학생들이 지적한 오류 또한 수정했다. 학생들에게 고마움을 전한다. 교정 중에 아직도 남아있는 오탈자를 발견하면서 쓴 웃음과 함께 독자들에게 미안한 마음이 앞섰다.

제17장 제목인 양면시장을 '양면시장과 플랫폼기업'으로 변경했다. 현실적으로 중요성을 발휘하는 플랫폼기업을 부각시키기 위해서이다. 우리나라에서 창업한 플랫폼기업을 추가로 소개하였다. 이와 더불어 망중립성을 간략히 소개하였다. 망중립성은 미국에서 이미 오래전부터 논쟁을 이어오고 있었다. 코로나 감염증 기간에 전세계적으로 폭발적 성장을 한 네플릭스와 같은 OTT(온라인 동영상 서비스) 산업에 의한 통신망 정체 현상은 우리나라를 포함한 미국과 EU 국가에서 격렬한 논쟁을 유발했다. 플랫폼기업은 기본적으로 혁신의 결과인 경우가 많다. 기존 기업과 일부 정치인들이 이러한 플랫폼기업의 진입을 저지한다면 이는 혁신을 저해하는 장애요인이다.

인공지능(AI) 산업과 올해 초 출시한 챗GPT는 인터넷과 스마트폰에 이어 기존의 산업구조를 바꿀 미래기술이다. 산업조직론을 공부하면 이들 기업의 행동 양상과 전략을 분석하고 사회후생의 증진을 위한 미래 산업 구조를 제시할 수 있을 것이다.

독자들에게 연습문제를 풀어 보기를 권장한다. 연습문제는 각 장의 내용과 완전 보완재라고 볼 수 있으며 내용을 더 잘 이해하는데 큰 도움이 된다. 일부 문제는 대학원 수준으로 학부생에게는 큰 도전일 것이다.

제4판을 개정하는데 세밀하고 균형 잡힌 편집 작업을 주도한 법문사 편집부 노윤정 차장과 혁신적인 표지 디자인을 선보인 디자인팀에 감사드린다. 제4판 개정을 권유한 영업부 정해찬 과장에게도 고마움을 표한다.

2023년 8월

박종국

제3판 머리말

이 책이 출판된 지 8년이 되어 간다. 올해 저자는 즐거운 마음으로 제3판을 내게 되었다. 그동안 이 책을 이용한 모든 교수님과 강사님에게 고마움을 전한다. 이 책으로 공부한 학생과 앞으로 공부할 학생들에게도 고마움과 함께 격려를 보낸다. 산업조직론은 기업 행동에 대한 견고한 이론 체계와 현실 경제에 대한 풍부한 설명력을 제공하고 있기 때문에 학부생들뿐만 아니라 대학원 학생들에게도 매력적이다. 정부의 경쟁 정책과 기업 규제에 대한 중요한 준칙을 제공하기 때문에 규제 담당 공무원뿐만 아니라 기업 전략 담당자에게도 도움이 되는 분야이다.

제3판은 제2판과 비교하여 큰 변화는 없다. 심각한 수학 표기 오류와 많이 발견되는 표현상 오자를 수정하였다. 어려운 개념을 이해하기 쉬운 말로 바꾸려고 애를 썼다. 그럼에도 복잡한 개념이나 수학적 결과를 학부생을 대상으로 쉽게 쓴다는 것은 보통 어려운 작업이 아니라는 것을 다시 깨닫게 된다. 이번 판에서 하나의 작은 변화는 대부분의 장에 연습문제를 몇 개씩 추가한 것이다. 경제학에서 연습문제와 경제학 개념은 상당한 보완적 관계를 맺고 있다고 봐야 할 것이다. 개념이나 주제를 공부한 이후에 관련된 문제를 풀어보는 것이 공부한 내용을 더 잘 이해할 수 있다. 연습문제를 시도하지 않는 것은 100미터 달린 육상 선수가 몇 초 걸렸는지 측정하지 않는 것과 같다. 많은 연습문제는 저자의 강의에서 출제한 시험 문제이고, 일부 문제는 원서 등에서 가져왔다. 또 다른 문제들은 주요 논문의 모형을 요약하여 연습문제로 만들어 보았다. 더 많은 문제를 다른 방법을 통하여 선보이고 싶은 마음이다.

산업조직론은 기업의 전략적 행동을 분석하는 분야라고 했다. 현재의 4차산업 혁명 시기에 산업 지형과 기업 환경이 바뀌면서 기업의 전략적 행동은 변환기에 처해 있다. 새로운 전략적 행동을 소개하고 분석하는 것은 산업조직론의 또 다른 도전이다. 이 책이 그러한 도전을 준비하고 새로운 전략을 기획하는데 도움이 되길 기대한다. 또한 우리나라의 경쟁 정책이 올바른 방향으로 정진할 수 있기를 기대한다. 제4판이 나온다면 이러한 점들을 반영하여 훨씬 더 나은 책으로 거듭 날 것이다.

제3판을 개정하는 데 힘들고 번거로운 작업을 해 주신 법문사 편집부 예상현 과장과 굳은 일을 도맡아 처리한 영업부 정해찬 대리에게 감사 드린다.

2020년 1월

고황산 기슭에서

박종국

제2판 머리말

이 책이 나온 지 4년이 되어간다. 개정판을 출판한다는 것은 반가움보다 책임감이 앞서는 작업이다. 이 책을 이용한 여러 선생님과 학생들에게 감사드린다. 본 개정판의 가장 큰 특징은 최신 분야라 할 수 있는 '양면시장'이론을 제17장으로 추가했다는 점이다. 양면시장은 소비자와 판매자 두 집단이 플랫폼기업에 가입하여 교차망외부성 혜택을 얻으며 거래하는 시장이다. 플랫폼기업은 기존의 부동산 중개업소와 최근에 정보통신기술을 이용한 SNS, 구글 플레이, 우버(uber), 배달의 민족과 같은 기업을 예로 들 수 있다. 플랫폼 창업 기업은 양면시장 분석 결과를 사업모형으로 활용할 수 있을 것이다.

저자는 수강 학생들이 제1판에서 발견한 오류를 지적할 때마다 부끄러움을 느낀 적이 한 두 번이 아니다. 개정판에서는 각종 오류를 바로잡고 깔끔한 서술을 위하여 노력했다. 불필요한 설명을 줄이고 일부 난해한 내용은 과감하게 정리했다. 영어로 된 전문 용어는 대부분 한글로 의역했다. 이전에는 외국인명 영어 철자를 그대로 썼으나, 이번에는 한글 발음과 병기하여 영어에 대한 가독성과 친근성을 높였다. 영어 의역과 영어 이름의 한글 표기는 쉽지 않은 일이다. 부적절한 한글 의역이나 표기가 있다면 미리 양해를 구한다.

개정판은 제1판과 같이 산업조직론의 주요 주제에 대해서 직관적인 설명과 논쟁을 수학 모형과 함께 소개하면서, 모형 결과에 대해 경제학적 해석을 하였다. 경제학적 설명과 논쟁 부분만 읽어도 주제의 핵심을 파악할 수 있지만, 수학 모형을 이해할 것을 권장한다. 고등학교 수준의 미적분을 배운 학생은 수학 모형을 따라갈 수 있다고 본다. 학부 미시경제학과 경제수학을 수강한 학생에게는 매우 흥미로운 내용이 될 것이다. 경제학 대학원생의 경우에 수학 모형을 이해하고 인용한 논문을 읽으면 좋은 참고 서적이 될 것이다. 한 학기에 이 책을 모두 공부하기에는 벅차다. 제2−3장은 미시경제학 복습이라 생각하여 속독하거나 건너뛰어도 된다. 제5장의 수직−수평차별화 모형은 시장구조를 달리하여 제9장에서 다시 소개되므로 제9장에서 참고해도 무방하다. 제18−19장은 관심이 높은 학생들에게 좋은 주제가 될 것이다.

개정판 준비 과정에서 경희대학교 경제학과 양대은 군의 도움이 컸다. 새로운 자료를 수집하고 출처를 꼼꼼히 챙겼다. 잠시 휴식 중인 저자의 딸 진은이의 교정 작업도 큰 도움이 되었다. 이들에게 고마운 마음을 전한다. 개정판 과정에서 까다로운 작업을 수행한 법문사 편집부 예상현 과장과 궂은 일을 마다치 않은 영업부 정해찬 씨에게 감사의 뜻을 표한다.

2016년 2월
고황산 기슭에서
박종국

머리말

산업조직론은 독과점시장에서 경쟁하는 기업의 전략적 행동과 산업 성과를 분석하는 경제학의 한 분야이다. 이 시장에서 한 기업의 행동은 다른 기업의 행동과 이윤에 영향을 미치기 때문에 산업내 또는 산업간 기업의 전략적 상호작용에 대한 깊은 이해가 요구된다. 이 책은 기업들이 어떻게 시장지배력(market power)을 확보하고 행사하는지에 대해서 살펴보고, 이를 위해 동원하는 전략적 행동에 대한 동기와 경제적 효과를 분석한다. 기업의 전략적 행동으로 초래되는 결과가 반경쟁적인지 친경쟁적인지에 대해서 평가하며, 이 평가 결과는 경제 규제와 경쟁정책에 이용할 수 있다.

본 저서는 산업조직론에서 정립된 이론을 종합하여 소개하고, 각 주제를 모형화하여 기업의 행동과 시장에 미치는 효과를 분석한다. 모형들은 대부분 예시적인 수학적 모형이며, 그림을 통한 분석을 병행한다. 이는 산업조직론의 전형적인 방법론이다. 여기에서 소개하는 모형은 기업들의 전략적 상호작용을 이해하는 데 적합한 방법으로서 분석적이고 합리적이며 논리적인 사고를 하게 해 준다. 이러한 방법을 이용하는 이유는 주어진 주제에 대해서 경제학적인 직관을 체화하는 데 효과적이기 때문이다. 산업조직론에 대한 이해는 기업전략을 담당하거나 공공기관에서 공공정책을 수행하는 경우뿐만 아니라 소비자 보호나 환경보호 등 시민단체의 활동에도 유용성을 발휘하게 해 줄 수 있다.

산업조직론은 1950년대 통계적 기법을 이용하여 산업구조 분석에 집중하던 '전통적 산업조직론'에서 1970년대 미시경제학 이론과 게임이론을 접합한 '신산업조직론'으로 전환하였다. 현대 산업조직론의 이론과 실증 분야의 발전은 경제 규제와 경쟁정책 분야에 새로운 준거틀을 제공하였다. 특히, 공정거래에 대한 법원의 판결 기준을 당연위법(*per se* illegality)에서 합리성 원칙(rule of reason)으로 점진적으로 변화시키는 데 큰 기여를 하였다. 당연위법을 적용하는 경우 적발된 기업의 행동이 위법 요건을 충족하면 소비자 후생을 증진시킨다 하더라도 위법 판결을 내리지만, 합리성 원칙을 적용하는 경우 대상 행동에 대한 경제학자의 효율성과 사회후생 평가가 재판 과정에서 중요한 역할을 하게 된다. 제 19장과 20장의 규제이론과 경쟁정책에서 공공정책을 집약하고 있지만 그 이전에 소개하는 다양한 주제들도 정책에 대한 함축성을 제시하고 있다. 이 책에서 다루는 주제는 대규모 기업과 중소기업간 거래에 만연한 시장지배적 지위의 남용, 불공정거래, 부당한 공동행위(담합 등)에 대한 공공정책 대안을 제안할 수 있다. 우리나라에서 경쟁정책의 가장 큰 이슈는 대규모 기업집단(재벌)에 의한 경제력 집중이다. 재벌은 우리나라 경제의 명암이며, 강점이면서 약점이라고 할 수 있다. 명백한 사실은 일부 대규모 기업집단의 주업종은 세계적인 경쟁력을 보유하고 있으나, 계열사 숫자는 과도하게 많은 편이며 사업 영역은 지나치게 다각화되어 있다는 점이다. 재벌의 과도한 경제력 집중은 우리나라 경제에 장기적으로 득보다 해가 클 것으로 예상된다. 이를 해결할 명쾌한 해법은 현재로서 존재하지 않는다. 기업집단의 강점을 살리면서 약점을 보완하는 것과 서서히 경제력 집중을 해소해야 할 것으로 보인다. 이 과정에서 산업조직론은 중요한 기여를 할 수 있을 것이다.

이 책은 기업의 본질과 비용 등 기업이론과 완전경쟁시장을 살펴본 후에 독점시장의 기초이론과 내구재와 가격차별화 응용이론을 소개한다. 제품 공간(product space)에서 독점기업의 수직차별화와 수평차별화 행동을 모형화한다. 게임이론에서 기업의 전략에 대한 개념을 접한 후에, 과점시장 이론(쿠르노, 버트랜드, 스택클버그 모형)에서 기업의 상호의존성과 전략적 행동을 본격적으로 소개한다. 독점기업에 의한 차별화 모형을 확장하여 과점시장 기업의 차별화 행동을 분석한다. 독과점시장의 이론을 응용하여 기업 전략(또는 business practice라고도 함)을 분석한다. 이에는 진입저지 전략, 약탈 전략, 기업결합, 묶음판매, 기술진보와 혁신(또는 R&D), 망외부성과 호환성, 광고, 전략적 무역정책 등이 포함된다. 마지막으로 규제이론과 경쟁정책을 소개한다.

저자의 경험에 따라서 이 교과서는 한 학기에 강의할 분량(일주일에 평균 한 장씩)으로 집필되었다. 강의하는 분에 따라 다르겠지만 제 1~10장은 중간시험 이전의 범위에 해당한다. 제 1장과 10장은 매우 간략히 소개하며, 제 2~3장은 강의에서 제외할 수 있다. 제 11~20장은 중간시험 이후 기말시험 이전에 강의할 수 있는 분량이다. 제 17~18장을 제외할 수 있으며, 제 19장도 경우에 따라서 제외할 수 있다. 각 장의 모든 주제를 강의할 필요는 없을 것이다.

이 책은 미시경제학을 수강한 학부 3, 4학년을 위해서 쓰여졌으며 대학원(석사) 과정 학생도 대상으로 하고 있다. 이 책의 내용을 이해하는 데는 고등학교 수준의 수학(미적분 포함)을 요구한다. 경제학과의 경제수학을 선수강하기를 추천한다. 그러나, 경제수학을 수강하지 않았다 하더라도 수학에 친근감을 느끼는 학생이라면 도전해볼 만한 교과서이다.

본문에서 외국 논문(저서)을 많이 인용하고 있다. 외국인 이름과 연도(예, Braeutigen(1989), (Farrell and Saloner, 1986a))는 논문(저서)의 저자 이름과 발표된 연도를 표시한다. 연도 뒤에 a나 b는 그 해에 두 편 이상인 경우 논문을 구분하는 표시이다. Viscusi *et al.*(1995, pp. 401−402)의 경우에 저자 이름 뒤에 *et al.*은 저자가 세 명 이상인 경우 두 번째와 그 다음의 저자 이름을 줄인 표시이며, pp. 401−402는 논문(저서)의 특정 페이지를 나타낸다. 우리나라 논문의 경우도 이와 동일한 방식으로 표시한다. 논문(저서)의 저자 이름과 연도 등은 무시하고 읽어도 무방하다. 이렇게 표시된 논문(저서)은 맨 뒤의 참고문헌에서 발견할 수 있으며, 흥미를 느끼는 학생은 해당 논문을 읽기를 권장한다.

본 저서의 집필을 준비하는 데는 많은 시간이 소요되었으나, 집필이 끝난 후에 돌아보니 미흡한 점이 많이 발견된다. 틀린 부분과 잘못 이해한 부분, 미진한 점 등은 앞으로 수정·보완할 예정이다. 이 책을 읽는 모든 분들의 비판과 질책을 미리 겸허히 받아들이고자 한다. 끝으로 이 책의 출간을 위해 도움을 주신 법문사 편집부 김제원 부장과 영업기획부 전영완 씨에게 고마움을 표한다.

2012년 3월

고황산 기슭에서

박종국

차례

제1부 산업조직론과 기업이론

제 2 부 시장구조 기초이론과 게임이론

제 3 부 기업 전략

제 4 부 기술혁신과 광고

제 5 부 국제 산업조직론, 규제이론과 경쟁정책

제1부

산업조직론과 기업이론

제1장 본서의 개관

제2장 기업이론

제 1 장

본서의 개관

장을 시작하며

산업조직론(industrial organization; IO)은 독과점 시장에 있는 기업의 행동, 기업 간의 상호작용, 산업구조, 경제 규제와 경쟁정책 등을 연구하는 미시경제학의 한 분야이다.[1] 미시경제학은 순수독점시장이나 완전경쟁시장과 같은 이상적인 모형을 이용하여 기업과 시장이 어떻게 작동하는지 초점을 맞추지만, 산업조직론은 현실에서 많이 존재하는 독점과 과점 시장을 대상으로 시장 상호작용과 기업의 전략적 행동에 대해 연구한다. 산업조직론은 한 개 또는 몇몇 개의 기업들이 행동하는 불완전 경쟁시장을 대상으로 하기 때문에 '불완전 경쟁시장에 대한 경제학'이라고도 할 수 있다. 이 장은 산업조직론에서 사용하는 기본 용어와 발전 과정에서 나타난 다양한 이론을 소개한다.

제 1 절 | 기본 용어

1 기 업

기업(firm)은 전통적으로 노동, 자본, 토지와 같은 생산요소(자원)와 부품, 중간재 등을 기술적으로 결합하여 변형 또는 가공하거나 새로운 재화를 창출하여 다른 기업이나 최종소비자에게 판매하는 생산의 주체로 정의한다. 제철소나 자동차 조립

1) 영국 등 유럽국가에서는 industrial economics(산업경제학)이라고 한다.

공장은 재화를 생산하는 전형적인 기업의 예이며, 여행사와 호텔, 개인택시 사업자 등은 서비스를 생산하는 예이다. 기업은 생산자이며 일반적으로 회사, 업체, 사업자라고도 부른다. 경제학은 제철소와 같은 생산자뿐만 아니라 대형할인점, 도매상, 소매상, 전자상거래 사업자, 부동산 중개업소, 분식점 등도 기업으로 간주한다. 또한 거래비용이론에 따르면 기업은 수직결합된 조직체로서 시장과 대체수단이라고 정의한다. 이는 제2절의 '거래비용이론'에서 자세히 설명한다. 기업에 대한 일반적인 내용은 제2장에서 다룬다.

2 산업과 시장

산업(industry)은 유사한 재화와 용역을 생산하는 기업들의 집합이다. 산업이란 협의적으로 산업혁명이라는 말에서 보듯이 농업과 대비되어 기계 등을 이용하여 생산활동을 하는 제조업 분야를 지칭한다. 산업은 광의로 정의하면 대규모 영업활동을 하는 기업들의 집합이며 제조업뿐만 아니라 게임산업, 관광산업 등과 같은 서비스 산업은 물론 농업을 포함한다.[2] 예를 들어, 자동차산업이란 자동차를 생산하는 모든 기업들을 함께 일컫는다. 현재 우리나라에서 자동차산업은 현대자동차, 기아자동차, 르노코리아자동차, KG 모빌리티(2023년 3월 쌍용자동차의 회사명 변경), 한국지엠 등으로 구성되어 있다. 그러나 자동차산업을 분류하는 데에서 문제가 되는 것은 자동차에 대한 분류이다. 앞에서 언급한 다섯 개의 자동차 기업은 승용차를 제조하는 기업들이다. 자동차는 승용차뿐만 아니라, 버스, 트럭, 트레일러 등도 자동차라고 부르고 있는데, 이들을 생산하는 기업을 모두 자동차산업으로 분류하는 데에는 무리가 있고 혼란이 뒤따를 수 있기 때문에 정부는 국제기구와 함께 '한국표준산업분류표'를 작성하여 산업을 분류하고 있다. 자동차 산업에 대한 한국표준산업분류표상의 공식 명칭은 '자동차 및 트레일러 제조업'이며, 승용차산업은 승용차를 조립하는 완성차 사업자의 집합으로서 공식명칭은 '승용차 및 기타 여객용 자동차 제조업'이다. 따라서 한국표준산업분류표상의 자동차 산업에는 앞에서 언급한 다섯 개의 기업과 더불어 타타 대우상용자동차(버스 생산) 등을 포함한다. 이와 관련하여 부록에서 한국표준산업분류표를 간략히 소개한다.

시장은 판매자와 구매자가 상호 이익을 전제로 거래하는 일련의 체계라고 정의

2) 국어사전에 따르면 산업이란 인간의 생활을 경제적으로 풍요롭게 하기 위하여 재화나 서비스를 창출하는 생산적 기업이나 조직을 말하며, 농업 · 목축업 · 임업 · 광업 · 공업을 비롯한 유형물(有形物)의 생산 이외에 상업 · 금융업 · 운수업 · 서비스업 따위와 같이 생산에 직접 결부되지 않으나 국민 경제에 불가결한 사업을 포함한다. 좁은 뜻으로는 공업만을 가리키기도 한다.

할 수 있다. 남대문시장은 서울의 남대문 옆에 위치한 시장의 이름이며, 이 시장에서 거래 참여자들은 다양한 상품의 거래를 통하여 상호이익을 얻고 있다. 외환시장은 추상적인 시장으로서 외환의 거래가 이루어지는 일련의 체계이다. 산업은 생산자를 중심으로 분류하는 데 비해서 시장은 생산자와 소비자의 거래를 중심으로 분류한다는 데 차이가 있다. 자동차산업이란 자동차를 생산하는 기업의 집합을, 자동차 시장이란 자동차 판매자와 구매자가 자동차를 대상으로 판매와 구매 행동에 관련된 일련의 체계를 말한다. 산업과 시장에 대한 정의는 다르지만, 분석을 하는 데 있어서 큰 차이가 없다. 산업을 분석할 때 수요가 주어진 것으로 하여 생산자와 소비자를 같이 분석하므로 산업조직론에서 두 용어는 특별한 언급이 없는 한 동일한 것으로 교차하여 사용한다.

제2절 | 분석 모형

산업조직론은 구조론자에 의해서 정립되었으며 신산업조직론으로 발전하였다. 전자는 시장구조, 기업행태, 산업성과의 연관관계를 규명하는 데 주안점을 둔 반면에, 후자는 미시경제학 이론을 이용하여 기업의 전략적 행동 등을 분석했다.

1 구조론 접근법(하버드 학파)

1930년대에 하버드대학교 경제학과의 메이슨(Mason, 1939, 1949)과 동료 교수, 그리고 제자 베인(Bain, 1956)은 시장구조(structure; S)가 기업의 행태에 결정적 영향을 주고, 행태(conduct; C)는 산업의 성과(performance; P)를 결정한다는 '구조 → 행태 → 성과(S → C → P)의 접근법'을 개발하였다.[3] 이들은 시장구조를 가장 중요한 요인으로 분석했기 때문에 구조론자(structuralist)라 한다. 또한 하버드대학교 교수들의 기여가 크기 때문에 하버드학파라고 부르고 있다. 시장구조는 기업의 숫자, 진입장벽 고저, 수직결합의 정도 등이 해당하며, 기술, 수요 성장과 같은 시장의 기본조건에 영향을 받는다. 행태는 광고, 가격차별, 담합, 인수합병(M&A), 연구개발(R&D), 전략적 행동 등과 같이 기업이 자신의 이윤극대화나 다른 기업과의 경쟁에서 우위를 점하기 위해 취하는 행동을 말한다. 성과란 가격, 이윤율, 효율성과

3) 기업의 행태는 기업의 행동이라고도 한다.

그림 1-1 구조, 행태, 성과 체계도

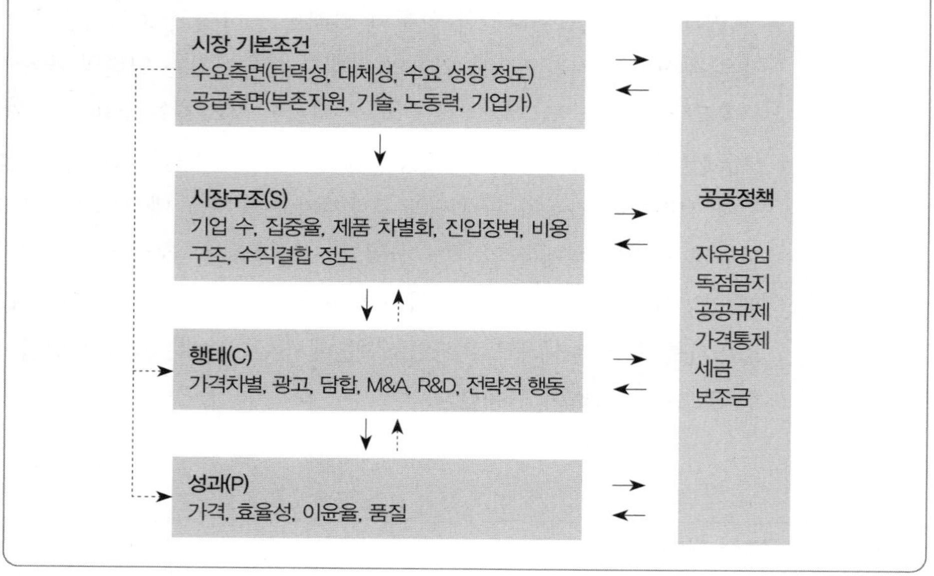

같이 기업 또는 산업이 수행하여 얻은 결과를 말한다. 구조론자의 주장은 이론에 근거한 것이 아니다. 위 세 가지 변수에 해당하는 산업 자료를 계량경제학적인 분석을 통하여 시장구조가 가장 중요하며, 기업의 행태와 산업성과의 수준을 결정하는 데 영향을 미친다는 점을 실증적으로 보였다(S → C → P). 시장에 동질적인 제품을 생산하는 기업이 많이 있다면 시장구조는 완전경쟁적이며, 완전경쟁시장구조에서 기업들은 가격순응적인 행동을 취하게 될 것이다. 가격순응적인 행태를 취하므로 가격은 한계비용 수준에서 결정되고 장기적으로 이윤은 영이 되는 산업성과를 가져온다는 결과는 미시경제이론에서 잘 알려진 사실과 부합한다.

[그림 1-1]은 구조론자의 주장을 그림으로 표시한 것이다. 세 가지 변수(구조, 행태, 성과)의 관계와 함께 시장 기본조건과 이들에게 영향을 주고 받는 공공정책을 추가하였다. 기본조건에 의해서 시장구조가 결정되며, 시장구조(S)는 기업의 행태(C)에 영향을 주고, 행태는 산업 성과(P)를 결정하는 관계(실선 화살표로 표시)를 보여 주고 있다. 정부의 공공정책은 정부의 규제와 반독점 및 경쟁 정책, 가격통제, 세금부과 및 보조금 지급, 거시경제 정책들을 포함한다. 예를 들어 정부 세금이나 보조금 정책은 시장의 기본 조건뿐만 아니라, 시장구조, 행태, 성과를 변경시킬 수 있다. 그러나 시장 조건이나 다른 세 가지 변수(구조, 행태, 성과)가 지속적으로 변화할 때 정부는 기존정책을 수정하는 사례를 종종 발견할 수 있다. 즉, 시장 기본 조건, 구조, 행태, 성과 역시 정부 정책에 영향을 미친다고 할 수 있다.

■ 반구조론자(시카고학파)

1970년대에 구조론자의 주장과 다르게 구조에 의해서 산업 성과가 결정되는 것이 아니라 성과가 구조를 결정한다는 주장이 제기되었고, 이들을 반구조론자(Anti-structuralist)라고 부른다. 성과가 기업 행태를 결정하고, 시장구조는 기업 행태에 의존한다는 주장이다. 이러한 주장은 주로 시카고대학교와 UCLA(University of California at Los Angeles) 경제학과 교수들에 의해서 제기되었기에 시카고학파(또는 시카고-UCLA학파)라고도 한다. 예를 들어, 마이크로소프트사는 IBM사의 개인컴퓨터가 처음 출시되었을 때 컴퓨터 운영체계(operating system; OS)를 개발하여 높은 이윤(성과, P)을 얻을 수 있었다. 높은 이윤을 R&D에 투자(행태, C)하여 다른 기업이 진입하는 데 장애 요인을 만들었고, 독점시장 구조(S)를 구축할 수 있게 되었다. 즉, P → C → S (또는 P → S)로서 S → C → P와는 반대이다. 시카고학파는 구조론자와는 달리 계량경제학적인 방법론이나 실증분석을 시도하지는 않았다. 반구조론자의 주장은 독점을 두둔하는 결과를 가져왔다. 반구조론자의 주장은 [그림 1-1]에서 구조, 행태, 성과 사이의 점선 화살표로 표시했다.

구조론적 접근법이 산업조직론을 연구하는 출발점이었다는 것은 사실이다. 그러나 엄밀성에 기초한 설명보다는 계량분석 결과에 의존하는 실증분석이 주를 이루었다. S-C-P의 상호관계를 설명하는 데 있어서 이론적 근거에서 한 것이 아니라 주로 이들 변수에 해당하는 자료를 수집하여 계량경제학적 분석방법을 이용하여 그 인과 또는 상호관계를 규명하고자 하였다. S가 C나 P에 어느 정도 영향을 미치는지를 실증적으로 규명을 하여 산업구조에 대한 일반적이고 서술적인 개관을 제공할 뿐 본질을 설명하지 못하는 문제가 내재하고 있었다. 예를 들어, 베인(Bain, 1951)은 시장집중률이 높은 산업의 기업 이윤은 시장집중률이 낮은 산업의 기업 이윤보다 더 높다는 가설을 입증했다. 시장집중률이 높은 산업은 시장지배력이 있고 초과이윤을 얻는데, 시장집중률이 높은 이유나 시장지배력의 원인에 대한 설명은 없었다. 반구조론자는 실제로 계량분석을 하지 않았고 직관적으로 구조론자의 준거틀을 비판했지만, 구조론자와 마찬가지로 경제학 이론에 근거한 엄밀성을 제시하지는 못했다. 더 자세한 예는 제10장에서 다룬다.

이에 대한 비판과 반성으로 미시경제이론과 게임이론을 응용하여 산업구조와 기업 행동을 분석하게 되었는데 이를 신산업조직론이라고 한다.

2 신산업조직론

1970년대부터 기업의 행동과 산업 구조의 관계를 분석하는데 있어서 미시경제 모형을 이용하는 추세가 두드러졌는데 이를 신산업조직론이라고 부른다.[4] 신산업조직론은 다양한 미시경제이론을 이용하여 기업 행동의 본질과 산업구조에 대하여 이론적인 설명과 미시자료를 이용한 실증적인 분석을 시도하였다. 스티글러(Stigler, 1968)는 산업조직론에 미시경제이론을 이용하여 시장과 공공정책에 대한 실증분석을 해야 할 것을 주창한 초기 학자이다. 신산업조직론의 틀을 마련하는 데 중요한 기여를 한 거래비용이론, 경쟁시장학파, 게임이론을 소개한다.

1) 거래비용이론

거래비용이론(theory of transaction costs)은 코즈(Coase, 1937)와 윌리암슨(Williamson, 1971)에 의해 정립되었으며 산업조직론의 기업 분석에 새로운 지평을 연 것으로 평가받고 있다. 거래비용이론은 기존 경제이론이 기업 본질과 기업간 거래에서 발생하는 다양한 행동양상을 적절히 분석하지 못하고 있다고 지적하였다. 거래비용은 거래 과정에서 가격에 추가하여 소요되는 비용을 말하며 이에는 거래 당사자간 부품(중간재, 요소) 공급자 탐색, 계약서 작성에 따른 협상, 배달 과정, 품질 검증, 계약서 준수 여부 검증 등에 소요되는 제반 비용을 들 수 있다. 완제품 생산 기업과 중간재를 공급하는 기업은 중간재의 가격, 수량, 품질 등을 계약서에 명시한다. 계약 기간 중에 가격이나 수량의 변경을 요구하거나, 계약 내용과 다른 품질의 중간재를 납품하는 경우에 완제품 기업의 중간재 품질 점검에 따른 비용이나 계약 위반시 소요되는 변호사 비용이 거래비용이다.

코즈는 처음으로 '기업과 시장은 생산을 조직하는 데 있어서 대체수단'이라고 주장했다. 승용차를 생산하는 데 있어서, 한 가지 생산방식은 모든 부품을 시장에서 구입하여 단지 조립만 하고, 판매도 다른 기업에게 맡기는 방식을 택할 수 있다. 이에 비해서 자동차 기업이 모든 부품을 생산한 후에 조립하고 판매도 담당하는 방식을 택할 수 있다. 후자처럼 제품의 생산단계를 하나로 합한 것을 수직결합 또는 내부조직화했다고 한다. 기업은 내부적으로 거래하는 비용이 이와 동일한 거래를 시장에 의존하는 경우에 발생하는 비용보다 적거나 같은 수준에서 기업의 수직결합이 이루어진다.

---

4) 이에 비해서 구조론적 접근법은 전통적 산업조직론이라고 부르기도 한다.

시장을 이용하는 경우에 기업은 다음과 같이 비용을 절감하여 이득을 얻을 수 있다. 한 기업이 중간재 생산에 '규모의 경제'가 발생하는 것을 알았다고 하자. 이 기업은 자신에게 필요한 중간재 투입량이 상대적으로 적다하더라도, 규모의 경제를 실현하여 낮은 비용으로 생산하여 중간재를 필요로 하는 다른 모든 기업에 판매할 수 있다. 마찬가지로 '범위의 경제'가 있다면 낮은 비용으로 다른 기업에게 중간재를 판매할 수 있다.[5] 시장을 이용하는 경우에 위험을 줄일 수 있는 장점이 있다. 만약에 한 기업의 제품에 대한 수요에 불확실성이 있다면, 다른 많은 기업들의 수요를 모두 합하여 시장에서 위험을 줄일 수 있다. 시장에 중간재와 부품을 공급하는 기업이 많이 있으면, 이 부품을 내부적으로 생산하는 것보다 시장에서 구매(거래)하는 것이 비용을 최소화하는 방법이다.

그러나 시장에 의존하는 것이 일정 정도 이점도 있지만, 거래비용이 따르고, 어떤 환경에서 이 비용은 시장의 이점보다 더 클 수도 있기 때문에 기업 내부적으로 생산한다. 다시 말해서 거래비용이 매우 높다면, 기업은 내부 생산을 하게 된다.

거래비용이론에서 중요한 가정은 합리성 제약(bounded rationality)과 기회주의(opportunism)이다. 합리성 제약이란 인간은 지식, 예측, 기술, 시간 등에 제한이 있기 때문에 복잡한 문제를 예상하고 해결하는 데에는 불완전하고 제약이 있음을 말한다. 인간은 모든 문제를 예상하고 해결할 수 있는 합리성을 가지지 못한다는 기본 전제가 합리성 제약이다. 인간은 합리적으로 생각하고 행동하기 때문에 최적의 결과를 얻는다는 주장은 현실과 괴리가 있다. 합리성 제약 때문에 기업은 모든 우발 가능성을 계약서에 명기하기 어려우며 거래비용은 상승한다.

기회주의는 '교활하게 개인 이익을 추구'하는 행동으로서(윌리암슨(Williamson), 1985) 개인의 효용극대화에 기반하고 있으나, 한 경제 주체가 다른 거래자를 오도하거나 혼란스럽게 하는 행동을 말한다. 기회주의적 행동을 취하는 경제 주체는 이러한 행동이 잘 포착될 수 없다면 이득을 취할 수 있다. 기회주의적 행동으로 거래에는 신뢰성이 부족하게 되어 거래비용이 증가하게 된다. 두 거래 당사자가 어제의 계약서에 기초하여 오늘의 분쟁을 협상하려 할 때, 각 주체는 자신들의 입장에서 계약서를 해석하여 이득을 얻으려는 행동을 취하게 된다. 예를 들어, 한 기업(A)의 생산에 필수적인 요소를 공급하는 다른 기업(B)이 있다고 하자. A기업이 독자적인 투자를 통하여 제품의 가치(이윤)를 증가시켰다고 하자. 이 경우에 요소를 공급하는 B기업은 요소 공급 중단 같은 수단을 동원하여 A기업의 증가된 이윤을 나누어 갖자는 기회주의적인 행동을 취할 수 있다. 거래 기업의 수가 적고 기회주

---

5) '범위의 경제'는 제2장 제4절 참고.

의적 행동이 예상된다면, A기업은 자사 제품 생산에 최선의 노력을 기울이지 않고 또한 더 높은 가치를 창출할 수 있는 최적 투자를 하지 않게 된다.[6]

■ 거래비용이 높은 요인

거래비용이 높다면 일반적으로 기업들은 시장에 의존하기 보다는 생산시설을 내부화하여 자체적으로 생산(내부조직)하고자 한다. 다음과 같은 경우에 거래비용이 높다;

• **제품 특이성:** 한 기업이 특정 제품에 부여하는 가치의 정도를 말한다. 제품이 특화되어 있거나 맞춤형인 경우에 제품 특이성을 보인다. 대형 조선소에서 요구되는 몇십 층 빌딩만한 크레인이나, 자동차 공장에서 철판 재단에 필요한 대형 프레스 등을 예로 들 수 있다. 제품 특이성을 보이는 제품의 공급자가 매우 적은 경우에 구매자는 공급자의 기회주의적 행동 때문에 피해를 볼 가능성이 높다. 또한 제품 특이성을 보이는 제품의 공급자는 구매자의 기회주의적 행동에 의해 피해를 볼 수도 있다. 제품 특이성을 보이는 제품은 거래비용이 높으므로, 구매자는 공급자의 생산시설이나 장비를 보유하여 직접 생산하고자 한다. 이러한 내부 조직화는 기회주의적 행동을 줄이거나 제거하고, 거래비용을 낮추어서 구매자가 혜택을 얻을 수 있다.

• **불확실성:** 불확실성은 시장의 변화에 대한 예측 불가능성에 의해서 발생한다. 거래 상대방에 의한 기회주의적 행동도 일종의 불확실성을 야기하는 요인이다. 불확실성이 높을수록 거래비용은 증가한다. 불확실성이 높은 상황에서 기업들은 거래를 시장에 의존하기보다는 내부화하려 한다.

• **거래 횟수:** 한 기업이 보유한 기계나 설비에 대한 보수-유지 서비스가 외부 기업에 의해서 제공되는 경우를 고려해 보자. 이 서비스가 아주 가끔 필요한 경우에는 시장을 이용하는 것(즉, 외부 기업서비스 구매)이 좋다. 그러나 이 서비스가 자주 또는 반복적으로 필요한 경우에 빈번한 협상 비용 때문에 시장의 거래비용은 높아진다. 따라서 거래 횟수가 많은 경우에 기업은 이 서비스를 내부 조직화하려 한다.

• **정보의 거래:** 한 기업이 어떤 컨설턴트에게 사업다각화를 위한 새로운 사업 발굴을 의뢰했고 일정액의 자문료를 제시했다고 하자. 이 컨설턴트가 사업다각화 대신에 현재의 사업에 집중하는 것이 낫다는 보고를 한다면, 이 기업은 컨설턴트가 얼마나 열심히 노력해서 이 결과를 도출했는지 알 수 없을 것이다. 컨설턴트의

---

6) 이와 같은 현상을 '경제적 강탈'(hold-up)문제라고 하며 제15장에서 소개한다. 경제적 강탈문제는 거래비용이론에서 제기된 기업간 행동의 독특한 측면이기도 하다.

보고는 일종의 정보를 판매하는 것으로 이 가치를 측정하는 것은 거래 당사자간에 불신이 발생할 가능성이 높다. 이와 같은 정보의 거래는 거래비용이 높아지므로 일반적으로 내부조직화 하는 경향이 있다.

2) 경쟁가능 시장학파

뎀세츠(Demsetz, 1968)와 보몰 외(Baumol *et al.*, 1982)는 진입과 퇴출장벽이 시장구조, 행태, 성과의 관계에 중요한 역할을 한다는 이론을 정립했으며 이들을 경쟁가능 시장학파(contestability school)라고 한다. 어느 시장구조에서든 진입장벽과 퇴출장벽이 없는 경우 가격은 한계비용과 같아지고 효율성이 달성되는 시장을 경쟁가능 시장(contestable market)이라고 한다. 진입장벽이란 한 산업(시장)에 신규 기업이 영업을 시작하는 데 어려움을 초래하는 법적·제도적 장애 요인과 규모의 경제와 같은 생산기술을 말한다. 잠재기업의 진입이 예상되는 경우에 기존기업은 잠재기업의 진입을 저지하기 위해 생산용량 증가 등 다양한 전략을 행사하는데 이러한 전략도 진입장벽에 해당한다. 퇴출장벽은 기존기업이 생산이나 영업활동을 중단하고 폐쇄하는 데 어려움을 초래하는 장애 요인을 말한다. 완전경쟁시장 모형에서 진입장벽과 퇴출장벽이 없다고 가정하기 때문에 장기에 가격은 한계비용과 같으며 기업의 초과이윤은 영이 된다. 독점시장이나 몇몇의 기업이 경쟁하는 과점시장의 경우에 진입장벽이 높기 때문에 기존기업들은 양의 초과이윤을 얻을 수 있다. 그러나 경쟁가능 시장학파는 독점시장이나 과점시장에 진입장벽이나 퇴출장벽이 없다면 시장은 실질적으로 경쟁시장이 되어서 시장 가격은 한계비용과 같아지며 기업들의 초과이윤은 영이 된다고 했다. 가격이 한계비용보다 높으면 양의 이윤을 얻기 위하여 많은 신규 기업들이 진입할 수 있고, 가격이 한계비용보다 낮으면 기존기업들이 퇴출하여 잔류 기업들은 언제나 완전경쟁시장의 균형을 유지하기 때문이다.

시장 가격이 한계비용보다 높거나 기업의 시장지배력이 높은 경우에 시장구조, 행태, 성과를 수정하려는 어떤 방안보다도 시장의 진입장벽을 제거하는 정책이 신규 기업의 진입을 용이하게 하고 완전경쟁시장의 결과를 얻을 수 있는 하나의 대안이라고 할 수 있다.

3) 게임이론

게임이론은 폰 노이만과 몰겐스턴(von Neumann and Morgenstern, 1944)에 의해서 정립되었으며, 경제학 이론분야와 산업조직론에 심대한 영향을 미쳤다. 하사니,

내쉬, 셀튼(Harsanyi, Nash, Selten)은 게임이론의 발전에 대한 공로로 1994년에 노벨 경제학상을 수상하였다. 게임이론은 전략적 상호작용에 대한 본질을 명확히 이해하는 데 필수적이다. 한 경기자(player)가 상대 경기자의 행동을 예측하면서 최적 결정을 하는 상황을 모형화하고 분석하는 데 유용하다. 상호의존적인 상황에서 한 경기자의 행동(가격, 수량, 광고 등)은 다른 경기자의 행동에 영향을 주고 결과적으로 자신뿐만 아니라 다른 경기자의 보수(효용, 이윤 등)를 결정하게 된다. 여기서 한 경기자는 경쟁자의 행동에 대해서 아무런 예측을 하는 것이 아니라 게임 규칙에 대한 모두에게 알려진 지식과 경쟁자가 합리적인 예측을 하면서 효용(또는 이윤) 극대화를 한다는 가정을 이용하면서 자신도 합리적인 예측을 한다는 점이다. 게임이론의 목표는 앞에서 소개한 경기자들의 행동양식에 대한 전제하에 경쟁 결과를 예측하는 데 있다.

산업조직론은 게임이론과 함께 발전을 하면서 기업과 산업에 대해서 더 많은 이해를 하게 되었고 독립적인 분야로 자리를 잡게 되었다.[7] 이 책에서 기업의 진입저지, 약탈행동, R&D, 담합을 포함한 거의 모든 행동에 대해서 게임이론적인 방법론을 이용하여 설명하게 될 것이다.

본서는 주로 신산업조직론의 주요 내용을 소개하지만 그 이전의 연구들(예를 들어, 구조론적 접근법)을 배제하는 것은 아니다. 두 분야는 상호보완적이라고 해야 할 것이다. 사실 현재에도 구조론적 접근법에 따라서 연구를 하는 산업조직론 연구자들도 많이 있다. 또한, 앞으로 적절한 주제에서는 구조론적 접근법의 내용을 배우게 될 것이다.

제3절 | 책의 구성

본서는 총 5부 21장으로 구성되어 있으며 세부적 내용은 다음과 같다.

■ 제1부: 산업조직론과 기업이론

산업조직론은 불완전경쟁시장의 기업의 행동과 산업구조, 그리고 정부의 경쟁정책을 연구하는 미시경제학의 한 분야이다. 제1장은 산업조직론 분야를 소개하며

7) 게임이론은 산업조직론을 위시한 경제학뿐만 아니라, 정치학, 군사전략, 심리학, 동물행태학, 진화론 등 전략적 상호작용의 상황을 분석하는 분야에서 주요 도구로 이용되고 있다.

이 분야를 정립하고 발전에 기여한 이론을 소개한다. 산업조직론의 토대를 마련한 초기의 이론은 구조론적 접근방법이며, 이는 곧 신산업조직론으로 대체되었다. 이 책의 주요 내용이기도 한 신산업조직론은 미시경제이론에 기초를 두고 있으며 거래비용이론, 경쟁가능 시장이론, 게임이론이 주도하였다. 제2장은 신고전학파의 기업이론에 따른 생산함수와 비용함수를 도출하고 이와 관련된 주제인 규모의 경제와 규모에 대한 보수를 소개한다.

■ 제2부: 시장구조 기초이론과 게임이론

제3장은 완전경쟁시장 이론을 소개한다. 산업조직론은 현실적이지 않기 때문에 경쟁시장을 주요 주제로 다루지는 않는다. 그러나 경쟁시장에서 달성하는 효율성을 준거틀로 이용하여 불완전경쟁시장의 기업의 행동과 성과를 비교한다. 제4장은 독점시장이론으로 본격적인 산업조직론을 시작한다고 볼 수 있다. 경제학원론이나 미시경제학에서 소개한 독점시장 기초 이론에 추가하여 독점기업의 다양한 행동과 내구재에서 발생하는 '코즈예측'(Coase conjecture), 시장지배적 기업과 주변기업 시장 구조를 분석한다. 제5장은 생산물에 대한 분석 영역을 생산량이나 가격에 한정하지 않고 제품의 품질과 위치 등 다른 특성으로 확장한다. 이를 제품 공간이라 정의하고 제품 차별화 개념을 도입한다. 독점기업은 제품 공간에서 수직 또는 수평차별화 행동을 취할 수 있다. 제6장은 독점기업의 중요한 전략의 하나인 가격차별화를 소개한다. 독점기업은 가격차별을 하지 않는 것보다 가격차별을 통하여 이윤을 더 증가시킬 수 있으나, 사회후생의 증가 여부는 시장 상황에 따라서 다를 수 있다. 제7장은 게임이론을 소개한다. 게임이론은 그 자체로서 독립적 학문분야이면서 과점시장이론의 토대를 마련한다. 제8장은 과점시장이론으로서 쿠르노 모형과 버트랜드 모형 등 순수 과점시장 모형을 소개한다. 두 모형은 다른 응용 모형과 함께 산업조직론에서 매우 광범위하게 이용하는 중요한 모형들이다. 제8장은 동질적인 제품으로 경쟁하는 모형인데 비해서 제9장에서는 차별화된 제품으로 경쟁하는 과점시장 모형을 소개한다. 제10장은 제2부의 내용을 실증적으로 규명하는 학문적 결과를 요약한다. 시장구조와 성과를 측정하는 지수를 소개하며, 상관관계를 규명하는 계량경제학적인 결과를 소개한다. 구조론자의 계량경제학적 결과와 이에 대한 비판과 새로운 이론을 알아본다.

■ 제3부: 기업 전략

제3부는 산업조직론의 주요한 기여의 하나라고 할 수 있는 다양한 기업 전략

을 소개한다. 제11장과 12장은 과점시장 기업들의 치열한 경쟁을 보여주는 진입저지 전략과 기존기업과의 경쟁에서 경쟁자를 퇴출시키는 목적을 가진 약탈 전략을 분석한다. 이와 동시에 제12장에서는 현실적으로 많이 발생하는 기업간 협조 또는 담합 전략을 살펴본다. 제13장은 기업결합의 유형과 종류, 목적 등을 알아보고 기업결합이 사회적으로 바람직한지 아닌지를 분석한다. 일반적으로 수평결합은 경쟁을 약화시켜서 반경쟁적인 반면에 수직결합은 효율성을 개선시켜서 친경쟁적이라고 알려져 있다. 그러나 경우에 따라서 매우 다른 결과를 가져오기 때문에 일률적인 판단은 위험할 수 있다. 이는 정부의 결합에 대한 규제 정책에 중요한 시사점을 던져준다. 제14장은 기업의 또 다른 주요 행태의 하나인 묶음판매의 효과에 대해서 분석한다.

■ 제4부: 기술혁신과 광고

제15장은 기술진보와 혁신을 다룬다. 기술진보와 혁신은 동태적 측면에서 독과점 기업에게 중요한 도구의 하나로서 선도적 위치에 설 수도 있고 추종자로 뒤떨어지게 하는 요소로 작용할 수도 있다. 제16장은 IT산업과 이와 유사한 특징을 가진 산업에서 나타나는 현상인 망외부성, 호환성, 표준화, 특허 등을 소개하고 경제적 함의를 도출한다. 제17장은 최근에 연구가 활발한 양면시장과 플랫폼기업을 소개한다. 우버택시와 에어비앤비, 배달의 민족 등이 예이다. 제18장은 광고에 대한 경제학적 분석을 살펴본다. 광고로부터 유용한 정보를 얻는다는 시각과 그렇지 않다는 시각 등 첨예한 논쟁을 소개하고 이에 대한 이론을 소개한다.

■ 제5부: 국제 산업조직론, 규제이론과 경쟁정책

마지막 주제는 정부의 규제와 경쟁정책이다. 제19장은 전통적인 국제무역이론에 대한 산업조직론의 정책적 기여를 소개한다. 이 분야를 국제 산업조직론이라고도 한다. 전략적 보조금 정책이 한 국가의 산업을 어떻게 세계시장에서 선도적 지위에 오를 수 있게 하는지 보인다. 제20장은 자연독점시장을 중심으로 규제이론을 전개한다. 자연독점에 대한 엄격한 정의를 하며 자연독점기업의 행동을 도출하고 규제의 필연성을 개진한다. 직접 규제와 함께 경쟁을 촉진할 수 있는 다양한 규제 정책 도구를 소개한다. 제21장은 경쟁정책에 대해서 논의한다. 독점규제 및 공정거래에 관한 법률(공정거래법)의 목적과 주요 규정을 소개하고, 이 법을 집행하는 공정거래위원회의 역할과 행동에 대해서 요약한다. 우리나라의 경제발전의 큰 축인 동시에 경제력 집중의 중심에 있는 대규모 기업집단(재벌)에 대한 정책을 살펴본다.

연 | 습 | 문 | 제

>>> Theory of Industrial Organization

1. 다음의 질문은 본문의 [그림 1-1]과 관련되어 있다.

1) 기업의 행태가 어떻게 정부의 정책을 변경시킬 수 있는지 이유를 설명하시오.
2) 경제의 기본 조건 중에서 어느 한 가지(예, 수요의 가격 탄력성)의 변화가 어떻게 시장구조에 영향을 미칠 수 있는지 구체적인 사례를 들어 설명하시오.
3) 산업 성과가 경제의 기본 조건을 직접적으로 변경시킬 가능성이 있는지에 대해서 설명하시오.
4) 성과의 하나인 배분적 효율성을 달성하기 위해서 산업구조와 기업 행태를 동시에 변경시키고자 한다. 어떤 조치가 요구되는지 설명하시오.

2. X재의 제품 설명서에 따르면 제조업체 이름은 A이고, 판매원은 B이다. Y재의 제품 설명서에 따르면 제조업체와 판매원의 이름은 다같이 C이다. 제조업체와 판매원과 관련해서 두 제품의 차이점을 거래비용이론을 이용하여 설명하시오.

3. '위키피디아식 생산방식'이란 위키피디아처럼 다양한 전문가 또는 비전문가들이 자발적으로 참여하여 지식 서비스를 생산하는 방식이다. 이와 유사한 생산방식으로 집단 창의성을 이용하는 기업도 있다. 이노센티브(InnoCentive.com)사는 일종의 컨설팅 회사로서 전문가들도 해결하지 못하는 문제를 가진 기업의 의뢰를 받아서 다른 수많은 전문가 또는 비전문가로부터 해결방안을 얻는 기업이다. (제안한 해결 방안이 의뢰한 기업으로부터 채택될 경우에 보상 있음) 거래비용이론을 이용하여 이와 같은 생산방식이 성공할 수 있는 이유를 설명하시오. 이와 같은 생산방식이 미시경제학에서 공부한 생산함수와 다른 점을 설명하시오.

4. 중간재를 생산하는 기업이 이 중간재를 가공하여 최종재를 생산하는 기업과 중간재를 거래한다고 하자. 최종재를 생산하는 기업이 투자(마케팅, 디자인, 최종 소비자 인식 제고 등)을 하면 최종재의 소비자 가치가 두 배로 증가한다고 하고 이 투자 수준을 K^*라고 하자. 투자 이후에 중간재 가격을 결정하는 협상이 열린다고 할 때, 두 기업의 협상에 따라서, K^*의 투자 수준에 어떤 영향을 미칠지 왜 그런지 거래비용이론을 이용하여 설명하시오.

5. 경쟁가능성 이론에 따르면 독점시장에서 진입장벽을 제거할 수 있다면 독점시장은 완전경쟁시장처럼 효율성을 달성할 수 있다. 현실적으로 효율성을 달성하기 어려운 점을 지적하시오.

부록 | 한국표준산업분류표 요약 및 자동차 산업 예시

한국표준산업분류[8]는 유엔의 국제표준산업분류에 기초하여 작성되었다. 제10차(2017년) 개정의 신분류에 따르면 21개의 대분류, 77개의 중분류, 232개의 소분류, 495개의 세분류, 1,196개의 세세분류 산업이 있다. 자세한 내용은 〈표 1-1〉과 같다.

표 1-1 한국표준산업분류표

대분류	중분류	소분류	세분류	세세분류
A 농업, 임업, 어업	3	8	21	34
B 광업	4	7	10	11
C 제조업	25	85	184	476
D 전기, 가스, 증기 및 공기조절 공급업	1	3	5	9
E 수도, 하수처리, 원료재생업	4	6	14	19
F 건설업	2	8	15	46
G 도매, 소매업	3	20	61	184
H 운수 및 창고업	4	11	19	48
I 숙박 및 음식점업	2	4	9	29
J 정보통신업	6	11	24	42
K 금융, 보험업	3	8	15	32
L 부동산업	1	2	4	11
M 전문, 과학, 기술 서비스업	4	14	20	51
N 사업시설관리, 사업 지원 및 임대서비스업	3	11	22	32
O 공공행정, 국방, 사회보장 행정	1	5	8	25
P 교육서비스	1	7	17	33
Q 보건, 사회복지 서비스업	2	6	9	25
R 예술, 스포츠, 여가 서비스업	2	4	16	43
S 협회, 수리, 기타 개인 서비스업	3	8	18	41
T 가구 내 고용활동, 자가소비 생산활동	2	3	3	3
U 국제 및 외국기관	1	1	1	2
대분류 계: 21	77	232	495	1,196

8) 통계청, 2017, 제10차『한국표준산업분류』.

한국표준산업분류에 따르면, 농업, 임업 및 어업은 모두 A라는 한 산업으로 대분류한다. 이 산업 아래에 세 개의 중분류 산업이 있고, 중분류 산업에는 총 8개의 소분류 산업이 있다. 8개의 소분류 산업은 총 21개의 세분류 산업이, 그리고 이 세분류 산업에는 총 34개의 세세분류된 산업이 있다.

자동차산업은 제조업 중분류에서 C30의 분류번호를 가지며 이에 대한 명칭은 '자동차 및 트레일러 제조업'이다. 소분류는 301, 302, 303, 304로 구분한다. 소분류 301(자동차 엔진 및 자동차 제조업)에는 세분류 3011(자동차용 엔진 제조업), 세세분류 30110(자동차용 엔진 제조업), 세분류 3012(자동차 제조업), 세세분류 30121(승용차 및 기타 여객용 자동차 제조업), 세세분류 30122(화물자동차 및 특수목적용 자동차 제조업)으로 구분한다. 소분류 302(자동차 차체 및 트레일러 제조업)에는 세분류 3020, 세세분류 30201−30203이 있으며, 소분류 303(자동차 신품 부품 제조업)에는 세분류 3031(세세분류 30310), 3032(세세분류 30320), 3039(세세분류 30391, 30392, 30393, 30399)가 있다. 소분류 304(자동차 재제조 부품 제조업)에는 세분류 3040이 있다.

자동차 산업에서 우리에게 친숙한 자동차 5개사(현대, 기아, 르노코리아, KG 모빌리티, 한국지엠)사는 산업분류에 따르면 제조업 C, 중분류 C30, 소분류 301, 세분류 3012, 세세분류 30121에 속한다.

제 2 장

기업이론

장을 시작하며

기업은 생산의 주체로서 투입된 요소 및 중간재를 기술적으로 결합하여 생산물을 만들어 판매하는 조직이다. 기업은 생산자로서 회사(상법 용어), 사업체, 사업자 등으로 불리기도 한다.[1] 기업은 생산물을 판매하여 얻은 수입에서 요소 투입에 소요되는 비용을 뺀 차액인 이윤을 얻는다. 생산량의 변화에 따라서 판매 수입 및 비용이 각각 변하므로 그 차액인 이윤도 변한다. 따라서 합리적인 조직인 기업이 가장 큰 이윤을 달성하는 생산량을 선택하는 것은 당연하다고 할 수 있다. 기업은 이윤극대화를 위한 최적 생산량뿐만 아니라, 최적 요소 투입량과 기술 수준, R&D투자, 판매 장소 및 다양한 전략을 결정해야 한다. 이 장은 기업에 대한 기본 개념인 기업의 본질과 생산함수, 생산비용을 소개한다.

제 1 절 | 기업의 정의

1 생산의 주체로서 기업

기업은 재화와 용역을 생산하여 판매하는 조직이다. 노동, 자본, 토지(자연자원)와 같은 생산요소(자원)와 부품, 중간재 등을 기술적으로 결합하여 변형 또는 가공

1) 통계청(http://www.kostat.go.kr)에 따르면, 사업체는 일정한 물리적 장소 또는 일정한 지역 내에서 하나의 단일 또는 주된 경제활동에 독립적으로 종사하는 기업체 또는 기업체의 부분단위이다.

하거나 새로운 재화를 창출하여 다른 기업이나 최종소비자에게 판매하는 생산의 주체이다. 제철소나 자동차 조립공장은 전형적인 기업의 예이며, 여행사, 호텔, 개인택시사업 등은 서비스를 생산하는 또 다른 예이다. 울릉도에서 오징어잡이 어부는 노동, 자본, 자연자원을 이용하여 오징어를 잡는데 이들도 생산자이다. IT산업의 발전은 온라인쇼핑몰의 발전을 가져왔다. 쿠팡과 컬리 등 온라인쇼핑몰의 개별 사업자도 기업이다.

경제학에서 기업은 새로운 재화를 창출하는 조직뿐만 아니라, 냉장 창고, 중간 도매상, 소매상 등과 같이 생산물을 변형, 보관, 또는 가공하여 시간적으로나 장소적으로 재화의 가치를 부가하는 조직들도 기업이다. 가을에 수확한 사과는 가을에 다 팔리지 않고 다음해 여름에도 판매되는데 여름까지 사과의 상품성을 유지시켜 주는 냉동창고업체는 시간을 통해서 '여름에 소비할 수 있는 사과'를 만들어 낸 것이라고 볼 수 있다.

기업을 이와 같이 단순히 생산 조직으로서 '미지의 상자'(black box)로 파악하는 것은 기업이 무엇을 하는지에 대해서 많은 분석을 할 수 있게 한다. 그러나 기업의 본질을 이해하는 데는 부족하다. 코즈와 윌리암슨은 이에 대해서 거래비용이론을 정립하여 기업의 본질과 범위를 설명했다.

2 기업의 범위

제1장에서 소개한 코즈의 '기업과 시장은 생산을 조직하는데 있어서 대체수단'이라는 견해는 기업의 범위를 이해하는 데 도움이 된다. 기업의 범위는 동일한 제품을 생산한다 하더라도, 생산 시설이나 과정이 다를 수 있으므로 기업 규모의 차이를 가져온다. 한 기업이 생산을 위해서 모든 생산요소를 시장에서 구입하여 단순 조립하는 생산방식과 생산에 필요한 모든 생산요소를 기업 내부에서 생산하여 조달하는 방식을 비교한다면, 전자의 생산방식에 의한 기업은 단순 조립 공장으로서 후자의 생산방식에 비해서 기업의 범위가 좁다고 할 수 있다. 후자는 수많은 부품과 중간재를 생산하는 부서를 수직결합 또는 내부조직화한 매우 큰 조직이 될 것이다. 많은 경우에 기업들은 전자와 후자의 생산방식의 중간적인 범위를 취한다. 내부적으로 거래하는 비용이 이와 동일한 거래를 시장에 의존하는 경우에 발생하는 비용보다 적거나 같은 수준에서 기업의 범위가 결정된다.

현실적으로 동질의 제품으로 경쟁하는 기업의 범위는 이보다 훨씬 복잡한 관계 속에서 결정된다. 아이폰을 판매하는 애플사는 주요 핵심 하드웨어는 모두 외부

기업으로부터 구매(시장에 의존)하고, 아이폰 기기는 중국에 위치한 대만 기업에 위탁 생산한다. 주요 핵심 소프트웨어(프로그램)인 운영체계(OS) 설계와 디자인에 기업 역량을 집중(수직결합 또는 내부조직화)한다. 이에 비해서 삼성전자는 주요 하드웨어와 함께 스마트폰 기기를 직접 생산(수직결합 또는 내부조직화)한다. 그러나 스마트폰의 핵심 소프트웨어인 운영체계는 구글사의 안드로이드를 채택(시장에 의존)하고 있다. 삼성전자와 애플사는 대체성이 높은 최종재를 생산하여 시장에서 치열한 경쟁을 하면서도, 수많은 중간재에 대한 거래비용이 서로 다르기 때문에 기업의 범위가 다르다.

3 기업의 종류

우리나라의 상법에 따르면 기업은 합명회사, 합자회사, 유한책임회사, 주식회사, 유한회사로 구분한다.[2] 합명회사는 무한 책임사원만으로써 구성되는 회사를 말하며, 개인이나 가족간 운영되는 회사가 대표적이다. 소유주는 경영을 겸하며 무한 책임사원이기도 하다. 무한 책임사원은 회사 채무가 회사 재산(또는 출자액)을 넘어서는 경우에 무한 책임을 진다. 작은 규모의 회계사 사무소 중에서 발견된다.

합자회사는 무한 책임사원과 유한 책임사원으로 이루어지는 회사로서 무한 책임사원이 경영하고 있는 사업에 유한 책임사원이 자본을 제공하고 사업으로부터 생기는 이윤을 분배한다. 합명회사와 마찬가지로 소유주가 경영을 겸하는 경우가 많으며, 가족이나 친한 사람들이 공동으로 사업을 하는 데에 적합한 회사형태이다. 무한 책임사원은 채무에 대해서 무한의 책임을 지며, 유한 책임사원은 회사채무에 관하여 출자액만큼 책임을 지는 사원이다. 책임이 유한이라는 점에서는 주식회사의 주주와 비슷하다. 그러나 회사 채권자에 대한 직접 책임이라는 점에서 주주와 다르다. 버스나 택시회사들은 많은 경우 합자회사이다.

유한책임회사는 출자자가 유한책임사원으로 직접 경영에 참여할 수 있다. 주식회사와는 달리 이사나 감사를 선임하지 않아도 되며 1인 벤처창업에 적합하다.

주식회사(corporation)는 주주가 주식을 발행하고 각 주주는 그가 보유한 주식의 인수가액을 한도로 출자의무를 지는 회사이다. 시장경제를 채택한 국가에서 거의 모든 대규모 기업들은 주식회사의 형태로 운영되고 있다. 주식회사의 특징은 다음과 같다: ① 주식은 주식회사의 소유권을 나타낸다. 주식 소유자는 주주이며 기업

2) 회사의 정의와 설명은 위키피디아(http://ko.wikipedia.org)를 참조함(2019년 3월 1일). 더 자세한 내용은 상법과 시행령 참조.

의 주인이다. 주식을 단위로 시장에서 자본을 조성할 수 있고, 주식은 자유롭게 거래되므로 출자자는 자본의 회수가 용이하다. 대규모 자본을 필요로 하는 기업에게 매우 유리한 제도이다. ② 주주는 소유한 주식의 액면가만큼만 유한책임을 지므로 합자회사처럼 개인적인 자산까지 잃게 될지 모를 손실의 위험성을 줄여서 투자를 활성화 할 수 있다. ③ 주식회사는 합자 또는 합명회사와 달리 인격체가 아니라 법인이기 때문에 수명이 무한대이다. 주주가 주식을 팔고 회사를 떠난다 해도 기업이 자동적으로 해산되는 것이 아니다. ④ 모든 사업에는 위험이 수반되지만 특히 위험이 두드러진 해운사업, 항공사업, 보험업 등은 평소에 이윤이 발생하더라도 사고가 한번 나면 손실액은 상상을 초월한다. 합자 또는 합명회사는 이러한 손실을 예상하면서 사업을 수행하기 어려운 반면에 주식회사는 손실을 주주들에게 출자액만큼 분배하므로 이러한 사업을 수행하기에 적절하다. ⑤ 주식회사의 주인인 주주는 소유만 하며 일반적으로 피고용인인 전문인이 경영을 한다(소유와 경영의 분리). 주주들은 기업의 이윤으로부터 배당금을 받을 권리가 있다. 회사가 배당금을 지급하지 않는다 하더라도, 주가가 주주가 구매한 가격보다 더 높다면, 주주는 주식을 주식시장에서 판매하여 보상을 받을 수 있다.

유한회사는 합명회사의 장점(회사의 자치를 넓게 인정하는 것)과 주식회사의 특징(주주의 책임이 유한한 것)을 유기적으로 결합한 회사 제도이다. 실질적으로는 주식회사에 가까운 자본적 결합의 회사이다. 출자자가 유한 책임인 점에서 주식회사와 비슷하나, 지분의 양도가 자유롭지 못하고 합명회사와 비슷한 폐쇄적이고 비공개적 성격을 가지고 있는 점에서는 주식회사와 다르다. 구글코리아, 애플코리아, 매스웍스 코리아는 유한회사이다.

4 소유와 경영의 분리

개인회사나 합자회사는 한 명 또는 몇 명의 소유자(owner)가 경영을 하지만 주식회사는 일반적으로 소유와 경영이 분리되어 있다. 주식회사의 주인은 주주들이며, 대기업의 경우 주주들이 매우 많다. 주인들은 많지만, 이들이 모두 경영에 참여하는 것이 아니다. 피고용자인 전문 경영인(대표적으로 CEO)들이 경영과 의사결정을 한다. 주주들이 선임한 이사회는 주주를 위한 기구로서 행동하고 회사의 효율적인 경영을 관장한다. 그러나 이사회를 누가 감독할 것이며, 이사회의 임무 수행이 만족스럽지 않다면 어떻게 할 것인지에 대한 방안은 명백치 않다. 한 가지 가능한 방안은 기존 이사를 재선임하지 않는 것이다.

실제로 이사회의 이사들은 경영인이나 소수의 대주주에 의하여 선임된다. 일반 주주들은 주주총회에 불참한 채 이들에게 투표권을 위임하는 것이 보통이다. 경영인이 세운 계획이나 성과 등에 대하여 이사회보다 주주의 권리와 이득을 보호하고자 하는 독자적인 (시민)단체들이 더 엄밀히 감독하는 경향이 있다(허만(Herman), 1981). 이사회와 경영인에 대한 주주들의 모호한 통제로 인해서 주주의 가치의 극대화와 대등한 관계인 이윤극대화는 달성되지 못할 수도 있다. 이러한 이유로 이윤극대화에 기초한 전통적인 경제학 분석은 기업의 행동을 정확히 예측하기 어려운 측면이 있다(벌과 민즈(Berle and Means), 1932).

제2절 | 기업의 목적

기업의 소유자가 직접 경영한다면, 소유자는 더 많은 돈을 벌고자 할 것이다. 즉, 총매출액에서 생산요소 구입에 지출하는 총비용을 뺀 나머지인 이윤을 극대화하고자 할 것이다. 주식회사처럼 소유자와 경영인이 분리된 경우에 소유자는 경영인이 이윤극대화하기를 원할 것이고, 그러한 지침을 내릴 것이다. 이를 수용한다면 경영인도 이윤극대화를 기업의 목적으로 삼을 것이다. 경제학에서 일반적으로 기업의 목적은 이윤극대화이고, 이를 '이윤극대화 가설'이라 한다. 그러나 현실적으로 소유자(주주)는 경영인의 행동을 잘 관찰하지 못하므로 경영인은 이윤극대화보다는 자신의 실적을 잘 보이게 하기 위해서 매출극대화나, 경영인 개인 만족감(효용)을 극대화하는 방안을 시도할 수 있다. 전문 경영인이 취할 수 있는 이러한 행동을 '매출극대화 가설'과 '경영인 효용극대화 가설'이라 한다. 아래에서 세 가지 가설을 소개한다.

1 이윤극대화 가설

우리의 분석대상은 이윤을 추구하는 기업들로서 기업의 목적은 이윤극대화라고 가정한다.[3] 기업의 경영진이 이윤극대화가 아닌 시장점유율 극대화나 기업의 외형에 더 큰 관심을 쏟는다면 어떤 일이 벌어질 것인가? 한 기업의 시장점유율이

3) 대부분의 기업들은 이윤추구를 영업활동의 목표를 삼고 있다고 가정하는데 이런 기업을 영리기업(for-profit firm)이라 하고, 학교, 적십자, 시민단체와 같이 이윤추구를 목표로 삼지 않는 기업이나 비정부조직체(non-government organization; NGO)를 비영리기업(non-profit firm)이라고 한다.

나 외형이 크다 해도 그 기업에 합당한 이윤 수준이 달성되지 않는 경우가 비일비재하다. 일반적으로 기업은 주식회사의 형태로서 주주는 주식의 가치가 높아지기를 기대한다. 주식의 시장가격은 기업의 가치를 반영하며, 기업의 미래 이윤 흐름의 현재 가치와 밀접한 연관관계를 가지고 있다. 이윤이 낮아지면 주식의 가격은 하락할 것이며 이는 주주의 이해에 반하는 결과이므로 주주들은 경영인을 교체하려 할 것이다. 또한 기업의 주가가 낮다면, 투자자(또는 기업 사냥꾼)들은 해당 기업의 주식을 매입하고 기업을 인수하여 경영진을 교체할 것이다. 이윤극대화가 이루어지지 않으면 기업의 주가가 낮아지고 주주나 다른 투자자들에 의해서 경영진들은 교체되는 위험에 처해질 수 있다. 이러한 상황을 피하고 싶다면 경영인들은 이윤을 극대화해야 할 것이다. 이러한 이유 때문에 경제학에서 기업의 목적은 일반적으로 이윤극대화라고 가정한다.

이윤은 총매출액(매출액, total revenue; *TR*)에서 총비용(total cost; *TC*)을 뺀 차액이다. 이윤극대화를 달성하기 위해서 기업이 구체적으로 무엇을 하는지 살펴보자. 매출액은 제품 가격(*P*)에 생산량(판매량, *Q*)을 곱한 액수($TR(Q)=P(Q)\times Q$)로서 (총)수입이라고도 한다. 매출액은 시장구조에 따라서 다르다. 완전경쟁시장에서 개별 기업이 직면하는 수요는 수평선이므로 가격은 일정하다. 따라서 매출액은 원점에서 우상향하는 직선으로 기울기는 *P*이다. 독점시장에서 독점기업은 우하향하는 시장수요에 직면하므로 시장가격은 생산량과 역의 관계에 있다. 수학적으로 시장수요함수는 $Q=D(P)$이며, *Q*와 *D*의 역관계는 $D'(P)<0$으로 표시한다. 역수요함수는 $P=P(Q)$이며, $P'(Q)<0$을 가정한다. [그림 2-1]에 독점기업의 매출액을 표시하여 독점기업의 이윤극대화 과정을 알아본다. 독점기업의 생산량이 영이면 매출액은 영이므로 원점에서 출발한다. 매출액은 생산량이 증가함에 따라서, 처음에는 증가하다가 Q_r에서 최고점에 도달한 이후에 감소하는 포물선 모양이다.[4]

총비용(*TC*)은 비용함수에 의해서 도출되는 것으로 단기에 총고정비용이 있으므로 생산량이 영이라 하더라도 [그림 2-1]처럼 총고정비용(*F*)이 발생한다. 생산량이 증가함에 따라서 총비용은 처음에는 매우 급격히 증가하다가 중간 정도의 생산량에서 완만하게 증가한다. 어느 수준의 생산량(이를 변곡점이라 한다)을 초과하면 총비용은 다시 급격하게 증가하는 양상을 보인다(제4절 참조).

생산량이 Q_a 이하인 범위와 Q_b 이상인 범위에서 매출액보다 총비용이 더 크다. 기업은 마이너스 이윤 즉 손실을 얻으므로 이 구간에서 생산을 하지 않는다. 생산

4) 최고점 이후 하향 구간은 잘 표시하지 않는다. 판매량 증가에 따라서 매출액이 감소한다면 판매량을 더 이상 증가시키지 않을 것이기 때문이다.

그림 2-1 매출액, 총비용, 이윤극대화

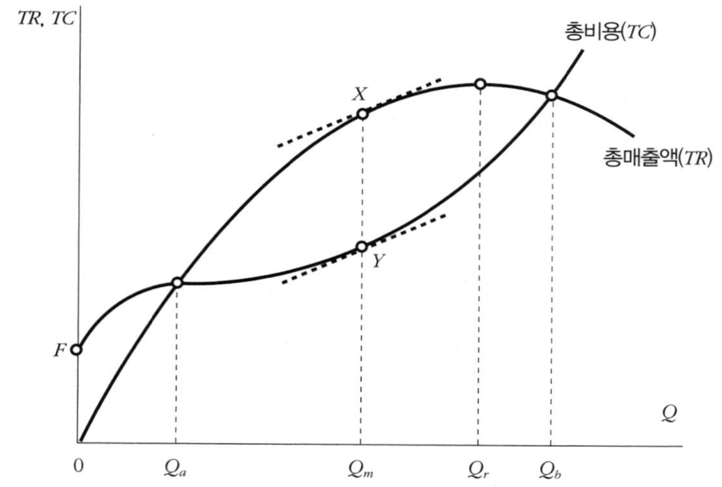

량이 Q_a를 초과하면서 기업의 이윤($=TR-TC$)은 증가한다. 생산량이 Q_m에서 매출액(X)과 총비용(Y)의 간격(차액=이윤)이 가장 크므로 기업은 이윤극대화를 달성하기 위해서 Q_m을 생산한다. 이윤극대화란 이윤을 극대화하는 생산량을 생산(선택)하는 것을 말한다. 이윤극대화 생산량 Q_m에서 매출액 곡선의 기울기와 총비용의 기울기는 같다. [그림 2-1]의 X점에서 우상향하는 접선은 이윤극대화 생산량(Q_m)에서의 매출액의 기울기로서, Q_m에서 생산량을 한 단위 더 증가에 따른 매출액 증가분이다. 이를 한계수입(MR)이라고 한다. Y점에서 우상향하는 접선은 Q_m에서 총비용의 기울기이다. 이는 생산량 한 단위 더 증가에 따른 총비용 증가분으로서 한계비용(MC)이라고 한다. 이윤을 극대화하는 생산량을 달성하면, 한계수입과 한계비용이 동일하다. 즉, $MR=MC$이다. 이 식을 이윤극대화 조건이라 한다. 생산량 Q_r은 매출액 곡선의 최고점에 해당하는 생산량으로서 비용에 상관없이 매출액이 극대화되는 생산량인데, 그림에서 보듯이 이윤극대화 생산량과 다르다는 것을 알 수 있다. 따라서 매출극대화는 이윤극대화를 달성하지 못한다.

2 매출극대화 가설

매출극대화 가설은 이윤극대화 가설을 대체하기 위해서 보몰(Baumol, 1962)에 의해서 제기되었다. 이 가설은 대기업을 경영하는 경영인의 업계 위상은 이윤보다

그림 2-2 매출극대화 생산량

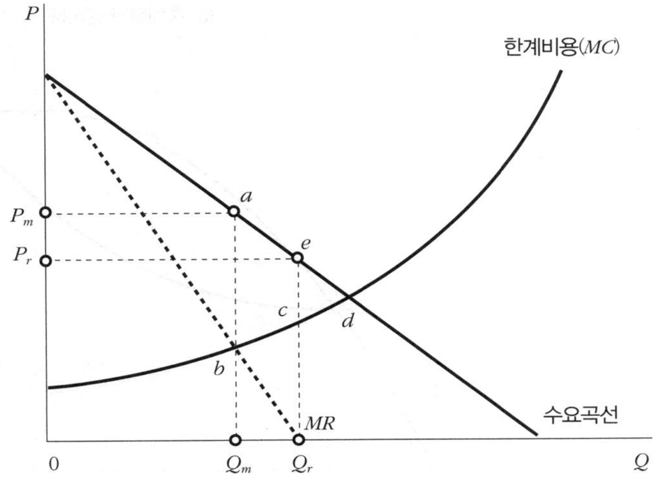

판매량이나 총매출액에 의해서 더 잘 알려지므로 경영인은 매출을 극대화하려는 경향이 있다는 가설이다. 매출은 일반적으로 판매 수량보다는 매출액(총매출액(*TR*), (총)수입)을 말한다.

[그림 2-1]에서 생산량(판매량)이 증가하면 매출은 증가하여 최대점에 도달한 후 감소한다. 매출극대화는 매출이 최대화가 달성된 상태이며, 생산량(Q_r)을 매출극대화 생산량이라고 한다. 이 생산량에서 한계수입은 영($MR=0$)이다. 독점기업의 예를 통해서 매출극대화를 알아보자. 수요가 직선인 경우에 한계수입(*MR*) 곡선의 *Y*축 절편은 수요 곡선과 같으며 한계수입 곡선의 기울기는 수요 곡선의 두 배만큼 가파르다. [그림 2-2]에서 $MR=0$은 *MR*곡선과 *X*축이 만나는 점이므로 매출은 생산량 Q_r에서 극대화되며, 이 제품의 가격은 P_r이다. 이에 비해서, 독점기업의 이윤극대화 생산량은 $MR=MC$인 Q_m에서 달성되며 가격은 P_m이다. 독점기업의 매출극대화 생산량은 이윤극대화보다 더 크며, 가격은 더 낮으므로 소비자에게 더 좋고, (이윤극대화) 독점기업에 의한 사회후생 손실보다 더 작을 수 있다.[5]

매출극대화 가설은 비록 이윤극대화의 약점을 대체하기 위해서 출현했으나, 이윤에 대한 개념이 반영이 되지 않기 때문에 비판에 직면했다. 매출극대화 가설은 '최저 이윤 제약'을 가미하여 약점을 보완하는 모형이 제시되었다. 독점기업의 경우 매출액은 수량에 대해서 오목하고, 총비용은 일반적으로 어느 구간까지 수량에

5) 이 주장은 매출극대화 독점기업의 가격이 한계비용보다 높은 경우에 맞다. 그러나 가격이 한계비용보다 낮다면, 사회후생의 손실은 이윤극대화 독점보다 더 증가할 수 있다.

그림 2-3 이윤극대화와 제약조건

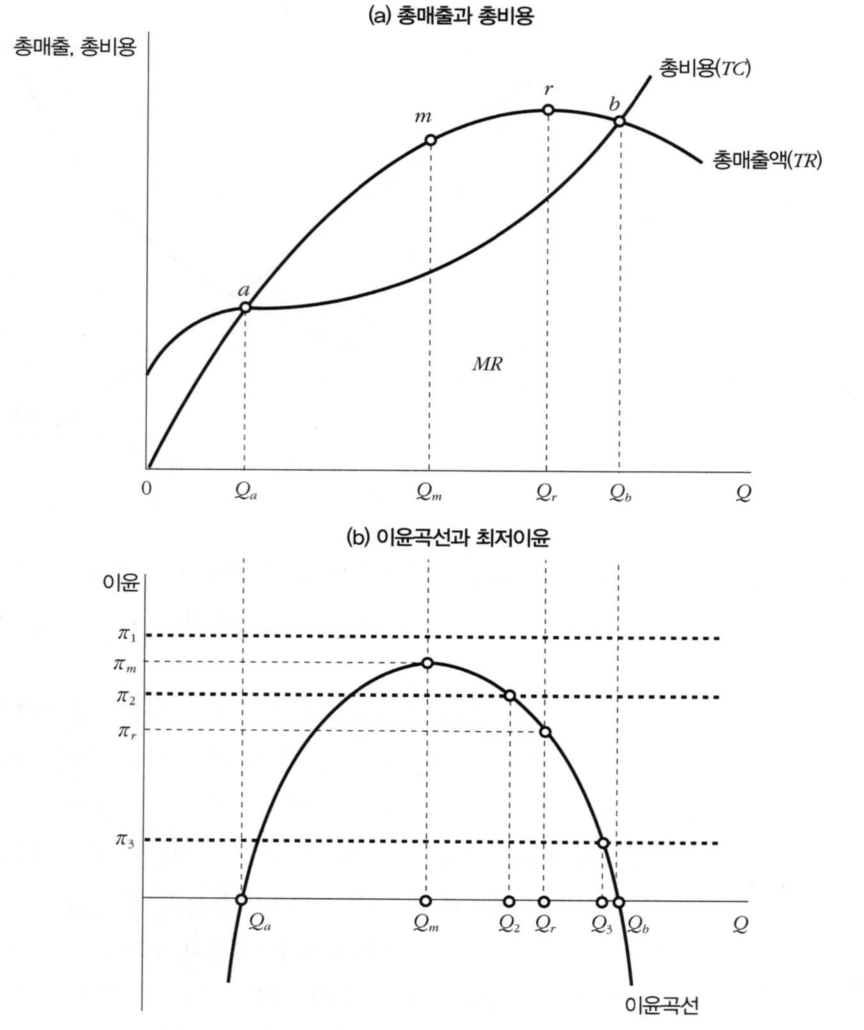

대해서 오목하다가 이 수량을 지나서 볼록한 모양을 한다.

[그림 2-3] (a)에는 매출액과 총비용 곡선이 그려져 있으며, 이 둘의 차이가 이윤이다. Q_a까지는 마이너스 이윤으로 손실이다. Q_a에서 Q_b 사이의 생산량은 양의 이윤을, Q_b를 초과한 생산량은 다시 손실을 가져다 준다.

[그림 2-3] (b)는 생산량의 변화에 따른 이윤곡선을 보여준다. 이윤곡선은 이윤수준으로 매출액과 총비용의 차이를 그린 것이다. 생산량이 영에서 Q_a까지는 음의 이윤으로 손실을, Q_a에서 Q_b 사이의 생산량은 양의 이윤을 보여준다. 생산량의 증

가에 따라서 이윤은 증가하다가 감소한다. Q_b를 초과하면 이윤은 다시 음이 된다. [그림 2-3] (a)에서 보듯이 Q_r에서 총매출이 가장 크므로 (그리고 이 점에서 한계수입은 영($MR=0$)이다) 매출극대화는 Q_r에서 달성되며, 이 경우에 얻는 이윤은 π_r이다. Q_m에서 총매출과 총비용의 차이가 가장 크므로 이윤이 극대화되고, π_m의 이윤을 얻는다. 이 점에서 $MR=MC$이다. Q_r이 Q_m보다 더 크다.

이제 매출극대화 경영인에게 최저이윤을 제약조건으로 하는 경우 경영인의 행동에 대해서 살펴보자. π_1 수준을 최저 이윤으로 한다면 너무 높아서 어느 누구도 이를 달성할 수 없다. 최저 이윤 π_m을 설정한다면, 이 경영인은 독점이윤(π_m)을 달성하며 Q_m을 생산한다. 이 이윤보다는 약간 낮지만 매출극대화 수준의 이윤보다는 높은 π_2를 최저이윤으로 설정한다면, 경영인은 이윤극대화 생산량보다는 더 많이 그러나 매출극대화 생산량보다는 적은 Q_2를 생산한다. 이 경우에 비록 생산량은 매출극대화보다 적지만, 이윤은 더 증가하므로 이사회의 목적을 달성한다고 볼 수 있다. 달성할 최저 이윤을 비교적 낮은 π_3로 정하면, 경영인은 이에 합당하는 Q_3 대신에 차라리 매출극대화 생산량인 Q_r을 생산하고 제약조건인 이윤 수준 π_3보다 더 높은 π_r의 이윤을 달성하려 할 것이다. 매출극대화 가설에서 적절한 최저 이윤 수준 제약조건을 제시하는 경우에 경영인은 매출극대화 생산량을 줄이고 더 높은 이윤을 얻을 수 있다. 이와 같은 조건하에서 CEO는 그 대가로 이윤 증가의 일정 부분을 인센티브로 요구할 수 있다.

3 경영인 효용극대화 가설

경영인 효용극대화 가설은 경영인은 이윤과 더불어 회사에서 주는 특별 혜택(perks)(화려한 사무실, 개인 비행기 등)을 통하여 효용극대화를 달성하는(윌리암슨, 1967) 모형을 말한다. 경영인에게 지급하는 특별 혜택은 회사의 지출을 증가시켜서 이윤을 감소시키므로 이윤 수준과 특별 혜택간에는 상충 관계가 있다. 경영인은 더 높은 이윤과 더 많은 특별 혜택을 선호하며 이에 대한 전제조건으로 이사회는 달성할 목표 이윤을 제시할 수 있다. 경영인은 설정된 목표 이윤을 달성하면서, 자신의 효용을 극대화하는 특별 혜택을 받고자 할 것이다. 이 모형은 이사회가 경영인으로 하여금 목표 이윤 수준을 달성하도록 하기 위해서 인센티브 차원의 특별 혜택을 어느 수준으로 제공하는지를 살펴본다.

특별 혜택에 소요되는 임원지출을 S, 이윤을 π_d라 하면 경영인 효용함수는 $U=U(S, \pi_d)$이다. 두 변수에 대한 한계효용은 양이며, 한계대체율은 감소한다고 가정한

그림 2-4 경영인 효용 극대화

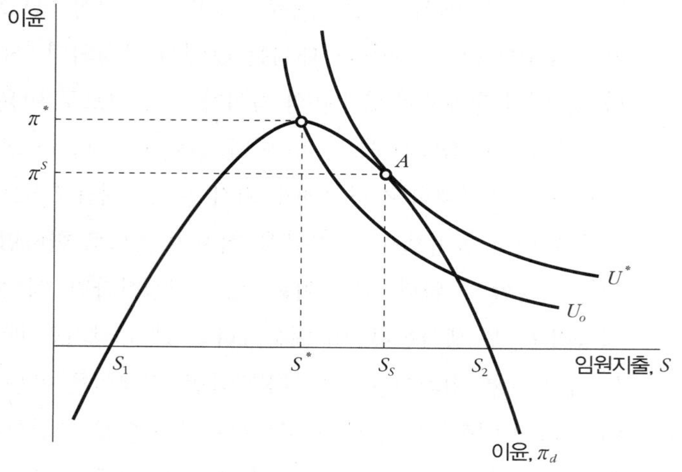

다. 두 개의 무차별곡선(U^*, U_o)은 [그림 2-4]처럼 우하향하며 원점에 볼록하다. 기업의 이윤은 $\pi_d = \pi(S) - \pi_o$로서 $\pi(S)$는 기업의 환경에 따라서 얻는 총이윤으로서 임원지출액에 대해서 오목함수이다. π_o는 경영인이 달성해야 할 목표 이윤 수준이다. 이윤 $\pi_d = \pi(S) - \pi_o$는 S에 대해서 오목함수라고 가정했으므로 [그림 2-4]처럼 종모양이 된다. S_1 이하는 임원 지출이 너무 적은 수준이다. 경영인이 최선의 노력을 기울여서 최저 이윤을 달성할 유인이 없는 상태로서 달성하는 이윤은 음이다. S_1부터 임원 지출이 증가하면서 이윤이 증가한다. S^*의 임원 지출에서 이윤은 최대화되며, 이를 초과해서 지출이 증가하면, 이윤이 오히려 감소한다. 임원지출이 과도하여 S_2를 넘어서면, 기업은 손실을 보게 되며, 이로 인하여 이사회는 경영인을 해고할 수 있다.

이 모형에서 균형은 무차별곡선 U^*이 이윤 제약조건에 접하는 점 A에서 달성된다. 경영인은 이윤 제약을 달성하면서 얻을 수 있는 가장 높은 효용을 달성한다. 회사가 얻은 이윤은 이윤극대화 π^*보다 낮은 수준(π_S)인 반면에, 임원 지출(S_s)은 이윤극대화시 지출보다 더 크다($S^* < S_s$). 무차별곡선의 기울기는 음이므로 균형은 항상 이윤함수의 오른쪽에서 발생하기 때문이다. 경영인으로 하여금 이윤극대화 π^*을 달성하게 하면 경영인의 효용은 U^*에서 U_o로 감소한다.

제3절 | 생산함수

❶ 생산함수와 이윤극대화 요소 수요

생산은 기업이 투입요소를 기술적으로 결합하여 산출물을 만드는 가장 중요한 활동이다. 생산함수는 투입요소의 투입량을 독립변수로, 산출량을 종속변수로 하는 수학적 함수이다.

한 기업이 자본(K)과 노동(L)의 투입요소를 투입하여 Q재를 생산할 때 생산함수는 $Q=f(K, L)$로 나타낸다. 콥-다글라스(Cobb-Douglas) 생산함수의 하나인 $Q=10K^{0.5}L^{0.5}$을 예로 들 수 있다. 이 생산함수에서 $K=L=1$이 투입된다면 $Q=10$단위가 생산된다. $K=L=4$가 투입된다면, $Q=40$단위가 생산된다. 생산량을 증가시키기 위해서 요소 투입량을 증가시켜야 한다.

일정한 기간에 어떤 요소는 투입량을 쉽게 변경시킬 수 있으며, 다른 요소는 투입량을 변경시키기 어려울 수 있다. 생산 주문이 증가할 때 기업은 노동 투입량을 비교적 쉽게 증가시킬 수 있다. 이에 비해서 생산설비인 기계와 같은 자본의 투입을 증가시키려면 일반적으로 시간이 걸린다. 주어진 기간에 요소 투입량을 쉽게 변경시킬 수 있는 요소를 가변요소라 하며, 요소 투입량의 변경이 어려운 요소를 고정요소라 한다. 단기란 고정요소 투입량을 쉽게 변경할 수 없는 기간이다. 단기에 최소한 한 가지 요소는 고정요소이고 다른 요소는 가변요소이다. 장기란 모든 요소의 투입량을 변경할 수 있는 기간이다. 단기에는 고정요소가 존재하며 장기에는 고정요소는 존재하지 않고 모든 요소는 가변적이다.

일반화된 콥-다글라스 생산함수 $Q=K^aL^b$을 고려하자. 여기서 a와 b는 양수이다. $K=\bar{K}$으로 고정되어 있다면 이 생산함수는 단기 생산함수로서 $Q=\bar{K}^aL^b$이며, 단기에 노동 투입량만 변경시킬 수 있다. $\bar{K}=4$라면, 단기 생산함수는 $Q=4^aL^b=f(L)$이다. 만약에 Q를 생산하는데 K와 L의 두 가지 요소만 투입된다면, 그리고 두 요소 투입량 모두 변경이 가능하다면, $Q=K^aL^b$는 장기 생산함수이다. 투입 생산요소가 세 가지 또는 그 이상으로서 K와 L은 변경이 가능하고, 다른 모든 요소들은 고정되어 있다면, 이 생산함수는 두 가지 요소의 투입량만 변경 가능한 단기 생산함수이다.

주어진 콥-다글라스 생산함수 $Q=K^aL^b$에서 이윤극대화 요소 수요함수의 도출은 부록을 참고하기 바란다.

2 규모의 보수

규모의 보수(returns to scale)란 장기에 모든 요소의 투입량을 동시에 증가시킬 때 생산량의 증가 정도를 말한다. 모든 요소의 투입량을 다 같이 얼마간 증가시킬 때 생산량은 요소 증가보다 더 증가, 동일하게 증가, 그 보다 더 적게 증가할 수 있다. 장기 생산함수 $Q=10K^{1.5}L^{1.5}$에서 $K=K_0$, $L=L_0$를 투입 시 생산량을 $Q_0=10K_0^{1.5}L_0^{1.5}$라 하자. 만약 두 요소의 투입량을 각각 두 배씩 $K=2K_0$, $L=2L_0$를 투입한다면, 새로운 생산량은 $Q_1=10(2K_0)^{1.5}(2L_0)^{1.5}=(2^{1.5}2^{1.5})10K_0^{1.5}L_0^{1.5}=8Q_0$이 된다. 즉, 두 요소를 모두 두 배 증가시키면, 생산량은 두 배보다 더 큰 8배로 증가한다. 이와 같이 모든 요소를 같은 정도로 증가시킬 때, 생산량이 요소 증가 정도를 초과하여 증가하는 경우에 이 생산함수는 '규모의 보수 증가'(increasing returns to scale; IRS)가 있다고 한다. 장기 생산함수가 $Q=10K^{0.5}L^{0.5}$인 경우에 두 요소 투입량을 다 같이 두 배 증가하면, 생산량도 두 배 증가하는데 이 경우에 생산함수는 '규모의 보수 불변'(constant returns to scale; CRS)을 보인다고 한다. 장기 생산함수가 $Q=10K^{0.25}L^{0.25}$인 경우에 두 요소 투입량을 다같이 두 배 증가하면, 생산량은 약 1.4배(정확히는 $\sqrt{2}$배) 증가하여, 생산량이 두 요소 투입량의 증가 정도보다 적게 증가한다. 이 경우에 생산함수는 '규모의 보수 감소'(decreasing returns to scale; DRS)를 보인다고 한다.

이 책을 읽는 독자는 대부분 미시경제학을 배웠을 것인데, 미시경제학에서 규모의 보수는 등량곡선을 통해서 설명하는 것을 기억할 것이다. 다음 절에서 규모의 보수는 비용함수에서 규모의 경제와 동일함을 보인다.

산업조직론에서 기업의 행동을 분석하는 데 생산함수보다는 비용함수를 더 유용하게 이용한다. 비용함수는 생산함수에서 도출되며 생산함수에 대한 정보를 담고 있다.

제4절 | 비용과 비용함수

1 비용개념

경제학에서 비용은 기회비용의 개념으로 측정한다. 시간, 돈, 또는 요소를 어떤 용도(전형적으로 생산활동)에 이용할 때 발생하는 기회비용은 이용치 못한 대체 가능한 다른 용도로부터 얻을 수 있는 혜택 중에서 가장 높은 가치라고 정의된다. 경제학을 전공한 학생이 은행에 입사하여 연봉 5,000만원을, 대기업에서 6,000만원을 받을 수도 있었으나, 영화 평론가 같은 프리랜서의 직업을 택했다 하자. 프리랜서를 하는 이 학생의 기회비용은 6,000만원이다. 한 기업이 생산에 필요한 요소의 시장 가격이 100원이라 하자. 이 요소가 아닌 다른 요소로는 생산이 불가능한 경우 이 요소의 구입에 대한 기회비용은 요소의 시장가격인 100원이다. 많은 경우 기회비용은 사람에 따라서, 시간에 따라서, 상황에 따라서 다르기 때문에 객관적인 측정에는 한계가 있다.

요소 구입에 직접적으로 (또는 명시적으로) 지출된 비용을 회계적 비용이라 한다. 원료 가격, 임금, 임대료 등이 여기에 해당한다. 생산 요소로 이용되었으나 명시적으로 지출되지 않는 경우도 있는데 이를 묵시적 비용이라 한다. 개인사업을 하는 기업인이 자신의 지하주차장을 사무실로 이용하는 경우 지하주차장의 임대료는 묵시적 비용이다. 경제적 비용은 회계적 비용과 묵시적 비용의 합이며, 이들은 모두 기회비용의 개념으로 산출한다.

매몰비용(sunk cost)은 지출된 고정비용에서 회수할 수 없는 금액을 말한다. 예를 들어, 제과점 개점을 위해서 100만원짜리 오븐을 구입했고, 내부 인테리어로 1억원을 지출했다고 하자. 그러나 개점한 지 한 달 만에 폐업하게 되었고 폐업시 오븐을 중고시장에서 60만원에 판매할 수 있다고 하자. 인테리어 비용 1억원과 중고시장에서 오븐의 구매가와 판매가 차액인 40만원은 매몰비용이다.[6] 폐업시 제과점 인테리어는 어느 누구도 구매하려 하지 않을 것이며, 폐기해야 할 것이므로 1억원의 지출은 회수할 수 없는 매몰비용이며, 100만원에 구매한 오븐을 60만원을 받고 판매할 수 있다면 그 차액인 40만원은 회수할 수 없는 매몰비용이다. 매몰비용은 '엎질러진 물'과 같다. 엎질러진 물은 담을 수 없다. 매몰비용은 의사결정시 고려대상이 되어서는 안된다. 고정비용 중에서 매몰되지 않은 부분은 회피비용(avoidable cost)라 하며 의사결정에 영향을 미친다.

2 비용함수

기업은 효율적인 운영을 위해서 주어진 생산량을 가장 낮은 비용으로 생산하고

6) 여기서 오븐의 구매가와 판매가의 차액인 40만원에는 감가상각비 등 일체의 다른 비용 항목을 고려치 않는다고 가정한다.

자 한다. 기업의 생산과 관련하여 비용의 특성에 대해서 알 필요가 있다. 비용은 생산함수와 밀접한 연관관계를 가지며, 비용함수는 생산함수를 통해서 도출된다. 생산 활동은 한 측면에서는 생산량을 출하하고 판매하며, 다른 측면에서는 요소를 구입하고 비용을 지출해야 한다. 어떤 생산량을 위해서 최소의 비용이 어떤 수준인지 파악하는 것을 비용최소화라고 하며, 비용최소화를 통해서 비용함수를 도출한다. 생산함수를 단기와 장기로 구분하듯이, 이와 관련된 비용함수도 단기와 장기로 구분하여 설명한다. 단기 비용함수는 가변요소와 함께 고정요소에 대한 지출비용을 반영하며, 장기 비용함수에는 가변요소에 대한 지출 비용인 가변비용만이 존재한다. 비용함수는 생산함수의 모든 정보를 내포한다.

이 장의 부록에 단기와 장기 비용함수에 대한 수학적 도출 과정이 설명되어 있으며 다음과 같이 요약한다. 콥-다글라스 생산함수 $Q=K^aL^b$이 주어져 있다고 하자. 단기에 $K=\bar{K}$로 고정된 경우에, 단기 비용함수는 $C^S=r\bar{K}+wQ^{\frac{1}{b}}\bar{K}^{\frac{-a}{b}}=C(Q, \bar{K})$이다. 여기서 r, w는 K와 L의 요소가격이다. 즉, 비용함수는 주어진 고정요소 투입량, 요소 가격, 그리고 생산량의 함수이다. 고정요소 투입량은 단기에 변하지 않고, 요소 가격도 주어져 있다고 가정하므로, 일반적으로 비용함수는 생산량의 함수로 표시한다. 예를 들어, $\bar{K}=10$, $r=w=1$, $a=b=0.5$인 경우에 $C^s=10+\frac{Q^2}{10}$이다. 10단위 생산 시($Q=10$), 최소화된 비용은 20이다($C^s=20$). 장기에 모든 투입 요소는 가변적이다. 주어진 생산함수에서 장기 비용함수는 다음과 같다; $C^{LR}=C(Q)=Z(r, w)Q^{\frac{1}{a+b}}$. 여기서 $Z(r, w)=[(\frac{a}{b})^{\frac{b}{a+b}}+(\frac{a}{b})^{\frac{-a}{a+b}}]\,r^{\frac{a}{a+b}}w^{\frac{b}{a+b}}$이다. 장기 비용함수는 앞의 단기 비용함수와 같이 주어진 요소가격과 생산량의 함수이며, 생산량의 함수로 표시한다. $r=w=1$, $a=b=0.5$인 경우에 $C^{LR}=2Q$이다.

1) 단기 비용함수

단기생산에 가변요소와 함께 고정요소가 존재하므로 요소투입에 소요된 총비용(TC)은 총고정비용(TFC)과 총가변비용(TVC)의 합이다. 전자는 생산량(Q)과 관계없이 일정하게 고정요소에 지출되는 비용이며, 후자는 생산량의 증감에 따라서 변하는 가변요소에 지출되는 비용이다. 앞으로 총고정비용, 총가변비용 대신에 단순히 고정비용, 가변비용으로 사용한다. 생산량과 비용의 관계는 수학적 함수로 나타낼 수 있는데, 고정비용은 생산량과 상관없이 일정하다고 했으므로 이를 F(일정액)라 하면 고정비용함수는 $TFC=F$이다. 이 함수는 Q에 대해서 일정하다. [그림 2-5]에서 TFC는 F에서 수평선이다. 가변비용은 생산량의 변화에 따라 변하므로 가변비용함수로 나타내며 $TVC=V(Q)$이다. 앞에 소개한 (그리고 부록에서 도출한) 단기 비

그림 2-5 총비용, 가변비용, 고정비용

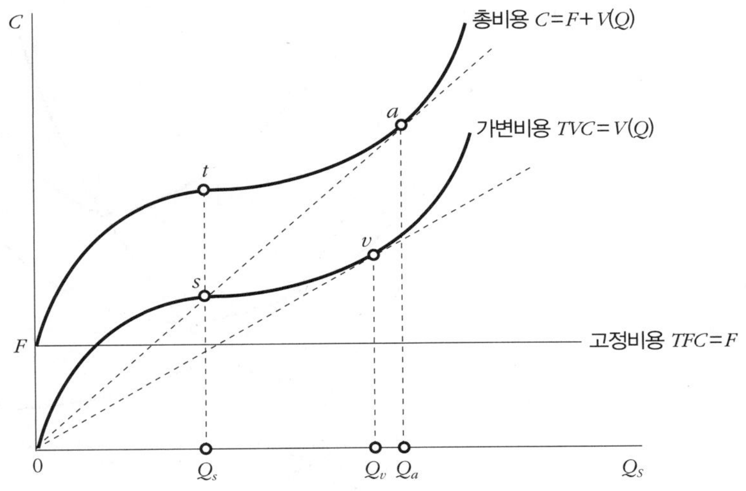

용함수의 한 가지 예는 $C^S = r\bar{K} + wQ^{\frac{1}{b}}\bar{K}^{\frac{-a}{b}} = C(Q, \bar{K})$로 고정비용($r\bar{K}$)과 가변비용($wQ^{\frac{1}{b}}\bar{K}^{\frac{-a}{b}}$) 부분으로 구성되어 있다. $V(Q)$는 가변요소 가격이 일정하다 가정하고 생산량의 함수로만 표시한다. $V(Q)$는 Q가 증가함에 따라서 TVC가 증가하는 증가함수이다. [그림 2–5]에서 보듯이 TVC는 원점에서 출발하여 우상향한다. 가변비용 함수에 대한 일반적인 가정은 어느 생산량 수준(Q_s)까지 가변비용은 생산량 증가보다 더 작게 증가하다가, 그 이후에는 더 크게 증가한다.[7]

[그림 2–5]에서 총비용곡선, 가변비용곡선, 고정비용곡선의 형태를 알 수 있다. 총비용은 이 둘의 합이므로 비용함수 $C = C(Q) = F + V(Q)$이다. $C(Q)$는 생산량 수준에 따른 총비용을 나타내는 비용함수이며, F는 상수이므로 $V(Q)$와 동일한 수학적 성격을 가진다.[8] 총비용곡선은 가변비용곡선을 F만큼 위로 이동한 곡선이다.

기업의 비용을 분석하는 데 있어서 더 편리하고 유용한 개념은 평균비용과 한계비용이다. 평균고정비용(AFC)은 고정비용을 생산량으로 나눈 것으로 생산량 한 단위당 소요된 평균적인 고정비용을 나타낸다. 생산량이 증가함에 따라 한 단위당 소요되는 평균고정비용은 지속적으로 감소한다. 평균가변비용(AVC)은 가변비용을 생산량으로 나눈 것으로 생산량 한 단위당 소요된 가변비용의 평균값을 나타낸다. 생산량이 증가함에 따라 한 단위당 소요된 평균가변비용은 감소하다가 최저점

7) 수학적으로 Q_s까지 $V(Q)$에 대한 2차 미분은 음이며, Q_s 이후 2차 미분은 양이다. s를 변곡점이라고 한다. Q_s 이하에서 $V(Q)$는 오목하며, 그 이상에서 $V(Q)$는 볼록하다고 한다.

8) 부록에서 보듯이 총비용은 생산량의 변화에 따라 변하지만, 가변요소 가격과 고정요소 투입량에 의해서도 영향을 받는다.

그림 2-6 **평균비용, 평균가변비용, 평균고정비용, 한계비용**

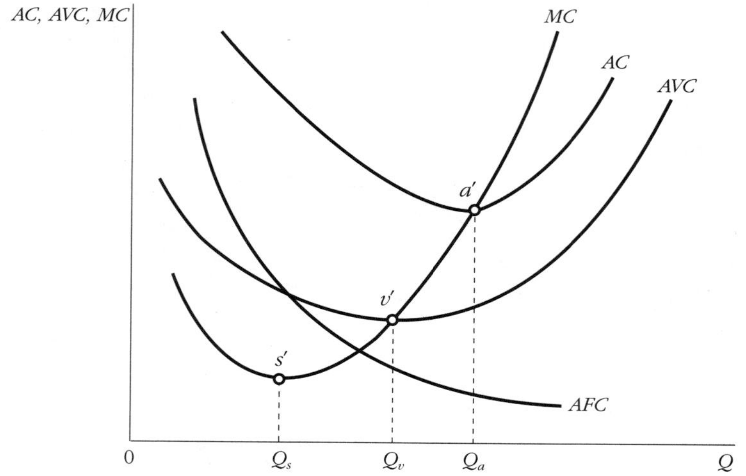

에 도달한 후에 증가한다. 평균비용(AC)은 총비용을 생산량으로 나눈 것으로, 생산량 한 단위당 소요된 평균적인 비용을 나타낸다.[9] 평균가변비용은 $AVC(Q)=TVC/Q=V(Q)/Q$, 평균고정비용은 $AFC(Q)=TFC/Q$이다. 총비용(TC)은 총고정비용(TFC)과 총가변비용(TVC)의 합이므로 평균비용간에는 다음과 같은 관계가 성립한다;

$$\text{평균비용 } AC(Q)=TC/Q=C(Q)/Q=(F+V(Q))/Q=AFC(Q)+AVC(Q).$$

그림을 통해서 평균비용을 설명해 보자. 평균비용은 $AC=TC/Q$이므로, 원점과 총비용곡선의 각 점을 연결한 직선의 기울기이다. [그림 2-5]의 점 a에서 Q는 Q_a이며, 총비용은 a이므로 Q_a를 생산 시 평균비용은 $0Q_aa$의 삼각형에서 밑변(Q_a) 대 높이(a)의 비율이다. 생산량이 영에 가까울 정도로 작은 경우에 평균비용은 매우 크며(각 생산량(밑변) 대비 총비용 높이의 기울기는 매우 높으며), 생산량이 증가함에 따라서 감소한다. 생산량이 Q_a에 도달하면 평균비용은 가장 낮은 수준이며, 생산량이 Q_a를 초과하면서 평균비용은 다시 증가한다. 따라서 평균비용곡선은 U자 모양이다([그림 2-6]).

평균가변비용은 원점과 가변비용곡선의 각 점을 연결한 직선이므로 위에서 그림을 통한 평균비용의 도출과 유사하다. 생산량이 영에서부터 Q_v까지 증가할 때, 원점에서 가변비용곡선의 각 점을 연결한 기울기는 감소하며, 점 v에 도달하면 가장 낮아지고, 점 v를 지나면서 기울기는 커지므로 평균가변비용은 증가한다. 평균

9) 평균비용(AC)는 평균고정비용, 평균가변비용과 구분하기 위해서 평균총비용(ATC)이라고도 한다.

가변비용도 평균비용과 같이 U자 모양이다. [그림 2-5]에서 평균가변비용의 최저를 나타내는 $0v$에 해당하는 생산은 Q_v이다. 평균비용곡선과 평균가변비용곡선은 모두 U자 모양이나, 전자가 후자보다 위에 위치하고 전자의 최저점에 해당하는 생산량(Q_a)는 후자의 최저점에 해당하는 생산량(Q_v)보다 크므로, 두 곡선은 [그림 2-6]처럼 그려진다. 평균고정비용은 분자는 상수이고, 분모는 생산량 변수이므로 생산량이 영에 가까울 때는 무한대에 가깝지만, 생산량이 증가함에 따라 꾸준히 감소하여 영에 근접하는, 원점에 볼록한 우하향하는 곡선이다. [그림 2-6]에서 꾸준히 감소하는 평균고정비용곡선(AFC)을 발견할 수 있다.

한계비용(MC)은 생산량 한 단위 증가에 따른 총비용의 증가분을 말하며, 비용함수($C(Q)$)를 생산량(Q)에 대해서 미분하여 구한다.[10] [그림 2-5]에서 총비용이 Q_s까지 오목함수이고 Q_s 초과 구간에서 볼록함수이므로, 영에서 Q_s 구간에서 한계비용은 감소하고 Q_s 이후 구간에서는 증가한다. [그림 2-6]에서 한계비용곡선은 U자 모양이다. 한계비용은 비용함수를 미분한다고 했는데, [그림 2-5]에서 비용곡선의 각 점에서 접선의 기울기(평균비용처럼 원점과 각 점을 연결하는 직선의 기울기가 아니라)이다. 총비용은 고정비용과 가변비용의 합이므로 비용함수를 미분하면, 총고정비용에 대한 미분은 영이 되므로 가변비용함수를 미분한 것과 같다. 따라서 한계비용 $MC = C'(Q) = V'(Q)$이다. [그림 2-5]에서 보듯이 Q_s의 생산량에서 총비용은 t이고 가변비용은 s인데, 각 점에서의 기울기는 영으로 동일하다. 즉, 주어진 생산량에서 총비용곡선의 접선의 기울기를 측정하든지, 가변비용곡선의 접선의 기울기를 측정하든지 동일한 한계비용을 얻는다.

이제 한계비용 곡선을 앞에서 도출한 세 가지 평균비용과 함께 그려보자. 한계비용 곡선은 U자 모양이라 했다. 결과적으로 한계비용 곡선의 우상향하는 구간은 평균가변비용의 최저점과 평균비용의 최저점을 차례로 통과한다. [그림 2-5]에서 먼저 가변비용 곡선을 고려하자. 생산량이 증가하면서 가변비용 곡선상의 각 점에서 접선의 기울기인 한계비용은 처음에는 매우 크지만 점점 감소하다가 변곡점인 s에서 영이 되며, 이 점을 지나서 한계비용은 다시 증가한다. 점 v에서 접선의 기울기(즉, 한계비용)는 원점과 점 v를 잇는 직선의 기울기(즉, 평균가변비용 최저점)와 같으므로 평균가변비용의 최저점에서 한계비용과 평균가변비용은 동일하다. 생산량이 Q_v를 초과하면 한계비용은 평균가변비용보다 더 커진다. [그림 2-6]에서 보듯이 평균가변비용 최저점에서 한계비용은 동일하지만, 한계비용 곡선은 더 빨리

---

10) 비용함수를 생산량에 대해서 미분하면 비용함수에 대한 도함수를 얻으며 이를 한계비용함수라 한다. 특정 생산량(예로, $Q=Q_o$)을 이 도함수에 대입하여 생산량 Q_o에서의 한계비용을 얻는다.

증가하므로 평균가변비용 곡선의 최저점(v')을 관통하며 우상향한다.

[그림 2-6]에서 한계비용 곡선과 평균비용 곡선과의 관계는 점 a'를 기준으로 비교하면 된다. 점 a'에서 한계비용과 평균비용은 동일하다. [그림 2-5]의 점 a와 같다. 따라서 평균비용은 평균비용의 최저에서 한계비용과 동일하다. 생산량이 Q_a를 초과하면 한계비용은 급속히 증가하고 평균비용은 덜 급속히 증가하므로, 한계비용 곡선은 평균비용 곡선 최저점을 통과하면서 우상향한다.

AC, AVC, MC와의 관계를 수학적으로 살펴보자. $AC(Q)=\frac{C(Q)}{Q}$이므로 이를 미분하면, $AC'(Q)=\frac{1}{Q}\left(C'(Q)-\frac{C(Q)}{Q}\right)=\frac{1}{Q}(MC-AC)$이다. Q_a의 왼쪽 구간은 AC가 감소하는 구간으로서 $AC'(Q)<0$을 말하므로, 한계비용은 평균비용의 아래($MC<AC$)에 있다. AC의 최저점은 $AC'(Q)=0$을 말하며, 이 점([그림 2-6]의 a')에서 한계비용과 평균비용은 같다($MC=AC$). Q_a의 오른쪽 구간은 AC가 증가하는 구간으로서 $AC'(Q)>0$을 말하며, 한계비용은 평균비용의 위에 위치한다($MC>AC$). 마찬가지로 $AVC(Q)=V(Q)/Q$를 미분하여 위와 같은 결과를 도출하여 [그림 2-6]에서 평균가변비용 곡선과 한계비용 곡선과의 관계를 설명할 수 있다.

2) 장기 비용함수

장기에 기업은 생산비용이 가능한 낮아지게 요소투입을 조정할 수 있다. 단기에 고정되어 조정이 어려웠던 공장 규모, 자본재, 설비 등 고정 투입 요소를 장기에 변경하면 가장 낮은 평균비용이 장기의 평균비용이 된다. 장기 평균비용곡선은 이러한 개념에 준하여 다음과 같이 도출된다. 단기 평균비용곡선은 고정요소의 투입량이 일정한 상태이므로 고정요소의 투입량이 변하면 이에 따라 서로 다른 단기 평균비용곡선을 얻을 수 있다. 여러 개의 서로 다른 단기 평균비용 곡선에서 가장 아래 부분을 연결한 것이 장기 평균비용곡선이 된다. 단기 평균비용 곡선의 가장 아래 부분이란 각 단기 평균비용 곡선의 최저점을 말하는 것이 아니다.

[그림 2-7]에서 보듯이 Q_a 생산 시 가장 낮은 평균비용은 두 개의 단기 AC 중에서 단기 $AC(K_1)$의 최저점 B가 아니라 고정요소를 K_1에서 K_2로 변경시켜서 얻은 다른 단기 평균비용곡선 $AC(K_2)$의 점 C이다. 주어진 단기 $AC(K_2)$에서 최저점은 D이지만 Q_a 생산을 위한 장기의 최저비용은 점 C이다. Q_b를 생산하고자 할 때, 점 D는 단기 $AC(K_2)$에서 가장 낮지만, 단기 $AC(K_2)$보다 더 낮은 또 다른 단기 AC곡선이 존재하므로 D보다 더 낮은 장기평균비용이 가능하다. 이와 같이 각 생산량에서 수많은 단기 평균비용곡선들을 생성할 수 있는데, 가장 낮은 곡면들을 연결한 점들이 장기 평균비용곡선이 된다. 이렇게 얻어진 장기 평균비용곡선은 이론상으로

그림 2-7 장기 *AC*, *MC*곡선

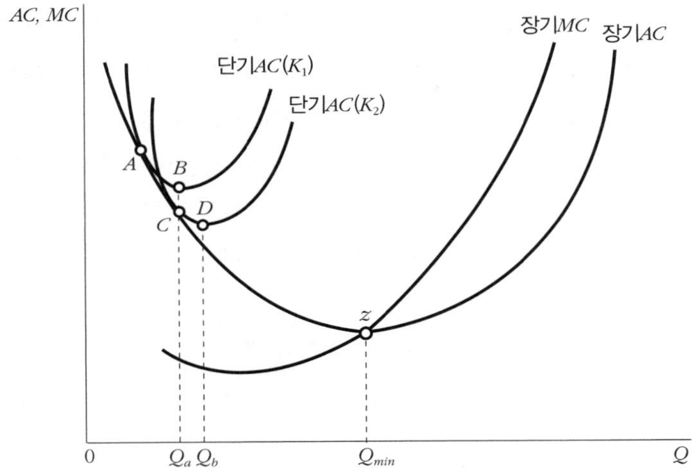

*U*자 모양이 된다. 다시 설명하면, 장기 평균비용곡선의 한 점(*A*)은 어떤 고정요소의 투입량(K_1)을 가지는 한 단기 평균비용곡선과 접하게 된다([그림 2–7] 참조). 장기 평균비용곡선은 단기 평균비용곡선들의 포락선(lower envelope)이라 한다.

장기 평균비용(*LAC*)이 단기 평균비용보다 낮은 이유는 다음과 같다; ① 단기보다 장기에 요소 대체성이 더 높기 때문이다. 단기에 고정요소 가격이 비싸더라도 고정요소 투입량을 변경시킬 수 없지만 장기에는 이 요소를 다른 더 저렴한 요소로 대체할 수 있기 때문에 동일한 생산량을 더 낮은 비용으로 생산할 수 있다. ② 기술진보 때문이다. 기술진보는 단기보다는 장기에 이루어지고 비용절감 효과를 가져오기 때문이다. ③ 학습효과(learning effect; learning–by–doing) 때문이다. 학습효과는 노동자의 반복적인 생산활동으로 동일 제품의 조립시간이 절약되거나 불량품 발생률을 줄여서 생산량의 증가에 따라 평균비용이 낮아지는 효과를 말한다. 반도체 산업에서 반도체 칩의 성능(정보기억량)이 18~24개월마다 2배로 증가한다는 '무어의 법칙'(Moore's law)은 반도체의 생산비용이 하락함을 말하며 학습효과에 기인된다고 볼 수 있다.

장기 한계비용(*LMC*)은 *U*자 모양이며 장기 평균비용곡선의 최저점을 통과하면서 우상향한다. 장기 한계비용곡선은 다음과 같이 도출한다. 각 생산량에 대한 장기 평균비용에는 가장 낮은 단기 평균비용이 한 점씩 접하는데 이 점에 상응하는 단기 한계비용의 한 점이 존재한다. 각 생산량에서 이 단기 한계비용의 점들을 연결한 선이 장기 한계비용곡선이다. 이에 대한 그림 설명은 생략한다.

3) 규모의 경제(economies of scale)

장기 평균비용곡선은 U자 모양을 가진다고 했다. U자 모양이란 생산량이 증가함에 따라 장기 평균비용이 하락, 일정, 증가함을 말한다. 생산량이 증가함에 따라서 평균비용이 하락하는 경우에 규모의 경제(economies of scale)를, 평균비용이 일정한 경우에 규모의 보수 일정을, 평균비용이 증가하는 경우에 규모의 비경제(diseconomies of scale)를 보인다고 한다. 주어진 콥-다글라스 생산함수 $Q=K^aL^b$를 이용하여 장기 비용함수를 구하면 다음과 같다; (부록 참조)

$$C^{LR}=C(Q)=Z(r,\ w)Q^{\frac{1}{a+b}}$$

여기서, $Z(r,\ w)=[(\frac{a}{b})^{\frac{b}{a+b}}+(\frac{a}{b})^{\frac{-a}{a+b}}]r^{\frac{a}{a+b}}w^{\frac{b}{a+b}}$이다.

이 비용함수에서, $a+b>1$인 비용함수를 보유한 기업은 생산량 한 단위 증가에 대해서 평균비용은 이보다 감소하므로 규모의 경제를 보인다. 즉, 장기 평균비용곡선이 우하향하는 구간이다. $a+b=1$인 비용함수를 보유한 기업은 생산량 한 단위 증가에 대해서 평균비용은 일정하므로 규모의 보수 불변을 보인다. 즉, 장기 평균비용곡선은 수평선이다. 마지막으로 $a+b<1$인 경우에는 규모의 비경제를 보이며, 장기 평균비용곡선은 우상향한다.

[그림 2-8]에서 장기 평균비용곡선($iabj$)의 최저점을 한 점이 아니라 넓게(ab

그림 2-8 장기 평균비용곡선과 규모의 경제

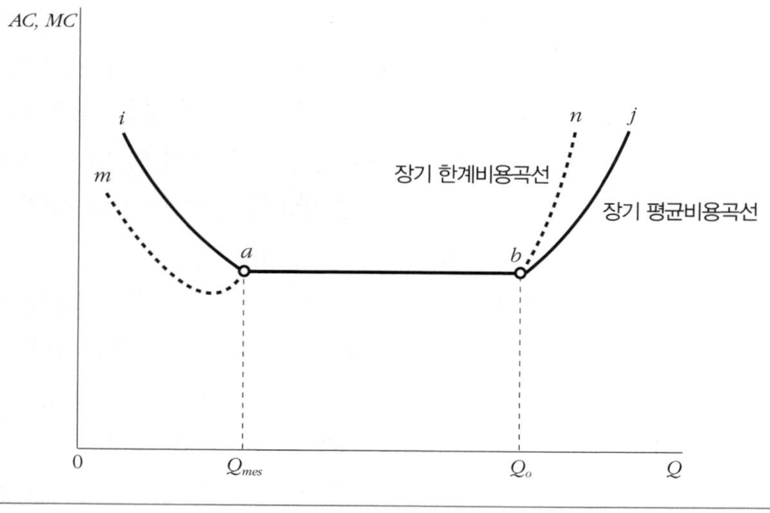

구간) 표시하였다. 규모의 경제는 장기 평균비용곡선이 우하향 구간이므로 [그림 2–8]에서 생산량이 0과 Q_{mes} 사이에서 발생한다. 이 생산량 구간에서 생산량이 증가하면 장기 평균비용은 하락한다. 장기 평균비용이 최저점에 처음으로 도달한 생산량(Q_{mes})을 최소효율규모(minimum efficient scale; MES)라 한다. 생산량이 Q_{mes}와 Q_o 구간에서 생산량이 증가해도 장기 평균비용은 일정하여, 장기 평균비용곡선은 수평선이다. 이 수평선 구간을 규모의 보수 일정이라고 한다. 생산량이 Q_o를 초과하여 증가하는 경우에 장기 평균비용은 증가하며 이를 규모의 비경제라 한다.

실증적으로 장기 평균비용곡선은 *iab*구간의 *L*자 비슷한 모양이다. 생산이 증가하여 장기 평균비용이 상승하는 경우에 상승 직전까지 생산을 하기 때문에 상승 구간은 잘 관찰되지 않는다. 그러나 예를 들어, 2,000㎡의 부지에 10층 건물을 짓는 경우와 200층 건물을 짓는 경우를 비교하면 후자의 건설 평균비용은 전자보다 더 높다. 이처럼 초고층 건물 건설에서 규모의 비경제가 발견된다.

[그림 2–8]은 장기 한계비용곡선(*mabn*)과 장기 평균비용곡선(*iabj*)의 관계를 보여주고 있다. 단기의 평균비용곡선과 한계비용곡선의 관계처럼, 장기에 평균비용이 하강하는 구간(*ia*구간)에서 한계비용(*ma*구간)은 평균비용의 아래에 있어야 한다. 평균비용이 일정하면 한계비용은 평균비용과 같아야 하므로 두 비용곡선은 *ab* 구간에서 동일하다. 장기 평균비용곡선이 우상향(*bj*구간)하면, 한계비용(*bn*구간)은 평균비용의 위에 있어야 한다.

어떤 기업의 최소효율규모가 매우 크다면, 규모의 경제만 나타날 수도 있으며,

그림 2–9 규모의 경제가 존재하는 경우 장기 평균비용과 한계비용곡선

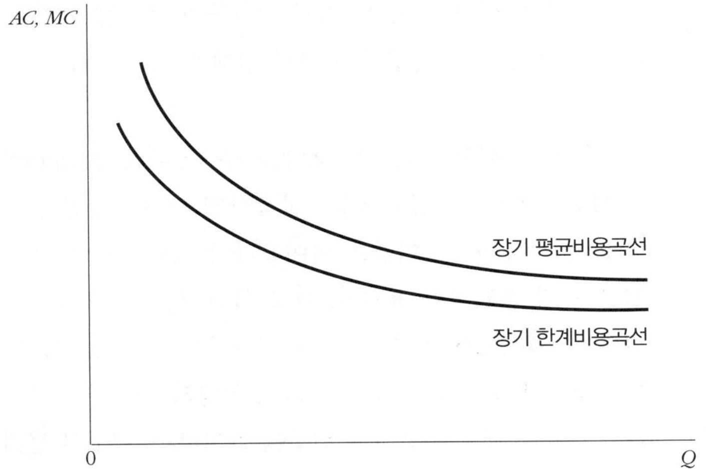

장기 평균비용곡선은 [그림 2-9]처럼 모든 생산량 구간에서 우하향한다. 다른 기업은 생산량 수준에 상관없이 장기 평균비용이 일정하여 장기 평균비용곡선이 수평선만 보일 수도 있다.

규모의 경제는 비용에 기초를 둔 개념으로 장기 생산함수에서 소개한 규모의 보수(returns to scale)와 밀접히 연관되어 있다. 모든 요소의 투입량을 동시에 *a*배 증가시 생산량이 *a*배를 초과하여(미만으로, 또는 동일하게) 증가한다면, 규모 보수 증가(감소, 일정)가 있다고 말한다. 모든 요소 투입량을 *a*배 증가시, 총비용은 *a*배 증가(요소가격이 주어져 있다고 가정한다면)하는데 비해서 생산량이 *a*배 초과하여 증가하기 때문에 평균비용은 감소한다. 따라서 규모의 보수 증가는 규모의 경제와 동일한 결과를 가져온다. 규모의 보수 감소는 규모의 비경제와 같으며, 장기 생산함수가 규모의 보수 일정을 보이면 장기 비용함수도 생산량 증가에 대해서 평균비용이 일정한 규모의 보수 일정을 보인다.

규모의 경제가 발생하는 요인은 다음과 같이 세 가지가 제시되어 있다(쉬어러와 로스(Scherer and Ross), 1990).

■ 제품 특정적 규모의 경제(product-specific economies of scale)

제조업에서 소량 생산 시 이용하는 기계와 대량 생산 시 이용하는 기계가 다른 경우가 많다. 대량 생산용 기계의 사양과 성능이 더 우수해서 대량 생산 시 평균비용이 소량 생산용 기계보다 더 낮다. 또한 동태적인 측면에서 노동자들의 학습효과는 누적 생산량에 대한 평균비용을 더 낮춘다. 아담 스미스는 '국부론'에서 노동의 전문화와 분업으로 대량 생산 시 평균비용이 소량 생산 시보다 더 낮아진다고 주장하였다. 이와 같이 한 가지 생산물의 생산량 증가에 따라서 평균비용이 감소하는 경우에 '제품 특정적' 규모의 경제가 있다고 한다.

■ 공장 특정적 규모의 경제(plant-specific economies of scale)

석유화학산업, 정유산업, 철강산업, 시멘트 산업을 흔히 장치산업(process industry)이라 한다. 이들은 파이프나 용기(container)를 이용하여 생산한다. 각 공장은 공정 단위(또는 용기)의 규모 확장에 따른 '공장 특정적' 규모의 경제가 발생한다. 장치산업에서 한 공장의 생산량은 공정 단위(또는 용기)의 부피에 비례한다. 이에 비해서 공정 단위 요소투입량과 비용은 공정 단위의 표면적에 비례한다. 정유산업에서 사용하는 원구를 고려하자. 원구의 부피는 $V=\frac{4}{3}\pi r^3$이고 표면적은 $S=4\pi r^2$이다. (여기서 $\pi=3.14$, r은 원구 반지름) 원구의 반지름(r)이 2배 증가하면 부피는 8배, 표면적은 4배 증가한다. 따라서 생산량(부피)의 증가에 따라서 평균비용은 감소한다. 이를 부피에 의한 규모의 보수(volumetric returns to scale 또는 dimensional economies)라고 한다. 공장규모 증가에 따른 이득은 비축품의 규모의 경제(economies of massed reserves)에서도 나타난다. 사용하는 기계가 한 대인 경우에 고장이나 수리 등에 대비하여 공장에서 보통 한 대의 여분의 기계(그리고 수리 요원)를 비축한다고 하자. 여러 기계를 동시에 사용하는 경우에도 고장이나 수리 등을 위해서 여분의 기계는 계속 한 대면 충분하다. 한 공장에서 작동 중인 기계가 증가하는 경우의 평균비용은 비축품(여분의 기계)의 존재로 인해서 기계가 한 대 작동 중인 경우의 평균비용에 비해서 낮아지게 된다. 또한 대량 생산 시 필요한 수리요원들의 노동비용은 소량 생산 시보다 더 많이 소요되지 않으므로 생산 증가 시 노동의 평균비용은 더 낮아지게 되어 공장 특정적 규모의 경제를 보인다.

■ 범위의 경제(economies of scope)

기업들은 한 종류의 제품만 생산하는 것이 아니라 여러 종류의 제품을 생산한다. 서로 다른 두 제품을 같이 생산하는 한 기업의 비용이 각 제품을 하나씩 생산하는 두 기업의 비용의 합보다 적다면, 두 제품을 생산하는 기업은 범위의 경제가 있다고 한다. 삼성전자는 세탁기와 냉장고 등 여러 종류의 가전제품을 생산하며, 마이크로소프트(MS)사는 상당히 다른 제품인 운영체계(윈도우)와 오피스 제품(워드, 엑셀 등)을 생산·판매한다. 던킨 도너츠는 여러 종류의 도너츠와 함께 커피도 판매한다.

한 기업이 두 제품을 서로 다른 공장에서 한 가지씩 생산한다고 하자(이러한 기업을 다제품(multi-product) 기업이라 한다). 각 제품은 자신의 비용함수를 가진다. 한 제품을 생산하는 데 소요되는 비용은 그 제품의 수량뿐만 아니라 제품을 생산하는 공장의 크기에 의해서도 영향을 받는다. 범위의 경제는 두 가지 (또는 그 이상) 제품의 생산으로 공장 특정적(plant-specific)이고 제품 특정적(product-specific)인 비용에 대한 효과를 설명한다.[11]

두 제품의 생산량을 각각 Q_1, Q_2라 하고 두 제품을 한 기업이 생산하는 경우에 비용함수를 $C(Q_1, Q_2)$라 하자. 두 제품이 별도의 기업에 의해서 생산되는 경우에 Q_1을 생산하는 한 기업의 비용함수를 $C(Q_1, 0)$, Q_2를 생산하는 다른 기업의 비용함

11) 쉬어러와 로스는 범위의 경제를 '다공장 규모의 경제'(multi-plant economies)라고 하였다. '범위의 경제'는 보몰 외(1982)에 의해서 사용되었다. 규모의 경제는 생산량(규모)의 증가에 따른 효율성을, 범위의 경제는 제품 종류(범위)의 증가에 따른 효율성을 설명한다는 면에서 차이가 있다. 또한 규모의 경제는 기본적으로 공급측면인데 비해서, 범위의 경제는 소매상의 마케팅같이 수요측면이다.

수를 $C(0, Q_2)$이라 하자. $C(Q_1, Q_2) < C(Q_1, 0) + C(0, Q_2)$라면, 두 제품은 범위의 경제가 있다고 정의한다. 한 기업이 두 제품을 동시에 생산하는 것이 두 개의 기업에서 별도로 생산하는 것보다 더 저렴하다면 범위의 경제가 있다고 한다. 다품종 소량생산의 이득이 있는 경우를 말한다.

서로 다른 제품을 한 기업이 같이 생산하는 이유는 각 제품을 별도로 생산하는 경우보다 비용을 절감할 수 있기 때문이다. 그러나 서로 다른 제품을 같이 생산하는 것이 항상 비용을 절감하여 범위의 경제가 있는지는 실증적으로 분석을 해야 한다.

연 | 습 | 문 | 제

>>> Theory of Industrial Organization

1. 한 가지 요소(L)만 투입하여 최종재를 생산하는 경우에 생산함수를 $Q=f(L)=L^a$라고 하자. 요소 가격은 단위당 w로 일정하다. 1) $0<a<1$인 경우, 2) $a=1$인 경우, 3) $a>1$인 경우에 생산함수, 총비용함수, 평균 비용함수, 한계 비용함수를 그림으로 그리고 비교하시오. 이 문제에서 DRS, CRS, IRS를 파악하시오.

2. 생산함수가 $Q=f(K, L)=(K^a+L^a)^b$이다. 여기서 $a, b>0$이고 K는 자본 투입량, L은 노동 투입량이다.

1) 자본의 한계생산성($MP_K(K, L)$)과 노동의 한계생산성($MP_L(K, L)$)을 도출하시오. 이들은 모두 요소(K, L)의 함수임을 확인하시오.
2) 자본의 증가에 따른 노동의 한계생산성의 변화(즉, $\frac{\partial MP_L}{\partial K}$)와 노동의 증가에 따른 자본의 한계생산성의 변화(즉, $\frac{\partial MP_K}{\partial L}$)가 같음을 보이시오.
3) $\frac{\partial MP_L}{\partial K}=\frac{\partial MP_K}{\partial L}>0$이라면, 자본과 노동은 생산에서 보완요소라고 정의하고, $\frac{\partial MP_L}{\partial K}=\frac{\partial MP_K}{\partial L}<0$이라면 두 요소는 대체요소라고 정의한다. 두 요소가 보완(대체) 요소이기 위한 b 값의 범위를 정하시오.
4) 생산함수가 DRS, CRS, IRS가 되기 위한 a, b 값의 범위를 정하시오.

3. 비용함수가 다음과 같은 경우에 평균 비용함수, 평균 가변비용함수, 평균 고정비용함수, 한계비용 함수를 도출하고 해당하는 곡선을 그리시오. 각 함수의 최저값을 구하고 그림에 표시하시오.

1) $C(q)=q^3-2q^2+2q+10$
2) $C(q)=\frac{q^2}{100}+\frac{q}{2}+100$
3) $C(q)=q^2+q$
4) $C(q)=cq+1{,}000$, 여기서 c는 일정한 상수(예, $c=10$)
5) $C(q)=cq$

4. 다음의 수요함수를 이용하여 총수입함수와 한계수입 함수를 도출하시오. 총수입을 극대화하는 생산량을 구하시오. $a, b>0$는 상수이다. 2)와 3)의 경우에 신중하게 생각하시오.

1) $P=a-bQ$
2) $P=\frac{a}{Q}$
3) $P=aQ^{-b}$

5. X재와 Y재의 생산비용함수가 아래와 같다. 어떤 비용함수가 범위의 경제를 보이는지 보이시오.

1) $C(X, Y)=200+X+2Y$

2) $C(X, Y)=2X+Y+XY$

6. 장치산업을 정의하고, 장치산업에서 규모의 경제가 발생하는 기본적인 원인을 설명하시오.

7. "규모의 경제가 있는 경우에 생산이 증가할수록 평균비용이 감소하므로 가능한 많이 생산하는 것이 이윤극대화 가설에 부합한다." 이 주장을 평가하시오.

* '평가하시오'라는 질문은 맞으면 왜 맞는지, 틀리면 왜 틀리는지, 또는 어떤 조건에서는 맞고, 어떤 조건에서는 틀리는지 등을 설명하라는 것임.

8. "주어진 총매출함수와 총비용함수에서, 매출극대화 생산량은 항상 이윤극대화 생산량보다 크다." 이 주장을 평가하시오.

9. 경영인 효용극대화 가설에서 효용함수가 $U=min(S, \pi_d)$인 경우를 고려하시오. (이 효용함수는 L-자 모양으로 흔히 두 변수(여기서는 임원혜택 지출비용(S)과 이윤(π_d))가 보완재인 경우에 발생한다) 임원혜택 최적 지출은 항상 이윤극대화에서 달성된다는 주장을 평가하시오.

10. LNG 운반선의 원구의 지름이 20m이다. 새로운 LNG운반선의 원구 지름을 30m로 늘리면, 어떤 규모의 경제가, 왜 발생하는지 설명하시오.

11. 시장수요가 $P=a-bQ$ $(a,b>0)$이고, 총비용은 $C(Q)=Q^2$이다. 독점기업의 이윤극대화 생산량, 가격, 이윤을 구하시오.

부록 | 생산함수와 비용함수의 관계

A1 이윤극대화 요소 수요와 공급함수

콥-다글라스 생산함수 $Q=K^{a}L^{b}$가 주어져 있다고 하자. 이윤극대화 요소 수요함수를 도출하자. K와 L의 시장 가격은 r과 w로, Q의 시장 가격은 P로 주어져 있다고 가정하자.[12] 각 요소의 투입량을 결정할 때, 요소투입에 따른 비용과 함께 요소투입으로 생산된 생산물의 판매 수입을 동시에 고려하여, 이윤이 극대화되는 요소투입량을 선택한다.

$K=\bar{K}$으로 고정되어 있는 단기 생산함수에서 노동에 대한 요소수요는 다음과 같이 도출한다. 이윤은 $\pi=P\bar{K}^{a}L^{b}-r\bar{K}-wL$이므로 이윤극대화 노동수요는 이윤극대화 1차조건 $bP\bar{K}^{a}L^{b-1}=w$를 만족하며, 이윤극대화 노동에 대한 수요함수는 다음과 같다;

$$L^{s}=L(w,\ P,\ \bar{K})=[bw^{-1}P\bar{K}^{a}]^{\frac{1}{1-b}}.$$

단기에 이윤극대화 가변요소 수요는 자신의 요소가격, 생산물 가격, 그리고 고정요소 투입량에 의존한다. 이 요소수요를 단기 생산함수에 대입하면 다음과 같이 단기 공급함수를 얻는다;

$$Q^{s}=Q^{s}(w,\ P,\ \bar{K})=[bw^{-1}P\bar{K}^{\frac{a}{b}}]^{\frac{b}{1-b}}.$$

장기 생산함수에서 각 요소에 대한 수요를 도출하자. 이윤은 총수입($PQ=PK^{a}L^{b}$)에서 요소지출비용($rK+wL$)을 뺀 차액으로 다음과 같다;

$$\pi=PK^{a}L^{b}-rK-wL.$$

K를 한 단위 더 증가시키면, 자본의 한계수입가치($\frac{\partial Q}{\partial K}P$; K증가에 따른 생산량 증가분에 P를 곱한 수입 증가분)는 $aPK^{a-1}L^{b}$이고, 이에 대한 지출 비용은 r이다. L에 대한 노동의 한계수입가치는 $bPK^{a}L^{b-1}$이고, w의 지출을 해야 한다. K와 L에 대한 최적수요는 $aPK^{a-1}L^{b}=r$와 $bPK^{a}L^{b-1}=w$의 두 식에서 다음과 같이 도출된다(이는 두

12) 시장 가격이 주어져 있다는 것은 두 요소와 생산물이 모두 완전경쟁시장에서 거래되는 경우를 가정하면 얻을 수 있다. 가격이 주어져 있다는 것은 이들이 반드시 고정되어 있다는 뜻이 아니다. 이들 값도 변화가 가능하므로 변수처럼 처리한다. 생산물이 완전경쟁시장이 아닌 독점시장과 같이 다른 시장구조에서 거래된다면 가격을 주어져 있다고 가정할 수 없으며, 가격은 수량의 함수로 표시된다.

요소에 대한 이윤극대화 1차 조건식 $\frac{\partial \pi}{\partial K}=aPK^{a-1}L^{b}-r=0$과 $\frac{\partial \pi}{\partial L}=bPK^{a}L^{b-1}-w=0$이다);

$$K^{*}=K(r,\ w,\ p)=[a^{1-b}b^{b}r^{b-1}w^{-b}P]^{\frac{1}{1-a-b}},$$
$$L^{*}=L(r,\ w,\ p)=[a^{a}b^{1-a}r^{-a}w^{a-1}P]^{\frac{1}{1-a-b}}.$$

공급함수는 최적 수요함수를 생산함수에 대입하여 구한다;

$$Q^{*}=Q(P;\ r,\ w)=[a^{a}b^{b}r^{-a}w^{-b}P^{a+b}]^{\frac{1}{1-a-b}}.$$

콥–다글라스 생산함수에서 $a+b=1$인 경우는 이윤극대화 요소수요함수와 공급함수는 정의되지 않는다. 생산물가격과 요소가격이 영의 이윤을 가져오는 한 콥–다글라스 생산기술을 보유한 기업은 공급수준에 무차별하기 때문이다.

A2 비용최소화 요소 수요와 비용함수

위에서 이윤을 극대화하는 요소수요를 도출하였다. 이와 유사한 다른 질문은 주어진 생산량 Q를 달성하기 위해서 각 요소를 투입하는데, 지출할 비용을 최소화하는 요소 수요는 얼마인지에 대한 것이다. 이 질문은 수학적으로 주어진 생산량 Q를 제약조건으로 하여 비용을 최소화하는 요소 수요를 도출하는 문제이다. 여기서 도출된 요소 수요를 '비용최소화 요소 수요함수' 또는 '조건부 요소 수요함수'라 한다.

먼저 단기 비용최소화 요소 수요 문제를 다음과 같이 작성한다;

$$Min\ r\bar{K}+wL,\ \text{제약조건}\ Q=\bar{K}^{a}L^{b}.$$

제약조건으로부터 얻는 $L^{c}=Q^{\frac{1}{b}}\bar{K}^{\frac{-a}{b}}$가 곧 비용최소화 노동에 대한 수요함수이다. 이 수요함수를 비용에 대입하면 단기 비용함수를 얻는다;

$$C^{s}=r\bar{K}+wL=r\bar{K}+wQ^{\frac{1}{b}}\bar{K}^{\frac{-a}{b}}=C(r,\ w,\ Q,\ \bar{K}).$$

요소 가격$(r,\ w)$과 고정요소는 생략하고 $C^{s}=C(Q,\ \bar{K})$로 표시하며, 단기비용은 고정요소 투입량과 생산량에 의존한다.

장기의 비용최소화 요소수요를 도출하자. 두 요소는 모두 가변적이므로 단기와 약간의 차이가 있다.

$Min\ rK+wL$, 제약조건 $Q=K^aL^b$.

이 문제는 라그란지안 함수($\mathcal{L}$)를 설정하여 해를 구한다.

$\mathcal{L}=rK+wL-\mu(K^aL^b-Q)$, 여기서 μ(그리스어로 '뮤'라고 읽음)는 라그란지안 승수이다.

K, L, μ에 대한 1차 조건은 다음의 세 개의 식으로 나타낸다;

$$r-\mu aK^{a-1}L^b=0,$$
$$w-\mu bK^aL^{b-1}=0,$$
$$K^aL^b-Q=0.$$

세 개의 식에서 K와 L에 대한 비용최소화 장기 요소수요함수는 다음과 같다;

$$K^{LR}=K(r,\ w,\ Q)=\left(\frac{a}{b}\right)^{\frac{b}{a+b}}r^{\frac{-b}{a+b}}w^{\frac{b}{a+b}}Q^{\frac{1}{a+b}},$$

$$L^{LR}=L(r,\ w,\ Q)=\left(\frac{a}{b}\right)^{\frac{-a}{a+b}}r^{\frac{a}{a+b}}w^{\frac{-a}{a+b}}Q^{\frac{1}{a+b}}.$$

비용최소화를 통해서 얻은 요소수요 함수를 '조건부 요소 수요함수'라고 한다. 이에 비해서 이윤극대화 요소 수요함수는 '요소 수요함수'라고 부른다.

K^{LR}와 L^{LR}를 비용에 대입하면 장기 비용함수는 다음과 같다;

$$C^{LR}=C(Q;\ r,\ w)=\left[\left(\frac{a}{b}\right)^{\frac{b}{a+b}}+\left(\frac{a}{b}\right)^{\frac{-a}{a+b}}\right]r^{\frac{a}{a+b}}w^{\frac{b}{a+b}}Q^{\frac{1}{a+b}}.$$

여기서 장기 비용함수는 단기와 마찬가지로 요소가격을 생략하고 생산량의 함수로 표시한다. $C^{LR}=C(Q)$. 통상적으로 비용함수란 이와 같이 비용최소화에서 도출한 조건부 요소 수요함수를 비용에 대입하여 얻은 것이다.

A3 이윤극대화 생산량: 공급함수의 도출 및 비교

비용함수를 이용하여 이윤극대화 생산량을 도출한다. 요소가격과 생산물 가격은 주어져 있다 가정한다. 여기서 도출한 생산량은 공급함수를 나타낸다. 이 공급함수는 A1에서 이윤극대화 요소수요를 생산함수에 대입한 공급함수와 동일하다. 이를 생산의 쌍대성(duality)이라 한다.

1) 이윤극대화 생산량과 공급함수

이윤극대화 생산량은 주어진 비용함수를 이용하여 구한다. 이윤은 다음과 같다;

$$\pi = PQ - C(Q).$$

여기서 $C(Q)$는 비용최소화 장기 비용함수이고, P는 생산물 시장가격으로 주어져 있다.

이윤극대화 생산량은 이윤극대화 일차조건식 $\frac{d\pi}{dQ} = P - C'(Q) = 0$을 만족하는 생산량 Q^*이다. 여기서 $C'(Q)$는 한계비용이다. 일차조건식 $P - C'(Q) = 0$을 $Q = Q(P)$로 전환할 수 있으며 이를 공급함수라고 한다.

앞에서 소개한 콥-다글라스 생산함수에서 장기 비용함수는 다음과 같다;

$$C^{LR} = C(Q;\ r,\ w) = ZQ^{\frac{1}{a+b}}.$$

여기서 $Z = [\left(\frac{a}{b}\right)^{\frac{b}{a+b}} + \left(\frac{a}{b}\right)^{\frac{-a}{a+b}}] r^{\frac{a}{a+b}} w^{\frac{b}{a+b}}$이다.

한계비용은 $C'(Q) = \frac{Z}{a+b} Q^{\frac{1-a-b}{a+b}}$이므로 이윤극대화에 따른 공급함수는 다음과 같다;

$$Q = (a^a b^b r^{-a} w^{-b})^{\frac{1}{1-a-b}} P^{\frac{a+b}{1-a-b}} = Q(P).$$

2) 이윤극대화 요소수요와 공급함수

앞의 A1에서 이윤극대화 요소수요를 도출하고 이를 생산함수에 대입하여 공급함수를 다음과 같이 도출하였다;

$$Q^* = Q(P;\ r,\ w) = [a^a b^b r^{-a} w^{-b} P^{a+b}]^{\frac{1}{1-a-b}}$$

이 공급함수는 위 A3의 1)에서 구한 것과 동일함을 알 수 있다.

생산함수를 모른다 하더라도 비용함수를 알고 있다면 공급함수를 도출할 수 있다. 비용함수는 생산함수에 대한 정보를 모두 담고 있으므로, 비용함수를 통해서 기업의 생산 관련 최적 행동을 알 수 있는 것이다.

제2부

시장구조 기초이론과 게임이론

제 3 장

완전경쟁시장

장을 시작하며

완전경쟁시장은 경제학에서 가장 많이 이용하는 시장구조의 하나이다. 완전경쟁시장은 모형으로서 이상적인 조건들을 갖추기 있기 때문에 다른 시장구조나 모형을 비교하는 데 유용한 준거틀을 제공한다.

김장철에 많은 농부들은 배추를 시장에 출하한다. 농부들이 출하하는 배추는 소비자들이 보기에 어느 것이 더 좋고 나쁜지 판별하기 어려울 정도로 거의 동질적이다. 한 배추 농가는 다른 농가보다 더 높은 가격을 받기가 어렵다. 더 많이 팔기 위해서 다른 배추 농가의 가격보다 낮게 받는다면 손해를 볼 수도 있다. 농부들은 시장가격에 준해서 자신들의 생산량을 시장에 출하한다. 시장가격이 너무 낮으면 배추를 수확하지 않고 밭을 갈아엎는 일도 발생한다. 이는 농부들이 배추 출하량을 시장가격과 자신의 한계비용을 비교하여 전자보다 후자가 더 높으면 차라리 출하 하지 않는다는 것을 의미한다. 소비자는 시장가격보다 높게 지불하려 하지 않을 것이고, 그보다 낮은 가격의 배추 판매자를 발견하기 어렵기 때문에 시장가격을 지불한다. 소비자들은 시장가격과 자신이 구매하여 얻는 가치를 비교하여 구매량을 결정한다.

완전경쟁시장은 이상적인 조건을 갖추고 있다고 했다. 이러한 조건을 갖춘 시장을 현실적으로 발견하기란 쉽지 않다. 그러나 이 조건에 근접한 완전경쟁시장과 유사한 시장을 많이 발견할 수 있다. 김장용 배추 시장과 같이 많은 농산물과 수산물 시장들은 완전경쟁시장과 매우 유사하다. 완전경쟁시장의 이상적인 조건을 먼저 소개한다.

제1절 | 완전경쟁시장 조건

다음과 같은 다섯 가지 조건을 갖춘 시장을 완전경쟁시장이라고 한다. 이 조건들은 완전경쟁시장을 위한 가정이라고도 한다.

① 많은 생산자와 소비자: 한 생산물 시장에 생산물을 판매하고자 하는 생산자가 많이 있으며, 또한 이 생산물을 구매하고자 하는 소비자도 많이 존재한다고 가정한다. 이 경우에 시장 총수량에서 차지하는 개별 생산자(소비자)의 판매량(구매량) 비율은 매우 작다. 우리나라 이동전화 사업자가 3개밖에 없다는 점을 상기한다면 우리나라의 쌀이나 배추 재배 농가, 오징어잡이 어부는 매우 많으며, 각 상품에 대한 소비자도 상당히 많다.

② 생산물의 동질성: 많은 생산자들이 판매하는 생산물은 모두 동질적이라고 가정한다. 각 생산자들의 생산물은 약간씩은 차이가 있을지 몰라도, 소비자가 보기에 차이를 발견하기 어려울 정도로 같다면 모든 생산물은 동질적이라고 가정한다. 배추는 어떤 농부가 생산한 것이든 소비자의 입장에서 거의 동질적이며, 오징어도 어느 어부가 잡은 것이든 상관없이 동질적이라고 할 수 있다.

③ 가격순응자(price-taker): ①과 ②에 의해서, 시장가격을 주어진 것으로 여기며 행동을 하는 생산자와 소비자를 가격순응자라고 한다. 시장가격은 시장에서 생산자들과 소비자들의 상호 작용에 의해서 결정된다. 생산자는 자신이 판매하는 가격을 시장가격에 비해서 올리거나 내려서 얻을 것이 없다. 한 생산자가 자신의 가격을 시장가격보다 더 올린다면, 시장에는 수많은 다른 생산자가 있으므로 소비자들은 비싼 이 생산자의 제품 대신에 다른 생산자로부터 제품을 구매한다. 따라서 시장가격보다 가격을 올린 생산자는 자신의 공급량을 판매할 수 없다. 생산자가 가격을 내린다면, 더 많은 생산량을 판매할 수 있을 것이다. 그러나 같은 판매량에 대해서 시장가격보다 낮은 가격으로 판매했으므로 손실로 연결될 수도 있다. 소비자도 마찬가지로 더 낮은 가격으로 구매하려 해도 생산자들은 낮은 가격으로 판매할 유인이 없다. 또한 소비자들은 더 높은 가격을 지불할 이유가 없으므로 주어진 시장가격을 지불하려 한다.

시장에 동질적인 생산물을 생산하는 기업의 수가 적다 하더라도, 한 기업이 시장가격보다 높게 가격을 올리려 할 때 다른 기업이 시장에 진입하여 원래의 낮은 가격을 제시한다면, 한 기업은 가격을 올릴 수 없고 가격순응자로서 시장가격으로 판매할 수밖에 없다. 이러한 이유 때문에 생산자(또는 소비자) 수가 매우 작은 시장이라 하더라도 기업(또는 소비자)은 가격순응자처럼 행동할 수 있다. 완전경쟁시장 구조가 아닌 다른 시장 구조에서 기업(또는 소비자)을 가격순응자라고 가정하면, 기업(또는 소비자)은 시장가격을 주어진 것으로 받아들인다.

④ 완전 정보: 생산자와 소비자는 시장과 생산물에 대한 모든 정보를 가지고 있다고 가정한다. 한 생산자는 다른 기업의 생산량과 가격 정보를 알고 있으며, 소비자 역시 각 생산자들의 판매 가격과 품질 등을 알고 있다고 가정한다.

⑤ 자유진입과 자유퇴출: 완전경쟁시장에는 어떤 진입 (또는 퇴출) 장벽도 존재하지 않는다고 가정한다. 따라서 이 시장에서 생산을 하고자 하는 신규 기업은 자유롭게 진입하여 생산활동을 할 수 있다. 마찬가지로, 영업중인 기업이 손실을 보거나 다른 이유로 기업을 폐쇄하려고 할 때 아무 장애가 존재하지 않는다고 가정한다. 현실적으로는 거의 모든 시장에 진입(또는 퇴출) 장벽이 존재한다.

제2절 | 단기 공급함수

완전경쟁시장에는 많은 기업이 존재하는데 그 중에서 대표적인 한 기업을 개별 기업이라 한다. 개별 기업이 이윤극대화를 위해서 얼마나 생산을 하는지 또는 어떤 경우에 생산을 하지 않는지에 대하여 살펴본다. 개별 기업이 다른 모든 기업과 동일하다는 가정하에 산업의 생산(공급)을 도출한다.

1 단기 개별 기업 공급

앞 장에서 소개했듯이 기업의 목적은 이윤극대화이다. 완전경쟁시장의 개별 기업도 이 목적을 추구한다고 가정한다. 완전경쟁시장에서 개별 기업이 이윤극대화를 추구한다는 것은 주어진 가격에서 이윤극대화 생산량을 선택한다는 의미이다. 제2장에서 도출한 단기 비용함수에 따라서, 개별 기업 i의 생산량을 q_i라 하면 i기업의 비용함수는 $C(q_i)=F+V(q_i)$이며, F는 고정비용, $V(q_i)$는 가변비용이다. 한계비용은 $MC=C'(q_i)\geq 0$을 가정한다. 이는 한계비용이 영이거나 양수이며 생산량 한 단위 증가에 따라서 총비용이 감소하지 않는 것을 말한다. $\frac{dMC}{dq_i}=C''(q_i)\geq 0$을 가정하는데, 이는 생산량의 증가에 따라서 한계비용이 일정 또는 증가하며 한계비용곡선이 U자 모양(볼록성)임을 말한다. $C''(q_i)=0$인 경우에 한계비용곡선은 수평선이다. $C''(q_i)>0$인 경우에 한계비용 곡선의 기울기가 증가하며 우상향하는 것으로 비용은 볼록함수임을 말한다.

개별 기업의 이윤(π)은 총수입(Pq_i)과 총비용($C(q_i)$)의 차이로서 다음과 같다; $\pi=Pq_i-C(q_i)$. 가격순응자 가정에 따라서 가격은 주어져 있으므로 개별 기업은 그 가격에서 원하는 만큼 판매할 수 있다. 개별 기업은 100단위를 판매하나 200단위를 판매하나 단위당 가격 P를 받으므로[1] 개별 기업이 직면하는 수요곡선은 P에서 수평선이다.[2] 가격이 P로 주어져 있으므로, 개별 기업이 한 단위 더 판매하여 얻을 수 있는 총수입(총매출액)의 증가분(=한계수입, MR)은 바로 가격 P이다.

완전경쟁시장에서 개별 기업의 이윤극대화 생산량은 다음의 두 가지 조건을 충족해야 한다; ① $P=MC$. 한 단위 더 생산하여 얻은 수입의 증가분(=MR)과 비용의 증가분(=MC)이 같을 때(즉, $MR=MC$) 이윤은 극대화된다. 여기서, 한계수입은 가격 P이므로 이윤극대화 생산량은 $P=MC$에서 달성된다.[3] 수학적으로 이윤극대화 생산량은 이윤을 생산량에 대해서 1차 미분하여 영으로 놓으면 얻을 수 있다. $\frac{d\pi}{dq_i}=P-C'(q_i)=0$에서 이윤극대화 생산량은 $P=C'(q_i)$에서 결정된다. 이윤극대화 2차(충분)조건은 이윤을 2차 미분한 것이 음의 값을 가져야 하므로 $\frac{d^2\pi}{dq_i^2}=-C''(q_i)\leq 0$이다. 앞에서 $C''(q_i)\geq 0$을 가정했으므로, 주어진 비용함수에서 이윤극대화 생산량은 2차 조건을 충족한다. ② $P\geq AVC$최저. 단기에 기업은 생산하지 않아서 발생하는 손실보다 생산하여 발생하는 손실이 더 작다면 생산한다. 마찬가지로, 생산으로 인한 수입이 회피비용(avoidable cost)보다 크다면 생산한다. 회피비용이란 기업이 생산을 중단하는 경우에 발생하지 않는 비용으로 총비용에서 매몰비용을 뺀 차이이다. 고정비용이 모두 매몰비용이라고 가정하자. 이 경우에 회피비용은 가변비용과 같다. 생산을 하지 않는다면, 고정비용만큼의 손실(F)이 발생한다.[4] 생산한 결과, $-(Pq_i-F-V(q_i))$의 손실이 발생했다고 하자. 이 손실이 고정비용만큼의 손실(F)보다 작다면 생산을 아예 안 하는 경우(손실이 F)보다 나으므로 생산을 한다. 따라서 $-(Pq_i-F-V(q_i))\leq F$이면 생산하므로, 생산을 하기 위한 조건은 $Pq_i-V(q_i)\geq 0$을 만족해야 한다. 즉, 총수입이 가변비용보다는 커야 생산을 한다. $P-V(q_i)/q_i=$

---

1) 원하는 생산량이 얼마이던 항상 P를 받을 수 있는 이유는 개별 기업의 생산량이 아무리 크다 해도 전체 시장 생산량에서 차지하는 비율이 매우 작아서 시장가격 변화에 영향을 미칠 수 없기 때문이다.

2) 개별 기업이 직면하는 수요곡선은 수평선이지만, 시장수요곡선은 우하향한다.

3) 완전경쟁시장의 개별 기업의 이윤극대화 조건은 $MR=MC$이다. 그러나 $P=MR$이기 때문에 통상적으로 이윤극대화 조건은 $P=MC$라고 한다.

4) 단기에 생산을 안 한다는 것은 퇴출한다는 것과 다르다. 퇴출은 고정비용 등을 모두 처분한 결과로서 기업의 생산 기회가 사라진 상태이고, 생산을 안 한다는 것은 언제든 생산을 재개할 준비가 되어 있으며 고정비용을 계속 지출하는 상태이다.

$P-AVC \geq 0$이므로 가격이 평균가변비용보다 높아야 생산하며, 가격이 평균가변비용보다 낮으면 생산을 하지 않는다. 여기서, 평균가변비용이란 평균가변비용의 최저점을 말하며, 이 점을 조업중단점(shutdown point)이라고 한다. 가격이 평균가변비용보다 높아야 생산한다는 조건은 생산을 하기 위한 최저 생산량을 나타낸다. 이제 이윤극대화 생산량을 그림을 통해서 살펴보자.

[그림 3-1]은 앞 장의 [그림 2-6]을 복사한 것으로 단기의 평균비용(AC), 평균가변비용(AVC), 한계비용(MC)을 보여준다. AC의 최저점은 d에, AVC의 최저점은 h에 있다. MC곡선도 U자 모양으로 최저점이 존재하나, 이윤극대화는 MC가 증가하는 구간에서 성립하므로 MC곡선의 우상향(즉, MC가 증가하는) 구간만 표시했다.

[그림 3-1]에서 시장가격이 P_1으로 주어진 경우에 기업은 $P_1=MC$인 q_{i1}을 생산하는 것이 이윤극대화 조건에 부합한다. q_{i1}생산 시 평균비용은 $bq_{i1}(=C_1)$의 높이이므로, 총비용은 $q_{i1} \times C_1$으로서 $C_1 0 q_{i1} b$의 넓이이다. 총수입은 $P_1 \times q_{i1}$이므로 $P_1 0 q_{i1} a$의 넓이이다. 이윤극대화 생산량 q_{i1}에서 극대화된 이윤은 총수입과 총비용의 차이인 $P_1 C_1 ba$이다. 가격이 P_1과 같이 충분히 높다면, 이윤극대화 생산량을 판매하여 얻은 총수입으로 고정비용과 가변비용을 모두 지불하고도 양의 이윤이 발생한다. 이러한 양의 이윤을 초과이윤이라고 한다.

가격이 P_2인 경우를 고려하자. 가격 P_2는 평균비용의 최저점과 동일한 수준인 경우이다. 이윤극대화 생산량은 $P_2=MC$인 q_{i2}이며 총수입과 총비용은 동일하므

그림 3-1 이윤극대화 생산량 결정과 손익분기점

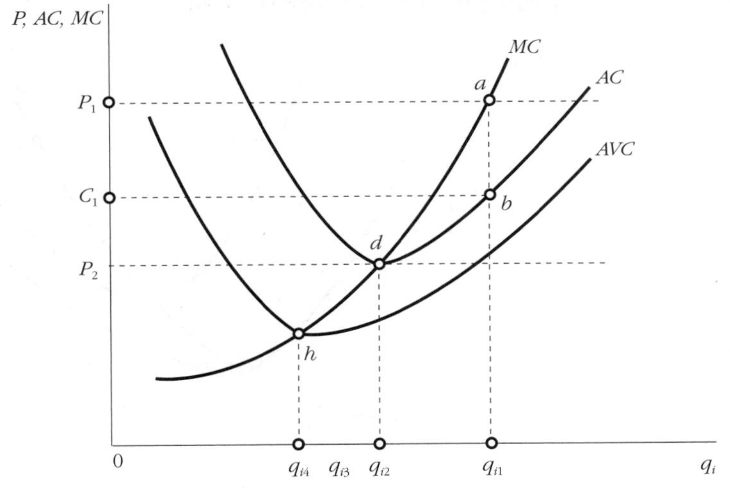

로 이윤은 영이다. 이 상태(점 d)를 손익분기점(break-even point)이라 한다. 총수입은 기회비용으로 산정한 고정비용과 가변비용을 모두 지불할 수 있으므로, 기업은 정상이윤을 얻고 있다. 초과이윤이 영이라 하더라도 기업은 생산을 중단할 이유가 없다.

가격이 P_3로 주어진 경우는 [그림 3-2]에 표시되어 있다. 점 f에서 $P_3=MC$를 만족하는 q_{i3}를 생산한다. q_{i3}에서 평균비용(eq_{i3})은 평균고정비용(eg)과 평균가변비용(gq_{i3})의 합이다. 총수입은 $P_30q_{i3}f$이고 총비용은 $C_20q_{i3}e$이므로 C_2P_3fe의 손실이 발생한다. 그러나 총수입은 가변비용($C_30q_{i3}g$)을 지불하고도 고정비용의 일부분을 지불하는 수준이다. 따라서 손실(C_2P_3fe)은 총고정비용($F=C_2C_3ge$)보다 적으므로 생산을 안 하기보다는 생산을 하는 것이 더 낫다(생산을 안 하는 경우에 손실은 총고정비용에 해당한다고 이미 밝힌 바 있다). 비록 손실이 발생한다 하더라도, $P_3=MC$를 만족하는 q_{i3}를 생산하는 것이 생산하지 않는 것보다 이윤이 더 크다(손실이 더 적다).

[그림 3-2]에서 가격이 평균가변비용의 최저치와 같은 P_4로 주어진 경우에 $P_4=MC$를 만족하는 q_{i4}를 생산한다. 이 가격에서 평균가변비용만 지불할 수 있고, 고정비용을 하나도 지불하지 못하므로 손실은 고정비용과 같다. 즉, 생산하는 경우에 고정비용만큼 손실이 발생한다. 생산을 하지 않는다면 총수입은 영이고 고정비용을 지출해야 하므로 손실은 고정비용이다. 따라서 평균가변비용 최저점(h)에서 생산(조업)을 하는 것과 안 하는 것은 무차별하다. 이 점을 조업중단점이라 한다. 가격이 이 조업중단점보다 낮다면, 생산을 하는 경우에 발생하는 손실은 생산을

그림 3-2 이윤극대화 생산량과 조업중단점

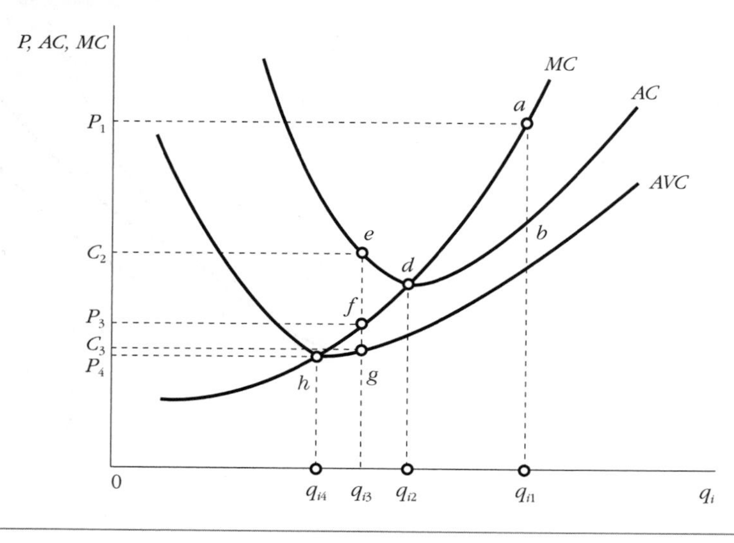

안 하는 경우에 발생하는 손실인 고정비용보다 더 크므로 생산을 하지 않는 것이 더 좋다. 가격이 조업중단점보다 낮은 경우 기업은 조업을 중단하고 생산은 영이 된다.

지금까지 이윤극대화를 [그림 3-3]에서 요약해 보자. 가격이 평균가변비용 최저점(h)보다 낮으면, 기업은 생산을 안 하므로 가격과 생산량의 관계는 $0P_4$의 수직선이다. 가격이 평균가변비용 최저점보다 높아지면($P_4 \rightarrow P_3 \rightarrow P_2 \rightarrow P_1$), 기업은 한계비용 곡선을 따라서 생산량을 증가($q_{i4} \rightarrow q_{i3} \rightarrow q_{i2} \rightarrow q_{i1}$)한다. 이를 그림으로 나타낸 것이 공급곡선이다. 공급곡선은 평균가변비용 최저점 이하의 $0P_4$의 수직선과 평균가변비용 최저점(점 h) 이상의 한계비용 곡선 구간으로 구성되어 있다(그림에서 두 구간의 실선). 일반적으로 개별 기업의 단기 공급곡선은 평균가변비용 최저점 위의 한계비용곡선 구간이다.

공급함수는 가격을 독립변수, 생산량을 종속변수로 표시한 수학적 함수이다. 수학적으로 공급함수는 이윤극대화 조건식 $P=C'(q_i)$를 $q_i=S_i(P)$로 전환한 함수이다.[5] 가격은 평균가변비용의 최저점(AVC_m)보다 큰 경우와 작은 경우에 따라서 공급량을 구분하므로, 단기 개별 기업 공급함수는 다음과 같이 나타낸다;

$$q_i=\begin{cases} S_i(P),\ P \geq AVC_m\text{인 경우([그림 3-3]에서 점 } h \text{ 위의 한계비용곡선 구간)}, \\ 0,\ P \leq AVC_m\text{인 경우([그림 3-3]에서 } 0P_4\text{의 수직선 구간)}. \end{cases}$$

그림 3-3 이윤극대화와 개별기업의 단기 공급곡선

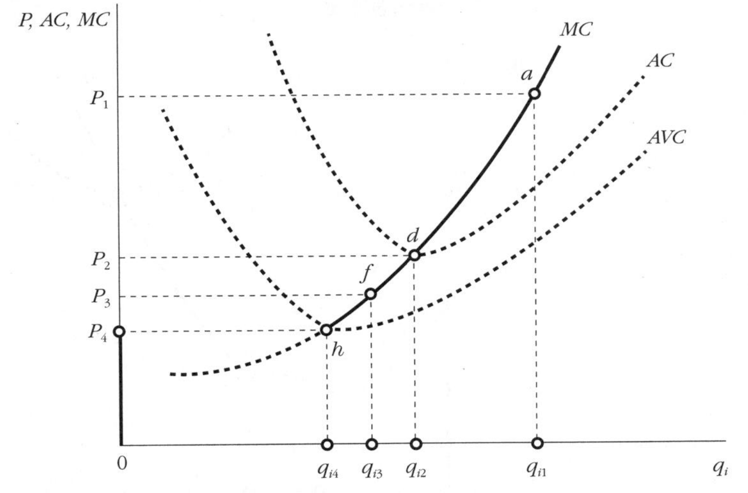

5) 이러한 이유 때문에 MC는 공급함수라고 말하나, 정확한 표현은 아니다.

한 기업의 (단기) 비용함수가 다음과 같은 경우에 공급함수를 도출해보자;

$$C(q_i)=q_i^3-2q_i^2+2q_i+10.$$

이 비용함수에서 고정비용은 $F=10$이다. 매몰비용도 10이라고 가정한다. 가변비용(함수)은 $V(q_i)=q_i^3-2q_i^2+2q_i$이다. 평균비용(함수)와 평균가변비용(함수)는 각각 $AC=\frac{C(q_i)}{q_i}=q_i^2-2q_i+2+\frac{10}{q_i}$와 $AVC=\frac{V(q_i)}{q_i}=q_i^2-2q_i+2$이다. [그림 3-4]에서 보듯이 두 곡선은 모두 U자 모양이고, AC는 $q_i^a=2.12$에서 최솟값이 약 7.0이고, AVC는 $q_i^v=1$에서 최솟값이 1이다. 한계비용(함수)은 $MC=\frac{dC}{dq_i}=3q_i^2-4q_i+2$로 U자 모양이고 $q_i^m=2/3$에서 최솟값(m)이 2/3이다. AVC의 최솟값(=1)에 해당하는 생산량인 $q_i^v=1$에서 한계비용은 평균가변비용과 같고, AC의 최솟값에 해당하는 생산량인 $q_i^a=2.12$에서 한계비용과 평균비용은 같으므로, MC곡선은 AVC와 AC의 최솟값을 관통하면서 우상향한다. 이윤극대화조건 $P=MC$인 $P=3q_i^2-4q_i+2$에서 공급함수는 $q_i=S_i(P)=\frac{2+\sqrt{3P-2}}{3}$이다. 공급량은 가격이 AVC의 최저값(=1)보다 큰지 작은지에 따라서 다르므로 공급함수는 다음과 같다(부록 참조);

$$q_i=\begin{cases}\frac{2+\sqrt{3P-2}}{3}, & P\geq 1\text{인 경우}\\ 0, & P\leq 1\text{인 경우.}\end{cases}$$

여기서 도출한 공급함수를 공급곡선으로 나타내면 [그림 3-4]에서 실선으로 표

그림 3-4 공급곡선의 예

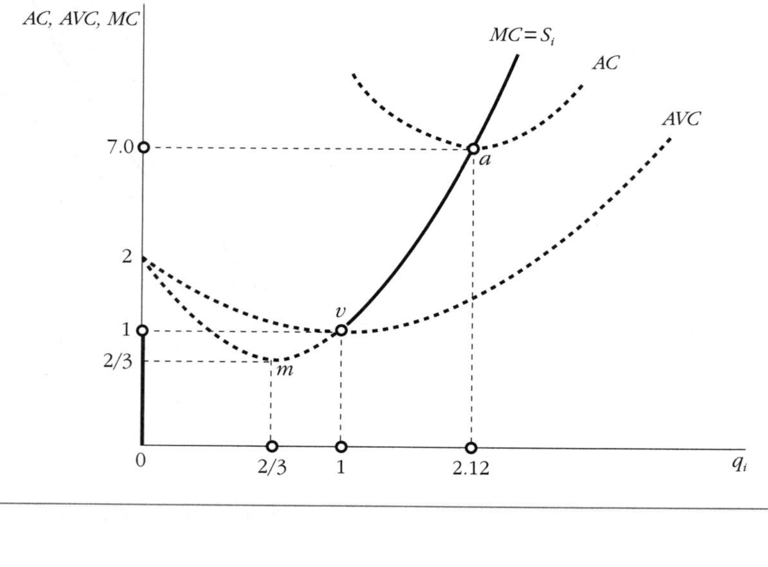

시한 MC곡선 $v(=1)$의 윗 구간과 Y축에서 1 이하의 수직선이다.

평균비용, 평균가변비용, 한계비용 곡선은 일반적으로 U자 모양이나, U자 모양이 아닌 경우도 있다. 그러나 적절한 조건을 충족한다면 개별 기업의 공급곡선을 도출하는데 문제가 없다. 예를 들어, $C(q)=\frac{q^2}{100}+\frac{q}{2}+100$인 경우에, 평균비용은 $AC=\frac{q}{100}+\frac{1}{2}+\frac{100}{q}$로 U자 모양이나, 평균가변비용은 $AVC=\frac{q}{100}+\frac{1}{2}$로 우상향하는 직선이고, 한계비용도 $MC=\frac{q}{50}+\frac{1}{2}$로 우상향하는 직선이다. 이 특수한 경우에 [그림 3-5]에서 보듯이 세 곡선이 유지해야 할 기본적인 특성은 모두 갖추고 있다. AC는 모든 생산량 구간에서 AVC의 위에 위치한다. $q=0$에 AVC는 최저점에 있으므로, MC는 AVC의 위에 위치한다. MC는 AVC의 최저점과 AC의 최저점을 통과하면서 우상향한다. 공급곡선은 0.5 이상의 MC곡선과 Y축의 0.5 이하 수직선으로 구성되어 있다.

또 다른 특수한 경우로 총비용함수가 $C=cq$(여기서 c는 양의 상수)의 형태를 고려하자. 이 함수는 고정비용이 영이므로 총비용은 가변비용과 같다. 이 함수는 $AC=AVC=MC=c$로서 세 개의 곡선은 c에서 수평선이다. 이는 평균비용, 평균가변비용, 한계비용이 c에서 일정하다는 말과 같으며 규모의 보수 불변(CRS)을 의미한다. 이와 같은 특수한 경우의 비용함수를 가정하면서 기업의 행동을 분석하는 경우도 많다.

기업이 단기에 손실을 본다면, 그리고 기간이 길어진다면, 장기에는 새로운 투

그림 3-5 특수한 경우의 평균비용, 평균가변비용, 한계비용 곡선

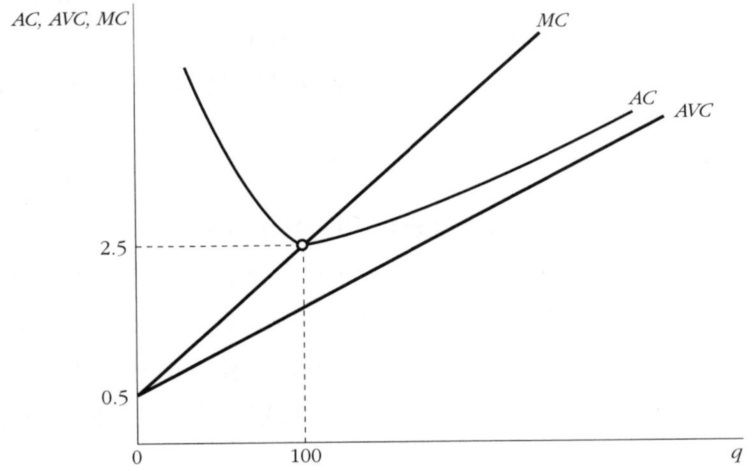

자(또는 매몰비용 성격의 고정요소에 대한 투자)를 하지 않을 것이며, 궁극적으로 퇴출할 것이다. 단기의 손실은 수입이 자원에 대한 장기 기회비용에 미달함을 의미한다. 기회비용은 정상 이윤을 포함하므로 손실을 보는 기업은 벌어들이는 돈보다 더 많이 지출을 하는 것이 아니라, 매몰비용을 다른 곳에 투자했더라면, 얻었을지도 모를 수입보다 더 적다는 의미이다.

지금까지 모든 고정비용이 매몰비용인 경우를 가정하여 공급함수를 도출했다. 고정비용에 매몰비용이 하나도 없고 모두 회피비용이라면, 조업중단점은 평균비용곡선의 최저점이다. 고정비용 중에서 매몰비용 부분이 얼마인지에 따라서 조업중단점은 평균비용의 최저점과 평균가변비용 최저점 사이에 위치하게 된다.

2 단기 시장 공급함수

단기의 시장(또는 산업) 공급함수는 시장 내의 모든 개별 기업의 단기 공급함수의 합이다. N개의 개별 기업이 있고, 개별 기업의 공급함수가 $q_i=S_i(P)$이면, 산업(또는 시장) 공급함수는 $Q=\sum_{i=1}^{N}q_i=\sum_{i=1}^{N}S_i(P)$이다. Q는 시장 공급량으로 모든 개별 기업의 생산량의 합이다. N개의 기업이 모두 동일한 비용함수를 가지고 있다면 단기 시장 공급함수는 다음과 같다;

$$Q=\begin{cases}\dfrac{N(2+\sqrt{3P-2})}{3}, & P\geq 1\text{인 경우}\\ 0, & P\leq 1\text{인 경우.}\end{cases}$$

시장공급은 개별 기업의 공급보다 기업 수의 배수만큼 더 크다. 또한 같은 가격에서 시장공급은 개별 기업 공급보다 더 탄력적이다(또는 시장 공급곡선이 더 완만하다). [그림 3-6]과 같이 시장 공급곡선은 $P\geq 1$인 구간에 *tab*이며, $P\leq 1$인 구간에 *t* 이하의 *Y*축의 수직선이다.

■ 개별 기업의 비용이 이질적인 경우

지금까지 개별 기업의 비용함수가 모두 동일한 경우에 시장 공급곡선을 도출했다. 시장 내에 기업의 비용함수가 다른 경우에 시장 공급곡선은 [그림 3-6]처럼 부드럽게 우상향하는 것이 아니라 [그림 3-7]처럼 계단식으로 굴절하며 우상향한다. 개별 기업의 비용이 이질적인 경우 계단식 시장 공급곡선을 도출하고 시장균형을 알아보자.

그림 3-6 개별 기업 공급과 시장 공급곡선

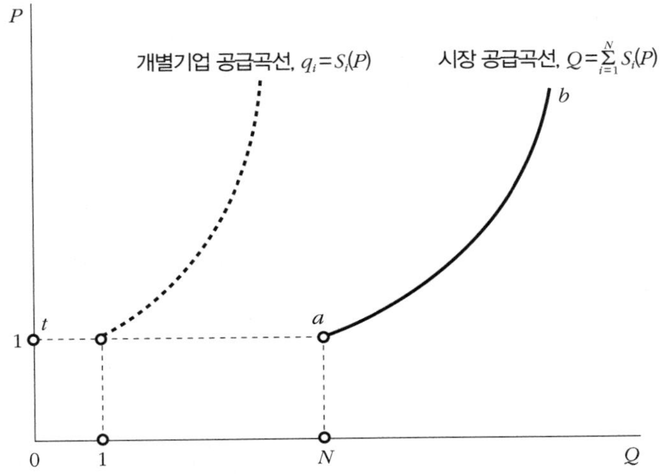

두 타입의 기업들이 단기에 서로 다른 비용함수를 가지고 있는 경우에 시장 공급곡선은 두 타입의 모든 공급곡선의 수평 합이다. 1타입 개별 기업의 비용함수는 $C(q_{i1}) = \frac{q_{i1}}{2} + \frac{q_{i1}^2}{100} + 100$으로 동일한 N_1개의 기업이 있고, 2타입 개별기업의 비용함수 $C(q_{i2}) = q_{i2} + \frac{q_{i2}^2}{100} + 100$으로 동일한 N_2개의 기업이 있다고 하자. 여기서는 고정비용에 매몰비용이 없고 모두 회피비용이라고 가정한다. 따라서 조업중지점은 평균비용의 최저이다.

1타입의 경우 $MC_1 = \frac{1}{2} + \frac{q_{i1}}{50}$이고, 평균비용은 $AC_1 = \frac{1}{2} + \frac{q_{i1}}{100} + \frac{100}{q_{i1}}$이므로 평균비용은 $q_{i1} = 100$에서 최솟값이 2.5이다. 2타입의 경우 $MC_2 = 1 + \frac{q_{i2}}{50}$이고, 평균비용은 $AC_2 = 1 + \frac{q_{i2}}{100} + \frac{100}{q_{i2}}$이므로 평균비용은 $q_{i2} = 100$에서 최솟값이 3이다. 시장가격이 2.5 미만이면 2타입 기업들은 물론 1타입 기업들도 생산을 하지 않는다([그림 3-7]의 A구간). 시장가격이 2.5이면 1타입의 개별 기업은 100단위를 생산하지만 100개의 모든 기업이 생산을 하지 않으므로 시장 생산량은 $100N$(여기서 $N \leq N_1$)이다([그림 3-7]의 B구간). 가격이 2.5를 초과하면, 개별 기업은 공급함수 $q_{i1} = 50(P - 0.5)$를 따라서 생산하며, 시장 공급은 $q_1 = 50(P - 0.5)N_1$이다([그림 3-7]의 C구간).

2타입의 경우 가격이 3 미만이면 생산을 하지 않는다(장기의 견지에서 2타입 기업들은 가격이 3이 되어야 시장에 진입한다고 할 수 있다). 가격이 3이면, 2타입 개별 기업은 100단위를 생산할 수도 있고, 이 경우 2타입 전체 생산량은 $100M$이다(여기서 $M \leq N_2$). 가격이 3을 초과하면, 개별 기업의 생산은 개별 기업 공급함수 $q_{i2} = 50(P - 1)$을 따르며, 2타입 전체의 시장공급 함수는 $q_2 = 50(P - 1)N_2$이다. 이를 종합하면

그림 3-7 비용이 이질적인 경우 시장 공급곡선

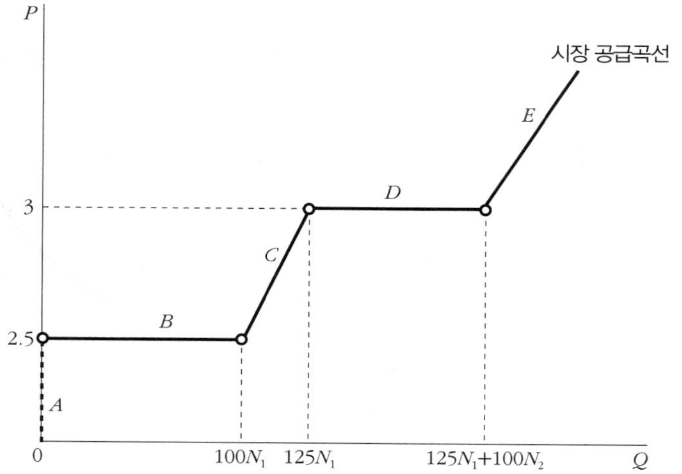

시장의 공급함수(Q)는 다음과 같이 계단식 함수로 표시한다:

$$Q=\begin{cases} 0, & P\le 2.5 & A\text{구간} \\ 100N, & P=2.5,\ 0\le N\le N_1 & B\text{구간} \\ 50(P-0.5)N_1, & 2.5\le P\le 3 & C\text{구간} \\ 125N_1+100M, & P=3,\ 0\le M\le N_2 & D\text{구간} \\ 50(P-0.5)N_1+50(P-1)N_2, & P\ge 3 & E\text{구간} \end{cases}$$

시장 공급함수는 계단식으로 [그림 3-7]과 같으며, 각 함수의 구간은 그림의 구간과 부합한다.

3 단기 시장균형

시장은 공급자와 소비자가 만나서 거래하는 일련의 체계로서 시장공급과 시장수요로 대표된다. 시장수요는 소비자의 효용극대화 결과 도출된 개별 수요함수의 합이다. 시장 수요함수(D)는 가격(P)과 수요량(Q)과의 수학적 관계를 나타낸다. 수요함수는 $Q=D(P)$로 $D'(P)<0$을 가정한다. 이 가정은 두 변수가 역의 관계를 가지며 시장 수요곡선은 우하향함을 말한다. 단기에 시장 공급곡선과 시장 수요곡선의 교차점에서 균형가격과 거래량이 결정된다.

[그림 3-8] (b)는 시장의 균형을 보여준다. 시장 공급곡선과 시장 수요곡선의

교차점인 E에서 균형이 형성되며, 균형가격은 P_e, 균형 거래량은 Q_e이다. 가격 순응자인 개별 기업은 시장 균형가격 P_e를 주어진 것으로 하기 때문에 개별 기업이 직면하는 수요곡선은 [그림 3-8] (a)에서 P_ec를 연결하는 수평선이다. 개별 기업은 $P_e=MC$인 점 c에서 이윤극대화 생산량 q_{ie}를 생산한다. 이와 동일한 개별 기업이 시장에 N개 있다면, 각자 q_{ie}를 생산하여 시장 생산량은 $Q_e=Nq_{ie}$가 된다. 모든 기업이 균형가격에서 공급하려는 시장 공급량은 이 가격에서 소비자가 수요하는 수요량과 일치한다. 모든 소비자와 공급자는 같은 가격을 주고 받는다.

단기 균형에서 개별 기업은 P_eabc의 초과이윤을 얻는다. 초과이윤은 기존기업들로 하여금 생산시설을 늘려서 생산을 더하여 이윤을 증가시킬 유인을 제공한다. 또한, 신규 기업들이 진입하여 이윤을 추구할 유인을 제공한다. 그러나 단기에 기존기업들은 생산시설(고정요소 투입의 변화)을 증가시킬 수 없으며, 신규기업의 새로운 공장 건설 등과 같은 고정요소 투입의 증가가 발생할 수 없다. 초과이윤이 존재하는 경우에 기존기업이 생산시설을 확충하고, 신규기업이 진입하는 현상은 장기에 이루어진다.

이제 [그림 3-7]에서 보여준 이질적 비용함수로 구성된 산업(시장)의 수요를 살펴보자. 시장수요가 작아서 소비자의 최대 지불의향이 2.5 이하이면(A구간에 존재), 어떤 기업도 공급하지 않으므로 시장은 존재하지 않는다고 볼 수 있다.

우하향하는 시장 수요가 B구간을 통과하면, 1타입 기업 중에서 일부분은 생산

그림 3-8 단기 시장균형

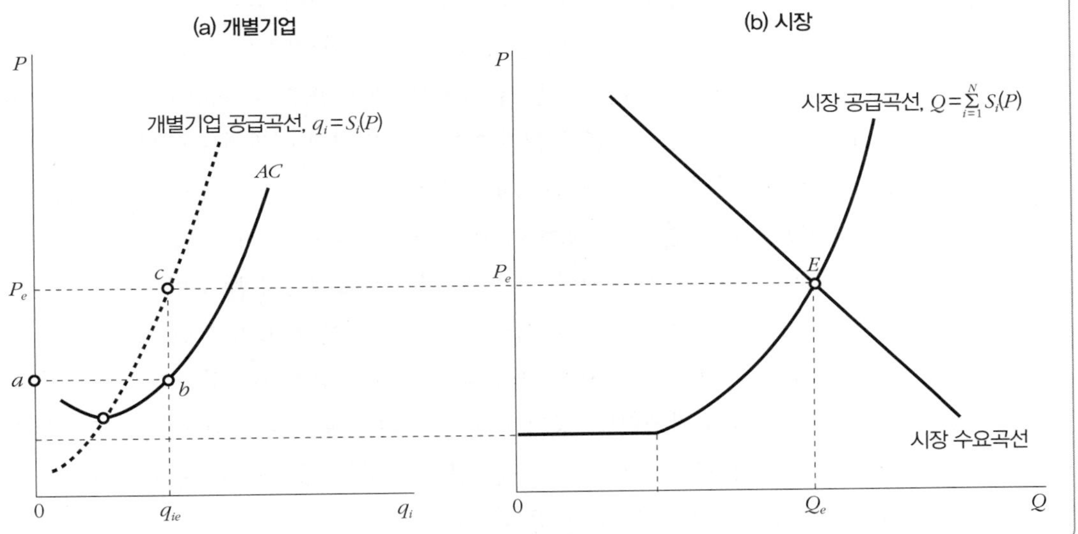

을 하며 그 교차점이 균형이다. $N_1=10$이면 예를 들어, $N=5$의 기업이 생산할 수 있다. 이 경우에 공급을 하는 기업의 초과이윤은 영이다. 시장수요가 *C*구간을 통과하면, 1타입 모든 기업(N_1)은 개별 공급곡선을 따라서 생산을 하며, 시장가격은 $2.5<P<3$에서 결정된다. 1타입 모든 기업의 이윤은 양이다. 이 구간에서 아직 2타입 어떤 기업도 생산을 하지 못한다. 시장수요가 증가하여 *D*구간을 통과하면, 이제 2타입 기업 중에서 일부는 공급에 참여하게 된다. 이 경우에 모든 1타입 기업들은 양의 이윤을 얻는 비해서, 2타입 기업은 영의 초과이윤을 얻을 뿐이다(시장가격이 2타입 기업의 평균비용의 최저치에 해당 하기 때문이다). 시장수요가 *E*구간을 통과할 정도로 증가하면, 시장가격은 3 이상이 되며, 1타입과 2타입 기업이 모두 공급한다. 모든 기업의 초과이윤은 양이며, 1타입 개별 기업의 이윤은 2타입 개별 기업의 이윤보다 더 크다. 이와 관련하여 연습문제 7번을 시도하기 바란다.

제3절 | 장기 공급함수

1 장기 개별 기업 공급

장기에 고정요소는 없으며 모든 투입 요소는 가변적이다. 장기에 개별 기업의 이윤극대화 조건은 $P=LMC$(장기 한계비용)이다. 장기 개별 기업의 공급곡선은 장기 평균비용(LAC) 최저점 위의 장기 한계비용곡선 구간이다.

단기에 개별 기업이 초과이윤을 얻고 있으면, 이 기업은 장기에 고정요소를 변경하고 공급을 증가하여 이윤을 더 얻고자 한다. 또한 이 초과이윤을 얻기 위해서 장기에 신규기업들이 진입하고자 한다. 즉, 단기의 초과이윤은 기존기업들의 시설확장과 신규기업의 진입을 유도하여 장기에 공급 증가와 시장가격 하락을 가져온다. 개별 기업이 얻을 수 있는 이윤이 영이 될 때까지 시설확장 또는 기업 진입이 발생한다. 이윤이 영이 되면, 더 이상 진입은 발생하지 않으며 장기에 기존기업은 영의 이윤을 얻는다. 단기에 개별 기업이 손실을 보고 있다면, 일부 기업(들)은 장기에 시장을 떠나기 시작한다. 공급의 감소로 시장가격이 상승하여 이윤이 영이 될 때까지 퇴출이 발생한다. 장기에 균형 가격은 평균 비용의 최솟값에 해당하고 개별 기업의 이윤은 영이다. 장기 균형을 결정하는 데는 (자유)진입과 퇴출이 중요한 역할을 한다. 장기 균형은 다음과 같다;

$$P=LMC=LAC=SMC=SAC, \ \pi=0.$$

여기서, *SMC*는 단기 *MC*, *SAC*는 단기 *AC*로서 앞 절과 동일하다.

2 장기 시장 공급함수와 시장균형

장기 시장 공급함수는 단기와 달리 개별 기업의 공급함수의 합이 아니다. 단기 초과이윤으로 장기에 신규기업의 진입이 발생하면, 기존기업과 함께 신규기업은 생산의 증가를 위해서 요소 투입을 증가해야 한다. 요소시장에서 요소 투입의 증가는 요소 가격을 변화시키고 이는 개별 기업의 장기평균비용과 한계비용을 변화시켜서 시장 공급은 개별 기업의 공급의 합과는 다르게 변한다.

① 장기에 생산의 증가로 요소 가격이 상승하는 경우를 분석하자. 요소 가격이 상승하면 모든 기업의 장기 평균비용이 증가하여 장기 시장 공급함수는 장기 개별 기업 공급함수보다 기울기가 완만해진다. IT 산업에서 벤처 열풍이 생기면, IT 관련 프로그래머, 기술자, 전문가의 임금은 고공행진하게 되며 장기적으로 공급이 더 탄력적이 된다. 이를 구체적으로 살펴보자.

[그림 3-9]에서 (a)는 개별 기업, (b)는 시장을 나타낸다. [그림 3-9] (b)에서 시장의 장기 균형이 초기에 E_o에 있다고 가정하자. 시장 균형가격은 P_o이며 [그림 3-9] (a)에서 개별 기업의 장기 평균비용 최저점(a)과 동일하며 q_{io}를 생산한다. 시

그림 3-9 장기 개별기업 공급과 시장공급: 요소가격 상승

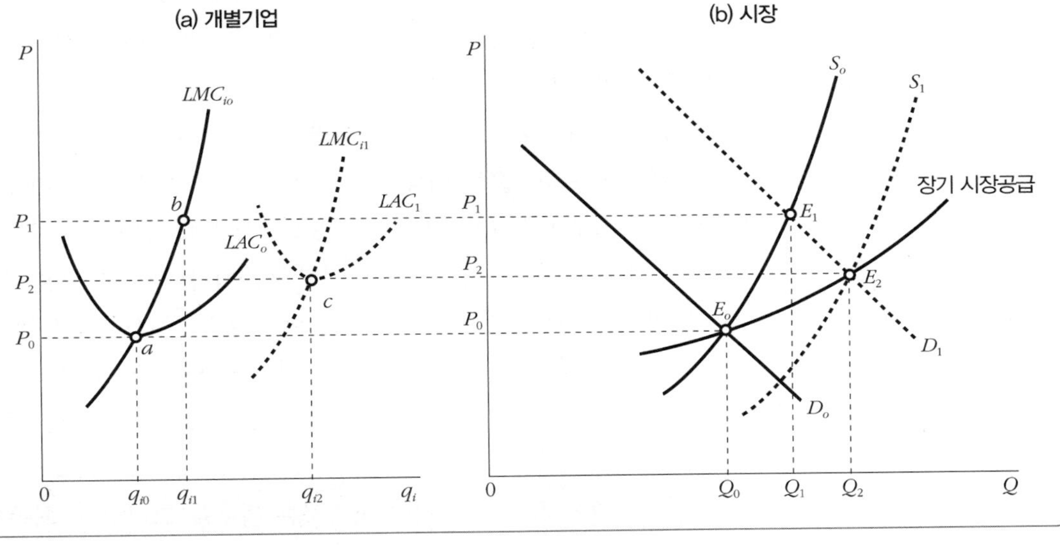

장환경의 변화로 수요가 D_o에서 D_1으로 증가했다고 하자([그림 3-9] (b)). 시장균형이 E_1으로 이동하여 시장가격이 P_1으로 상승하면(거래량은 Q_1로 증가), 개별 기업은 공급량을 q_{i1}으로 증가시키고 초과이윤을 얻는다([그림 3-9] (a)). 초과이윤이 있으므로 점 b는 장기 균형이 아니다. 초과이윤은 신규기업을 시장으로 불러모을 뿐만 아니라, 개별 기업의 공급의 증가로 요소 수요가 증가한다. 요소 수요의 증가로 요소 가격이 상승한다고 가정하자. 요소 가격의 상승으로 평균비용은 상승하여 평균비용곡선은 위로 이동(LAC_o에서 LAC_1으로)하고 한계비용곡선도 우측으로 이동(LMC_{io}에서 LMC_{i1}으로)하게 된다. 시장에서 신규기업의 진입으로 시장공급은 S_0에서 S_1으로 증가한다. 새로운 평균비용(LAC_1)의 최저점(c)은 이전의 평균비용의 최저점(a)보다 더 높으므로 새로운 장기 균형가격은 점 c에 해당하는 P_2, 거래량은 Q_2에서 형성되며, 점 E_2에서 시장 균형이 발생한다. 개별 기업은 시장가격 P_2에서 q_{i2}를 생산하고 평균비용은 c와 동일하므로 이윤은 영이다. 시장에서 초기의 장기균형 점 E_o은 새로운 장기균형 점 E_2로 이동했으므로 장기 시장 공급곡선은 E_oE_2를 연결한 선으로 우상향하며, 단기공급곡선보다 더 완만하여 탄력적이다.

② 장기적으로 생산 증가가 요소 가격에 아무 영향을 못 미치는 경우를 분석하자. 이 경우에 장기 평균비용은 변화가 없으므로, 장기 시장공급곡선은 장기 평균비용의 최저점에서 수평선이다. [그림 3-10]에서 장기 시장공급곡선이 수평선임을 보인다. 초기에 장기균형은 LAC_o의 최저점인 a에서 형성되어 시장가격은 P_o로서 개별 기업의 장기 이윤은 영이다. 시장 균형은 점 E_o이다. 시장 수요가 D_o에서 D_1으로 증가했다고 하자. 새로운 균형은 점 E_1로 이동하고 시장가격은 P_1, 거래량은 Q_1이 된다. 가격 순응자인 개별 기업은 $P=LMC_{io}$인 점 b에서 생산을 q_{i1}로 증가하고 초과이윤을 얻는다. 이는 장기균형이 아니다. 초과이윤으로 기존기업의 공급량 증가와 신규기업의 진입이 발생한다. 이로 인해 요소 수요가 증가하나 요소 가격은 변하지 않는다고 가정하므로, LAC_1의 최저점의 높이는 LAC_o와 같다. 기존기업의 공급 증가로 한계비용은 우측으로 이동(LMC_{io}에서 LMC_{i1}으로)하고 평균 비용곡선도 이에 상응하여 우측으로 이동한다. 시장공급은 S_o에서 S_1로 증가하여 원래의 가격인 P_o로 하락하고 최저점(c)은 이전과 같이 P_o에서 동일하다. 새로운 균형 점 c에서 개별 기업이 직면하는 가격은 P_o이나 생산은 q_{io}에서 q_{i2}로 증가한다. 시장 균형은 점 E_2에서 결정되며, 균형가격은 이전과 같이 P_o이며 균형 거래량은 Q_2로 증가하여 수요와 공급이 일치한다. 장기 시장 공급곡선은 점 E_o와 E_2를 연결한 수평선이다.

③ 장기적으로 생산의 증가로 요소 가격이 하락하는 경우를 고려하자. 최종재

그림 3-10 장기 개별기업 공급과 시장공급: 요소가격 일정

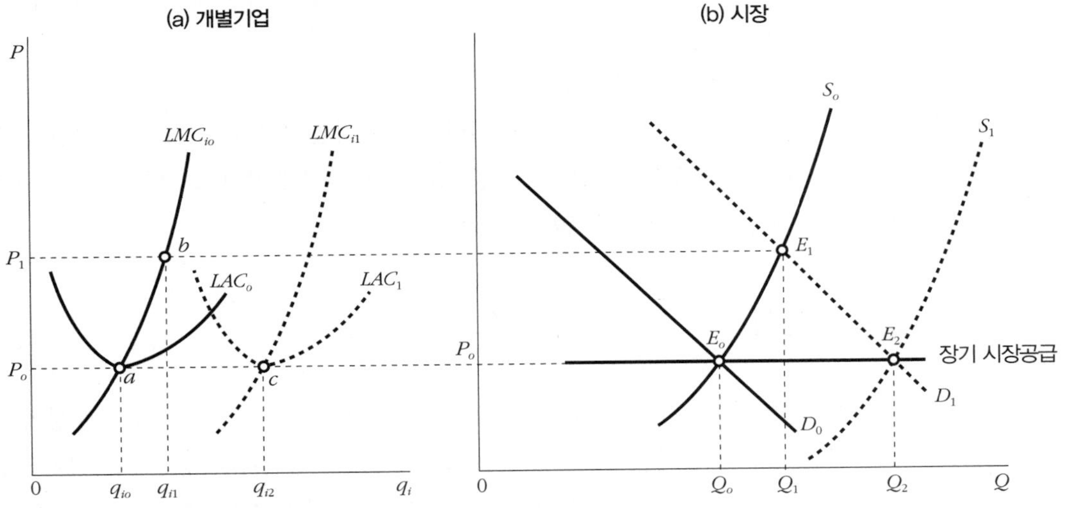

생산의 증가로 요소(중간재) 투입이 증가하고 중간재 생산의 증가에 따른 규모의 경제가 발생한다면, 중간재 가격이 하락하여 장기 평균비용이 하락할 수 있다. 결과적으로 장기 시장공급곡선은 우상향이 아니라 오히려 우하향 할 수 있다. PC에 대한 수요는 PC의 주요 부품인 CPU의 생산 증가와 기술개발을 가속화 해서 CPU 가격이 하락하였고, PC 공급량은 증가하면서 가격은 오히려 하락하는 현상이 발생했다. 이에 대한 분석은 각자가 해보기 바란다.

장기에 생산의 증가로 요소 수요가 증가하여 요소 가격이 상승, 일정, 하락하는 경우에 장기 시장 공급곡선은 우상향, 수평선, 우하향하는 형태를 가진다. 어느 경우나 장기 균형에서 시장가격은 항상 장기 평균비용의 최저점에 있으며 개별 기업의 이윤은 영이다. 장기 평균비용의 최저점에는 단기 평균비용의 최저점이 접한다. 이 점에서 단기 한계비용곡선과 장기 한계비용곡선이 교차하며, 전자는 후자보다 더 가파르다. 요약하면, 장기 균형에서 $P=LMC=LAC=SMC=SAC$이고 이윤은 영이다.

제4절 | 완전경쟁시장의 효율성과 사회후생

이 장의 서두에서 (완전)경쟁시장은 이상적인 모형이라고 했다. 경쟁시장 균형은 효율성을 달성하고 사회후생을 극대화하는 특징을 가지고 있다. 경쟁시장 균형에서 달성되는 효율성은 파레토 효율성으로서 어느 경제 주체도 다른 주체를 나쁘게 하지 않고는 더 좋아질 수 없는 상태이다.

1 효율성

경쟁시장에서 두 가지 (파레토) 효율성이 달성된다. 하나는 생산의 효율성이다. 다른 생산자의 생산량을 감소시키지 않고는 어느 한 생산자의 생산량을 증가시킬 수 없는 생산요소의 분배 상태이다. 다른 하나는 소비의 효율성이다. 소비자가 구매하는 제품에서 얻는 가치는 그 제품을 생산하는 데 소요된 한계비용과 같은 상태이다. 이는 경쟁시장의 이윤극대화 조건인 $P=MC$이다. 이 조건에서 어느 소비자도 다른 소비자를 나쁘게 하지 않고는 더 좋아질 수 없다.

2 사회후생

사회후생은 소비자가 얻는 잉여와 생산자가 얻는 잉여의 합으로 표시한다.[6]

1) 소비자잉여

소비자들은 구매하는 제품으로부터 혜택 또는 가치를 얻으며, 지불하는 가격보다 크거나 같아야 구매한다. 소비자가 구매한 제품으로부터 얻는 총가치에서 지불한 가격과의 차이를 소비자잉여(consumer surplus; *CS*)라 한다. 경쟁시장에서 제품의 시장가격을 100원이라고 하자. 1소비자는 이 제품 한 단위 소비로부터 150원, 2소비자는 120원, 3소비자는 100원, 4소비자는 90원의 총가치를 얻는다고 하자. 여기서 소비자가 얻는 총가치를 지불의향가격 또는 지불의향이라고도 한다. 4소비자는 얻는 총가치에 비해서 가격이 더 높으므로 이 제품을 구매하지 않는다. 3소비자는 구매하는 것과 구매하지 않는 것에 대해서 무차별하며 구매한다고 가정한다.

6) 사회후생은 줄여서 후생이라고도 하지만 소비자 후생 또는 생산자 후생이라는 말과 구분하기 위해서 단순히 후생이라는 말 대신에 사회후생이라는 용어를 많이 사용하는 편이다. 사회후생은 소비자잉여와 생산자잉여를 합한 것으로 총잉여 또는 사회적 잉여라고도 한다.

1소비자는 구매로부터 50원, 2소비자는 20원, 3소비자는 0원의 소비자잉여를 얻으므로, 세 명의 소비자로부터 발생하는 소비자잉여는 모두 70원이다.

수요곡선이 우하향하는 경우에 소비자잉여는 시장가격 위와 수요곡선 아래 사이의 넓이다. 역수요함수를 $P=P(Q)$라 하고 $P'(Q)<0$을 가정하자. $P(Q)$는 주어진 수요량 Q에서 수요곡선의 높이로서 소비자가 얻는 가치 또는 지불의향을 나타낸다. 균형가격이 P_e로 주어져 있고, 시장 거래량을 Q_e라고 하자. 첫 번째 단위를 구매하는 소비자는 $P(1)$의 총가치를 얻는데 비해서 이보다 작은 P_e의 가격을 지불하므로 첫 번째 단위 구매자는 $P(1)-P_e$의 잉여를 얻고, 두 번째 단위 구매자는 $P(2)-P_e$의 잉여를, 마지막으로 Q_e번째 단위 구매자는 $P(Q_e)-P_e$의 잉여를 얻으므로 잉여를 모두 합$(=(P(1)-P_e)+(P(2)-P_e)+\cdots+(P(Q_e)-P_e))$하면 소비자잉여가 된다. 이를 정리하면, $CS=(P(1)-P_e)+(P(2)-P_e)+\cdots+(P(Q_e)-P_e)=(P(1)+P(2)+\cdots+P(Q_e))-P_e\times Q_e$이다. 여기서, $P(1)+P(2)+\cdots+P(Q_e)$는 모든 소비자가 얻는 총가치이고 $P_e\times Q_e$는 총구매에 대한 총 지출액이다. 수요곡선이 연속적인 경우에 $P(1)+P(2)+\cdots+P(Q_e)$는 적분으로 $\int_0^{Q_e}P(x)dx$이고, 이 적분은 구매량 영에서 Q_e 사이의 수요곡선 아래의 넓이를 표현한다. 이에 따라 소비자잉여는 $CS=\int_0^{Q_e}P(x)dx-P_eQ_e$이다. [그림 3-11]에 수요곡선과 소비자잉여를 표시했다. $\int_0^{Q_e}P(x)dx=A0Q_eE$이고, $P_eQ_e=P_e0Q_eE$이다. 따라서 소비자잉여는 $CS=AP_eE$이다.

2) 생산자잉여

생산자는 제품을 판매하여 총수입(매출액)을 얻으며, 제품 생산 판매에 비용이 소요된다. 생산자잉여(producer surplus; PS)는 생산자가 총수입에서 그 제품을 생산하는데 최소한 받을 의향의 비용을 뺀 차액이다. 공급함수는 한계비용으로부터 도출되었다. 한계비용 $MC(Q)$는 각 생산량 단위에 소요된 추가비용을 나타내므로, 주어진 생산량에 대해서 추가비용을 모두 합하면 생산자가 최소한 받고자 하는 비용이 된다. 이는 주어진 생산량까지 공급곡선의 아래 부분의 넓이에 해당하며, 적분을 이용하면 $\int_0^{Q_e}MC(x)dx$이다.[7] 생산자의 총수입은 소비자의 총지출액이므로 P_eQ_e이다. 생산자잉여는 $PS=P_eQ_e-\int_0^{Q_e}MC(x)dx$이다. [그림 3-11]에서 $P_eQ_e=P_e0Q_eE$이고, $\int_0^{Q_e}MC(x)dx=B0Q_eE$이다. 따라서 생산자잉여는 $PS=P_eBE$이다.

7) 여기서 $\int_0^{Q_e}MC(x)dx=C(Q_e)-C(0)$이다. $C(0)$은 $Q=0$일 때 비용으로 고정비용(F)이고 $C(Q_e)-C(0)$은 가변비용이다. 따라서 0에서 Q_e까지 MC의 아래 넓이는 가변비용이다. 단기에 이윤은 $\pi=TR-(V(Q)+F)$이므로 생산자잉여는 이윤+고정비용이다.

그림 3-11 소비자잉여, 생산자잉여, 사회후생

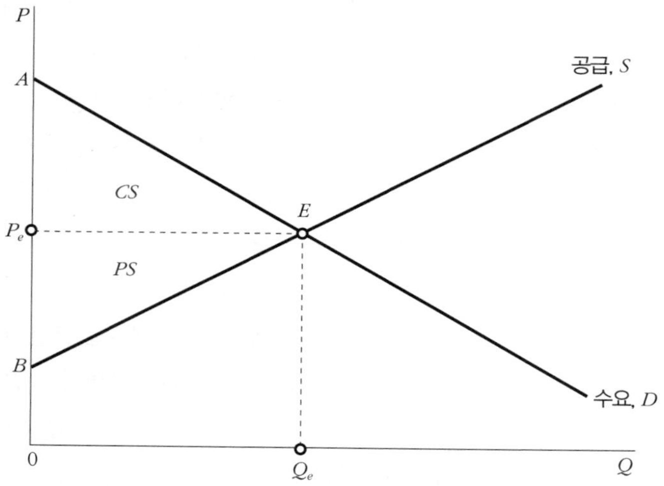

3) 사회후생

사회후생(social welfare; SW)은 소비자잉여와 생산자잉여의 합으로 다음과 같다;

$$SW=\left(\int_0^{Q_e}P(x)dx-P_eQ_e\right)+\left(P_eQ_e-\int_0^{Q_e}MC(x)dx\right)$$
$$=\int_0^{Q_e}P(x)dx-\int_0^{Q_e}MC(x)dx.$$

이 계산에서 보듯이 사회후생은 소비자가 얻는 총가치에서 생산자가 그 수량을 공급하는데 소요되는 총비용을 뺀 차액이다. 이는 생산자와 소비자를 모두 하나로 보아서 균형 거래량을 거래하여 얻을 수 있는 시장 가치이다. [그림 3-11]에서 $SW=CS+PS=ABE$이다. 자원배분이 사회후생을 극대화할 때 이러한 배분을 효율성이라고 한다. 수요와 공급이 균형을 이룰 때($S=D \rightarrow P=MC$) 사회후생은 극대화된다.

경쟁시장에서 정부의 개입이나 경쟁을 위축하는 정책, 시장실패 등은 효율성을 달성하지 못하고 사회후생의 감소를 가져온다. 어떤 정책이나 상황으로 인해서 경쟁시장의 균형 생산량보다 적게 또는 많게 생산하거나, 균형 가격보다 높거나 또는 낮게 가격이 설정되면 효율성은 달성되지 않고 사회후생은 감소한다.

■ 세금 부과와 사회후생의 변화

시장에 세금을 부과하면 사회후생에 어떤 영향을 미치는지 살펴보자. 생산자에게 단위당 t원의 세금을 부과하는 경우를 고려하자. [그림 3-12]에는 경쟁시장

그림 3-12 조세부담의 귀착과 사중손실

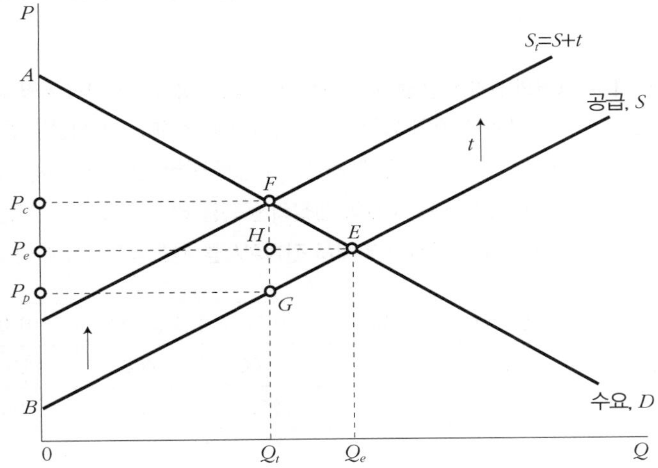

의 수요와 공급의 균형(E)에서 가격(P_e)과 거래량(Q_e)이 표시되어 있다. 단위당 t원의 세금을 부과하면 공급곡선(또는 한계비용곡선)은 S에서 S_t로 t만큼 위로 이동한다(이는 공급의 감소이다). 새로운 균형은 F에 있다. 소비자는 P_e보다 높은 P_c의 가격을 지불하며, 생산자는 P_e보다 낮은 P_p의 가격을 지불받는다. 그 차액인 $t(=P_c-P_p=FG)$는 단위당 세금으로 정부의 조세수입으로 이전된다. 세금 부과 후에 소비자잉여는 P_cP_eEF만큼 감소하여 AP_cF로 된다. 소비자잉여의 감소분 중에서 P_cP_eHF는 세금으로 이전된다. 생산자잉여는 P_eP_pGE만큼 감소하여 P_pBG가 된다. 생산자잉여의 감소분 중에서 P_eP_pGH는 세금으로 이전된다. 세금 부과로 인한 소비자잉여와 생산자잉여의 감소분 중에서 P_cP_pGF는 정부의 조세수입으로 이전하지만 FGE는 시장 내에서 어느 누구도 가지지 못하게 된다. 이 부분을 사중손실(deadweight loss; DWL)이라 한다. 세금 부과로 사회후생은 ABE에서 $ABGF$로 감소하여 FGE의 사중손실이 발생한다. 이는 사회후생의 감소분 또는 후생순손실이다. 사중손실은 Q_t 생산에 대한 한계비용(G 높이)이 소비자의 한계 지불의향(F 높이)보다 낮기 때문에 사회에 대한 손실이며 효율성 손실(또는 비효율성)을 뜻한다. Q_t에서 생산을 조금씩 더 증가할수록 사중손실 부분은 사회로 환원되어 사회적 손실이 감소하고 사회후생이 점점 증가한다. 정부가 조세 수입을 효율적으로 사용할 수 있다면, 세금은 효율성 손실이라기보다는 소득 재분배의 성격을 가질 수 있다. 소비자에게 t원의 세금을 부과하면 S는 그대로인데 비해 D는 t만큼 아래로 이동하여 점 G에서 새로운 균형이 발생한다. 후생 변화는 생산자에 세금을 부과한 것과 동일하다.

연 | 습 | 문 | 제

>>> Theory of Industrial Organization

1. A역과 B역을 운행하는 전철이 있다고 하자. 매 시각 A역을 출발하여 한 시간 후에 B역에 도착하는 전철의 요금은 1인당 1,000원이다. 매 시간당 운영에 따른 고정비는 10,000원이다. 다음은 시간당 탑승인원과 평균가변비용을 부분적으로 보여준다. 당신이 전철회사의 사장이라면 어느 시간의 전철의 운행을 하지 않으려 할 것인가? 왜 그런지 설명하시오. (이 문제의 해를 구하기 위해서 전철회사를 완전경쟁시장의 한 기업으로 가정한다.)

운행시간	8:00	9:00	15:00	16:00	17:00	18:00
탑승인원	1,200	1,000	400	200	300	600
AVC	550	600	920	1,050	970	850

2. 다음은 완전경쟁시장에서 판매하는 X재의 판매량과 총비용을 보여주는 표이다. X재는 시장에서 6원에 팔리고 있다.

판매량	0	1	2	3	4	5	6	7	8
총비용	3	5	8	12	17	23	30	38	47
AVC									
MC									
이윤									

1) 빈칸을 채우고, 최적 생산량을 구하시오. 이 경우에 이윤이 극대화되었는지 확인하시오.
2) 7 단위를 생산할 것인지 생산하지 않을 것인지 설명하시오.
3) 가격이 8원으로 상승한다면 어떤 조치를 취할 것인지 설명하시오.

3. 완전경쟁시장에서 개별 기업이 직면하는 수요곡선과 산업 (시장) 수요곡선의 차이점을 설명하시오.

4. 완전경쟁시장의 개별 기업의 비용함수가 다음과 같다:

a) $C(q)=\frac{q^2}{100}+\frac{q}{2}+100$, b) $C(q)=q^2+q$, c) $C(q)=cq+1{,}000$, d) $C(q)=cq$.

(c는 일정한 상수임 (예, $c=10$))

각 비용함수에 대해서,

1) AC, AVC, MC함수를 도출하고 각 곡선을 그리시오.
2) 손익분기점과 조업중지점을 파악하시오.
3) 공급함수를 도출하시오. (일부 함수는 공급함수가 도출되지 않는다)

5. 시장수요가 $P=a-bQ(a,\ b>0)$인 완전경쟁시장에서 두 개의 기업이 동질의 제품을 판매하고 있다. (두 개의 기업만이 경쟁하지만 각 기업은 가격순응자로서 행동한다고 가정한다.) 1기업의 한계비용은 C_1으로 일정하고(즉, CRS), 2기업의 한계비용은 C_2로 일정하다.

1) $C_1<C_2<a$를 가정하자. 각 기업의 생산량, 시장 균형가격과 균형 생산량을 계산하시오.

2) $C_1=C_2<a$를 가정하자. 각 기업의 생산량, 시장 균형가격과 균형 생산량을 계산하시오.

6. 완전경쟁시장의 시장수요는 $P=a-bQ(a,\ b>0)$이다. 개별 기업의 비용함수가 $C(q)=cq+F$ (여기서, c는 일정한 상수, F는 고정비) 이다. $c<a$를 가정하자. 개별 기업의 공급곡선이 존재하지 않음을 설명하시오.

7. 본문에서 소개한 다음의 시장공급함수를 고려하시오.

$$Q=\begin{cases} 0, & P\le 2.5 & A \\ 100N, & P=2.5,\ 0\le N\le N_1 & B \\ 50(P-0.5)N_1, & 2.5\le P\le 3 & C \\ 125N_1+100M, & P=3,\ 0\le M\le N_2 & D \\ 50(P-0.5)N_1+50(P-1)N_2, & P\ge 3 & E \end{cases}$$

1) $N_1=N_2=10$을 가정하시오. 시장 공급함수를 구체적으로 다시 작성하고 그림을 그리시오.

2) 시장수요가 네 가지가 있다.

D_1: $P=902.5-Q$; D_2: $P=1{,}112.7-Q$; D_3: $P=2{,}003-Q$; D_4: $P=2{,}403.15-Q$

각 수요에 따른 시장 균형 가격, 판매량, 기업 수를 결정하시오.

3) 각 균형에서 소비자잉여, 각 기업의 생산자잉여, 사회후생을 계산하시오.

8. 완전경쟁시장에서 단기의 시장공급은 $P_s=Q$이고, 시장수요는 $P_d=20-Q$이다.

1) 단기의 균형 가격과 거래량, 소비자잉여, 생산자잉여, 사회후생을 계산하시오.

2) 단위당 2의 종량세를 생산자에게 부과했다고 하자. 세금 부과 후의 단기의 균형 가격, 거래량, 소비자잉여, 생산자잉여, 사회후생, 사중손실을 계산하시오.

3) 단위당 2의 종량세를 소비자에게 부과한다면, 2)와 동일한 결과를 얻는다는 점을 보이시오.

9. 완전경쟁시장에서 단기의 시장공급함수는 $Q_s=P$이고, 시장수요는 $Q_d=20-P$이다. 정부가 부과할 세금은 두 가지 종류이다. 하나는 단위당 t원의 세금을 부과하는 종량세(excise tax)이고, 다른 하나는 비율세(ad valorem tax)로서 생산자에게 소비자로부터 지급받는 가격에 $k\times100\%$를 곱하는 것이다. 가격이 P원이고, 세금이 5%라면 세금 이후의 가격은 $P(1+0.05)$이다.

1) 종량세의 경우에 소비자에게 부과하나 생산자에게 부과하나 균형 결과는 동일하다는

점을 보이시오.

2) 비율세의 경우에 소비자에게 부과한 결과와 생산자에게 부과한 결과가 일반적으로 다르다는 점을 보이시오.

10. 완전경쟁시장에서 단기의 시장공급은 $P_s = Q$이고, 시장수요는 $P_d = 20 - Q$이다. 장기에 한계비용은 10으로 CRS를 보인다.

1) 단위당 2의 종량세를 부과하는 경우에, 장기의 가격, 거래량, 소비자잉여, 생산자잉여, 사회후생, 사중손실을 계산하시오.

2) 세금 부과 후의 장기 균형을 위 문제 8의 결과와 비교하시오.

11. 한 기업의 단기 비용함수가 $C(Q) = Q^3 - 2Q^2 + 2Q + 8$이다.

1) 단기 개별 기업 공급함수를 작성하시오.

2) 위와 동일한 비용함수를 가진 기업이 100개 있다. 단기 시장 공급함수를 작성하시오.

12. 비용함수가 $C(Q) = \frac{Q^2}{2} + Q + 2$이다. 위 문제 11을 반복하시오.

13. 완전경쟁시장의 수요는 $P^D = a - bQ$, 공급은 $P^S = cQ$이다. 여기서, P^D는 소비자가격, P^S는 생산자가격, Q는 수량, a, b, c는 양수이며, 계수 또는 모수라고 부른다.

1) 자유시장에서 시장 균형 가격, 균형 수량, 소비자잉여, 생산자 잉여를 구하시오.

2) 정부가 최고가격제를 실시한다고 하자. 최고가격(P_f)은 $d(>0)$에 설정되었다. 시장 거래량(Q_f)을 구하시오. 1)과 비교하여 소비자잉여 변화, 생산자잉여 변화, 사회후생의 변화를 계산하고 설명하시오. (d와 계수로 표시)

3) 위 2)의 최고가격제하에서 생산자가 공급한 수량을 모두 암거래 상인이 구매하였고 암거래 상인은 암시장에서 판매한다고 하자. 암시장 가격과 암거래 상인의 잉여를 계산하시오. (d와 계수로 표시)

14. 완전경쟁시장에서 모든 기업의 비용함수는 동일하다고 가정하자. 이 시장에서 요소 투입량 증가에 따라서 요소 가격은 변하지 않는다고 가정한다. 개별 기업의 장기 평균비용은 U자 모양으로 생산량 $q = 30$일 때, 최저값이 10이다. 장기 균형에서 생산하고 있는 개별 기업의 단기 비용함수는 $C(q) = \frac{1}{3}q^2 - 10q + 300$이다. 시장수요함수는 $Q = 4{,}000 - 100P$이다. 여기서, Q는 시장 수요량, P는 가격이다. 균형에서 Q는 개별기업 생산량(q)의 합이다.

1) 장기균형에서 가격, 개별 기업의 생산량, 시장 거래량, 그리고 기업 숫자를 계산하시오. 그림을 그려서 설명하시오.

2) 시장수요함수가 $Q = 5{,}500 - 100P$로 증가였다고 하자. 새로운 장기 균형가격, 시장 거래량, 개별 기업 생산량, 그리고 기업 숫자를 계산하시오. 1)의 결과와 비교하시오. 위 그림에 장기 시장공급곡선을 표시하고 설명하시오.

부록 | 완전경쟁시장과 공급함수

한 기업의 (단기) 비용함수($C(q_i)=q_i^3-2q_i^2+2q_i+10$)를 이용하여 평균비용, 평균가변비용, 한계비용 곡선의 모양을 보다 더 구체적으로 도출해 보자. 매몰비용을 10이라고 가정한다. 가변비용(함수)은 $V(q_i)=q_i^3-2q_i^2+2q_i$이다. 평균비용(함수)와 평균가변비용(함수)는 각각 $AC=\frac{C(q_i)}{q_i}=q_i^2-2q_i+2+\frac{10}{q_i}$와 $AVC=\frac{V(q_i)}{q_i}=q_i^2-2q_i+2$이다. $q_i=0$에서 평균비용은 무한대로 높으며, 생산량이 증가함에 따라서 하강한다. 평균비용의 최솟값을 구하기 위해서 AC를 미분한다. $\frac{dAC}{dq_i}=2q_i-2-\frac{10}{q_i^2}=0$에서 AC의 최솟값은 [그림 3-13]의 점 a에 있으며 $q_i^a=2.12$에서 약 7.0이다. 이 점이 손익분기점이다. $q_i<2.12$에서 $\frac{dAC}{dq_i}<0$이므로 평균비용곡선은 하강하고, $q_i>2.12$에서 $\frac{dAC}{dq_i}>0$이므로 평균비용곡선은 상승한다.

평균가변비용(함수) $AVC=q_i^2-2q_i+2$에서 평균가변비용은 $q_i=0$에서 2이고 U자 모양이다. $\frac{dAVC}{dq_i}=2q_i-2$이므로 $q_i^v=1$에서 $\frac{dAVC}{dq_i}=0$으로 AVC는 최솟값 1을 가진다. AVC의 최저는 점 v에 있다. 이 점이 조업중단점이다. $q_i<1$인 구간에서 $\frac{dAVC}{dq_i}<0$이므로 AVC는 감소하고, $q_i>1$인 구간에서 $\frac{dAVC}{dq_i}>0$이므로 AVC는 증가한다.

한계비용(함수)은 $MC=\frac{dC}{dq_i}=3q_i^2-4q_i+2$이므로 MC는 $q_i=0$에서 AVC와 같이 2이다. 비용함수를 2차 미분($\frac{d^2C}{dq_i^2}$)하면 한계비용을 1차 미분($\frac{dMC}{dq_i}$)한 것으로 한계비용곡선의 기울기를 나타낸다.

$$\frac{d^2C}{dq_i^2}=\frac{dMC}{dq_i}=6q_i-4.$$

한계비용은 $q_i^m=2/3$에서 최솟값(m)이 2/3이다. $q_i>2/3$ 구간에서 $\frac{dMC}{dq_i}>0$이므로 한계비용은 상승한다. $q_i=1$에서 $MC=1$이고, 이는 $MC=AVC$이기 때문에 MC는 AVC 최저점을 관통한다. $q_i=2.12$에서 $MC=AC$이므로 MC는 AC의 최저점을 관통한다. AC, AVC, MC 곡선은 [그림 3-13]과 같다.

단기의 공급곡선을 수학적으로 나타내고 그림에 표시해보자. 조업중단점(AVC 최저점)은 1이다. $P<1$인 경우에 가격이 AVC 최저점에도 못 미치기 때문에 $q_i=0$이다. $P\geq1$인 경우, 공급함수는 $P=MC=3q_i^2-4q_i+2$에서 도출한다. $3q_i^2-4q_i+(2-P)=0$에서 q_i를 구하면 공급함수는 $q_i=\frac{2\pm\sqrt{4-3(2-P)}}{3}=\frac{2\pm\sqrt{3P-2}}{3}$이다. 여기서, MC는 우상향하는 구간에서만 유효하므로 +값만 취한다. $P\geq1$인 경우 공급함

그림 3-13 완전경쟁시장의 단기공급함수 도출

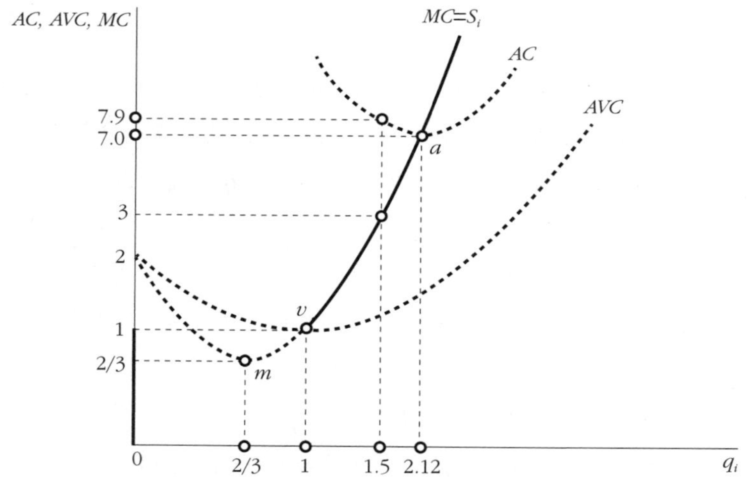

수는 $q_i = \dfrac{2+\sqrt{3P-2}}{3}$ 이고 MC의 우상향 구간이다. 종합하면, 공급함수는 다음과 같다;

$$q_i = \begin{cases} \dfrac{2+\sqrt{3P-2}}{3}, & P \geq 1\text{인 경우} \\ 0, & P \leq 1\text{인 경우.} \end{cases}$$

공급곡선은 $v=1$(AVC 최저점) 위에 있는 MC곡선(점선)과 Y축에서 $P=1$ 이하의 수직선으로 구성되어 있다.

가격이 3인 경우에 생산량, 총수입, 총비용, 이윤을 계산하고 이 가격에서 기업이 생산을 중단하는 것이 좋은지 아니면 지속하는 것이 좋은지 알아보자. 이윤극대화 생산량은 $3=MC=3q_i^2-4q_i+2$의 해로서 $q_i^* = \dfrac{2+\sqrt{7}}{3} = 1.5$이다. 즉, $P=3$이면, 이 기업은 이윤극대화 생산량 (약) 1.5단위를 생산한다. $q_i=1.5$에서 총수입($TR=P\times q_i$)은 $3\times1.5=4.5$, 총비용 $TC=q_i^3-2q_i^2+2q_i+10=11.8$이므로 이윤$=TR-TC=4.5-11.8=-7.3$으로서 손실이다. 만약에 생산을 안 한다면 단기적으로 손실은 고정비용인 10이다. $q_i=1.5$를 생산하여 비록 손실이 발생한다 하더라도 생산을 안 하는 것보다 손실이 더 적으므로 생산을 지속하는 것이 더 나은 결정이다. 즉, 생산을 안 하는 경우에 총수입은 영이므로 고정비용(=10)이 손실인데 비해서 $q_i=1.5$의 생산을 하는 경우에 총수입으로 가변비용을 지출하고 고정비용 중에서 일부분을 지출할 수 있으므로 손실이 고정비용보다 더 적다. 생산 여부는 가격이 평균가변비용의 최저점보다 큰지 작은지에 의해서 결정한다. 가격이 평균가변비용 최솟값

(=1)보다 높고 평균비용 최솟값보다 작은 경우에 비록 손실이지만 조업을 지속한다. 그림에서 보듯이 총수입 면적은 3×1.5(=4.5)이고 총비용 면적은 $q_i \times AC = 1.5 \times 7.9 (\cong 11.875)$이다. 따라서 손실은 약 7.3이다. 생산을 안하면 손실은 고정비용인 10이므로, 약 7.3의 손실을 보면서 생산하는 것이 생산 안 하는 것보다 더 낫다.

가격이 평균비용 최솟값(=7.0)보다 더 높다면 기업은 초과이윤을 얻으므로 생산한다.

제 4 장

독점시장이론

장을 시작하며

우리나라에서 인터넷을 연결하고 싶으면 KT나 SK브로드밴드, CATV 사업자 등 여러 기업 중에서 하나를 선택하여 인터넷을 이용할 수 있다. 그러나 전기를 연결하려면 한국전력공사에 신청할 수 밖에 없다. 마찬가지로 도시가스를 이용하려면 해당 지역의 단 하나뿐인 도시가스 사업자에게 신청해야 한다. 전기나 도시가스 없이 가정 생활을 한다는 것은 상상하기 어려우며 이들에 대한 대체재를 발견하는 것도 용이하지 않다. 어떤 생산물의 공급자가 하나 밖에 없는 시장을 독점시장이라 하며 그 공급자를 독점기업이라 한다. 순수 독점기업이란 공급하는 재화나 용역에 대해 대체재조차 없는 독점기업을 말한다. 이런 면에서 한국전력이나 도시가스 사업자들은 순수독점기업이며 시장점유율은 100%이다.

현실적으로 (순수독점기업이 아닌) 독점기업은 시장점유율이 100%에 못 미치지만 이와 유사한 제품이나 대체재를 공급하는 기업의 시장 점유율이 무시할 정도로 작은 경우가 많다. 마이크로소프트사의 PC 운영체계(OS)인 윈도우의 시장점유율은 약 90%이며, 경쟁사인 애플(5.3%), 리눅스(0.95%)의 점유율은 매우 낮다. OS시장에서 마이크로소프트사의 경쟁사들은 의미있는 경쟁력을 가지지 못하기 때문에 마이크로소프트사는 순수독점은 아니지만 독점기업이다. 비록 독점시장과 순수독점시장이 같지는 않지만 특별한 언급이 없는 한 우리는 순수독점시장과 독점시장을 구분하지 않는다.[1]

1) 독점기업의 시장점유율에 대한 기준은 없다. 이와 유사한 개념으로 참고할 만한 것은 공정거래법(독점규제 및 공정거래에 관한 법률)이다. 한 기업의 시장점유율이 50%를 초과하거나, 상위 3개 기업의 시장점유율의 합이 75%를 초과하는 기업들을 '시장지배적 사업자'로 지정하고 있다.

이 장에서 독점기업의 발생 원인을 살펴보고 독점기업의 이윤극대화 행동과 사회후생을 분석한다. 독점기업은 다양한 양상으로 생산을 한다. 첫째, 한 가지 제품을 여러 공장에서 생산을 하는 경우와 여러 가지 종류의 제품을 생산하는 경우의 행동을 분석한다. 둘째, 냉장고 같은 내구재(durable goods)를 생산하는 독점기업의 행동은 전기와 같은 비내구재를 생산하는 독점기업과 다르므로 그 차이점을 비교하고 분석한다. 셋째, 독점기업은 시장 점유율이 50% 내외이면서 많은 군소 기업들과 경쟁하는 경우가 있다. 이와 같은 시장에서 독점기업을 시장지배적 기업이라 하며, 다른 군소 기업들을 주변기업이라고 한다. 이 경우에 기업들의 행동을 분석한다.

어떤 요소나 중간재의 구매자가 하나뿐인 경우가 있을 수 있는데 이 유일한 구매자를 수요독점기업이라고 한다. 독점기업은 생산물시장에서 유일한 판매자이고, 수요독점기업은 요소시장(또는 중간재 시장)에서 유일한 구매자이다. 부록에서는 수요독점시장을 분석한다.

제1절 | 독점기업의 발생원인

독점은 한 시장의 유일한 공급자이므로 경쟁자가 없으며, 시장에 경쟁자가 나타나지 않으면 독점기업이 된다. 독점기업의 발생과 유지할 수 있는 원인은 기본적으로 독점시장에 존재하는 진입장벽에 기인한다. 진입장벽은 독점기업 스스로 만들 수도 있으며, 정부와 시장에 의해서 조성될 수도 있다. 독점의 발생원인을 살펴보자.

1 원료의 독점

한 기업이 자신만이 보유한 원료나 재료를 이용하여 생산하고 그 원료를 다른 기업에 판매하지 않으면 이 기업은 생산물 시장에서 독점기업이 된다. 세계적인 다이아몬드 판매사인 드비어스(De Beers)는 다이아몬드 광산이 위치한 국가와 독점적 계약을 통해서 원석을 채굴한다. 드비어스사는 채굴한 원석을 가공하고 완제품을 만들어 소비자에게 판매하는 전 과정을 독점화하는 것으로 유명하다. 스코틀랜드의 케이스(Kays)사는 동계올림픽 컬링경기의 스톤을 독점 공급했는데 앨리사(Alisa)섬의 화강암을 독점 채석했기 때문이다. (Wikipedia, 2023. 7. 10)

2 규모의 경제

규모의 경제란 생산량이 증가함에 따라 장기 평균비용이 감소하는 현상을 말한다. 제2장에서 규모의 경제를 소개하였다. 규모의 경제를 보이는 한 기업의 생산시설로 시장수요를 채우기에 충분한 생산량을 생산할 수 있다 하자. 만약에 두 기업이 영업을 한다면 각 기업은 한 기업이 시장수요를 충족할 때의 생산량보다 적은 생산을 하게 될 것이고 평균비용은 높아져서 이윤을 내기가 어렵게 된다. 규모의 경제가 있는 산업에서 한 기업이 자연적으로 독점이 되는데 이를 자연독점이라 한다. 전기, 철도, 도시가스, 수도 등이 해당된다. 자연독점에 대해서는 제20장에서 살펴본다.

3 특별 지식, 기술, 재능의 보유

한 기업이나 개인이 다른 기업이나 개인이 모방할 수 없을 정도로 월등히 뛰어난 지식, 기술, 재능을 이용하여 독점기업이 될 수 있다. 기업의 특별한 지식은 일반적으로 생산기술을 혁신하거나 생산 공정을 개선하여 한계비용을 낮추는데 기여하며 다른 기업보다 더 낮은 비용으로 생산하여 이윤을 얻을 수 있다. 이 경우에 특별 지식을 보유한 기업은 경쟁사들을 시장에서 퇴출시켜 독점기업이 될 수 있다. 발명품이 초기에 독점적 지위를 누리는 것은 이러한 이유에 기인한다. SNS, 카카오톡, ICT와 결합한 각종 앱 기업들은 지식이나 기술을 이용하여 독점기업이 될 수 있음을 보인다.

4 정부의 허가, 특허, 저작권

독점기업은 정부의 인허가 또는 특허 등에 의해서 인위적으로 만들어지는 경우가 많다. ① 우리나라에서 광고주(기업)가 지상파 TV 3사나 라디오 방송에 광고를 하기 위해서는 한국방송광고공사에 의뢰[2]를 해야 방송 광고를 할 수 있다. 한국방송광고공사는 각 방송국의 시간대별 광고 단가와 광고 물량을 정하는 실질적 권한을 행사한다. 한국방송광고공사는 독점기업이라 할 수 있으며 이는 정부의 허가에 의해서 만들어진 것이다. ② 대부분의 지방자치단체(시, 군, 구)는 쓰레기수거 사업

2) 이를 방송광고 영업대행이라고 한다(한국방송광고공사 홈페이지; www.kobaco.co.kr).

자를 하나만 허가하는데, 이 사업자는 지자체에서 독점기업이 된다. ③ 우리나라에서 이동전화서비스 시스템은 CDMA인데 이 시스템의 원천기술은 미국의 퀄컴사가 보유하고 있다. 이 기술은 특허로 보호되어 있어서 퀄컴사에 특허료를 지불하지 않으면 이용할 수 없다. 이를 이용하여 단말기를 생산하기 위해서는 퀄컴사의 기술 특허권을 구매해야 하므로 퀄컴사는 이 기술 시장에서 독점기업이다. ④ 소설, 노래, 또는 영화 등의 저작권은 이 작품들을 아무나 무단 복사 또는 모방하여 판매하지 못하게 하기 때문에 저작권 소유자는 독점기업이 된다. 정부의 인허가, 특허, 저작권의 부여는 정부가 인위적으로 진입장벽을 만들어서 해당 기업으로 하여금 독점기업이 되게 한다.

5 망외부성

망외부성(network externality)은 소비자 규모(망, network)가 증가함에 따라서 개별 소비자의 효용이 증가하는 경우를 말한다.[3] 망외부성은 직접 망외부성과 간접 망외부성으로 구분한다. 직접 망외부성은 한 재화의 소비자 숫자(규모)가 증가할수록 개별 소비자의 효용이 증가하는 경우에 발생한다. 전화, 이메일, SNS에 한 사람만 가입한다면 이 소비자의 효용은 영에 가깝다. 가입자가 증가할수록 개별 소비자의 효용은 더 증가한다. 간접 망외부성은 한 제품의 소비자 규모가 증가함에 따라서 다른 재화(일반적으로 보완재)의 개별 소비자의 효용이 증가하는 경우에 발생한다. 응용 소프트웨어(엑셀, 아래아 한글, PPT 등) 종류가 많아질수록 이 제품 소비자가 증가하고, 이로 인해 응용 소프트웨어를 작동하는 PC 운영체계(예로, 윈도우)를 이용하는 개별 소비자의 효용이 증가한다. 한 스마트폰에서 작동하는 앱(application)이 더 많이 출시될수록 해당 스마트폰의 개별 사용자의 효용은 증가한다. 망외부성이 있는 제품을 생산하는 기업이 소비자 기반을 선점한다면 더 많은 소비자들이 이 기업 제품을 구매하게 되어 독점기업이 된다. 망외부성에 대해서는 제16장에서 더 자세히 배운다.

3) 이 정의는 소비뿐만 아니라 생산에도 적용할 수 있다. 동일한 중간재나 자본재를 이용하는 기업이 증가할수록 개별 기업의 비용이 낮아진다면, 생산에서 망외부성이 있다고 한다.

제2절 | 독점기업의 행동

1 독점기업의 한계수입

완전경쟁시장에서 개별 기업은 가격순응자(price−taker)라고 했다. 개별 기업은 가격에 영향을 미칠 수 없기 때문에 시장가격을 주어진 것으로 받아들이는 가격순응자로 행동한다. 이에 비해서 독점기업은 '가격결정자'(price−setter)로 행동한다.[4] 이윤극대화 행동을 소개하기 이전에 이에 필요한 한계수입을 먼저 살펴본다. 독점기업은 한 가지 종류의 제품을 한 공장에서 생산한다고 가정한다.

한계수입(marginal revenue; MR)은 생산량(Q) 한 단위 증가에 따른 총수입(total revenue; TR)의 변화분이라고 정의한다. 즉, $MR(Q)=\frac{dTR(Q)}{dQ}$이다. $TR(Q)$는 총수입으로서 시장가격에 생산량을 곱한 값이다. 가격은 역수요함수($P=P(Q)$)로 표시하므로 $TR(Q)=P(Q)Q$이다. 역수요함수의 전형적인 예는 선형으로서 $P=a-bQ$이다. a와 b는 양의 상수이다. 수요는 가격과 수량이 역의 관계를 가지므로 $P'(Q)=\frac{dP}{dQ}=-b<0$이다. [그림 4−1]에서 시장수요는 우하향하는 수요곡선으로 표시하였다. 역수요함수는 주어진 생산량에서 가격을 나타내므로, 그림에서 주어진 생산량에서

그림 4−1 독점기업의 수요곡선과 한계수입

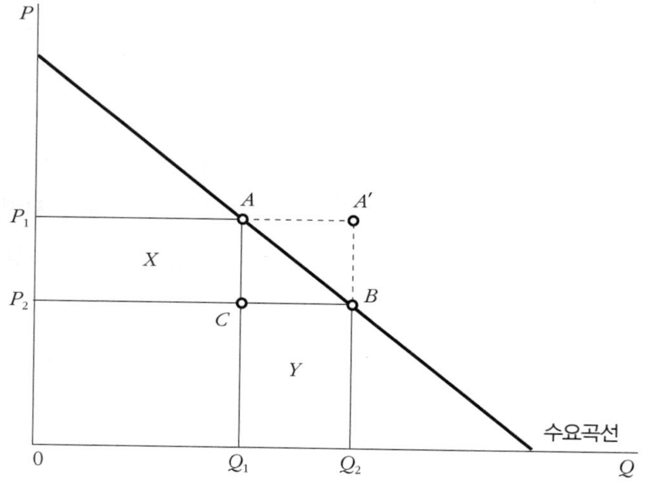

4) 독점기업은 이윤을 극대화하는 가격을 스스로 선택할 수 있다. 가격이 결정되면 판매량(생산량)은 수요에 의해서 부수적으로 결정된다. 독점기업은 이윤극대화 생산량을 선택하고, 가격은 수요에 의해서 부수적으로 결정될 수도 있다. 어떤 경우든 독점시장에서 가격은 독점기업에 의해서 결정된다.

수요곡선까지의 높이인 가격을 표시한다. 독점기업이 수요곡선상의 점 A에서 가격 $P_1(=P(Q_1))$에 Q_1단위를 판매하고 있다고 하자. 만약 생산량이 Q_2로 증가할 때, 이전의 가격 P_1을 받으려 한다면 이는 수요곡선의 밖인 점 A'에 있으므로 P_1가격으로 Q_2를 모두 판매할 수 없다. 생산량을 Q_2로 증가하면 이에 상응하는 수요곡선상의 점 B에서 가격 $P_2(=P(Q_2))$로 낮추어야 한다. 다시 말해서, Q_2의 모든 수량을 단위당 P_2의 가격으로 판매해야 한다. Q_1수량은 모두 단위당 P_1의 가격을 받고, Q_2-Q_1의 증가된 생산량은 단위당 P_2의 가격으로 판매할 수 없다는 것을 의미한다.

이제 한계수입을 살펴보자. 생산량이 Q_1에서 Q_2로 증가하면, 총수입은 $P(Q_1)Q_1=P_10Q_1A$에서 $P(Q_2)Q_2=P_20Q_2B$로 변한다. 총수입은 (생산량 증가가 초래한) 가격하락으로 인해서 X넓이$(=P_1P_2CA=(P_1-P_2)Q_1)$만큼 감소하고, 생산량 증가로 총수입이 Y넓이$(=CQ_1Q_2B=P_2(Q_2-Q_1))$만큼 증가한다. 총수입의 변화는 $Y-X=P_2(Q_2-Q_1)-(P_1-P_2)Q_1$이다. 이를 더 자세히 살펴보기 위해서 $\Delta Q=Q_2-Q_1$라 하고, $\Delta P=P_2-P_1$라 하자. 또한 총수입의 변화를 ΔTR이라 하자. $\Delta TR=P_2(Q_2-Q_1)-(P_1-P_2)Q_1=P_2\Delta Q+Q_1\Delta P$이 된다. 양변을 ΔQ로 나누면 $\frac{\Delta TR}{\Delta Q}=P_2+Q_1\frac{\Delta P}{\Delta Q}$이다. 여기서, ΔQ를 영이 아닌 매우 작은 변화분으로 하면, 미분 개념에 따라서 $\frac{\Delta TR}{\Delta Q}=\frac{dTR}{dQ}=MR$이고, $\frac{\Delta P}{\Delta Q}=\frac{dP}{dQ}=P'(Q)$이다. 모든 수량과 가격에서도 같은 관계가 성립되므로 한계수입은 $MR=P(Q)+QP'(Q)$이다. 이 공식은 중요한 식이며 앞으로도 자주 이용한다. 이 식에서 보듯이 $P'(Q)<0$이므로 한계수입은 항상 가격보다 작다. 즉, $MR<P(Q)$이다.

선형 역수요함수를 이용해서 구체적으로 한계수입(MR)곡선과 수요곡선을 비교해 보자. 선형 역수요함수는 $P=a-bQ$이므로 [그림 4-2]처럼 그릴 수 있다. Y축 절편은 a이며, 기울기는 $-b$이고, X축 절편은 $\frac{a}{b}$이다. 한계수입은 식에 따라서 $MR=a-bQ+Q(-b)=a-2bQ$이다. MR곡선의 Y축 절편은 수요곡선과 같이 a이고, 기울기는 그 두 배인 $-2b$이다. [그림 4-2]에서처럼 MR곡선은 수요곡선과 같은 Y축 절편에서 출발하여 더 가파르게 우하향하고 있으며 항상 수요곡선의 아래 쪽에 위치한다. 즉, $MR(Q)<P(Q)$임을 확인할 수 있다.

2 이윤극대화 생산량 결정

이윤(π)은 총수입(TR)과 총비용(TC)의 차액이다: $\pi=P(Q)Q-C(Q)$. 독점기업의 이윤극대화 조건은 최종 생산 단위에 대한 한계수입이 이 수량에 소요되는 한계비용과 같을 때이다. 즉, $MR(Q_m)=MC(Q_m)$인 Q_m의 생산량을 생산할 때 이윤이 극대화된다. 독점생산량 Q_m을 수요함수에 대입하여 독점가격 P_m을 얻는다. [그림 4–2]를 통해서 이윤극대화 독점생산량을 살펴보자. $MR(Q_m)=MC(Q_m)$는 점 f에서 이루어지며 독점생산량은 Q_m이다. 이 생산량에 상응하는 수요곡선상의 독점가격은 점 h에 있다. 독점생산량에서 한계수입은 점 f의 높이이며, 가격은 h의 높이이다. 따라서 독점생산량에서 가격은 한계수입보다 높다: $MR(Q_m)<P_m$. 독점생산량에서 독점기업이 받는 한계수입은 독점가격보다 낮으므로 완전경쟁시장의 생산량 Q_c보다 작다. 또한, $MR=MC$이므로, $MC(Q_m)<P_m$이다.

[그림 4–2]에는 평균비용(AC) 곡선이 표시되어 있다. 독점생산량 Q_m에서 평균비용($=AC(Q_m)$)은 점 g이고, 독점가격보다 낮으므로 독점생산량 한 단위당 $P_m-AC(Q_m)$ (또는 hg의 높이)의 이윤을 얻고 있다. 독점생산량에서 총수입은 P_m0Q_mh이고, 총비용[5]은 $j0Q_mg$이므로 독점기업은 P_mjgh의 양의 독점이윤을 얻고 있다. 독점기업은 이윤극대화 생산량에서 항상 양의 독점이윤을 얻는 것은 아니다. 만약에 평균비용이 그림처럼 AC_n이라면, 비록 이윤극대화 생산량과 가격은 이전과 같이 Q_m과 P_m이나, 평균비용은 점 i의 높이이다. 독점생산량에 대한 평균비용은 독점가격보다 높으므로 독점기업은 손실을 본다.[6]

독점기업의 이윤극대화 과정을 수리적으로 살펴보자. 역수요함수는 $P=P(Q)$ ($P'(Q)<0$을 가정)이며 비용함수는 $C=C(Q)$($C'(Q)\geq 0$, $C''(Q)\geq 0$을 가정)이다. 독점기업

그림 4–2 독점기업의 이윤극대화

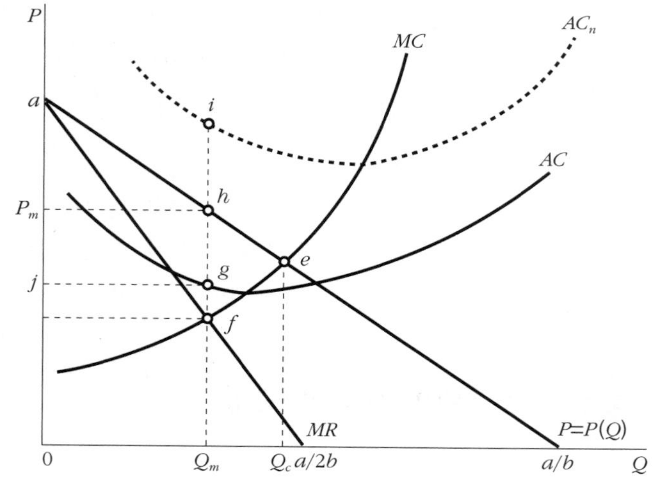

5) 평균비용(AC)은 $AC=TC/Q$로 정의되므로 $TC=AC\times Q$이다. Q_m생산 시 평균비용(AC)은 gQ_m이다.
6) 이 경우의 독점기업 손실은 $MR=MC$를 충족하기 때문에 이윤극대화는 손실의 최소화를 말한다.

의 이윤(π)은 다음과 같다;

$$\pi = P(Q)Q - C(Q).$$

이윤극대화는 한계 이윤이 영($\frac{d\pi}{dQ}=0$)인 다음의 식을 만족하는 독점생산량 Q_m을 선택한다;

$$\frac{d\pi}{dQ} = P(Q_m) + Q_m P'(Q_m) - C'(Q_m) = 0. \qquad (4-1)$$

식 (4-1)에서 $P(Q_m)+Q_mP'(Q_m)$은 한계수입이고, $C'(Q_m)$은 한계비용이므로 $MR=MC$인 Q_m을 얻는다.[7] 독점생산량을 역수요함수에 대입하여 독점가격 $P_m=P(Q_m)$을 얻는다.

시장수요가 $P=a-bQ$이고(a, $b>0$), 비용함수가 $C(Q)=\frac{cQ^2}{2}+1$(c는 양의 상수)인 경우에 독점균형을 도출해 보자. 한계수입은 $MR(Q)=a-2bQ$이고, 한계비용은 $MC=cQ$이므로 이윤극대화 조건($MR=MC$)에 따라서, 독점생산량은 $Q_m=\frac{a}{2b+c}$이다. 이를 수요함수에 대입하면 독점가격은 $P_m=\frac{a(b+c)}{2b+c}$이다. 독점이윤은 $\pi_m=\frac{a^2-2(2b+c)}{2(2b+c)}$이다. 독점이윤은 양일 수도 있고 음일 수도 있는데, 이는 가격과 평균비용의 크기에 달려 있다. 어떤 경우이거나, MC의 기울기($dMC/dQ=c>0$)가 MR의 기울기($dMR/dQ=-2b<0$)보다 크므로 2차조건을 충족하여 독점생산량은 이윤을 극대화한다(각주 7 참조).

■ 독점기업의 이윤극대화 가격 결정

앞에서 독점기업은 생산량을 직접적으로 결정한 후에 역수요함수에 대입하여 독점가격을 도출했다. 독점기업은 가격을 직접적으로 결정할 수도 있다. 수요함수를 $Q=D(P)$라 하자. 수요의 법칙에 따라서 $\frac{dQ}{dP}=D'(P)<0$을 가정한다. 비용함수는 $C(Q)$이다. 독점기업의 이윤은 다음과 같다;

$$\pi = PD(P) - C(D(P)).$$

이윤극대화 독점가격(P_m)은 다음의 1차조건을 충족하며, 이는 기본적으로 $MR=MC$이다.

---

7) 독점생산량은 이윤극대화 2차조건을 충족해야 한다. 2차조건은 $\frac{d^2\pi}{dQ^2}=2P'(Q_m)+Q_mP''(Q_m)-C''(Q_m)=\frac{dMR}{dQ}-\frac{dMC}{dQ}\leq 0$이다. 즉, MC의 기울기($\frac{dMC}{dQ}$)가 MR의 기울기($\frac{dMR}{dQ}$)보다 크면 독점생산량은 이윤을 극대화한다.

$$\frac{d\pi}{dP}=D(P_m)+P_mD'(P_m)-C'(D(P_m))D'(P_m)=0. \tag{4-2}$$

독점가격을 수요함수에 대입하면 독점생산량 $Q_m=D(P_m)$을 얻는다. 식 (4−1)에서 독점기업은 역수요함수를 이용하여 이윤극대화 생산량을 선택하고, 이를 역수요함수에 대입하여 독점가격을 얻었다. 식 (4−2)는 이의 역순이라고 할 수 있다. 수요함수가 주어지면 식 (4−2)를 이용하여 독점가격을 먼저 결정하고 가격을 수요함수에 대입하여 생산량을 얻는다. 어느 방식이나 동일한 결과를 가져온다. 독점기업은 가격과 수량을 동시에 결정할 수 없다. 앞의 생산량 결정 예시에서 역수요함수 $P=a-bQ$는 수요함수 $Q=\frac{a}{b}-\frac{1}{b}P$로 전환된다. 이 수요함수를 이용하여 이윤극대화 독점가격을 직접적으로 구해보자. 연습문제 1에서 식 (4−2)는 실제로 식 (4−1)과 동일함을 증명하기 바란다.

3 독점기업의 이윤극대화와 탄력도

독점기업의 생산량 결정은 수요의 가격탄력도와 밀접한 관계가 있다. 수요의 가격탄력도는 $\varepsilon=-\frac{dQ}{dP}\frac{P}{Q}$로 정의한다. 여기서, $\frac{dQ}{dP}$는 수요함수($Q=D(P)$)의 기울기로서 역수요함수($P=P(Q)$)의 기울기 역수이다. $\varepsilon=2$인 경우에 가격이 1% 상승하면, 수요량은 2% 감소한다고 해석한다. 한계수입(MR)은 $MR=P(Q)+Q\frac{dP}{dQ}$이므로 $MR=P(Q)(1-\frac{1}{\varepsilon})$로 정리할 수 있다. 독점기업은 $MR>0$인 경우에만 생산하므로 가격탄력도(ε)는 1보다 커야 한다. 즉, 독점기업은 수요가 탄력적인 구간에서 생산한다는 점을 알 수 있다. 위에서 구한 기업의 이윤극대화 생산량 Q_m에서 수요는 가격탄력적이다.

4 독점력과 러너지수

독점기업은 이윤극대화에서 가격을 한계비용보다 높게 설정($MC(Q_m)<P_m$)한다는 사실을 알았다. 가격을 한계비용보다 높게 설정하고 초과이윤을 얻을 수 있는 기업의 능력을 독점력(monopoly power) 또는 시장지배력(market power)이라고 한다.[8]

러너(Lerner)는 식 (4−1)을 이용하여 독점력을 측정하는 러너지수를 소개했다. 식 (4−1)은 다음과 같이 정리된다;

8) 독점력과 시장지배력을 구분하려는 의견도 있다. 시장지배력은 시장력이라고도 한다.

$$\frac{P-MC}{P}=\frac{1}{\varepsilon}. \tag{4-3}$$

식 (4-3)의 좌측 항은 마크업(markup) 비율로서 가격에 대한 이윤 마진(가격과 한계비용의 차이)의 비율인데 이를 러너지수라고 한다. 러너지수는 수요의 가격탄력도에 반비례한다. 러너지수는 가격과 한계비용의 차이를 측정하므로 '가격왜곡'을 측정한다고도 볼 수 있다. 수요가 매우 탄력적($\varepsilon=\infty$)이면, 식 (4-3)의 우항은 영에 접근하므로 독점가격은 한계비용(MC)에 근접하여 독점력은 사라진다. 완전경쟁시장에서 개별기업이 직면하는 수요가 완전탄력적이므로 식 (4-3)을 통해서 $P=MC$라는 사실을 확인할 수 있다. $\varepsilon=2$인 경우에 독점가격은 한계비용의 두 배이다. 수요가 덜 탄력적이면, 독점가격은 한계비용을 훨씬 초과함을 알 수 있다. 즉, 수요가 더 탄력적일수록 가격왜곡은 감소하는데 이는 가격탄력도(ε)가 클수록 가격 상승시 수요량이 더 많이 감소하기 때문이다.

독점력은 수요의 가격탄력도의 결정 요인에 의해서 영향을 받는다. 기업이 직면하는 시장 수요는 다음과 같은 경우에 더 탄력적이다; ① 대체재의 출현, ② 동일제품 시장에 더 많은 기업의 진입, ③ 기업들의 밀접, ④ 단기보다 장기의 경우.

제3절 | 독점기업의 사회적 비용과 혜택

독점기업은 사회후생 손실(사중손실, 내부 비효율, 지대추구행위)을 야기하며, 동시에 사회적 혜택을 가져올 수 있다.

1 독점기업의 비효율성과 사중손실

독점기업의 이윤극대화 생산량에서 가격은 한계비용보다 높으므로($MC<P$) 독점시장의 자원배분은 비효율적이다. 독점기업의 비효율성은 사회후생 분석을 통하여 더 잘 이해할 수 있다.

독점시장이 만약에 완전경쟁시장으로 전환된다면 독점기업의 한계비용(MC)곡선은 완전경쟁시장의 산업공급곡선이 된다. [그림 4-3]에서 보듯이 경쟁시장의 균형은 수요곡선과 공급곡선이 교차하는 점 d에서 발생한다. 시장가격(P_c)은 한계비용(MC)과 같으므로 효율성이 달성되며 Q_c를 생산한다. 완전경쟁시장에서 달성하

그림 4-3 독점기업과 사회후생

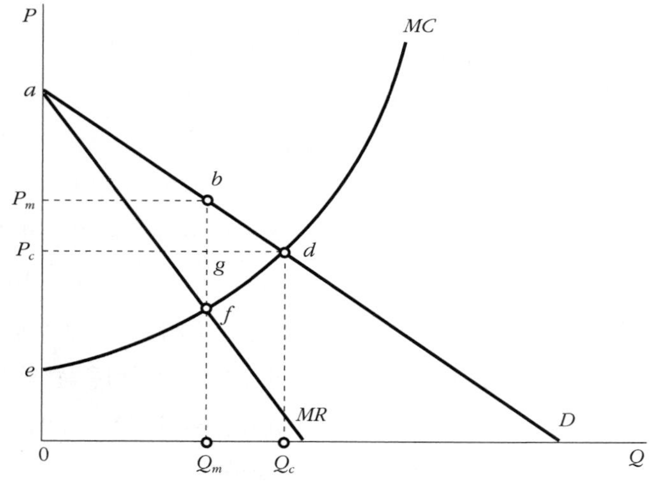

는 효율성을 배분적 효율성(allocative efficiency)이라 한다.

독점시장에서 균형은 점 *b*에서 달성되며, 독점가격은 P_m, 생산량은 Q_m이다. 이제 완전경쟁시장에 비하여 독점시장의 사회후생이 어떻게 변하는지 알아보자. 완전경쟁시장에서 소비자잉여는 aP_cd이며, 생산자잉여는 P_ced로서 사회후생은 이들의 합인 *aed*이다. 독점시장에서 소비자잉여는 aP_mb이며 생산자잉여(독점이윤)는 P_mefb로서 사회후생은 *aefb*이므로 완전경쟁시장에 비해서 *bfd*만큼 감소한다. 이를 사회후생 순손실, 사중손실, 또는 하버거 후생삼각형[9]이라 한다. 사회후생의 변화를 조금 더 자세히 살펴보자. 독점으로 가격이 상승하여 소비자잉여가 P_mP_cdb만큼 감소하는데 이 중에서 P_mP_cgb는 독점기업으로 이전되며, *bgd*는 아무도 가져가지 못하게 된다. 독점으로 인한 생산량의 감소는 독점의 수입을 gQ_mQ_cd만큼 감소시키는 데 비해서 총비용은 fQ_mQ_cd가 감소하므로 독점기업의 생산자 잉여는 *gfd*의 순감소를 가져오며 이는 사회적으로 아무도 가져가지 못하는 부분이다. 이를 요약하면 아래와 같다.

9) 독점으로 인한 후생손실을 처음으로 추정한 경제학자는 하버거(Harberger, 1954)이며, 하버거 후생삼각형은 후생손실이 *bfd*의 삼각형 형태를 보이는 데서 유래하였다.

	완전경쟁시장	독점시장	변화
소비자잉여(CS)	aP_cd	aP_mb	$\Delta CS = -P_mP_cgb - bgd$
생산자잉여(PS)	P_ced	P_mefb	$\Delta PS = +P_mP_cgb - gfd$
사회후생($SW = CS + PS$)	aed	$aefb$	$\Delta SW = -bgd - gfd = -bfd$

독점기업에 의한 사중손실은 세금부과와 동일한 효과라고 볼 수 있다. 경쟁시장에서 소비자 가격과 생산자 비용 사이에 세금과 같이 독점기업은 시장지배력을 이용하여 한계비용보다 높게 가격을 설정한다.

2 독점의 내부 비효율성(X-비효율성)

독점력은 독점기업의 비용을 증가시킬 수 있다. 독점기업은 동일한 생산량에 대해서 완전경쟁시장이었을 경우보다 단위당 더 많은 비용을 지출할 수 있다. 독점상태에 있는 기업들은 비용절감 전략에 관심이 없으며 관리자와 종업원들은 근무를 태만히 한다는 주장이 종종 제기된다. 힉스(Hicks, 1935)는 "모든 독점이윤 중에서 가장 좋은 점은 조용한 생활"(the best of all monopoly profits is a quiet life)이라 했다.

라이벤스타인(Leibenstein, 1966)은 독점기업이 비용의 최소화(생산의 최대화)를 달성하지 못하는 상태를 X-비효율성이라고 했다. 독점기업의 평균비용(AC)은 동일한 제품을 생산하는 경쟁시장의 평균비용보다 더 높다. 독점기업에 의한 자원배분의 비효율성(즉, 하버거 후생삼각형)은 독점에서 발생하는 다른 비효율에 비해서 매우 작은 부분이며, X-비효율성을 개선하여 얻는 비용의 절감이 자원배분의 효율성의 증가로 인한 비용의 절감보다 훨씬 더 크다고 주장했다.

그렇다면 어떻게 X-비효율이 생산물시장의 독점력에 의해서 영향을 받는가? 한 기업의 주주들은 자사의 성과를 비교·평가하기 위해서 기술이나 수요와 관련 있는 다른 기업의 성과를 하나의 기준으로 설정한 뒤, 자사의 영업실적이 다른 경쟁 기업에 비해서 낮은 경우에는 관리자들의 근무태만을 의심하여 이들을 독점기업인 경우보다 더 잘 통제할 수 있다. 그러나 경쟁기업이 없는 독점시장의 경우에 피고용자들의 근무태만에 대한 감독이나 통제가 약해서 독점기업의 비용은 경쟁이 있는 경우보다 더 높게 되어 X-비효율이 발생한다. 또한, 독점기업의 경우에 피고용인들은 자사의 경쟁자가 없으므로 경쟁이 있는 경우에 비해서 최선의 노력을 기울이지 않을 것(힉스의 'quiet life')이며, 이는 독점의 내부 비용을 증가시키는 요인으로 작용하여 X−비효율이 발생한다. 즉, 독점의 평균비용은 경쟁시장의 평균비용보다 높다.

3 지대추구행위

지대(rent)란 전통적인 의미에서 토지(땅뿐만 아니라, 농지, 철광석, 물 등의 자연자원)가 제공하는 서비스에 대한 보수를 말한다. 지대는 농지와 같이 공급이 완전히 고정된 생산 요소에 대해 지불되는 보수를 말하나, 유명 스포츠 선수나 배우, 연예인 등에 지불하는 보수도 지대라 한다. 어떤 생산요소는 법이나 다른 정치적인 목적으로 공급이 제한되어 인위적인 희소성을 얻게 되고 공급이 고정되기 때문에 이 요소에 지불되는 보수도 지대이다.

경제적 지대란 생산요소를 현재의 고용상태에 묶어 두는 데 소요되는 기회비용을 초과하여 지불되는 보수를 말한다. 이를 우상향하는 공급곡선과 우하향하는 수요곡선을 이용하여 설명하여 보자. 두 곡선의 교차점에서 균형가격과 균형량이 결정될 때, 균형량까지 공급곡선 아래의 면적은 이 요소의 최종 단위 고용에 소요된 비용의 합으로써 이는 현재의 고용상태로 묶어두는 기회비용(=전용수입)이다. 균형가격에서의 수평선 아래와 공급곡선 사이의 면적은 총수입에서 기회비용을 뺀 부분으로 경제적 지대라 한다.

독점기업의 최적화에서 발생하는 (경제적)지대에 대해서 고려하자. 독점기업은 [그림 4−3]에서 보듯이 $P_m efb$의 독점이윤을 얻으며 이는 독점이기 때문에 얻는 것이므로 위에서 정의한 경제적 지대에 부합한다. 독점기업은 이러한 지대의 존재 때문에 독점 지위를 얻기 위한 노력을 경주하며 이를 위해서 비용을 지출하려는 경향이 있는데, 이를 '지대추구행위'(rent−seeking behavior)라고 한다. 여러 기업 중에서 한 기업이 독점기업이 되기 위해서 비용을 지출할 용의가 있다고 하자. 이 기업이 로비스트 등을 고용하여 독점적 지위를 얻었다면, 이 비용은 지대에 포함되야 한다. 독점기업이 시민단체나 정치인에게 기존의 진입장벽을 유지하도록 로비한다면 이들에게 지출하는 비용도 지대에 해당한다. 이 비용이나 자원은 다르게 사용되면 생산적이었을 것이므로 사회적 비용에 포함해야 하기 때문이다.

지대추구행위에 대한 극단적인 견해에 따르면, 지대 추구를 위해 지출하는 비용이나 자원은 모두 독점이윤으로부터 나오는 것이므로 독점이윤을 독점으로 인한 비용에 포함할 것을 주장한다. 독점기업의 X−비효율과 지대추구행위를 포함한다면, 독점 기업에 의한 사회적 순손실은 자원배분적 비효율인 사중손실을 초과한다.

4 독점기업의 혜택

그럼에도 불구하고 독점기업의 사회적 혜택도 분명히 존재한다. 개인이나 기업에 의한 새로운 발명은 특허로 보호받을 수 있다. 특허를 보유한 기업은 독점기업이 되어 독점이윤을 얻을 수 있다. 독점이윤 때문에 R&D에 투자하고 신제품과 혁신을 할 수 있으며 소비자잉여와 사회후생을 증진시킬 수 있다. 독점적 지위를 부여하지 않는다면, 사회에 신제품과 혁신이 출현하기 어렵다. PC 운영에 대한 다양한 기여를 한 마이크로소프트사나 스마트폰을 보편화시킨 애플사는 독점으로서 다른 시장구조가 할 수 없는 방식으로 사회에 기여를 했다고 볼 수 있다. 완전경쟁시장에서 수많은 기업이 경쟁하는 것보다 어떤 경우에는 독점기업으로 통합하여 비용을 절감함으로써 경쟁시장보다 사회후생을 증진할 수 있다. 독점기업의 사회적 순혜택 때문에 우리나라를 포함하여 대부분의 국가에서 독점기업은 불법이 아니다.

지금까지 독점기업은 한 가지 제품을 한 공장에서 생산하여 시장에 공급하는 경우를 소개했다. 독점기업은 한 가지 제품을 여러 생산시설(다공장)에서 생산하여 판매하기도 한다. 또한 독점기업은 여러 가지 다른 종류의 제품(다제품)을 생산하여 판매하기도 한다. 제4절에서는 이 두 가지 주제를 분석한다.

제4절 | 다공장-다제품 독점기업

1 다공장 독점기업

독점기업은 동일한 제품을 여러 공장에서 생산하여 한 시장에 공급하는 경우가 있다. 우리나라의 한국전력공사에는 6개의 발전 자회사가 있다. 한국전력은 독점적으로 전기를 판매하며 발전 자회사의 발전량 수준을 결정한다. 한국전력은 전기라는 동일한 제품을 다공장에서 생산하는 것과 같다. 다공장을 운영하는 독점기업은 각 공장에서 얼마를 생산해야 하는지를 결정해야 하며, 단일 공장을 운영하는 독점기업과는 다른 의사결정이 요구된다.

한 독점기업이 두 개의 공장을 운영하며 각 공장의 생산량 $q_i(i=1, 2)$를 결정한다고 하자. 각 공장의 비용함수는 $C_i(q_i)$이다. 비용함수는 볼록성을 가정($C_i''(q_i)\geq 0$)

한다. 각 공장에서 생산한 제품은 동질적이며 완전 대체재로서 시장에서 동일한 가격에 판매된다. 시장의 수요는 $P=P(q_1+q_2)$이며, 총수입(TR)은 $TR=R(q_1+q_2)=(q_1+q_2)P(q_1+q_2)$이다. 독점기업의 이윤은 $\pi=R(q_1+q_2)-C_1(q_1)-C_2(q_2)$이며, 이윤극대화 1차조건은 아래와 같다;

$$\frac{\partial\pi}{\partial q_1}=R'(q_1+q_2)-C_1'(q_1)=0,$$
$$\frac{\partial\pi}{\partial q_2}=R'(q_1+q_2)-C_2'(q_2)=0.$$

1차조건은 각 공장에서 생산된 제품을 전체 시장에 판매하여 얻는 한계수입이 각 공장의 한계비용과 같은 점에서 각 공장의 생산량을 결정해야 한다는 것을 의미한다. 예를 들어서 각 공장의 생산량 한 단위당 한계수입은 10으로 일정하다고 하자. 어떤 생산량에서 1공장의 한계비용은 12이고, 2공장의 한계비용은 8이라고 하자. 1공장의 생산량을 줄이면 한계수입 대비 비용을 절감할 수 있고, 2공장의 생산량을 증가하면 한계수입 대비 낮은 비용으로 더 많이 생산할 수 있다. 두 공장의 한계비용이 10이 되도록 조정하면, 이윤은 최대화된다(균형에서 두 공장의 생산량이 반드시 똑같아야 한다는 뜻은 아니다).

시장 수요가 $P=10-\frac{Q}{2}$(여기서 $Q=q_1+q_2$), 1공장의 총비용은 $C_1=q_1+\frac{q_1^2}{2}$, 2공장의 총비용은 $C_2=2q_2+\frac{q_2^2}{4}$라고 하자. 각 공장의 생산량을 결정하기 위한 1차조건은 $10-(q_1+q_2)=1+q_1$과 $10-(q_1+q_2)=2+\frac{q_2}{2}$이다. 두 식을 동시에 풀면 각 공장의 이윤극대화 생산량은 $q_1^*=\frac{11}{4}$, $q_2^*=\frac{7}{2}$이고 총생산량은 $q_1^*+q_2^*=\frac{25}{4}$이다. 이 해에서 보듯이 이윤극대화 생산량에서 $MR(\frac{25}{4})=\frac{15}{4}$이고, 각 공장의 한계비용은 동일하게 $\frac{15}{4}$임을 알 수 있다.

이를 그림으로 나타내기 위해서 먼저 두 공장의 한계비용의 합($MC=MC_1+MC_2$)을 구해야 한다. 1공장의 한계비용은 $MC_1=1+q_1$, 2공장의 한계비용은 $MC_2=2+\frac{q_2}{2}$이다. [그림 4-4] (a)와 (b)에서 보듯이 $1\le MC\le 2$구간에서 1공장의 한계비용이 2공장보다 낮으므로 1공장만 생산해야 한다. 즉, 이 생산량 구간에서 독점기업 한계비용은 $MC=1+Q$이다. $1\le Q$에서 두 공장의 한계비용의 합은 다음과 같이 구한다; 먼저, 1공장과 2공장의 한계비용 함수를 다음과 같이 전환한다; $q_1=-1+MC$, $q_2=-4+2MC$이다. $q_1+q_2=Q=-5+3MC$이므로, $MC=\frac{5}{3}+\frac{1}{3}Q$가 독점기업의 한계비용 함수이다. 두 공장을 운영하는 독점기업의 한계비용은 다음과 같다;

그림 4-4 다공장 독점기업의 균형 생산량

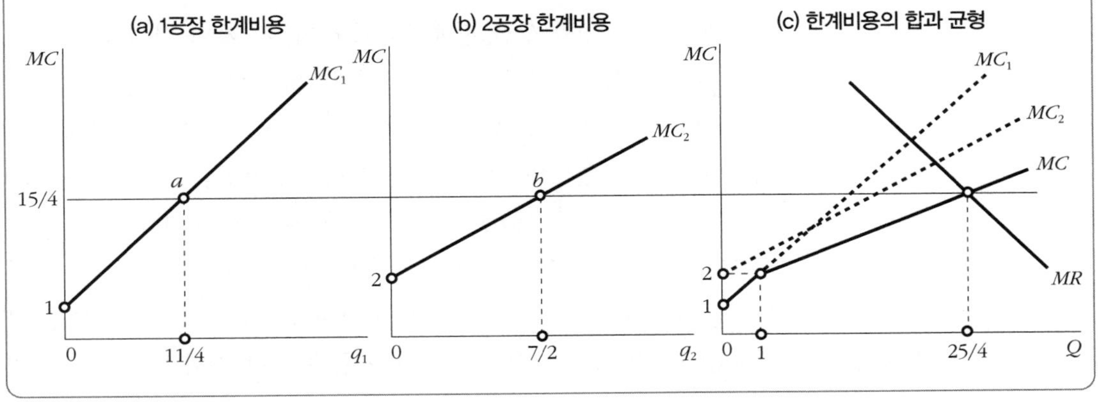

$$MC = \begin{cases} 1+Q, & Q \le 1\text{인 경우} \\ \frac{5}{3}+\frac{Q}{3}, & Q \ge 1\text{인 경우.} \end{cases}$$

이 한계비용은 [그림 4-4] (*c*)에 표시되어 있다.

한계수입 곡선은 $MR=10-Q$이므로 독점기업의 균형 생산량은 [그림 4-4] (*c*)에서 $MR=MC$인 점에서 $Q^*=\frac{25}{4}$이다. 이 생산량에서 $MR=10-\frac{25}{4}=\frac{15}{4}$이다. 이제 이 MR과 각 공장의 MC_i가 교차하는 점에서 각 공장의 생산량을 구한다. $MR=\frac{15}{4}$를 수평선으로 그어서 [그림 4-4] (*a*)의 MC_1과 교차하는 점 *a*에서 $q_1^*=\frac{11}{4}$, [그림 4-4] (*b*)에서 2공장의 MC_2와 교차하는 점 *b*에서 $q_2^*=\frac{7}{2}$이 각 공장의 이윤극대화 생산량이다. 다시 말하자면, 1공장에서 $MR=\frac{15}{4}=MC_1=1+q_1$을 만족하는 $q_1^*=\frac{11}{4}$과 2공장에서 $MR=\frac{15}{4}=MC_2=2+\frac{q_2}{2}$를 만족하는 $q_2^*=\frac{7}{2}$을 구한다.

2 다제품 독점기업

독점기업은 한 제품만 생산하여 독점력을 보유하는 것이 아니라 여러 가지 제품을 생산하여 각기 다른 시장에서 판매하는 경우도 있다. 애플사는 아이폰과 아이패드를 생산하여 스마트폰 시장과 태블릿 PC 시장에서 독점력을 행사하고 있다. 여러 제품을 판매하는 경우에 각 제품간 대체성이나 보완성 등 수요의 상호연관성과 생산의 상호연관성에 따라 분석이 다양하다.[10]

10) Tirole(1988) 제1장.

1) 수요가 상호연관적이고 비용함수가 분리가능한 경우

독점기업이 두 재화($i=1, 2$)를 생산 판매한다고 하자. 각 재화 가격을 P_i, 수요량을 q_i라 하고 각 재화는 상호연관성이 있다고 하자. 각 재화의 수요함수는 다음과 같다; $q_1=D_1(P_1, P_2)$, $q_2=D_2(P_1, P_2)$. 수요 법칙이란 한 재화 가격이 상승하면 그 재화 수요량이 감소하는 현상이므로 $\frac{\partial q_i}{\partial P_i}<0$이다. 대체재는 한 재화 가격($P_i$)이 상승하는 경우에 다른 재화 수요($q_j(j=1, 2\neq i)$가 증가한다고 정의하므로 $\frac{\partial q_j}{\partial P_i}>0(i\neq j)$이다. 보완재는 한 재화 가격이 상승하는 경우에 다른 재화 수요가 감소한다고 정의하므로 $\frac{\partial q_j}{\partial P_i}<0(i\neq j)$이다. 두 재화를 함께 판매하는 독점기업의 수입은 다음과 같다; $R_1=P_1D_1(P_1, P_2)$, $R_2=P_2D_2(P_1, P_2)$. 비용함수는 각 재화 비용으로 '분리가능'(separate)하며 각 재화 한계비용은 일정한 경우를 가정한다; $C(q_1, q_2)=C_1q_1+C_2q_2$.

독점기업의 이윤은 다음과 같다:

$$\pi=P_1D_1(P_1, P_2)+P_2D_2(P_1, P_2)-\{C_1D_1(P_1, P_2)+C_2D_2(P_1, P_2)\}.$$

독점기업은 다음의 이윤극대화 1차조건을 충족하는 두 재화 가격을 결정한다;

$$\frac{\partial \pi}{\partial P_1}=D_1+P_1\frac{\partial q_1}{\partial P_1}+P_2\frac{\partial q_2}{\partial P_1}-\{C_1\frac{\partial q_1}{\partial P_1}+C_2\frac{\partial q_2}{\partial P_1}\}=0, \qquad (4-4)$$

$$\frac{\partial \pi}{\partial P_2}=P_1\frac{\partial q_1}{\partial P_2}+D_2+P_2\frac{\partial q_2}{\partial P_2}-\{C_1\frac{\partial q_1}{\partial P_2}+C_2\frac{\partial q_2}{\partial P_2}\}=0. \qquad (4-5)$$

먼저 두 재화가 대체재($\frac{\partial q_j}{\partial P_i}>0(i\neq j)$)인 경우를 고려하자. 가상적으로 두 개의 독립 기업(예로 두 개의 독립 대리점)이 각 대체재 한 가지를 판매한다고 하자. 각 독립 기업의 이윤은 $\pi_i=(P_i-C_i)D_i(P_i, P_j)$이다. 이윤극대화 조건($\frac{\partial \pi}{\partial P_i}=D_i(P_i, P_j)+P_i\frac{\partial q_i}{\partial P_i}-C_i\frac{\partial q_i}{\partial P_i}=0$)에서 각 독립 기업의 가격을 P_1^s와 P_2^s라 하자. 이제 독점기업이 두 대체재를 함께 판매하는 경우를 고려하자. 독점기업은 식(4-4)와 (4-5)를 만족하는 가격을 도출하며 이를 P_1^m과 P_2^m라 하자. 식(4-4)에서 $P_i^m=P_i^s$을 대입하면 $D_1+P_1\frac{\partial q_1}{\partial P_1}-C_1\frac{\partial q_1}{\partial P_1}=0$, 그리고 $\frac{\partial q_2}{\partial P_1}>0$이기 때문에 $\frac{\partial \pi}{\partial P_1}=(D_1+P_1\frac{\partial q_1}{\partial P_1}-C_1\frac{\partial q_1}{\partial P_1})+(P_2-C_2)\frac{\partial q_2}{\partial P_1}>0$이다. 식(4-5)에서도 동일한 결과를 도출할 수 있다. 즉, $P_i^m>P_i^s$이므로 독점기업은 각 재화 가격을 독립 기업의 판매 가격보다는 높은 수준에서 최적 가격을 결정한다. 독점기업이 생산한 제품을 각각 독립 대리점이 동일한 재화(대체재)를 판매하는 경우 각 대리점은 경쟁 대리점의 판매량을 줄이기 위해서 자신의 가격을 낮게 설정할 유인이 존재한다. 각 기업은 서로를 사실 상의 경쟁자로

여기기 때문이다. 이는 독점기업이 대체재를 함께 판매하여 설정하는 가격보다 낮고 독점이윤의 감소를 초래한다. 따라서 독점기업은 각 대리점으로 하여금 독립적으로 선택하려는 가격(P_i^s)보다 더 높게 설정(P_i^m)하게 할 것임을 알 수 있다.

두 재화가 보완재($\frac{\partial q_j}{\partial P_i}<0(i\neq j)$)인 경우를 고려하자. 위에서처럼 가상적으로 각각의 독립 기업이 보완재를 한 가지씩 판매한다면, 각 독립 기업은 다른 기업의 판매량을 감소시키기 위해서 자신의 가격을 높게 설정하려는 유인이 존재한다. 이 경우에 각 독립 기업의 최적 가격을 P_1^c와 P_2^c라 하자. 이제 독점기업이 보완재를 함께 판매하는 경우를 고려하자. 식(4–4)에서 $P_i^m=P_i^c$을 대입하면 $D_1+P_1\frac{\partial q_1}{\partial P_1}-C_1\frac{\partial q_1}{\partial P_1}=0$, 그리고 $\frac{\partial q_2}{\partial P_1}<0$이기 때문에 $\frac{\partial \pi}{\partial P_1}=(D_1+P_1\frac{\partial q_1}{\partial P_1}-C_1\frac{\partial q_1}{\partial P_1})+(P_2-C_2)\frac{\partial q_2}{\partial P_1}<0$이다. 식(4–5)에서도 동일한 결과를 도출할 수 있다. 즉, $P_i^m<P_i^c$이므로 독점기업은 각 보완재 최적 가격을 독립 기업이 판매하는 가격보다 모두 더 낮게 설정한다. 이 결과의 함의는 두 기업이 독립적으로 보완재를 판매하는 경우보다 독점기업이 보완재를 함께 판매하는 경우에 두 재화 가격의 합이 더 저렴하다는 점이다. 보완재를 판매하는 독점기업은 한 재화 가격을 심지어 한계비용 이하로 설정하여 다른 보완재의 판매량을 충분히 증가시키는 경우도 발생할 수 있다. 연습문제 11과 12에서 대체재와 보완재인 경우에 독점기업과 독립 기업의 가격이 서로 다르다는 점을 확인해 보기 바란다.

2) 수요가 독립적이고 비용함수가 상호연관적인 경우

각 제품의 시장 수요가 $P_i=P_i(q_i)$의 형태이면, 두 제품 수요가 서로 독립적임을 말한다. $C=C(q_1, q_2)$($\frac{\partial C}{\partial q_i}\neq 0$을 가정)이면, 두 제품은 비용에서 상호연관적임을 말한다.[11] 다음과 같은 '학습효과'(learning–by–doing)의 예를 고려하자. 반도체 생산은 초기에 한계비용이 비교적 높은 편이나, 시간이 지남에 따라 학습효과에 의해서 한계비용이 낮아지는 현상이 발견된다. 동질적인 제품이 두 시기에 생산된다고 가정하여, 수요를 시간 $t(=1, 2)$에 따라서 $P_t=P_t(q_t)$(이를 수요가 시간에 종속적이라 함)로 표시한다. $t=1$에 비용함수는 $C_1=C_1(q_1)$이고, $t=2$에 비용함수는 $C_2=C_2(q_1, q_2)$로서 $\frac{\partial C_2}{\partial q_1}<0$을 가정한다. C_2는 제1기와 제2기 생산이 상호연관적임을 말하며, $\frac{\partial C_2}{\partial q_1}<0$은 제1기의 생산량 증가는 제2기에 생산비용을 낮추는 '학습효과'가 있음을 가정하는 것이다. 제1기와 2기 이윤은 현재가치화된 이윤을 고려한다. 현재가치화된 이윤은 제2기 이윤에 할인율(δ)을 곱한 것과 제1기 이윤의 합으로 다음과

11) 이 소절에서는 수량을 선택변수로 분석한다. 수요함수가 주어진다면 가격을 선택변수로 분석할 수 있으며 수량 분석과 동일한 결과를 얻는다.

같다(할인율 δ는 $\frac{1}{1+r}$이고 r은 이자율);

$$\pi=q_1P_1(q_1)-C_1(q_1)+\delta(q_2P_2(q_2)-C_2(q_1,\ q_2)).$$

이윤극대화 1차 조건은 다음과 같다;

$$\frac{\partial\pi}{\partial q_1}=P_1+q_1^*P_1'(q_1^*)-C_1'(q_1^*)-\delta\frac{\partial C_2(q_1^*,\ q_2^*)}{\partial q_1}=0,$$
$$\frac{\partial\pi}{\partial q_2}=P_2+q_2^*P_2'(q_2^*)-\frac{\partial C_2(q_1^*,\ q_2^*)}{\partial q_2}=0.$$

1차 조건에서 두 번째 식은 제2기의 생산량(q_2^*)은 제2기의 한계수입과 한계비용이 같아야 한다는 이윤극대화 원칙을 보여준다. 그러나 첫 번째 식에서 제1기에 한계수입이 한계비용보다 더 낮다($P_1+q_1^*P_1'(q_1^*)-C_1'(q_1^*)=\delta\frac{\partial C_2}{\partial q_1}<0$). 따라서 독점기업은 학습효과가 있는 경우에 학습효과가 없는 경우의 이윤극대화 수량(즉, $q_1P_1(q_1)-C_1(q_1)$을 극대화하는 수량)보다 더 많이 생산한다(그리고 가격은 더 낮게 설정). 또한, 제2기 비용이 낮아지고, 이윤이 증가한다.

제5절 | 내구재와 독점기업

1 코즈(Coase)의 문제 제기

지금까지 독점기업이 판매하는 제품은 비내구재(전기나 도시가스처럼 한번 소비하면 없어지는 재화와 용역)였다. 내구재는 한번 구입하면 여러 기간 반복적으로 사용할 수 있는 재화와 용역을 말한다. 자동차, TV, 냉장고, PC, 소프트웨어 등이 내구재이다.

코즈(Coase, 1972)는 최초로 독점기업의 내구재 판매 행태가 비내구재와 다르다는 점을 지적하였다. 비내구재는 매기간 동일한 독점가격으로 판매할 수 있다. 그러나 내구재를 판매하는 독점기업이 제1기에 독점가격으로 판매하면, 구매하지 않은 소비자가 있게 된다. 제1기의 구매자는 비내구재와는 달리 제2기에 내구재를 구매하지 않는다. 독점기업은 제1기에 구매하지 않은 소비자를 대상으로 제2기에 판매를 하고자 하며, 제2기 수요가 제1기보다 작으므로 제1기보다 가격을 낮추어야 한다. 시간비용이 높지 않은 합리적인 소비자라면 제1기의 높은 가격으로 구매하기보다는 기다려서 제2기에 낮은 가격으로 구매하려 할 것이다. 이는 제1기 가격 하락을 초래하고 독점이윤을 감소시킨다. 이 결과를 '코즈예측'(Coase conjecture)이라고 한다. 극단적인 경우에 내구재를 사용하는 기간이 무수히 많고, 각 기간이 짧다면, 매기 독점기업의 가격 조정은 순식간에 이루어져서 가격은 한계비용과 같아지고, 독점이윤은 영이 되어 내구재를 판매하는 독점기업의 독점력은 사라지게 된다. 독점기업이 제1기에 판매를 시작하면서 제2기에 생산·판매를 않겠다고 사전 공약(full commitment)을 한다면(그리고 이 약속에 신빙성 있다면), 독점기업은 비내구재 판매와 마찬가지로 독점력을 유지할 수 있다. 하지만 이 경우에 공약에 신빙성의 문제가 발생한다.

내구재를 판매하는 독점기업의 행태를 분석하고 내구재를 임대하는 독점기업과 비교해 보자. 내구재는 2기간에 걸쳐서 사용할 수 있으며, 제2기 이후에 내구재의 가치는 영이 된다고 가정한다. 제1기와 2기의 시장수요는 다음과 같이 동일하다고 가정한다; $P_t = 100 - \frac{Q_t}{2}(t=1, 2)$. 생산에 따른 한계비용은 영이라고 가정한다.

2 내구재 임대와 공약

내구재를 임대하는 경우에 제1기에 임대한 소비자는 제2기에 다시 독점기업으로부터 임대해야 한다. 내구재는 매기간 비내구재처럼 '내구재 서비스'를 판매한다고 할 수 있다. 제1기에 독점기업은 이윤극대화를 하므로 $MR_1 = MC = 0$인 생산량을 결정한다. $MR_1 = 100 - Q_1$이므로 제1기의 이윤극대화 생산량(임대), 가격, 이윤은 각각 $Q_1^r = 100$, $P_1^r = 50$, $\pi_1^r = 5{,}000$이다. 제2기에 독점기업의 생산량(임대)은 100이다(여기서 Q_i는 임대 수량). 제2기 가격과 이윤은 1기와 동일하다. 할인율을 δ라 하면, 임대를 하는 독점기업의 제1기와 2기 이윤의 합은 $\pi^r = \pi_1^r + \delta\pi_2^r = 5{,}000(1+\delta)$이다. 이는 독점이 내구재 판매로 얻을 수 있는 최대의 이윤 수준이다.

제1기에만 생산하고 제2기에는 판매를 안 한다는 신빙성있는 공약을 하는 경우를 고려해 보자. 제1기 생산량은 $Q_1^c = 100$, 가격은 $P_1^c = 50(1+\delta)$, 이윤은 $\pi^c = 5{,}000(1+\delta)$으로서, 임대와 동일한 결과이다. 두 경우 모두 제1기에 100단위 생산, 제2기에 100단위 소비한다.

3 내구재 판매

제1기에 구입한 소비자는 제2기에 구매하지 않으며, 제1기에 구매하지 않은 소비자 중에서 제2기에 내구재를 구매하게 된다. 제1기에 신빙성 있는 공약이 가능하지 않다면, 그래서 제2기에는 가격을 낮출 것이 예상된다면 제1기에 구매할 소비자 중에는 구입하지 않고 가격이 낮아지는 제2기까지 기다리는 합리적 소비자가 발생할 것이다. 따라서 제1기에 이 소비자의 제2기 가격에 대한 예상을 반영하여 독점기업의 행동을 고려해야 한다. 이를 위해서 제2기 독점 기업의 이윤극대화 행동을 먼저 분석하고, 이를 기초로 제1기의 최적 해를 구하는 방법을 취한다. 이처럼 나중에 발생한 제2기의 해를 먼저 구하고, 먼저 발생한 제1기의 해를 나중에 구하는 방법을 역행귀납법(backward induction, 또는 역진귀납법)이라 한다.

1) 제2기 이윤극대화

제1기에 Q_1을 판매했다면 제2기의 수요는 그만큼 감소한다. 제2기의 수요량 $Q_2(=200-2P_2)$에서 Q_1을 뺀 잔여수요는 다음과 같다: $Q_2^s \equiv Q_2-Q_1=200-2P_2-Q_1$. 따라서 역수요함수는 $P_2=100-\frac{Q_2^s}{2}-\frac{Q_1}{2}$이고, $MR_2=100-Q_2^s-\frac{Q_1}{2}$가 된다. 제2기의 이윤극대화 생산량($Q_2^{s*}$)은 $MR_2=MC=0$에서 $Q_2^{s*}=100-\frac{Q_1}{2}$, $P_2^*=50-\frac{Q_1}{4}$, $\pi_2^*=\frac{1}{2}(100-\frac{Q_1}{2})^2$이다. 제2기의 변수는 제1기에 팔릴 수량($Q_1$)의 함수로 표현된다. 역행귀납법에 따라서 제2기에 발생할 일을 알면서 제1기로 이동한다.

2) 제1기 이윤극대화

제1기에 내구재를 구매할 소비자는 내구재로부터 제1기와 2기에 서비스를 얻는다. 이에 따라서, 제1기에 합리적 소비자가 생각하는 내구재의 가격(P_1)은 제1기에 얻을 가치인 $100-\frac{Q_1}{2}$과 제2기에 지불할 예상 가격의 현재가치(δP_2^a)의 합이다. 제1기에 소비자는 제2기에 지불할 가격을 정확히 예측한다 가정하면 $P_2^a=P_2^*$이다. 따라서 제1기 가격은 $P_1=100-\frac{Q_1}{2}+\delta(50-\frac{Q_1}{4})=(50-\frac{Q_1}{4})(2+\delta)$이며 이는 합리적 소비자의 제1기 역수요함수이다. 제1기와 2기의 현재가치화된 이윤은 다음과 같다;

$$\pi_1=P_1Q_1+\delta\pi_2^*=(50-\frac{Q_1}{4})(2+\delta)Q_1+\delta\frac{1}{2}(100-\frac{Q_1}{2})^2.$$

이윤극대화에 따른 제1기 생산량은 $Q_1^*=\frac{400}{(4+\delta)}$, 가격은 $P_1^*=\frac{50(2+\delta)^2}{(4+\delta)}$, 이윤은 $\pi_1^*=5{,}000\frac{(2+\delta)^2}{(4+\delta)}$이다. 여기서 구한 제1기의 최적 생산량 Q_1^*을 위에서 구한 제

2기의 수량, 가격, 이윤에 대입하면, 제2기 생산량은 $Q_2^{s*}=\dfrac{100(2+\delta)}{(4+\delta)}$, 가격은 $P_2^*=\dfrac{50(2+\delta)}{(4+\delta)}$이다. 제2기 생산량은 제1기 생산량보다 더 적으며($Q_2^{s*}<Q_1^*$), 제2기 가격은 제1기 가격보다 더 낮다($P_2^*<P_1^*$). 또한, 제1기 가격은 제2기에 생산을 안 한다는 공약을 하는 경우의 가격보다 낮다($P_1^*<P_1^c$).

여기서 주목할 점은 내구재를 판매하는 독점이윤이 내구재를 임대하거나 제2기에 생산을 하지 않는다는 공약을 하는 경우의 독점이윤보다 적다($\pi_1^*<\pi^r=\pi^c$)는 결과이다. 합리적인 소비자는 제1기에 구매하는 소비자로 인하여 제2기 수요가 감소하고 이에 기인되어 독점기업이 제2기 가격을 내릴 것이라고 예상할 것이다. 이에 따라서, 소비자는 제1기에 독점기업이 설정하는 높은 가격에 대하여 지불의향을 낮추게 되고 독점기업은 이를 만족시키기 위해서 제1기 가격을 낮추게 된다. 이는 독점기업의 제1기와 제2기 제품간에 일종의 '경쟁'을 벌이기 때문이라고 볼 수 있다. 이에 비해서 임대하는 독점기업은 매기마다 이윤극대화 가격과 생산량을 정하므로 최대의 이윤을 확보한다. 따라서 내구재를 판매하는 독점기업은 임대의 경우보다 독점력이 약해지고 이윤도 낮아진다.[12] 코즈예측(Coase conjecture)은 내구재를 사용하는 기간의 수가 많아지고, 한 기간이 짧아질수록 독점기업은 각 기간의 가격을 매우 빨리 변경해야 하고, 가격은 한계비용에 도달하게 되어 독점기업의 독점력은 순식간에 상실된다. 균형에서 소비자는 독점이 가까운 기간에 곧 한계비용에 해당하는 가격을 부과할 것을 예상하고 다음 기간을 기다림에 따라서 소비자들은 높은 가격을 받아들이려 하지 않는다. 결과적으로 독점기업은 제1기에 한계비용에 해당하는 가격을 부과한다.

내구재를 판매하는 독점기업이 기간에 따라서 가격을 달리 설정하는 것을 '시간에 따른' 가격차별이라고 한다. 가격차별은 제6장에서 논의한다.

4 코즈예측을 피하는 전략

코즈예측에서 독점력이 낮아지는 이유는 독점 기업이 미래에 가격을 내릴 것이고, 소비자가 이를 자신의 합리적 예측에 반영하기 때문이다. 독점기업은 내구재의 가격을 미래에 내리지 않을 것이라는 신빙성있는 조치를 취함으로써 내구재와 관련된 예측 문제를 피할 수 있는 다양한 전략이 있다(벌로우(Bulow), 1982, pp. 329–331).

12) 애로우(Arrow)는 내구재를 판매하는 독점기업이 미래에 자기 자신과 경쟁하는 것으로 간주할 수 있다고 했고, 이를 대체효과(replacement effect)라 하였다.

1) 임대

임대는 위에서 본 바와 같이 코즈예측을 피할 수 있는 가장 강력한 방법이다. 임대는 소비자로 하여금 독점기업이 다음 기에 가격을 낮출 것이라는 합리적 예측을 할 수 없게 만든다. 매기마다 독점기업은 동일한 독점이윤과 독점력을 유지한다. 그러나 모든 내구재에 임대시장이 조성되어 있는 것은 아니다.

2) 계획적 노후화

계획적 노후화(planned obsolescence)는 내구재의 수명을 의도적으로 짧게 하는 전략이다. 소프트웨어, 게임, IT 제품이나 자동차 같은 내구재 등에서 많이 발견된다(벌로우(Bulow), 1986). 윈도우나 MS워드, 아래아 한글 등의 소프트웨어 산업에서 사용자들이 충분히 오랜 기간동안 사용할 수 있음에도 신 버전을 출시하는 경우가 발견된다. 신 버전 제품은 구 버전의 수명을 의도적으로 짧게 하여 구 버전을 계획적으로 노후화하여 소비자들로 하여금 신 버전 소프트웨어를 예상보다 더 빨리 구매하게 하는 효과를 가지고 있다. IT산업에서는 이를 버저닝(versioning) 전략이라고 한다. 2021년에 제네시스 자동차를 구매한 소비자는 최소한 10년 동안 이 차를 사용하는데 기능상 아무 이상이 없을 것이라고 생각할지도 모른다. 그러나 구매한 지 2년 후에 신형 제네시스가 나온다면, 2021년식 제네시스 소유자는 마음을 바꾸어, 2년 만에 새 제네시스를 사려고 할 것이다. 2023년식 제네시스는 2021년식 제네시스를 계획적으로 노후화 시키는 것이다.

3) 평판 유지 전략

명품 제품을 판매하는 기업은 자사 제품의 가격을 다음 기에 절대로 낮추지 않는다는 평판 유지 전략을 채택한다. 이 전략은 평판을 통해서 앞으로 절대로 가격을 낮추지 않을 것이고 기다려봤자 소용이 없으므로 매기에 독점가격으로 구매토록 하는 방법이다. 세계적인 명품 제조업체 중에는 팔다 남은 제품을 모두 소각하거나, 폐기 처분하는 조치를 취하는 경우가 있다. 이는 팔다 남은 제품은 다음 기에 가격을 낮추지 않을 것이라는 평판을 유지하여 세일을 기다리는 소비자의 기대를 무산시키는 전략이다.

4) 생산용량 제약

내구재의 생산용량 제약은 내구재 판매 독점기업이 최대 생산용량을 고정하여 생산량이 시장 수요에 비해서 상대적으로 적은 경우를 말한다. 한계비용곡선이 최대 생산용량에서 수직인 경우이다. 판매용으로 내놓은 내구재를 해당 기간에 높은 가격으로 구매하지 않으면 다음 기에는 아예 구매할 수 없으며 낮은 가격으로 구매하는 것을 기대하지도 못하게 하는 전략이다. 한정판 또는 주문 생산은 생산용량을 제약하는 또 다른 방법이다.

5) 되사기 보증

내구재 판매 기업은 구매 소비자에게 내구재를 판매한 가격에 '되사기'(buy-back) 보증을 해주는 경우가 있다. 이 보증은 소비자로 하여금 미래 가격의 하락에 대한 예측을 할 필요가 없도록 한다. 미래에 내구재의 생산 증가 등으로 시장가격이 하락한다면, 소비자는 보증에 의거하여 판매 기업으로 하여금 되사도록 하면 되기 때문이다. 그러나 자동차처럼 사용하면서 가치가 하락하는 경우에 이 방법은 작동하지 않을 수 있다. 일부 자동차 제조업체는 중고차 시장 가격으로 자사 제품을 되사기를 하는 경우가 있는데 이는 마케팅(광고) 차원에서 실행하는 방법이다.

제6절 | 시장지배적 기업 시장구조

'시장지배적 기업' 시장구조는 독점시장과 유사하게 시장점유율이 큰 한 기업과 몇몇의 중소기업들과 공생하는 시장구조이다. 시장점유율이 가장 큰 기업을 시장지배적 기업(dominant firm)이라 하며 몇몇의 중소기업들을 주변기업(fringe firms)이라고 한다. 2023년 3월 우리나라의 초고속인터넷 시장은 KT의 시장점유율이 약 41.2%이고, SK브로드밴드 28.5%, LG U+ 21.1%, 종합유선방송과 기타 9.2%이다(한국통신사업자연합회 홈페이지, 2023. 6. 1). KT를 시장지배적 기업, 그리고 나머지 기업들을 주변기업으로 간주할 수 있다.

시장지배적 기업 시장구조에서 한 기업이 시장지배적 기업이 되는 이유는 세 가지를 들 수 있다. 첫째, 시장지배적 기업은 주변기업들보다 생산비용이 낮은 경우가 많다. 이로 인해서 시장지배적 기업은 주변기업의 생산규모의 합보다 더 큰 생산규모를 보유한다. 시장지배적 기업은 시장에서 영업한 역사가 오래 되었거나, 효율적인 경영과 안정적인 노사관리가 유지되거나, 또는 지속적인 R&D투자로 혁신을 통한 비용절감을 하여 다른 기업들보다 비용이 낮을 수 있다. 둘째, 모든 기업이 차별화된 제품으로 경쟁하는 경우에 시장지배적 기업은 다른 기업들보다 월등히 우수한 제품을 판매할 수도 있다. 이는 시장지배적 기업이 최고의 제품을 생산한다는 목표에 기인될 수도 있다. 마지막으로, 시장지배적 기업은 여러 기업이 집합적으로 한 기업처럼 행동하는 경우에 나타날 수 있다. 서울우유는 낙농업자들의 모임인 서울우유협동조합으로 우유 시장에서 시장지배적 기업의 역할을 한다고 볼 수 있다.

시장지배적 기업의 행동은 진입장벽 여부와 다른 가정에 의해서 결정된다. 진입장벽이 있는 경우와 없는 경우로 구분하여 시장가격, 각 기업의 생산량, 이윤 등 균형이 어떻게 결정되는지 살펴본다.

1 진입장벽이 있는 경우

진입장벽이 있는 경우에 시장에는 시장지배적 기업과 함께 일정한 숫자의 주변기업들이 경쟁을 한다. 시장지배적 기업이 비용 우위에 있지만 주변기업과 공생한다는 것은 주변기업의 비용 이하로 가격을 설정하여 모두 퇴출한 후에 순수독점이 될 정도로 비용이 낮지는 않기 때문이다. 이 시장을 분석하기 위해서 다음을 가정한다; ① 시장지배적 기업은 가격결정자이고, 주변기업은 가격순응자이다. 시장가격은 모든 기업에게 동일하다. ② 진입장벽으로 인해서 주변기업의 숫자는 n개로 일정하다. 즉, 진입과 퇴출이 없다. ③ 시장지배적 기업은 시장수요($Q=D(P)$)를 알고 있으며 모든 기업은 동질적인 제품을 생산한다. ④ 시장지배적 기업은 주변기업의 산업 공급함수($Q_f=S(P)$)를 알고 있다고 가정한다. 주변 기업의 산업 공급함수는 개별 주변기업의 한계비용의 합이다. 개별 주변기업의 생산규모는 작으므로 한계비용(MC_i, $i=1, 2, \cdots, n$)은 급격히 우상향한다고 가정한다. 개별 주변기업의 한계비용은 모두 동일하다 가정하며, 생산량 $q_i=0$에서 P_o의 최저 수준을 보인다. 시장지배적 기업의 한계비용(MC_L)은 완만하게 우상향하며, 개별 주변기업의 한계비용보다 낮다. 이는 시장지배적 기업의 비용우위와 대규모 생산을 반영한다. ⑤ 제1단계에 시장지배적 기업은 주변기업의 공급을 모두 용인하면서 잔여수요를 이용하여 이윤을 극대화하는 가격(P_L)을 결정한다. 제2단계에 주변기업들은 이 가격을 주어진 것으로 하여 이윤극대화 생산량(q_i)을 결정한다.

앞에서 소개한 가정은 [그림 4-5]에 표시되어 있다. [그림 4-5] (a)에는 주변기업의 한계비용(MC_i), 평균비용(AC_i)과 공급함수($S(P)$)가 시장수요($D(P)$)와 함께 그려져 있다. [그림 4-5] (b)에는 시장지배적 기업의 한계비용(MC_L), 시장수요, 잔여수요(D_r), 잔여수요에 대한 한계수입(MR_r) 곡선이 있다. 제2단계에서 주변기업들은 제1단계에서 주어진 P에 기초하여 $Q_f = S(P)$를 생산한다.

제1단계에서 시장지배적 기업이 직면하는 잔여수요를 먼저 도출한다. 시장지배적 기업은 시장수요($D(P)$)에서 주변기업의 공급($S(P)$)을 뺀 나머지 수요(이를 잔여수요(D_r)라 함)를 이용하여 이윤극대화 가격을 결정한다. 잔여수요는 다음과 같다; $D_r = D(P) - S(P)$이다. 가격이 P_o이면, 주변기업들의 조업중단점이므로 시장지배적 기업은 이 가격에 해당하는 시장수요량 Q_t를 모두 공급한다. 가격이 P_o보다 높으면 주변기업들은 시장에 공급을 하게 된다. 이 공급량을 뺀 수요량이 시장지배적 기업이 담당할 수 있는 (잔여)수요이다. 시장가격이 P_L이라면, 잔여수요는 [그림 4-5] (a)에서 ab이며, (b)에서 $P_Le(=ab)$의 수량이다. 가격이 P_h에 도달하면, 주변기업의 공급($S(P)$)과 시장수요가 교차하므로 시장지배적 기업이 담당할 수 있는 (잔여)수요는 영이다. 이는 [그림 4-5] (b)의 P_h에 표시된다. 따라서 시장지배적 기업이 직면하는 잔여수요 곡선은 P_ht의 구간이다. 시장가격이 P_o 이하이면 주변기업들은 모두 조업을 중단하고 시장지배적 기업만이 t 이하의 시장수요를 담당한다.

잔여수요에 대한 한계수입곡선은 잔여수요의 절편(P_h)에서 출발하여 잔여수요 곡선보다 2배의 기울기를 가진다. 그림에서 MR_r로 표시하였다. t 아래 구간의 시장수요에 대한 한계수입곡선은 시장수요곡선의 절편 v에서 우하향하는 전체 한계수입곡선에서 Q_t 이상의 구간만 그려지며 MR로 표시한다. 시장지배적 기업이 직면

그림 4-5 진입장벽이 있는 경우 시장지배적 기업과 주변기업

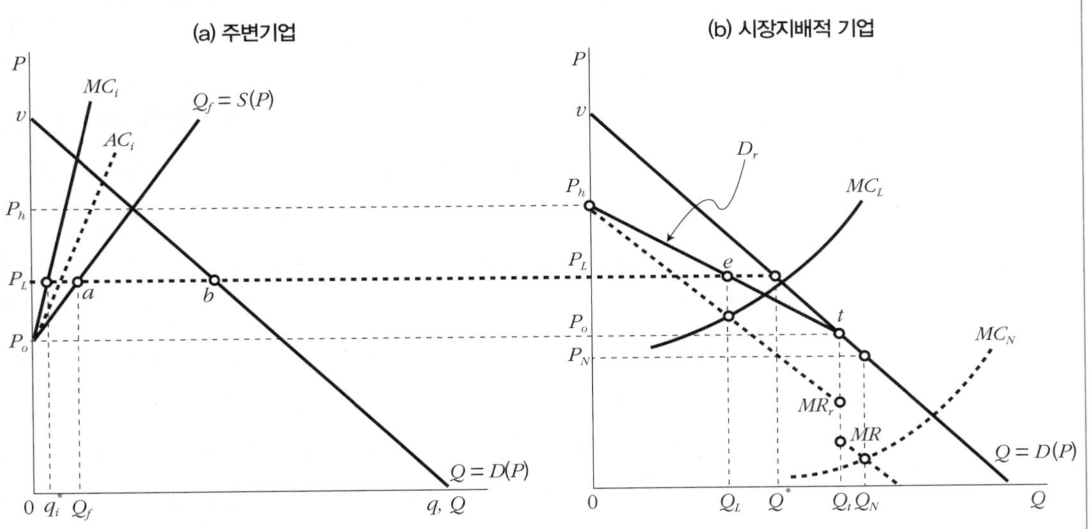

하는 수요가 잔여수요($P_h t$ 구간)와 원래의 수요(t 이하 구간)로 구성되기 때문에 이에 상응하는 한계수입은 MR_r과 MR로 구성되며, 두 한계수입 곡선은 불연속적이다.

이제 제1단계 시장균형을 도출하자. 시장지배적 기업은 잔여수요에 대해서 독점기업처럼 행동한다. 한계수입(MR_r)과 한계비용(MC_L)이 교차하는 점에서 Q_L을 생산하여 이윤극대화를 달성한다. 이 생산량에 상응하는 가격은 잔여수요곡선의 점 e인 P_L이다. 시장지배적 기업의 평균비용은 한계비용 아래에 위치하므로 양의 이윤을 얻는다(그림에서 평균비용곡선은 표시하지 않았음). P_L은 이 시장구조에서 시장지배적 기업이 결정하는 시장가격이다. 제2단계에 주변기업들은 가격순응자로서 이 가격을 주어진 것으로 하여 완전경쟁시장의 기업처럼 $P_L=MC_i$를 만족하는 q_i^*를 생산한다. q_i^*에서 주변기업의 평균비용(AC_i)은 P_L보다 낮으므로 양의 이윤을 얻는다. 모든 주변기업의 생산량은 $Q_f=S(P_L)$인 Q_f에서 결정되며, $Q_f=nq_i^*$이다. [그림 4-5] (b)에서 시장가격 P_L에서 시장수요량은 Q^*로 표시할 수 있으므로 $Q^*-Q_L=Q_f$이다.

시장지배적 기업은 주변기업들이 귀찮을 수 있다. 이들을 제거할 수 있다면 순수 독점기업으로 행동하여 더 높은 이윤을 얻을 수 있을 것이다. 그러나 이들을 제거하기란 이론적으로나 현실적으로 쉽지 않다. 이론적인 측면에서 주변기업을 퇴출시킬 수 있는 방안으로 다음을 고려할 수 있다. 시장지배적 기업이 R&D 등에 투자하여 [그림 4-5] (b)의 MC_N처럼 한계비용을 획기적으로 낮추는 것이다. 이윤극대화 가격은 P_N이 되며 주변기업의 조업중지점 가격(P_o)보다 낮으므로 시장지배적 기업은 모든 주변기업을 퇴출시키고 순수 독점이윤을 얻을 수 있다. 문제는 시장지배적 기업의 R&D 투자 가능성과 성공 가능성이다. 과연 이 낮은 독점가격에서 R&D 투자비용을 뺀 순이윤이 만족할 만한 수준이 될지도 의문이다.

또 다른 이론적인 방안으로 약탈가격을 고려할 수 있다. 약탈가격이란 한 기업이 경쟁 기업들을 퇴출시킬 목적으로 경쟁 기업의 조업중단점(가변비용 최저점) 미만으로 설정하는 가격을 말한다(제12장 참고). 시장지배적 기업은 제1기간에 시장가격을 P_o 미만으로 설정하여 주변기업들의 퇴출을 유도한다. 이 기간에 시장지배적 기업도 이윤의 감소를 겪게 되지만 주변기업 퇴출 이후부터 순수 독점기업이 되어 시장지배적 기업으로 얻었던 이윤보다 더 많은 독점이윤을 얻는다. 약탈가격은 단기의 손실과 장기의 이득을 고려하여 순이윤이 양인 경우에 실시한다. 그러나 시장지배적 기업이 순수 독점으로 행동하는 시점에 퇴출되었던 주변기업이 다시 진입할 가능성을 배제할 수 없다. 시장지배적 기업이 기대한 장기 이윤은 물거품이 되고 시장지배적 시장구조가 재정착될 수도 있다.

과거 미국에서 시장지배적 기업이 주변기업을 인수합병(M&A)하여 산업을 독점화하려는 시도가 있었다. 그러나 인수합병은 규제기관의 승인 사안이다. 경쟁 정책을 주관하는 규제기관은 이러한 인수합병을 승인하지 않으려는 경향이 강하기 때문에 현실적으로 시장지배적 기업이 독점기업으로 전환하기는 쉬운 일이 아니다.

이론적, 현실적 측면에서 시장지배적 기업은 주변기업들과 공생하는 것이 오히려 더 나은 대안이라고 볼 수 있다. 현실에서 시장지배적 시장구조가 많이 발견되는 이유이다.

2 진입장벽이 없는 경우

진입장벽이 없는 경우에 주변기업들은 자유롭게 진입(또는 퇴출)할 수 있다. 이 경우에 시장지배적 기업은 진입장벽이 있는 경우와 달리 독점력을 상실하고 초과이윤은 감소한다. 주변기업들은 완전경쟁시장의 장기 균형처럼 초과이윤이 영이 되는 점까지 진입한다. 초과이윤이 양이라면 새로운 주변기업은 초과이윤이 영이 될 때까지 진입할 것이기 때문이다. 진입하는 모든 주변기업의 한계비용이 동일하고 앞에서 가정한 것처럼 최저점이 P_o라 하자. 평균비용의 최저점도 P_o라고 하자. [그림 4-6] (a)에서 보듯이 장기적으로 모든 주변기업의 공급곡선은 P_o에서 수평선이 된다. [그림 4-6] (b)에서 시장지배적 기업이 직면하는 잔여수요(D_r)는 P_o에서

그림 4-6 진입장벽이 없는 경우 시장지배적 기업과 주변기업

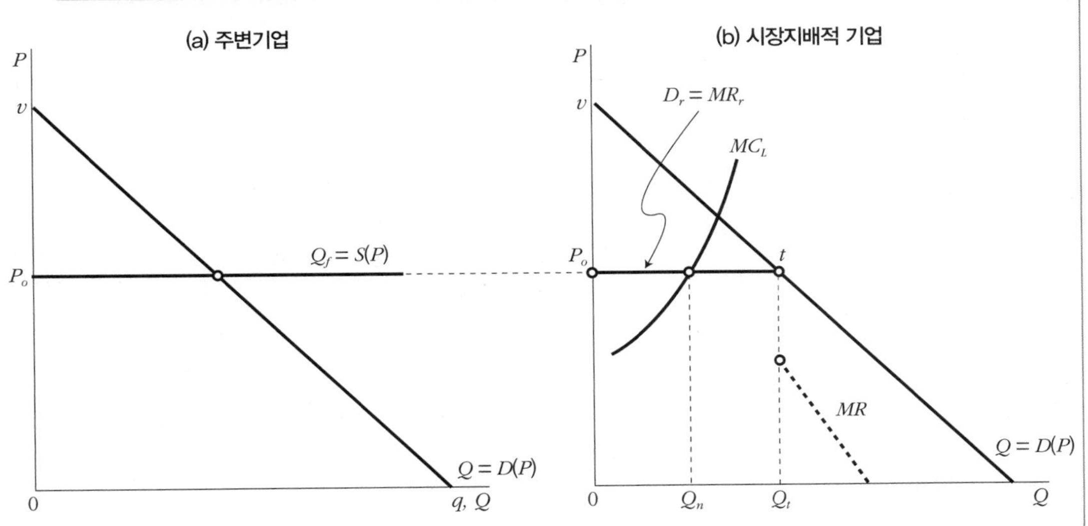

수평선, t점 이하에서 원래의 수요곡선($D(P)$) 구간이다. 잔여수요곡선이 수평선이면 한계수입곡선(MR_r)도 동일하게 수평선이다. t 이하의 수요곡선에 해당하는 한계수입곡선은 MR로 표시하였다.

시장지배적 기업의 이윤극대화는 $MR_r=MC_L$인 Q_n을 생산하고 시장가격은 P_o이다. 이 가격에서 주변기업의 총생산량은 Q_t-Q_n이다. 시장지배적 기업은 양의 초과이윤을 얻을 수 있다(그림에는 표시하지 않았지만 시장지배적 기업의 평균비용은 Q_n에서 MC_L의 아래쪽에 위치하기 때문에 가격이 평균비용보다 높다). 그러나 모든 주변기업의 초과이윤은 영이다. 가격과 평균비용의 최저점이 같기 때문이다. 진입장벽이 없는 경우에 시장지배적 기업은 양의 초과이윤을 얻지만 진입장벽이 있는 경우에 이윤이 감소한다. 가격 하락으로 소비자잉여는 증가한다.

연 | 습 | 문 | 제

>>> Theory of Industrial Organization

1. 독점기업이 생산하는 제품의 시장수요는 $Q=D(P)$이며 $D'(P)<0$을 가정한다. 이 수요의 역수요함수는 $P=P(Q)$이다. 비용함수는 $C=C(Q)$로서 $C'(Q)>0$과 $C''(Q)\geq 0$을 가정한다.

1) 이윤극대화 가격(P_m)을 구하기 위한 이윤함수를 쓰고 1차 조건을 도출하시오.

2) 이윤극대화 생산량(Q_m)을 구하기 위한 이윤함수를 쓰고 1차 조건을 도출하시오.

3) 위 1)과 2)의 1차 조건이 실질적으로 동일하다는 점을 보이시오.

4) 위 1)의 1차조건을 이용하여 러너지수를 도출하시오. 2)의 1차조건을 이용하여 러너지수를 도출하시오.

2. 독점기업의 이윤극대화 가격에서 수요의 가격 탄력도가 3인 경우와 4인 경우에 각각의 가격을 한계비용으로 나타내고 비교하시오.

3. 독점기업이 직면하는 시장 수요는 $Q=100-10P$이고, 비용함수는 $C=\frac{Q^2}{2}$이다. 이윤극대화 독점가격과 생산량, 그리고 수요의 가격탄력도를 구하시오. 또한 사중손실을 구하시오.

4. 한 재화에 대한 시장수요는 $Q=P^{-a}$이고, 한계비용은 c로서 일정하다. 여기서 a는 수요의 가격탄력도이다.

1) 완전경쟁시장인 경우에 사회후생을 다음과 같이 도출하시오: $W=\frac{c^{1-a}}{a-1}$.

2) 독점기업의 이윤극대화 가격을 계산하시오.

3) 독점시장의 사회후생 손실을 도출하시오.

5. 독점기업에 의한 사회후생 손실을 만회하여 사회적 최적을 달성하기 위해서는 세금을 부과하는 것이 아니라 독점기업에게 보조금을 지급해야 한다는 점을 보이시오. 독점기업의 효율성을 달성하기 위한 보조금 지급과 관련한 문제점들을 지적하시오.

6. "독점기업의 공급곡선은 한계비용 곡선이다." 이 주장을 평가하시오.

7. 독점기업이 동일한 제품을 생산하는 두 개의 공장을 운영하고 있다. 1공장의 한계비용은 $MC_1=Q_1$이고 2공장의 한계비용은 $MC_2=2Q_2$이다. 시장수요는 $P=100-Q$이다. 여기서 $Q=Q_1+Q_2$이다. 이윤극대화 생산량과 가격을 도출하고, 각 공장의 생산량을 계산하시오. 각 공장의 생산량을 결정하는 방식을 해석하시오.

8. 두 기간에 생산하는 독점기업의 제1기 생산량은 Q_1, 제2기 생산량은 Q_2이다. 제1기의 한계비용은 C_1으로 일정하다. 그러나 제2기의 한계비용은 학습효과로 인해서 $C_2=C_1-cQ_1$이다. c는 양의 상수이다. 매 기간 역수요함수는 $P_i=a-bQ_i$이다. 여기서 $a>C_i$, $b>c$, $i=1$, 2이다. 할인율은 $\delta(=\frac{1}{1+r})$이다. 여기서 r은 이자율이다.

1) c를 해석하시오.
2) 독점의 각 기간의 생산량과 가격을 계산하시오.
3) 사회계획가(social planner)의 각 기간의 생산량과 가격을 계산하고 2)와 비교하시오.
4) 사회계획가의 해와 독점기업의 해가 왜 다른지 직관적으로 설명하시오.

9. 내구재를 생산하는 독점기업이 이를 소비자에게 판매할 것인지 아니면 임대(렌트)할 것인지 결정하고자 한다. 이 내구재는 편의상 두 기간($t=1, 2$)만 사용이 가능하다. 각 기간의 수요는 $P=100-Q$이며 소비자는 제1기에 구매할 수도, 제2기에 구매할 수도 있다. 제1기에 구매한 소비자는 제2기에 구매하지 않는다. 한계비용은 10으로 일정하다고 가정한다.

1) 독점기업이 임대를 하는 경우 두 기간에 어떤 방식으로 영업이 이루어지는지 설명하시오. 이윤극대화 가격, 수량, 이윤 등을 그림과 함께 설명하시오.
2) 독점기업은 제1기에만 생산하고 제2기에는 생산하지 않는다고 공약을 하였다고 하자. 신뢰성있는 공약을 위해서 제1기에 생산한 후에 생산시설을 모두 파괴하였다. 제1기의 가격, 생산량, 이윤을 계산하고 위 1)과 비교하시오.
3) 독점기업이 내구재를 판매하는 경우에 비내구재의 판매와 매우 다른 측면이 있다. 이를 고려하여 시장에서 어떤 방식으로 판매가 이루어지는지 개념적으로 설명을 하시오.
4) 독점기업이 판매를 하는 경우 이윤극대화 과정을 보이고, 임대의 경우의 이윤과 비교·설명하시오.

10. 시장수요가 $P=100-Q$이고 시장에 시장지배적 기업과 하나의 주변기업이 존재한다고 하자. 지배적 기업의 한계비용은 50으로 일정하다. 주변기업의 공급함수는 $Q_f=-20+\frac{P}{3}$이다. 주변기업은 지배적 기업이 정하는 가격에 순응적이라고 가정한다.

1) 지배적 기업이 직면하는 잔여수요를 도출하고, 이윤극대화 가격(P_l)과 생산량(Q_l), 그리고 이윤을 계산하시오.
2) 주변기업의 생산량과 이윤을 계산하시오.
3) 지배적 기업의 한계비용이 15인 경우에 시장 가격과 생산량을 정하시오. 이 경우에 주변기업이 생산할 수 있는지 검토하시오.

11. X재와 Y재는 대체재이다. X재와 Y재에 대한 수요함수는 각각 $Q_x=100-2P_x+P_y$; $Q_y=100+P_x-2P_y$이다. 각 재화의 비용함수는 각각 $C_x=10Q_x$; $C_y=10Q_y$이다.

1) 독점기업이 두 재화를 함께 판매하는 경우에 가격, 판매량, 이윤을 구하시오.
2) X재는 X대리점이, Y재는 Y대리점이 독립적으로 판매하는 경우에 각 재화 가격, 판매량, 각 대리점 이윤을 구하시오. 1)의 결과와 비교하시오.

12. X재와 Y재는 보완재이다. X재와 Y재에 대한 수요함수는 각각 $Q_x=100-2P_x-P_y$; $Q_y=100-P_x-2P_y$이다. 각 재화의 비용함수는 각각 $C_x=10Q_x$; $C_y=10Q_y$이다. 위 문제 11을 반복하시오.

부록 | 수요독점시장(monopsony)

독점기업(monopolist)은 '생산물시장'에서 유일한 공급자이다. 이에 비해서 중간재, 원료 등 '생산요소(또는 중간재)가 거래되는 시장'에서 '수요자가 단 하나'뿐인 시장을 '수요 독점시장'이라 하며, 그 기업을 '수요독점기업'(monopsonist)이라 한다. 수요독점기업은 이윤극대화 요소 가격을 결정하고, 부수적으로 이에 상응하는 요소 구매량을 결정한다(또는 이윤극대화 요소 구매량을 결정하고, 부수적으로 요소 가격을 결정한다). 이는 독점기업이 생산물의 판매량 또는 가격을 결정하는 것과 마찬가지이다. 우리나라에서 인삼공사는 많은 인삼 재배 농가와 계약하여 인삼을 구매하고 있다. 인삼공사는 인삼이라는 요소 시장에서 수요독점기업이다.

수요독점기업이 이윤극대화 요소 투입량(L)을 결정하고, 요소 가격(W)을 결정하는 과정을 살펴보자. 요소 수요 기업의 이윤극대화 요소 투입량은 요소 한 단위 더 구입하여 이 요소로 인하여 얻는 가치가 요소에 지출하는 한계비용과 같을 때 결정된다. 전자는 요소를 투입하여 생산한 가치로서 생산물이 경쟁시장에서 판매된다면 한계생산성가치(value of marginal product; $VMP=P\times MP$)이고, 생산물이 독점시장에서 판매한다면 한계수입가치(marginal revenue product; $MRP=MR\times MP$)이다. 여기서 MP는 한계생산성이고, MR은 독점기업의 한계수입이다. 수요독점기업이 생산물시장에서 독점기업이라고 가정하자. 이 기업의 요소수요는 한계수입가치

그림 4-7 수요독점 기업의 균형

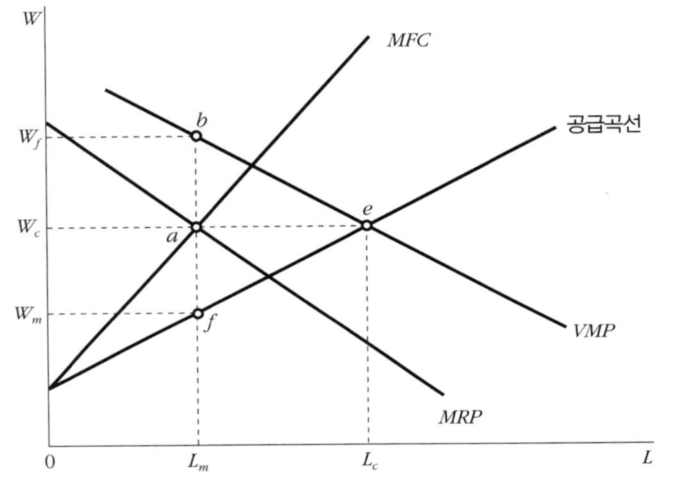

(MRP)로 표시된다. $MR<P$이므로 [그림 4-7]처럼 한계수입가치(MRP) 곡선은 한계생산성가치(VMP) 곡선의 아래쪽에 위치한다.

요소에 지출하는 한계비용에 대해서 고려하자. 수요독점 기업은 시장에서 유일한 구매자이므로 시장공급에 직면한다. 한 단위 더 구매 시 시장공급 곡선을 따라서, (요소)가격은 상승하게 된다. 추가 수량에 대해서뿐만 아니라 이전에 구매하던 수량에 대해서도 상승한 가격을 지출해야 하기 때문에 추가로 구매한 요소에 대한 한계비용은 요소 가격보다 더 높다. 수요독점 기업이 추가로 지출하는 요소 가격을 한계요소 비용(marginal factor cost; MFC)이라 한다. [그림 4-7]에서 보듯이 MFC 곡선은 공급곡선 위에 위치한다. 시장공급이 $P=a+bQ$라면, $MFC=a+2bQ$이다.

이윤극대화 요소 투입량은 $MRP=MFC$인 점 a에 해당하는 L_m이다. 이 수량에 대한 시장 가격은 점 a에서의 가격이 아니라 공급곡선상에서의 가격인 W_m이다. 요소 투입이 사회에 가져다 주는 혜택은 VMP이므로 효율성을 달성하는 요소 투입량과 가격은 공급곡선과 VMP가 교차하는 점 e에서 L_c와 W_c이다. 따라서 수요독점기업에 의한 요소 투입량 선택은 bfe의 사중손실을 발생한다. 요소수요독점에 의한 요소 투입에 있어서 발생하는 사중손실은 독점기업이 생산량 판매시 발생하는 사중손실과 유사하다.

제 5 장

독점기업과 제품 공간

장을 시작하며

앞 장에서 독점기업이 생산하는 제품은 모두 다 동일하다는 가정하에 생산량을 중심으로 독점기업의 행동에 대해서 소개했다. 그러나 제품은 여러 가지 특성의 혼합물로서 독점기업은 단순히 수량만 결정할 수 있는 것은 아니다. 동일한 제품에 대해서 독점기업은 품질 수준이 다른 제품을 생산할 수 있다. 한 제품의 여러 가지 특성을 '제품 공간'(product space)이라고 정의한다. 제품 공간에는 품질, 위치, 시간, 이용가능성, 제품에 대한 소비자의 정보, 신뢰성 등이 있다. 제품 공간에서 소비자들은 제품 특성(예로, 품질 또는 위치)에 따라서 제품을 구분한다.

제품 공간에서 모든 특성을 고려하기보다는 부분적인 특성을 대상으로 분석한다. 이 경우에 기업이 판매하는 제품은 차별화되어 있다고 말하며, 일반적으로 수직차별화와 수평차별화로 구분한다. 수직차별화는 대표적으로 품질(quality) 변수를 들 수 있다. 제품의 특성이 증가하여(즉, 품질이 향상될 때) 모든 소비자의 혜택이 증가하는 경우에 이 제품은 수직차별화되었다고 정의한다. 수평차별화는 소비자와 판매점 사이의 거리(위치)를 들 수 있다. 동일한 제품이라도 소비자는 자신의 위치로부터 먼 곳보다 가까운 판매상의 제품을 선호한다. 수평차별화는 제품의 특성이 증가할 때(즉, 소비자와 판매점과의 거리가 멀어질 때), 어떤 소비자의 혜택은 증가하고, 다른 소비자의 혜택은 감소하는 상태라고 정의한다(플립스와 티세(Phlips and Thisse), 1982).

넬슨(Nelson, 1974)은 재화와 서비스를 품질에 대한 정보(information) 획득에 따라서 탐색재와 경험재로 구분했다. 탐색재(search goods)란 구매하기 이전에 또는 구매 시 육안 등의 탐색 과정에서 제품의 품질을 알 수 있는 제품을 말한다. 탐색재의 품질은 관찰가능(observable)하다고 하며 그래서 품질을 알 수 있다. 옷, 가구, 책상 등이 여기에 해당한다. 수직차별화와 수평차별화에서 소개하는 제품은 특성이 미리 알려져 있는 탐색재를 대상으로 독점기업의 최적의 특성(품질) 수준을 어떻게 도출하는지 분석한다. 경험재(experience goods)란 구입 이후에 품질을 알게 되는 제품을 말하며, 통조림, 음식점의 음식, 오디오 시스템 등을 예로 들 수 있다. 경험재는 소비자가 정보를 어떻게 배우는지, 또는 독점기업은 정보를 제공할 유인이 있는지 등의 정보가 주요 주제이다.

다비와 카니(Darby and Karni, 1973)가 소개한 신용재(credence goods)는 소비를 한 이후에도 품질을 잘 모르는 재화와 용역을 말한다. 소비 후에 그 제품이나 서비스 품질에 대해서 전문가 수준의 지식을 요구하기 때문이다. 신용재는 경험재보다 더 극단적으로 정보에 의해서 결정된다고 볼 수 있다. 자동차나 고가 IT제품이 고장이 나서 A/S를 받았을 때, 그 서비스가 적당했는지 알 수 없는 경우가 있는데 이 서비스를 신용재라고 한다. 치과나 병원 진료, 대학 교육 등도 이와 유사하다.

제1절 | 수직차별화(vertical differentiation)

수직차별화는 제품의 특성을 나타내는 수치가 증가한다면, 모든 소비자의 효용이 증가하는 상태이다(플립스와 티세, 1982). 가장 대표적인 변수가 품질(quality)이기 때문에 수직차별화와 품질 차별화는 동의어로 사용한다. 서로 다른 두 가지 제품을 동일한 가격으로 내 놓았을 때, 소비자들이 저품질 제품보다 고품질 제품을 선호한다면, 두 제품은 수직차별화되었다고 한다. 가격이 동일하다면, 모든 소비자들은 메모리가 더 큰 노트북을 또는 CPU속도가 더 빠른 노트북을 선호한다. 동일한 가격에서 소비자는 제품 공간에 대한 서열을 매길 수 있다.

1 품질 수준과 수요함수[1]

품질을 실수로 나타내는 변수를 S라 하면, S에 부여하는 실수 값은 수직적으로 서로 다른 제품이라는 의미를 갖는다. 독점기업이 품질이 다른 제품을 생산할 수 있다면 각 품질의 제품은 다른 제품이라고 할 수 있다. 독점기업이 한 가지 품질의

1) 티롤(Tirole, 1988, Ch.2) 참조.

제품만 생산한다고 가정하자. 소비자는 제품 한 단위를 구매하여 효용을 얻거나, 구매하지 않을 수 있으며 구매하지 않을 경우 효용은 영이다. 소비자의 순효용은 다음과 같다고 가정한다(무싸와 로젠(Mussa and Rosen), 1978);

$$U=\begin{cases}\theta S-P, & \text{품질 } S\text{인 제품을 가격 } P\text{에 한 단위 구매하는 경우} \\ 0, & \text{구매하지 않는 경우.}\end{cases} \qquad (5-1)$$

여기서 U는 소비시 얻는 잉여(또는 순효용)이다. S는 품질을 나타내는 양수이며, θ(그리스어로서 '쎄타'라고 읽는다.)는 소비자의 선호를 나타내는 모수(수준)이다. 효용은 θ와 S를 곱했는데 이 특수한 형태를 '분리가능'하다고 한다. 모든 소비자는 선호가 동일하다면 주어진 가격(P)에서 품질이 더 높은 제품을 더 좋아한다. 선호 모수 θ가 높은 소비자는 품질이 높은 제품에 대해서 지불의향 가격이 더 높다. 선호 모수 θ는 경제 내에 있는 N명의 소비자들의 수학적 확률 분포를 대표한다. 어떤 품질의 제품에 대한 선호가 가장 낮은 값을 $\theta_L(\geq 0)$ 그리고 가장 높은 값을 θ_H $(>\theta_L)$라 하면, 소비자 선호 θ는 두 모수 사이에 위치한다. 누적분포함수를 $F(\theta)$라 하고 밀도함수를 $f(\theta)(=F'(\theta))$라 하면, $F(\theta)$는 θ보다 낮은 선호 모수를 가진 소비자 비율이다. 소비자 선호가 균등하게 분포(uniform distribution)되어 있다면, $f(\theta)=\dfrac{1}{\theta_H-\theta_L}$이고 $F(\theta)=\dfrac{\theta-\theta_L}{\theta_H-\theta_L}$이다.

품질 S에 대한 제품의 수요함수는 다음과 같이 도출된다; $\hat{\theta}$의 선호를 가진 한 소비자가 이 제품을 구매하는 것과 구매하지 않는 것에 무차별(이 소비자를 한계소비자라고 함)하다고 하자.[2] 다른 말로 하자면 이 소비자는 구매 시 잉여($\hat{\theta}S-P$)와 구매하지 않을 경우의 잉여인 영과 같다고 생각하는 소비자이다. 즉, 한계소비자 $\hat{\theta}$는 $\hat{\theta}S-P=0$을 만족한다. 따라서 $\hat{\theta}=\dfrac{P}{S}$이다. $\hat{\theta}$과 같거나 더 큰 선호를 가진 소비자(즉, $\theta\geq\hat{\theta}=\dfrac{P}{S}$)는 이 제품을 구매하므로, 구매자 비율은 $1-F(\hat{\theta})=1-F(\dfrac{P}{S})$이다.[3] 소비자 수가 N이므로 수요함수는 $D(P;\ S)=N(1-F(\dfrac{P}{S}))$이다. 소비자 선호가 균등하게 분포하는 경우에 $D(P;\ S)=N(1-\dfrac{\frac{P}{S}-\theta_L}{\theta_H-\theta_L})$이다. 따라서 수요의 법칙(가격과 수요량과의 역의 관계)이 성립하며, 품질이 향상되면 수요($D(P)$)가 증가한다.

$\theta_L=0$, $\theta_H=1$, $N=1$을 가정한다면, 품질이 S인 제품에 대한 수요함수는 $Q=D(P;\ S)=1-\dfrac{P}{S}$이다. [그림 5-1]에서 $D(P;\ S_1)$을 고려하자. 주어진 품질 수준 S_1에서 가격이 P_o인 경우 판매량은 점 a에서 Q_o단위이다. 이 모형에서 소비자는 기껏

2) $\hat{\theta}$에서 ^는 hat이라고 읽음.
3) 구매하지 않는 소비자 선호 모수는 $\theta<\hat{\theta}$이므로, 구매하지 않는 소비자 비율은 $F(\hat{\theta})=F(\frac{P}{S})$이다.

그림 5-1 선호가 균등분포하는 경우 품질수준과 수요곡선

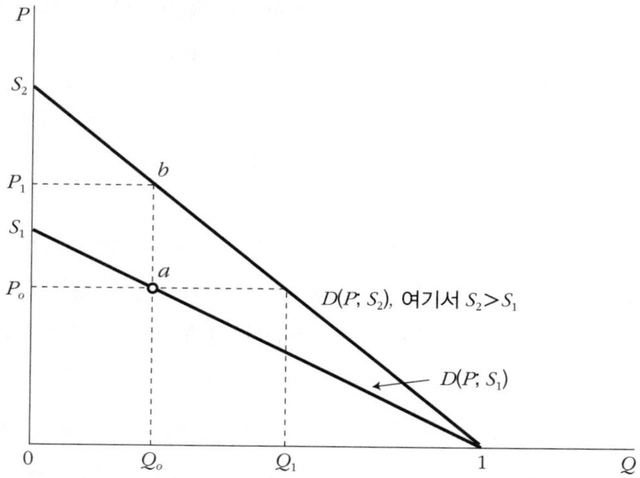

해야 한 단위 구입하므로 Q_o명($N=1$이므로 정확히 $1/Q_o$명이나 편의상 Q_o명이라 함)이 구입한 상태이다. 소비자는 최대 한 단위 구매하므로 이는 Q_o번째 소비자라고 할 수 있다. Q_o번째 소비자의 지불의향은 P_o이며, 이 소비자는 한 단위를 구매하는 것과 구매하지 않는 것에 무차별하다. Q_o번째 소비자를 '한계 소비자'라 하며, 그 왼쪽에 있는 모든 소비자를 누적 한계(infra-marginal) 소비자라 한다. 이 소비자들이 얻는 총잉여는 $S_1 0 Q_o a$이고 순잉여는 $S_1 P_o a$이다.

[그림 5-1]에는 품질 수준이 S_1에서 S_2로 증가하는 경우의 수요곡선을 표시했다. 품질이 증가하면, 수요는 증가하고 수요곡선은 X축 절편을 축으로 시계방향으로 회전한다. 주어진 가격 P_o에서 S_1의 품질 수준의 구매량 Q_o보다 S_2의 품질 수준의 구매량 Q_1을 선호한다. Q_o단위의 구매량에 대해서 품질 수준이 S_1인 재화에는 P_o의 가격을 지불하고자 하나 품질 수준이 더 높은 S_2에 대해서는 더 높은 가격 P_1을 지불하고자 한다. Q_o에서 품질이 S_1에서 S_2로 증가하는 경우 소비자의 잉여는 $S_2 S_1 ab$만큼 증가한다.

독점기업이 두 가지 품질의 제품을 생산한다고 하자. 품질을 각각 S_1과 $S_2(>S_1)$라 하고, 가격은 각각 P_1과 $P_2(>P_1)$라 하자. 편의상 S_1 제품을 저품질 제품, S_2 제품을 고품질 제품이라고 한다. 각 제품을 구입하는 소비자의 순효용(U)은 다음과 같다;

$$U=\begin{cases}\theta S_2-P_2, \text{ 품질 } S_2 \text{ 제품을 가격 } P_2\text{에 한 단위 구매하는 경우} \\ \theta S_1-P_1, \text{ 품질 } S_1 \text{ 제품을 가격 } P_1\text{에 한 단위 구매하는 경우} \\ 0, \text{ 어떤 제품도 구매하지 않는 경우.}\end{cases} \quad (5-2)$$

두 제품에 대한 수요함수는 다음과 같이 도출한다; 먼저 $\theta S_1-P_1 \geq 0$이고, $\frac{S_2}{P_2} \geq \frac{S_1}{P_1}$인 경우를 고려하자. 아무 것도 구매하지 않는 것보다 저품질(S_1) 제품을 구매하는 것을 선호($\theta S_1-P_1 \geq 0$)하지만 고품질 제품의 1원당 품질수준($\frac{S_2}{P_2}$)이 저품질 제품의 1원당 품질수준($\frac{S_1}{P_1}$)보다는 높은 경우이다. 이 경우에 모든 소비자들은 고품질(S_2) 제품만 구매하고 저품질(S_1) 제품은 구매하지 않는다. 즉, $D_2(P_1, P_2; S_1, S_2)=N(1-F(\frac{S_2}{P_2}))$이고, $D_1(P_1, P_2; S_1, S_2)=0$이다.

다음으로 1원당 품질에 상관없이 각 제품 구매 시 효용수준을 비교하여 두 제품을 구매하는 경우를 고려한다. 만약에 어떤 소비자의 선호($\tilde{\theta}$)가 저품질 제품(S_1)을 구매하는 것과 고품질 제품(S_2)을 구매하는 것에 무차별하다면, $\tilde{\theta}S_1-P_1=\tilde{\theta}S_2-P_2$이므로 $\tilde{\theta}=\frac{P_2-P_1}{S_2-S_1}$이다.[4] 어떤 소비자의 선호($\ddot{\theta}$)가 저품질 제품($S_1$)을 구매하는 것과 어떤 제품도 구매하지 않는 것에 무차별하다면 $\ddot{\theta}S_1-P_1=0$이므로 $\ddot{\theta}=\frac{P_1}{S_1}$이다.[5] 따라서 선호가 $\tilde{\theta}$보다 큰 소비자(즉, $\theta \geq \tilde{\theta}$)는 고품질 제품을 구매하고, 수요는 $D_2(P_1, P_2; S_1, S_2)=N(1-F(\frac{P_2-P_1}{S_2-S_1}))$이다. $\tilde{\theta}$보다 작지만 $\ddot{\theta}$보다 큰 소비자 (즉, $\ddot{\theta} \leq \theta \leq \tilde{\theta}$)는 저품질 제품을 구매하고, 수요는 $D_1(P_1, P_2; S_1, S_2)=N(F(\frac{P_2-P_1}{S_2-S_1})-F(\frac{P_1}{S_1}))$이다. 선호가 $\ddot{\theta}$보다 작은 소비자는 아무것도 구매하지 않는다.

2 독점기업과 사회계획가의 최적 품질

독점기업의 수요함수 $Q=D(P; S)$는 $P=P(Q; S)$의 역수요함수로 전환될 수 있다. 여기서, $\frac{\partial P}{\partial Q}<0$와 $\frac{\partial P}{\partial S}>0$를 가정한다. 전자는 수요의 법칙을, 후자는 품질이 높아지면 지불의향(또는 품질 향상으로 인한 혜택)이 높아짐을 말한다. 역수요함수는 주어진 품질 수준에서 한 단위씩 구매하는 소비자의 지불의향을 나타내며 이를 감소하는 순서로 표시한 것이다. 따라서 Q는 Q번째 소비자를 나타낸다. $P(Q; S)$는 Q번째 소비자가 S품질의 제품을 한 단위 구매하는 것과 구매하지 않는 것에 무차별한 가격을 나타낸다. $\frac{\partial P}{\partial S}$는 Q번째 소비자가 품질수준 한 단위 증가에 따른 지불의향 가격의 증가분이다. Q번째 소비자를 한계소비자라고 부르므로 $\frac{\partial P}{\partial S}$는 한계소비자의 품질에 대한 한계가치라고 할 수 있다. 독점기업이 품질 S의 제품을 생산하

4) $\tilde{\theta}$에서 ~는 tilde(틸다)라고 읽음.
5) $\ddot{\theta}$에서 ··는 double dot(이중 점)라고 읽음.

는 비용은 품질 S와 생산량 Q에 의해서 결정되므로 $C=C(Q, S)$이다. 이 분야에서 많이 이용하는 특수한 형태는 $C(Q, S)=c(S)Q$로서 생산량에 따른 한계비용은 $c(S)$로서 일정하며, 품질 향상에 따른 단위 비용은 $c'(S)>0$을 가정한다. 이는 품질 S가 한 단위 증가하면 비용이 증가하며, 총비용은 주어진 생산량에서 품질 비용 증가분만큼 증가함을 의미한다.

독점기업의 이윤은 $\pi=(P(Q, S)-c(S))Q$이다. 이윤극대화 생산량(Q_m)과 품질(S_m)은 각각 다음의 1차조건에서 구할 수 있다;

$$P+Q_m\frac{\partial P}{\partial Q}-c(S_m)=0, \tag{5–3}$$

$$(\frac{\partial P}{\partial S}-c'(S_m))Q_m=0. \tag{5–4}$$

식 (5–3)은 전형적인 독점기업의 생산량에 대한 이윤극대화 조건으로 $MR=MC$를 나타낸다. 식 (5–4)는 $\frac{\partial P}{\partial S}=c'(S_m)$이다. 이는 주어진 생산량에서 품질 향상에 대한 가격 인상분($=\frac{\partial P}{\partial S}$) (또는 품질 향상에 따른 한계소비자가 얻는 가치)이 이 품질향상에 따른 비용 증가분($c'(S_m)$)과 같아야 함을 말한다. 이 식에서 $\frac{\partial P}{\partial S}Q_m$는 품질수준의 향상에 따른 총수입의 변화분이며, 이는 품질이 (한계적으로) 한 단위 증가시 한계소비자의 잉여의 증가분에 총 판매량을 곱한 것과 같다고 해석할 수 있다.

이제 사회계획가(social planner)의 사회후생을 극대화하는 생산량과 품질수준 선택을 고려해 보자. 사회후생(W)은 수요곡선과 총비용 사이의 면적이므로 다음과 같다;

$$W(Q, S)=\int_0^Q P(z, S)dz-c(S)Q.$$

여기서 $\int_0^Q P(z, S)dz$는 Q단위 판매에 따른 수요곡선 아래의 면적이며 소비자 총잉여이다.

사회후생 극대화 생산량(Q^*)과 품질수준(S^*)에 대한 1차조건은 다음과 같다;

$$P(Q^*, S^*)-c(S^*)=0, \tag{5–5}$$

$$\int_0^{Q^*}\frac{\partial P(z, S^*)}{\partial S}dz-c'(S^*)Q^*=0. \tag{5–6}$$

식 (5–6)은 다음과 같이 변환된다;

$$\frac{1}{Q^*}\int_0^{Q^*}\frac{\partial P(z, S^*)}{\partial S}dz=c'(S^*). \tag{5–7}$$

식 (5–5)는 가격과 한계비용이 같다는 사회후생 극대화 조건이다. 식 (5–7)에서 $\int_0^{Q^*}\frac{\partial P(z, S^*)}{\partial S}dz$는 품질 향상에 따른 모든 구매 소비자가 얻는 총가치의 변화분이다. 따라서 좌항은 품질 향상에 따른 소비자의 한계가치에 대한 평균이다. 즉, 사회계획가는 품질 향상에 따른 소비자의 평균 혜택(가치)이 품질 향상에 대한 한계비용과 같은 품질 수준을 선택한다.

독점기업과 사회계획가의 최적화를 비교하자. 식 (5–3)과 식 (5–5)는 독점기업과 사회계획가의 최적 생산량 차이를 보여주고 있다. 전자는 $MR=MC$에서, 후자는 $P=MC$에서 최적 생산량을 결정하므로 독점기업 생산량은 사회계획가보다 적다. 독점의 품질 수준(S_m)과 사회계획가의 품질 수준(S^*) 차이를 알아보자. $c'(S)>0$이라 가정했으므로 품질함수 $c(S)$는 S의 증가함수이다. 식 (5–4)와 식 (5–7)에서 $c'(S^*)=\frac{1}{Q_m}\int_0^{Q_m}\frac{\partial P}{\partial S}dz>c'(S_m)=\frac{\partial P}{\partial S}$이면 $S^*>S_m$이고, $c'(S^*)=\frac{1}{Q_m}\int_0^{Q_m}\frac{\partial P}{\partial S}dz<c'(S_m)=\frac{\partial P}{\partial S}$이면 $S^*<S_m$이고, $c'(S^*)=\frac{1}{Q_m}\int_0^{Q_m}\frac{\partial P}{\partial S}dz=c'(S_m)=\frac{\partial P}{\partial S}$이면 $S^*=S_m$이다. 이에 대한 해석을 해보자.

$\frac{1}{Q_m}\int_0^{Q_m}\frac{\partial P}{\partial S}dz$는 품질 향상에 따라 소비자가 얻는 평균 가치이고, $\frac{\partial P}{\partial S}$는 품질 향상에 따른 한계소비자가 얻는 (한계)가치라고 했다. 다음과 같은 해석이 가능하다; 주어진 독점생산량에서, 품질 한 단위 증가에 따른 소비자가 얻는 평균 가치가 한계소비자의 한계 가치보다 더 크다면($\frac{1}{Q_m}\int_0^{Q_m}\frac{\partial P}{\partial S}dz>\frac{\partial P}{\partial S}$), 독점기업의 최적 품질 수준은 사회후생 극대화 품질 수준보다 낮다. 독점기업이 공급하는 품질 수준은 사회계획가의 그것보다 작으므로 품질은 과소공급된다고 한다. 품질 한 단위 증가에 따른 소비자가 얻는 평균 가치가 한계 소비자의 한계가치보다 더 작다면($\frac{1}{Q_m}\int_0^{Q_m}\frac{\partial P}{\partial S}dz<\frac{\partial P}{\partial S}$), 독점기업의 품질 수준은 사회후생 극대화 품질 수준보다 높다. 즉, 독점의 품질은 과잉공급된다. 만약에 두 가치가 동일하다면($\frac{1}{Q_m}\int_0^{Q_m}\frac{\partial P}{\partial S}dz=\frac{\partial P}{\partial S}$), 독점기업의 품질 수준은 사회적 최적 품질과 동일하다.

주어진 생산량에서 품질의 향상은 소비자에게 좋으므로 소비자잉여의 증가를 가져오나, 다른 한편으로는 독점기업은 더 높은 가격을 설정하여 소비자의 지출이 증가하여 소비자잉여가 감소한다. 모든 소비자의 잉여의 증가분($\int_0^{Q_m}\frac{\partial P}{\partial S}dz$)이 모든 소비자의 총지출(또는 독점의 총수입의 증가$=Q_m\frac{\partial P(Q_m, S_m)}{\partial S}$)보다 더 크다면 소비자잉여의 증가 효과가 지출 증가의 효과보다 더 크다. 독점기업은 사회후생의 증가분을 모두 다 착취하지 못하므로 사회후생 극대화시 품질 수준보다 과소공급하게 된다. 그 반대의 경우도 가능하다.

그림을 통해서 살펴보자. [그림 5–2]에서 독점기업은 이윤극대화 생산량(Q_m)과

그림 5-2 독점기업과 사회계획가 품질 수준 비교

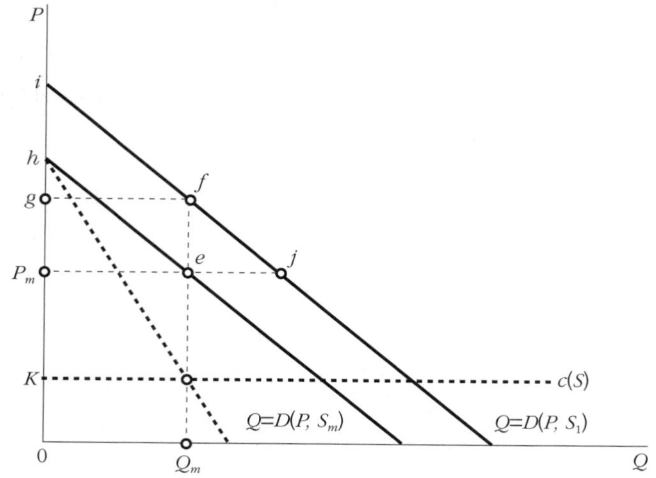

가격(P_m)을 설정했으며, 이윤극대화 품질 수준 S_m을 표시했다. 이윤극대화 생산량(Q_m)에서 품질 수준을 S_1으로 향상시켰다고 가정하자. 수요곡선은 $Q=D(P, S_1)$으로 우측 이동한다. 독점기업은 품질 향상의 대가로 한계소비자에게 단위당 ef 만큼의 가격을 올리므로 총수입은 $gP_mef(=Q_m\frac{\partial P(Q_m, S_m)}{\partial S})$만큼 증가한다(식 (5-4)). 품질이 (한계적으로) 한 단위 증가시 한계소비자의 잉여의 증가분에 총 판매량을 곱한 것과 같다고 해석한 것을 상기하기 바란다. 그러나 사회계획가는 품질 향상에 따른 소비자잉여의 증가를 고려한다. 품질 향상으로 인한 소비자잉여의 증가는 누적 한계 소비자의 품질 향상으로 인한 잉여의 증가분으로 Q_m까지의 두 수요곡선 사이의 면적에 해당한다. 즉, 사회계획가의 입장에서 품질 향상으로 인한 사회적 혜택은 소비자잉여로서 $ihef(=\int_0^{Q_m}\frac{\partial P(z, S_m)}{\partial S}dz)$이다.

독점의 이윤극대화 생산량 Q_m에서 사회계획가의 소비자잉여의 증가분($ihef$)이 독점기업의 총수입의 증가분(gP_mef)보다 더 크다면, 독점기업의 품질 수준은 사회계획가의 그것보다 작으므로 품질은 과소공급된다. 반대로, $ihef$ 면적이 gP_mef 보다 작다면, 독점기업의 품질수준은 사회계획가보다 더 높으므로 품질은 과잉공급된다. 두 면적이 동일하다면 독점기업의 품질은 사회적으로 최적이다.

구체적인 예를 통해서 독점기업과 사회계획가의 품질수준을 비교해 보자. [그림 5-3] (a)와 (b) 같이 품질 수준이 S_1에서 S_2로 향상되어 수요가 D_1에서 D_2로 서로 다르게 증가하는 경우를 고려하자.

여기서 수요는 소비자가 기껏해야 한 단위를 구매한다는 모형에서 도출되었다.

그림 5-3 독점기업과 사회계획가의 품질수준

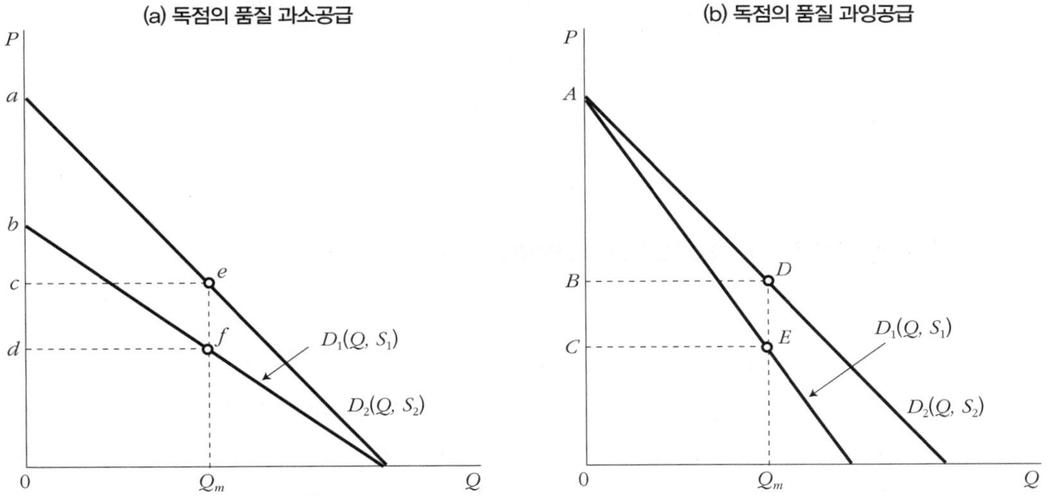

따라서 수요곡선은 주어진 품질에서 소비자 유보가격(지불의향)을 순서대로 나열한 것이다. [그림 5-3] (a)와 (b)에서 변화 이전의 품질 수준은 S_1이고, 독점기업은 Q_m을 생산한다고 하자. 따라서 Q_m번째 소비자는 $f(=E)$의 지불의향을 가지고 있다. 이 소비자는 Q_m번째에 있는 한 단위를 $f(=E)$의 가격에 구매하는 것과 구매하지 않는 것에 무차별하기 때문에 이 소비자를 한계소비자라고 부른다. 이 소비자의 왼쪽에 있는 모든 소비자를 누적 한계(infra-marginal) 소비자라고 한다. 품질 수준이 향상되면, 모든 소비자의 지불의향이 증가하고 시장가격은 상승한다. [그림 5-3] (a)에서 품질 수준의 증가는 Q_m번째 수량에 대해서 가격을 f에서 e로 상승시킨다. 누적 한계 소비자의 지불의향은 비례적으로 더 많이 증가한다. 그림에서 품질 수준의 증가로 수요곡선은 X축 절편을 축으로 시계방향으로 회전한다. 품질 수준의 증가로 독점기업은 $cdfe$의 한계수입의 증가를 얻는데 비해서 사회계획가가 고려하는 사회적 혜택은 소비자잉여인 $abfe$이다. 여기서, 품질 향상 비용은 동일하므로 고려하지 않는다. 독점기업의 최적 생산량에서 품질 수준의 향상으로 독점기업의 한계수입이 사회계획가의 한계 혜택의 증가보다 더 작으므로(즉, $cdfe < abfe$) 독점기업은 품질 수준을 과소공급한다. 즉, 독점기업은 사회계획가가 제공하려는 품질 수준보다 더 낮은 품질 수준의 제품을 공급한다.

[그림 5-3] (b)는 주어진 수량 Q_m에서 품질의 향상으로 수요곡선이 Y축 절편을 중심으로 시계반대 방향으로 회전한다. 이 경우에 품질 수준의 향상은 누적 한

계 소비자의 지불의향을 비례적으로 더 적게 증가시킨다. 독점기업의 한계수입은 사회계획가의 한계혜택의 증가보다 더 크므로(즉, $BCED > AED$) 독점기업은 품질 수준을 과잉공급한다. 즉, 독점기업은 사회계획가가 제공하려는 품질 수준보다 더 높은 품질 수준의 제품을 공급한다.

제2절 | 수평차별화(horizontal differentiation)

수평차별화 모형은 동일한 제품에 대해서 소비자들이 서로 다른 선호를 가지고 있는 경우에 시장을 분석을 하는 모형이다. 주소(address)모형 또는 위치(location)모형이라고도 부른다. 주소 또는 위치는 소비자가 존재하는 물리적인 지점을 말한다. 독점기업이 동일한 제품을 소비자의 위치로부터 동쪽으로 1km에 있는 A상점에서도 판매하고 서쪽으로 2km에 있는 B상점에서 판매한다고 하자. 두 상점에서 판매하는 제품이 동질적이고 가격이 동일하다 하더라도 소비자들은 이동하는 시간이나 교통비용 때문에 두 상점의 동일한 제품을 차별화된 제품으로 간주할 수 있다. 주소 또는 위치에 대한 또 다른 해석은 소비자들은 동일한 제품을 서로 다른 주소 또는 위치에 있는 것과 같이 '차별화 정도'로 간주할 수 있다는 것이다. 떡볶이의 매운 정도를 캡사이신이라는 화학물질의 함유량으로 측정한다고 할 때 소비자들은 캡사이신의 함유량에 따라서 덜 매운 맛과 아주 매운 맛을 직선상에 나타낼 수 있다. 덜 매운 맛을 직선 왼쪽의 영에 표시하고 아주 매운 맛을 오른쪽의 1에 표시한다면, 영에 가까이 있는 소비자는 떡볶이의 순한 맛을 선호하는 소비자이고, 1에 가까이 있는 소비자는 아주 매운 맛을 선호하는 소비자를 뜻한다.

수평차별화의 대표적이고 단순한 모형은 호텔링(Hotelling, 1929)의 '선형도시'(linear city) 모형이다. 호텔링은 도시의 직선상의 거리(총 길이 1)에 소비자들이 균등하게 분포(즉, 직선거리 1의 각 점에 소비자가 한 명씩 존재)하는 모형을 고려했다. [그림 5-4]에서처럼 A상점은 이 거리의 왼쪽 끝인 영의 지점에, B상점은 오른쪽 끝인 1에 위치한다. 위의 예에서처럼 A상점은 순한 맛의 떡볶이를, B상점은 매운 맛의 떡볶이를 판매한다고 가정한다.

한 선형도시에 N명의 소비자가 있으며 이 직선 상의 어디엔가 있는 소비자를 $x(0 \le x \le 1)$라 하면, x는 한 소비자의 이름인 동시에 왼쪽 원점으로부터 x의 거리에 있는 소비자이다. 소비자는 최대한 한 단위를 구매한다고 가정한다. 소비자의

그림 5-4 호텔링의 선형도시: 상점 고정시

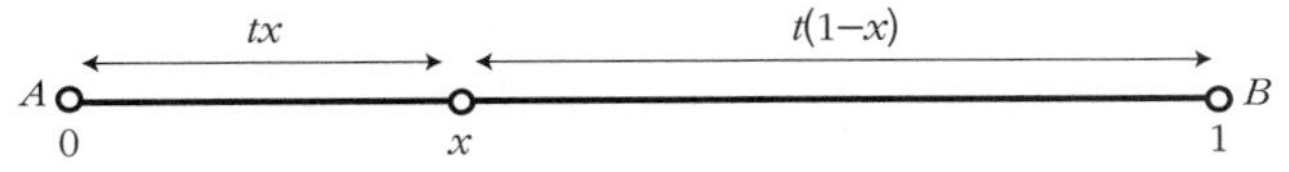

균등한 분포를 가정했으므로 소비자 x의 왼쪽에는 Nx명의 소비자가 있으며, 오른쪽에는 $N(1-x)$명의 소비자가 존재한다. x에 위치한 소비자는 x 정도의 매운 맛의 떡볶이를 이상적인 맛으로 여기며 이를 가장 선호하며 이 떡볶이를 소비할 때 얻는 효용을 v라고 가정한다. 그러나 x에 상점이 위치하지 않기 때문에 x 소비자는 선호도가 가장 근접한 제품을 구매한다. 소비자는 자신의 위치(또는 제품) x로부터 다른 상점의 위치(0 또는 1)에 있는 제품을 구입해야 하므로 교통비 지급 등과 같은 '비효용'(disutility)(K로 표시)이 발생하게 된다. 비효용은 자신의 이상적인 위치와 상점과의 거리(즉, A상점까지 거리는 x, B상점까지 거리는 $1-x$)에 증가함수라고 가정한다. 구체적으로 비효용은 거리에 비례하는 교통비용(K)인 경우를 상정한다: A상점을 방문한 경우 $K=tx$, 그리고 B상점을 방문한 경우 $K=t(1-x)$이다. 여기서 t는 거리 단위당 교통비용이다. A(B)상점에서 판매하는 제품의 가격을 $P_a(P_b)$라 하면, x 소비자의 순효용은 다음과 같다;

$$U_x=\begin{cases} v-tx-P_a & \text{상점 A에서 구매 시} \\ v-t(1-x)-P_b & \text{상점 B에서 구매 시.} \end{cases}$$

각 상점에 대한 수요는 다음과 같이 세 가지 경우로 구분하여 얻는다;

① $P_b-P_a<t$인 경우([그림 5-5]). A상점에서 구매하거나 B(상점)에서 구매하거나 무차별한 소비자(이를 '한계소비자'라고 함)를 $\hat{x}$이라 하면, 다음의 조건을 충족한다; $v-t\hat{x}-P_a=v-t(1-\hat{x})-P_b$. 따라서 $\hat{x}=\dfrac{t-P_a+P_b}{2t}$이다. 여기서 구한 $\hat{x}$은 A상점에서 판매하는 제품에 대한 수요함수($D_a(P_a, P_b)=N\hat{x}=N\dfrac{t-P_a+P_b}{2t}$)이다. B상점의 제품에 대한 수요는 $D_b(P_a, P_b)=N(1-\hat{x})=N\dfrac{t+P_a-P_b}{2t}$이다. 여기서처럼 두 수요의 합(시장수요)이 소비자 구매량(N)과 같은 경우를 '완전판매'(covered)라고 한다.

② $P_b-P_a>t$인 경우([그림 5-6]). B상점의 수요는 영이다. $P_b-P_a>t$인 상태에서, $P_a\le v-t$인 경우 A상점의 수요 $D_a(P_a, P_b)$는 전체 소비자인 N이다. $P_a>v-t$인 경우 $D_a(P_a, P_b)=N\dfrac{v-P_a}{t}$이다. 이 경우 일부 소비자는 구매하지 않기 때문에 '시장은 불완전 판매(uncovered)된다'고 한다.

③ $v-t<P_a<v$, $v-t<P_b<v$, 그리고 한계소비자가 어느 상점으로부터 구매하

그림 5-5 호텔링의 선형도시: 두 상점이 양의 수요

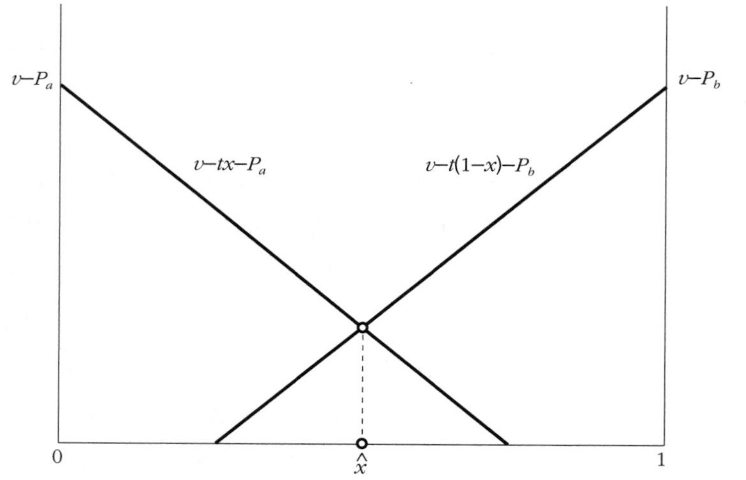

그림 5-6 호텔링의 선형도시: 한 상점이 독점

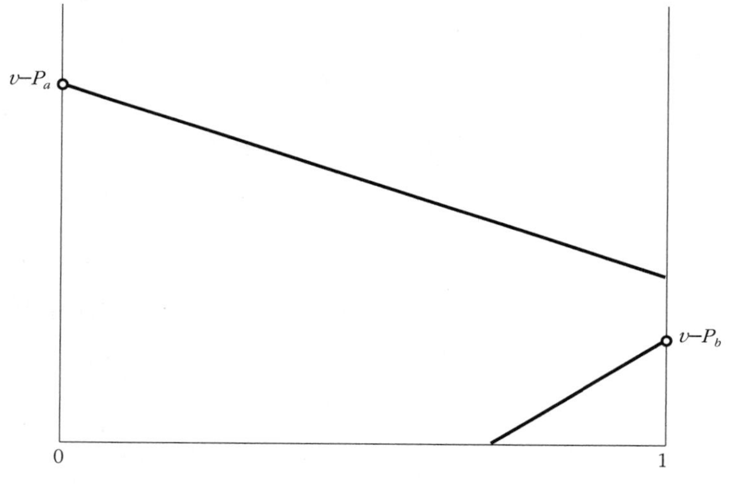

지 않는 경우([그림 5-7]). 각 상점은 지역별 독점기업으로 행동한다. $2v-t<P_a+P_b<2v$의 범위와 동일하다. $P_a+tx_1=v$이므로 $D(P_a, P_b)=N\dfrac{v-P_a}{t}$이고, $P_b+t(1-x_2)=v$이므로 $D_b(P_a, P_b)=N\dfrac{v-P_b}{t}$이다. 시장은 불완전 판매된다.

지금까지 독점기업이 두 개의 상점을 운영하는 경우에 각 상점의 수요를 도출했다. 독점기업의 수요는 두 상점의 수요를 합하여 얻을 수 있다. 두 상점을 운영하는 독점기업은 각 상점을 대칭적 지점에 위치하게 하여 이윤극대화 가격을 추구

그림 5-7 호텔링의 선형도시: 각 상점이 지역 독점

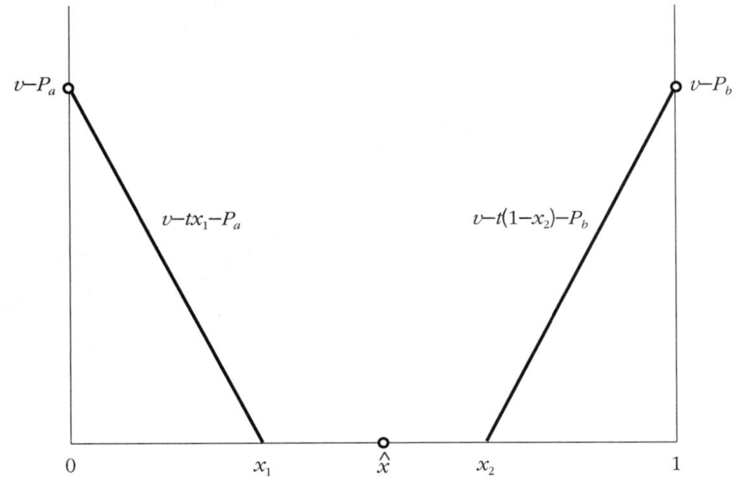

하므로 $P_a=P_b=P$가 된다. 가격이 v보다 크다면 어떤 소비자도 구매하지 않으므로 수요는 영이다. 즉, $v \le P$이면, $D(P)=0$이다. 가격이 v보다 작은 경우에, 독점기업의 각 상점은 수요를 확보할 수 있다. $P_a=P_b=P$이고, $v-\frac{t}{2}-P>0$인 경우에, $D(P)=N$이다. $v-\frac{t}{2} \le P<v$인 경우에, $D(P)=D_a+D_b=\frac{2N(v-P)}{t}$이다. 즉, 독점기업의 수요 함수는 다음과 같이 표시할 수 있다;

$$D(P)=\begin{cases} 0, & v \le P\text{인 경우} \\ \frac{2N(v-P)}{t}, & v-\frac{t}{2} \le P<v\text{인 경우} \\ N, & P<v-\frac{t}{2}\text{인 경우.} \end{cases}$$

수요함수는 [그림 5-8]과 같이 점 A에서 굴절된 수요곡선으로 표현된다. $v-\frac{t}{2} \le P<v$구간에서 역수요함수는 $P=P(Q)=v-\frac{t}{2N}Q$이다. 이에 따라서, 한계수입(MR) 함수는 $MR=v-\frac{t}{N}Q$이다. $Q=N$에서 $P_o=v-\frac{t}{2}$이고, $MR_o=v-t$이므로 한계수입(MR) 곡선은 [그림 5-8]과 같이 표시할 수 있다.

■ 수평차별화 독점기업의 제품 다양성(종류)

수평차별화 모형에서 독점기업이 얼마나 많은 종류의 제품을 출시하는지 살펴

그림 5-8 수평적 차별화 독점기업의 수요곡선

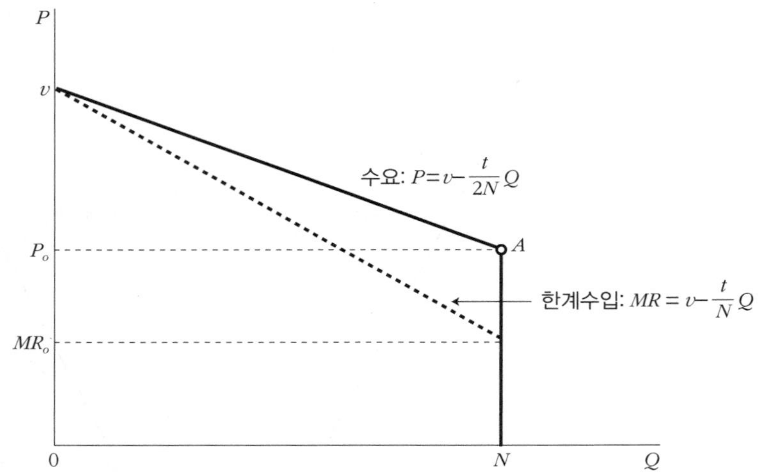

보자. 제품의 종류는 다양성(diversity, variety)이라고도 한다.[6] 여기서는 직관적인 설명을 통하여 독점기업의 제품 다양성을 고려한다. 독점기업이 출시하는 제품의 종류를 사회계획가가 선택하는 제품의 종류와 비교한다. 결과를 보면, 독점기업은 사회적으로 최적 제품 종류보다 더 적게 출시할 수도 있고, 더 많이 출시할 수도 있다.

독점기업은 사회계획가보다 더 적은 종류의 제품을 출시할 수 있다(티롤(Tirole), 1988). 이를 독점기업의 '다양성의 과소공급'이라고 한다. 독점기업이 어떤 제품을 출시하려면 가변비용과 더불어 고정비용(F)이 소요된다. 독점이윤(π_m)이 고정비용을 초과하는 경우에 신제품을 출시한다. 사회계획가는 사회후생(SW=소비자잉여+생산자잉여)이 고정비용을 초과하면 신제품을 출시한다. 제4장 [그림 4-3]에서 독점이윤은 $P_m efb$이고, 사회후생은 aed이므로, $\pi_m < SW$이다. 만약에 고정비용이 $\pi_m < F < SW$의 범위에 있다면, 독점기업은 신제품을 출시하지 않지만, 사회계획가는 신제품을 출시한다. 독점기업은 너무 적은 종류의 제품을 출시하는데, 그 이유는 독점기업은 사회적 잉여를 모두 다 가져가지 못하기 때문이다. 사회후생과 독점이윤의 차이($SW-\pi_m$)는 독점이 차지하지 못하는 사회적 잉여로 소비자잉여와 사중손실의 합이다. 자신이 고정비용을 들여서 출시한 제품으로 창출된 이 잉여를 다 가져가지 못하므로 제품의 종류를 감소시킨다.

반대로 독점기업은 사회계획가보다 더 많은 종류의 제품을 출시할 수도 있다.

6) 제품 다양성은 제9장의 '독점적 경쟁시장' 모형과 과점시장 모형에서 집중적으로 설명한다.

거리가 1인 호텔링의 선형도시를 고려하여 각 상점은 한 가지 종류의 제품을 판매한다고 가정하자. 상점이 두 개이면 시장에는 두 가지 종류의 제품이 출시되어 있음을 말한다. 상점이 두 개이면 양쪽 끝에, 한 개이면 한쪽 끝에 개설한다. 한 상점의 개설에 고정비용 F가 소요된다. 제품 생산에 따른 한계비용은 영이라고 가정한다. 거리당 교통비용은 t이며, $\frac{t}{4}<F<\frac{t}{2}$를 가정한다. 소비자는 한 명이 있으며, 구매 시 총효용은 v이며 상대적으로 매우 커서 상점이 하나인 경우에도 시장은 '완전판매'(covered)된다고 가정한다. 독점기업이 상점을 하나만 개점하는 경우에 가장 먼 지점의 소비자의 교통비용을 고려하여 가격을 결정하므로 $v-t$의 가격을 설정한다. v는 상대적으로 매우 크고 모든 소비자는 구매하므로 이윤은 $\pi_1=v-t-F$이다. 독점기업이 두 개의 상점을 설치하는 경우에 제품의 가격은 $v-\frac{t}{2}$로 설정하며, 이윤은 $\pi_2=v-\frac{t}{2}-2F$이다. 따라서 두 번째 상점을 개점하면 이윤은 $\Delta\pi=\pi_2-\pi_1=\frac{t}{2}-F>0$만큼 증가한다.

사회계획가가 상점을 개점하는 경우에 소비자잉여는 주어져 있으므로 사회후생은 모든 소비자의 교통비용을 고려해야 한다. 하나의 상점 개점에서 얻는 사회후생은 $SW_1=v-\int_0^1 txdx-F$이다. 여기서, x는 상점과 소비자 사이의 거리이며 $\int_0^1 txdx=\frac{t}{2}$는 영에서 1 사이 거리에서 이동하는 소비자의 교통비용의 총합계이다. 사회계획가가 두 개의 상점을 개설시 소비자의 이동거리는 1이 아니라 $\frac{1}{2}$이 되므로 운송비용의 총합계는 $2\int_0^{\frac{1}{2}} txdx=\frac{t}{4}$이다. 상점이 두 개 있는 경우 사회후생은 $SW_2=v-2\int_0^{\frac{1}{2}} txdx-2F$이다. 두 번째 상점 개설로 인한 사회후생의 변화는 $\Delta SW=SW_2-SW_1=\frac{t}{4}-F$이다. $\frac{t}{4}<F$를 가정하므로 사회후생은 감소한다. 결과적으로 사회계획가는 두 번째 상점을 개설하려 하지 않으며, 독점기업은 개설하려 한다. 이 모형에서 독점기업은 사회계획가의 최적 제품 종류에 비해서 '다양성의 과잉공급' 또는 '너무 많은 종류의 제품'을 출시한다.

제3절 | 경험재와 품질

경험재는 구매 이후에 품질(제품 특성)을 알게 되는 재화나 서비스이다. 많은 경우 내구재나 사치재는 경험재일 가능성이 높다. 그러나 소모품이나 비내구재도 경험재일 수 있다. 넬슨(Nelson, 1970)은 참치캔을 예로 들고 있다. 경험재의 특징을 이해하는 데 소비자의 재구매(반복 구매) 여부가 중요하기 때문에 이 절에서는 매

기간 구입하는 비내구재를 고려한다.[7] 소비자는 모두 동일하며, 경험재를 기껏해야 한 단위 구매하며, 제품에 대한 지불의향은 $P(S)$이고, $P'(S)>0$을 가정한다. 이는 품질(S)이 높은 제품에 더 높은 지불의향이 있음을 말한다. 독점기업의 생산 비용은 $C=c(S)Q$로서 한계비용은 $c(S)$로 일정하며, $c'(S)>0$을 가정한다. 이는 높은 품질을 생산하는 단위 비용이 낮은 품질을 생산하는 단위 비용보다 높음을 말한다. 최저 품질 수준을 S_o이라고 가정하며 $S \in (S_o, \infty)$이다. 소비자 한 명에 대한 독점기업의 이윤은 $\pi = P(S) - c(S)$이다. 독점기업과 소비자가 한번의 거래를 하고 다시는 거래가 없는(이를 게임이론에서 one-shot(일회성)게임이라 함) 경우를 고려하자. 소비자는 품질을 모르는 상태에서 구매하므로 $P(S)=P$이다. 따라서 독점기업의 이윤극대화는 실제로 비용최소화이다. 독점기업은 최저 품질 수준을 설정하여 생산하는 것이 비용을 최소화하는 것이며 곧 이윤극대화를 달성한다. 균형에서 소비자의 예측은 정확해야 하므로 소비자들은 품질 수준은 최저($S=S_o$)라고 예상한다. 결과적으로, 가격은 $P=P(S_o)$, 소비자 한 명당 이윤은 $\pi_o = P(S_o) - c(S_o)$이다. 독점기업은 소비자에게 자사 제품의 최저 품질 수준보다 높다고 믿게 할 수 있다면 독점이윤은 증가할 것이다.

이제 반복 구매의 경우를 고려하자. 독점기업이 한번 정해진 (이윤극대화) 품질을 계속 유지하는 경우에 독점기업의 최적 품질 수준과 사회적 최적 품질 수준을 비교한다. 기간은 $t=1$부터 무한대까지 이어지며 매기에 품질은 S로 일정하지만 제1기 소비자는 품질 수준을 알지 못하고 제2기부터 알 수 있다. 따라서 $t=1$에서 지불할 가격 P_1은 알지 못하며, 제1기가 끝나면 품질 수준을 알게 되므로 제2기부터 지불의향과 가격을 알게 된다. 즉, $t \geq 2$에 대해서 $P_t = P(S)$이다. 이제 문제는 P_1과 최적 S를 구하는 것이다. 소비자와 독점기업의 할인율 δ는 동일하다. 현재가치화된 독점기업의 이윤은 다음과 같다;[8]

$$\pi = (P_1 - c(S)) + \sum_{t=2}^{\infty} \delta^{t-1}(P(S) - c(S)) = (P_1 - c(S)) + \frac{\delta}{1-\delta}(P(S) - c(S)).$$

이윤극대화 1차조건을 충족하는 최적 품질을 $\hat{S}$이라 하면 다음을 충족한다;

$$\frac{d\pi}{dS} = -c'(\hat{S}) + \frac{\delta}{1-\delta}(P'(\hat{S}) - c'(\hat{S})) = 0.$$

이를 정리하면, $\delta P'(\hat{S}) = c'(\hat{S})$이며 $P_1 = P(\hat{S})$으로 표현할 수 있다.

---

7) 경험재와 품질수준 결정에 대한 모형은 매우 복잡하다. 여기서는 단순한 모형과 결과만 소개한다.

8) 여기서 설정한 이윤은 어떤 다른 품질 수준에 비해서 이윤이 가장 크다는 유인대등성(incentive compatibility)조건을 충족한다고 가정한다.

현재가치화된 사회후생은 다음과 같다;

$$W=\sum_{t=1}^{\infty} \delta^{t-1}(P(S)-c(S))=\frac{1}{1-\delta}(P(S)-c(S)).$$

사회후생 극대화 1차조건을 충족하는 최적 품질을 S^*라 하면 다음을 충족한다;

$$\frac{dW}{dS}=\frac{1}{1-\delta}(P'(S^*)-c'(S^*))=0.$$

사회후생 극대화 최적 품질과 독점기업의 이윤극대화 품질수준은 비교정태 분석을 이용하여 비교한다. $\frac{dW}{dS}=\frac{1}{1-\delta}(P'(S)-c'(S))$에 $S=\hat{S}$을 대입하면 $\frac{dW}{dS}=\frac{1}{1-\delta}(P'(\hat{S})-c'(\hat{S}))$이다. $\delta P'(\hat{S})=c'(\hat{S})$을 대입하면 $\frac{dW}{dS}=\frac{1}{1-\delta}(P'(\hat{S})-\delta P'(\hat{S}))>0$이므로 $S^*>\hat{S}$이다. 즉, 모든 기간의 품질 수준이 일정한 경우에 독점기업은 사회후생 극대화 최적 품질보다 낮은 품질 수준을 설정한다. 제1절 ❷에서 독점기업과 사회계획가에게 모든 기간의 품질 수준은 알려져 있는데 비해서, 이 절에서 제1기 품질수준은 제2기에 알려진다는 점이 다르다.

제4절 | 신용재(credence good)

넬슨(Nelson, 1970)은 재화를 품질에 대한 정보획득에 따라 탐색재와 경험재로 구분했다. 다비와 카니(Darby and Karni, 1973)는 이에 추가하여 구매 이후에도 품질을 알 수 없는 세 번째 종류의 재화와 용역이 있다고 주장하면서 신용재를 소개했다.[9]

자동차 수리를 받아본 사람들은 수리 서비스가 과도하지 않았나 하는 의문을 가져 본 적이 있을 것이다. 그러나 그 서비스가 정말 과도했는지 아니면 적절했는지는 전문가만이 알 수 있을 뿐이다. 배가 아픈 사람에게 의사가 맹장염이라는 진단을 내리고, 어차피 맹장은 필요없으니 맹장 제거 수술을 했다고 하자. 퇴원 후 맹장 제거를 해서 괜찮은 것인지 아니면 제거 수술을 안 했어도 괜찮았을 것인지 알기가 어렵다. 치과나 의료 진료, 비타민 처방, 자동차 수리 서비스도 마찬가지이다. 소비자가 구매 후에도 제품의 품질을 알 수 없는 제품을 신용재(credence

9) 많은 시간이 경과된 후에 사용상에서 품질의 차이를 분별할 수 있다면, 신용재와 경험재가 항상 명백히 구분되는 것은 아니다.

goods) 또는 신용품질 제품(credence qualities of a good)이라고 한다.[10]

소비자가 품질에 대한 완전정보를 보유했더라면 구매하지 않았을지도 모를 재화 또는 서비스에 대해 기업은 잘못된 정보를 제공할 유인이 존재한다. 신용재는 어떤 재화가 불확실한 특성을 가진 다른 재화와 결합해서 사용되거나, 확률적인 생산과정을 통해서 생산이 이루어지거나, 아니면 두 가지 모두인 경우에 나타난다. 신용재의 가장 대표적인 예는 자동차 수리이다. 카센터 기술자는 자동차 고장에 대한 점검과 수리 서비스를 제공하는데, 고장난 차에 대해서 단순한 수리가 필요한지 복잡한 수리가 필요한지 알고 있다. 그러나 소비자는 수리된 차가 단순한 수리 또는 복잡한 수리가 필요했는지 알지 못한다. 카센터 기술자는 단순한 수리보다는 복잡한 수리를 할 때 더 큰 이윤을 얻을 수 있으므로, 고장난 자동차에 대해서 복잡한 수리를 해야 한다는 점검 결과를 낼 유인이 있다. 신용재의 경우에 효율성을 초과한 (과잉) 수리 서비스를 청구하게 된다. 아래에서는 잘못된 정보에 의한 소비자 기만(defraud)의 균형과 시장 반응을 살펴본다.

고장 난 자동차를 가진 전문 기술이 없는 일반 소비자가 카센터의 전문 기술자로부터 어떤 피해를 볼 수 있는지 살펴보자. 소비자의 수리 서비스에 대한 수요는 한계생산성으로부터 도출한다. 고장 난 자동차의 수리 서비스에 대한 전문 지식이 있는 소비자를 가정하자. 이 전문 소비자가 자신의 전문 지식으로부터 자동차에 대한 수리 서비스 수요를 정확히 알고 있다고 하자. 수리 서비스 수요를 D_A라 하자([그림 5-9]). 일반 소비자가 자신의 자동차가 평균 이상으로 잘 작동하여 수리 서비스에 대한 수요가 D_A보다 작은 D_H라고 하면, D_H는 D_A의 왼쪽에 위치한다. 평균 미만으로 작동하는 자동차에 대한 수리 서비스 수요를 D_A보다 큰 D_L이라고 하면, 이 수요는 D_A의 오른쪽에 위치한다.

주어진 서비스의 가격 P_o에서 전문 소비자는 소유한 자동차의 성능에 따라서, S_H, S_A, S_L의 수리 서비스를 받을 수 있다. 자동차의 성능을 적절히 평가하지 못하는 일반 소비자가 평균 이상으로 작동하는 자동차를 보유하고 있다고 가정하자. 이 소비자는 고장 난 자동차의 수리에 대해서 D_H의 수요에 따라서 행동해야 함에도 불구하고, 카센터 기술자가 D_A라는 잘못된 정보를 제공하여 S_A의 서비스를 구매한다. 일반 소비자는 수리 서비스에 대해서 $(S_A - S_H)P_o$를 추가로 지불하였으나, 이 서비스에 대한 가치는 aS_HS_Ab이므로 abe의 손실을 본 것이다. 일반 소비자는 불완전한 정보로 소비자 기만을 당할 수 있다.

10) credence goods를 번역하는 것은 쉽지 않다. 이 재화에 요구되는 서비스는 전문가의 credence(신용 또는 신임)에 의해서 결정되므로 credence goods는 '신임재'라고 번역할 수도 있다.

그림 5-9 신용재 수리 서비스 수요와 손실액

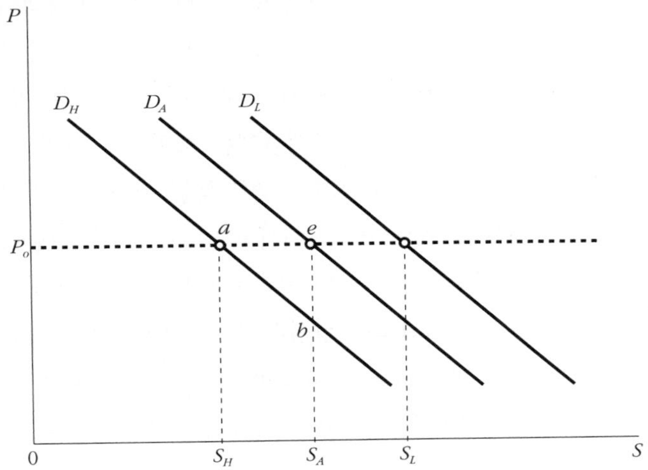

완전경쟁시장에서 영업을 하는 카센터가 일반 소비자를 기만할 유인이 있는지 살펴보고 균형 서비스 수준을 도출하자. 경쟁기업의 경우 이윤은 다음과 같다;

$$\pi=(PS-c(S))(1-F(S))+V(1-H(S)).$$

여기서, π=총이윤의 현재가치 기대치, P=수리 서비스 가격, S=수리 서비스, V=미래 이윤의 현재가치 기대치, $c(S)$=점검 수리 서비스 총가변비용, $F(S)$=소비자가 제시된 수리서비스를 거절할 누적 확률함수, $H(S)$=소비자가 미래에 다른 수리소에서 제시된 수리서비스를 수용할 누적 확률함수이다. $(PS-c(S))(1-F(S))$는 현재기간에 얻는 기대이윤이다. $(PS-c(S))$는 수리가 수용되는 경우 얻을 단위당 이윤이며 $(1-F(S))$는 수리 서비스를 수용할 확률이다. $V(1-H(S))$는 미래에 이 카센터로 돌아올 소비자로부터 얻을 기대이윤 현재가치이다.

이윤극대화 수리서비스(S_m)는 $\frac{d\pi}{dS}=0$에서 $(P-c'(S_m))(1-F(S_m))=(PS_m-c(S_m))F'(S_m)+VH'(S_m)$을 충족한다. 따라서 추가 수리 서비스에 대한 현재기간의 한계 수입이 현재와 미래 판매 수입의 손실 증가분과 같다. 자동차 점검에 전문가인 소비자가 구매할 수리서비스를 S^*라 하자. S^*에서 이윤극대화 조건을 평가하면 $(P-c'(S^*))(1-F(S^*))>(PS^*-c(S^*))F'(S^*)+VH'(S^*)$이 성립한다. 즉, 자동차 점검에 전문가인 소비자가 구매할 수리서비스를 S^*에서 평가할 때, 현재기간의 추가 수리 서비스로 인한 한계 수입은 현재와 미래 판매 수입의 손실 증가분보다 더 크다. 따라서, 과잉 수리 서비스(즉, $S_m>S^*$) 유인이 있음을 알 수 있다.

소비자 입장에서 미래 이윤에 대한 현재가치의 기대치가 높을수록 (즉, V가 높을수록) 소비자가 속을 가능성은 낮아진다. 이는 여행객이나 뜨내기 소비자들이 정기적이거나 단골 고객보다 속을 가능성이 높은 것과 유사하다.

다비와 카니는 소비자 기만 수준을 낮출 수 있는 도구로 고객관계(client relationship)를 제시했다. 고객관계는 소비자와 서비스 제공 기업(카센터)과의 비공식적인 관계로 고객이 사기나 낮은 품질 서비스를 발견하지 못한다면 미래에도 재구매할 것을 암묵적으로 이해하고 있는 상황을 말한다. 그러나 고객은 장기간 반복적인 관계를 통해서 서비스의 품질과 비용을 판단할 수 있게 된다. 따라서 고객관계는 소비자 판단력을 향상시키는 동시에 기업의 조직자본(organizational capital)의 일부인 준재산권(quasi-property rights)에 해당하는 소비자 선의(good will)를 구축하기 때문에 기만을 낮추고 소비자에게 혜택을 준다. 전국적인 체인망이나 프랜차이즈는 고객관계를 향상시키는 하나의 제도이다.

연 | 습 | 문 | 제

>>> Theory of Industrial Organization

1. 시장 역수요함수가 $P=(10-Q)S$이다. 여기서 S는 품질 변수로서 실수이다. 비용함수는 $C(Q,\ S)=10CS^2Q$이다. 여기서 C는 품질 변수의 한계비용의 크기를 나타내는 상수이다. 한계비용($C_Q=\frac{\partial C}{\partial Q}$)은 $10CS^2$로서 생산량의 변화에 대해서 일정하다. 품질의 변화에 따른 비용의 변화(C_S)는 $20CSQ$로서 품질 수준(S)에 대해서 증가한다. 즉, $C_S=\frac{\partial C}{\partial S}=20CSQ$이다.

1) 품질 수준이 $S=1$에서 $S=2$로 증가하는 경우에 수요곡선을 그리시오.

2) 독점기업의 이윤극대화 가격과 품질 수준을 구하시오.

3) 사회계획가의 사회후생 극대화 수량과 품질 수준을 구하시오.

4) 독점기업의 이윤극대화 생산량에서 독점기업이 공급하는 제품은 사회계획가보다 공급하는 제품보다 품질이 더 좋은지(과잉공급) 또는 더 나쁜지(과소공급)에 대해서 설명 하시오.

5) 위에서 구한 모든 것을 그림을 그려서 설명하시오.

2. 시장 역수요함수가 $P=1-\frac{Q}{S}$이다. 비용함수는 $C(Q,\ S)=10CS^2Q$이다. 위 1번을 반복하고, 품질의 과소공급과 과잉공급의 차이점을 비교하시오.

3. 선형도시 모형을 고려하시오. 한 도시에 한 독점기업이 두 개의 상점을 운영하고 있다. 이 도시의 거리는 1이며 왼쪽 끝에 1상점이 오른쪽 끝에 2상점이 자리하고 있으며 동질적인 제품을 생산한다. 각 상점의 제품 가격은 $P_i(i=1,\ 2)$이다. 한계비용은 영이다. 어떤 상점의 제품을 구매하나 소비자는 V의 기본 만족감을 얻는다고 가정한다. 소비자들은 두 상점 사이에 균등하게 분포하고 있다. 어떤 점에 있는 소비자를 x라고 하자.

1) 이동 거리에 비례하여 거리 단위당 교통비 t가 소요되는 경우에 각 제품에 대한 수요함수를 도출하시오. 독점기업이 직면하는 수요함수를 구하시오.

2) 이동 거리의 제곱에 비례하여 거리 단위당 교통비 t가 소요되는 경우에 각 제품에 대한 수요함수를 도출하시오. 독점기업이 직면하는 수요함수를 구하시오.

3) 1상점으로 이동하는데 이동거리에 비례하여 거리 단위당 교통비 t가 소요되는데 비해서 2상점으로 이동하는데 이동거리에 비례하여 교통비는 $2t$라고 하자. 각 제품에 대한 수요함수를 도출하시오. 독점기업이 직면하는 수요함수를 구하시오.

4. [그림 5-8]을 고려하시오. 독점기업의 한계비용이 $c<v-t$인 경우에 이윤극대화 생산량과 가격을 구하시오. 또한 $v-t<c$인 경우에 이윤극대화 생산량과 가격을 구하시오. 두 경우를 비교하시오.

5. 탐색재와 경험재를 정의하고 예를 드시오. 어떤 경우에 두 재화가 동일한지 설명하시오.

6. 신용재(credence goods)를 정의하고 예를 드시오.

7. 경험재와 신용재의 차이점을 설명하고, 어떤 경우에 두 재화가 동일한지 설명하시오.

8. 독점기업이 저품질 제품과 고품질 제품을 생산하고 있다. 저품질 제품의 품질 지수는 S_1이고 고품질 제품의 품질 지수는 S_2이다. ($S_1 < S_2$) 각 제품의 가격은 P_1, P_2이다. ($P_1 < P_2$). 두 제품에 대한 소비자 효용함수는 다음과 같다.

$$U = \begin{cases} \theta S_2 - P_2, & \text{고품질 제품 한 단위 구매하는 경우} \\ \theta S_1 - P_1, & \text{저품질 제품 한 단위 구매하는 경우} \\ 0, & \text{어떤 제품도 구매하지 않는 경우} \end{cases}$$

여기서 θ는 소비자 선호를 나타내는 모수로서 10에서 20 사이에 균등분포되어 있다. θ에 대한 누적분포함수는 $F(\theta) = \frac{\theta - 10}{20 - 10} = \frac{\theta - 10}{10}$이다.

1) 1원당 고품질 지수가 1원당 저품질 지수보다 더 큰 경우 ($\frac{S_2}{P_2} \geq \frac{S_1}{P_1}$)에, 고품질 제품의 수요함수와 저품질 제품의 수요함수를 도출하시오.

2) 1원당 고품질 지수가 1원당 저품질 지수보다 더 크지 않은 경우($\frac{S_2}{P_2} \leq \frac{S_1}{P_1}$)에, 고품질 제품의 수요함수와 저품질 제품의 수요함수를 도출하시오.

제 6 장
가격차별

장을 시작하며

제4장에서 독점기업은 개별 소비자가 얼마나 많이 구매하는지 상관없이 단위당 일정한 독점가격을 부과한다. 이와 같은 가격을 단일(uniform 또는 single) 가격 또는 선형(linear) 가격이라고도 한다.[1] 현실적으로 많은 독점기업들은 동일한 제품에 대해서 서로 다른 가격을 부과하고 있다. 한국 전력공사는 주택용, 일반용, 교육용, 산업용, 농사용, 가로등, 심야용 전기 요금을 서로 다르게 부과하고 있다. 영화의 경우 오전(조조 요금)과 오후(일반 요금) 시간대 요금이 서로 다르다. 커피전문점에서 소용량(small) 컵과 대용량(large) 컵의 커피 가격은 다르다. 이러한 예를 모두 가격차별이라 부른다. 가격차별이란 기업이 동일한 제품에 대해서 개별 소비자 또는 소비자 집단에 따라 서로 다른 가격을 부과하는 행동을 말한다. 한 소비자라 하더라도 구매하는 수량에 따라 다른 가격을 부과하면 가격차별이다. 부당한 가격차별은 공정거래법(제45조)과 시행령(제52조)에서 불법으로 규정한다.

독점기업의 가격차별 목적과 조건을 살펴보고 세 종류(1차, 2차, 3차)의 가격차별 방법과 균형 결과를 분석한다.

---

1) 개별소비자가 지출하는 총지출액($T(Q)$)은 독점가격(P_m)과 수량(Q_m)의 곱($T(Q_m)=P_mQ_m$)이므로 한 단위당 총지출액($\frac{T(Q_m)}{Q_m}$)(=평균지출액)은 독점가격(P_m)으로 일정하기 때문에 선형가격이라고도 한다.

제1절 | 가격차별의 목적과 조건

1 목적

독점기업이 가격차별을 하는 목적은 이윤을 더 증가시키기 위해서이다. 독점기업의 이윤극대화 균형은 $MR=MC$에서 달성되며 단일 가격에서 소비자잉여와 사중손실이 존재한다. [그림 6-1]에서 독점기업의 이윤극대화 단일 독점가격을 P_m, 생산량을 Q_m이라 하자. 한계비용(MC)은 C_1으로 일정하다. 독점이윤은 P_mC_1ea이다. Q_m에서 Q_1으로 한 단위($=Q_1-Q_m$) 더 생산하면, 독점기업은 한 단위를 더 팔기 위해서는 가격을 P_1으로 내려야 하며, 모든 생산량 Q_1에 대해서 단일 가격 P_1을 받아야 한다. (P_m, Q_m)에서 이윤극대화를 달성하므로 (P_1, Q_1)에서는 이윤극대화가 아니며 독점이윤은 감소한다. 그러나 Q_m에 대해서는 단위당 P_m을 받되, 증가된 한 단위에 대해서 P_1을 받는다면, 독점기업은 기존의 이윤(P_mC_1ea)에 추가하여 $(P_1-C_1)(Q_1-Q_m)=cefb$의 이윤을 더 얻는다. 추가 생산량 단위에 서로 다른 가격으로 판매할 수 있다면 독점기업은 단일 가격에서보다 이윤을 증가시킬 수 있다. 가격차별은 단일 가격에서 발생된 소비자잉여와 사중손실을 독점이윤으로 전환한다.

그림 6-1 가격차별에 대한 기본 동기

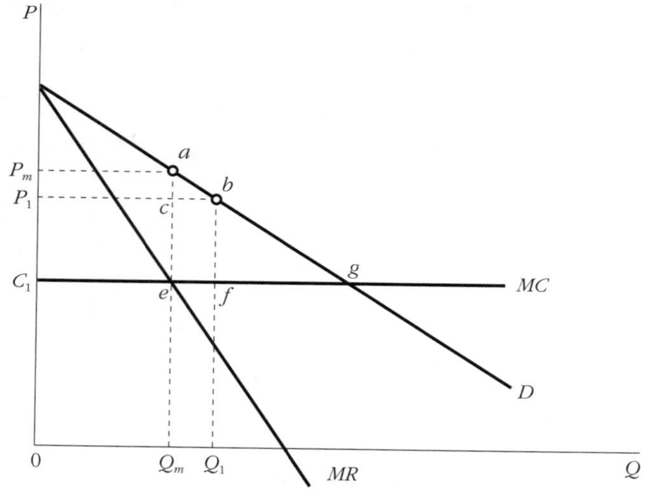

2 조건

가격차별을 하기 위해서는 다음의 전제조건이 필요하다.

1) 독점력

가격을 한계비용보다 높게 설정할 수 있는 독점력(또는 시장지배력)이 있어야 한다. 완전경쟁시장에서 개별 기업은 동일한 제품에 대해서 서로 다른 가격을 설정할 수 없다. 서로 다른 가격이란 어떤 구매자에게는 높은 가격, 다른 구매자에게는 낮은 가격을 말한다. 완전경쟁시장에서 어떤 기업의 가격이 다른 기업보다 높으면, 구매자들은 높은 가격의 제품을 구매하지 않으며, 낮은 가격을 부과한다면 그 기업만 손실을 보게 된다. 따라서 가격을 한계비용보다 더 높게 설정할 수 있는 독점력이 없다면, 가격차별은 성공할 수 없다. [그림 6-1]에서 보인 것처럼 한계비용 이상의 가격을 설정할 수 있어야 가격차별의 유인이 발생한다.

2) 소비자 지불의향에 대한 정보

가격차별을 하기 위해서는 소비자의 지불의향에 대한 정보를 알 수 있는 능력이 있어야 한다. 독점기업은 어떤 소비자가 제품 한 단위에 대해서 높은 지불의향이 있다는 것을 안다면 높은 가격을, 낮은 지불의향이 있다는 것을 안다면 낮은 가격을 부과할 수 있다. 개별 소비자의 구매량 단위별로 지불의향을 파악하기 어려운 경우에는 소비자 집단별 특성을 파악할 수도 있다. 이에 따라 집단별로, 지역별로, 시간대별로 가격차별을 할 수 있다.

만약에 소비자 개인별 지불의향을 알 수 없거나 시장 수요를 알 수 없다면, 시장에서 소비자 지불의향 분포를 추론할 수 있는 능력이 있어야 한다. 추론된 분포를 이용하여 가격차별을 할 수 있다.

3) 재판매 금지

가격차별은 똑같은 제품에 대해서 어떤 소비자에게는 높은 가격에 다른 소비자에게는 낮은 가격에 판매하는 것이다. 만약에 낮은 가격에 구매한 소비자가 높은 지불의향을 가진 소비자에게 높은 가격보다 약간 낮은 가격으로 재판매 한다면 높은 지불의향을 가진 소비자는 독점기업으로부터 직접 구매하지 않을 것이다. 이러한 재판매(resale)를 재정(arbitrage)이라고도 한다. 재판매 또는 재정이 발생한다면 독점기업의 가격차별은 실패하게 된다. 가격차별을 시행하기 위한 조건으로 재판매를 금지(no-resale 또는 no-arbitrage)하거나, 제한하는 방법이나 제도가 요구된다. 다음과 같은 경우에 재판매가 불가능하거나 제약적인 가격차별 환경을 제공한다.

- 서비스: 서비스를 가격차별하는 경우에 재판매는 거의 불가능하며, 재화를 가격차별하는 경우보다 훨씬 어려워진다. 영화관에서 영화 관람은 서비스인데 아침 시간대의 조조할인 표를 오후 시간대의 관람자들에게 재판매할 수 없다. 유선전화, 컨설팅 서비스, 의료서비스에서 가격차별하는 경우에도 재판매는 거의 불가능하다.
- 보증: 고가 시계나 전자제품을 포함한 많은 제조업 제품들은 일정기간 보증을 해주는 경우가 많다. 고가품은 고장 등의 염려가 없다 하더라도 사후적으로 A/S의 필요성 등으로 보증은 긴요할 수 있다. 그러나 해당 기업은 제품을 처음 구매한 소비자에게 보증을 해 주지만, 재판매된 제품을 구입한 소비자에게는 보증을 해 주지 않는다면, 재판매는 그리 매력적이지 못할 것이다. 따라서 보증이 긴요한 제품은 가격차별을 하는 경우가 많다.
- 높은 거래비용: 가격차별로 낮은 가격의 제품을 재판매하는데 높은 거래비용이 소요된다면 재판매는 성사되기 어렵다. 우리나라에서 미국에 수출된 제품이 더 싼 경우에, 우리나라의 수입업자는 이 제품을 역수입하여 우리나라에서 이윤을 얻을 수 있다. 그러나 수입가격 이외의 거래비용(외환수수료, 선적료 등의 운송비 등)이 비싸면 역수입을 통한 재판매는 매우 제약적일 수 있다.
- 불순물 혼합(adulteration) 제품: 기업은 한 제품에 불순물을 혼합하여 다른 용도로 사용할 수 없게 만들어 재판매를 막는다. 알코올은 술로 이용하거나 화학약품으로 이용할 수도 있다. 독점기업은 전자에 높은 가격, 후자에 낮은 가격으로 가격차별을 하려고 한다. 독점기업은 화학약품으로 출시되는 알코올에 음주로 이용하기에 부적합한 그러나 화학약품으로는 아무 문제가 없는 어떤 불순물 성분을 섞어서 화학약품으로 출시된 알코올이 음주용 알코올로 재판매되는 것을 방지할 수 있다.
- 계약을 통한 재판매 금지: 독점기업은 제품 구매자들과 계약을 맺어 재판매를 하지 못하게 한다. 우리나라의 대학과 정부 부서는 PC와 주변기기를 제조업체로부터 저렴하게 구입하면서 재판매하지 않는다는 계약을 맺는다. 이들 기기에는 계약이 안된 조직(민간 부문)에서 사용하기에 부적합한 로고가 붙어 있는 것을 볼 수 있다. 우리나라에서 판매되는 경제학 원서 겉 표지의 'No Sale in the U.S.A.'라는 표시는 계약을 통한 재판매 금지의 또 다른 방법이다.

• 정부 규제: 정부는 시장에서 어떤 제품의 재판매를 금지하는 법을 집행하여 가격차별을 조성할 수 있다.

가격차별은 독점력을 보유한 기업이 소비자 정보를 적절히 파악하여 재판매가 금지된 제품에 실시하여 성공한다고 볼 수 있다. 아래에서는 이러한 조건이 충족된 상태에서 발생하는 가격차별을 종류별로 설명한다. 가격차별은 피구(Pigou, 1920)의 전통에 따라서 1차, 2차, 3차가격차별로 구분하며, 최근에 연구된 다른 종류의 가격차별을 소개한다.

제2절 | 가격차별의 종류

1 1차가격차별(완전가격차별)

1차가격차별은 독점기업이 소비자들의 지불의향을 완전히 알고 있다는 가정하에 각 지불의향을 실제 가격으로 지불하게 하는 가격차별이다. 완전가격차별이라고도 한다. 독점기업은 소비자가 얻을 수 있는 모든 잉여를 자신의 이윤으로 전환시킨다. 탐험가가 사막에서 1주일 동안 물 없이 헤매다가 오아시스에 도착했다고 하자. 오아시스에서 물을 얻는 방법은 유일한 가게에서 500ml 페트병에 담긴 생수를 구매하는 것이다. 이 탐험가는 [그림 6-2]에서 보듯이 생수 첫 번째 병에 대해서 10만원(V_1), 두 번째 병에 대해서 만원(V_2), 세 번째 병에 대해서 2천원(V_3), 네 번째 병에 대해서 천원(V_4), 다섯 번째 병에 대해서 5백원(V_5)의 지불의향을 가지고 있으며, 이 가게 주인은 이런 탐험가를 많이 보아 왔기 때문에 탐험가의 생수에 대한 지불의향을 잘 알고 있다고 가정하자. 오아시스에서 판매하는 생수의 병당 한계비용(MC)은 2,000원이라 하자. 가게 주인은 탐험가에게 첫 번째 병은 10만원에, 두 번째 병은 만원에, 세 번째 병은 2천원에 판매하려 할 것이고 탐험가는 기꺼이 그 가격에 구매할 것이다. 가게 주인은 네 번째 병에 한계비용 2,000원을 받으려 하나 탐험가는 자신의 지불의향보다 높으므로 구매하지 않을 것이다. 이와 같이 독점기업이 소비자의 단위당 지불의향을 완전히 알고 있고, 각 지불의향을 실제 가격으로 지불하게 하는 것을 1차가격차별이라 한다.

결과적으로 가게 주인은 생수 세 병을 판매하여 106,000원(=총수입 112,000원−총비용 6,000원)의 이윤을 얻고, 탐험가의 소비자잉여는 영이 된다. 사회후생(=소

그림 6-2 1차가격차별

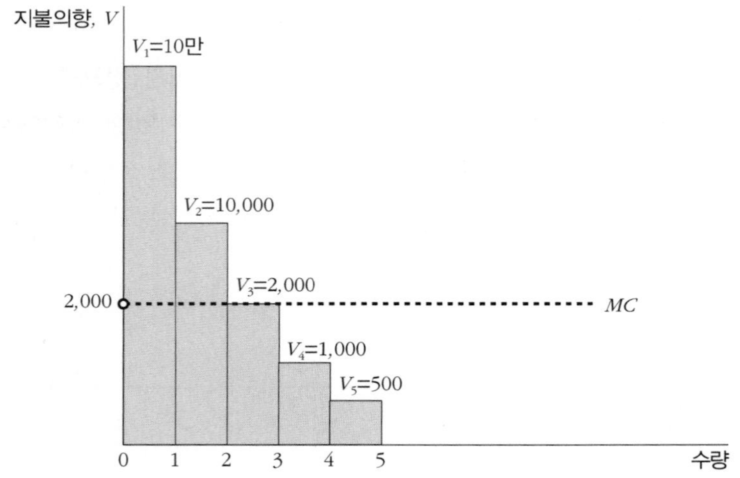

비자잉여+독점이윤)은 106,000원이다. 오아시스에서 생수를 판매하는 가게가 완전경쟁적이었더라면 생수 가격(P_c)은 2,000원이었을 것이다. 탐험가는 생수 세 병을 구매하여, 106,000원의 소비자잉여를 얻는 반면에 가게의 이윤은 영, 사회후생은 106,000원이 된다. 1차가격차별 시 소비자잉여는 영이고 독점이윤은 106,000원이지만 경쟁시장에서는 그 반대이다. 1차가격차별은 소비자가 완전경쟁시장이었더라면 얻었을 모든 소비자잉여를 독점이윤으로 이전한다. 1차가격차별에서 판매되는 수량과 사회후생은 완전경쟁시장의 결과와 같으므로 1차가격차별은 효율성을 달성한다. 비록 두 가격체제에서 사회후생의 배분이 반대이지만 판매 수량은 동일하다.[2] 이 책에서는 분배의 공평성이나 정의에 관한 논쟁을 다루지 않기로 한다.

독점기업이 1차가격차별을 하지 않고 이윤극대화 독점(단일)가격을 설정한다면 10만원에 한 단위만 판매한다.[3] 독점이윤은 98,000원이며 소비자잉여는 영이다. 독점기업이 1차가격차별을 하려는 이유는 명백하다. 단일 가격을 설정하는 것보다 이윤을 더 증가시킬 수 있기 때문이다.

이제 일반화된 모형을 고려하자. 시장에는 n명의 동일한 소비자가 있으며 개별 소비자의 수요함수는 $q=D(P)/n$이다. 여기서, $D(P)$는 시장 수요함수이고 우하향($D'(P)<0$)한다고 가정한다([그림 6-3]). 역수요함수는 $P=P(Q)$이다. 독점기업은 시

2) $MC=1{,}500$인 경우, 1차가격차별과 경쟁시장의 결과를 비교해 보자.

3) 첫 단위 판매시 MR_1은 총수입(TR_1)과 같은 10만원이다. 두 번째 단위는 만원에 설정하고 두 단위 모두 만원에 팔아야 하므로 총수입(TR_2)은 20,000이다. 두 번째 단위에 대한 한계수입은 $MR_2=\frac{TR_2-TR_1}{Q_2-Q_1}=\frac{-80,000}{1}<0$이므로 두 번째 단위는 판매하지 않는다.

그림 6-3 **1차가격차별(동질적 소비자 경우)**

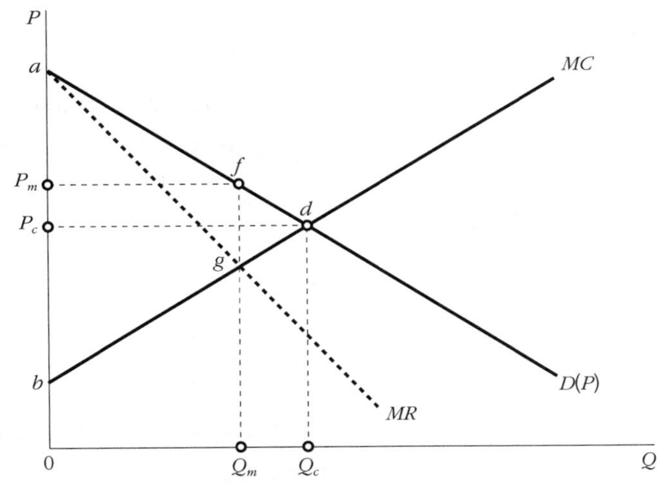

장 수요와 개별 소비자의 수요함수를 모두 알고 있다고 가정한다. 독점기업의 비용함수는 $C=C(Q)$으로 $C'(Q)\geq 0$, $C''(Q)>0$을 가정하며, 한계비용 $MC=C'(Q)$는 [그림 6-3]에서 우상향하는 직선으로 그렸다(수평인 경우에도 결론은 본질적으로 동일하다).

독점기업이 가격차별을 하지 않고 단일 가격을 설정한다면 단일 가격은 P_m이고 독점이윤은 $\pi_m=P_mbgf$이다. 소비자잉여는 aP_mf, 사회후생은 $abgf$이고 fgd의 사중손실(후생순손실)이 발생한다. 독점시장이 완전경쟁시장으로 전환한다면 시장 가격은 P_c, 소비자잉여는 aP_cd, 생산자잉여는 P_cbd이다. 사회후생은 abd이다.

1차가격차별은 수요와 한계비용이 교차하는 한계수량(즉, $P=MC$인 수량 Q_c)까지 판매하여 소비자가 얻는 지불의향의 합을 가격으로 지출하게 하는 가격체계이다. 소비자가 한계수량(Q_c)을 구매 시 얻는 지불의향의 합은 이 수량까지 수요곡선 아래의 넓이이다. [그림 6-3]에서 $P(Q)$는 각각 판매량(즉, $Q=1, 2, \cdots, Q_c$)에 대한 지불 의향이므로 Q_c까지 지불의향의 합은 $T=\int_0^{Q_c}P(z)dz$로서 $a0q_cd$의 넓이이다. 여기서, $P(z)$는 역수요함수이다. 1차가격차별은 개별 소비자가 Q_c/n을 구매하고 T/n을 지출하게 하는 패키지이다. 1차가격차별에서 판매한 최종 단위(Q_c)는 $P=MC$에서 판매되므로 사회적 효율성을 달성한다. 1차가격차별에서 판매량과 사회후생은 완전경쟁시장과 동일하다. 그러나 사회후생의 분배는 다르다.

1차가격차별을 하는 독점기업의 이윤(abd)은 단일 가격(P_m)을 설정하는 독점기업의 이윤(P_mbgf)보다 (aP_mf+fgd)만큼 더 증가한다. 이 증가분은 단일 가격에서 발생한 소비자잉여(aP_mf)와 사중손실(fgd)을 1차가격차별을 통해서 독점이윤으로 전환한 것이다. 1차가격차별을 하는 독점시장에서 소비자잉여는 영인 반면에 단일 가격을 설정하는 독점시장에서 소비자잉여는 양(aP_mf)이다. 1차가격차별로 사회후생은 순수하게 fgd만큼 증가하며, 사회후생은 최대화된다. 또한 Q_c의 마지막 단위에 대한 가격은 한계비용과 같으므로 효율성이 달성된다.

1) 이부가격제

'이부가격제'(two-part tariff)는 단위당 가격과 일정 액수의 두 가지 가격으로 구성된 가격제이다. 가격제(pricing schedule 또는 tariff)란 소비자가 지출하는 총지출액(T)을 소비량(Q)의 함수로 표시한 것으로 정의한다. 선형 가격제는 $T(Q)=PQ$로서 단일 가격(P)에 해당한다. 이부가격제는 개별 소비자에게 부과하는 가격이 $T(Q)=F+PQ$의 형태이다. 즉, 구매 수량(Q) 단위당 가격 P와 원하는 수량을 구매하기 위해서 추가로 지불해야 하는 일정 금액(F)으로 구성된 패키지이다. 이부가격제는 평균 지출액($\frac{T(Q)}{Q}$)이 $\frac{F}{Q}+P$로서 선형 가격(P)이 아니고 '비선형 가격'이다.

독점기업은 단위당 가격을 한계비용에 설정($P=MC$)한다. 한계비용과 같거나 이보다 높은 지불의향을 보유한 모든 소비자는 이 가격에 구매한다. 총 판매량은 $P_c=MC$를 만족하는 Q_c단위이다. [그림 6-3]에서 보듯이 Q_c 구매 시 소비자들이 얻고 있는 aP_cd의 소비자잉여(CS)는 다음과 같다; $CS=\int_0^{Q_c}P(z)dz-P_cQ_c$. 여기서, $P(z)$는 역수요함수, 적분 부분은 $a0Q_cd$의 넓이로서 전체 소비자가 얻는 총가치, P_cQ_c는 총지출액이다. 모든 소비자의 수요는 동일하다 가정했으므로 개별 소비자가 지불해야 할 일정 금액은 $\frac{CS}{n}$이다. 놀이공원, 통신사, 택시 등의 가격은 일반적으로 일정 금액(입장료, 기본료, 가입비 등)과 함께 사용료(놀이기구 이용료, 통화시간당 가격, 거리당 요금)로 구성된다. 일정 금액은 개별 소비자의 소비자잉여, 사용료는 소비량에 비례하는 지출액이다. 여기서, $\frac{CS}{n}$는 소비량에 상관없이 일정한 금액으로 '기본료', '입장료' 또는 '가입비' 등으로 표현하며, P_cQ_c는 소비량에 비례하는 지출액으로 '사용료'라고 표현한다.

독점기업의 이윤은 다음과 같다; $\pi=CS+P_cQ_c-C(Q_c)$. 독점기업의 이윤은 abd로서 효율성을 달성하는 완전경쟁시장에서 극대화된 사회후생과 동일하다. 독점기업이 한계가격을 한계비용과 같은 수준에서 결정했기 때문이다. 따라서 독점기업의 이부가격제는 효율성을 달성한다. 모든 소비자잉여는 독점기업의 이윤으로 전환하여 소비자가 얻은 잉여는 영이 된다(구매를 안하면 잉여는 영이므로, 소비자들은 구매를 하나 안 하나 무차별하므로 구매한다고 가정한다). 그러나 이부가격제가 어떤 상황에서나 1차가격차별과 동일한 것은 아니다. 연습문제 11에서 확인하기 바란다.

독점기업이 단일 가격을 설정한다면 $MR=MC$에서 P_m이므로 이윤은 $\pi_m=P_mQ_m-C(Q_m)$으로서 P_mbgf이다. 이부가격제에서 이윤은 이보다 더 크므로 개별 수요나 단위당 지불의향 정보를 안다면 독점기업은 단일 가격보다는 가격차별을 하려는 동기가 있다.

2) 수요가 다른 경우

지금까지 모든 소비자의 수요가 같은 경우를 분석했다. 이제 소비자의 수요가 다른 경우에 어떻게 1차가격차별을 하는지 살펴보자. 또한 이부가격제를 위한 단일 가격 P와 일정 금액 $F(=CS/n)$를 구한다. 두 명의 소비자가 서로 다른 수요를 가지는 경우를 고려하자. [그림 6-4]처럼 1소비자의 수요는 $q_1=D_1(P)=9-P$이고, 2소비자의 수요는 $q_2=D_2(P)=24-2P$이다. 독점기업은 각 소비자의 수요를 정확히 알고 있다고 가정한다. 독점기업의 한계비용은 $MC=1+q/6$이다. 여기서, $q=q_1+q_2$이다. 두 소비자의 수요함수의 합은 $q\equiv q_1+q_2=33-3P$이므로 역수요함수는 $P=11-q/3(q\geq 6$인 경우)와 $P=12-q/2(q\leq 6$인 경우)이다. [그림 6-4]에서 D로 표시되어 있다. 시장가격은 $P=MC$에서 결정되므로 $11-q/3=1+q/6$에서 $q_c=20$과 $P_c=MC=13/3$을 얻는다.

독점기업은 각 소비자에게 합당한 가격 패키지를 준비하여 1차가격차별을 실시한다. 1소비자에게는 $\{q_1,\ T(q_1)\}$, 2소비자에게는 $\{q_2,\ T(q_2)\}$를 제안한다. 여기서, $q_1=\frac{14}{3}$, $T(q_1)=\frac{98}{9}+(\frac{13}{3})(\frac{14}{3})$이고, $q_2=\frac{46}{3}$, $T(q_2)=\frac{529}{9}+(\frac{13}{3})(\frac{46}{3})$이다. 즉, 어떤 소비자가 독점기업에게 제품 구입을 문의하면, 독점기업은 그 소비자가 1소비자인지 2소비자인지 바로 안다. 1소비자에게는 $q_1=\frac{14}{3}$를 판매하고 $T(q_1)=31.1$을, 2소비자에게는 $q_2=\frac{46}{3}$을 판매하고, $T(q_2)=125.2$를 총지출하도록 한다. 독점기업의 이윤은 103으로서 소비자잉여 이전분 $\frac{209}{3}(=bcd+acf)$와 생산자잉여 $\frac{100}{3}(=cgh)$의 합이다. 각 소비자잉여는 영이다. 사회후생은 극대화되며 효율성이 달성된다.

이제 이부가격제를 고려하자. 이부가격을 위한 단일 가격은 한계비용과 수요가 교차하는 시장가격(P_c) 수준에서 결정된다. 시장가격은 시장수요(두 소비자 수요의 합)가 한계비용과 일치하는 수준이므로 $P_c=13/3$이다. 이 가격에서 1소비자는 14/3단위, 2소비자는 46/3단위를 구매하고, 각 소비자의 소비자잉여는 각각 $\frac{98}{9}(=bcd)$와 $\frac{529}{9}(=acf)$이다. 각 소비자에게 부과할 일정 금액과 구매수량당 가격은 다음과 같다. 이부가격제는 1소비자에게는 구매 수량당 $P_c=\frac{13}{3}$과 일정 금액 $\frac{98}{9}$, 2소비자에게는 구매 수량당 $P_c=\frac{13}{3}$과 일정 금액 $\frac{529}{9}$을 부과한다. 이부가격제는 1차

그림 6-4 1차가격차별(이질적 소비자 경우)

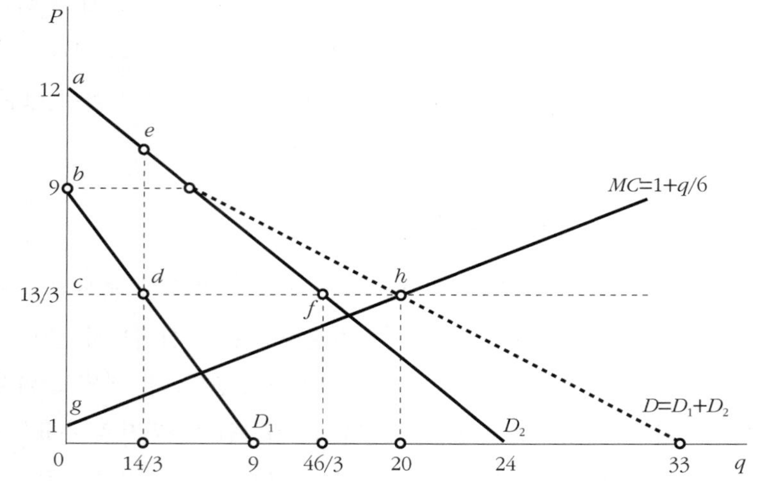

가격차별가격 패키지와 동일한 결과를 가져온다.

3) 이질적 소비자를 식별하지 못하는 경우

1차가격차별은 독점기업이 소비자의 수요 또는 지불의향을 완전히 파악하는 경우에 실시한다. 그러나 소비자는 자신의 수요나 지불의향을 독점기업에게 쉽사리 알려 주지 않을 것이다. 소비자들의 수요(정보)를 정확히 모르는 경우에 독점기업의 1차가격차별은 실패하고, 단일 가격을 실시해야 할지도 모른다. 독점기업이 이질적 소비자를 식별하지 못하는 경우에 1차가격차별을 실시하면 어떤 결과가 나오는지 살펴보자.

독점기업은 시장가격으로 $P_c=13/3$을 제시하고 기본료로 1소비자라면 $\frac{98}{9}$, 2소비자라면 $\frac{529}{9}$를 지불하라고 할 것이다. 그러나 독점기업은 누가 1소비자인지, 2소비자인지 모르므로, 2소비자는 자신이 1소비자인 것처럼 하여 1소비자의 기본료를 내고 $P_c=13/3$에 14/3단위를 구매할 유인이 있다. 원래 자신의 수요($\frac{46}{3}$)에 기초해서 총지출을 하면 소비자잉여가 영이 되는데 비해서, 1소비자인 것처럼 행동을 하여 $\frac{14}{3}$단위를 구매하면 *abde*의 소비자잉여를 얻을 수 있다. 독점기업의 이윤은 $2\times bcd$가 되어 두 타입의 소비자를 식별하여 1차가격차별에서 얻는 이윤보다 $abdf(=acf-bcd)$만큼 감소한다. 시장에 이질적인 소비자가 존재하는 사실은 알지만 누구 누구인지 식별할 능력이 없는 상태에서 실시하는 1차가격차별은 실패한다. 소비자가 재정(arbitrage)를 행사해서 자신의 이득을 가져갈 수 있기 때문이다.

그러나 이 경우에 독점기업은 2차가격차별을 강구해서 감소한 이윤($abdf$)의 일부를 챙길 수 있다.

2 2차가격차별

1) 개 요

독점기업이 직면하는 수요는 때때로 이질적인 소비자로 구성되어 있는 경우가 많다. 이질적인 소비자를 서로 다른 타입(특성)이라고 부르기로 하자. 예를 들어, 1타입의 소비자는 커피를 조금 마시기를 좋아하는 소비자이고 2타입의 소비자는 커피를 많이 마시기를 좋아하는 소비자이다. 1타입의 소비자는 KTX에서 일반석을 선호하고, 2타입의 소비자는 특석을 선호하는 소비자이다. 앞으로 1타입은 수량이 적거나 품질이 낮은 경우를, 2타입은 수량이 많거나 품질이 높은 경우를 지칭하기로 한다. 제2절 ❶의 1차가격차별에서 독점기업이 각 소비자의 타입을 식별할 수 있다면 1차가격차별을 통하여 효율성을 달성하고 모든 소비자잉여를 이윤으로 전환할 수 있음을 보였다. 시장에 이질적인 소비자가 존재한다는 사실(또는 분포)은 알지만 각 소비자의 타입을 식별할 수 없다면 1차가격차별은 효율성을 달성하지 못하고, 모든 소비자잉여를 독점이윤으로 전환할 수 없음을 보였다.

이질적인 소비자의 존재를 알지만 각 타입을 식별할 수 없는 경우에, 소비자들로 하여금 자신의 타입을 드러내도록(reveal) 유도하여 자신에 합당한 패키지를 구매하게 하는 가격체계를 2차가격차별이라 한다. 커피전문점에서 메뉴판에 작은(regular size) 컵은 3,500원, 큰(large size) 컵은 4,500원이라는 가격은 패키지에 해당하며, 각 타입의 소비자로 하여금 자신이 선호하는 패키지를 구매하게 하는 방식이다. 1타입의 소비자에 대한 패키지는 적은 수량과 낮은 지출액, 2타입의 소비자는 큰 수량과 높은 지출액으로 구성되어 있다.

2차가격차별은 수량할인(quantity discount)이 대표적이다. 커피전문점의 regular size와 large size 커피 컵, 짜장면 보통과 짜장면 곱빼기, 우유나 콜라 등 음료수의 소용량과 대용량 제품, 두 개를 하나 가격에 판매하는 1+1 할인가격, 몇 단위 이상 구매 시 단위당 가격을 할인해 주는 제도는 모두 2차가격차별에 해당한다. 2차가격차별은 품질 차별에서도 발견된다. 비행기의 비즈니스석과 이코노미석, KTX의 특석과 일반석, MS의 가정용과 전문가용 윈도우, 1분에 5장을 출력하는 레이저 프린터와 10장을 출력하는 레이저 프린터 등이 이에 해당한다.

2) 수학적 모형과 균형

이제 수학적 모형을 살펴보자. 소비자의 타입을 $t(=1, 2)$라고 하자. 시장에는 1타입과 2타입의 소비자가 한 명씩 있다고 가정한다. 각 타입의 소비자 순효용을 $V(q_t, t)-T_t$라고 하자. 여기서, V는 준선형(quasi-linear) 효용함수, q_t는 t타입 소비자 구매량, T_t는 q_t 구매량에 지출하는 (총)지출액이다. 지출액은 구매량에 대해서 지출한다는 면에서 가격이라고 불러도 무방하지만 '단위당 가격'과 다르기 때문에 2차가격차별에서 가격이라는 말 대신 (총)지출액을 사용한다. 독점기업의 생산에 따른 한계비용은 c로 일정하다고 가정한다. 독점기업은 시장에 두 타입의 소비자가 있다는 것을 알고 있으며, 각 소비자에게 두 가지 패키지를 제안한다. 1타입 소비자를 목표로 한 (q_1, T_1)과 2타입 소비자를 목표로 한 (q_2, T_2)이다. 여기서, q_t는 $t(=1, 2)$타입 소비자의 구매량, T_t는 q_t 구매 시 소비자 지출액이다. 독점기업 이윤은 다음과 같다; $\pi=(T_1-cq_1)+(T_2-cq_2)$. 독점기업은 자신의 의도대로 각 타입의 소비자들이 구매할 수 있도록 소비자의 다음의 구매 조건을 충족해야 한다;

■ 개인합리성(individual rationality; IR) 조건

개인합리성 조건이란 각 타입의 소비자가 자신이 구매해서 얻는 소비자잉여(또는 순효용)$(S_t(q_t)\equiv V(q_t, t)-T_t)$가 영 이상이어야 구매한다는 조건이다.

$$S_1(q_1)\equiv V(q_1, 1)-T_1\geq 0,$$
$$S_2(q_2)\equiv V(q_2, 2)-T_2\geq 0. \qquad (6\text{-}1)$$

각 소비자가 모두 구매(참여)하기 때문에 이 조건을 참여합리성(participation rationality) 조건이라고도 한다.

■ 유인대등성(incentive compatibility; IC) 조건

유인대등성(호환성) 조건이란 한 타입의 소비자가 자신을 위한 패키지를 구매하여 얻는 소비자잉여가 다른 타입을 위한 패키지를 구매하여 얻는 소비자잉여보다 더 커야 한다는 조건이다.

$$V(q_1, 1)-T_1\geq V(q_2, 1)-T_2,$$
$$V(q_2, 2)-T_2\geq V(q_1, 2)-T_1. \qquad (6\text{-}2)$$

첫 번째 식은 1타입 소비자가 자신을 위한 패키지(q_1, T_1)을 구입시 얻는 순효용

$(V(q_1, 1)-T_1)$이 2타입 소비자를 위한 패키지(q_2, T_2)를 구입시 얻는 순효용$(V(q_2, 1)-T_2)$보다 더 크다는 것을 말한다. 1타입 소비자는 자신이 선호하는 q_1을 구매할 때 순잉여가 2타입 소비자를 목표로 한 q_2를 구매할 때보다 잉여가 더 높으므로 주어진 각 구매량에 대한 지출액(T_i)에 대해서 q_1을 구매하지 q_2를 구매하지 않는다. 두 번째 식에서 2타입 소비자도 마찬가지로 q_1을 구매하기보다 q_2를 구매한다. 두 식에서 등호(=)인 경우 자신에게 합당한 수량을 선택한다. 각 타입 소비자는 자신에게 합당한 수량을 선택하므로 이 조건을 자기선택(self-selection)조건 또는 현시(revelation) 호환성 조건이라고도 한다.

각 타입 소비자가 주어진 수량(q)을 구매한다면 2타입 소비자 효용이 1타입 소비자보다 항상 더 크다. 효용의 차이를 정보지대(information rent)라 하며 다음과 같이 표시할 수 있다; $I(q)=V(q, 2)-V(q, 1)=\int_{t=1}^{t=2}\frac{\partial V(q, z)}{\partial t}dz$. 여기서, $I'(q)>0$을 가정한다.

소비자의 개인합리성(IR)과 유인대등성(IC) 조건으로부터 $V(q_1, 1)-T_1=0$과 $V(q_2, 2)-I(q_1)=T_2$의 결과를 도출할 수 있다(이 책에서는 이 과정을 설명하지 않지만 다음의 그림 설명에서 직관적으로 알 수 있을 것이다). 이 결과에 따라서, 독점기업의 이윤은 다음과 같이 정리된다; $\pi=(V(q_1, 1)-cq_1)+(V(q_2, 2)-I(q_1)-cq_2)$. 2차가격차별 이윤극대화 판매량과 지출액 패키지$((q_1^*, T_1^*), (q_2^*, T_2^*))$는 다음을 만족해야 한다;

$$q_1^*:\ \frac{\partial V(q_1^*, 1)}{\partial q_1}-I'(q_1^*)-c=0, \tag{6-3}$$

$$q_2^*:\ \frac{\partial V(q_2^*, 2)}{\partial q_2}-c=0, \tag{6-4}$$

$$T_1^*:\ T_1^*=V(q_1^*, 1), \tag{6-5}$$

$$T_2^*:\ T_2^*=V(q_2^*, 2)-I(q_1^*). \tag{6-6}$$

이들 네 개의 식은 2차가격차별 균형을 나타낸다. 식 (6-3)은 1타입 소비자의 최적 구매량은 한계효용$(\frac{\partial V(q_1^*, 1)}{\partial q_1})$과 한계비용$(c)$의 차이가 정보지대의 변화분과 같아야 한다는 조건이다. 1소비자의 최적 구매량에서 한계효용이 한계비용보다 크므로 효율성을 달성하지 못하며, 효율성을 달성하는 구매량보다 더 적게 소비한다. 식 (6-4)는 2타입 소비자의 최적 구매량은 한계효용과 한계비용이 같아야 하는 조건으로 2타입 소비자 구매량 q_2^*는 효율성을 달성하는 수량이다. 2차가격차별은 전형적으로 높은 타입에서 효율성을, 낮은 타입에서 왜곡이 발생한다. 식 (6-5)와 (6-6)은 개인 합리성(IR)과 유인대등성(IC) 조건으로부터 도출한 결과이다. 식

(6–5)는 1타입 소비자가 구매한 수량(q_1^*)에서 얻는 총효용이 지출액과 같은 조건으로 소비자잉여가 영임을 말한다. 식 (6–6)은 2타입 소비자는 총효용에서 정보지대를 뺀 나머지를 지출하며, 양의 정보지대를 소비자잉여로 얻는다는 의미이다.

식 (6–3)의 균형식은 또 다른 의미를 가지고 있다. $I(q)=V(q,\ 2)-V(q,\ 1)$으로 정의했으므로 $I'(q_1^*)=\dfrac{\partial V(q_1^*,\ 2)}{\partial q_2}-\dfrac{\partial V(q_1^*,\ 1)}{\partial q_1}$이다. 이를 식 (6–3)에 대입하면 다음과 같이 정리할 수 있다;

$$\frac{\partial V(q_1^*,\ 2)}{\partial q_2}-\frac{\partial V(q_1^*,\ 1)}{\partial q_1}=\frac{\partial V(q_1^*,\ 1)}{\partial q_1}-c. \tag{6–7}$$

식 (6–7)은 매우 중요한 의미를 가지고 있다. 2차가격차별 최적화 판매량 q_1^*에서, 2타입 소비자와 1타입 소비자의 한계효용(또는 지불의향)의 차이(식 (6–7)에서 왼쪽 항)는 1타입 소비자의 한계효용과 한계비용과의 차이(식 (6–7)에서 오른쪽 항)와 같아야 한다. [그림 6–5]에서 이를 확인한다.

균형을 통해서 정보지대를 고려하자. 독점기업은 1타입 소비자를 위한 최적 구매량을 선택하고, 언제나 소비자잉여를 영으로 하는 지출액을 정한다. 그러나 2타입 소비자는 자신의 타입에 합당한 수량을 구매할 수도 있고, 1타입에 합당한 수량을 구매하여 양의 소비자잉여를 얻을 수도 있다. 이는 독점기업이 완전히 식별하지 못하는 어떤 정보를 2타입 소비자가 보유하고 있기 때문이다. 정보지대는 독점기업은 잘 모르는 가치 있는 정보를 보유하고 있는 2타입 소비자가 그것으로부터 얻는 보상을 말한다.

각 타입 소비자의 효용함수를 $V(q,\ t)=5(t+1)ln(q)$라고 하고, 한계비용은 $c=1$이라고 하자. 정보지대는 $I(q)=\int_{t=1}^{t=2}5ln(q)dz=5ln(q)$이고, $I'(q)=5/q$이다. 식 (6–3)에서 $\dfrac{5(1+1)}{q_1}-\dfrac{5}{q_1}-1=0$이므로 $q_1^*=5$, 식 (6–5)에서 $T_1^*=V(q_1^*,\ 1)=10ln5\approx16.1$이다.[4] 식 (6–4)에서 $q_2^*=15$, 식 (6–6)에서 $T_2^*=15ln15-5ln5\approx32.6$을 얻을 수 있다. 주어진 효용함수에서 독점기업의 2차가격차별 결과 1타입 소비자는 16.1원을 지출하여 5단위를 구매하고, 2타입 소비자는 32.6원을 지출하여 15단위를 구매한다. 2타입 소비자가 얻는 정보지대는 $I(q_1^*)=5ln5(\approx8.1)$이다. 1타입 소비자의 소비자잉여는 영이며, 2타입 소비자잉여인 정보지대는 $8.1(\approx5ln5)$이다. 1타입 소비자의 한 단위당 지출액(T_1^*/q_1^*)은 3.2이고, 2타입 소비자의 한 단위당 지출액(T_2^*/q_2^*)은 2.2이므로 2타입 소비자의 지출액은 1타입 소비자보다 더 많지만 단위당 지출액은 더 작으므로 '수량할인'이 있음을 알 수 있다.

---

4) $\dfrac{\partial V(q,\ t)}{\partial q_1}=\dfrac{5(t+1)}{q_1}$이고, $t=1$, $ln5\approx1.61$, $ln3\approx1.1$, $ln2\approx0.7$이다.

3) 그림을 통한 2차가격차별 분석

시장에는 타입이 서로 다른 소비자가 두 명이 있으며 서로 다른 우하향하는 수요함수를 가진다. [그림 6-5]와 같이 2소비자의 수요(D_2)가 1소비자(D_1)보다 크다. 독점기업은 시장에 두 타입의 소비자가 존재(분포)하는 것은 알고 있으나, 어떤 소비자가 1소비자인지 또는 2소비자인지 알지 못한다. 독점기업의 한계비용은 c로 일정하다고 가정한다.

독점기업은 제품을 구매하려는 소비자가 어느 타입인지 모르기 때문에 소비자가 스스로 어떤 타입인지 나타내도록(revelation하도록) 간접적인 방법을 이용한다. 각 소비자의 타입을 식별하지 못한면서 1차가격차별을 하는 경우의 실패를 거울삼아 실험적으로 다음의 메뉴를 고려하자; (q_1, T_1)과 (q_2, T_2). 전자는 구매량(q_1)과 총지출액(T_1)을 표시하는데, q_1구매 시 $T_1 = b0q_1d$이다. 후자는 구매량(q_2)과 총지출액(T_2)을 표시하는데, q_2구매 시 $T_2 = b0q_1d + eq_1q_2^*f$이다. 이 패키지를 보면, 1소비자는 ($q_1$, T_1)을 선택하여 q_1을 구입하지, (q_2, T_2)를 선택하지 않는다. 전자를 선택하면 영의 소비자잉여를 얻는데 비해서, 후자를 선택하면 마이너스 잉여를 얻기 때문이다. 2소비자는 (q_1, T_1)의 패키지를 선택하나 (q_2, T_2)를 선택하나 똑같이 $abde$의 잉여를 얻는다. 유인대등성(IC)조건에 의해서 2소비자는 q_2^*를 구매하고 $T_2 = b0q_1d + eq_1q_2^*f$를 지불한다. 결과적으로 1소비자는 자신의 타입에 합당한 (q_1, T_1)을 선택하고, 2소비자는 자신의 타입에 합당한 (q_2, T_2)를 선택하게 된다. 즉, 두 소비자는 이 메뉴에서 '자기선택'(self-selection)한다. 따라서 2소비자는 1차가격차별을 하는 경우에 소비자잉여가 영인데 비해서 2차가격차별로 인해서 $abde$의 소비자잉여를 얻는다. 2소비자는 1소비자인 것처럼 행동해서 양의 소비자잉여를 얻을 수 있기 때문에 그가 2소비자라는 것은 가치 있는 정보이다. 가치있는 정보를 가진 2소비자가 그것을 보유함으로써 누리는 보상을 '정보지대'라고 한다. 이 정보지대는 $abde$이다.

그러나 이 실험적 가격차별 메뉴는 최적화되지 못했다. 이제 (최적화) 2차가격차별 메뉴를 도출해 보자. 독점기업은 다음과 같이 메뉴 조정을 한다. 소비자 1에게 합당한 판매량을 q_1에서 q_{11}으로 줄이는 대신에 지출액(T_1)을 $hq_{11}q_1d$만큼 감소시킨다. 1소비자는 q_{11}을 구입해도 잉여가 영으로 이전과 동일하므로 새로운 지출액($b0g_{11}h$)에서 새로운 소비량(q_{11})을 구매한다. 2소비자에게는 q_2^*는 동일하게 하고 T_2를 $ghde$만큼 더 증액한다(소비자 2가 보유하던 정보지대는 $ghde$만큼 삭감되어 이제 $abhg$가 된다). 비록 지출액이 증가되어 나쁜 소식이나, 그렇다고 q_2를 포기하고 q_{11}

을 구입한다 해도 잉여는 *abhg*가 되므로 유인대등성(IC)조건에 의해 q_2^*를 구매한다. 독점기업은 이러한 미세 조정으로 이윤이 *hid*만큼 감소하고, *ghde*만큼 증가하는데, 후자가 전자보다 더 크므로 순이윤은 증가한다. q_1을 감소하여 1소비자로부터 소비자잉여의 감소분(q_1^*에서 *km*)과 2소비자가 추가로 지불할 정보지대의 감소분(q_1^*에서 *jk*)이 동일할 때 2차가격차별은 최적화된다. [그림 6-5]에서 보듯이 2차가격차별 최적화는 q_1^*에서 $W_2 - W_1 = W_1 - c$의 관계를 가진다. 여기서 $W_1(W_2)$은 q_1^*에서 1(2)소비자의 지불의향으로서 $\frac{\partial V(q_1^*, 1)}{\partial q_1}(\frac{\partial V(q_1^*, 2)}{\partial q_2})$이다. 이 조건은 q_1^*에서 2소비자와 1소비자의 지불의향 차이는 1소비자의 지불의향과 한계비용의 차이와 같다는 의미이며, 식 (6-7)과 일치한다.

2차가격차별 최적화에서 1소비자의 구매량, 지출액, 소비자잉여는 (q_1^*, $b0q_1^*k$, 0)이고 2 소비자는 (q_2^*, $b0q_1d + eq_1q_2^*f + jkde$, $abkj$)이다. 2 소비자의 소비자잉여인 *abkj*는 독점기업의 2차가격차별 최적화에 의해서 결정된 정보지대이다. 독점이윤은 $bcmk + (bcd + edf + jkde)$이다. 맨 앞 항은 1소비자로부터, 괄호 안 항목은 2소비자로부터 이전된 이윤이다. 2차가격차별에서 독점이윤은 1차가격차별에서보다 적다.

2차가격차별에서 소비자별로 달성하는 효율성이 다르다. q_1^*단위에 대한 1소비자의 지불의향은 W_1인데, 이 제품의 한계비용은 *c*이므로 효율성이 달성되지 않는다. 1소비자로부터 *kmd*의 비효율성이 발생한다. 이에 비해서 2소비자는 q_2^*를 구매하며, q_2^*에서 2소비자의 지불의향(*f*)은 *c*와 같으므로 효율성을 달성한다. 흔히, 높

그림 6-5 2차가격차별

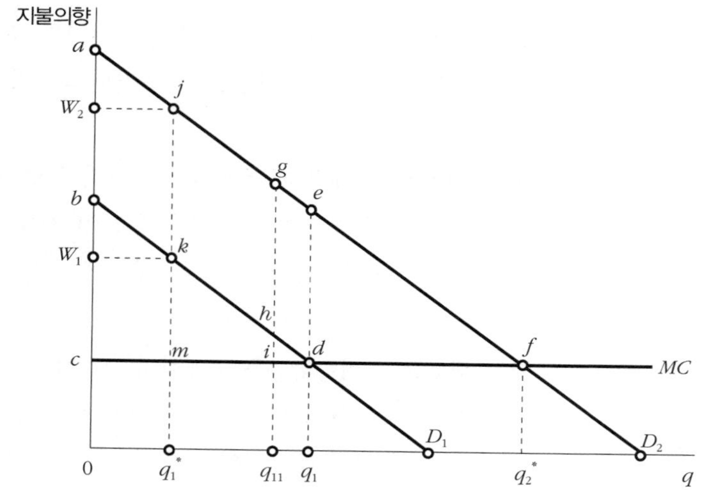

은 타입 소비자(top)로부터 효율성, 낮은 타입 소비자(low)로부터 비효율성(또는 왜곡)이 발생한다고 한다.

3 3차가격차별

3차가격차별은 독점기업이 한 시장에서 선호가 다른 소비자들을 여러 그룹(소비자 집단 또는 시장)으로 구분하여 각 그룹에 서로 다른 가격을 설정하는 가격제이다. 시장은 나이, 직업, 소득, 지리적 위치, 시간, 학생과 같은 특정 신분 여부 등에 따라서 몇몇의 그룹(또는 소규모 시장)으로 구분할 수 있다. 이렇게 구분된 한 시장의 가격은 다른 시장보다 할인(또는 할증)된다. 3차가격차별은 소비자 그룹을 지불의향에 따라 구분하는 면에서 1차가격차별과 같지만, 가격체계에서 다르다. 3차가격차별은 각 소비자 집단 내에서는 단일 가격을, 각 소비자 집단에는 다른 가격을 설정한다. 영화관의 조조할인 요금과 일반 요금, 유선전화의 심야와 주말할인 요금, 경제신문의 대학생 할인 가격, 지하철의 65세 이상 무료와 일반 요금, 경제학 원서 국내판 가격과 해외판 가격, 리조트 시설의 주중과 주말 요금 등은 모두 3차가격차별에 해당한다. 2023년 미국경제학회의 연회비는 연간 소득이 $70,000 이하이면 $50, $70,000에서 $105,000이면 $75, $105,000에서 $200,000이면 $100, 그리고 $200,000 이상이면 $150인데, 이는 3차가격차별이다. 2022년 3월 BTS는 잠실운동장에서 공연을 하면서 CGV영화관을 포함하여 전 세계 3,711개 영화관에서 실황중계(라이브뷰잉이라 함)를 했다. 잠실운동장 현장의 VIP석은 22만원, 일반석은 16만 5천원, CGV영화관 입장료는 4,9000원이었다. 또 다른 3차 가격차별의 예이다.

독점기업이 시장을 n개로 구분했고, 각 시장의 수요는 서로 다르며 우하향한다고 가정한다. $P_i=P_i(q_i)(i=1,\ 2,\ \cdots,\ n)$. q_i는 i시장의 판매량이고, $P_i(q_i)$는 i시장의 역수요함수이다. 독점기업의 비용함수는 $C=C(Q)$이다. 여기서, $Q=\sum_{i=1}^{n} q_i$는 모든 시장의 판매량을 합한 총판매량(=생산량)이다. 독점기업의 3차가격차별화 이윤극대화 문제는 다음과 같다;

$$Max_{q_i}\ \sum q_i P_i(q_i)-C(Q).$$

각 시장의 최적 판매량(q_i^*)은 다음 조건에서 얻는다;

$$MR_i(q_i^*)=MC(q_i^*+\cdots+q_n^*).\ (i=1,\ 2,\ \cdots,\ n) \qquad (6\text{–}8)$$

위 식은 실제로 n개의 방정식에서 n개의 미지수(q_i^*, $i=1,\ \cdots,\ n$)의 값을 구하는 연립방정식이다. 각 시장의 가격(P_i^*)은 최적 판매량을 각 시장의 역수요함수에 대입하여 얻는다; $P_i^*=P_i(q_i^*)$.

최적 판매량 조건식 (6–8)에서 각 시장의 한계수입이 총 생산량에 대한 한계비용과 같아야 한다. 따라서 각 시장의 판매량에서 한계수입이 같아야($MR_1=MR_2$) 한다. 예를 들어서, 1시장의 판매량에서 한계수입이 2시장 판매량에서 한계수입보다 더 크다면($MR_1>MR_2$), 독점기업은 2시장의 판매량을 줄이고 이 수량을 1시장에 판매하여 이윤을 더 증가시킬 수 있다. 각 시장의 한계수입을 동일하게 하기 위해서 전체 시장의 한계수입과 한계비용이 같아야 한다.

시장을 둘로 획정한 경우($n=2$)에 1시장과 2시장의 역수요함수가 다음과 같이 선형이라고 가정하자: $P_1=P_1(q_1)=80-2q_1$; $P_2=P_2(q_2)=100-2q_2$. 각 시장의 수요함수는 다음과 같다; $q_1=D_1(P)=40-\frac{P}{2}$; $q_2=D_2(P)=50-\frac{P}{2}$([그림 6–6] (a)와 (b)). 각 시장의 한계수입은 다음과 같다; $MR_1=80-4q_1$; $MR_2=100-4q_2$. 한계비용은 $MC=12+Q$(여기서, $Q=q_1+q_2$)이고, 고정비용은 영이라고 가정한다. 3차가격차별의 결과를 가격차별을 하지 않는 경우와 비교하기 위해서 먼저 3차가격차별을 하지 않는 경우에 독점기업의 균형을 도출한다. 가격차별을 하지 않는 경우란 단일가격 설정을 말하며 3차가격차별의 최적화(식 (6–8))와 다르다.

가격차별을 하지 않는 독점기업은 전체 시장수요를 대상으로 최적화하기 때문에 전체 시장수요의 한계수입과 한계비용이 같은 점에서 생산량을 결정하고 시장가격을 도출한다. 각 시장에 이 가격을 설정한다. 구체적으로 살펴보자.

① 독점기업은 두 시장을 하나의 전체 시장으로 파악하므로 두 시장을 수평으로 더해야 한다.[5] 가격이 80 이상이면 1시장에서 수요는 영이므로 전체 시장수요는 2시장 수요이다. 가격이 80 이하이면 두 시장에서 판매가 가능하므로 전체 시장수요는 두 시장의 판매량의 합이다. 즉, $Q=q_1+q_2 \rightarrow Q=D(P)=90-P$. 전체 시장수요($D(P)=D_1(P)+D_2(P)$)는 다음과 같다:

$$Q=D(P)=\begin{cases}50-\frac{P}{2} \text{ for } P\geq 80\\ 90-P \text{ for } P\leq 80\end{cases}$$

시장 수요함수를 역수요함수로 표시하면 다음과 같다:

$$P=\begin{cases}100-2Q \text{ for } Q\leq 10\\ 90-Q \text{ for } Q\geq 10\end{cases}$$

5) 두 개의 수요를 수평합하여 하나의 전체 수요를 도출하는 것은 1차가격차별에서도 해 본 적이 있다.

② 전체 시장 수요함수에 대한 한계수입은 다음과 같다;

$$MR=\begin{cases}100-4Q \text{ for } Q\le 10\\ 90-2Q \text{ for } Q\ge 10\end{cases}$$

[그림 6-6] (c)에는 시장 수요곡선($D(P)$)과 한계수입곡선(MR)을 표시했다. 수요곡선은 $Q=10$, $P=80$에서 굴절되어 있으며 위의 전체 시장수요함수를 대표한다. 시장의 한계수입은 그림에서 보듯이 $Q=10$에서 단절되어 있다. 한계수입 곡선의 왼쪽은 $MR=100-4Q$ for $Q\le 10$, 오른쪽은 $MR=90-2Q$ for $Q\ge 10$이다. 왼쪽 구간에서 2기업만 판매하고, 오른쪽 구간에서 두 기업이 모두 판매할 수 있다.

③ 가격차별을 하지 않는 독점기업은 전체 시장을 대상으로 최적화를 하므로 $MR=MC$인 총 판매량을 구한다. 한계수입곡선의 오른쪽 구간에서 발생하므로 한계수입은 $MR=90-2Q$이다. 최적 판매량은 $90-2Q_m=12+Q_m$에서 $Q_m=26$이고, 이 수량을 역수요함수($P=90-Q$)에 대입하면 독점 가격은 $P_m=64$이다([그림 6-6] (c) 참고).

④ 각 시장에 $P_m=64$를 설정하며, 각 시장의 수요에 따라서 1시장에서 $q_{1m}=8$, 2시장에서 $q_{2m}=18$단위를 판매한다.

독점기업의 이윤은 각 시장의 총매출액에서 총(가변)비용을 뺀 차액이다. 각 시장의 매출액 합은 $64\times(8+18)=1{,}664$, 총비용은 650($Q_m=26$까지 한계비용 아래의 면적$=12\times 26+\frac{26^2}{2}$)이므로 독점이윤은 1,014이다. 1시장과 2시장의 소비자잉여는 각각 64($=16\times 8/2$), 324($=36\times 18/2$)로 소비자잉여는 388이다. 사회후생은 1,402이다.

이제 독점기업이 3차가격차별을 한다고 하자. 가격차별을 안 하는 경우에 전체

그림 6-6 3차가격차별을 하지 않는 경우의 최적화

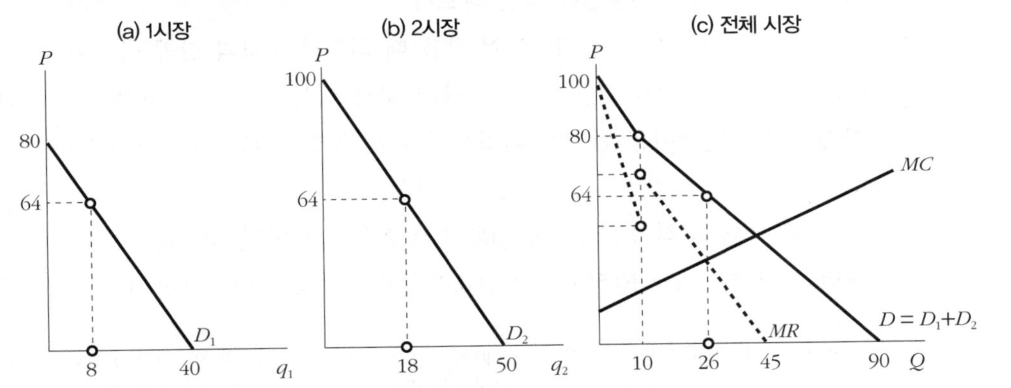

시장을 대상으로 최적화($MR=MC$)하나, 3차가격차별에서는 각 시장을 대상으로 최적화($MR_i=MC$, $i=1$, 2)하기 때문에 각 시장의 한계수입을 더하여 전체 한계수입을 도출할 필요가 있다. 왜 그런가는 아래의 최적화에서 알 수 있다. 3차가격차별의 이윤극대화를 자세히 살펴보자.[6]

① 독점기업은 각 시장에서 한계수입을 같게 해야 이윤이 최대화 된다. 이를 위해서 각 시장의 한계수입을 수평으로 더하여 전체 한계수입(MR)을 구한다. 각 시장의 한계수입은 다음과 같다; $MR_1=80-4q_1$; $MR_2=100-4q_2$([그림 6-7] (a)와 (b)). 각 한계수입 함수를 다음과 같이 전환한다; $q_1=20-\frac{MR}{4}$ for $MR\leq 80$, $q_2=25-\frac{MR}{4}$ for $MR\leq 100$. 두 함수를 수평으로 더하면 다음과 같은 역한계수입 함수를 얻는다;

$$Q=\begin{cases} 25-\dfrac{MR}{4} & \text{for } MR\geq 80 \\ 45-\dfrac{MR}{2} & \text{for } MR\leq 80 \end{cases}$$

이를 다음과 같이 전체 한계수입 함수로 전환한다;

$$MR=\begin{cases} 100-4Q & \text{for } Q\leq 5 \\ 90-2Q & \text{for } Q\geq 5 \end{cases}$$

[그림 6-7] (c)에서 보듯이 이 한계수입 함수는 $Q=5$, $MR=80$에서 굴절된다. 3차가격차별을 안 하는 경우에 전체 시장수요와 이와 연계된 한계수입을 이용하였으나, 3차가격차별을 하는 경우에 전체 시장수요는 필요치 않고 1시장과 2시장의 한계수입의 합이 필요한 점이 다르다. [그림 6-7] (c)에서 보듯이 3차가격차별을 하는 경우에 전체 시장수요는 가격차별을 안 하는 경우([그림 6-6] (c))와 동일하다. 그러나 전체 한계수입은 약간 다르다.

② 전체 한계수입과 한계비용이 같을 때 최적화 수량과 함께 한계수입(=한계비용)을 얻는다. 즉, $90-2Q_d=12+Q_d$에서 최적 생산량은 $Q_d=26$이다. 이 생산량을 한계수입과 한계비용 함수에 대입하면 둘은 동일하다: $MR=MC=38$([그림 6-7] (c)).

③ 1시장에 최적화 조건($MR_i=MC$, $i=1$, 2)을 적용하면 $80-4q_{1d}=38$이다. 이윤극대화 판매량은 $q_{1d}=10.5$이고, 역수요함수에 판매량을 대입하면, 1시장 가격은 P_{1d}

6) 독점기업은 탄력적인 구간에서 이윤극대화를 하므로 어느 시장이나 탄력적이어야 한다. 탄력도가 낮은 2시장의 가격 탄력도도 1보다 크다. 2시장을 비탄력적이라고 표현해서는 안 되며 덜 탄력적이라고 한다.

그림 6-7 3차가격차별 최적화

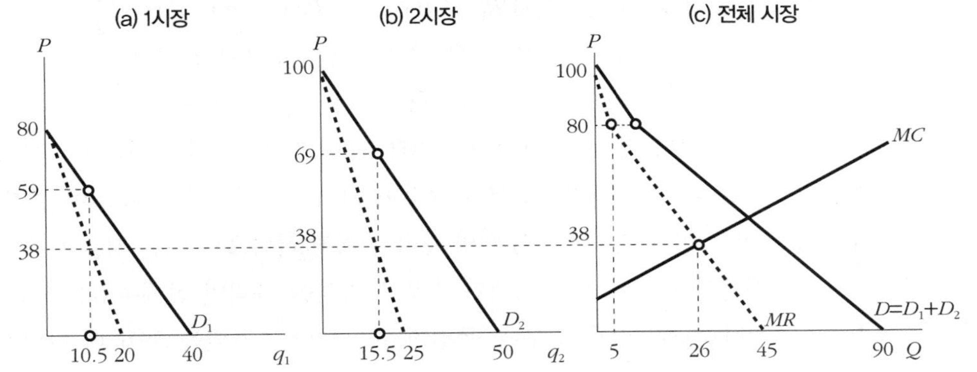

=59이다. 2시장 최적화 조건은 $100-4q_{2d}=38$이다. 이윤극대화 판매량은 $q_{2d}=15.5$이고 이를 역수요함수에 대입하면 가격은 $P_{1d}=69$이다([그림 6-7] (a), (b)).

3차가격차별하는 경우에 독점기업의 총매출액은 1,689(1시장 $59\times10.5+2$시장 69×15.5)이고 총비용은 650이므로 이윤(생산자잉여)은 1,039이다. 1시장과 2시장의 소비자잉여는 각각 110.25($=21\times10.5/2$)과 240.25($=31\times15.5/2$)이다. 사회후생은 1,389.5이다.

위 예시 모형에서 한계비용이 증가하는 경우($MC=12+Q$)를 소개했다. 만약에 한계비용이 일정하다면 그림에서 우상향하지 않고 수평선이다. 예를 들어, $MC=38$이라고 하자. MC곡선은 그림에서 Y축 38에서 수평선이다. 가격차별을 하지 않는 경우에 전체 시장수요와 이와 연계된 전체 한계수입을 도출한다. 전체 한계수입과 $MC=38$이 동일한 점에서 생산량과 가격을 얻어서 이를 두 시장에 적용한다. 그러나 3차가격차별을 하는 경우에는 두 시장의 한계수입을 합할 필요가 없다. 합하여 전체 한계수입을 구하여도 $MC=38$이므로 개별 시장 한계수입은 $MC=38$과 같게 된다. 따라서 각 시장에서 $MR_1=MC=38$과 $MR_2=MC=38$에서 각 시장의 생산량과 가격을 도출한다.

이제 3차가격차별을 안 하는 경우와 가격차별을 하는 경우를 비교해 보자.

1) 가격 비교

3차가격차별을 안 하는 경우에 두 시장의 가격은 동일한데 비해서 3차가격차별을 하는 경우에 한 시장의 가격은 다른 시장보다 더 높다. 왜 더 높은가? 각 시장 수요의 가격탄력도가 다르기 때문이다. 제4장을 참고하여 한계수입을 다음과 같이

표현한다: $MR_i = P_i + q_i P_i'(q_i) = P_i(1 - \frac{1}{\varepsilon_i})$. 여기서 $\varepsilon_i = -\frac{dq_i}{dP}\frac{P}{q_i}$는 각 시장의 가격탄력도이다. 최적화 조건에서 $MR_1 = MR_2$이므로 $P_1(1 - \frac{1}{\varepsilon_1}) = P_2(1 - \frac{1}{\varepsilon_2})$이다. 이 식에서 $\varepsilon_1 > \varepsilon_2$이라면, $P_1 < P_2$를 얻을 수 있다. 1시장 수요가 2시장보다 더 가격탄력적이면 1시장 가격이 2시장 가격보다 더 낮다는 결론을 내릴 수 있다. 우리의 예에서 1시장과 2시장의 가격탄력도는 2.8과 2.2이고, 1시장의 가격(59)이 2시장(69)보다 더 낮다. 수요가 가격탄력적인 경우에 가격을 내리면 한계수입이 증가한다. 수요량 증가로 인한 지출액(수입액)의 증가가 가격 하락으로 인한 지출액 감소보다 더 크기 때문이다. 수요가 탄력적인 경우에 가격을 올리면 한계수입은 감소한다. 두 시장의 탄력도가 다른 경우에, 독점기업은 3차가격차별을 하여 더 탄력적인 1시장의 가격을 내리고, 덜 탄력적인 2시장의 가격을 올려서 총수입과 이윤을 증가시킬 수 있다.

2) 이윤 비교

3차가격차별을 하는 독점기업의 이윤(1,039)은 가격차별을 안 하는 경우의 이윤(1,014)보다 증가한다. 전체 시장수요는 동일한데 왜 그런가? 독점기업이 두 시장에 모두 공급하는 경우(즉, 굴절된 전체 한계수입곡선에서 아래 구간) 한계수입 곡선은 동일하므로 $MR = MC$에서 최적 생산량은 동일하다. 3차가격차별을 안 하는 경우에 두 시장의 가격은 동일하나, 한계수입은 다르다($MR_1 > MR_2$). 반면에 3차가격차별을 하는 경우에 두 시장에서 최종 단위에 대한 한계수입이 동일($MR_1 = MR_2$)하다. 앞에서 언급한 바와 같이 한 시장의 한계수입이 다른 시장보다 더 크다면, 동일한 생산량을 한계수입이 낮은 시장에서 높은 시장으로 이전 판매하여 총수입을 증가시킬 수 있다. 동일한 생산량을 이전하였으므로 총비용은 변화가 없고 이윤은 증가한다. 3차가격차별을 하는 독점기업은 한계수입이 같도록 판매량을 두 시장에 배분하여 이윤을 증가시킨다.

3) 사회후생 비교

상기의 예시 모형에서 1시장 소비자는 소비자잉여가 증가하므로 3차가격차별을 좋아하고, 2시장 소비자는 잉여의 감소로 3차가격차별을 싫어한다. 독점기업의 3차가격차별 행동은 사회적으로 좋은가? 경제학은 기업의 행동을 사회후생으로 평가한다. 사회후생은 소비자잉여와 생산자잉여의 합이다. 독점기업의 고정비용을 영으로 가정하므로 독점기업의 이윤은 생산자잉여와 같다. 가격차별을 안 하는 경우에 1시장과 2시장의 소비자잉여는 각각 $CS_{1m} = 64(= 8 \times 16 \div 2)$와 $CS_{2m} = 324(= 18$

$\times 36 \div 2$)이고, 독점이윤은 1,014이므로 사회후생은 1,402이다. 3차가격차별을 하는 경우에 1시장과 2시장의 소비자잉여는 각각 $CS_{1d}=110.25(=10.5\times 21\div 2)$와 $CS_{2d}=240.25(=15.5\times 31\div 2)$이고, 독점이윤은 1,039이므로 사회후생은 1,389.5이다. 상기의 예시 모형에서 3차가격차별을 하면 안 하는 경우보다 사회후생은 감소한다. 가격차별로 독점이윤은 증가하나 소비자잉여 총합의 감소를 만회하지 못하기 때문이다. 따라서 3차가격차별은 사회적으로 바람직하지 않다고 말할 수 있다.

그러나 일반적인 모형에서 3차가격차별로 인한 사회후생은 감소 또는 증가할 수 있다는 연구가 발표되었다. 로빈슨(Robinson, 1933)은 선형 수요를 이용하여 3차가격차별로 인한 시장의 총 판매량은 단일 가격(가격차별을 안 하는 경우)과 같음을 보였다. (상기 예시 모형에서 확인) 슈말렌지(Schmalensee, 1981)는 3차가격차별로 인한 총 판매량이 단일 가격에서 총 판매량보다 증가하지 않는다면 사회후생은 감소한다고 하였다. 그러나 어떤 한 시장의 판매량도 감소하지 않으면서 총 판매량이 증가하면 3차가격차별은 사회후생을 증가시킨다(배리안(Varian, 1989)).

3차가격차별로 후생이 증가하는 경우를 살펴보자. 다음의 두 시장의 수요를 고려하자; 1시장 역수요함수는 $P_1=80-q_1$이고, 2시장 역수요함수는 $P_2=200-q_2$라 하자. 계산의 편의를 위해서 한계비용은 영이라고 가정한다. 단일 가격은 다음과 같이 결정된다. 전체 시장수요는 두 시장 수요의 합으로서 굴절 수요의 형태를 보인다. 즉, $Q\leq 120$구간에서, $P=200-Q$, 그리고 $Q\geq 120$구간에서 $P=140-\frac{Q}{2}$이다. 여기서, $Q=q_1+q_2$. 두 구간에서 이윤극대화를 구하면, $Q\leq 120$에서 이윤극대화 판매량은 100($MR=200-2Q=0=MC$), 가격은 100, 이윤은 10,000이고, $Q\geq 120$에서 이윤극대화 판매량은 140, 가격은 70, 이윤은 9,800이다. 따라서 독점기업의 이윤극대화 단일 가격은 100, 판매량은 100이다. 이 가격에서 1시장 소비자들은 구매할 능력이 없다. 다른 말로, 수요가 너무 작으므로 공급(서비스)되지 않는다. 독점기업은 2시장에만 100단위를 공급(서비스)한다.

이제 독점기업이 3차가격차별을 한다고 하자. 독점기업은 이윤극대화($MR_i=MC=0$)에 따라서 1시장에는 $P_1^*=40$에 $q_1^*=40$을, 2시장에는 $P_2^*=100$에 $q_2^*=100$을 공급한다. 즉, 3차가격차별은 단일 가격과 같이 2시장 공급은 그대로 유지되면서, 1시장 공급량을 영에서 40으로 증가시킨다. 결과적으로 단일 가격 시보다 3차가격차별을 하는 경우에, 소비자잉여, 독점이윤, 그리고 사회후생이 증가한다. 3차가격차별로 사회후생이 증가하기 위해서는 어떤 한 시장의 판매량도 감소하지 않으면서 총판매량이 증가해야 한다(배리안(Varian), 1989).

4) 후생분석과 소득분배

사회후생은 모든 소비자잉여와 기업 이윤(생산자잉여)의 합이다. 후생분석은 효율성을 분석하는 것이지 소득분배를 분석하지 않는다. 그럼에도 위에서 보듯이 3차가격차별은 소득분배의 왜곡을 가져온다. 어떤 소비자 집단의 잉여의 감소의 대가로 독점이윤이 증가한다면, 3차가격차별은 바람직하지 않을 수 있다. 로빈슨(Robinson, 1933)은 3차가격차별은 저소득층과 사회소외계층에게 높은 가격을 부과하여 소득이 독점기업이나 심지어 부유층에게 이전되는 결과를 초래한다고 주장했다. 수요가 덜 탄력적인 경우 소비자잉여가 감소하는데, 로빈슨의 주장처럼 저소득층의 수요가 항상 덜 탄력적인지는 분명치 않다. 현실적인 예에서 보듯이, 대학생이나 소득이 낮은 노년층의 수요가 더 탄력적이기 때문에 잉여가 증가하는 경우도 존재한다.

소득분배의 왜곡 때문에 3차가격차별을 금지하거나 제약하는 것은 사회후생 증진에 해가 될 수도 있다. 특히, 3차가격차별을 금지하고 단일 가격을 실행한다면 일부 소비자 집단에 공급이 배제되고 사회후생의 감소를 초래할 수 있다.

5) 생산용량 제약

3차가격차별 시 수요 대비 공급량이 충분치 않은 경우가 있을 수 있다. 스포츠, 연주회, 아이돌 그룹의 공연, 유료 강연 등에서 공연장이나 강당의 좌석 수가 부족한 경우가 있다. 이를 일반적으로 생산용량 제약이라고 한다. 생산용량의 제약이 있는 경우에 3차 가격차별의 최적화를 알아본다.

앞에서 3차가격차별로 후생이 증가할 수 있는 경우의 수요함수를 다시 고려하자. 제 1시장의 역수요함수는 $P_1=80-q_1$이고, 2시장의 역수요함수는 $P_2=200-q_2$이다. 한계비용은 영이라고 가정한다. 앞에서 도출한 바와 같이 생산용량의 제약이 없다면 3차가격차별의 균형은 1시장에는 $P_1^*=40$에 $q_1^*=40$을, 그리고 2시장에는 $P_2^*=100$에 $q_2^*=100$을 공급한다.

독점기업의 생산용량이 100으로 제한된 경우를 고려하자. 위에서 3차가격차별 균형에서 총판매량은 140단위이므로 어떤 식으로 두 시장에 배분을 해야 한다. 먼저 고려할 수 있는 것은 1시장에 판매를 안하고 2시장에만 공급하는 방안이다. 사실 2시장의 가격이 1시장보다 더 높으므로 2시장에만 $P_2^*=100$에 $q_2^*=100$을 배분하는 것이 총수입과 이윤을 최대화할 수 있는 것처럼 보인다. 그러나 이는 이윤극대화 균형이 아니다.

한계비용이 동일하므로 어느 시장에 한 단위를 덜 팔고 다른 시장에 그 한 단위를 더 팔아도 비용에는 변화가 없다. 이윤극대화를 위해서 생산용량 제약 조건인 $q_1^* + q_2^* = 100$을 충족하는 동시에 각 시장에서 한 단위 판매량 변화로 인한 한계수입을 비교해야 한다. 만약에 2시장에서 한 단위를 덜 팔면 한계수입은 2만큼 감소하는데 비해서, 이 한 단위를 1시장에 팔면 한계수입은 78만큼 증가한다. 따라서 2시장에 100단위를 다 파는 것보다 1시장에 일부를 판매하는 것이 이윤 증가에 도움이 된다. 이윤극대화는 $MR_1 = MR_2$(즉, $80 - 2q_1^* = 200 - 2q_2^*$)에서 달성해야 한다. 생산용량 제약조건인 $q_1^* + q_2^* = 100$을 대입하면 최적화 3차가격차별은 $P_1^r = 60$에 $q_1^r = 20$이고, $P_2^r = 120$에 $q_2^r = 80$이다. 이윤(=10,800)은 2시장에만 100단위를 판매하는 경우(이윤=10,000)보다 더 증가한다. 그러나 생산용량의 제약조건을 충족하는 3차 가격차별의 사회후생은 2시장만 공급하는 방안보다 감소한다. 판매량이 100단위로 동일하기 때문이다.

연 | 습 | 문 | 제

>>> Theory of Industrial Organization

1. 완전경쟁시장에서 개별 기업이 가격차별을 할 수 없는 이유를 설명하시오.

2. 독점기업이 가격차별을 하는 경우에 재정(arbitrage)가 가능하다면, 가격차별을 성공할 수 없는 이유를 설명하시오.

3. 본문에 독점기업의 가격차별에서 재판매가 어려운 경우를 6가지 들었다. 본문에 추가하여 구체적인 예를 한 가지 들고 설명하시오.

4. "이부가격제는 1차가격차별과 동일하다." 이 주장을 평가하시오.

5. X재 시장에 N명의 소비자가 있으며 개별소비자의 X재에 대한 수요($P=a-bQ$)(a, b는 양수)는 동일하다. 이 재화를 생산하는 기업의 비용함수($C(Q)$)는 다음과 같다: $C(Q)=cQ+F$. 여기서, c는 일정한 한계비용이고, F는 고정비용이다. $c<a$를 가정한다.

1) 완전경쟁시장에서 거래가 된다면, 시장가격, 생산량, 생산자잉여, 소비자잉여, 사회후생을 계산하시오.
2) 만약에 독점기업이 단일 가격(single price)을 설정하는 경우에, 이윤극대화 독점가격, 생산량, 이윤, 소비자잉여, 후생손실을 계산하고, 그림에 보이시오. 위 1)의 결과와 비교하시오.
3) 독점기업이 소비자가 모두 동일하다는 것과 수요함수를 알고 있다고 가정하자. 1차가격차별을 하는 경우에, 각 소비자들의 구매량과, 지출액, 소비자잉여, 독점기업의 이윤, 후생손실(있다면)을 계산하시오. 위 1)과 2)의 결과와 비교하시오.
4) 독점기업이 이부가격제를 통하여 1차가격차별을 한다면, 어떤 식으로 하는지 설명하고, 위 3)과 비교하시오.

6. 다음의 사례들은 1차, 2차, 3차 가격차별에서 어떤 가격차별인지 설명하시오.

1) 커피전문점에서 아메리카노 스몰(355ml)은 4,000원, 레귤러(435ml)는 4,500원에 판매된다.
2) 뉴스위크지는 학생증을 제시하는 경우 연 20만원, 일반인에게는 연 60만원의 구독료를 받는다.
3) 인천공항에서 샌프란시스코까지 이코노미석 왕복 항공료는 120만원, 비지니스석은 550만원이다. 전자는 매우 불편하며, 후자는 여유있는 공간과 승무원의 친절한 서비스가 제공된다.

7. 독점기업이 Z재를 판매하며 한계비용은 영이다. 1소비자와 2소비자의 수요(각각 D_1, D_2)는 아래의 그림과 같다.

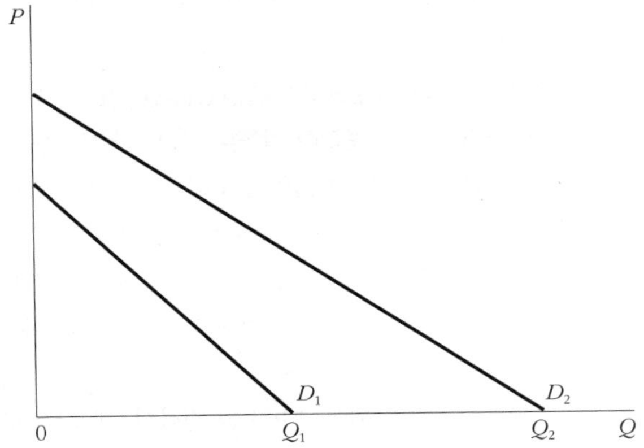

1) 독점기업이 개별 소비자의 수요를 정확히 알고 있다고 하자. 1차가격차별을 하는 경우 각 소비자에게 부과하는 가격, 수량, 그리고 독점이윤을 그림에 표시하고 설명하시오.
2) 독점기업이 서로 다른 소비자의 수요가 그림과 같이 존재한다는 것은 알고 있지만, 개별 소비자의 지불의향(또는 수요곡선)은 모른다. 이 상태에서 위 1)과 같은 1차가격차별의 패키지를 제공했다고 하자. 결과를 도출하고 1)의 결과와 비교 설명하시오.
3) 1소비자는 Q_1을, 2소비자는 Q_2를 구매하도록 하는 패키지 지출액을 설정하여 각 소비자가 self-selection하도록 2차 가격차별을 한다면, 각 패키지 수량과 지출액은 얼마씩인지 그림을 통하여 설명하시오. 독점이윤을 표시하고 2)와 비교하시오. 2소비자가 얻는 '정보지대'를 표시하시오. 정보지대를 얻을 수 있는 이유에 대해서 설명하시오.
4) 독점기업이 이윤극대화하는 2차가격차별을 하는 경우 각 소비자에게 부과하는 최적 가격, 수량, 그리고 독점이윤을 표시하고 설명하시오. 문제 3)의 답과 비교-설명하시오.

8. 온라인과 오프라인의 영화관 티켓 판매를 독점하고 있는 티켓 판매기업은 소비자를 오프라인 구매자와 온라인 구매자로 구분하고 있다. 전자의 수요는 $Q=100-P$, 후자의 수요는 $Q=45-\frac{P}{2}$이다. 모든 티켓에 대한 한계비용은 10이다. 온라인과 오프라인 티켓은 재판매를 할 수 없게 되어 있다.

1) 3차가격차별을 하는 경우 각 시장의 가격, 판매량, 이윤, 소비자잉여를 계산하시오.
2) 가격 차별을 안하고 단일 가격을 설정하는 경우 단일 가격을 계산하시오. 각 시장의 판매량, 이윤, 소비자잉여를 계산하시오.
3) 위 1)과 2)이 결과를 비교하시오.

9. 위 8번 문제에서 영화관의 좌석이 45개로 제한되어 있다고 하자. "티켓판매 독점기업은 온라인과 오프라인에서 모두 판매하는 것보다, 온라인 판매를 폐쇄하고 오프라인에서만 판매

하는 것이 이윤을 극대화 할 수 있다." 이 주장을 평가하시오.

10. "3차가격차별은 소득분배를 악화시키므로 금지시켜야 한다." 이 주장을 평가하시오.

11. 이 문제는 이부가격제에서 재정(arbitrage) 또는 재판매가 발생할 수 있으며, 이를 방지하는 방안을 고려하는 것이다. 독점기업인 초콜릿 전문 매장이 초콜릿 가격에 이부가격제를 실시하고 있다고 하자. 초콜릿을 구매하고자 하는 소비자가 20명이 있으며, 개별 소비자의 수요는 $100-P$이다. 초콜릿의 한계비용은 10이다.

1) 개별 소비자는 매장에 입장시 입장료(F)를 내야 한다. 독점기업의 이부가격, 즉, 단위당 가격(P_o)과 입장료(F)를 계산하시오. 이 이부가격에서 개별 소비자에 대한 판매량, 총 판매량, 독점이윤을 계산하시오.
2) 20명의 소비자가 대표 소비자를 정하여, 대표 소비자 혼자 매장에 입장하여 모든 소비자의 초콜릿을 구매하기로 하였고, 모두 비용을 분담하기로 하였다. 개별 소비자가 지출할 총지출액을 계산하시오. 1)과 비교하여 개별 소비자는 얼마나 이득인지 계산하시오.
3) 독점기업이 2)와 같은 경우를 방지하기 위해서 어떤 판매방식을 채택할 수 있는지 제시하시오.

12. 독점 커피전문점에 두 타입(θ)의 소비자(커피를 멋으로 마시는 소비자(A형; $\theta=1$)와 커피를 즐기는 소비자(B형; $\theta=2$))가 커피를 구매하고 있다. 커피점문점은 이들이 존재하는 분포는 알고 있으나 각 소비자가 어떤 타입인지 알지 못한다. 이들의 효용함수는 $U(x_\theta,\ \theta)=10(\theta+2)\ln(x_\theta+2)$이다. A형 소비자의 커피 구매량은 x_1, B형 소비자의 커피 구매량은 x_2이다. 커피의 한계비용은 1이다. 시장에 소비자 타입은 반반으로 동수이다.

1) 정보지대(information rent)가 무엇인지 설명하고, 다음 식을 계산하시오:
$$I(x)=\int_{\theta=1}^{\theta=2}\frac{\partial U(x,\ t)}{\partial t}dt$$
2) 커피전문점의 각 타입 소비자의 이윤극대화 구매량을 계산하시오.
3) A형과 B형 소비자의 지출액(T_θ)을 계산하시오. 또한 각 재화 한 단위당 지출액을 비교하여, B형 소비자에게 '수량할인'이 있는지 확인하시오.

13. 독점기업이 직면하는 1시장의 수요는 $P_1=140-2Q_1$, 2시장의 수요는 $P_2=200-Q_2$이다. 다음과 같이 세 가지의 한계비용함수가 있다고 하자; ① $MC=Q$, ② $MC=\frac{3}{2}Q$, ③ $MC=6Q$. 여기서 $Q=Q_1+Q_2$이고 고정비용은 영이다.

1) 각 한계비용에서 3차가격차별을 안 하는 경우(단일 가격 부과)에 시장 균형(생산량, 가격), 소비자잉여, 독점이윤, 사회후생)을 도출하시오.
2) 각 한계비용에서 3차가격차별을 하는 경우에 각 시장의 생산량과 가격, 소비자잉여, 독점이윤, 사회후생을 도출하시오.
3) 각 한계비용에서 1)과 2)의 결과를 비교하시오.

제 7 장

게임이론

장을 시작하며

게임은 온라인 게임, 스포츠 게임, 두뇌 게임이란 말처럼 우리 생활에서 많이 듣는 용어 중의 하나이다. 두 기업 간의 광고나 신제품 개발 경쟁은 각 기업의 이윤이나 시장점유율을 높이기 위한 전형적인 게임상황이다. 바둑이나 축구 경기 등은 경기자들의 행동이 경쟁자의 보수에 상호 영향을 주는 상황이며, 국회의원이나 대통령에 당선되기 위해서 경쟁하는 정치인의 행동도 유사한 전략적 상호작용 상황에서 전개되고 있다. 두 국가 간의 전쟁은 이보다 훨씬 더 복잡하지만 기본적으로 상호작용이 있는 전략적 상황이란 점에서 이와 유사하다고 볼 수 있다. 게임은 전략적 상호의존성이 있는 경제 주체들이 상호작용하는 상황이다. 게임이론은 한 경제 주체의 행동이 다른 경제 주체의 보수(효용, 후생, 이윤, 점유율, 승패 등)에 영향을 주는 전략적 상호작용이 있는 상황에서 경제 주체가 어떤 의사결정을 하는지를 연구하는 학문 분야이다. 게임이론은 상호작용하는 경제주체의 수가 적을 때 특히 유용하다. 게임 상황에서 한 경기자의 행동이 다른 경기자의 보수에 의미있는 영향을 미치기 때문이다. 게임이론은 경제학은 물론 경영학, 정치학, 군사학, 심리학, 동물행동연구 등 다양한 분야에서 응용되고 있다.

게임이론은 1944년에 출간된 폰 노이만과 모르겐스턴(Von Neumann and Morgenstern)의 *Theory of Game and Economic Behavior*에 의해서 체계화되었다. 1994년 노벨경제학상을 수상한 내쉬(Nash)(젤튼(Zelten)과 하사니(Harsanyi) 공동수상)의 1950년 논문에서 소개한 '내쉬(Nash) 균형' 개념은 게임이론을 독립된 분야로 정착하게 만든 결정적인 계기가 되었다.

소수의 기업이 경쟁하는 상황을 분석하는 산업조직론에서 게임이론은 중요한 역할을 하고 있다. 이 장에서 소개하는 게임이론은 그 자체적으로 중요한 주제이기도 하지만, 이 책의 뒷부분에 나오는 기업의 다양한 전략을 분석하는 데 응용되고 있다. 게임이론은 협조적 게임과 비협조적 게임으로 구분할 수 있는데, 산업조직론에서 후자를 이용한 분석이 주류를 이루고 있으므로 본 장은 비협조적 게임이론에 대해서 주로 설명한다.

제1절 | 게임의 구성요소와 표시방식

게임의 5가지 구성요소(경기자, 의사결정의 순서, 정보의 묘사, 행동과 전략, 결과와 보수)와 전략형 게임과 동태적 게임의 표시 방식을 소개한다.

1 게임 구성요소

1) 경기자

경기자(players)는 의사결정 주체로서 합리적이라고 가정한다. 경제 주체의 선호가 완비성과 이행성의 특징을 보유하면 합리성이 있다고 한다. 게임이론에서는 합리성에 추가하여 합리성은 주지의 사실(common knowledge)이라는 가정을 한다. 주지의 사실이란 1경기자는 '2경기자가 합리적'이라는 것을 알고 있고, 2경기자는 '1경기자가 2경기자가 합리적이라는 것을 알고 있는 것'을 알고 있고, 1경기자는 다시 '2경기자가 '1경기자가 2경기자가 합리적이라는 것을 알고 있는 것'을 알고 있는 것'을 알고 있는 등 무한 명제가 참인 것을 말한다. 경기자 수는 N(일반적으로 2~3명 또는 2~3개 기업)이며 개별 경기자는 i로 표시한다(즉, $i=1, 2, \cdots, N$). 경기자의 이름은 보통 1, 2, 3 등으로 하며, 집합 $I \equiv \{1, 2, \cdots, N\}$으로 표시한다.

2) 의사결정의 순서

게임은 행동 순서에 따라서 경기 참여자들이 동시에 행동을 취하는 동시적 게임과 한 경기자가 행동을 취한 후에 이를 보고 나서 다른 참여자가 행동을 취하는 동태적(또는 순차적) 게임으로 나눈다. 동시적 게임은 '용의자의 딜레마' 게임이나 특허취득 경쟁, 가위바위보를 예로 들 수 있고, 동태적 게임은 '진입게임 모형'이나 바둑을 예로 들 수 있다. 동시적 게임에서 '동시'라는 의미는 시간적으로 동시를 말하기도 하지만 더 중요하게는 상대방이 어떤 행동을 택했는지 정보가 없는 상태에서 자신의 행동을 선택해야 한다는 의미이기 때문에 시간성은 그리 중요하지 않다. 동태적 게임에서 한 경기자는 다른 경기자가 선택한 것을 (일반적으로) 알고서 자신의 행동을 선택한다. 여기서도 시간상 전후보다는 먼저 선택한 행동에 대한 정보를 알고서 다른 경기자가 행동을 선택한다는 것이 중요하다.

경기자들이 게임을 한번 하고 균형이 도출된 후 모든 것이 그대로 유지된다면 이 게임을 일회성(one-shot) 게임이라 한다. 동일한 게임을 반복하는 게임을 반복게임(repeated game)이라고 한다.

3) 정보의 묘사

게임이론에서 다루는 게임은 대부분 완전회상 게임이다. 완전회상이란 경기자들이 이전에 얻은 정보를 모두 회상할 수 있다는 의미이다. 바둑에서 프로기사들이 한 대국에서 몇 백 번에 걸쳐 놓은 자신의 바둑돌의 순서를 정확히 기억하면서 복기를 하는 것과 마찬가지 원리이다. 경기자들이 갖고 있는 정보의 종류에 따라 완전정보(perfect information)와 불완전정보(imperfect information)로 구분한다. 이는 각 경기자가 자신의 행동을 선택할 때 상대방이 어떤 행동을 취할 것인지 알고 있는지 여부에 대한 것이다. '용의자의 딜레마' 게임에서 각 용의자는 상대방이 취한 행동을 모른 상태에서 자신의 행동을 선택하기 때문에 불완전 정보하의 게임이다. 순차적 게임에서 각 경기자는 경쟁자가 이전에 선택한 정보를 알고서 자신의 행동을 선택하므로 완전정보 게임이다.

정보는 또한 완비정보(complete information)와 불완비정보(incomplete information)로 구분한다. 이는 상대 경기자의 특성이나 유형(type)을 알고 있는지 여부에 따른 구분이다.

4) 행동과 전략

행동은 게임에 참여하는 경기자가 선택할 수 있는 대안을 말한다. 동시적 게임에서 행동과 전략을 구분하지 않지만, 동태적 게임에서는 이를 구분한다.[1] 동시적 게임에서 행동은 전략이라고 말해도 틀리지 않는다. 광고경쟁을 하는 두 기업의 경우 한 기업이 광고를 공세적으로 또는 자제해서 취할 수 있을 때 기업의 광고에 대한 행동은 '공세' 또는 '자제'이다. i경기자가 선택할 수 있는 모든 행동을 a_1^i, a_2^i,

1) 일부 저자는 전략형 게임에서 행동 대신 전략이라는 용어를 사용하기도 한다. 어떤 경우이거나, 동태적 게임에서는 행동과 전략을 구분하여 사용한다.

…, $a^i_{t_i}$라고 표시한다. 하첨자 t_i는 i경기자가 취할 수 있는 행동의 수이다. 이러한 모든 행동은 행동 집합 A^i의 원소들이다. 전략은 제3절에서 소개한다.

순수전략이란 경기자가 주어진 행동을 확실성하에서 선택한 것을 말한다. 한 기업이 광고에 대한 '공세'를 선택한다면 확률 1로 선택하거나 아니면 선택하지 않는 상황이다. 이에 비해서 혼합전략은 선택할 행동에 확률을 부여해서 선택하는 것이다. '공세'에 1/3의 확률, '자제'에 2/3의 확률을 부여해서 행동을 선택하는 상황이다. 순수전략은 혼합전략의 특수한 경우이다.

5) 결과와 보수

결과는 모든 경기자들이 선택한 최종적인 상태를 말한다. 1경기자($i=1$)의 행동집합을 $A^1=\{a^1_1, a^1_2\}$, 2경기자($i=2$)의 행동집합을 $A^2=\{a^2_1, a^2_2\}$라 하면, 결과는 모두 네 가지가 가능하다; (a^1_1, a^2_1), (a^1_1, a^2_2), (a^1_2, a^2_1), (a^1_2, a^2_2). N경기자에 의한 게임의 결과는 $a\equiv(a^1, a^2, \cdots, a^N)$로 표현한다. 결과는 행동 또는 순수전략 조합(profile)이라고도 하는데 불확실성이 있는 경우에 결과와 행동(전략) 프로파일을 구분한다. 우리는 결과(a)와 행동집합(A^i)이 다름을 알 수 있다.

보수(payoffs)는 결과에 따라서 경기자들이 얻는 것으로서 게임이론에서는 화폐액, 효용, 이윤, 점수 등을 모두 보수라고 한다. 보수는 경기자들이 게임의 모든 결과에 대해서 실수를 부여하는 보수함수에 의해서 결정된다. i경기자의 보수함수를 $\pi_i=\pi^i(a)$라 하자. (a^1_1, a^2_1)의 결과에 대해서 1경기자는 10의 보수를 얻고 2경기자는 15를 얻는다면, 1경기자의 보수 10은 (a^1_1, a^2_1)의 결과를 보수함수에 대입한 $\pi^1(a^1_1, a^2_1)$의 값(즉, $\pi^1(a^1_1, a^2_1)=10$)이며, 2경기자의 보수 15는 (a^1_1, a^2_1)의 결과를 보수함수에 대입한 $\pi^2(a^1_1, a^2_1)$의 값(즉, $\pi^2(a^1_1, a^2_1)=15$)이다. 각각의 게임의 결과에 대해서 두 경기자의 보수의 쌍(위의 예에서, (a^1_1, a^2_1)의 결과에 대한 보수의 쌍은 (10, 15))이 존재한다. 보수조합은 주어진 순수전략 조합에 대해서 경기자들의 보수를 배열해 놓은 벡터이다; $\pi(a)=(\pi^1(a), \cdots, \pi^N(a))$.

2 게임 표시방식

1) 전략형 게임

전략형 게임은 게임의 구성 요소 가운데 경기자, 전략, 결과와 보수의 세 가지 구성요소를 갖춘 형식이다. 1경기자는 A와 B의 전략을, 2경기자는 C와 D의 전략을 가지고 있다고 하자. 두 경기자는 순수전략을 구사한다고 가정한다. 1경기자가 A를 선택하는 경우에 2경기자가 C를 선택한다면 1경기자는 2의 효용을, 2경기자는 3의 효용을 얻고, 1경기자가 A 선택 시 2경기자가 D를 선택하면 1경기자는 3, 2경기자는 2의 효용을 얻는다 하자. 1경기자가 B를 선택시 2경기자가 C를 선택한다면 1경기자는 3을 2경기자는 1의 효용을 얻고, 마지막으로 1경기자가 B를 선택 시 2경기자가 D를 선택한다면, 1경기자는 5, 2경기자는 2의 효용을 얻는다 하자. 이 서술은 경기자, 전략, 결과와 보수를 나타내고 있다.

결과 또는 순수전략 조합은 (A, C), (A, D), (B, C), (B, D)이다. 각 결과에 따른 보수는 〈표 7-1〉과 같이 보수행렬로 표시한다. 1경기자는 행(row)에, 2경기자는 열(column)에 표시하며 각 경기자의 전략을 순서대로 표시하여 각 방(cell)에 (1경기자, 2경기자)의 보수를 입력하여 표시한다.

표 7-1 전략형 게임과 보수행렬

		2경기자	
		C	D
1경기자	A	2, 3	3, 2
	B	3, 1	5, 2

2) 동태적 게임 (전개형 게임)

동태적 게임은 앞에서 열거한 다섯 가지의 구성요소를 모두 명시한 게임나무(game tree)로 표시한다. 게임나무는 결정마디(decision node)와 가지(branch)로 이루어져 있다. 결정마디는 시작 결정마디(initial node), 중간 결정마디, 최종 결정마디(terminal node)로 구분한다. 시작과 중간 결정마디에는 의사결정자인 경기자의 이름(1경기자, 2경기자 등)을 표시하고 최종마디에는 경기자의 보수를 표시한다. 가지는 마디를 연결한 선이며 경기자가 선택할 행동을 표시한다. 전략형 게임의 내용을 거의 그대로 이용해서, 동태적 게임의 단순한 예인 순차적 게임을 표시해 보자. 1경기자가 먼저 행동을 취하며, A와 B의 행동을 선택한다. 1경기자가 A를 선택 시 2경기자는 C 또는 D를 선택할 수 있으며 각 경우에 1경기자와 2경기자의 보수는 앞의 예와 마찬가지로 각각 (2, 3), (3, 2)라고 하자. 1경기자가 B를 선택 시 2경기자는 C 또는 D를 선택할 수 있으며 각 경우에 1경기자와 2경기자의 보수는 각각 (3, 1), (5, 2)라고 하자. 게임나무는 [그림 7-1]과 같다.

그림 7-1 동태적 게임과 게임나무

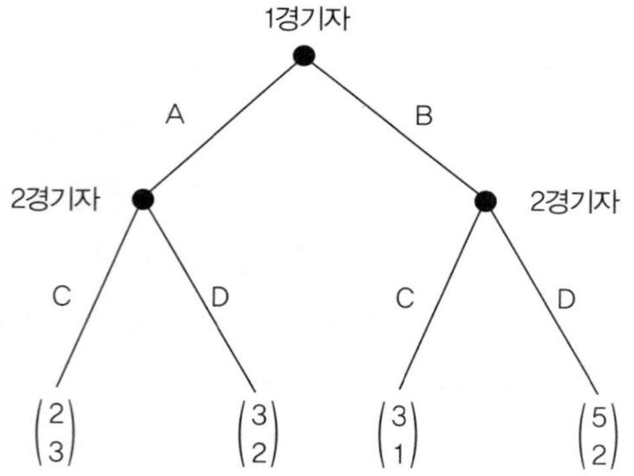

비록 전략형 게임의 내용을 그대로 이용하여 동태적 게임을 표시했지만, 제3절에서 보듯이 동태적 게임에 대한 해석과 균형을 도출하는 개념은 완전히 다르다.

제2절 | 전략형 게임

본 절에서 소개하는 전략형 게임은 동시적 게임으로 경기자들이 주어진 행동을 동시에 선택하는 게임상황이다. 동시적 게임에서 한 경기자는 상대 경기자가 어떤 행동을 선택했는지 알지 못하는 상황이기 때문에 불완전정보하의 게임이라 할 수 있다. 순수전략, 일회성, 불완전정보하의 동시적 게임을 소개하며, 대표적인 예는 '용의자의 딜레마' 게임(Prisoners' dilemma game)이다.

1 용의자의 딜레마 게임

용의자의 딜레마 게임의 전형적인 시나리오는 다음과 같다. 한 범죄 현장에서 경찰은 현장범을 잡지는 못했지만 근처에서 흉기를 소지한 유력한 용의자 두 명을 검거했다. 물증은 없으나 용의자가 범행을 자백하면 법원에서 실형을 받을 수 있다. 두 용의자는 분리되어 심문을 받으며, 서로 의사소통을 할 수 없는 상태이다. 1용의자가 취할 수 있는 행동은 부인 또는 자백이며, 2용의자도 마찬가지라고 가정한다. 경찰은 각각의 용의자에게 다음과 같은 기존 판례를 알려 주었다. 두 용의자가 모두 부인하면 증거 부족으로 둘 다 석방(보수=1)된다. 둘 다 자백하는 경우에는 모두 실형을 받지만 정상을 참작하여 보수는 각각 −2가 된다. 한 명이 자백하면(다른 용의자는 자백하지 않는다는 조건에서) 이 용의자는 석방과 함께 포상금이 주어져서 보수는 2가 된다. 만약에 한 명은 자백했는데, 다른 용의자는 부인한다면 부인한 용의자는 위증죄로 가중처벌을 받게 되어 보수는 −4가 된다.

이 게임은 비록 시차를 두고 심문을 한다 하더라도, 서로 의사소통을 할 수 없고 상대방이 어떤 행동을 취했는지 알지 못한 상태에서 자신의 행동을 선택하므로, 시차는 의미가 없으며, 두 경기자가 동시에 행동을 선택한 것과 같은 동시적 게임이 된다. 두 용의자는 각자의 행동 집합은 물론 결과에 따른 보수도 모두 알고 있으나, 분리 심문을 받기 때문에 상대방이 무슨 행동을 취했는지는 알 수가 없으므로 상대방에 대한 정보가 없는 불완전정보 게임이다. 또한 각 용의자는 확실하게 (또는 확률 1로) 부인 또는 자백을 한다고 가정하므로 순수전략을 구사한다고 할 수 있다. 게임의 결과로서 두 용의자가 보수를 얻으면 그것으로 게임을 끝난다. 즉, 일회성 게임(one-shot game)을 가정한다.

위의 시나리오는 〈표 7-2〉와 같이 보수행렬 형식으로 표시하는데 이 보수행렬을 '정상형'(normal form)이라 한다. 정상형으로 표시된 이 게임은 동시적 게임의 세 가지 요소를 모두 나타내고 있다. 1과 2용의자가 있으며, 각 경기자의 행동 집합은 $A^1=\{a_1^1, a_2^1\}$={자백, 부인}, $A^2=\{a_1^2, a_2^2\}$={자백, 부인}이며, 결과는 (자백, 자백), (자백, 부인), (부인, 자백), (부인, 부인)의 네 가지이다. 보수는 네 개의 사각형에 있는 숫자 쌍으로서, 앞 숫자는 1용의자, 뒷 숫자는 2용의자의 보수를 나타낸다. 예를 들어 1용의자가 부인하고, 2용의자는 자백을 했다면, 1용의자의 보수는 보수함수에 따라서 π^1(부인, 자백)=−4이고 2용의자의 보수는 보수함수에 따라서 π^2(부인, 자백)=2이다.

게임의 균형(또는 해(solution))이 무엇이 될지가 1차적인 관심사이다. 균형이 무엇이 될지는 균형개념에 따라 달라지므로 균형개념을 소개하고 보편적으로 이용하는 내쉬 균형을 소개한다.

표 7-2 용의자의 딜레마

1용의자 \ 2용의자	자백(a_1^2)	부인(a_2^2)
자백(a_1^1)	−2, −2	2, −4
부인(a_2^1)	−4, 2	1, 1

2 균형개념과 내쉬(Nash) 균형

게임상황에서 합리적인 경기자라면 다른 경기자의 선택을 고려하면서, 자신의 행동을 선택하게 된다. 두 경기자의 선택의 결과, 받아들일 수 있는 균형 개념을 소개한다.

1) 우월행동 균형

용의자 딜레마 게임의 네 가지 결과 중에서 과연 어느 것이 균형으로 나타날 것인가? 우월행동(dominant action) 균형은 경기자들이 취할 수 있는 행동을 직관적으로 알려 주는 하나의 균형이다. 우리는 앞에서 N명의 경기자의 결과(행동 프로파일 또는 전략 프로파일)를 $a \equiv (a^1, a^2, \cdots, a^N)$로 표시했다. i경기자의 행동 프로파일을 a^i라 하면, i를 제외한 모든 경기자의 행동(또는 행동프로파일)을 $a^{-i} \equiv (a^1, a^2, \cdots, a^{i-1}, a^{i+1}, \cdots, a^N)$으로 표시할 수 있다. 따라서 $a \equiv (a^i, a^{-i})$라 할 수 있다. 경기자가 세 명인 경우($N=3$)에 $a^{-2} = (a^1, a^3)$이며, $a \equiv (a^2, a^{-2})$이다.

i경기자의 특정한 행동을 $\hat{a}^i$라 하자.(^는 hat이라 읽는다. circumflex 또는 caret이라고도 한다.) 이외의 모든 경기자들이 어떤 행동을 하던지 상관없이 $\hat{a}^i$의 행동이 항상 최대의 보수를 가져다 준다면 $\hat{a}^i$는 i경기자에게 '우월행동'(또는 우월전략)(dominant action (or strategy))이라고 정의한다. 즉, $\pi^i(\hat{a}^i, a^{-i}) \geq \pi^i(a^i, a^{-i})$ 이면 $\hat{a}^i$는 우월행동(전략)이다. 〈표 7-3〉에서 행동 C는 1경기자에게 우월전략이고, 행동 D는 2경기자에게 우월전략이다.

표 7-3 우월행동 균형

1경기자 \ 2경기자	D(a_1^2)	E(a_2^2)	F(a_3^2)
A(a_1^1)	3, 4	1, 3	2, 2
B(a_2^1)	2, 7	4, 4	1, 5
C(a_3^1)	4, 9	7, 5	5, 8

2경기자가 어떤 행동을 취하든(즉, 'D,' 'E,' 또는 'F' 행동) 1경기자의 'C' 행동은 'A'나 'B' 행동에 비해서 보수가 가장 크다. 따라서 1경기자(즉, $i=1$)의 'C' 행동($=a_3^1$)은 우월 행동이다. 더 자세히 살펴보면 다음과 같다. 2경기자가 D를 선택한다면, 1경기자는 A의 행동으로 $\pi^1(a_1^1, a_1^2)=3$의 보수를, B의 행동으로 $\pi^1(a_2^1, a_1^2)=2$의 보

수를, C의 행동으로 $\pi^1(a_3^1, a_1^2)=4$의 보수를 얻으므로 $\pi^1(a_3^1, a_1^2)>\pi^1(a_1^1, a_1^2)>\pi^2(a_2^1, a_1^2)$가 된다. 2경기자가 E의 행동을 선택한다면, $\pi^1(a_3^1, a_2^2)>\pi^1(a_2^1, a_2^2)>\pi^1(a_1^1, a_2^2)$이고, 2경기자가 F를 선택한다면, $\pi^1(a_3^1, a_3^2)>\pi^1(a_1^1, a_3^2)>\pi^1(a_2^1, a_3^2)$이 된다. 2경기가가 어떤 행동을 선택하던 C행동$(=a_3^1)$은 1경기자에게 가장 큰 보수를 주므로 우월행동이다. 2경기자에게 D는 우월행동$(=a_1^2)$임을 독자들은 증명할 수 있을 것이다.

정의: $\hat{a}^i$를 각 경기자$(i=1, \cdots, N)$의 행동 집합(A^i)의 원소, $(\hat{a}^1, \cdots, \hat{a}^N)$를 게임의 결과, $\hat{a}^i$를 i경기자의 우월행동이라 하면, $(\hat{a}^1, \cdots, \hat{a}^N)$를 '우월행동 균형'이라 정의한다.

위의 예에서 $a_3^1=\hat{a}^1$이고, $a_1^2=\hat{a}^2$이므로 우월행동 균형은 $(\hat{a}^1, \hat{a}^2)=(a_3^1, a_1^2)=(C, D)$이다. 우월행동 균형은 게임에서 경기자들이 어떻게 상호 작용하는지에 대한 합리적인 예상을 제공하지만 강력한 균형 개념이어서, 균형이 존재하지 않는 경우가 많다. 〈표 7-4〉(열등행동의 제거)에서 보듯이 경기자들은 우월행동이 없으므로 우월행동 균형을 도출할 수 없다. 우월행동과 매우 유사하면서 게임균형을 얻는 또 다른 개념인 '열등행동의 연속적 제거' 방법을 소개한다.

2) 열등행동의 연속적 제거

i경기자의 특정한 행동을 $\tilde{a}^i$라 하자.(~는 tilde라고 읽음) i 이외의 모든 경기자들이 어떤 행동을 하든지 상관없이 $\tilde{a}^i$의 행동이 항상 최소의 보수를 가져다 준다면, $\tilde{a}^i$는 경기자 i에게 '열등행동'(dominated action)이라고 정의한다; $\pi^i(a^i, a^{-i})\geq\pi^i(\tilde{a}^i, a^{-i})$.

〈표 7-4〉의 게임에서 1경기자가 어떤 행동을 취하던(즉, '가,' '나,' 또는 '다' 행동) 2경기자의 '바' 행동은 '라'나 '마' 행동에 비해서 보수가 가장 적다. 따라서 2경기

표 7-4 열등행동의 연속적 제거

1경기자 \ 2경기자	라(a_1^2)	마(a_2^2)	바(a_3^2)
가(a_1^1)	1, 3	2, 2	8, 1
나(a_2^1)	7, 5	5, 8	4, 3
다(a_3^1)	4, 6	3, 5	7, 4

자의 '바' 행동($=\tilde{a}_3^2$)은 열등행동이다. 더 자세히 살펴보면 다음과 같다. 1경기자가 '가'행동을 선택한다면, 2경기자는 '라'행동으로 3의 보수($\pi^2(a_1^1,\ a_1^2)=3$)를, '마'행동으로 2의 보수($\pi^2(a_1^1,\ a_2^2)=2$)를, '바'행동으로 1의 보수($\pi^2(a_1^1,\ \tilde{a}_3^2)=1$)를 얻으므로, 1경기자의 '가'행동에 대해서 2경기자의 '바'행동의 보수가 가장 적다. (즉, $\pi^2(a_1^1,\ a_1^2)>\pi^2(a_1^1,\ a_2^2)>\pi^2(a_1^1,\ \tilde{a}_3^2)$) 1경기자가 '나' 행동을 선택한다면, 마찬가지 방법으로 2경기자는 '바'행동으로 가장 낮은 보수를 얻으며, 1경기자가 '다' 행동을 선택한다면, 2경기자는 '바' 행동으로 가장 낮은 보수를 얻는다. 즉, $\pi^2(a_2^1,\ a_2^2)>\pi^2(a_2^1,\ a_1^2)>\pi^2(a_2^1,\ \tilde{a}_3^2)$ 그리고 $\pi^2(a_3^1,\ a_1^2)>\pi^2(a_3^1,\ a_2^2)>\pi^2(a_3^1,\ \tilde{a}_3^2)$이다. 그러나 1경기자에게 열등행동은 존재하지 않는다(우월행동도 존재하지 않음). 최적의 의사결정을 위해서, 경기자는 상대방이 어떻게 행동하는지 예상(conjecture)하면서 자신의 행동을 선택한다. 1경기자는 2경기자가 합리적이라는 것을 알고 있으므로, 2경기자가 '바'를 행동하지 않을 것이라고 예상을 하면서, 최적의 행동을 선택할 것이다. 따라서 이 게임에서 우리는 '바'의 행을 제거할 수 있다(즉, 열등행동의 제거).

이제 우리는 1경기자의 '가,' '나,' '다'의 행동과 2경기자의 '라'와 '마'의 행동과 그에 따른 결과를 고려한다. 이 축소된 게임에서 2경기자에게 열등행동은 존재하지 않는다. 그러나 1경기자에게 '가'와 '다'의 행동은 열등행동이다. 사전적으로 (즉, 2경기자의 열등행동 '바'를 제거하기 이전) 1경기자에게 '가'와 '다'는 열등하지 않았지만, 2경기자의 열등행동이 제거된 후에 열등행동이 되었다. 2경기자는 1경기자가 합리적이라는 것을 알고 있으므로, '가'와 '다'의 행동을 선택하지 않을 것이라는 것을 알고 있다(열등행동의 제거). 이제 마지막으로 남은 게임은 1경기자의 '나' 행동과 2경기자의 '라'와 '마'의 행동이다. 2경기자는 자신에게 최소의 보수를 주는 '라'의 행동을 제거하게 된다. 결과적으로 균형은 (나, 마)의 행동 조합이 된다는 것을 알 수 있다.

그러나 〈표 7-5〉에서 보듯이 남녀 데이트(battle of sexes) 게임이라는 고전적인 예에서는 우월행동이나 열등행동이 존재하지 않기 때문에 위와 같은 균형 개념으로는 균형 도출이 어렵다. 남녀 데이트 게임은 두 남녀가 주말 저녁을 같이 보내거나 잘못 선택하여 주말 저녁을 따로 지낼 수도 있는 상황이다. 로미오와 줄리엣이 사전에 의사소통 없이 야구 또는 발레라는 행동을 선택하는 게임 상황을 고려하자. 줄리엣이 야구를 선택하고 로미오는 발레를 선택한다면 (또는 그 반대의 선택을 한다면) 둘은 서로 다른 장소에 혼자 구경해야 하므로 각자의 효용은 영이다. 줄리엣이 야구를, 로미오도 야구를 선택하면 각각 1과 2의 효용을 얻으며, 줄리엣과 로미오가 같이 발레를 선택하면 각각 2와 1의 효용을 얻는다. (야구, 야구)의 결과

표 7-5 남녀 데이트 게임

로미오 / 줄리엣	야구	발레
야구	1, 2	0, 0
발레	0, 0	2, 1

는 줄리엣에게 1, 로미오에게 2의 효용을 주는데 비해서 (발레, 발레)의 결과는 각자에게 2, 1의 효용을 준다. 비록 같은 행동을 하는 것이 서로 다른 행동을 선택하는 것보다 두 사람에게 더 좋은 결과를 주지만, 줄리엣은 발레를 야구보다 더 선호하고, 로미오는 그 반대라는 것을 알 수 있다. 이 게임에서 '우월행동'이나 '열등행동'이 없다. 위에서 소개한 균형 개념에 따른 균형을 도출할 수 없다. 연습문제 3에서 '겁쟁이 게임'(game of chicken)의 균형을 도출해 보길 권한다.

이제 게임이론에서 보편적으로 이용하는 내쉬 균형을 소개한다.

3) 내쉬 균형

남녀 데이트 게임에서 보았듯이, 많은 게임에서 우월행동(또는 열등행동)이 존재하지 않거나, 너무 엄격한 조건이어서 이에 따른 균형 개념을 적용하여 합리적인 결과를 도출하기 어렵다. 용의자 딜레마 게임을 포함한 앞에서 소개한 게임의 합리적인 균형을 얻기 위해서 가장 보편적으로 이용하는 균형개념은 내쉬(Nash) 균형이다. 내쉬 균형은 상대방의 행동을 주어진 것으로 보고 어떤 경기자도 자신의 행동을 변경하려 하지 않는 행동의 집합을 말한다.

정의: a^{*i}를 각 경기자($i=1, \cdots, N$)의 행동 집합(A^i)의 원소라 하자. 만약에 어떤 주어진 결과($a^* \equiv (a^{*1}, \cdots, a^{*N})$)에서 다른 모든 경기자들이 다른 행동으로 변경하지 않을 때, 한 경기자가 자신의 행동을 변경하여 보수가 더 증가하지 않는다면, 이 결과(a^*)는 내쉬 균형이다.

더 엄격히 정의한다면, 만약에 모든 $a^i \in A^i$에 대해서 $\pi^i(a^{*i}, a^{*-i}) \geq \pi^i(a^i, a^{*-i})$를 만족한다면, $(a^{*1}, \cdots, a^{*N})$는 내쉬 균형이다. 그 역도 성립한다: 어떤 결과가 내쉬 균형이면, 그 결과에서 각 경기자들은 다른 행동보다 더 큰 보수를 얻는다.

동시적 게임의 대표적인 예인 용의자의 딜레마 게임을 이용하여 내쉬 균형을 도출하자. 용의자의 딜레마 게임(〈표 7-2〉)에서 내쉬 균형은 (자백, 자백)이다. 내쉬 균형의 정의를 이용하여 다른 결과가 왜 내쉬 균형이 아닌지를 생각한다. 먼저 (부인, 부인)이 내쉬 균형이라고 가정해 보자. 이 결과에서 1용의자는 2용의자의 부인을 주어진 것으로 보고, 자신의 행동을 자백으로 변경함으로써 보수를 1에서 2로 증가시킬 수 있다. 즉, π^1(자백, 부인)=2>π^1(부인, 부인)=1(이는 (a_2^1, a_2^2)의 셀에서 (a_1^1, a_2^2)의 셀로 이동한 것이다). 따라서 2용의자의 부인이 주어졌다면, 1용의자에게 부인은 최적의 선택이 아니다. (부인, 부인) 결과에서 2용의자도 1용의자의 부인을 주어진 것으로 보고 자신의 행동을 자백으로 변경함으로써 보수를 1에서 2로 증가시킬 수 있으므로, 즉, π^2(자백, 부인)=2>π^2(부인, 부인)=1(이는 (a_2^1, a_2^2)의 셀에서 (a_2^1, a_1^2)의 셀로 이동한 것이다). 2용의자에게 부인은 최적의 선택이 아니다. 따라서 (부인, 부인)에서 각 경기자는 다른 행동으로 변경할 유인이 존재하므로 내쉬 균형이 아니다. (부인, 자백)도 내쉬 균형이 아니다. 이 결과에서 1용의자는 상대방의 선택을 주어진 것으로 보고 자신의 선택을 자백으로 변경한다면 보수가 −4에서 −2로 증가하므로 기꺼이 그렇게 할 것이기 때문이다.

(자백, 자백)에서 1용의자는 2용의자가 자백을 선택한다는 예측하에 자신의 행동을 부인으로 변경하면, 보수가 오히려 감소하므로 자백을 변경하려 하지 않으며, 2용의자도 1용의자가 자백을 선택한다는 예측하에, 자신도 자백을 변경하려 하지 않는다. (자백, 자백)에서 어느 용의자도 자신의 선택을 변경하려 하지 않으므로 이는 내쉬 균형이다. 즉, 1용의자의 경우 내쉬 균형 (a^{*1}, a^{*2})=(자백, 자백)에서 $\pi^1(a^{*1}, a^{*-1})=\pi^1$(자백, 자백)$=-2>\pi^1(a^1, a^{*-1})=\pi^1$(부인, 자백)$=-4$)이며, 2용의자도 내쉬 균형에서 $\pi^2(a^{*-2}, a^{*2})=\pi^2$(자백, 자백)$=-2>\pi^2(a^{*-2}, a^2)=\pi^2$(자백, 부인)$=-4$)이다. 여기서 a^{*-1}은 a^{*2}이며, a^{*-2}은 a^{*1}이다. 정의에 따라서 내쉬 균형은 (a^{*1}, a^{*2})=(자백, 자백)이다. 내쉬 균형에서 어느 용의자도 혼자서(unilaterally) 자신의 행동을 변경하여 보수를 증가시킬 수 없다.

이제 내쉬 균형을 우월행동 균형과 비교해 보자. 용의자의 딜레마 게임에서 내쉬 균형은 우월행동 균형이기도 하다. 2용의자가 부인이든, 자백이든 어떤 행동을 하든 1용의자는 부인할 때보다 자백할 때 보수가 높으므로 1경기자의 자백은 우월행동이며, 또한 2용의자에게도 자백이 우월행동이다. 따라서 (자백, 자백)은 우월행동 균형이다. 우월행동 균형은 반드시 내쉬 균형이다. 각 용의자가 우월행동을 선택하는 우월행동 균형에서 어느 용의자도 이 균형에서 다른 행동을 취함으로써 보수를 더 증가시킬 수 없기 때문에 우월행동 균형은 내쉬 균형이다. 〈표 7-3〉의 게임에서 우월행동 균형은 (C, D)라고 했다. 이 균형은 내쉬 균형이다. 〈표 7-4〉의 게임에서 열등행동의 연속적 제거로 균형은 (나, 마)라고 했으며, 이 균형은 내쉬 균형이다.

우월행동 균형은 반드시 내쉬 균형이지만, 내쉬 균형이 꼭 우월행동 균형은 아니다. 다르게 표현하자면, 우월행동 균형이 존재하지 않는다 하더라도 내쉬 균형이 존재할 수도 있다. 〈표 7–5〉 남녀데이트 게임에서 우월행동 균형이 존재하지 않는다고 했다. 그러나 내쉬 균형이 존재하며, 더욱이 두 개나 존재한다. 줄리엣은 로미오가 야구를 선택할 것이라는 예측하에 자신도 야구를 선택하면 발레보다 더 많은 보수(0보다 1)를 얻으므로 야구를 선택한다. 로미오는 줄리엣이 야구를 선택한다면 자신도 야구를 선택하는 것이 발레보다 더 높은 보수(0보다 2)를 얻으므로 야구를 선택한다. (야구, 야구)에서 두 남녀는 다른 행동으로 변경하지 않을 것이므로 이 결과는 내쉬 균형이다. 마찬가지 논리로 (발레, 발레)도 내쉬 균형이다.

내쉬 균형이 반드시 우월행동균형은 아니라고 했다. 왜 그런가? 우월행동 균형에서 한 경기자의 한 행동은 상대방의 모든 행동에 대해서 가장 큰 보수를 제공한다. 내쉬 균형에서 한 경기자의 한 행동은 상대방의 한 행동에 대해서 가장 높은 보수를 주는 것이지 상대방의 모든 행동에 대해서 가장 큰 보수를 주는 행동은 아니다. 이런 이유에서 내쉬 균형은 우월행동 균형보다 더 완화된(weaker) 기준으로 게임의 균형을 찾는다는 특징을 가지고 있다.

3 내쉬 균형과 반응함수

정의: 만약에 $\pi^i(\dot{a}^i, a^{-i}) \geq \pi^i(a^i, a^{-i})$이라면 $(\dot{a}^i, a^i \in A^i)$, i경기자의 행동 프로파일(또는 전략 프로파일) $\dot{a}^i$는 다른 모든 경기자 행동 프로파일 a^{-i}에 대해서 최적 반응(best response)이다.($\dot{a}^i$에서 ·은 dot이라 읽음)

각 경기자는 최적 반응을 하여 자신의 보수를 최대화시킬 수 있기 때문에, 합리적 경기자는 최적 반응이 아닌 행동을 선택하지 않을 것이다. 용의자의 딜레마 게임에서 1용의자의 자백은 2용의자의 부인에 대한 최적 반응이다. 〈표 7–4〉(열등행동의 연속적 제거)에서 2경기자의 마는 1경기자의 나에 대한 최적 반응이다.

정의: i경기자의 최적 반응함수는 주어진 행동 프로파일 a^{-i}에 대해서 i경기자의 보수(즉, $\pi^i(a^i, a^{-i})$)를 최대화하는 행동 $a^i = R^i(a^{-i})$을 부여하는 수학적 함수인 $R^i(a^{-i})$이다.

용의자의 딜레마 게임에서 2용의자의 부인(즉, a^2=부인)에 대한 1용의자의 최적 반응함수는 a^1=자백=R^1(a^2=부인)이고(여기서 $a^1=\dot{a}$=자백), 2용의자의 자백 (즉, a^2=자백)에 대한 1용의자의 최적 반응함수는 a^1=자백=R^1(a^2=자백)이다. 따라서 $a^* \equiv (a^{*1}, \cdots, a^{*N})$가 내쉬 균형 결과라면, $a^{*i}=R^i(a^{*-i})$임을 알 수 있다.

이 정의에서 알 수 있듯이 내쉬 균형은 ① 최적 반응(상대방에 대한 어떤 예상하에서 최적 행동 선택)과, ② 정확한 예측(상대방의 최적 전략에 대한 예상이 상대방의 실제 행동과 부합)의 두 가지 조건을 충족해야 한다.

게임에서 행동은 부인 또는 자백과 같이 이산적(discrete)인 예들을 소개했으나, 행동이 연속적인 경우에도 분석이 가능하다. 제8장의 쿠르노 모형이나 버트랜드 모형에서 보듯이 행동은 수량 또는 가격 변수로서 영과 무한대의 범위에서 연속적 변수이다.

4 내쉬 균형과 효율성

게임에서 한 결과(전략프로파일)가 다른 결과보다 더 좋은지 또는 나쁜지는 파레토 효율성에 근거해서 판단한다.

■ 정의

- **파레토 우월성**: 만약에 모든 i경기자에게 $\pi^i(\tilde{a}) \geq \pi^i(\bar{a})$이고, 또한 $\pi^h(\tilde{a}) > \pi^h(\bar{a})$인 h경기자가 최소한 한 명 존재한다면, 결과 $\tilde{a}$는 결과 $\bar{a}$에 대해서 파레토 우월적이다. ($\bar{a}$에서 −는 bar라고 읽음)
- **파레토 효율성 (최적성)**: 결과 $\overleftrightarrow{a}$에 대해서 파레토 우월적인 다른 어떤 결과도 존재하지 않는다면, $\overleftrightarrow{a}$는 파레토 효율성(또는 파레토 최적성)이라 부른다. ($\overleftrightarrow{a}$에서 ↔는 left right arrow라고 읽음)
- **파레토 비교 불가**: 만약에 두 결과 $\ddot{a}$와 $\bar{\bar{a}}$에 대해서 어떤 i경기자는 $\pi^i(\ddot{a}) > \pi^i(\bar{\bar{a}})$이고, 다른 h경기자는 $\pi^h(\ddot{a}) < \pi^h(\bar{\bar{a}})$라면, 두 결과는 '파레토 비교 불가'하다고 한다. ($\ddot{a}$에서 ··는 double dot, $\bar{\bar{a}}$에서 =는 double overline이라고 읽음)

파레토 우월성은 한 경기자가 다른 경기자의 후생을 악화시키지 않으면서 자신의 후생을 증진시킬 수 있는 결과이다. 〈표 7-5〉의 남녀 데이트 게임에서 (야구, 야구)와 (발레, 발레)는 (야구, 발레) 또는 (발레, 야구)에 대해서 파레토 우월적이다. 또한 (야구, 야구)와 (발레, 발레)는 모두 파레토 효율적이며, 두 결과는 서로 파레토 비교 불가하다.

용의자 딜레마 게임에서 (부인, 부인)은 (자백, 자백)에 대해서 파레토 우월적이며, (부인, 자백)과 (자백, 부인)은 파레토 비교 불가하다. 용의자 딜레마 게임에서 용의자 모두 보수행렬을 알고 있다고 가정하므로, 두 용의자가 부인하면, 모두 다 보수가 증가하는 파레토 우월적인 상태로 이동이 가능하다고 생각할 수 있다. 그러나 용의자들이 모두 합리적이고 또한 상대방이 합리적이라는 사실을 서로가 알고 있다는 주지의 사실(common knowledge)이 있으므로 상대방의 주어진 행동에서 대해서 자백을 하게 되는 것이다. 이 결과는 파레토 효율적이지 않다. 따라서 용의자 딜레마 게임 결과는 경제주체가 개인 보수를 극대화하여 달성한 자원 배분 균형이 사회적으로 비효율적일 수 있음을 보여주고 있다.

5 혼합전략과 내쉬 균형

지금까지 논의한 내쉬 균형은 순수전략에서의 균형이다. 순수전략이란 경기자들이 자신의 각각의 행동을 확실성있게 선택하는 게임을 말한다. 그러나 순수전략 게임에서 내쉬 균형은 존재하지 않을 수 있다. 대표적인 예 중의 하나는 동전던지기 게임으로서 1과 2경기자가 동전을 던져서 둘 다 같은 면이 나오면 2경기자가 1경기자에 1을 주고, 서로 다른 면이 나오면 1경기자가 2경기자에게 1을 주는 게임이다. 이를 보수행렬로 표시하면 〈표 7-6〉과 같다. 이 순수전략게임에서 내쉬 균형은 존재하지 않는다. 예를 들어 (앞면, 앞면)에서 1경기자는 극대화 보수를 얻고 있으나, 2경기자는 행동을 뒷면으로 변경하여 자신의 보수를 증가시킬 수 있으므로, 이 결과는 내쉬 균형이 아니다.

표 7-6 동전던지기 게임

1경기자 \ 2경기자	앞면(H)	뒷면(T)
앞면(H)	1, −1	−1, 1
뒷면(T)	−1, 1	1, −1

경기자가 자신의 행동을 확률적으로 선택하는 게임을 '혼합전략'(mixed strategy) 게임이라 한다. 내쉬 균형은 순수전략에서 존재하지 않을 수도 있으나, 혼합전략에서는 최소한 하나의 유일한 내쉬 균형이 항상 존재한다(내쉬(Nash), 1950).

정의: 혼합전략이란 동시적 게임에서 경기자들이 자신의 행동에 대해서 부여한 확률분포이다.

동전던지기 게임에서 1경기자는 앞면(H)에 확률 p를 뒷면(T)에 확률 $1-p$를 부여하고, 2경기자는 자신의 행동 앞면과 뒷면에 각각 확률 q와 $1-q$를 부여한다고 하자. $f^i(a^i)$는 i경기자가 자신의 행동 a^i에 대해서 혼합전략 f^i에 의해 부여된 확률이며, f^i를 혼합전략 프로파일이라 한다. 따라서 f^1(앞면)$=p$이고 f^1(뒷면)$=1-p$이다. 이러한 표시 방법은 복잡할 수 있으므로 때때로 혼합전략은 각 경기자의 행동순서에 따라 확률로 표시한다. 즉, 1경기자의 혼합전략은 행동 (앞면, 뒷면)의 순서에 대응하여 $(p, 1-p)$로 표시한다. 2경기자의 혼합전략은 $(q, 1-q)$로 표시한다. 이에 따라서, $(f^1=p, f^{-1}=q)$를 혼합전략 프로파일이라 한다.

정의: 혼합전략 프로파일 (f^{*i}, f^{*-i})에서 i경기자의 기대보수가 (f^i, f^{*-i})에서의 기대보수보다 최소한 크다면 (f^{*i}, f^{*-i})는 혼합전략 내쉬 균형이다(즉, $E\pi^i(f^{*i}, f^{*-i}) \geq E\pi^i(f^i, f^{*-i})$이라면 (f^{*i}, f^{*-i})는 혼합전략 내쉬 균형이다.)

여기서 $E\pi^i(f^i, f^{-i})$는 i경기자의 기대보수로서 다음과 같이 나타낸다; $E\pi^i(f^i, f^{-i}) = p[q\pi^i(H, H)+(1-q)\pi^i(H, T)]+(1-p)[q\pi^i(T, H)+(1-q)\pi^i(T, T)]$. 여기서, E는 기대치를 나타내는 수학 연산자이다. $\pi^1(H, H)=\pi^1(T, T)=1$과 $\pi^1(H, T)=\pi^1(T, H) = -1$이므로 $E\pi^1(f^1, f^{-1})=p[q(1)+(1-q)(-1)]+(1-p)[q(-1)+(1-q)(1)]=p[2q-1]+(1-p)[1-2q]$이다. 마지막 식에서 첫 번째 항의 $[2q-1]$은 1경기자가 순수전략(즉, 확률 1)으로 앞면을 택할 때의 기대값이고, 두 번째 항의 $[1-2q]$는 순수전략으로 뒷면을 택할 때의 기대값이다. $\pi^2(H, T)=\pi^2(T, H)=1$과 $\pi^2(H, H)=\pi^2(T, T)=-1$이므로 $E\pi^2(f^2, f^{-2})=q[p(-1)+(1-p)(1)]+(1-q)[p(1)+(1-p)(-1)] =q[1-2p]+(1-q)[2p-1]$이다. 마지막 식의 대괄호 안의 항은 앞의 1경기자의 기대 보수와 유사한 해석을 할 수 있다.

혼합전략 게임의 내쉬 균형은 최적반응함수를 이용해서 구할 수 있다. 혼합전략 게임에서 i경기자의 최적반응 함수는 주어진 혼합전략 프로파일 f^{-i}에 대해서 i경기자의 각각의 순수전략으로 얻는 기대보수를 최대화 하는 f^i이다. 즉, $f^i=B^i(f^{-i})$이다. 이제 1경기자의 혼합전략 최적 반응 함수를 구해보자. $E\pi^1(f^1, f^{-1})= p[2q-1]+(1-p)[1-2q]$이므로 $q<1/2$인 경우 뒷면에 대한 기대보수 $(1-2q)$가 앞면에 대한 기대보수 $(2q-1)$보다 크므로 $p=0$(즉, $f^1=B^1(f^{-1}<\frac{1}{2})$, 여기서 $f^1=p$,

$f^{-1}=q$)이 1경기자에게 가장 좋은 반응이다. $q>1/2$인 경우에, 그 반대이므로 $p=1$이 1경기자에게 가장 좋은 반응이다. $q=1/2$인 경우에, p는 영과 1 사이의 아무 값이라도 상관없다. 2경기자의 혼합전략 최적 반응함수도 이와 유사한 방법으로 도출할 수 있다. 즉, $E\pi^2(f^1, f^{-1})=q[1-2p]+(1-q)[2p-1]$에서, $p<1/2$인 경우에 $q=1$, $p>1/2$인 경우에 $q=0$, 그리고 $p=1/2$인 경우에 q는 0과 1 사이의 아무 값이라도 상관없다. 이 결과를 이용하여 1경기자의 반응함수($B^1(q)$)와 2경기자의 반응함수($B^2(p)$)를 표시하면 다음과 같다.

1경기자 반응함수 2경기자 반응함수

$$B^1(q)=\begin{cases} 0 & \text{if } q<\frac{1}{2} \\ p,\ 0\le p\le 1 & \text{if } q=\frac{1}{2} \\ 1 & \text{if } q>\frac{1}{2} \end{cases} \qquad B^2(p)=\begin{cases} 1 & \text{if } p<\frac{1}{2} \\ q,\ 0\le q\le 1 & \text{if } p=\frac{1}{2} \\ 0 & \text{if } p>\frac{1}{2} \end{cases}$$

이를 (p, q) 공간에 나타내면 [그림 7-2]와 같다.

혼합전략 내쉬 균형은 두 경기자의 최적반응함수인 $B^1(q)$([그림 7-2] (a))과 $B^2(p)$([그림 7-2] (b))가 교차하는 점 A([그림 7-2] (c))에서 발생하므로 각 경기자는 앞면에 1/2의 확률을 부여한다. 즉, 동전던지기 게임에서 각 경기자가 앞면에 1/2, 뒷면에 1/2의 확률을 부여하면 혼합전략 내쉬 균형이 발생한다. 전략형 게임에서 내쉬 균형이 최소한 한 개 존재한다는 것은 비록 순수전략에서 내쉬 균형이 없다 하다라도 혼합전략에서는 최소한 하나의 내쉬 균형이 존재한다는 의미이다(내쉬(Nash), 1950).

그림 7-2 혼합전략 반응함수

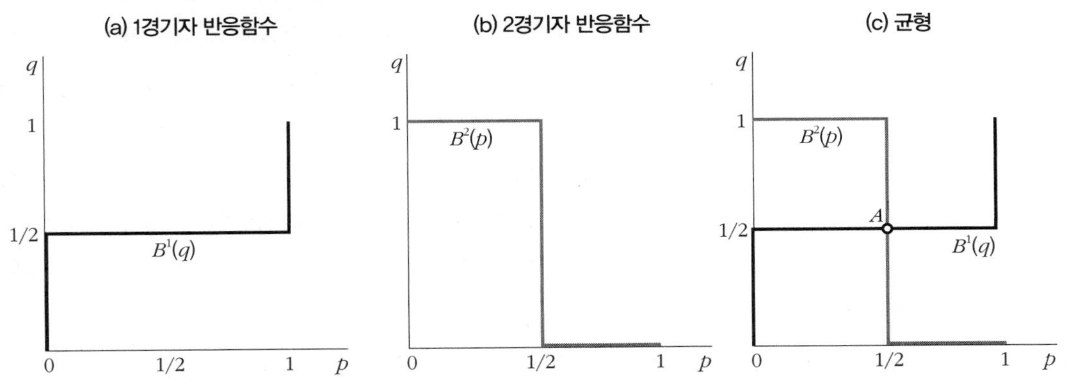

제3절 | 동태적 게임

동태적 게임(dynamic game)은 한 경기자가 행동을 선택하고 나서 다른 경기자가 행동을 취하는 게임이다. 경기자들이 순서(또는 시간)에 따라 선택을 하기 때문에 순차적 게임 또는 전개형(extensive) 게임이라고도 한다. 한 경기자의 선택 이후에 다른 경기자가 선택을 하고, 또 이전 경기자가 행동을 다시 선택하는 등 두 경기자가 행동 순서를 반복하여 게임을 할 수도 있다. 한 경기자가 자신의 순서가 되었을 때 이전에 발생한 게임의 모든 것(이를 역사라 함)을 알고 있는 경우를 완전정보 게임이라 한다.

먼저 행동을 취하는 1경기자는 2경기자의 행동을 변경시키고 자신에게 이롭게 할 목적으로 위협을 가하거나 신뢰성 없는 행동을 선택할 수 있다. 문제는 이와 같은 행동도 내쉬 균형을 충족할 수 있다는 점이다. 동태적 게임에서 균형은 '신뢰성 있는' 내쉬 균형이어야 한다. 동태적 게임에서 신뢰성 있는 내쉬 균형을 구하는 균형 개념은 '하부게임 완전균형'이다.

2경기자가 선택할 시기에 1경기자가 선택한 행동을 알지 못한 상태로 선택을 해야 하는 경우를 불완전정보 게임이라고 한다. 여기서는 완전정보 게임을 소개한다.

1 완전정보 동태적 게임

1) 게임의 구성요소

완전정보 동태적 게임의 구성요소와 표시 방식을 위해서 대표적인 경우의 하나인 '진입게임'을 소개한다. 진입게임의 시나리오는 다음과 같다; 어떤 독점시장에 한 기업이 진입을 타진하고 있다. 이 잠재기업은 '진입'을 할 수도 있으며, 진입을 포기하는 '자제'를 선택할 수도 있다. 잠재기업이 자제를 하는 경우에 잠재기업의 이윤은 1, 기존기업인 독점기업의 이윤은 4이다. 진입을 한다면 독점기업은 공격적 대응, 또는 수용을 할 수도 있는데, 전자의 경우에 진입한 잠재기업과 기존기업의 이윤은 각각 (0, 0)이라고 하자. 기존기업이 진입을 수용하면 과점시장 구조를 받아들이는 것으로서 진입기업과 기존기업의 이윤은 각각 (2, 2)라고 하자. 이 동태적 게임을 나무모양으로 표시하면 [그림 7-3]과 같다.

그림 7-3 진입게임

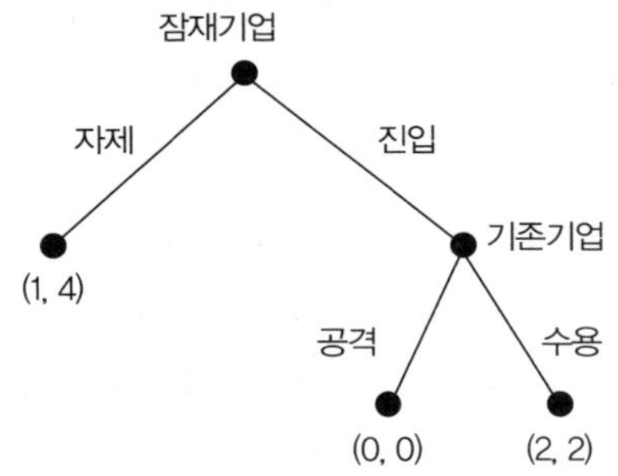

여기에 표시된 잠재기업과 기존기업은 경기자이다. 시작(결정)마디는 잠재기업이 처음으로 의사결정을 하는 것을 표시한다. 잠재기업이 만약에 자제를 선택하면 기존기업이 취할 행동은 없으며, 게임은 최종마디에 도달하여 두 기업의 보수가 결정된다. 만약에 진입을 하게 되면, 기존기업이 의사 결정을 하며, 오른쪽 중간마디는 기존기업의 결정마디이다. 기존기업은 공격과 수용의 행동이 있으며 공격을 선택하면 최종마디에 도달하여 잠재기업과 기존기업의 보수는 (0, 0)이고, 수용을 선택하면 또 다른 최종마디에 도달하여 보수는 (2, 2)이다. 잠재기업의 시작마디와 최종마디를 연결하는 선은 가지로서 자제라는 행동을, 그리고 기존기업의 중간마디를 연결하는 선은 또 다른 가지로서 진입이라는 행동을 나타낸다. 기존기업의 중간(결정)마디와 최종마디를 연결하는 두 개의 가지는 각각 공격과 수용의 행동을 나타낸다.

2) 전략과 결과

전략형 게임에서 행동과 전략은 동일하였으나, 동태적 게임에서 이 둘은 다르다. [그림 7-3]의 진입게임에서 잠재기업의 행동은 (자제, 진입)이며, 기존기업의 행동은 (공격, 수용)이다. 전략은 다음과 같이 정의된다;

정의: 완전정보 동태적 게임에서 i경기자의 전략은 i의 각 결정마디에서 이동할 수 있는 모든 행동의 조합들이다.

다시 말해서 전략이란 상대방이 어떤 행동을 취하든지 상관없이 한 경기자가 선택하기를 원하는 모든 행동 계획 또는 조건부(contingency) 계획이라고 할 수 있다. [그림 7-3]의 진입게임에서 잠재기업의 전략은 자신의 행동과 같은 자제와 진입이고, 기존기업의 행동은 공격과 수용이다. 여기서 기존기업은 잠재기업이 자제를 할 때 취할 행동은 없지만, 진입을 자제하게 하기 위해서 공격이라는 위협과 함께 수용을 선택할 수 있기 때문에 전략으로서 고려해야 한다. 따라서 동태적 게임에서 행동과 전략은 다르다.

조금 더 복잡한 두 가지 예를 통해서 전략을 더 잘 이해할 수 있다. [그림 7–4]에서 1경기자는 시작마디에서 한 번 이동하며, 행동집합에는 {A, B}가 있다. 시작마디에서 취할 수 있는 행동은 A와 B이며, 1경기자의 전략은 A와 B이다. 2경기자의 행동은 행동집합 {C, D}의 원소들이다. 2경기자는 1경기자가 A로 이동한 이후 자신의 결정마디에서 C와 D가 이용가능한 행동이며, B에 대해서도 동일한 이용가능한 행동이 있다. 2경기자는 1경기자가 A를 선택한 경우에 C를 선택할 수 있는데, 1경기자가 A가 아니라 B를 선택한다면 2경기자는 C 또는 D를 선택할 준비를 해야 한다. 이에 따라서 2경기자의 전략은 (C, C), (C, D)이며, 1경기자가 A를 선택한 경우 2경기자는 D를 선택할 수 있고 1경기자가 B를 선택 시 2경기자는 C 또는 D를 준비해야 하므로 2경기자의 전략에 (D, C), (D, D)를 추가해야 한다. 따라서 2경기자의 전략은 (C, C), (C, D), (D, C), (D, D)이다(여기서 앞의 행동은 A가 선택되었을 때, 뒤의 행동은 B가 선택되었을 때를 말한다). 2경기자의 행동과 전략은 다르다는 것을 알 수 있다.

[그림 7–5]에는 1경기자가 2경기자의 행동 이전과 이후에 행동을 취하는 동태적 게임이며, 행동보다 전략이 더 많음을 보여준다. 2경기자의 전략은 (C, E), (C, F), (D, E), (D, F)이다. 1경기자가 B를 선택한 이후에 2경기자가 F를 선택하면, 1경기자는 G 또는 H의 행동을 취한다. 전략의 정의가 의미하는 것은 이 행동집합({G, H})은 1경기자의 A가지에서 발생하지 않지만(그래서 독자들은 처음에는 받아들이기

그림 7–4 동태적 게임 예1

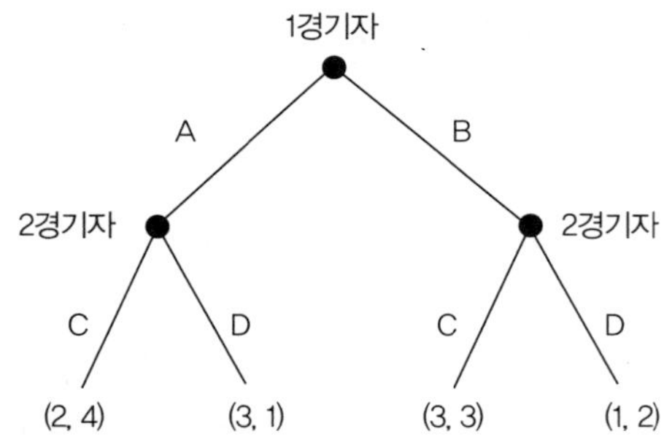

그림 7-5 동태적 게임 예2

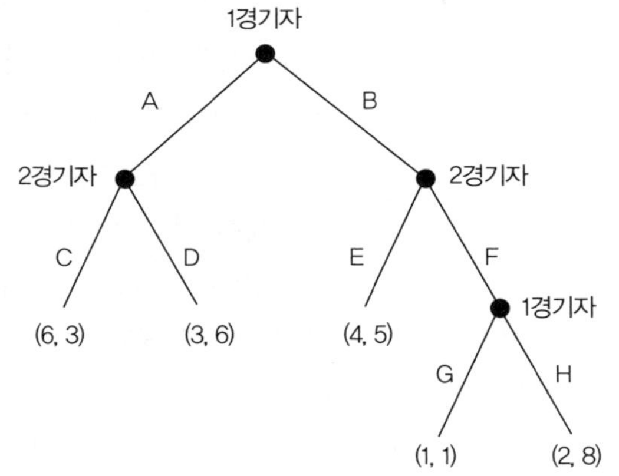

어렵지만) 1경기자가 이 게임에서 자신의 두 번째 결정마디에서 선택하는 행동집합이므로, A가지에도 적용해야 할 행동집합이다. 따라서, 1경기자의 전략은 (A, G), (A, H), (B, G), (B, H)이다. 독자들은 앞의 세 가지 예를 통하여 동태적 게임에서 행동과 전략은 다르다는 것을 확인할 수 있을 것이다.

2 내쉬 균형과 하부게임 완전균형

동태적 게임에서 내쉬 균형은 두 가지 방법으로 구할 수 있다. 하나는 전략을 이용하여 전략형 게임에서 한 바와 같이 정상형으로 표시하여 구하는 것이고, 다른 하나는 하부게임 완전균형(subgame perfect equilibrium)을 이용하는 것이다. 앞에서 소개한 세 가지의 동태적 게임에서 정상형에 의한 균형과 하부게임 완전균형을 설명한다.

1) 정상형

[그림 7-3]의 진입게임에서 잠재기업은 시작마디에서만 움직이고, 자제와 진입의 전략을 갖고 있으므로 두 가지의 전략이 있고, 기존기업도 두 가지의 전략이 있다. 이 게임은 다음과 같이 네 가지의 결과를 가진다; (자제, 공격), (자제, 수용), (진입, 공격), (진입, 수용). 이를 정상형으로 표시하면 〈표 7-7〉과 같다. 내쉬 균형은 (자제, 공격)과 (진입, 수용)이다.

먼저 후자의 균형을 설명하면 다음과 같다; 잠재기업은 자신이 진입한다면 기존기업은 공격보다 수용하는 것이 보수를 더 증가(0에서 2)시키므로 수용할 것이라고 판단할 것이고, 기존기업이 진입에 대해서 수용한다면, 잠재기업은 자제보다 진입하는 것이 보수를 더 증가(1에서 2)시키므로 진입하게 될 것이다. 따라서 (진입, 수용)의 균형은 이성적(reasonable) 균형이라 할 수 있다.

(자제, 공격)의 균형은 정상형으로 분석할 때 하나의 내쉬 균형이다. 앞서 언급한 바와 같이 잠재기업이 자제시 기존기업은 공격이라는 행동을 취하지 않는다. 그러나 공격이라는 위협을 가할 수 있다는 면에서 관찰되는 행동이 아니라 근저에 있는 전략으로서 고려해야 한다. 이 균형에서 기존기업에 의한 공격은 게임이론 경제학자들의 전문용어에 따르면 '신뢰성 없는 위협'(incredible threat)이다. 만약에 이 균형에서 잠재기업이 (실제로) 진입을 한다면 기존기업은 공격을 선택하지 않고 수용으로 변경할 것이다. 기존기업은 어떤 기업이든 시장에 진입하기만 하면 공격을 하겠다고 으름장을 놓지만 실제로 잠재기업이 진입한다면, 공격 시 영의 보수보다 수용 시 2의 보수가 더 크므로 수용으로 행동을 변경한다. 공격이라는 사전공약(pre-commitment)은 신뢰성이 없다(또는 그의 전략은 순차적으로 합리적이지 않다고 한다). 동태적 게임 균형에서는 내쉬 균형과 함께 신뢰성이 있어야 한다. 신뢰성이 없으면 이성적이지 못하므로 균형이 될 수 없다.

[그림 7-4]의 게임에서 1경기자는 두 개의 전략을, 2경기자는 네 개의 전략을 가지고 있으므로, 이 게임은 다음과 같이 여덟 가지의 결과를 가진다; (A, (C, C)), (A, (C, D)), (A, (D, C)), (A, (D, D)), (B, (C, C)), (B, (C, D)), (B, (D, C)), (B, (D, D)). 이에 따른 보수행렬은 〈표 7-8〉과 같다. 여기서 내쉬 균형은 (A, (C, D)), (B, (C, C)), (B, (D, C))이다.

1경기자가 어떤 행동을 선택하던 2경기자는 D를 선택하지 않을 것이다. 어떤 경우이든 D보다 C를 선택하는 것이 보수를 극대화하기 때문이다. 어떤 경우이든 2경기자가 C를 선택할 것이라면, 1경기자는 A를 선택하여 보수 2를 얻는 것보다 B를 선택하여 3의 보수를 얻는 것이 더 좋으므로 1경기자는 B를 선택하게 된다. 즉, 이성적인 내쉬 균형 결과는 (B, (C, C))이다.

표 7-7 진입 게임 (정상형)

잠재기업 \ 기존기업	공격	수용
자제	1, 4	1, 4
진입	0, 0	2, 2

표 7-8 동태적 게임 (정상형)

1경기자 \ 2경기자	(C, C)	(C, D)	(D, C)	(D, D)
A	2, 4	2, 4	3, 1	3, 1
B	3, 3	1, 2	3, 3	1, 2

내쉬 균형 (A, (C, D))는 이성적인 균형이 아니다. 이 균형은 1경기자가 A를 선택 시 2경기자는 C를 선택하는 것이다. 1경기자는 B를 선택하지 않는데, 그 이유는 1경기자가 B를 선택 시 2경기자가 D를 선택함으로써 1경기자의 보수를 2에서 1로 감소시키기 때문이다. 따라서 이 균형은 1경기자가 A를 선택한다면, 2경기자는 D로 반응하겠다는 위협을 포함하고 있다. 그러나 1경기자가 실제로 B를 선택한다면, 2경기자는 D 대신에 C를 선택하여 보수를 2에서 3으로 증대시킬 수 있으므로, 2경기자의 D 선택은 '신뢰성 없는 위협'이다. 내쉬 균형 (B, (D, C))도 '신뢰성이 없는 위협'이다. [그림 7-5]에서 정상형에 의한 균형을 구하는 것은 매우 복잡하기 때문에 하부게임 완전균형으로 설명한다.

2) 하부게임 완전균형

우리는 지금까지 동태적 게임을 정상형으로 표시하여 내쉬 균형을 구하였다. 위에서 소개한 두 가지 예에서 모두 복수의 내쉬 균형을 도출하였는데 이 중에서 '신뢰성 없는 위협'이 포함된 균형은 내쉬 균형에서 제외하였다. 동태적 게임은 이러한 '신뢰성 없는 위협'이 제거된 더 강력한 균형 개념으로서 하부게임 완전균형(subgame perfect equili-brium)을 이용한다. 많은 내쉬 균형 중에서 더 나은 내쉬 균형을 얻기 위해서 범위를 좁히는 과정을 내쉬 균형의 정화(refinement)라고 한다. 먼저 하부게임(부분게임이라고도 한다)을 정의한 후에 하부게임 완전균형을 소개한다.

정의: 하부게임(subgame)은 원래 게임에 있는 하나의 결정(시작 또는 중간) 마디와 이 마디부터 최종마디까지 직접적으로 연결된 부분을 말한다. 한 게임의 전체 게임도 하부게임의 하나이며, 전체 게임이 아닌 다른 하부게임을 진하부게임(proper subgame)이라 한다.[2]

2) Proper subgaeme을 진하부게임으로 부르는 것은 집합이론에서 proper subset을 진부분집합으로 번역하는 것을 따랐다.

그림 7-6 진입게임의 (진)하부게임

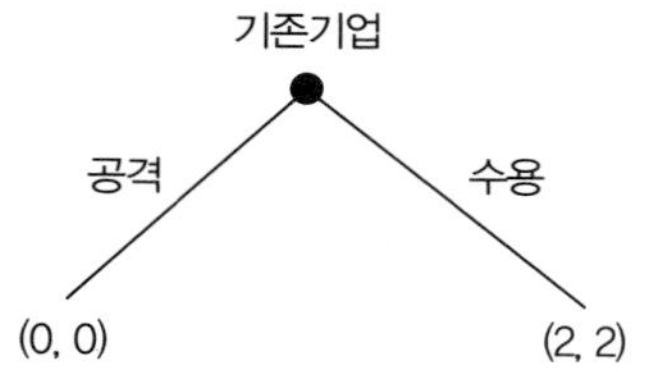

그림 7-7 동태적 게임 예1: 2개의 (진)하부게임

[그림 7-3]의 진입게임은 두 개의 하부게임을 가지고 있다: ① 전체 게임과 ② 기존기업의 시작 결정마디로부터 최종마디까지의 게임으로 진하부게임이다. ②는 [그림 7-6]과 같다.

[그림 7-4]의 동태적 게임 예1은 ① 전체게임, ② 1경기자의 A 선택 후에 2경기자의 결정마디로부터 최종마디에 이르는 게임, ③ 1경기자의 B 선택 후에 2경기자의 결정마디로부터 최종마디에 이르는 게임 등 세 개의 하부게임을 가지고 있다. ②와 ③의 진하부게임은 [그림 7-7]과 같다.

[그림 7-5] 동태적 게임 예2는 네 개의 하부게임을 가지고 있다. ① 전체게임, ② 1경기자의 A 선택 이후 2경기자의 결정마디로부터 최종결정마디까지의 하부게임([그림 7-8] (a)), ③ 1경기자의 B 선택 이후 2경기자의 결정마디로부터 최종결정마디까지의 하부게임([그림 7-8] (b)), 그리고 ④ 2경기자가 F를 선택한 이후 1경기자의 결정마디로부터 최종마디까지의 하부게임([그림 7-8] (c)). 이제 하부게임 완전균형을 정의하자.

하부게임 완전균형(subgame perfect equilibrium; SPE): 어떤 전략(profile) 결과가 모든 하부게임에서 내쉬 균형이라면, 그 전략 결과는 하부게임 완전균형(SPE)이다.

그림 7-8 동태적 게임 예2: 3개의 (진)하부게임

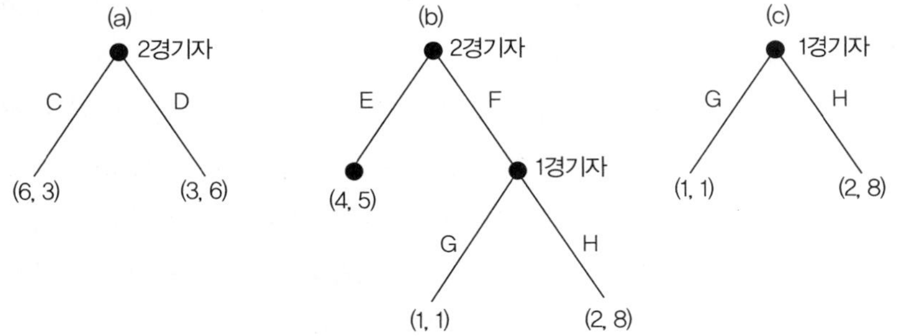

하부게임 완전균형은 각 경기자의 전략은 경기의 시작에서 뿐만 아니라 경기자가 이동한 이후의 모든 선택에 대해서 최적인 균형이다. 따라서 모든 하부게임 완전균형은 내쉬 균형이며, 하나의 하부게임 완전균형은 모든 하부게임이 내쉬 균형이 되게 하는 전략 결과이다. 기술적으로 표현하자면, 하부게임 완전균형은 전체 게임나무에서 시작 결정마디로부터 최종마디까지 끊기지 않고 연결되어 있는 전략 결과이다.

진입게임에서 내쉬 균형은 (진입, 수용)과 (자제, 공격)이었다. 진입에 이은 하부게임에서 공격 전략은 기존기업에게 최적이 아니다. 이 하부게임에서 기존기업은 공격보다 수용을 선택하는 것이 보수를 증가시키므로 (자제, 공격)은 하부게임 완전균형이 아니다. 이에 비해서 (진입, 수용)은 하부게임 완전균형이다. 이 균형에서 잠재기업의 보수는 2로서 유일한 다른 행동인 자제의 결과(자제, 수용)에서 얻는 보수 1보다 크다. 또한, 기존기업의 경우 잠재기업이 진입 이후 선택인 (진입, 수용)에서 보수 2는 (진입, 공격)에서 얻는 보수 영보다 더 크다. 전체 게임과 진입 이후의 하부게임에서 모두 내쉬 균형이므로 (진입, 수용)은 유일한 하부게임 완전균형이다.

[그림 7-4] 동태적 게임 예1에서 정상형을 통하여 내쉬 균형은 (A, (C, D)), (B, (C, C)), (B, (D, C))라 했다. 각각의 진하부게임은 2경기자가 C를 선택하는 한 개씩의 내쉬 균형을 가진다. 따라서 (A, (C, D)), (B, (D, C))는 하부게임 완전균형이 아니다. (B, (C, C))는 두 개의 진하부게임에서 내쉬 균형이며, 또한 전체 게임에서도 내쉬 균형이므로 이는 하부게임 완전균형이다.

[그림 7-5] 동태적 게임 예2에서 유일한 하부게임 완전균형은 ((A, H), (D, F))이다. 1경기자의 두 번째 결정마디를 고려하자. 이 하부 게임의 유일한 내쉬 균형

은 1경기자가 H를 선택하는 것이다. 행동 G를 포함하는 전략 (A, G)와 (B, G)는 그들이 소속되는 하부게임에서 최적이 아니므로 더 큰 하부게임에서 하부게임 완전균형이 될 수 없다.

모든 하부게임 완전균형은 내쉬 균형이나, 모든 내쉬 균형이 반드시 하부게임 완전균형은 아니다. 하부게임 완전균형은 내쉬 균형보다 더 강한 개념이지만 모든 완전정보 동태적 게임은 최소한 하나의 하부게임 완전균형을 갖고 있어서 때로 결과를 예측할 때 어려움이 없는 것은 아니다. 그럼에도 하부게임 완전균형은 '신뢰성 없는 위협'을 제거하는 장점이 있다.

하부게임 완전균형을 정의에 의거해서 도출한다는 것은 쉬운 일이 아니다. 하부게임 완전균형은 일반적으로 역행귀납법을 이용해서 비교적 쉽게 구할 수 있다.

3) 역행귀납법

역행귀납법(backward induction: 역진귀납법이라고도 한다.)은 하부게임의 내쉬 균형을 이용하여 동태적 게임의 하부게임 완전균형을 도출하는데 이용된다. 가장 먼저 최종마디와 직접 연결된 하부게임에서 내쉬 균형을 구한다. 이 내쉬 균형의 행동을 주어진 것으로 가정하면서, 이 하부게임의 바로 윗 단계의 하부게임(사실은 시작마디를 향해서 뒤로(backward) 이동하여 얻은 하부게임)에서 내쉬 균형을 구한다. 이전의 하부게임의 내쉬 균형을 주어진 것으로 가정하면서 계속하여 뒤로 이동하여 얻는 하부게임의 내쉬 균형을 구하여 최종적으로 시작마디에 있는 경기자의 보수를 극대화하는 전략이 바로 하부게임 완전균형이 된다. 역행귀납법에 의해 도출된 균형은 '신뢰성 없는 위협'을 제거한다.

[그림 7-3] 진입게임에서 역행귀납법을 이용하여 하부게임 완전균형을 구하자. 최종마디와 직접 연결된 하부게임은 [그림 7-6]에 있으며 기존기업은 공격하는 것보다 수용하는 것이 보수가 더 크므로 이 하부게임에서의 내쉬 균형은 수용이다. 이는 [그림 7-9]에서 진하게 표시한 마디인 수용으로 나타낸다. 이제 뒤로 한 단계 더 이동하면 전체 게임이 되어 시작마디에 있는 잠재기업의 결정을 기다리게 된다. 잠재기업은 앞의 하부게임에서 결정된 내쉬 균형을 주어진 것으로 가정하므로 진입을 선택하는 경우 예상되는 보수는 (2, 2)이며, 자제를 하면 (1, 4)의 보수를 얻는다는 것을 알고 있다. 따라서 전체게임(또한 하부게임이기도 한)에서 잠재기업은 진입을 선택하는 것(보수 2)이 자제(보수 1)보다 보수가 더 크므로 내쉬 균형은 (2, 2)의 보수를 주는 (진입, 수용)의 전략을 선택하게 되며, 이것이 곧 이 게임의 하부게임 완전균형이 된다. 역행귀납법을 이용해서 얻은 하부게임 완전균형

그림 7-9 진입게임과 하부게임 완전균형

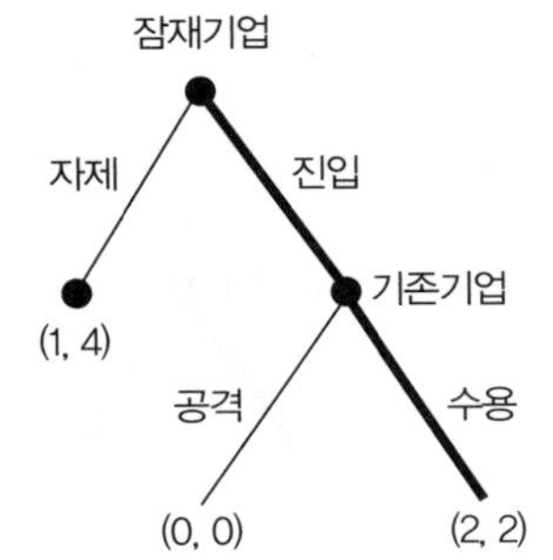

은 모든 하부게임과 전체게임에서 내쉬 균형이므로 하부게임 완전균형의 정의를 충족한다. 여기서 얻은 역행귀납법을 [그림 7-9]에 표시하였다. 기존기업의 결정마디에서 출발한 하부게임에서 수용은 내쉬 균형이며 진하게 표시한다. 이 보수가 뒤(또는 위)로 이동한 다음의 하부게임(즉, 여기서는 전체 게임)의 진입을 선택하는 경우에 실현될 보수이다. 전체 게임에서 잠재기업의 전략은 자제와 진입의 행동이 있으며, 진입시 잠재기업의 보수(2)가 자제시 보수(1)보다 더 크므로 잠재기업의 진입을 선택하게 되므로 진입 가지가 진하게 표시된다. 시작마디에서 최종마디까지 연결하여 진하게 표시된 가지들이 하부게임 완전균형을 나타낸다. 즉, (진입, 수용)이 하부게임 완전균형이다. 하부게임 완전균형은 역행귀납법으로 구한 모든 내쉬 균형이 끊이지 않고 시작마디부터 최종마디까지 진한 선으로 연결된 것이다.

[그림 7-4] 동태적 게임 예1에서 역행귀납법을 이용한 하부게임 완전균형을 구하자. 2경기자의 결정마디는 두 개가 있다. 1경기자가 A를 선택한 이후를 시작으로 한 하부게임에서 2경기자의 보수는 D보다 C에서 더 크므로 내쉬 균형은 C를 선택한 결과 (2, 4)이며, A선택에서 2경기자의 C를 [그림 7-10]처럼 진하게 표시한다. 1경기자가 B를 선택시 하부게임에서 내쉬 균형은 C를 선택하여 (3, 3)이 된다. 따라서 1경기자의 B선택 후 2경기자의 C가지를 진하게 표시한다. 이제 위로 이동하여 하부게임을 구하며, 이는 전체게임이 된다. 시작 마디에서 1경기자는 이전에 구한 각 하부게임의 내쉬 균형을 주어진 것(즉, (2, 4)와 (3, 3))으로 했을 때 B를 선택하는 것이 보수를 극대화하므로 [그림 7-10]처럼 B를 진하게 표시한다. 이 하부게임에서 (B, (C, C))가 내쉬 균형이다. (B, C)가 하부게임 완전균형이며, [그림 7-10]에서 진하게 되어 있는 가지가 이 균형을 나타낸다.

[그림 7-5] 동태적 게임 예2의 역행귀납법에 따른 하부게임 완전균형은 (A, D)

그림 7-10 동태적 게임 예1과 하부게임 완전균형

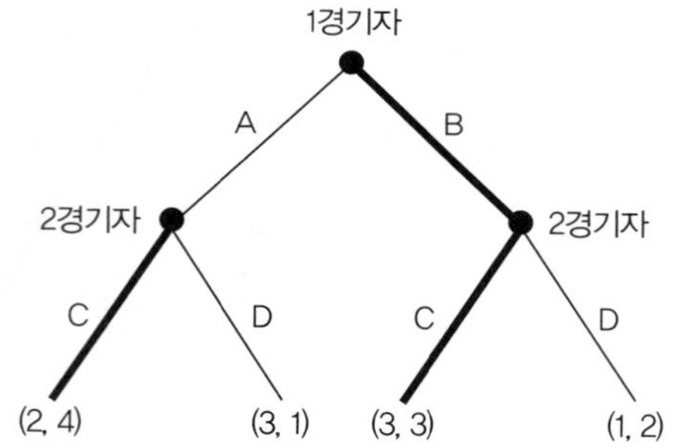

이다. 이를 구하는 과정과 설명은 연습문제로 남겨 둔다.

역행귀납법을 통한 하부게임 완전균형은 문제가 없는 것은 아니다. [그림 7-11]의 지네(Centipede) 게임[3]을 통하여 하부게임 완전균형의 문제를 살펴보자. 지네 게임은 다음과 같다; 두 경기자는 순서를 바꾸어 의사결정을 하며, 각 결정마다에서 게임을 끝낼지(S) 아니면 계속할지(C)의 두 가지 행동이 기다린다. 게임은 일정한 횟수만 반복하며, 아래의 예에서 여섯 번 반복한다. 이 게임은 경쟁자가 게임을 즉각 끝낸다면 그 전에 결정을 하는 경기자는 계속하는 것보다 게임을 끝내는 것이 더 낫지만, 경쟁자가 게임을 계속한다면, 그 전에 결정을 하는 경기자는 게임을 끝내는 것보다 계속하는 것이 더 나은 보수를 보여준다.

먼저, 1경기자가 S를 선택하면 게임은 종료되며, 1경기자는 1의 보수를 2경기자는 영의 보수를 받는다. 만약에 C를 선택한다면, 2경기자의 결정 순서가 된다. 2경기자가 S를 선택하면 게임은 종료되며 1경기자는 영의 보수를 2경기자는 2의 보수를 받는다. 2경기자가 C를 선택하면, 다시 1경기자가 결정하는 순서가 되어 C와 S 중에서 선택하여 결정한다. 여기서, 2경기자가 C 대신에 S를 선택한다면, 1경기자

그림 7-11 지네(centipede) 게임

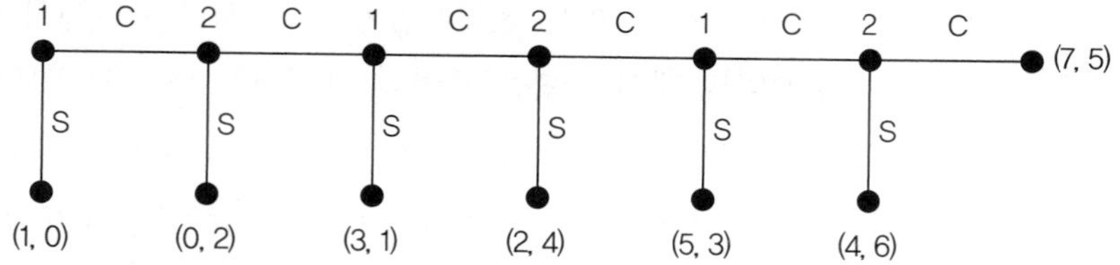

3) 그림에서 보듯이 이 게임이 지네 모양을 닮았기 때문에 영어로 centipede 게임이라고 부른다. 지네(centipede)는 발(pede)이 100(centi)개 있는 절지동물이라는 뜻이다.

는 영의 보수를 받게 되는데, 그 전의 결정에서 S를 선택했었더라면 1의 보수를 얻었을 것이므로 1경기자는 첫 순서에서 S를 선택하는 것이 나았을 것이다. 그러나 만약에 2경기자가 C를 선택한다면, 그 이후에 어떤 선택을 하던 1경기자의 보수는 첫 번째 결정에서 S를 선택했을 때보다 보수가 항상 더 증가하므로 1경기자는 S보다 C가 더 나은 선택이다. 이 게임은 여섯 번의 의사결정 후에 종료된다.

이 게임은 무한대로 이어지는 게임이 아니므로, 역행귀납법을 이용하여 하부게임 완전균형을 도출한다. 최종 하부게임에서 2경기자는 C(보수 5)보다 S를 선택 (보수 6)하므로 이 하부게임에서 내쉬 균형은 S이다. 역행하여 그 바로 위의 하부게임에서 1경기자는 이 내쉬 균형을 주어진 것으로 하여 C(보수는 4)보다 S(보수는 5)를 선택하므로 내쉬 균형은 S가 된다. 최종적으로 전체게임(즉, 가장 큰 하부게임)에서 내쉬 균형은 1경기자가 S를 선택하는 것이므로 하부게임 완전균형은 1경기자가 시작 마디에서 S를 선택하는 것이다.

이 게임의 균형은 시작하자마자 1경기자가 즉각적으로 게임을 끝내는 것이다. 이는 이론상으로 맞지만 직관적으로 받아들이기 어렵다. 1 또는 2경기자가 자신의 순서에서 게임을 끝낼 것인지는 자신이 게임을 계속한다면, 2 또는 1경기자 게임을 끝낼 것인지의 믿음에 달려 있다. 만약에 시작 마디에서 1경기자가 실제로 C를 선택했다면, 그 다음의 결정마디에 있는 2경기자는 어떤 판단을 할 것인가? 하부게임 완전균형에 따르면 2경기자는 S를 선택해야 한다. 그러나 그러한 균형을 적용한다면, 1경기자는 게임을 끝냈었을 것이므로 2경기자는 두 번째 결정마디에 있지 못했을 것이다. 2경기자는 1경기자가 또 C를 선택할 것이라고 믿으면서 자신도 C를 선택할 수도 있을 것이다. 그러나 하부게임 완전균형 개념은 비록 상대방이 과거에 비합리적으로 행동을 했어도 고려 대상인 경기자는 상대방이 앞으로 합리적으로 행동할 것이라는 믿음을 가지고 행동할 것이라고 가정하기 때문에 2경기자도 앞으로 균형이 아닌 행동을 선택을 한다는 것은 있을 수 없다. 하부게임 완전균형은 완전치 않다. 경기자들이 가정하는 합리성에 대한 상식이 무엇인지, 균형이 아닌 결과에 직면해서 상대방의 행동에 대한 믿음을 어떻게 조정할 것인지 등을 반영하는 모형이 요구된다.

맥컬비와 팔프리(McKelvey and Palfrey, 1992)는 대학생을 대상으로 이 게임을 실험했다. 662번의 실험 중에서 시작마디에서 게임을 끝낸 경우는 37번에 불과했으며, 마지막인 여섯 번째 마디에서 2경기자가 C를 선택한 경우도 이와 비슷하게 나타났다. 절반 이상은 네 번이나 다섯 번째 마디에서 게임을 끝냈다. 이러한 결과는 하부게임 완전균형과는 거리가 있음을 보인다.

제 4 절 | 반복게임

제2절에서 소개한 용의자의 딜레마 게임과 진입게임은 일회성 게임이다. 경기자들이 만나서 내쉬 균형을 선택하고 보수가 결정되면 게임은 종료된다. 현실 세계에서 동일한 경제 주체는 일회성 게임으로 끝나는 것이 아니라 반복적으로 상호작용을 한다. 두 자동차 회사가 광고 경쟁을 하는 경우에 한 기간에 어떤 결과가 나오면 그 다음 기에 두 기업은 광고 경쟁을 반복하여 결과를 얻고, 그 다음 기에 또 다시 광고 경쟁을 반복해서 하는 것을 볼 수 있다. 이처럼 동일한 상대방과 여러 기간에 걸쳐서 반복해서 전략적 상호작용에 직면하는 상황을 반복게임(repeated game 또는 super game)이라고 한다.

반복게임은 매기간 모든 경기자들이 동시에 행동을 취하고 각 경기자의 행동집합은 시간에 따라 변하지 않는 동태적 게임의 특수한 경우를 고려한다. 반복게임은 여러 기간(무한대를 포함하여) 일회성 게임이 매기간 반복되는 게임이다. 게임이 끝난 후에 경기자들은 다음 기간으로 이동한다. 매기간에 경기자들은 모든 이전 기간의 경쟁자의 선택과 결과를 관찰하고 새로운 기간에 다시 동시적 게임을 한다.

반복게임에 참여하는 경기자는 현재 기간의 보수뿐만 아니라 미래의 게임에서 얻게 될 보수에도 관심을 갖게 된다. 모든 경기자는 현재뿐만 아니라 미래의 보수에 대한 현재가치화된 보수를 극대화하는 행동을 선택하고자 한다. 예를 들어, 매기간 전략적 상호작용을 하므로 한 경기자는 현재 기간에 상대방을 속여서(또는 약속한 것을 배반하여) 현재 기간에 이전보다 더 큰 보수를 얻을 수도 있으나, 다음 기간에 상대방은 이에 보복을 하여 모두 보수가 더 낮아질 수도 있다. 반대로, 현재 기간까지 얻은 보수를 포기하고 협조적인 행동(예로, 기업간 담합)을 선택하여 미래에 더 큰 보수를 얻을 수도 있다. 반복게임은 유한 반복게임과 무한 반복게임으로 구분하여 분석한다. 유한 반복게임에서는 비협조적인 체제에서 협조적인 체제로 전환이 어려우나, 무한 반복게임에서는 주어진 조건하에서 협조적인 체제를 유지할 수 있음을 보인다. 반복게임의 균형은 일회성 게임의 균형과 다를 수도 있다.

1 반복게임의 요소와 균형개념

1) 역사와 전략

반복게임에서 게임이 한번 시작되어 끝나는 시간을 한 기간 또는 한 단계라고 부른다. 기간(또는 단계)을 t라고 하면 $t=1, 2, 3, \cdots, T$ 로 표시한다. $t=2$는 게임을 2기간 반복했다는 말이며, 2기간, 2기, 2단계, 또는 2회 반복게임이라고 한다. 지나간 기간의 게임에서 경기자들이 선택한 행동들의 기록을 역사(history)라고 하며 다음과 같이 정의한다.

■ 정의

어떤 게임의 t기 역사(H_t)는 1, 2, $\cdots$, $t-1$의 모든 기간에 나타난 결과의 목록(기록)이다.

t회 반복한 게임에서 경기자의 전략(strategy)은 경기자가 매기 $t(t=1, 2, \cdots, T)$에 택한 행동의 목록이다. 매기 t의 행동($a_t^i \in A_i$)은 게임의 t기 역사(H_t)에 기초하여 작성한다. 즉, i경기자의 t기 전략($s_t^i(H_t)$)은 주어진 t기 역사(H_t)하에서 i경기자가 t기에 취할 행동을 말해주는 함수이다.

2) 균형개념

반복게임은 동태적 게임의 하나이므로 앞에서 설명한 내쉬 균형과 하부게임 완전균형의 개념을 그대로 적용한다. 5기 반복게임을 예로 들어보자. 제1기 게임 시작부터 제5기 게임까지 총 5회의 게임은 전체게임인 동시에 하부게임이다. 제1기 게임이 끝난 후 제2기부터 제5기까지의 총 4회의 반복게임은 2기-하부게임이다. 제2기 게임이 끝난 후 제3기 게임부터 제5기까지의 총 3회의 게임은 3기-하부게임이다. 여기서 하부게임은 그 자체가 반복게임이어야 하므로 제3기 자체의 게임은 이 반복게임의 하부게임이 아니다. 제3기 이후의 모든 후속 게임을 포함해야 3기-반복게임이다.

반복게임에서 하부게임 완전균형은 동태적 게임에서 정의한 바와 마찬가지이다. 지나간 과거의 게임이 어떠하든지 간에 상관없이 현재 기간으로부터 시작되는 게임에서 각 경기자가 선택하는 최선의 결과로 이루어진 상황을 하부게임 완전균형이라고 한다.

하부게임 완전균형은 동태적 게임과 마찬가지로 역행귀납법을 이용하여 구한다. 3기 반복게임을 하는 경우에, 맨 마지막 제3기의 게임의 해를 구하고, 이 해가 주어진 상태에서 2기-하부게임의 해를 구한다. 2기-하부게임의 완전균형은 제2기의 보수와 앞에서 주어진 제3기의 균형을 고려하여 도출한다. 구체적인 것은 아래에서 살펴본다. 하부게임 완전 균형은 유한 반복게임과 무한 반복게임에 따라서 매우 다르다.

2 유한 반복게임

유한 반복게임은 경기자들이 주어진 일회성 게임을 유한 번 반복하는 게임이다. T기-반복게임은 동일한 경기자들이 각 기간 $t=1$, $t=2$, ⋯, $t=T$기에 동일한 게임을 반복하는 것이다(T-회 반복게임이라고도 한다). 여기서 $1\leq T<+\infty$이다. t기에 i경기자($=1, 2$)의 행동을 a_t^i라 하고, 각 경기자에 대한 보수함수를 $\pi_t^i(a_t^1, a_t^2)$라고 하자. 게임이 T회 반복될 때 i경기자가 얻는 현재가치화된 보수는 다음과 같다;

$V_i=\sum_{t=1}^{T}\delta^{t-1}\pi_t^i(a_t^1, a_t^2)$, $1\leq T<+\infty$인 경우.

여기서 δ는 할인율로서 $\frac{1}{1+r}$이고 r은 실질 이자율이다. δ는 그리스 문자로 델타라고 읽는다.

제2절에서 소개한 용의자의 딜레마 게임을 이용하여 $T=3$의 반복게임을 하는 경우에 하부게임 완전균형을 구한다. 용의자의 딜레마 게임은 〈표 7-2〉로 대표하므로 제3기 현재가치화한 보수는 〈표 7-9〉와 같다. 역행귀납법에 의해서 맨 마지막 반복게임인 3기-게임의 하부게임 완전균형을 구해보자. 3기-하부게임은 마지막이므로 하부게임 완전균형은 일회성 게임의 내쉬 균형과 동일하게 (자백, 자백)이다. 두 경기자의 보수는 각각 $(-2\delta^2, -2\delta^2)$이다.

2기-하부게임은 제2기 게임 보수행렬(즉, 〈표 7-2〉의 보수행렬에 δ를 곱한 값)의 모든 값에 앞에서 구한 제3기 하부게임 완전균형의 보수를 합한 값이다. 2기-하부게임의 현재가치 보수 행렬은 〈표 7-10〉과 같다. 이 보수 행렬에서 완전균형은 다

표 7-9 용의자의 딜레마와 3기-하부게임 보수 행렬

1용의자 \ 2용의자	자백(a_1^2)	부인(a_2^2)
자백(a_1^1)	$-2\delta^2, -2\delta^2$	$2\delta^2, -4\delta^2$
부인(a_2^1)	$-4\delta^2, 2\delta^2$	δ^2, δ^2

표 7-10 용의자의 딜레마와 2기-하부게임 보수 행렬

1용의자 \ 2용의자	자백(a_1^2)	부인(a_2^2)
자백(a_1^1)	$-2\delta-2\delta^2,\ -2\delta-2\delta^2$	$2\delta-2\delta^2,\ -4\delta-2\delta^2$
부인(a_2^1)	$-4\delta-2\delta^2,\ 2\delta-2\delta^2$	$\delta-2\delta^2,\ \delta-2\delta^2$

표 7-11 용의자의 딜레마와 1기-하부게임(전체게임) 보수 행렬

1용의자 \ 2용의자	자백(a_1^2)	부인(a_2^2)
자백(a_1^1)	$-2-2\delta(1+\delta)-2\delta^2,$ $-2-2\delta(1+\delta)-2\delta^2$	$2-2\delta(1+\delta)-2\delta^2,$ $-4-2\delta(1+\delta)-2\delta^2$
부인(a_2^1)	$-4-2\delta(1+\delta)-2\delta^2,$ $2-2\delta(1+\delta)-2\delta^2$	$1-2\delta(1+\delta)-2\delta^2,$ $1-2\delta(1+\delta)-2\delta^2$

시 (자백, 자백)이고 각 경기자의 보수는 $(-2\delta(1+\delta),\ -2\delta(1+\delta))$이다.

이제 전체 게임인 1기-하부게임을 하면 현재가치 보수 행렬은 〈표 7-2〉의 원래의 보수행렬에 2기-하부게임과 3기-하부게임의 균형을 합한 1기-하부게임 보수행렬(〈표 7-11〉)을 얻게 된다. 1기-하부게임(즉, 3기 반복게임을 하는데 맨 처음 시작하는 게임)에서 하부게임 완전균형은 2기와 3기-하부게임과 동일하게 완전균형은 (자백, 자백)이다.

유한 반복게임의 결과는 다음과 같다; 유일한 내쉬 균형이 존재하는 일회성 게임을 T회 반복하는 경우에 매 기간의 하부게임 완전균형은 일회성 게임의 내쉬균형과 동일하다. 이를 '젤튼의 정리'하고 한다(젤튼(Selten), 1975). 게임이론가들은 직관적으로 볼 때 반복게임을 하면 두 경기자는 파레토 우월 균형으로 이동할 것을 예상했지만 직관과 다르다. 반복게임을 해도 두 경기자는 모두에게 더 좋은 협조적 체제(즉, (부인, 부인))의 결과에 도달하지 못하는 것이다. 그러나 게임을 무한히 반복하게 되면, 어느 시점에선가 두 경기자는 직관에 부합하게 파레토 효율성을 얻을 수 있다.

3 무한 반복게임

무한히 반복하는 게임을 고려한다. $T=\infty$로서 i경기자가 얻는 현재가치화된 보수는 다음과 같다;

$$V_i = \sum_{t=1}^{T=\infty} \delta^{t-1} \pi_t^i(a_t^1,\ a_t^2).$$

무한 반복게임과 유한 반복게임이 차이점은 무한 반복게임에서는 균형을 구하는데 역행귀납법을 사용할 수 없다는 것이다. 무한 반복게임에서는 유한 반복게임과 달리 역행하기 위해서 출발할 최종 게임(기간)을 알 수 없기 때문이다.

무한 반복게임에서 핵심적인 사항의 하나는 협조체제가 달성될 수 있는지의 여부에 맞추어져 있다. 두 경기자가 무한히 반복적으로 게임을 하므로 협조체제를 유지하다가 어느 기간에 한 경기자가 이에 배반을 하여 일시적인 이득을 취할 수 있다고 가정한다. 그러나 한 경기자의 이와 같은 행동은 다른 경기자의 보수를 비협조체제보다 더 낮춘다. 이에 대해서 다른 경기자는 즉각적으로 보복을 택하여 비협조체제로 돌아갈 수 있다고 가정한다. 배반한 경기자는 배반하여 협조체제에서보다 일시적으로 더 큰 보수를 얻지만 그 이후에 보복으로 인해 협조체제보다 더 낮은 보수를 얻게 된다. 즉, 짧은 기간 이득과 이어진 긴 기간의 손실에 대한 현재가치화한 보수를 얻는다. 경기자는 배반으로 인한 이득과 보복에 따른 낮은 보수(또는 손실)의 현재가치화한 보수를 배반하지 않고 협조체제에서 얻을 보수와 비교하여야 한다. 만약 전자가 후자보다 작다면 협조체제를 계속 유지하는 것이 나을 것이다. 두 가지 체제의 선택은 결정적으로 할인율의 크기에 달려 있다. 무한 반복게임의 균형을 도출하기 위한 다양한 전략이 제안되어 있다. 촉발전략과 상대방 따라하기 전략을 소개한다.

1) 촉발전략

촉발전략(trigger strategy)은 용의자의 딜레마를 이용하여 두 경기자가 일정한 기간($t-1$기)까지 협조체제(결과는 (부인, 부인)이고, 각자의 보수는 1)를 유지한다고 가정한다. 그러나 만약에 t기에 1용의자가 협조하지 않고 혼자만 자백을 한다면 (이를 배반이라 함) 2경기자도 $t+1$기부터 자백을 선택하여 보복하여 영원히 (자백, 자백)의 비협조체제로 진행된다. 촉발전략은 다음과 같이 요약할 수 있다;

촉발전략: i경기자가 다음의 행동을 선택한다면 촉발전략을 사용한다고 한다.

$t-1$기까지: 두 용의자가 모두 (부인, 부인) 선택 가정.

$t+1$기: (정상 국면) t기에 j경기자가 '부인'을 선택하였다면, i경기자는 $(t+1)$기에 '부인' 선택.

(보복 국면) t기에 j경기자가 '자백'을 선택하였다면, i경기자는 $(t+1)$기와 그 이후에 영원히 '자백' 선택.

촉발전략은 i경기자는 다른 경기자가 협조체제에서 이탈하지 않는다면 자신도 협조체제의 행동인 부인을 선택한다. 그러나 j경기자가 (한 번만이라도) 배반할 경우 i경기자는 그 이후 영원히 자백을 선택하여 배반자를 보복하는 것이다. 촉발전략은 한 번 촉발된 보복은 다시는 돌이킬 수 없다는 뜻에서 무자비전략(grim strategy)이라고도 한다.

1용의자가 기존의 협조체제에서 이탈하지 않는다면, 두 용의자는 영원히 부인을 선택하고, 각 기간 보수는 1이다. 1용의자의 $t=t_1$기부터의 현재가치화된 보수(정상국면으로부터 얻는 보수로서 $V_{t_1}^{1C}$)는 다음과 같다;

$$V_{t_1}^{1C}=\sum_{t=t_1}^{\infty}\delta^{t-t_1}\pi_{t_1}^{1}(\text{부인, 부인})=\frac{1}{1-\delta}(1)$$

촉발전략이 어떤 조건에서 하부게임 완전균형이 되는지 알아보자. $t=t_1-1$기까지 용의자가 모두 (부인, 부인)의 협조체제를 유지했다고 하자. 1용의자가 $t=t_1$기에 자백을 선택하여 배반했다고 하자. 1용의자는 $t=t_1$기에 보수가 1에서 2로 증가한다. 그러나 2용의자도 $t=t_1+1$기부터 자백하여 보복하면 내쉬 균형은 (자백, 자백)이므로 보수는 영원히 -2가 된다. 따라서 1용의자의 $t=t_1$기부터의 현재가치화된 보수(배반으로 얻는 보수로서 $V_{t_1}^{1D}$)는 다음과 같다;

$$V_{t_1}^{1D}=\pi_{t_1}^{1}(\text{자백, 부인})+\sum_{t=t_1+1}^{\infty}\delta^{t-t_1}\pi_{t_1}^{1}(\text{자백, 자백})=2+\frac{\delta}{1-\delta}(-2)$$

이는 〈표 7-2〉 용의자의 딜레마 보수행렬에서 $\pi^1(\text{자백, 부인})=2$이고, $\pi^1(\text{자백, 자백})=-2$와 $\sum_{t=t_1+1}^{\infty}\delta^{t-t_1}=\delta+\delta^2+\cdots=\frac{\delta}{1-\delta}$를 이용한 것이다.

$V_{t_1}^{1D}$와 $V_{t_1}^{1C}$를 비교하자. $\delta>1/4$이라면 $V_{t_1}^{1D}<V_{t_1}^{1C}$이다. 따라서 촉발전략을 사용하는 무한 반복 게임에서 $\delta>1/4$이라면, 두 경기자는 협조체제를 유지하려 한다. 무한 기간을 고려할 때 협조체제를 유지하는 것이 이탈(배반)하는 것보다 더 낫기 때문이다. 두 경기자가 촉발전략을 이해하고 있고 할인율이 적절히 크다면($\delta>1/4$) 무한 반복게임에서 하부게임 완전균형은 협조체제(부인)이다. 이는 유한 반복게임과 다른 결과이다.

무한 반복게임에 이용하는 다른 전략은 상대방 따라하기 전략이다. 이 전략은 촉발전략보다 협조체제를 더 잘 유인한다고 알려져 있다.

2) 상대방 따라하기 전략

상대방 따라하기 전략(tit-for-tat strategy)은 협조체제 상태에서 상대방이 배반하면 한 기간만 보복하고 다시 원래의 협조체제로 복귀하는 전략이다. 상대방이 배반하는 경우 영원히 보복하는 촉발전략보다는 너그러운 보복체제라고 할 수 있다. 이 전략은 다음과 같이 요약할 수 있다;

상대방 따라하기 전략: i용의자가 다음의 행동을 선택한다면 상대방 따라하기 전략을 사용한다고 한다;

$t-1$기까지: 두 용의자가 모두 협조체제로서 (부인, 부인)을 선택 가정.

$t+1$기: (정상 국면) t기에 j용의자가 '부인'을 선택하였다면, i용의자는 $(t+1)$기에 '부인' 선택.

(보복 국면) t기에 j용의자가 '자백'을 선택하였다면, i용의자는 $(t+1)$기에 '자백' 선택

$t+2$기: (회복국면) $t+2$기와 그 이후 영원히 i와 j용의자는 '부인' 선택하여 협조체제로 복귀

상대방 따라하기 전략이 어떤 조건에서 하부게임 완전균형이 되는지 알아보자. 편의상 1용의자가 $t=t_1$기에 자백을 선택하여 배반했다고 하자. 1용의자는 $t=t_1$기에 보수가 1에서 2로 증가한다. 2용의자도 $t=t_1+1$기에 자백하여 보복하면 내쉬균형은 (자백, 자백)이므로 보수는 한 기간만 -2가 된다. 그러나 $t=t_1+2$기부터 이후에 영원히 두 용의자는 다시 (부인, 부인)의 협조체제로 복귀하므로 용의자의 기간당 보수는 1이 된다. 따라서 용의자 1의 $t=t_1$기부터의 현재가치화된 보수(배반으로 얻는 보수로서 $V_{t_1}^{1F}$)는 다음과 같다;

$$V_{t_1}^{1F}=\pi_{t_1}^1(\text{자백, 부인})+\delta\pi_{t_1+1}^1(\text{자백, 자백})+\sum_{t=t_1+2}^{\infty}\delta^{t-t_1}\pi_{t_1}^1(\text{부인, 부인})$$
$$=2+\delta(-2)+\frac{\delta^2}{1-\delta}(1).$$

협조체제에서 이탈하지 않는다면 1용의자의 $t=t_1$기부터의 현재가치화된 보수는 앞에서 구한 $V_{t_1}^{1C}(=\frac{1}{1-\delta})$이다. $V_{t_1}^{1F}$와 $V_{t_1}^{1C}$를 비교하면, $\delta>1/3$이라면 $V_{t_1}^{1F}<V_{t_1}^{1C}$이다. 상대방 따라하기 전략을 이용하는 무한 반복게임에서 $\delta>1/3$이라면, 두 경기자는 협조체제를 유지하려 한다.

할인율(δ)은 경기자의 시간선호율(rate of time preference)을 나타낸다. 시간선호율이 낮으면, 경기자들은 미래의 보수를 별로 중요하게 여기지 않는다. $\delta=0$이면 협조체제는 하부게임 완전균형이 될 수 없다. 왜냐하면 경기자는 제1기의 이윤만 극대화하기 때문이다. 시간선호율이 크면 미래 이윤을 급격히 할인하지 않는다. 따

라서 협조는 경기자에게 더 이득이 된다. 이탈에 대한 보복은 협조체제하의 현재 가치화된 보수가 배반으로부터 얻은 단기 이득보다 더 크기 때문이다.

상대방 따라하기 전략에서 시간선호율의 최소 임계치(1/3)는 촉발전략의 최소 임계치(1/4)보다 더 크다. 이는 전자의 전략이 후자보다 더 미래지향적이어서 배반자를 보복하기 보다는 협조체제가 나을 수 있음을 보인다. 배반한 시점에서 영원히 보복을 하는 것보다는 한 기간만 보복을 해도 협조체제로 복귀하기에 충분한 제재가 된다는 점을 의미한다. 실증분석에 따르면 게임이론가들은 협조체제를 달성하는데 있어 다른 어떤 무한 반복게임 전략보다 상대방 따라하기 전략을 선호한다.

연 | 습 | 문 | 제

>>> Theory of Industrial Organization

1. 가상의 국가 X와 Y가 있다. 두 국가는 어떤 이유에서 불편한 관계를 유지해 오고 있었다. 다행히, 최근 10여년간 두 나라 사이에는 교류 협력이 늘고 있으나, 항상 불안정한 상태이다. Y국가는 두 나라의 협조를 희망하지만 이는 X국가가 어떤 행동을 보이는지에 따라서 결정된다. X국가의 행동 선택에는 '도발'과 '유화'가 있으며, 각 행동에 대해서 Y국가는 '보복'과 '협조'가 있다. X국가가 어떤 행동을 취하면 Y국가는 안보회의를 소집하고 사태를 분석한 후에 조치를 취하기 때문에 Y의 반응에는 시간이 소요된다. X국가가 '유화'를 취하면 Y가 어떤 행동을 취하던 X와 Y의 보수는 각각 (5, 50)이다. X국가가 '도발'을 한데 대해서 Y국가가 '보복'을 하면 각각의 보수는 (−10, −10)이며, 도발을 하였는데도 불구하고 인내심을 발휘하여 '협조'를 하면 보수는 (10, 20)이다.

1) 하부게임 완전균형(subgame-perfect equilibrium)을 정의하시오.

2) 위의 게임을 전개형으로 표시하여 내쉬 균형을 구하고 각 균형을 자세히 설명하시오.

3) Y 국가의 대통령이 "만약에 X의 도발 시 반드시 보복을 할 것이며, 협조를 하면 대통령직을 사임한다"는 대국민 선서를 하였다. 따라서 선서는 신뢰성 있는 공약이다. 이 경우를 고려하여 게임의 균형을 도출하고 그 균형에 대한 경제학적 함의를 설명하시오.

2. 다음은 A와 B의 경기자 one-shot game에서 각각의 보수와 전략을 보여주는 정상형이다. 각 셀 안에서 앞의 숫자는 A, 뒤의 숫자는 B의 보수를 나타낸다.

		B		
		C1	C2	C3
A	R1	3, 2	2, 1	1, a
	R2	2, 2	b, 4	0, 2
	R3	c, d	3, 2	e, 4

1) R1이 R2에 대해서 강우월 전략이 되게 하는 b의 조건을 쓰시오. (부등호)

2) 문제 1)의 조건하에서 C1이 C2에 대해서 강우월 전략이 되게 하는 d의 조건을 쓰시오. 만약 이러한 d의 조건이 존재하지 않는다면 왜 그런지 설명하시오.

3) 문제 1)과 2)를 충족한다는 조건하에서, (R1, C1)이 내쉬 균형이 되게 하는 a와 c의 조건을 쓰시오. (부등호)

3. 제임스 딘이 출연한 영화 '이유없는 반항'(Rebel without a cause)에서 두 젊은이가 낭떠러지를 향해 차를 돌진해 가는 장면이 나온다. 이 게임을 겁쟁이 게임(Game of chicken)이라 한다. 각 사람의 선택은 낭떠러지를 향해 '돌진'하던가, 아니면 바로 앞에서 '정지'하는 두 가지이다. 한 사람이 돌진하고 다른 사람이 정지하면 멈춘 젊은이는 겁쟁이(chicken)로 놀림을 당하고 자신의 행동에 대해서 수치스럽게 생각한다. 이 경우에 돌진한 사람의 보수

는 10이고, 겁쟁이의 보수는 영이다. 둘 다 돌진하면 각각의 보수는 −10이다. 둘 다 정지하면 서로 chicken이라고는 하지 않기에 1씩의 보수를 얻는다. 이 게임의 보수행렬을 정상형으로 표시하고, 내쉬 균형을 도출하시오.

4. 남녀데이트 게임(〈표 7–5〉)에서 순수전략 내쉬 균형은 두 개 존재한다고 하였다. 두 경기자가 자신의 행동에 대해서 확률적으로 행동하는 경우를 고려하자. 로미오는 야구에 확률 q, 발레에 확률 $1-q$를 부여하고, 줄리엣은 야구에 확률 p, 발레에 확률 $1-p$를 부여한다고 하자.

1) 로미오와 줄리엣의 반응함수를 구하시오.

2) 순수전략하의 내쉬 균형을 구하시오.

3) 혼합전략 내쉬 균형을 구하시오.

5. 다음과 같은 세 경기자의 완전정보 동태적 게임에서 하부게임 완전균형을 구하시오 (Mas-Colell *et al.*, p. 271). 보수는 1경기자, 2경기자, 3경기자 순서로 표시되어 있다.

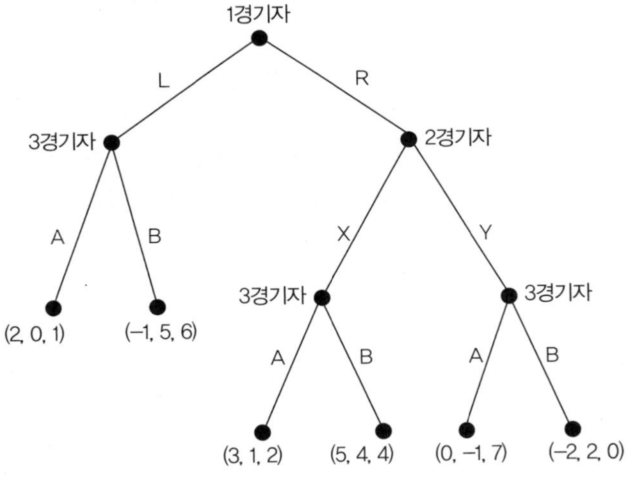

6. 다음과 같은 동시적 게임이 2회 반복되는 게임을 고려하시오. 이 게임의 하부게임 완전균형을 구하시오. 할인율은 1이라고 가정한다.

1경기자 \ 2경기자	라	마	바
가	1, 3	2, 2	8, 1
나	7, 5	5, 8	4, 3
다	4, 6	3, 5	7, 4

7. 두 경기자가 매기 아래와 같은 보수를 주는 게임을 무한 반복게임한다고 하자. 두 경기자는 촉발전략을 사용한다고 가정하자. 즉, t기까지 (A, A) 전략을 선택하고, t+1기에 만일 t기에 (A, A)가 실현되었다면 한 경기자는 이번 기에도 A를 선택하고, 만일 t기에 누군가가 B를 선택했다면, t+1기부터 영원히 B를 선택한다. 두 경기자에게 공통적인 할인율 δ를 적용한다. 두 경기자가 (A, A)를 선택할 조건을 결정하시오.

1경기자 \ 2경기자	A	B
A	5, 5	1, 7
B	7, 1	3, 3

8. 본문의 [그림 7-5] 동태적 게임 예2에서, 역행귀납법을 이용하여 하부게임 완전균형을 구하시오. 도출과정을 설명하고 그림에 표시하시오.

9. 동전던지기 게임을 고려하시오. 같은 면((앞면, 앞면)과 (뒷면, 뒷면))이 나오면 1경기자는 2를 얻고 2경기자는 1을 잃는다. 서로 다른 면이 나오면 1경기자는 1을 잃고, 2경기자는 1을 얻는다.

1) 순수전략에서 내쉬 균형이 존재하지 않음을 보이시오.
2) 혼합전략에서 1경기자가 앞면이 나올 확률에 p, 뒷면이 나올 나올 확률에 $1-p$를, 2경기자는 앞면이 나올 확률에 q, 뒷면이 나올 확률에 $1-q$를 부여했다고 하자. 각 경기자의 반응함수를 도출하고 반응곡선을 그리시오. 내쉬 균형을 도출하시오.

제 8 장

과점시장

장을 시작하며

우리나라의 이동전화 서비스 시장에는 SKT, KT, LG U+ 등 세 개의 기업이 경쟁 중이며, 스마트폰시장에는 삼성전자와 애플이 시장을 차지하고 있다(LG전자는 2021년 5월 스마트폰 생산을 중단했다). 이들은 과점시장(oligopoly)의 대표적인 예이다. 검색포탈, 냉장고, 세탁기, 자동차를 비롯한 많은 시장은 과점시장으로 분류할 수 있다.

과점시장은 둘 이상 몇몇의 기업이 경쟁하는 시장을 말한다. 적은 수의 기업이 경쟁하므로 한 기업의 행동은 쉽게 다른 경쟁기업의 판매량, 가격, 이윤 등에 영향을 미친다. 과점시장에서 기업은 더 이상 수동적인 환경에 직면하는 것이 아니다. 기업은 자신의 행동이 다른 기업과 시장에 미치는 영향과 반응을 고려하여 최적 행동을 선택한다. 과점시장에서 경쟁기업 간 상호의존성은 독점시장에서 생산자는 하나이므로 다른 경쟁자가 존재하지 않고, 완전경쟁시장에서 개별 기업은 가격 순응자로서 경쟁기업에 영향을 주지 못하는 결과와 대비된다. 과점시장에 대한 연구는 게임이론과 같은 방법론과 개념이 요구되고 있다. 과점시장이론은 기업의 최적 행동과 전략뿐만 아니라 시장구조와 성과의 관계에 대한 예측을 제공한다.

과점시장은 경쟁 양상에 따라서 다양하게 분류할 수 있다. 과점시장에서 기업들은 동질적 제품으로 경쟁을 하는 경우도 있고, 차별적 제품으로 경쟁을 하는 경우도 있다. 한 기업의 제품이 경쟁기업과 동질적이냐 차별적이냐는 상대적이라서 명확히 구분하기는 어렵다. 일반적으로 소비자가 제품 구입시 각 기업의 제품을 구별할 수 없거나 차별화할 수 없다면 여러 기업의 제품은 동질적이고, 명백히 구별할 수 있다면 차별적인 제품이라고 가정한다. 이 장에서는 동질적인 제품을 다음장에서는 차별적인 제품을 대상으로 경쟁 양상을 분석한다.

과점시장에서 기업들은 비협조적으로 경쟁하거나, 협조적인 경우를 발견할 수 있다. 비협조적 경쟁이란 앞의 게임이론에서 살펴본 바와 마찬가지로 상대방 기업의 행동 집합은 알고 있지만 구체적으로 어떤 행동을 선택하는지 알지 못하면서 기업이 의사결정을 하는 상태를 말한다. 가격전쟁(price war)이라는 말에서 보듯이 경쟁기업 간 가격 경쟁과 물량 공세와 같은 수량에 의한 기업 간 경쟁은 과점시장의 기업들에 의한 비협조적 경쟁의 대표적인 예들이다.

과점시장에서 기업들은 일회성 경쟁이나 반복 경쟁을 한다. 일회성 경쟁은 기업들이 주어진 기간 동안 한 번만 경쟁하여 나타난 결과가 지속되는 양상으로 정태적 경쟁이라고도 한다. 이 장에서 소개하는 모형은 일회성 경쟁 모형이다.

과점시장에 대한 초기 이론들은 동질적, 비협조적, 일회성 경쟁에 초점을 맞추었다. 이들 모형은 게임이론이 출현하기 이전에 정착되었으나, 실제적으로 비협조적 게임이론과 동일한 체제를 가진다. 의사결정자로서 경제주체는 두 개의 기업, 개별 기업의 행동 집합(또는 전략)은 수량이나 가격이며, 보수는 각 기업이 얻는 이윤이다. 과점시장의 균형은 게임이론에서 소개한 내쉬 균형이다.

과점시장을 이론적으로 분석한 모형은 오랜 역사를 가지고 있다. 1838년 프랑스의 수학자인 쿠르노(Cournot)는 두 기업의 수량 경쟁을 분석하였고, 1883년 프랑스의 수학자인 버트랜드(Bertrand)는 두 기업의 가격 경쟁을 분석하였다. 두 논문은 과점시장을 분석하는 논문의 근간을 이루고 있다. 1934년 독일의 경제학자인 스택클버그(Stackelberg, 1934)는 쿠르노 모형을 보완하여 한 기업은 선도자(leader), 다른 기업은 추종자(follower) 역할을 하는 모형을 소개하였다. 이 세 모형은 모두 동질적, 비협조적, 일회성 과점시장 이론이다. 쿠르노 모형과 버트랜드 모형은 동시적 게임인데 반해서 스태클버그 모형은 순차적 게임이다.

제1절 | 쿠르노 모형

쿠르노는 프랑스 파리에서 약수터의 생수를 가정에 배달·판매하는 두 기업의 경쟁 양상을 분석하였다. 시장에서 두 기업만이 경쟁을 하는 과점시장을 복점시장(duopoly)이라 한다. 쿠르노 모형은 두 기업이 수량을 선택 변수로 사용하기에 수량 경쟁이라고도 한다. 두 기업은 동질적인 제품으로 비협조적으로 경쟁하며, 한

번의 이윤극대화 수량을 정하여 그대로 유지하는 일회성 게임을 한다. 또한, 상대방의 생산량을 주어진 것으로 하여 두 기업이 동시적으로 이윤극대화를 추구하기 때문에 동시적(simultaneous) 게임이다.

1 기본 모형

동질적인 제품을 생산하는 두 기업(1기업과 2기업)은 동일한 시장 수요에 직면하고 동일한 가격을 받는다. 두 기업의 생산량을 q_1과 q_2라 하면 시장 (또는 산업) 생산량은 $Q=q_1+q_2$다. 시장의 수요를 $P=P(Q)$라 하고 수요곡선의 우하향($P'(Q)<0$)을 가정한다. 두 기업의 총비용은 각각 $TC_i=c_iq_i$(여기서 $i=1, 2$)로 주어져 있다. 즉, 각 기업의 한계비용이 각각 c_1과 c_2로서 일정하다고 가정한다. 1기업은 자신의 이윤($\pi_1=P(Q)q_1-c_1q_1$)을 극대화하는 q_1을, 2기업은 자신의 이윤($\pi_2=P(Q)q_2-c_2q_2$)을 극대화하는 q_2를 선택한다. 문제는 개별기업이 이윤을 극대화할 때 어떤 전략으로 생산량을 선택하는지에 대한 것이다. 쿠르노는 이에 대해서 한 기업은 상대방의 생산량이 주어져 있다고 예측하면서 자신의 이윤을 극대화하는 생산량을 선택한다고 모형화하였다. 즉, 1기업은 2기업 생산량이 q_2^e로 주어져 있다 가정(예측)하면서, 이윤극대화 생산량 q_1를 선택하고, 동시에 2기업은 1기업 생산량이 q_1^e로 주어져 있다 가정(예측)하면서, 이윤극대화 생산량 q_2를 선택한다. 이 가정에 따라서 이윤극대화 조건은 다음과 같다;

$$\text{1기업:}\ \frac{\partial\pi_1}{\partial q_1}=P(Q)+q_1P'(Q)-c_1=0,\ Q=q_1+q_2^e, \tag{8-1}$$

$$\text{2기업:}\ \frac{\partial\pi_2}{\partial q_2}=P(Q)+q_2P'(Q)-c_2=0,\ Q=q_1^e+q_2. \tag{8-2}$$

식 (8−1)에서 $P(Q)-c_1$은 가격과 한계비용의 차이로서 1기업의 한계 생산량에 대한 이윤성을 나타낸다. $q_1P'(Q)$는 1기업의 추가 생산량에 의한 가격의 하락($P'(Q)$)이 이미 생산된 생산량(q_1)에 미치는 한계수입의 일부분이다. $P(Q)+q_1P'(Q)$는 1기업의 생산량 변화에 따른 한계수입이다.[1] 식 (8−2)도 마찬가지 해석을 한다.

각 기업은 상대 기업의 생산량을 주어진 것으로 예측하여 자신의 한계수입과 한계비용이 같게 되는 생산량을 선택할 때 이윤이 극대화 된다. 식 (8−1)과 (8−2)에서 동시적 해가 각 기업의 쿠르노 생산량(q_1^c, q_2^c)이며, 내쉬 균형(또는 쿠르노−내

1) 1기업의 한계수입은 2기업 생산량을 예측하면서 얻은 것이므로 독점기업의 한계수입과 다르며, 이를 '인지된'(perceived) 한계수입이라 한다.

쉬 균형)이다. 쿠르노-내쉬 균형에서 각 기업의 상대방 예측 생산량(q_1^e, q_2^e)은 실제 생산량이므로 $q_1^e=q_1^c$, $q_2^e=q_2^c$로 바꾸어 계산한다. 산업 생산량은 두 기업의 생산량의 합이다: $Q^c=q_1^c+q_2^c$. 쿠르노-내쉬 균형가격은 산업 생산량을 시장 수요에 대입하여 얻는다: $P^c=P(Q^c)$.

반응함수란 상대방의 주어진 생산량과 이에 대한 한 기업의 이윤극대화 생산량의 수학적 관계를 말한다. 식 (8-1)에서 q_1을 q_2^e에 대해서 풀면 1기업의 반응함수를 얻는다: $q_1=R_1(q_2^e)$. 식 (8-2)에 q_2를 q_1^e에 대해서 풀면 2기업의 반응함수를 얻는다: $q_2=R_2(q_1^e)$. 1기업의 반응함수는 2기업의 생산량이 어떤 값이든, 그 주어진 생산량(q_2^e)에 대해서 1기업의 이윤을 극대화하는 생산량(q_1)이 얼마인지를 보이고 있다. 2기업의 반응함수도 같은 해석을 한다. 반응함수는 한 기업이 상대방의 생산량을 예측하면서, 그 생산량과 자신의 이윤극대 생산량과의 관계를 보여주므로 상대방에 대해서 가장 좋은 대응을 한다고 할 수 있다. 이런 의미에서 반응함수는 '최적반응함수'라고도 한다.

구체적인 예를 들어 설명해 보자. 시장수요가 선형으로 $P=a-b(q_1+q_2)$라고 가정하자(a, $b>0$). 2기업의 생산량(q_2)이 주어져 있다고 하면, 1기업이 직면하는 '잔여수요'는 $P=(a-bq_2^e)-bq_1$이다. 1기업의 입장에서 $(a-bq_2^e)$는 주어져 있는 항으로서 1기업이 직면하는 '잔여수요'곡선의 절편에 해당한다. 1기업은 시장가격에 미치는 영향은 자신의 생산량과 관련된 항(즉, $-bq_1$)에 달려 있다고 간주한다. 1기업의 잔여수요에 대한 한계수입은 $MR_1=(a-bq_2^e)-2bq_1$이다. 마찬가지 논리로 2기업이 직면하는 잔여수요에 대한 한계수입은 $MR_2=(a-bq_1^e)-2bq_2$이다. 1기업(2기업)의 입장에서 2기업(1기업)의 생산량이 크다면, 1기업(2기업)이 직면하는 잔여수요는 감소하고 1기업(2기업)의 한계수입도 감소한다. 이제 각 기업의 한계비용은 c로 동일하다($c_1=c_2=c$)고 가정한다. 양의 판매량을 위해서 $a-c>0$을 가정한다. 쿠르노-내쉬 균형에서 상대방의 예측 생산량은 실제 생산량이므로, q_1^e와 q_2^e는 q_1과 q_2로 전환한다. 앞으로는 예측 생산량 변수를 사용하지 않는다. 1기업의 이윤극대화 생산량은 한계수입과 한계비용이 같고($a-2bq_1-bq_2=c$), 2기업의 이윤극대화 생산량도 마찬가지로 한계수입과 한계비용이 같은($a-bq_1-2bq_2=c$) 경우에 얻는다. 이 두 식을 연립하여 두 기업의 생산량을 얻는다. 이 생산량은 내쉬 균형 개념을 충족하기 때문에 '쿠르노-내쉬 생산량'이라고도 한다. 이 구체적인 모형에서 두 기업은 동질적이므로 균형 생산량은 같다: $q_1^c=q_2^c=\dfrac{a-c}{3b}$. 균형 산업 생산량은 $Q^c=q_1^c+q_1^c=\dfrac{2(a-c)}{3b}$이다. 이 산업 생산량을 (역)수요함수에 대입하여 쿠르노 균형 시장가격을 얻는다;

$$P^c = a - b\frac{2(a-c)}{3b} = \frac{a+2c}{3}.$$

각 기업의 이윤은 $\pi_1^c = \pi_2^c = (P^c - c)q_i^c = \frac{(a-c)^2}{9b}$이다.

각 기업의 반응함수를 구해보자. 1기업의 이윤극대화 조건($a - 2bq_1 - bq_2 = c$)에서 1기업의 반응함수는 다음과 같다;

$$q_1 = R_1(q_2) = \frac{a-c}{2b} - \frac{1}{2}q_2$$

1기업의 반응함수는 주어진 2기업의 어떤 생산량(q_2)과 1기업의 이윤극대화 생산량(q_1)과의 관계를 보여준다. 2기업의 생산량이 증가한다면, 1기업의 가장 좋은 선택은 자신의 생산량을 감소시키는 것이다. 1기업의 반응함수는 2기업의 생산량과 역의 관계로서 기울기는 $-\frac{1}{2}$이다. 2기업의 생산량이 증가하면, 1기업의 잔여수요는 감소하게 되고, 잔여수요의 감소로 이윤극대화 생산량은 감소한다.

1기업의 반응함수를 반응곡선으로 그리는 데는 약간의 설명이 필요하다. 일반적으로 Y축에 q_2를 X축에 q_1을 표시한다. 이 좌표에 표시하기 위해서는 1기업의 반응함수를 $q_2 = \frac{a-c}{b} - 2q_1$으로 전환하여 그린다. [그림 8-1]에 1기업의 반응함수는 Y축 절편이 $(a-c)/b$, X축 절편이 $(a-c)/2b$이고 기울기가 $-\frac{1}{2}$인 직선으로 표시된다.[2]

2기업의 반응함수는 2기업의 이윤극대화 조건($a - bq_1 - 2bq_2 = c$)에서 1기업의 반응함수와 같은 방식으로 도출한다;

$$q_2 = R_2(q_1) = \frac{a-c}{2b} - \frac{1}{2}q_1.$$

[그림 8-1]에 2기업의 반응함수는 Y축 절편이 $\frac{a-c}{2b}$, X축 절편이 $\frac{a-c}{b}$이고 기울기가 $-\frac{1}{2}$인 직선으로 표시된다. 2기업 반응곡선의 각 점에 대한 해석은 1기업의 반응곡선의 해석과 유사하다.

1기업의 반응함수상의 한 점 t에 대해서 생각해 보자. 점 t는 1기업과 2기업의 생산량 (q_1^t, q_2^t)를 표시한다. 이는 다음과 같이 해석해야 한다. 1기업은 2기업의 생산량이 q_2^t로 주어져 있다면, 자신의 최적의 반응은 (즉, 이윤극대화는) q_1^t를 생산하는 것이다. 1기업 반응곡선의 X축 절편은 2기업이 생산을 아무것도 하지 않는다면, 1기업의 최적 반응은 독점 생산량을 생산한다는 의미이다. Y축 절편은 2기업

2) 전환된 식은 수학적으로 1기업의 반응함수와 동일하나, 경제학적 해석은 전혀 다른 것임에 유의해야 한다. 전환된 식에서 독립변수가 1기업의 생산량이고, 종속변수가 2기업의 생산량이므로, '주어진 1기업 생산량에서 2기업의 최적 생산량'이라고 해석해서는 안 된다.

이 $\frac{a-c}{b}$의 생산량을 선택한다면, 1기업은 아무것도 생산하지 않는 것이 최적 반응이다. 이 경우에 1기업이 양의 생산량을 생산한다면, 시장가격은 한계비용 미만이 되어 손실을 초래하기 때문에 생산하지 않는 것이 1기업의 이윤극대화 방법이다.

반응함수와 관련해서 '동등이윤 자취'(isoprofit loci)를 소개한다. 1기업의 동등이윤 함수는 어떤 이윤 수준 π_1에서 $\pi_1=a-b(q_1+q_2)q_1-cq_1$을 만족하는 (q_1, q_2)의 집합이다. 동등이윤 자취는 함수로서 [그림 8-1]과 같이 q_1에 대해서 오목함수(π_1^o, π_1^1으로 표시)이며 그림에서 동등이윤 곡선이다. 이윤수준은 1기업의 독점 생산량으로 향하면서 증가한다($\pi_1^o<\pi_1^1$). 1기업의 반응곡선의 각 점은 1기업의 동등이윤 곡선의 최고점들의 집합이다. 1기업의 반응함수 $q_1=R_1(q_2)=\frac{a-c}{2b}-\frac{1}{2}q_2$는 2기업의 주어진 생산량 $q_2=\bar{q}_2$에 대해서 이윤극대화 생산량을 표시하므로 어떤 생산량 q_2의 수평선에서 동등이윤 곡선은 접해야 한다. 2기업의 동등이윤 곡선(π_2 하나만 표시)도 마찬가지로 정의할 수 있다.

[그림 8-2]에서 반응곡선을 이용하여 쿠르노 균형을 도출해 보자. 1기업의 반응곡선에서 점 t는 내쉬 균형이 아니다. 점 t에서 1기업은 2기업의 생산량이 q_2^t로 주어져 있다면, q_1^t는 자신에게 가장 좋은 생산량이다. 그러나 2기업의 입장에서 1기업의 생산량이 q_1^t로 주어져 있다면, 2기업의 가장 좋은 생산량은 1기업이 예측했던 q_2^t가 아니라 이윤극대화를 하는 2기업의 반응곡선상의 점 s에 있는 생산량이어야

그림 8-1 쿠르노 모형의 반응곡선과 동등이윤 자취

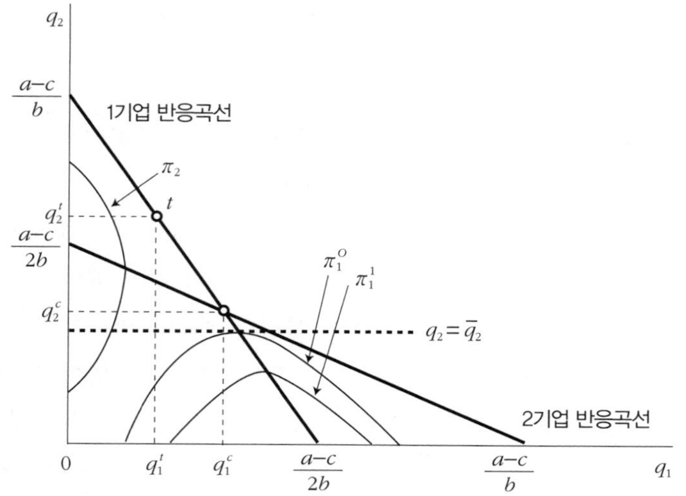

그림 8-2 **쿠르노 모형의 반응곡선과 균형**

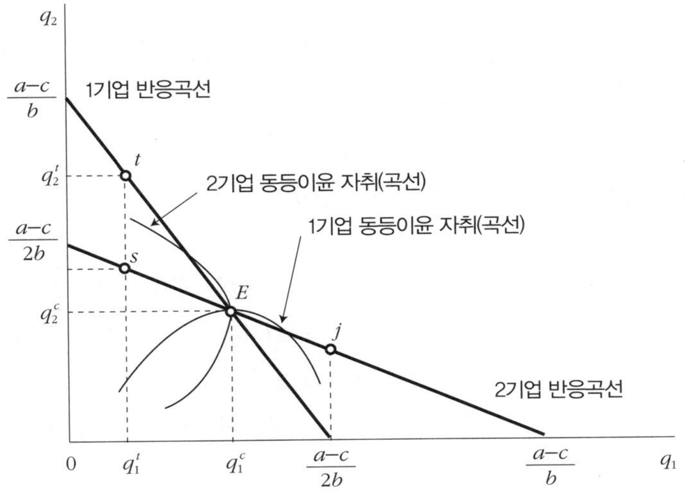

한다. 따라서 점 t에 상응하는 두 기업의 생산량은 내쉬 균형이 아니다. 1기업의 X축 절편도 내쉬 균형이 아니다. 1기업의 반응곡선의 X축 절편에서 1기업은 2기업이 아무 것도 생산하지 않는다는 예측하여 독점 생산량을 생산한다. 그러나 2기업의 입장에서 1기업의 독점 생산량($\frac{a-c}{2b}$)이 주어져 있다면, 2기업의 최적반응은 자신의 반응곡선의 점 j에서 $q_2 = \frac{a-c}{4b}$를 생산하는 것이다. 따라서 1기업의 X축 절편은 내쉬 균형이 아니다. 경쟁기업의 생산량에 대한 예측에 근거하여 한 기업의 최적 반응을 선택해야 하며, 균형에서 각 기업의 상대방에 대한 예측 생산량은 경쟁기업이 실제로 최적적으로 선택한 생산량이다. 이를 위해서, 쿠르노 균형은 각 기업의 반응곡선에 있어야 하므로 두 반응곡선이 교차하는 점 E에서 발생한다. 교차점 E의 생산량 조합(q_1^c, q_2^c)는 1기업 반응함수 $q_1^c = \frac{a-c}{2b} - \frac{1}{2}q_2^c$와 2기업 반응함수 $q_2^c = \frac{a-c}{2b} - \frac{1}{2}q_1^c$를 동시에 만족하는 생산량이다. [그림 8-2]에서 보듯이 각각의 생산량에서 각 기업의 동등이윤 자치는 최고점에서 교차한다.

쿠르노 균형은 그림에서 보듯이 유일한 내쉬 균형이며, 쿠르노-내쉬 균형이라고 한다. 앞에서 점 t는 내쉬 균형이 아니며, 점 s로 이동한다고 했다. 또한 1기업의 X축 절편은 내쉬 균형이 아니며, 점 j로 이동한다고 했다. 이는 점 s나 j로 이동한다고 한 것은 단순히 교육적인 목적에서 설명한 것이며, 쿠르노 균형을 찾아가는 과정을 설명하려는 의도가 아니다. 합리적이고 전략적인 경제주체인 기업이라면 이와 같은 시행착오를 거치면서 균형에 도달한다고 볼 수 없다. 게임이 시작되면, 합리적이고 전략적인 기업은 자신의 예측이 실제로 발생할 것이라는 것을 예측하면서 바로 쿠르노 균형점이 E에 도달한다. 두 기업의 유일한 의미있는 예측은 각 기업이 $q_i^c = \frac{a-c}{3b}$를 생산할 것이라는 예측이며, 실제로 그 생산량을 생산하는 것이다(부록 참조).

2 쿠르노 균형과 예시

구체적으로, $a=100$, $b=1$, $c=10$인 경우에 1기업 반응함수는 $q_1 = R_1(q_2) = 45 - \frac{q_2}{2}$이고, 2기업 반응함수는 $q_2 = R_2(q_1) = 45 - \frac{q_1}{2}$이다. 두 기업의 반응곡선은 [그림 8-3]에 표시되어 있다. 1기업 반응곡선을 그리기 위해서는 $q_2 = 90 - 2q_1$로 전환한다. Y축(q_2) 절편이 90, X축(q_1) 절편이 45이고 기울기가 $-\frac{1}{2}$인 직선이 1기업의 반응곡선이다.

1기업 반응함수에서 1기업이 만약에 2기업의 생산량이 영이라고 예측한다면, 1기업의 이윤극대화 생산량은 45단위이다. 만약에 2기업의 생산량이 10단위라고 예측한다면 1기업은 40단위를 생산할 것이다. 마찬가지로 2기업은 1기업의 생산량이 10이라고 예측한다면, 2기업의 이윤극대화 생산량은 40단위이다.

쿠르노 균형생산량은 두 반응함수에 의해서 구할 수 있다. $q_1 = 45 - \frac{q_2}{2}$를 $q_2 = 45 - \frac{q_1}{2}$에 대입하면 2기업의 쿠르노 균형생산량은 30이며, 이를 1기업의 반응함수에 대입하면 1기업의 쿠르노 균형생산량 30을 구할 수 있다. 즉, $q_1^c = q_2^c = 30$이며,

그림 8-3 쿠르노 균형

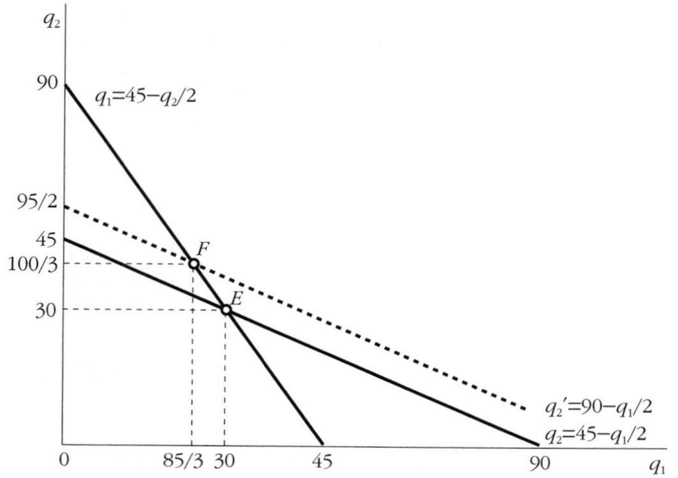

[그림 8-3]에서 점 E이다. 이 쿠르노 균형에서 각 기업은 경쟁기업의 생산량(30단위)이 주어져 있다는 예측하에 자신의 이윤을 극대화하는 생산량(따라서, 최적 반응 생산량)인 30단위를 생산한다. 각 기업은 경쟁기업에 대해서 생산량을 예측했는데 경쟁기업은 균형에서 실제로 그 예측된 생산량을 생산하고 있음을 알 수 있다. 쿠르노 균형에서 산업 생산량은 두 기업의 균형 생산량의 합으로 60이며, 시장가격은 40이다. 두 기업의 이윤은 각각 900이다.

각각의 기업은 경쟁기업이 30단위를 생산한다고 예측하면서 자신들도 30단위씩 생산하다면, 어떤 기업도 이 생산량을 변경시키려 하지 않을 것이다. 어떤 기업도 반응곡선상에 위치하지 않은 생산량을 생산하지 않을 것인데 그 이유는 그렇게 하면 이윤이 감소되기 때문이다. 예를 들어, 1기업은 2기업이 30단위를 생산한다고 예측하면서 자신의 균형생산량을 30에서 35로 증가시킨다면, 1기업의 이윤은 900에서 875로 감소한다.

쿠르노 균형은 한 기업이 경쟁기업의 생산량이 균형에서 주어져 있다 가정하면서 자신의 이윤 극대화 생산량을 변경할 유인이 없는 상태이다. 이러한 쿠르노 균형은 앞의 게임이론에서 소개한 내쉬 균형 개념에 부합하고 있다.

3 한계비용이 다른 경우 쿠르노 균형

1기업과 2기업의 한계비용이 c_1과 c_2로 서로 다른 경우에 쿠르노 균형을 살펴보자. 시장수요는 $P=a-b(q_1+q_2)$인 경우를 고려한다. 1기업의 이윤극대화 생산량은 한계수입과 한계비용이 같고($a-2bq_1-bq_2=c_1$), 2기업의 이윤극대화 생산량도 마찬가지로 한계수입과 한계비용이 같은($a-bq_1-2bq_2=c_2$) 경우에 얻는다. 두 기업의 반응함수를 이용하여 쿠르노 균형생산량을 도출해 보자. 1기업의 이윤극대화 조건($a-2bq_1-bq_2=c_1$)에서 1기업의 반응함수는 $q_1=R_1(q_2)=\frac{a-c_1}{2b}-\frac{1}{2}q_2$이다. 2기업의 반응함수는 2기업의 이윤극대화 조건($a-bq_1-2bq_2=c_2$)에서 얻는다; $q_2=\frac{a-c_2}{2b}-\frac{1}{2}q_1$. 1기업의 반응함수를 2기업의 반응함수에 대입하면 2기업의 쿠르노 균형생산량을 다음과 같이 얻는다; $q_2^c=\frac{a+c_1-2c_2}{3b}$. 이를 1기업의 반응함수에 대입하여 다음과 같이 1기업의 쿠르노 균형생산량을 얻는다; $q_1^c=\frac{a-2c_1+c_2}{3b}$.

단순한 계산을 위해 $c_2<c_1$이라면, $q_1^c<q_2^c$임을 알 수 있다. 쿠르노 모형의 중요한 특징의 하나는 균형생산량은 두 기업의 한계비용의 상대적인 차이에 의해서 결정된다는 점이다. 한계비용이 낮은 기업은 더 많이 생산하며, 시장점유율이 더 높고 이윤도 더 크다. 이 결과가 함의하는 것은 쿠르노 경쟁을 하는 시장에서 한 기

업이 생산 비용을 낮추면 그 기업의 시장점유율과 이윤은 높아지고, 경쟁기업의 점유율과 이윤은 낮아진다는 것이다. 삼성전자의 반도체 분야는 세계시장에서 지속적으로 점유율 1위를 차지하고 있는데, 이는 생산공정 혁신 등을 통하여 한계비용을 지속적으로 낮추는 데 기인한다.

앞에서 우리는 두 기업의 한계비용이 $c_1=c_2=10$로 일정하다 가정하여 균형 생산량 조합(30, 30)을 도출했다. 이 경우에 [그림 8–3]에서 보듯이 반응곡선도 대칭적이다. 만약에 $c_1=10$으로 변하지 않으나 c_2는 5로 낮아졌다고 하자. 반응곡선은 어떻게 될 것인가? c_1은 변화가 없으므로 1기업의 반응곡선은 변화가 없다. 그러나 2기업의 반응함수($q_2=\frac{100-c_2}{2}-\frac{1}{2}q_1$)에서 c_2는 절편의 일부인데, c_2가 감소했으므로 절편은 증가하고 기울기는 변화가 없으므로 2기업의 반응곡선은 평행으로 위쪽(또는 바깥쪽)으로 이동하게 된다([그림 8–3]에서 점선의 반응곡선). 2기업의 한계비용의 하락은 2기업의 반응곡선을 위쪽으로 이동시켜서 선택영역을 확장하는 결과를 가져오게 하지만, 1기업의 선택영역은 변함이 없다. 쿠르노 균형을 나타내는 교차점은 E에서 F로 이동하여, 한계비용이 하락한 2기업의 균형 생산량은 30에서 100/3으로 증가하고 1기업의 균형 생산량은 30에서 85/3으로 감소한다. 흥미롭게도 한계비용의 변화가 없는 1기업의 균형 생산량이 감소한다는 점이다. 2기업의 한계비용이 하락하면 2기업 생산은 증가한다. 1기업은 2기업에 대한 예측 생산량을 높이고 자신의 이윤극대화 생산량을 감소시키기 때문이다.

4 쿠르노 모형과 기업의 수

쿠르노 복점 모형은 경쟁기업이 2개로 일정한 경우이다. 쿠르노 모형은 기업의 수가 $n(>2)$개로 확장된 경우에 유용한 결과를 얻을 수 있다. 시장에서 n개의 동질적인 기업이 쿠르노 경쟁을 하며 개별 기업 i의 생산량은 q_i, 비용함수는 $TC_i=cq_i$를 가정한다(즉, 개별 기업의 한계비용은 c로 모두 동일하다). 시장수요는 이전과 마찬가지로 $P=a-bQ$를 가정한다. $Q=\sum_{j=1}^{n}q_j$ 이며, 이는 다음과 같이 표시할 수 있다; $Q=Q_{-i}+q_i$, 여기서, $Q_{-i}=q_1+q_2+\cdots+q_{i-1}+q_{i+1}+\cdots+q_n$으로서 q_i를 제외한 다른 모든 기업의 생산량의 합을 표시한다. 시장수요는 $P=a-bQ_{-i}-bq_i$이고, i기업의 이윤은 $\pi_i=(a-bQ_{-i}-bq_i)q_i-cq_i$이다. 이윤극대화 조건은 다음과 같다;

$$a-bQ_{-i}-2bq_i-c=0.\ i=1,\ 2,\ \cdots,\ n$$

다른 모든 $(n-1)$기업의 생산량(Q_{-i})을 주어진 것으로 하여 i기업의 반응함수는

다음과 같다;

$$q_i = \frac{a-c}{2b} - \frac{Q_{-i}}{2}. \ i=1, 2, \cdots, n.$$

모든 기업이 동질적인 경우에 개별기업의 생산량이 동일하므로 $q_1 = \cdots = q_i = \cdots = q_n = q$라 하자. $Q = nq$이며, $Q_{-i} = (n-1)q$이므로 후자를 i기업의 반응함수에 대입하면 $q = \frac{a-c}{2b} - \frac{(n-1)q}{2}$이므로 각 기업의 쿠르노-내쉬 균형 생산량은 다음과 같다;

$$q^* = \frac{a-c}{(n+1)b}.$$

쿠르노-내쉬 균형 산업 생산량은 $Q^* = nq^* = \frac{n(a-c)}{(n+1)b}$이고, 시장가격은 $P^* = a - bQ^* = \frac{a+nc}{n+1}$이다. 개별 기업의 이윤은 $\pi^* = \frac{(a-c)^2}{b(n+1)^2}$이고, 소비자잉여는 $CS = \frac{n^2(a-c)^2}{2b(n+1)^2}$이다.

이 결과는 기업 수에 따른 시장구조를 나타낸다. $n=1$인 경우는 독점시장이다. 산업 생산량은 독점기업 생산량으로서 $\frac{(a-c)}{2b}$이며, 독점가격은 $\frac{a+c}{2}$으로서 주어진 수요함수와 한계비용으로 독점시장 균형 값과 동일하다. $n=2$인 경우에는 쿠르노 복점시장이며 앞에서 도출한 쿠르노-내쉬 균형과 동일하다. n이 점점 커진다면(예로, 무한대에 접근하는 경우), 개별 기업의 생산량은 영에 가까워진다. $q^* = \frac{a-c}{(n+1)b}$에서 n이 커지면, 분모가 커지므로 q^*는 영에 접근한다. n이 커지면, $\frac{n}{n+1}$은 1에 접근하므로 산업 생산량은 $\frac{(a-c)}{b}$에 접근하고, 시장가격($P^* = \frac{a}{n+1} + \frac{n}{n+1}c$)은 한계비용($c$)에 접근한다. 이 결과는 완전경쟁시장 균형에 근접함을 보여주고 있다. 즉, 쿠르노 모형은 독점시장과 완전경쟁시장을 포함하는 모형이라고 볼 수 있다.

$a=100$, $b=1$인 경우에, 개별 기업의 쿠르노 균형 생산량은 $q^* = \frac{100-c}{n+1}$, 산업 균형 생산량은 $Q^* = \frac{n(100-c)}{n+1}$, 시장가격은 $P^* = \frac{100}{n+1} + \frac{n}{n+1}c$, 개별 기업의 이윤은 $\pi^* = \frac{(100-c)^2}{(n+1)^2}$이다. 소비자잉여는 $CS = \frac{n^2(100-c)^2}{2(n+1)^2}$이다.

독점시장의 생산량은 $Q^M = \frac{100-c}{2}$, 독점시장 가격은 $P^M = \frac{100+c}{2}$이다. $n=2$인 경우에 결과는 앞에서 도출한 바와 동일하다. 기업의 수가 증가할수록($n \to \infty$), 시장가격은 한계비용에 접근하는 것을 알 수 있다($P=c$). 많은 수의 기업이 경쟁하는 쿠르노 균형은 대략적으로 완전경쟁적이라고 할 수 있다.

5 쿠르노 모형과 독점, 완전경쟁시장과의 비교

쿠르노 복점모형은 독점시장이나 완전경쟁시장과 비교된다. 시장수요가 $P=100-Q$이고, 한계비용이 10으로 동일한 두 기업이 독점기업처럼 한 기업으로 행동한다고 가정하자. 균형은 $MR=MC$에서 얻어지므로 이윤극대화 독점기업(산업) 생산량은 45, 독점가격은 55, 독점이윤은 2,025이다. 쿠르노 복점에서 개별 기업의 생산량은 30, 산업 생산량은 60, 시장가격은 40이고, 개별 기업의 이윤은 900이고 산업 이윤은 1,800이다. 독점시장 균형은 쿠르노 복점시장과 비교하여 산업 생산량은 감소하고 가격은 상승, 이윤은 증가한다. 독점이윤이 쿠르노 모형의 두 기업의 이윤의 합보다 크다는 것은 쿠르노 복점기업들이 하나의 독점기업이 되거나, 또는 담합하여 카르텔을 형성하려는 유인이 있음을 시사한다. 카르텔을 형성하여 증가된 이윤을 서로 분배하면 과점 경쟁에서 얻는 개별 이윤보다 더 증가하기 때문이다.

쿠르노 복점시장에 기업이 (무한대로) 많이 진입하거나, 또는 두 기업이 완전경쟁시장의 기업들처럼 행동한다면, 완전경쟁시장의 균형은 $P=MC$로서, $100-Q=10$이되어 산업 생산량은 90이다. 시장가격은 10이며, 산업 이윤은 영이다. 쿠르노 복점과 비교하여 완전경쟁시장의 산업 생산량은 증가하고, 가격은 하락하며, 이윤은 감소한다. 두 기업이 완전경쟁시장의 기업처럼 행동하는 경우에 시장가격은 한계비용과 같으므로 이윤이 영이 되어 개별 기업은 기업의 증가를 반기지 않는다. 쿠르노 복점과 비교하여 완전경쟁시장의 소비자잉여는 가격의 하락과 산업 생산량의 증가로 인해서 증가한다.

동일한 수요함수와 비용을 가정한다면, 세 시장구조에서 시장가격, 산업 생산량, 산업 이윤, 소비자잉여를 비교하면 다음과 같다.

시장가격: 독점시장 > 쿠르노 복점시장 > 완전경쟁시장
산업 생산량: 독점시장 < 쿠르노 복점시장 < 완전경쟁시장
산업 이윤: 독점시장 > 쿠르노 복점시장 > 완전경쟁시장
소비자잉여: 독점시장 < 쿠르노 복점시장 < 완전경쟁시장

6 쿠르노 모형과 사회후생

쿠르노 모형에서 사회후생(SW)은 아래와 같이 소비자잉여($CS(n)=\frac{n^2(a-c)^2}{2b(n+1)^2}$)와

모든 기업(n개)의 이윤의 합($n\frac{(a-c)^2}{b(n+1)^2}$)으로 표시한다;

$$SW=CS(n)+n\pi^*(n)$$
$$=\frac{(a-c)^2}{2b}\frac{n^2+2n}{n^2+2n+1}.$$

$z=\frac{n^2+2n}{n^2+2n+1}$이라 하자. 기업 숫자($n$)가 증가함에 따라서 z는 증가하므로 사회후생은 증가함을 확인할 수 있다. 기업 수가 증가함에 따라서 시장가격은 하락하고 산업 생산량은 증가하여 소비자잉여는 증가하나, 산업 이윤은 감소한다. 소비자잉여의 증가가 산업 이윤의 감소를 초과하기 때문에 사회후생은 증가한다. 이 모형에서 자유 진입이 발생하면 사회후생은 증가한다.

7 쿠르노 모형과 러너지수

n개의 기업이 서로 다른 한계비용을 보이는 경우에 러너지수를 소개하여 쿠르노 모형에서 개별 기업의 독점력에 대해서 분석한다. 개별 기업의 생산량은 q_i이며, 한계비용은 c_i를 가정한다. 시장수요는 이전과 마찬가지로 $P=a-bQ$를 가정한다. $Q=Q_{-i}+q_i$로서 Q_{-i}는 q_i를 제외한 다른 모든 기업의 생산량의 합을 표시한다. i기업의 이윤극대화 조건은 다음과 같다;

$$a-bQ_{-i}-2bq_i-c_i=0.\ i=1,\ 2,\ \cdots,\ n.$$

이는 다음과 같이 변경할 수 있다; $a-b(Q_{-i}+q_i)-bq_i-c_i=a-bQ-bq_i-c_i=0$. $P=a-bQ$를 대입하면 $P-bq_i-c_i=0$이 된다. 이 식은 $-b=\frac{dP}{dQ}$이므로 $P-c_i=-\frac{dP}{dQ}q_i$이 된다. 양변을 P로 나누고, 우항에 $\frac{Q}{Q}$를 곱하면 $\frac{P-c_i}{P}=\frac{\frac{q_i}{Q}}{-\frac{dQ}{dP}\frac{P}{Q}}$이다. $\frac{q_i}{Q}\equiv S_i$를 i기업의 '시장점유율'이라고 정의한다. $-\frac{dQ}{dP}\frac{P}{Q}\equiv\varepsilon$는 시장수요의 가격탄력도이다. 따라서 서로 다른 한계비용을 보이는 n개 기업이 경쟁하는 쿠르노 모형에서 러너지수는 다음과 같다;

$$\frac{P-c_i}{P}=\frac{S_i}{\varepsilon}.$$

쿠르노 경쟁시장의 i기업의 러너지수는 시장수요의 가격탄력도에 반비례하고, 자신의 시장점유율에 비례한다. i기업이 수요가 상대적으로 덜 탄력적일수록, 시장점유율이 클수록, i기업의 독점력은 높아진다.

8 쿠르노 모형에 대한 평가

쿠르노 모형은 1838년에 발표된 이후 많은 비판과 함께 유용성이 증명되었다. 현재에도 비판과 함께 과점시장의 분석에 광범위하게 이용하고 있다. 쿠르노 모형에 대한 평가를 다음과 같이 정리한다;

(1) 쿠르노 모형은 일회성 게임에 따른 균형을 분석한다. 기업들은 주어진 한 기간에 행동을 하여 균형을 결정하며, 그것으로 끝이라는 설정이다. 한 번 균형이 결정되고 나면 또 다른 행동을 취하여 새로운 균형을 얻는 다음 기간이 존재하지 않는다는 가정은 현실과 거리가 있다. 현실적으로 과점시장의 기업들은 반복적으로 경쟁기업과 게임을 하고 있다. 쿠르노 모형의 이러한 결함은 게임이론에서 반복게임을 통해서 개선되고 있다.

(2) 쿠르노 모형에서 한 기업(1기업)은 경쟁기업(2기업)이 균형 생산량을 생산한다는 예측을 (정확히)하여 균형 생산량을 실제로 생산한다. 2기업도 1기업의 균형 생산량에 대한 정확한 예측에 바탕하여 실제로 생산한다. 쿠르노 모형은 각 기업이 상대 기업으로 하여금 균형 생산량을 생산한다는 점을 어떻게 믿을 것인지에 대한 이론적인 설명이 부족하다. 기업들이 현실적으로 경험을 통해서 균형 생산량을 예측한다고 할 수도 있으나, 경험을 쿠르노 모형과 결부하기 어려운 약점이 있다. 이 약점 또한 반복 게임과 카르텔 이론으로 보완하고 있다.

(3) 쿠르노 모형은 생산량을 전략변수로 선택하고 가상적인 경매자가 수요와 공급을 일치하는 가격을 선택한다고 해석할 수 있다. 그러나 두 기업이 비협조적으로 경쟁하는 상황에서 그러한 경매자가 존재한다는 것은 받아들이기 어렵다.

(4) 그럼에도 불구하고, 쿠르노 모형의 균형(결과)은 독점시장과 완전경쟁시장 균형의 중간에 있는데 이는 쿠르노 모형이 적절히 좋은 이론이라는 점을 증명한다. 실제로 쿠르노 모형의 여러 결함에 대한 비판적 평가와 별개로 과점시장 분석에 광범위하게 이용하고 있다는 점은 그 결과가 보편적이기 때문이다.

제2절 | 버트랜드 모형

프랑스 수학자 버트랜드(Bertrand)는 1883년에 발표한 논문에서 기업들은 쿠르노 모형처럼 수량 경쟁을 하는 것이 아니라 현실적으로 가격 경쟁을 한다고 주장했다. 주유소가 밀집된 지역에서 각 주유소는 자사의 휘발유 가격이 인근의 경쟁 주유소보다 더 싸다고 광고하는 것을 볼 수 있다. 테크노마트의 스마트폰 단말기 판매상들은 옆 상점보다 더 좋은 가격을 제시한다고 호객하고 있다.

1 기본 모형

버트랜드 모형은 쿠르노 모형과 같이 복점시장에서 동질적 제품을 생산하는 두 기업에 의한 비협조적, 일회성, 동시적 게임이다. 그러나 버트랜드 모형은 수량을 선택변수로 하는 쿠르노 모형과 달리 가격이 선택변수이다. 두 기업은 동질적 제품을 동일한 한계비용($=c$)으로 생산하며, 각 기업이 직면하는 수요를 모두 충족하는 생산용량을 보유한다고 가정한다. 소비자는 두 기업의 제품을 완전 대체재로 여기므로, 만약 1기업의 가격(P_1)이 2기업의 가격(P_2)보다 낮으면, 모든 소비자들은 1기업 제품을 구매한다. 그 반대라면, 모든 소비자들은 2기업 제품을 구매한다. 두 기업의 가격이 같다면, 각 기업은 그 가격에서의 수요량을 반씩 판매한다고 가정한다. i기업($i=1, 2$)의 수요($D_i(P_1, P_2)$)를 수학식으로 표시하면 다음과 같다.

$$D_i(P_1, P_2) = \begin{cases} D(P_i), & P_i < P_j \text{인 경우} \\ \frac{1}{2}D(P_i), & P_i = P_j \text{인 경우} \\ 0, & P_i > P_j \text{인 경우.} \end{cases}$$

여기서, $Q=D(P_i)$는 가격 P_i에서 시장수요이며, $j \neq i (i=1, 2;\ j=1, 2)$이다. 이에 따라서 i기업의 이윤은 다음과 같다; $\pi_i(P_1, P_2)=(P_i-c)D_i(P_1, P_2)$.

1) 버트랜드 균형

버트랜드 균형은 한 기업이 경쟁기업의 주어진 가격에서 자신의 이윤을 극대화하는 가격의 조합 (P_1^*, P_2^*)을 말한다. (P_1^*, P_2^*)은 $\pi_1(P_1^*, P_2^*) \geq \pi_1(P_1, P_2^*)$과 $\pi_2(P_1^*, P_2^*) \geq \pi_2(P_1^*, P_2)$를 만족하므로 내쉬 균형이다. 버트랜드 모형에서 두 기업의 균형 가격은 한계비용이다: $(P_1^*, P_2^*)=(c, c)$. 이에 대한 증명은 다음과 같다. ① 어느 기업도 균형 가격을 한계비용 미만으로 설정하지 않는다: 만약에 $P_1^* > c > P_2^*$라면 2기업은 시장을 모두 차지할 수 있지만 적자이므로 한계비용 미만으로 가격을 설정하지 않는다. ② 두 기업의 균형 가격은 동일해야 한다. 만약 $P_1^* > P_2^* > c$이라면 1기업은 한 단위도 팔지 못한다. 그러나 1기업은 P_2^*보다 ε만큼 낮게 가격을 설정하여(즉, $P_1 = P_2^* - \varepsilon > c$) 전체 시장을 차지하고 양의 이윤을 얻을 수 있다.[3] 한 기업은 상대방의 가격보다 조금이라도 낮게 설정할 것이므로 균형에서 한 기업의 가격이 다른 기업의 가격보다 더 높을 수 없다. 만약에, $P_1^* = P_2^* > c$인 경우에, 두 기업은 양의 이윤을 얻으며, 수요를 반분하고 있다. 이 경우에 1기업은 자신의 가격을 $P_1 = P_2^* - \varepsilon$로 낮추어서 시장을 독차지하고, 이윤은 이전보다 증가하므로 두 기업의 균형 가격은 한계비용보다 클 수 없다. ③ 두 기업의 균형가격은 한계비용과 같다. 만약에 $P_1^* > P_2^* = c$라면, 양의 이윤을 얻지 못하는 2기업은 가격을 약간(ε 만큼) 올려서 양의 이윤을 얻으면서 아직도 시장을 독차지할 수 있는데 이는 2기업이 P_2^*에서 변동을 할 수 있다는 결과이므로 균형이 될 수 없다. 버트랜드 모형에서 각 기업의 균형 가격은 한계비용과 같으며, 이윤은 영으로서 효율성을 달성한다.

두 기업이 경쟁하는 버트랜드 모형에서 각 기업은 양의 이윤을 취할 수도 있을 터인데 그렇지 못하다. 두 개 기업이 경쟁하는 버트랜드 모형에서 시장의 균형 가격이 한계비용과 같고 영의 이윤을 얻는 결과는 완전경쟁시장 균형과 동일한데 이는 의외의 결과이다. 이 균형 결과를 '버트랜드 역설'(paradox)이라고 한다.

2) 버트랜드 모형의 반응함수

버트랜드 균형은 반응함수를 이용하여 설명할 수 있다. 버트랜드 모형에서 1기업의 반응함수는 2기업의 주어진 가격(P_2)에 대해서 1기업이 이윤을 극대화하는 가격(P_1)과의 관계를 나타낸다. 즉, $P_1 = G_1(P_2)$이다. 2기업의 반응함수는 1기업의 주어진 가격(P_1)에 대해서 2기업의 이윤을 극대화하는 가격(P_2)과의 관계이다. 즉, $P_2 = G_2(P_1)$이다. 이는 [그림 8-4]와 같이 반응곡선으로 표시할 수 있다. 우선 두 기업의 한계비용(c)은 같으므로 45도 선상의 점 h에 표시한다. 한 기업이 독점기업이 된다면 P^m의 독점가격을 설정하며, 45도 선상의 점 t에 표시된다. 각 기업의 가장 좋은 반응은 상대방 가격보다 약간 낮게 설정(undercutting)하여 시장을 차지하고 이윤을 극대화하는 행동이다. 이 원칙에 준하여 다음의 세 구간으로 나누어서 1기업의 반응곡선을 도출한다. ① 2기업 가격이 한계비용보다 낮다면 1기업은 한계비용을 가격으로 설정하는 것이 가장 좋은 반응이다. 1기업은 2기업의 가격보다

3) 여기서 ε은 영에 가까운, 그러나 영은 아닌 양수로서 1원이라고 간주해도 좋다.

그림 8-4 버트랜드 모형의 반응곡선

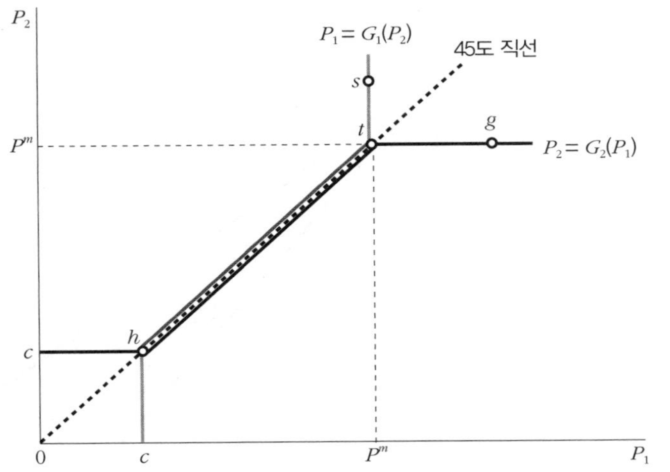

더 낮게 설정하면 손실을 보므로 2기업 가격 아래로 설정하지 않는다. *hc*의 수직 구간이 1기업 반응곡선의 한 구간이다. ② 2기업이 독점가격보다 더 높게 설정한다면, 1기업의 가장 좋은 반응은 이윤을 극대화하는 독점가격을 설정하는 것이다. *ts*의 수직구간이 1기업 반응곡선의 또 다른 구간이다. ③ 2기업 가격이 한계비용과 독점가격 사이의 어떤 값일 때, 1기업의 가장 좋은 반응은 2기업 가격보다 1원 낮게 설정하여 2기업의 수요를 영으로 만드는 것이다. 이 구간의 가격에서 1기업 반응곡선은 점 *h*와 *t* 사이의 45도 선에서 약간 위로 떨어져 있는 옅은 직선이 된다. 모두 종합하면, 1기업의 반응곡선은 [그림 8-4]에서 *chts*의 옅은 선으로 표시된다. 마찬가지 논리로 2기업의 반응곡선은 *chtg*의 진한 직선으로 표시된다. 버트랜드 복점시장에서 각 기업의 반응곡선은 우상향한다고 말할 수 있다.[4] 균형 가격은 *ht* 사이에 있으나, 실제로 상대 가격을 깎으므로(undercutting) 버트랜드 균형 가격은 한계비용($P_1=P_2=c$)이다. 두 기업은 한계비용에서 일방적으로 가격을 더 내리거나 올리려는 유인이 없으므로 버트랜드 균형 가격은 유일한 내쉬 균형이다.

2 두 기업의 한계비용이 다른 경우

두 기업의 한계비용이 서로 다른 경우에는 버트랜드 역설이 성립하지 않는다. 각 기업의 한계비용이 일정하고 $c_1 < c_2$라 하자. 1기업이 독점기업인 경우에 독점

4) 그림과 같이 우상향하는 경우에 우리는 '약하게'(weakly) 우상향한다고 한다.

그림 8-5 비용이 다른 경우 버트랜드 균형

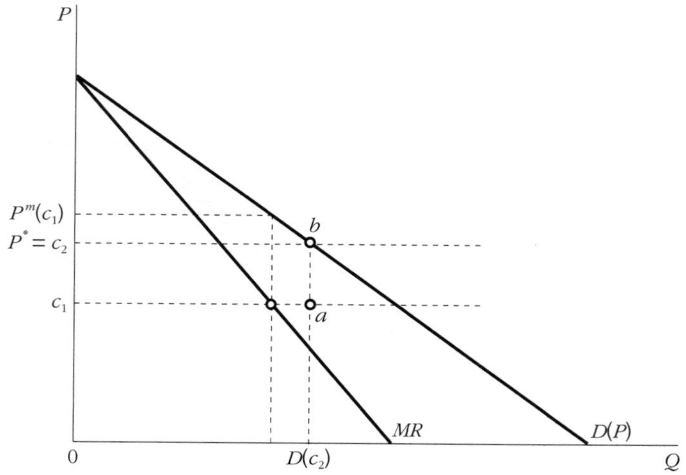

가격은 $P^m(c_1)$이고, $c_2 \leq P^m(c_1)$라고 가정하자. 1기업은 2기업의 한계비용 c_2보다 ε 만큼 낮은(c_2보다 1원 낮은) 가격을 설정하면 모든 소비자들이 1기업 제품을 구매하므로 이 가격에 해당하는 수요량을 판매한다. 2기업은 자신의 가격을 c_2 이하로 내리지 못하므로 판매량은 영이 된다. [그림 8-5]에서 보듯이 시장 균형 가격(P^*)은 c_2이며(실제로 $c_2-\varepsilon$이나 편의상 c_2라고 한다) 1기업은 $D(c_2)$를 판매한다. 1기업은 양의 이윤인 $(c_2-c_1)D(c_2)=c_2c_1ab$를 얻는다. 1기업이 독점기업인 경우에 독점가격이 2기업의 한계비용보다 높다고 가정했다. 1기업은 2기업 퇴출 이후 독점기업이 된다 하더라도 독점가격을 받을 수 없다. 왜냐하면 2기업이 가격을 c_2로 설정하면 1기업은 판매할 수 없기 때문이다. 그러나 $P^m(c_1)<c_2$인 경우에, 1기업은 c_2가 아니라 $P^m(c_1)$의 독점가격을 설정할 수 있다.

버트랜드 모형에서 한계비용이 서로 다른 경우에 균형은 다음과 같다; 한계비용이 낮은 1기업만 생산($Q_1=D(c_2)$)하고 양의 이윤을 얻는다. 한계비용이 높은 2기업은 생산하지 못한다($Q_2=0$). 시장 균형가격은 높은 한계비용이다($P^*=c_2>c_1$). 이 결과는 버트랜드 역설과 다르다. 쿠르노 모형에서는 두 기업의 한계비용이 다른 경우에 한계비용이 높은 기업도 생산한다. 한계비용이 낮은 기업의 생산량(그리고 이윤)은 한계비용이 높은 기업의 생산량(그리고 이윤)보다 더 크다는 결과를 상기하라.

3 에지워스 모형: 생산용량 제약이 있는 버트랜드 모형

영국의 경제학자 에지워스(Edgeworth, 1897)는 버트랜드 역설을 해결하는 방안을 제시하였다. 버트랜드 모형에서 기업은 주어진 가격에서 모든 수요를 충족할 수 있다고 가정한 바 있다. 에지워스는 버트랜드 모형에서 두 기업에 생산용량 제약(capacity constraints)이 있는 경우에 버트랜드 역설은 발생하지 않는다고 했다. 한 기업이 경쟁기업보다 낮은 가격을 설정하면 그 가격에서 시장 수요량을 충족해야 하는데 생산용량이 이에 못 미치면, 이 기업의 초과수요량에 해당하는 소비자들은 이 기업보다 높은 가격을 제시하는 경쟁기업으로부터 구매할 수밖에 없다. 풍광이 좋은 곳에 단 두 개의 호텔이 있다고 하자. 두 호텔의 객실 수(생산용량)가 성수기의 관광객보다 많으면, 버트랜드 역설이 발생하고 두 기업의 이윤은 영이 된다. 그러나 객실 수가 관광객보다 적으면 객실료는 한계비용보다 높으며 각 호텔은 양의 이윤을 얻을 수 있으므로 버트랜드 역설은 발생하지 않는다.

[그림 8-6]을 통해서 에지워스 모형을 분석하자. 시장 수요(그림에서 D로 표시)는 $P=100-Q$이다. 두 기업의 한계비용은 10으로 일정하며, 최대 생산량은 45로 동일하다 가정한다. 각 기업의 한계비용은 그림처럼 역-L자 모양을 보이는데 그 이유는 각 기업의 생산용량이 45이므로 45단위까지 한계비용은 수평선이고, 45단위 초과분에 대한 한계비용은 무한대를 나타내는 수직선이 되기 때문이다.[5]

버트랜드 모형에서 균형 시장가격은 10(=한계비용)이지만, 생산용량 제약이 있는 경우에 각 기업은 이 가격을 변경할 유인이 있으므로 균형이 아니다. 가격 10에서 1기업이 가격을 올린다면, 소비자들은 아직 가격을 올리지 않은 2기업에서 가격 10에 구입할 수 있다. 그러나 2기업에서 구매할 수 있는 소비자는 45명뿐이다. 아직도 구매를 원하는 다른 소비자들은 가격을 올린 1기업으로부터 구매해야 한다. 1기업은 가격을 얼마로 결정할 것인가?

시장 수요에서 45명은 이미 2기업으로부터 구매했으므로 1기업이 직면하는 수요는 시장수요에서 45를 뺀 잔여수요(그림에서 D_r로 표시)로서 $P_r=55-Q_r$이다. 1기업은 잔여수요에 대해서 독점기업이 되므로 이 잔여수요의 한계수입 (MR_r로 표시)과 한계비용이 같은 점에서 생산량과 가격을 설정한다. $MR_r=55-2Q_r=MC=10$을 만족하는 $Q_r^*=22.5$이다. 1기업은 22.5 단위를 생산하고, 32.5의 가격을 설정한다. 2기업은 10의 가격과 45단위 생산과 영의 이윤을 얻는데 비해서 1기업은 22.5

5) 이러한 한계비용곡선은 규모의 보수 감소(또는 규모의 비경제)에서 발생하는 특수한 경우이다.

그림 8-6 에지워스 균형

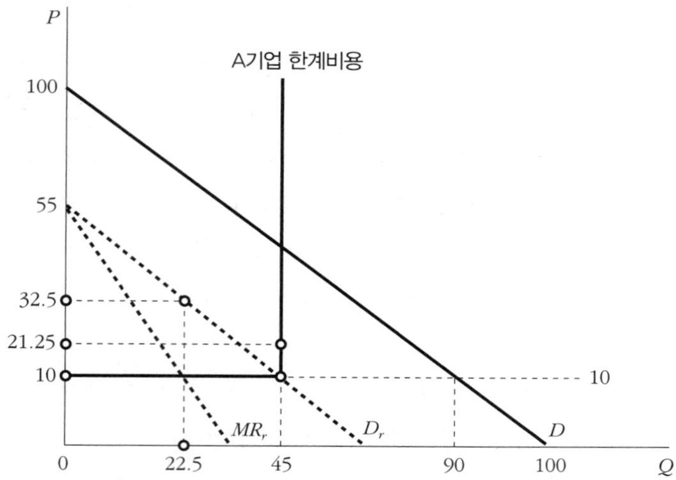

단위 생산량, 32.5의 가격, 그리고 506.25(=(32.5−10)×22.5)의 이윤을 얻을 수 있다. 그러면 2기업도 가격을 32.5로 올리려 할 것이다. 두 기업이 설정한 32.5의 가격은 불행히도 균형 가격이 아니다. Undercutting(가격할인)이 시작되기 때문이다. 둘 중의 한 기업이 단 1원이라도 낮게 설정하면, 그 기업은 생산용량인 45단위까지 판매가능하며 더 큰 이윤((31.5−10)×45=967.5)을 얻을 수 있다. 어느 수준까지 가격을 낮추려 할 것인가? 이 가격을 $\widetilde{P}$라 하면 이 가격에서 생산용량인 45단위를 판매하므로 이윤은 $(\widetilde{P}-10)\times 45$이다. 이 이윤은 가격을 32.5까지 올리고 22.5단위 판매할 때 얻는 이윤 506.25와 같아야 한다. 따라서 $\widetilde{P}=21.25$이다. 두 기업 모두 21.25의 가격을 부과하면 균형인가? 아니다. 두 기업이 21.25의 가격을 부과하면 각 기업은 39.375 단위를 판매하고, 이윤은 약 443.0이 된다. 한 기업이 가격을 32.5로 올리면 이윤은 506.25로 증가하므로 21.25는 균형이 아니다. 생산용량 제약이 있는 에지워스 모형에서 안정적인 유일한 균형 가격은 존재하지 않으며 21.25와 32.5 사이에서 순환된다. 이 결과를 요약하면 다음과 같다;

에지워스 모형에 따르면, 생산용량에 제약이 있는 경우 버트랜드 역설은 발생하지 않으며, 시장 가격은 한계비용보다 높고, 각 기업은 양의 초과이윤을 얻는다. 두 기업의 내쉬 균형 가격은 존재하지 않으며, 일정한 가격 범위에서 순환된다. 이 때문에 에지워스 모형을 '에지워스 순환'이라고도 한다.

버드랜드 역설은 생산용량 제약이 있는 경우에만 해결되는 것이 아니다. 버트랜드 모형에서 두 기업의 제품이 차별화되어 있는 경우에, 개별 기업의 균형 가격은 한계비용보다 높을 수 있다. 이는 다음 장에서 분석한다. 또한 두 기업이 반복게임을 하는 경우에는 버트랜드 역설은 해소된다. 이는 앞 장의 게임이론에서 소개한 반복게임을 상기하면 된다. 무한 반복게임을 한다면 두 기업은 협조체제를 유지할 것이므로 가격은 한계비용을 초과하고 이윤은 양이 된다.

4 쿠르노와 버트랜드 모형 비교

쿠르노 모형은 수량을, 버트랜드 모형은 가격을 전략변수로 하여 과점 시장의 경쟁 양상을 분석한다. 시장 수요가 동일하고 두 기업의 한계비용이 동일하더라도 두 모형에서 균형은 상이한 결과를 보여준다. 쿠르노 모형에서 가격은 한계비용보다 높고 양의 이윤을 얻지만, 버트랜드 모형에서 가격은 한계비용과 같으며 영의 이윤을 얻는다. 두 기업의 비용이 다른 경우에 쿠르노 모형에서 비용이 높은 기업도 생산을 하고 양의 이윤을 얻는다. 비용이 낮은 기업의 생산량과 이윤이 더 크다. 그러나 버트랜드 모형에서 비용이 높은 기업은 생산을 하지 못하며 비용이 낮은 기업만 생산을 하고 양의 이윤을 얻는다. 시장 구조가 같은 상황에서 모두 동질적, 비협조적, 일회성, 동시적 게임을 벌이지만, 두 모형은 매우 달라 보인다.

크렙스와 쉐인크만(Kreps and Scheinkman, 1983)은 제1단계에 생산용량을 선택하는 쿠르노 경쟁을 하고, 제2단계에서 주어진 생산용량에서 버트랜드 경쟁을 하는 모형을 고려했다. 이들은 2단계 모형의 균형은 일회성 쿠르노 모형의 내쉬 균형과 같다고 증명했다.[6] 즉, 쿠르노 수량 경쟁은 생산용량을 통하여 장기 경쟁을 하며, 생산용량이 주어진 상태에서 단기에 가격 경쟁을 하는 것으로 생각할 수 있다. 그러나 이 결과는 매우 특수한 모형에서 성립되는 것이며 일반적인 결과가 아니라는 반박이 제기되었다.

이들 모형에서 생산용량은 투자를 통해서 결정된다. 생산용량이 아니라 제품공간(product space; 품질, 위치 등)을 선택하는 투자를 한다고 하자. 위치를 선택할 때 기업들은 완전 대체재로 인한 치열한 버트랜드 경쟁을 회피하기 위해서 다른 기업과 차별화(즉, 두 기업이 가까이 위치하기보다는 적절히 멀리 위치) 하려고 한다. 이는 가격 경쟁을 완화하여 한계비용에 접근하는 결과를 피하기 위한 전략이다. 너무 큰 생산용량을 회피하려는 노력과 유사하다.

단기에 수량 또는 생산용량 조정은 거의 불가능하거나, 비용이 많이 들게 된다.

---

6) 논문의 제목(quantity pre-commitment and Bertrand competition yield Cournot outcomes)은 이 결과를 집약한다.

반면에 가격은 쉽게, 비용을 별로 들이지 않고 조정 가능하다. 쿠르노와 버트랜드 모형은 상반된 결과를 주는 별개의 모형이 아니라, 비용 구조가 다를 때 시장을 설명하는 모형으로 이용될 수 있다. 버트랜드 모형은 비용이 일정한 경우의 산업을 잘 설명하고, 쿠르노 모형은 한계비용이 급히 증가하는 산업을 설명하는데 유용하다.

쿠르노 모형은 흔히 전략적 대체관계, 버트랜드 모형은 전략적 보완관계라고 한다. 이에 대해서는 부록에서 소개한다.

제3절 | 스택클버그 모형

독일 경제학자 스택클버그(1934)는 쿠르노 복점시장에서 한 기업(선도기업)이 먼저 생산량을 결정하고, 다른 기업(추종기업)은 이에 대응하여 생산량을 결정하는 모형을 소개했다. 이를 '스택클버그 (선도기업–추종기업) 모형'이라고 한다. 쿠르노 모형이 동시적 의사결정을 하는데 비해서 스택클버그 모형은 순차적으로 의사결정을 한다. 순차적인 의사결정이기 때문에 동태적 게임으로 간주될 수도 있으며 전개형 게임으로 해를 구할 수도 있다. 두 기업은 한 번의 게임만 하며 그 결과가 지속되는 일회성 게임이다. 단지 두 단계에 걸쳐서 게임을 한다. 제1기에 선도기업이 생산량을 선약(pre–commitment)하고, 제2기에 추종기업은 제1기의 선도기업이 선약한 생산량을 관찰한 이후에 자신의 이윤극대화 생산량을 결정한다. 어느 기업이 먼저 행동을 취하는지에 대한 순서는 주어져 있다고 가정한다. 이 모형의 결과는 선도기업의 생산량과 이윤은 쿠르노 균형 생산량보다 증가하고, 추종기업의 생산량과 이윤은 감소한다. 스택클버그 모형의 산업 생산량은 쿠르노 모형의 산업 생산량보다 증가한다. 스택클버그 모형의 시장가격은 쿠르노 모형의 가격보다 낮다.

스택클버그 모형은 쿠르노 모형과 기본 설정이 유사하므로 앞의 쿠르노 모형에서 이용한 시장수요($P=a-bQ$)와 동일한 한계비용($c_1=c_2=c$)을 가정한다. 편의상 1기업을 선도기업, 2기업을 추종기업으로 가정한다.

제1기에 선도기업은 이윤극대화 생산량을 발표하고, 제2기에 이 생산량을 주어진 것으로 하여 추종기업은 이윤극대화 생산량을 결정한다. 제7장의 게임이론에서 설명한 바와 같이 2단계 게임에서 균형은 '하부게임 완전균형'을 구한다. 이를 위해서 역행귀납법을 이용하므로 제2기의 게임부터 고려한다.

■ 제2기: 추종기업의 선택

선도기업인 1기업이 제1기에 q_1을 생산하겠다는 공약을 했다고 하자. 제2기에 2기업은 추종기업으로서, 이에 근거하여 자신의 이윤극대화 생산을 결정하므로 추종기업의 생산량은 이의 반응함수로 대표된다: 즉, $q_2 = R_2(q_1) = \frac{a-c}{2b} - \frac{1}{2}q_1$이다. 추종기업의 반응함수인 $R_2(q_1)$은 선도기업의 모든 가능한 행동(=생산량, q_1)에 대한 추종기업의 행동을 정의하는 것으로 추종기업의 전략을 나타낸다.

■ 제1기: 선도기업의 선택

제1기에 선도기업은 얼마의 생산량을 공약할 것인가? 이 생산량에 따라 제2기에 추종기업이 반응한다는 사실을 고려하여야 한다. 추종기업의 (제2기의) 반응함수를 자신의 이윤함수에 대입하여 이윤극대화 최적 생산량을 결정한다. 선도기업의 이윤극대화 문제는 다음과 같다;

$$Max_{q_1}\ \pi_1 = (a - b(q_1 + R_2(q_1)))q_1 - cq_1 = (a - b(q_1 + \frac{a-c}{2b} - \frac{1}{2}q_1))q_1 - cq_1.$$

이윤극대화 1차 조건식($\frac{d\pi_1}{dq_1}=0$)에 따라서 선도기업의 이윤극대화 생산량은 $q_1^l = \frac{a-c}{2b}$이다. 선도기업의 균형 생산량은 쿠르노 생산량($q_1^c = \frac{a-c}{3b}$)보다 증가한다. 추종기업의 생산량은 선도기업의 생산량을 자신의 반응함수에 대입하여 구한다. 추종기업의 최적 생산량은 $q_2^f = \frac{a-c}{4b}$이다. 이는 쿠르노 생산량($q_2^c = \frac{a-c}{3b}$)보다 감소한 것이다. 선도기업과 추종기업의 생산량은 '하부게임 완전균형'으로 내쉬 균형이다. 스택클버그 모형의 산업 생산량은 $Q^s = q_1^l + q_2^f = \frac{3(a-c)}{4b}$로서 쿠르노 산업 생산량($Q^c = \frac{2(a-c)}{3b}$)보다 더 많다. 자연히, 스택클버그 모형의 시장가격은 쿠르노 시장가격보다 낮다. 스택클버그 모형에서 선도기업의 이윤은 쿠르노 모형의 이윤보다 더 크고($\pi_1^l = \frac{(a-c)^2}{8b} > \pi_1^c = \frac{(a-c)^2}{9b}$), 추종기업의 이윤은 더 적다($\pi_2^f = \frac{(a-c)^2}{16b} > \pi_2^c = \frac{(a-c)^2}{9b}$).

스택클버그 모형 결과는 쿠르노 모형 결과와 완전경쟁시장의 결과 사이에 존재하므로 쿠르노 모형보다 더 경쟁적이라고 해석할 수 있다. 쿠르노 모형에서 1기업은 2기업의 생산량이 주어진 것으로 간주하여 최적 생산을 선택한다. 이에 비해서, 스택클버그 모형에서 1기업(선도기업)은 2기업(추종기업)의 반응함수를 알고 있으므로 1기업 생산량이 증가하면 2기업(추종기업)은 생산량을 줄일 것이라는 것을 알고 있다. 따라서 1기업은 생산량을 증가할 때 스택클버그 모형보다 쿠르노 모형에서 시장가격이 더 빨리 하락한다고 예측한다. 높은 가격을 유지하기 위해서 1기업은 쿠르노 모형에서보다 스택클버그 모형에서 더 많이 생산한다. 2기업의 반응함수의 기울기가 음이고 −1보다 크므로 2기업은 1기업이 생산을 늘리는 것보다 더 적게 줄인다. 2기업(추종기업)은 1기업의 증가분만큼 줄이는 것이 최적화 행동이 아니기 때문이다. 다시 말하자면, 쿠르노 모형에서 균형은 두 기업의 반응곡선의 교차점에서 발생하나, 순차적 모형에서 1기업은 2기업의 반응곡선을 파악하여 이윤극대화를 하므로 균형은 항상 2기업의 반응곡선상에 위치해야 한다.

스택클버그 모형을 더 명백히 이해하기 위해서 시장수요가 $P=100-(q_1+q_2)$이고, 두 기업의 한계비용이 동일하게 10인 경우를 고려한다. 쿠르노 경쟁을 한다면 1기업과 2기업의 반응함수는 각각 $q_1=45-\frac{1}{2}q_2$과 $q_2=45-\frac{1}{2}q_1$이며, 쿠르노 균형은 [그림 8−7]에 점 E로 표시되어 있다. 이 그림의 반응곡선은 [그림 8−3]과 동일하다. 선도기업은 추종기업(2기업)의 반응함수를 자신의 이윤에 반영하므로 선도기업의 이윤은 다음과 같다; $\pi_1=(100-(q_1+45-\frac{1}{2}q_1))q_1-10q_1$. 선도기업의 최적 생산량은 이윤극대화에 따라서 $q_1^l=45$이다. 이를 추종기업의 반응함수에 대입하여 추종기업의 생산량($q_2^f=22.5$)을 얻는다. 이와 같이 선도기업이 추종기업의 반응함수를 이윤극대화에 이용하므로 스택클버그 모형의 균형은 추종기업의 반응곡선상에 발생한다. 이는 [그림 8−7]에서 점 S에 표시되어 있다. 쿠르노 모형에서 각 기업의 균형 생산량은 30이다. 선도기업의 생산량은 45로 증가했고, 추종기업의 생산량은 22.5로 감소했다. 스택클버그 모형의 산업 생산량은 67.5로 쿠르노 모형의 산업생산량(=60)보다 증가하고, 시장 가격(=32.5)은 쿠르노 모형의 가격(=40)보다 하락한다.

쿠르노 균형을 보이는 [그림 8−2]와 비교할 때, 선도기업과 추종기업의 동등이윤 곡선은 최고점에서 교차하지 않는다. 선도기업은 추종기업의 반응함수를 알고 있으므로 선도기업의 동등이윤 자취는 추종기업의 반응곡선에 접하는 점 S에서 최적 행동을 선택한다. 이 동등이윤 자취는 쿠르노 균형점에서의 동등이윤 자취보다 독점 생산량에 접근한 것이므로 더 높은 이윤을 의미한다. 이에 비해서 추종기업의 동등이윤 자취는 쿠르노 균형에서의 동등이윤 자취보다 독점 생산량에서 더 멀어졌으므로 쿠르노 균형의 이윤보다 감소했음을 알 수 있다.

스택클버그 모형에서 선도기업(추종기업)의 이윤은 1,012.5(506.25)로서 쿠르노 모형보다 증가(감소)한다. 선도기업의 이윤이 증가하는 이유는 다음과 같이 설명할 수 있다. 추종기업은 내쉬 균형에 준해서 반응하므로, 선도기업은 쿠르노 생산량을

그림 8-7 스택클버그 모형의 균형

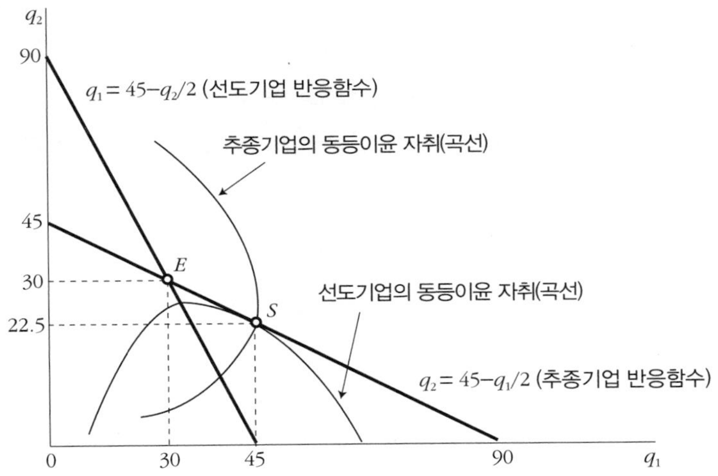

선택한다면 바로 쿠르노 이윤을 얻을 수 있다. 만약에 선도기업이 쿠르노 생산량보다 조금이라도 더 많이 생산한다면 쿠르노 모형의 이윤보다 증가할 것이고, 스택클버그 균형에서 이윤이 가장 크게 될 것이다([그림 8-7]에서 점 *S*). 스택클버그 균형에서 시장의 가격이 쿠르노보다 하락하고 추종기업의 생산량은 감소하므로, 추종기업의 이윤은 감소한다. 스택클버그 모형의 산업 이윤은 쿠르노 모형보다 감소하는데 그 근거는 다음과 같다; 모든 시장 구조에서 독점의 가격이 가장 높으며 생산량은 가장 작으나, 이윤은 가장 높다. 완전경쟁시장의 경우 가격은 가장 낮고, 산업 생산량은 가장 크고, 개별 기업의 이윤은 가장 작다(사실은 영). 쿠르노 가격은 독점보다 낮으나 산업 생산량은 더 크고 산업 이윤은 더 적다. 스택클버그 모형에서 가격은 쿠르노보다 낮고, 산업 생산량은 더 크다. 스택클버그 모형은 쿠르노 모형과 완전경쟁시장의 중간에 있으므로 산업 이윤(=1,518.75)은 쿠르노(=1,800)보다 작다.

'선도기업의 이득'(first-mover's advantage)이란 스택클버그 모형에서 게임의 시간 차이로 인해서 선도기업이 더 큰 이윤을 얻는 전략적 이득을 말한다.[7]

스택클버그 모형에서 선도기업은 신빙성있는 생산량 선약(pre-commitment)을 한다는 것은 중요한 가정이다. 그렇다면 추종기업도 신빙성있는 선약을 하여 선도기업의 지위를 차지하는 전략을 취할 수 있는 것 아닌가? 우리는 앞에서 선도기업과

7) 선도기업이 가격을 먼저 발표하고, 추종기업이 이에 대응하여 가격을 결정하는 모형에서는 '추종기업의 이득'(second-mover's advantage)이 발생한다. 제9장 연습문제 5번 참고.

추종기업은 주어져 있다고 가정했다. 어떤 기업이 먼저 행동을 취할지는 주어져 있다고 가정한 것이다. 현실적으로 역사가 오래 되었거나, 상대적으로 규모가 큰 기업은 선도기업의 지위를 차지할 가능성이 높다. 그러나 일회성 게임인 스택클버그 모형은 이러한 전략적 상호작용과 부합하지 않는다. 제11장과 12장에서 동태적 모형에서 순차적 행동과 반복적인 상황을 분석하게 된다.

연 | 습 | 문 | 제

>>> Theory of Industrial Organization

1. 한 시장에서 동일한 수량을 생산하는 5개의 기업들이 쿠르노 경쟁을 하고 있으며, 각 기업의 한계비용은 1이다. 시장 수요는 $P=10-(Q_1+Q_2+Q_3+Q_4+Q_5)$이다. Q_i는 i기업의 생산량이며, $i=1, 2, \cdots, 5$이다.

1) 각 기업의 반응함수를 도출하시오.

2) 쿠르노 균형 생산량, 산업 생산량, 시장가격, 각 기업의 이윤, 산업 이윤을 계산하시오.

3) 5개의 기업이 모두 하나로 결합하였다면, 결합한 기업의 생산량, 시장가격, 결합 기업의 이윤을 계산하고 2)와 비교하여 설명하시오.

2. 동질적인 제품으로 쿠르노 경쟁을 하는 두 기업의 한계비용이 각각 C_1과 C_2이다. $C_1<C_2$를 가정한다. 각 기업의 생산량은 $q_i(i=1, 2)$이다. 시장 수요는 $P=a-bQ$이다. 여기서, $Q=q_1+q_2$, $C_1<C_2<a$이다. 각 기업의 반응함수를 도출하고 쿠르노-내쉬 균형 생산량, 산업 생산량, 시장가격, 각 기업의 이윤을 도출하시오.

3. 동질적인 제품으로 쿠르노 경쟁을 하는 n개의 기업이 있다고 하자. 모든 기업의 한계비용은 똑같이 c로 일정하다. 각 기업의 생산량은 q_i이며 균형에서 동일하다. 시장수요는 $P=a-bQ$이며, $Q=\sum_{i=1}^{n} q_i$이다.

1) 각 기업의 반응함수를 도출하시오.

2) 다음을 도출하시오. 개별 기업의 쿠르노 균형 생산량, 산업 생산량, 시장 가격, 개별 기업의 이윤, 산업 이윤, 소비자잉여, 사회후생.

3) $n=1$인 경우에 2)의 결과는 독점시장과 같음을 보이시오.

4) $n=2$인 경우에 2)의 결과는 쿠르노 모형과 같음을 보이시오.

5) $n \rightarrow \infty$인 경우에 2)의 결과는 완전경쟁시장과 같음을 보이시오.

4. 동질적인 제품으로 쿠르노 경쟁을 하는 두 기업을 고려하시오. 2기업의 한계비용은 어떤 경우나 C_2로 일정하다. 1기업의 한계비용은 생산량이 $\bar{q}$보다 작은 경우에 C_o이나, $\bar{q}$를 초과하는 경우에 C_1로 증가한다($C_o<C_1$). 여기서 $\bar{q}$는 영보다 크고, 1기업의 각 비용에서 독점처럼 행동하는 경우의 생산량보다는 작다. 각 기업의 반응곡선을 그리고, 쿠르노-내쉬 균형 생산량을 도출하시오.

5. 스택클버그 모형에서 선도기업은 Q_a, 추종기업은 Q_b를 생산하며 한계비용은 모두 영이다. 두 기업은 동일한 시장 수요곡선 $P=10-Q$에 직면하고 있다. $Q=Q_a+Q_b$이다. 선도기업은 생산량을 공약하며, 추종기업은 이를 알고서 이윤극대화 생산량을 결정한다.

1) 추종기업의 반응함수를 도출하시오.

2) 선도기업의 이윤극대화 생산량을 도출하시오.
3) 시장 가격, 산업 생산량, 각 기업의 이윤을 도출하시오.
4) 위의 결과를 동질적인 쿠르노 균형과 비교하시오.

6. 동질적인 제품을 동일한 한계비용으로 생산하는 두 개 또는 그 이상의 기업이 버트랜드 경쟁을 하는 경우에, 시장 결과는 완전경쟁시장과 같다는 점을 직관적으로 설명하시오.

7. 일회성 버트랜드 게임을 하는 1기업과 2기업이 우하향하는 직선의 시장수요에 직면하고 있다. 이 기업들은 동질적 제품을 생산하며 각 기업의 한계비용은 C_1과 C_2로서 일정하며 어떤 가격이라도 수요량을 충족할 수 있다.

1) $C_1=C_2$인 경우에 버트랜드 균형 가격이 어떻게 결정되는지 설명하고, 균형의 특징을 서술하시오.
2) $C_1<C_2$인 경우를 고려하시오. 1기업이 독점인 경우의 이윤극대화 가격을 P^m이라 하시오. 버트랜드 균형가격, 각 기업 생산량, 각 기업의 이윤 수준을 도출하고 설명하시오. 그림을 그리고 설명하시오.

8. 에지워스 순환을 직관적으로 설명하시오.

9. X재 시장수요가 $P=100-Q$이다. 여기서 $Q=\sum_{i=1}^{n}q_i$는 개별 기업 생산량(q_i)의 합으로 산업생산량이다. 시장에는 동질적인 제품으로 쿠르노 경쟁을 하는 n개의 기업이 있다. 각 기업의 비용함수는 $C=81+19q$로 동일하다. 개별기업 이윤이 영이 되는 장기 균형에서 기업의 숫자를 구하시오.

10. 시장에 동질적인 세 기업이 수량 경쟁을 하고 있다. 시장 수요는 $P=A-BQ$이다. $Q=q_1+q_2+q_3$이다. 세 기업의 한계비용은 모두 C로 동일하다.

1) 각 기업의 쿠르노 균형 수량, 산업 생산량, 시장가격, 각 기업의 이윤을 구하시오.
2) 1기업과 2기업이 결합했고, 이 기업의 수량을 q_{12}라고 하자. 3기업은 결합하지 않은 독립기업이다. 결합기업과 3기업의 쿠르노 균형을 구하시오. 위 1)과 비교하여 1기업과 2기업은 결합할 유인이 없음을 설명하시오.
3) 1기업과 2기업이 결합하여 스택클버그 선도기업이 되었고, 3기업은 추종기업이 되었다고 하자. 1기업과 2기업은 결합 유인이 있는지 설명하시오.

부록 | 전략적 보완재와 전략적 대체재

[그림 8-8]에서 보듯이 쿠르노 모형에서 반응함수는 음의 기울기를 가지는 반면에 버트랜드 모형에서 반응함수는 양의 기울기를 보인다.[8] 쿠르노 모형에서 2기업의 생산량(q_2) 증가에 대한 1기업의 최적 반응은 생산량(q_1)을 줄이는 것이다. 버트랜드 모형에서 2기업의 가격(P_2) 상승에 대한 1기업의 최적 반응은 자신의 가격(P_1)을 올리는 것이다.

반응함수가 우상향하는 경우 버트랜드 모형의 가격을 전략적 보완재(strategic complements), 반응함수가 우하향하는 경우 쿠르노 모형의 수량을 전략적 대체재(strategic substitutes)라고 한다. 소비자 이론에서 한 재화 가격이 상승하는 경우 다른 재화를 덜 구입한다면 두 재화를 보완재라 하고, 다른 재화를 더 구입한다면 두 재화를 대체재라고 한다는 사실은 잘 알려져 있다. 버트랜드 모형에서 1기업의 가격이 상승하면 2기업의 가격은 오르기 때문에 가격을 전략적 보완재라고 한다. 쿠르노 모형에서 1기업이 수량을 증가시키면, 2기업은 수량을 줄이므로 수량을 전략적 대체재라고 한다(벌로우 외(Bulow *et al.*), 1985).

두 개의 기업이 선택하는 전략변수를 $a_i(i=1, 2)$라고 하고, 각 기업의 이윤을 $\pi^i(a_i, a_j)$라고 하자($j=1, 2, j \neq i$)[9](여기서 a_i는 쿠르노 모형의 수량이거나, 버트랜드 모형의

그림 8-8 쿠르노 반응함수와 버트랜드 반응함수

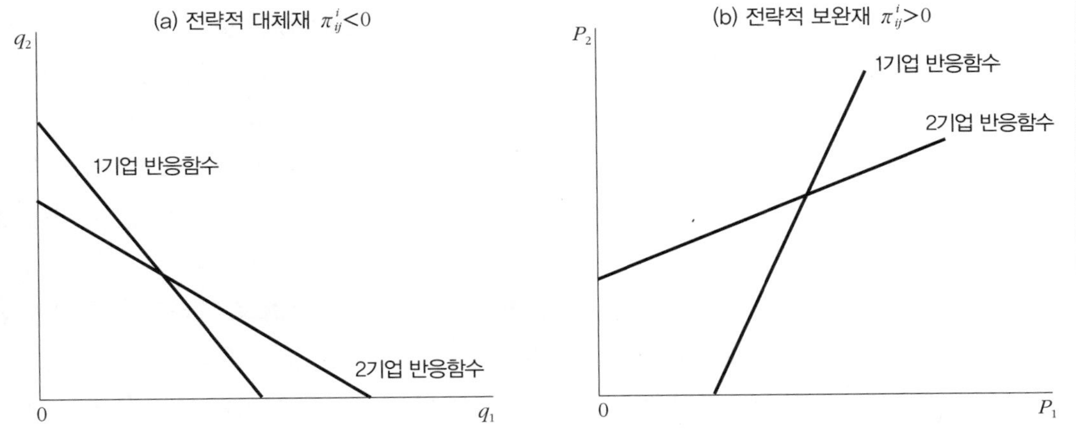

8) [그림 8-4]에서 보인 버트랜드 반응함수는 동질적인 제품의 경우이다. 여기서 버트랜드 반응함수는 차별화된 제품으로 경쟁하는 경우로서 동질적인 경우와 다르다. 제9장 참고.

9) 티롤(Tirole, 1988), pp. 207-208.

가격). 내쉬 균형을 가져다 주는 이윤극대화 1차 조건은 다음과 같다;

$$\frac{\partial \pi^i}{\partial a_i} \equiv \pi_i^i(a_i^*,\ a_j^*) = 0. \qquad (A8-1)$$

$a_i = a_i^*$에서 부분 최대(local maximum)를 가져오는 2차 조건은 다음과 같다;

$\pi_{ii}^i(a_i^*,\ a_j^*) < 0$. ($\pi_{ii}^i(a_i,\ a_j) = \frac{\partial^2 \pi^i(a_i,\ a_j)}{\partial a_i^2}$으로 2차 편미분이다.)

각 기업의 이윤함수가 모든 $(a_i,\ a_j)$에서 강오목함수($\pi_{ii}^i(a_i,\ a_j) < 0$)이면 2차 조건은 충족되고 1차 조건은 내쉬 균형에 필요충분조건이다. 식 (A8−1)의 두 개의 식에서 두 개의 전략 변수의 내쉬 균형을 구할 수 있다.

기업 j가 a_j를 선택한다는 가정하에 기업 i의 최적 반응을 $R_i(a_j)$라 하면 다음을 만족한다;

$$\pi_i^i(R_i(a_j),\ a_j) = 0. \qquad (A8-2)$$

내쉬 균형은 $a_1^* = R_1(a_2^*)$과 $a_2^* = R_2(a_1^*)$을 만족하는 $(a_1^*,\ a_2^*)$이다. 이 균형에서 각 기업은 상대방의 예측된 행동에 최적적으로 반응한다.

반응함수의 기울기($R_i'(a_j)$)의 부호를 결정해 보자. 이는 식 (A8−2)을 전미분하여 얻는다. 식 (A8−2)를 전미분하면 $\pi_{ii}^i(R_i(a_j),\ a_j)R_i'(a_j) + \pi_{ij}^i(R_i(a_j),\ a_j) = 0$이다. 따라서,

$$R_i'(a_j) = -\frac{\pi_{ij}^i(R_i(a_j),\ a_j)}{\pi_{ii}^i(R_i(a_j),\ a_j)}.$$

$R_i'(a_j)$의 부호는 π_{ji}^i의 부호와 같다(2차 조건에 의해서 $\pi_{ii}^i(R_i(a_j),\ a_j) < 0$이다). π_{ij}^i는 j기업의 행동에 따른 i기업의 한계이윤의 변화분으로서 i기업 이윤함수의 교차편미분($\frac{\partial \pi_i^i}{\partial a_j} \equiv \frac{\partial^2 \pi^i}{\partial a_j \partial a_i}$)이다. $\pi_{ij}^i > 0$인 경우에 반응함수는 우상향하고, $\pi_{ij}^i < 0$인 경우에 반응함수는 우하향한다. $\pi_{ij}^i > 0$인 경우에 두 기업의 행동(버트랜드 모형의 가격)은 전략적 보완재이고, $\pi_{ij}^i < 0$인 경우에 두 기업의 행동(쿠르노 모형의 수량)은 전략적 대체재이다.

동시적 게임의 반응곡선은 기술적이고 현시적인 목적으로 그려진다. 동시적 선택이라는 정의에 따라서, 각 기업은 경쟁기업의 행동을 관찰하기 이전에 자신의 행동을 선택하기 때문에 반응할 가능성이 없다. 반응함수는 한 기업이 경쟁기업의 행동 변화를 배울 수 있다면(실제로 그렇지 못하다) 기업이 어떻게 할 것인지를 나타낸다. 반응곡선상의 내쉬 균형점을 제외하고는 다른 점들은 관찰될 수 없다.

이에 비해서, 순차적 게임에서 반응함수는 경제적 내용을 가지고 있다. 1기업이

생산량(q_1)을 먼저 선택하고, 2기업이 자신의 생산량(q_2)을 선택하기 전에 1기업의 생산량을 관찰한다면, 1기업은 자신의 행동의 변화가 2기업의 행동에 어떻게 영향을 미치는지를 계산하기 위하여 2기업의 반응함수($R_2(q_1)$)를 사용할 수 있다. 이는 본문의 스택클버그 모형에서 선도기업의 행동에서 이용한 바 있다.

제 9 장

제품 차별화와 과점시장

장을 시작하며

소비자가 제품이나 상표(brands)를 다르다고 구분할 수 있다면, 이 시장은 차별화된 제품으로 경쟁하는 과점시장이다. 서로 다른 기업이 생산하는 차별화된 제품들은 기능, 용도나 사용 목적이 동일하지만, 완전 대체적이지 않다. 예를 들어, Levi's 청바지 가격이 상승하는 경우에 모든 Levi's 청바지 소비자들이 Guess 청바지를 구매하려 하지 않는다면 이는 두 상표의 청바지가 차별화되어 있고, 불완전 대체재로 간주하기 때문이다. 제품 차별화는 제품의 특징(characteristics 또는 attributes)에 따라 차별화된다. 디자인은 똑같지만 색깔이 다른 티셔츠, 디자인이 다른 경차, 다양한 종류의 씨리얼, 삼성과 애플의 스마트 폰, 여러 기능성 치약 등은 차별화된 제품의 예이다.

제품 차별화는 수평차별화와 수직차별화로 구분한다. 이 두 가지 차별화는 제5장에서 소개한 바 있다. 수평차별화는 제품 특징에 대한 소비자 선호가 이질적이어서 어느 것을 선호하는지 합의하기 어려운 경우이다. 노란색 티셔츠와 파란색 티셔츠, 컬러 잉크 프린터와 흑백 레이저젯 프린터, 엔진 사이즈는 동일하나 디자인과 옵션 등이 다른 승용차 등이 여기에 해당한다.

수평차별화 모형은 비주소 접근법(non-address approach)과 주소(위치) 접근법(address (location) approach)으로 구분한다. 비주소 접근법에는 차별화 제품 수를 내생적으로 결정하는 독점적 경쟁시장 모형과 차별화 제품 수(그리고 기업 수)가 일정하다 가정하여 분석하는 쿠르노와 버트랜드 모형이 있다. 주소 접근법은 선형도시 모형으로 분석한다.

수직차별화는 소비자들의 선호가 모두 동질적인 경우이다. 제품 품질에 따른 차별화가 대표적이다. 가격이 동일하다면, 소비자들은 저품질 제품보다 고품질 제품을 선호한다. 가격이 동일하다면 소비들은 1분에 5장을 인쇄하는 레이저젯 프린터보다 1분에 10장을 인쇄하는 레이저젯 프린터를 구매할 것이고, 10기가 USB보다 20기가 USB를 구매할 것이다.

여기에서 소개하는 차별화 모형은 제5장에서 소개한 독점기업의 차별화 모형을 응용한다.

제 1 절 | 독점적 경쟁시장 모형

독점적 경쟁시장 모형은 수평차별화 모형으로서 비주소접근법 또는 제품접근법(goods approach)을 대표한다. 이 모형의 특징은 다음과 같다; ① 산업 내에 차별화된 제품을 생산하는 많은 기업이 있으며, 각 기업은 한 가지의 제품을 생산한다. i기업은 규모의 경제를 보이며 총비용은 $C_i=cq_i+F$이다. 여기서, c는 일정한 한계비용이고 F는 고정비용이다. 이 비용함수의 특징은 한계비용이 c에서 수평선이고 평균비용(AC_i)이 우하향하면서 한계비용에 접근한다([그림 9-1]). ② 기업 이윤이 영이 될 때까지 자유진입이 허용된다. 자유진입으로 독점적 경쟁시장에서 개별 기업의 이윤은 장기에 영이다. ③ 개별 기업의 제품은 차별화되어 있으므로, 완전대체적이지 않다. 차별화 때문에 각 기업은 약간의 독점력을 보유하며 $MR_i=MC_i$에서 이윤을 극대화한다. ④ 모든 소비자들은 동일한 선호를 가지고 있으며 한 명의 소비자로 대표될 수 있다. 소비자들(또는 대표 소비자)은 한 산업 내의 모든 차별화된 제품에 대해서 선호를 가지며, 이 제품들은 불완전한 대체재로 여긴다. 즉, 소비자들은 다양한 종류(variety)의 제품에 대한 선호가 존재한다. 이런 선호를 대표하는 효용함수로 많이 이용하는 것은 CES 효용함수이다: $U=U(q_o, (q_1^b+\cdots+q_n^b)^{\frac{1}{b}})$. 여기서 $q_i(i=1, \cdots, n)$는 산업내의 차별화된 제품이며, q_o는 가격을 1로 정상화한 다른 산업의 재화(numéraire)이다. b는 두 제품 간의 대체성을 나타내는데, 효용함수가 오목성의 특성을 갖기 위해서 $0<b<1$을 가정한다. 소비자의 예산 제약식은 $q_o+\sum_{i=1}^{n}P_iq_i=I$이다. 여기서, P_i는 q_i의 가격, I는 주어진 소득이다. 구체적으로 효용함수를 $U=q_o(q_1^b+\cdots+q_n^b)^{\frac{1}{b}}$로 가정한다. 효용극대화에 따라서 q_i에 대한 수요함수는 다음과 같이 도출된다; $q_i=\frac{I}{2}(\frac{k^b}{P_i})^{\frac{1}{1-b}}$, 여기서, $k=(\sum_{i=1}^{n}P_i^{\frac{b}{b-1}})^{\frac{b-1}{b}}$이다. i제품의 수요에 대한 가격탄력도(ε)는 $\frac{1}{1-b}$이다.

기업은 이윤극대화와 함께 자유진입과 자유퇴출을 허용하므로 이윤은 영이다. i기업은 이윤($\pi_i=(P_i-c)q_i-F$)을 극대화하며 이윤극대화 조건인 $MR_i=MC_i$를 만족한다. $MR_i=P_i(1-\frac{1}{\varepsilon})$이므로 이윤극대화 가격은 $P_i^{mc}=\frac{c}{b}$이다. 따라서 두 제품의 대체성이 낮아질수록(b가 작을수록), i제품의 가격은 상승한다. 기업은 이윤이 영이 될 때까지 진입 또는 퇴출하므로, 기업의 수(n)는 영의 이윤식에서 결정되며, 모든 기업의 생산량이 동일한 대칭성($q_i=q$)을 가정하면, 영의 이윤식에서 $q^{mc}=\frac{Fb}{c(1-b)}$를 충족한다. 대칭성에 의해서 q^{mc}는 수요($q_i=\frac{I}{2}(\frac{k^b}{P_i})^{\frac{1}{1-b}}$)와 동일해야 하므로 제품 수(또는, 기업 수)는 $n^{mc}=(\frac{I(1-b)}{2F})^b$이다. 즉, 독점적 경쟁시장에서 차별화된 제품 숫자는 주어진 것이 아니라 내생적으로 결정된다. 결과적으로 균형을 정리하면 다음과 같다; $P_i^{mc}=\frac{c}{b}$; $q^{mc}=\frac{Fb}{c(1-b)}$; $n^{mc}=(\frac{I(1-b)}{2F})^b$. 고정비용($F$)이 크면(작으면), 진입 기업 수는 적으며(많으며), 진입 기업 수가 적으면(많으면) 제품의 종류는 적고(많고), 각 제품 소비량은 증가한다(감소한다).

지금까지 논의한 균형을 바탕으로 i기업의 수요에 대해서 다시 고려해 보자. 기업의 비용 측면에서 한계비용은 c에서 일정하므로 수평선이며, 평균비용($AC_i=c+\frac{F}{q_i}$)은 c에 접근하면서 우하향한다. 이 모형에서 모든 기업은 대칭적이므로 기업이 부과하는 가격이 동일함(즉, $P_1=P_2=\cdots=P_n=P$)을 미리 알 수 있다. 시장에 기업 수가 n^s로서 n^{mc}보다 적은 경우에 i제품에 대한 수요함수는 $q_i=D(P_i,\ n^s)$으로 표시되며, q_i와 P_i는 역의 관계이므로 수요곡선은 우하향하며 탄력적이다. 이 수요는 기업 수가 n^{mc}인 경우보다 더 크다. 즉, 기업 수가 n^{mc}인 경우의 수요($q_i=D(P_i,\ n^{mc})$)

그림 9-1 독점적 경쟁시장과 초과이윤

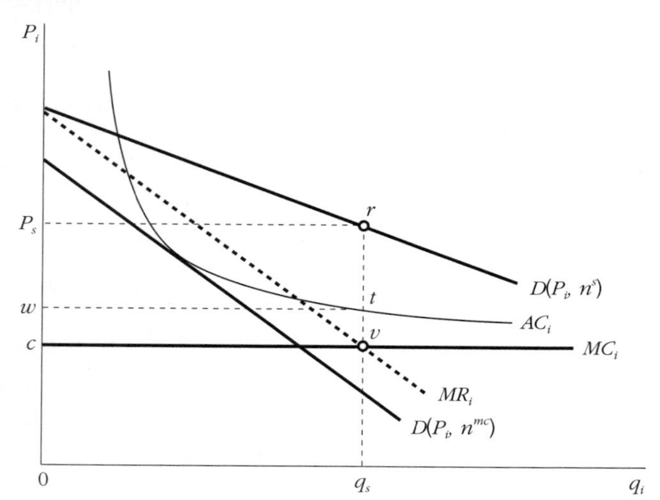

는 AC_i에 접하므로 [그림 9－1]처럼 $q_i=D(P_i,\ n^s)$는 $q_i=D(P_i,\ n^{mc})$보다 우측에 위치한다. $q_i=D(P_i,\ n^s)$의 수요에 직면한 기업은 점 v에서 이윤극대화 조건 $MR_i=MC_i$을 충족한다. 시장균형은 점 r에서 q_s를 생산하고 P_s의 가격을 설정한다. 시장가격은 AC_i보다 더 높으므로 P_swtr의 초과이윤을 얻는다.

이제 독점적 경쟁시장의 균형을 [그림 9–2]에서 설명해 보자. 기업 수(n)가 증가함에 따라서, 신제품은 i제품에 대해서 대체성을 가지게 된다. 소비자는 제품의 종류에 대한 선호로 인해서 신제품에 대한 수요가 창출되고 i제품에 대한 수요는 감소(즉, q_i 감소)하여 수요곡선은 좌측으로 이동한다. 이 수요곡선에서 시장 균형은 [그림 9–2]에서 보듯이 점 E에서 $MR_i=MC_i$인 q^{mc}가 결정되며, 이윤은 영이므로 AC_i와 수요($D(P_i,\ n^{mc})$)가 접한다. 이 접점(A)에서 균형 가격 P_i^{mc}가 결정된다.

독점적 경쟁시장에서 두 가지의 비효율성이 발견된다. 첫 번째는 개별 기업들의 독점력의 행사이다. 균형 가격은 한계비용보다 높으므로($P_i^{mc}>c$) 독점적 경쟁시장에서 기업들은 독점력을 가진다. 그러나 이윤이 영이므로 이 독점력은 제한적이라고 할 수 있다. 두 번째는 과잉설비(excess capacity)가 존재한다는 것이다. 균형은 AC_i의 최저점이 아닌 우하향하는 구간인 점 A에서 발생($P_i^{mc}=AC_i$)하므로 기업들은 비용을 최소화하지 않는다. 독점적 경쟁시장에서 기업이 평균비용 최저점에서 생산하지 않는다는 것은 최저의 비용으로 더 생산할 수 있음에도 불구하고 이보다 더 적은 생산을 하기 때문에 과잉설비가 존재한다는 것을 의미한다. 그러나 독점적 경쟁시장에서 소비자들은 다양한 종류(variety)의 제품을 소비하는 데서 즐

그림 9–2 독점적 경쟁시장 균형

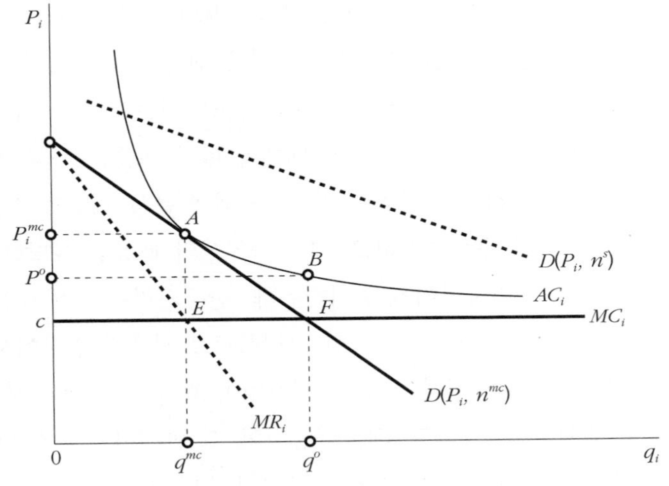

거움을 얻고 있다. 독점적 경쟁시장에서 효율성과 제품 다양성 사이에 상충관계가 있다. 제품이 다양해지면(차별화제품이 많아지면) 효율성이 저하(비효율성 증가)된다. 공공정책을 수립하는 데 있어서 이와 같은 비효율성과 함께 소비자가 다양한 종류의 제품을 소비함으로써 얻는 소비자잉여를 함께 고려하여야 한다.

독점적 경쟁시장의 균형 q^{mc}와 n^{mc}를 사회계획가의 균형과 비교해 보자. 사회계획가는 사회적 잉여(소비자잉여와 산업 이윤의 합)를 극대화하며, 최선책(first-best)으로 최적 생산량(q^o)과 제품 종류 수(기업 수, n^o)를 도출한다고 가정한다. $P=MC_i$(점 F)에서 최적 생산량(q^o)이 결정되나([그림 9–2]), 이 생산량에서 AC_i는 P보다 높으므로 손실이 발생한다. 기업이 사회적 최적 생산량을 생산하게 하기 위해서 사회계획가는 이 손실분을 보조하여 영의 이윤을 달성하여야 한다.

딕시트와 스티글리츠(Dixit and Stiglitz, 1977)는 $f(q) \equiv \frac{pq}{S(q)} = \frac{S'(q)q}{S(q)}$을 '예산 비율'로 정의하였다. 여기서 pq는 기업의 총수입(=소비자 지출액)이며, $S(q)$는 소비자 총잉여로서 $\int_0^q P(x)dx$이다. 이들은 $f'(q)>0$이면 $q^{mc}>q^o$이고, $f'(q)\leq 0$이면 $q^{mc}\leq q^o$임을 보였다. 즉, 생산량이 증가함에 따라서 소비자 지출액이 소비자 총잉여보다 더 많이 증가한다면, 독점적 경쟁시장의 개별 기업은 사회계획가보다 생산을 더 많이 한다. 생산량이 증가함에 따라서 소비자 지출액이 소비자 총잉여보다 더 작거나 같게 증가하는 경우에는 독점적 경쟁시장의 균형 생산량(q^{mc})은 사회계획가의 최적 생산량(q^o)보다 더 작거나 같다.

사회계획가가 선택하는 기업 수(n^o=제품의 종류(variety))와 독점적 경쟁시장의 기업 수(n^{mc})의 비교도 위의 논리와 유사하다. n^{mc}는 극대화된 이윤을 영($\pi_i(n^{mc})=0$)으로 하는 기업 수이다. 이에 비해서 사회계획가는 사회적 잉여(소비자잉여와 산업 이윤의 합)를 극대화하는 기업 수(n^o)를 선택한다. 산업 이윤이 양인 경우에 새로운 기업이 진입하며, 신규기업은 진입이 없었더라면 기존기업이 생산했을 생산량을 대체하며 생산을 하고 이윤을 얻는다(이를 '사업탈취효과'(business-stealing effect)라 한다). 그러나 생산 대체에 따른 이윤은 사적 이득이지 사회적 이득이 아니다. 단순히 신규기업이 기존기업의 이윤을 빼앗아 간 것이다. 이 사업탈취는 과잉 진입 유인을 초래하고 '제품 다양성의 과잉'을 유발한다. 이와 동시에 기업의 진입으로 소비자잉여가 증가하는데, 신규기업은 소비자잉여의 증가를 무시하고 진입으로 인한 이윤의 증가만 고려하므로 사회적 입장에서 볼 때, 과소 진입과 과소 다양성을 유발한다. 이를 소비자잉여 효과라고 한다. 사업탈취 효과가 소비자잉여 효과보다 더 크다면 과잉 다양성이, 그 반대이면 과소 다양성이 발생한다. 두 효과가 동일하다면, 사회적 최적의 기업 수와 최적 다양성이 나타난다.

독점적 경쟁시장 모형은 차별화된 제품의 숫자(즉, 다양성)를 내생적으로 결정한다는 면에서 기여가 크다. 그러나 기업간 전략적 움직임이 배제되어 있다. 다음 절에서 차별화된 제품으로 전략적 움직임을 고려한 모형을 소개한다.

제2절 | 제품 차별화와 쿠르노-버트랜드 모형

싱과 바이브즈(Singh and Vives, 1984)는 차별화된 제품으로 경쟁하는 복점 모형을 분석했다. 대표 소비자의 효용함수는 다음과 같이 2차함수이며 강오목함수라고 가정한다: $U(q_1, q_2)=aq_1+aq_2-(fq_1^2+2gq_1q_2+fq_2^2)/2$. 여기서, q_i는 i재화($i=1, 2$)의 소비량이며, $a, f>0$과 $f^2>g^2$을 가정한다. 대표 소비자의 효용극대화($Max\ U(q_1, q_2)-(P_1q_1+P_2q_2)$)를 통하여 다음과 같이 선형 역수요 함수가 도출된다;

$$P_1=a-fq_1-gq_2; \qquad P_2=a-gq_1-fq_2. \tag{9-1}$$

여기서, P_i는 i재화의 가격이며 $a>P_1$, $a>P_2$를 가정한다. f와 g가 모두 양수이면 두 재화는 대체재이다. f가 양수이고 g가 음수이면 두 재화는 보완재를 의미한다. 우리는 여기서 대체재인 경우($f, g>0$)만 분석한다. $f^2>g^2$을 가정하는 것은 한 기업의 생산량 변화로 인한 자신의 가격에 대한 변화(f, 자신의 가격효과)가 다른 기업의 생산량의 변화로 인한 자신의 가격에 대한 변화(g, 교차 가격효과)보다 더 큰 것을 의미한다.

식 (9-1)은 다음과 같이 수요함수로 전환할 수 있다;

$$q_1=\alpha-\beta P_1+\gamma P_2; \qquad q_2=\alpha+\gamma P_1-\beta P_2. \tag{9-2}$$

$f, g>0$을 가정하므로, $\alpha=\dfrac{a(f-g)}{f^2-g^2}>0$, $\beta=\dfrac{f}{f^2-g^2}>0$, $\gamma=\dfrac{g}{f^2-g^2}>0$이고, 두 재화는 대체재이다($\alpha$, β, γ는 그리스 문자로서 알파, 베타, 감마라고 읽는다).

소비자들이 느끼는 차별화 정도는 두 제품이 동질적인 한 극단과, 완전히 차별화된 다른 극단의 사이에 존재한다고 볼 수 있다. 차별화 정도는 자신의 가격효과와 교차 가격효과의 상대적 크기로 나타낼 수 있다. 제품 차별화 정도를 $e=\dfrac{g^2}{f^2}$로 정의한다. e가 영에 접근할수록(즉, g가 영에 접근) 두 제품은 차별화 정도가 높으며, e가 영이면 두 재화는 완전 차별화되어 독립재로 간주되어 각 기업은 독점처럼 행동한다. e가 1에 접근할수록(즉, f가 g에 접근) 두 재화는 차별화 정도가 낮으며, $e=$

1(즉, $f=g$)이면 두 제품은 동질적인 완전 대체재임을 나타낸다.

제품 차별화 수요를 이용하여 쿠르노 모형과 버트랜드 모형을 분석한다.

1 제품 차별화와 쿠르노 경쟁

두 기업이 차별화된 제품으로 쿠르노 수량 경쟁을 하는 것은 앞 장의 동질적인 제품으로 경쟁하는 것과 유사하다. 쿠르노 모형은 수량으로 경쟁하므로 위의 식 (9−1)의 역수요함수를 이용한다. 두 기업의 한계비용은 영이라고 가정한다. i기업(1 또는 2기업)은 j기업(2 또는 1기업)의 생산량이 주어져 있다 여기면서 다음과 같이 이윤을 극대화하는 생산량(q_i)을 선택한다;

$$Max_{q_i}\ \pi_i=(a-fq_i-gq_j)q_i,\ i=1,\ 2,\ j=1,\ 2,\ i\neq j.$$

1기업과 2기업의 반응함수는 각 기업의 이윤극대화의 1차조건($\frac{\partial\pi_i}{\partial q_i}=a-2fq_i-gq_j=0$)에 따라서 다음과 같이 얻을 수 있다; $q_1=R_1(q_2)=\frac{a-gq_2}{2f}$; $q_2=R_2(q_1)=\frac{a-gq_1}{2f}$. 두 기업의 반응곡선은 [그림 9−3]과 같이 나타난다.

두 기업의 쿠르노 균형 생산량은 [그림 9−3]에서 두 반응곡선의 교차점으로 표시되며, 반응함수를 연립으로 풀면 다음과 같다; $q_1^*=q_2^*=\frac{a}{2f+g}$. 산업 생산량($q_1^*+q_2^*$)은 $\frac{2a}{2f+g}$, 두 제품의 시장가격은 $P_1^*=P_2^*=\frac{af}{2f+g}$이고, 두 기업의 이윤은 $\pi_1^*=\pi_2^*$

그림 9-3 제품 차별화와 쿠르노 모형의 반응곡선

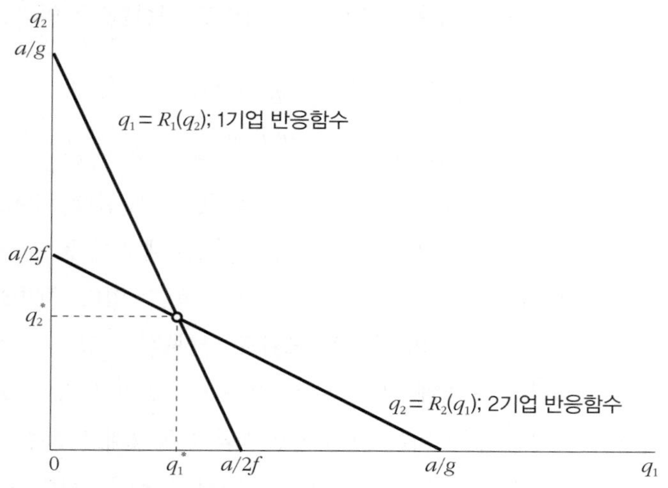

$= \frac{a^2 f}{(2f+g)^2}$ 이다.

두 제품이 매우 차별화된다면, g는 영에 가까우므로 두 기업은 각각 독점기업이 된다. g가 영에 접근할수록, 개별 독점기업의 생산량, 가격, 이윤은 증가한다($g=0$을 위 해에 대입하여 비교할 수 있다). 두 제품이 동질적이라면, g는 f에 접근하며, 위 해에 $g=f$를 대입하면 동질적인 제품의 쿠르노 해와 같다는 것을 확인할 수 있다. 두 기업의 제품이 동질적인 경우($g=f$)에 비해서 매우 차별화되는 경우($g=0$)에 두 기업의 이윤은 더 증가한다. 기업들은 소비자로 하여금 자사의 제품이 경쟁기업의 제품과는 다르다거나, 차별화된 제품이라는 점을 부각하는 것을 볼 수 있는데, 이는 차별화로 인하여 이윤을 증가시킬 수 있기 때문이다.

이 모형은 제품 차별화의 효과를 분석하고 있지만 두 기업의 생산량은 동일하다. 이는 두 기업의 수요가 대칭적이기 때문이다. 각 수요에서 자신의 가격효과(f)는 동일하고, 교차 가격효과(g)도 동일하다. 이 모형에서 차별화는 두 가격효과(f와 g)의 상대적 차이에 기인하여 발생하지만, 두 기업의 수요가 대칭적이기 때문에 시장에서 두 기업의 점유율, 가격, 이윤에는 차이가 없다.

두 기업의 제품이 비대칭적으로 차별화 되어 있다면 두 기업의 생산량은 다르다. 각 기업의 수요에서 자신의 가격효과가 다른 경우에 두 제품의 차별화는 더욱 명백하게 나타난다. 식 (9−1)에서 1기업의 자신의 가격효과는 f이다. 2기업의 자신의 가격효과를 f_2이며, $f<f_2$라고 하자. 두 기업의 제품 가격과 수량이 동일한 경우

그림 9-4 가격효과가 다른 경우 제품 차별화와 쿠르노 반응곡선

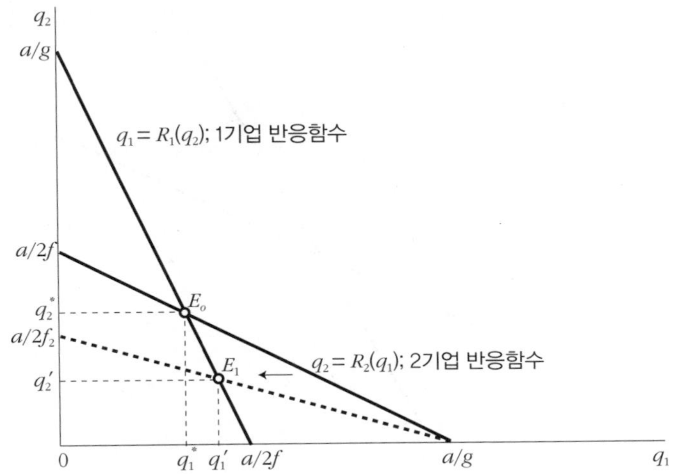

에 2기업의 수요는 자신의 가격에 대해서 덜 탄력적임을 나타낸다. 이 경우에 1기업의 반응함수는 변화가 없지만, 2기업의 반응함수는 $q_2=\frac{a-gq_1}{2f_2}$가 된다. X축 절편은 $\frac{a}{g}$로 변화가 없으나, Y축 절편은 $\frac{a}{2f_2}$로 감소하며 반응곡선의 기울기는 [그림 9-4]와 같이 더 완만해 진다. 쿠르노 균형은 E_o에서 E_1으로 이동하고 1기업의 생산량(점유율)은 2기업의 생산량(점유율)보다 더 증가한다. 자연히 1기업의 이윤은 2기업보다 더 크다.

2 제품 차별화와 버트랜드 경쟁

차별화된 제품으로 버트랜드 경쟁을 하는 경우 식 (9-2)의 수요함수를 이용하여 두 기업의 이윤극대화 가격을 도출할 수 있다. 앞의 쿠르노 모형과 같이 두 기업의 한계비용은 영이라고 가정한다. i기업(1 또는 2기업)은 j기업(2 또는 1기업)의 가격이 주어져 있다고 가정하면서 다음과 같이 이윤을 극대화하는 가격(P_i)을 선택한다; $Max_{P_i}\pi_i=(\alpha-\beta P_i+\gamma P_j)P_i$, $i=1, 2, j=1, 2, i\neq j$.

1기업과 2기업의 반응함수는 각 기업의 이윤극대화 1차조건($\frac{\partial\pi_i}{\partial P_i}=\alpha-2\beta P_i+\gamma P_j=0$)에 따라서 다음과 같이 얻을 수 있다; $P_1=R_1(P_2)=\frac{\alpha+\gamma P_2}{2\beta}$; $P_2=R_2(P_1)=\frac{\alpha+\gamma P_1}{2\beta}$. 두 기업의 반응곡선은 [그림 9-5]에 표시되어 있다.

두 기업의 버트랜드 균형 가격은 [그림 9-5]에서 두 반응곡선의 교차점 E_o에 존

그림 9-5 제품 차별화와 버트랜드 모형의 반응곡선

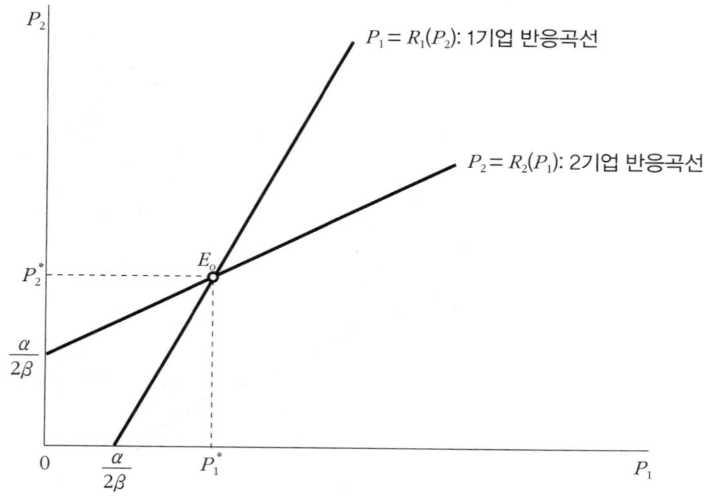

재하며, 반응함수를 연립으로 풀면 다음과 같다; $P_1^*=P_2^*=\frac{\alpha}{2\beta-\gamma}$. 개별 기업의 생산량($q_1^*=q_2^*$)은 $\frac{\alpha\beta}{2\beta-\gamma}$, 두 기업의 이윤은 $\pi_1^*=\pi_2^*=\frac{\alpha^2\beta}{(2\beta-\gamma)^2}$이다. 제품 차별화 정도에 따른 가격과 이윤 등의 변화를 알아보기 위해서 α, β, γ를 a, f, g로 전환하면, $P_1^*=P_2^*=\frac{a(f-g)}{2f-g}$, $\pi_1^*=\pi_2^*=\frac{a^2f(f-g)}{(2f-g)^2(f+g)}>0$이다.

두 제품의 차별화 정도가 높아진다면 g는 영에 접근하므로, 각 제품의 가격은 상승하고 두 기업의 이윤은 증가한다. 한계에서(즉, $g=0$에서) 각 기업은 독점가격과 이윤을 얻는다. 차별화 정도가 낮아진다면 f는 g에 접근하고, 각 제품의 가격은 하락하고, 이윤은 낮아진다. 두 제품이 완전 동질적이라면 한계에서 $f=g$가 되므로 각 가격은 한계비용과 같은 영, 이윤은 영이 되어 앞 장의 동질적인 제품에서 버트랜드 균형과 같아진다. 차별화된 제품으로 경쟁하는 쿠르노 모형에서 도출한 바와 마찬가지로 버트랜드 모형에서도 각 기업은 자사 제품의 차별화를 높여서 이윤을 증가시키려 할 것임을 예상할 수 있다.

제8장에서 동질적인 제품으로 경쟁을 하는 경우에 버트랜드 역설이 발생했다. 차별화 모형에서는 두 기업의 가격은 한계비용보다 높으며, 양의 이윤을 얻으므로 버트랜드 역설이 발생하지 않는다. 이는 제8장에서 이미 언급했던 부분이다. 제품 차별화 쿠르노 모형에서 두 기업의 생산량이 같다는 것은 문제라고 지적했다. 제품 차별화 버트랜드 모형에서 두 기업의 가격이 같다는 것도 비판에 직면할 수 있다. 두 기업의 수요에서 자신의 가격효과가 다르다면, 차별화 제품의 가격은 다르다.

지금까지 소개한 차별화 모형은 제품 종류가 고정되어 있고, 소비자 효용이 동일한 경우이다. 각 소비자 효용이 이질적인 경우에 제품의 차별화는 수평차별화와 수직차별화로 구분한다(플립스와 티스(Phlips and Thisse), 1982). 전자는 제품의 특성을 나타내는 모수가 증가하는 경우에, 한 소비자의 효용이 증가하는 데 반해서 다른 소비자의 효용이 감소하는 상태이다. 후자는 제품의 특성을 나타내는 모수가 증가한다면, 모든 소비자의 효용이 증가하는 상태이다.

제3절 | 주소모형: 수평차별화

주소(address)모형은 위치(location)모형이라고도 부르며, 대상이 되는 제품군에 대해서 소비자들이 서로 다른 선호를 가지고 있는 경우에 시장을 분석하는 모형이다. 주소 또는 위치는 소비자가 존재하는 물리적인 위치를 말한다. 동일한 제품을 소비자의 위치로부터 동쪽으로 1km에 있는 A기업에서 판매하고 서쪽으로 2Km에 있는 B기업에서도 판매한다고 하자. 두 기업에서 판매하는 제품이 동일하고 가격이 동일하다 하더라도 이동하는 시간이나 교통비용 때문에 소비자들은 두 기업의 동일한 제품을 차별화된 제품으로 간주할 수 있다.

1 호텔링의 선형도시 모형

1) 기본 모형

호텔링(Hotelling, 1929)은 도시의 직선상의 거리(총 길이 1)에 소비자들이 균등하게 분포(즉, 직선거리 1의 각 점에 소비자가 한 명씩 존재)하는 모형을 고려했다. 소비자들이 직선상의 거리에 존재하기 때문에 호텔링 모형을 '선형도시'(linear city) 모형[1]이라고도 한다. [그림 9-6]에서처럼 A기업은 이 거리의 왼쪽 끝인 영의 지점에 B기업은 오른쪽 끝인 1에 위치한다. A기업은 순한 맛의 떡볶이를, B기업은 매운 맛의 떡볶이를 판매하는 경우를 생각해 볼수 있다.

영에서 1 사이의 모든 점에는 소비자가 한 명씩 균등하게 위치하고 있다고 가정한다. 각 소비자의 위치는 자신의 선호를 나타내며, 그 위치에 제품이 있다면 그 종류를 가장 이상적인 제품으로 받아들인다. 그러나 자신의 위치에 제품이 존재하지 않고 다른 위치에 있다면 비록 이상적인 제품이 아니지만 비용을 들여서 자신의 선호에 근접하는 제품을 구입한다. 어떻게 구입하는지 살펴보자.

양 끝점을 포함하여 이 직선상의 어디엔가 있는 소비자를 x라 하면, x는 한 소비자의 이름인 동시에 왼쪽 원점으로부터 x의 거리에 있는 소비자이다. 소비자는 최대한 한 단위를 구매한다고 가정한다. 시장에는 n명의 소비자가 있으나 여기서는 $n=1$명을 가정한다. 소비자의 균등한 분포를 가정했으므로 소비자 x의 왼쪽에

그림 9-6 호텔링의 선형도시: 기업 위치 고정시

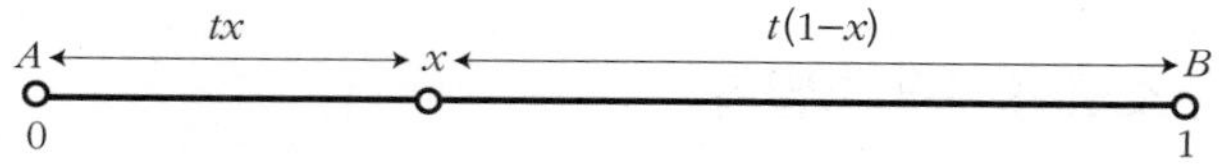

1) 호텔링의 선형도시 모형은 제5장에서 소개한 바 있다. 제5장에서는 독점기업의 입장에서 제품 공간의 차별화 제품을 판매하는 모형인데 비해서, 여기서는 차별화 제품을 생산하는 두 기업 간의 경쟁 양상을 소개한다. 내용은 거의 동일하다.

는 x명의 소비자가 있으며, 오른쪽에는 $1-x$명의 소비자가 존재한다. x에 위치한 소비자는 x정도의 매운 맛의 떡볶이를 이상적인 맛으로 여기며 이를 가장 선호하며 이 떡볶이를 소비 시 얻는 효용을 v라고 가정한다. 그러나 x에 위치한 소비자는 영과 1에 위치한 기업 중에서 자신이 가장 선호하는 제품을 선택한다. 자신의 위치(또는 제품) x로부터 다른 기업의 위치(영 또는 1)에 있는 제품을 구입해야 하므로 교통비용과 같은 '비효용'(disutility)(K로 표시)이 발생하게 된다. 비효용은 자신의 위치와 기업과의 거리(즉, A기업까지 거리는 x, B기업까지 거리는 $1-x$)의 증가함수라고 가정한다. 구체적으로 비효용은 거리에 비례하는 교통비용(K)이라고 가정한다: A기업을 방문한 경우 $K=tx$, B기업을 방문한 경우 $K=t(1-x)$이다. 여기서, t는 거리 단위당 교통비용이다. A(B)기업의 가격을 $P_a(P_b)$라 하면, x 소비자의 순효용은 다음과 같다;

$$U_x=\begin{cases} v-tx-P_a & \text{A기업에서 구매 시} \\ v-t(1-x)-P_b & \text{B기업에서 구매 시} \end{cases}$$

A기업에서 구매하거나 B기업에서 구매하거나 무차별한 소비자(이를 '한계소비자'라고도 함)를 $\hat{x}$이라 하면, 다음의 조건을 충족한다; $v-t\hat{x}-P_a=v-t(1-\hat{x})-P_b$. 따라서 $\hat{x}=\dfrac{t-P_a+P_b}{2t}$이다. 여기서 구한 $\hat{x}$은 영에서 $\hat{x}$ 사이에 있는 소비자 숫자이기도 하므로 A기업에서 판매하는 제품에 대한 수요함수($D_a(P_a, P_b)=\hat{x}=\dfrac{t-P_a+P_b}{2t}$)이다. B기업의 제품에 대한 수요는 $D_b(P_a, P_b)=1-\hat{x}=\dfrac{t+P_a-P_b}{2t}$이다. 이와 같은 수요는 두 기업의 가격 차이가 거리 단위당 교통비용보다 작은 경우($P_b-P_a<t$)에 성립하며 [그림 9−7]과 같이 표시할 수 있다.

만약 두 기업의 가격 차이(P_b-P_a)가 t보다 크다면, B기업에 대한 수요는 영이다. $P_a\le v-t$인 경우 A기업의 수요 $D_a(P_a, P_b)$는 전체 소비자인 1이다. $P_a>v-t$인 경우 $D_a(P_a, P_b)=\dfrac{v-P_a}{t}$이며 일부 소비자는 구매하지 않는다는 의미에서 '시장수요는 불완전 판매된다'(the market is not covered)고 한다. 이와 같은 수요는 제5장의 [그림 5−7]을 참조하기 바란다.

두 기업의 가격이 모두 $[v-t, v]$의 범위에 있고, 한계소비자(즉, $\hat{x}=\dfrac{t-P_a+P_b}{2t}$)는 어느 기업으로부터도 구매하지 않는 경우에 각 기업은 '지역'(local) 독점기업으로 행동한다. 각 기업 제품에 대한 수요는 $D_i(P_a, P_b)=\dfrac{v-P_i}{t}$이다. 지역 독점기업의 수요에 대한 그림은 제5장의 [그림 5−8]을 참조하기 바란다.

그림 9-7 두 기업의 수요: $P_b-P_a<t$ 경우

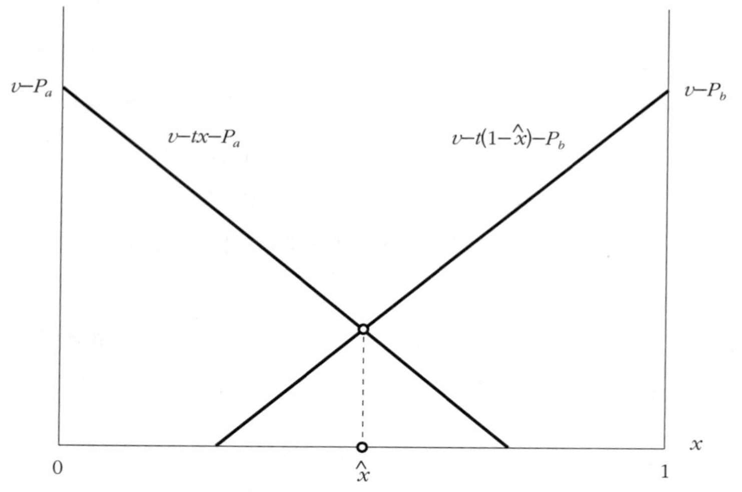

2) 버트랜드-내쉬 균형

두 기업의 위치가 정해져 있다는 가정하에 두 기업의 버트랜드-내쉬 균형을 구해 보자. 두 기업의 가격 차이가 교통비용보다 작은 경우를 분석한다. 위에서 도출한 바와 같이 A기업 제품에 대한 수요는 $D_a(P_a, P_b)=\hat{x}=\frac{t-P_a+P_b}{2t}$이고, B기업 제품에 대한수요는 $D_b(P_a, P_b)=1-\hat{x}=\frac{t+P_a-P_b}{2t}$이다. A기업와 B기업 제품의 한계비용은 각각 C_a와 C_b에서 일정하다 가정한다. 각 기업의 이윤은 다음과 같다;

$$\pi_a=(P_a-C_a)\frac{t-P_a+P_b}{2t},\ \pi_b=(P_b-C_b)\frac{t+P_a-P_b}{2t}.$$

버트랜드-내쉬 균형가격은 한 기업이 상대방의 가격을 주어진 것으로 여기면서 자신의 이윤을 극대화하는 가격이다. A기업와 B기업의 이윤극대화 1차 조건은 다음과 같다;

$$-2P_a+P_b+C_a+t=0,\ \ P_a-2P_b+C_b+t=0. \tag{9-3}$$

버트랜드-내쉬 균형가격은 식 (9-3)의 두 식을 연립하여 구하며 다음과 같다; $P_a^*=t+\frac{2C_a+C_b}{3}$; $P_b^*=t+\frac{C_a+2C_b}{3}$. A기업에 대한 수요는 $D_a(P_a, P_b)=\frac{1}{2}+\frac{-C_a+C_b}{6t}$이고, B기업에 대한 수요는 $D_b(P_a, P_b)=\frac{1}{2}+\frac{C_a-C_b}{6t}$이다. 각 기업의 이윤은 다음과 같다; $\pi_a=\frac{(3t-C_a+C_b)^2}{18t}$; $\pi_b=\frac{(3t+C_a-C_b)^2}{18t}$. 각 기업의 가격, 수요, 이

윤은 한계비용에 의존함을 알 수 있다.

식 (9-3)에서 각 기업의 반응함수는 다음과 같다;

$$\text{A기업 반응함수: } P_a = R_a(P_b) = \frac{C_a + t}{2} + \frac{P_b}{2},$$

$$\text{B기업 반응함수: } P_b = R_b(P_a) = \frac{C_b + t}{2} + \frac{P_a}{2}. \qquad (9\text{-}4)$$

이들의 반응곡선은 우상향하며 [그림 9-8]에 표시되어 있다. 여기서 P_a^*는 P_b^*에 대한 A기업의 최적 반응 가격이고, P_b^*는 P_a^*에 대한 B기업의 최적 반응 가격이다. 따라서 내쉬 균형은 E_o에서 최적 반응 가격의 쌍인 (P_a^*, P_b^*)이다. 이 결과는 버트랜드 역설과 비교된다. 버트랜드 역설은 두 기업이 동질적인 제품을 판매하고 비용이 동일한 경우 두 기업의 가격은 한계비용과 같고 이윤이 영이다. 제품 차별화가 있는 선형도시 모형에서 균형 가격은 한계비용보다 높고 양의 이윤을 얻는다. 또한 한계비용이 더 높은 기업도 생산을 하게 된다. 이는 차별화로 각 기업이 독점력을 보유하게 되기 때문이다.

B기업의 한계비용 C_b가 상승하는 경우에 균형의 변화를 살펴보자. C_b가 상승하면, [그림 9-8]의 점선이 보여주듯이 B기업의 반응곡선은 위로 이동하며, A기업의 반응곡선은 변하지 않는다. B기업의 반응곡선이 이동하면 두 기업이 선택하는 균형은 E_o에서 E_1로 변한다. 그림에서 보듯이, B기업의 균형 가격은 A기업의 가격보

그림 9-8 호텔링 모형과 반응곡선

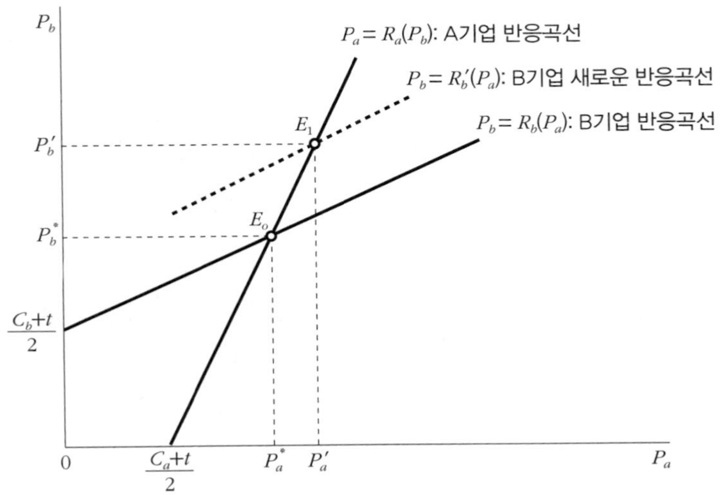

다 더 많이 상승한다. B기업는 A기업보다 가격을 더 올리려 하는데 그 이유는 B기업의 반응곡선이 이동할 때 A기업의 반응곡선을 따라서 이동하기 때문이다. A기업의 반응곡선의 기울기는 $\frac{1}{2}$이므로 A기업은 B기업이 올리는 가격의 반만 올릴 수 있다. 그러나 이 변화로 인해서 B기업의 수요와 이윤은 감소하고, A기업의 수요와 이윤은 증가한다.

이제 $C_a = C_b = C$인 경우를 가정하자. 버트랜드 균형가격은 $P_a^* = P_b^* = t + C$이다. 가격이 동일하므로 각 기업의 수요는 시장수요의 반이다: $D_a = D_b = \frac{1}{2}$. 이윤은 $\pi_a = \pi_b = \frac{t}{2}$이다. 두 기업의 제품은 물리적으로 동일하다 하더라도 비효용(교통비용)으로 인해 차별화된 제품이므로 균형 가격은 한계비용(C)보다 높고 이윤은 양이다. 여기서 교통비용(t)은 '차별화 정도'로 해석할 수 있다. 차별화 정도(t)가 커질수록 균형 가격은 상승하며 이윤은 증가한다. 차별화 정도가 커질수록 각 기업의 독점력은 더 커져서 가격과 이윤이 증가하는데,[2] 그 이유는 소비자들은 두 상품을 더 차별화된 것으로 여기게 되며, 기업 주변의 소비자들은 그 기업에 볼모가 되기 때문이다. 이 모형의 결과는 동질적 제품의 경쟁에서 버트랜드 역설과 대비된다. 차별화가 심화될수록(즉, t가 커질수록) 버트랜드 역설은 발생하지 않는다. 차별화가 약화되어 두 제품이 동질적이 되면(즉, t가 영이면) 버트랜드 역설을 초래한다.

3) 기업의 위치 변경

앞의 선형도시 모형은 교통비용이 거리에 비례하고, 두 기업의 위치가 양쪽 끝에 고정되어 있는 경우를 분석했다. 두 기업이 위치를 변경시킬 수 있다면 다른 결과가 나온다. A기업은 영에서 오른쪽으로 z_a에, 그리고 B기업은 1에서 왼쪽으로 z_b에 위치한다고 하자([그림 9-9] 참조). 소비자 x가 두 기업 중의 하나에서 구매 시 교통비용과 가격을 지불해야 하므로 순효용은 다음과 같다;

$$U_x = \begin{cases} v - t(x - z_a) - P_a & \text{A기업에서 구매 시,} \\ v - t(1 - z_b - x) - P_b & \text{B기업에서 구매 시.} \end{cases}$$

한계소비자 $\hat{x}$은 z_a와 $1 - z_b$ 사이에 존재하며, $\hat{x} = \frac{-P_a + P_b}{2t} + \frac{1 + z_a - z_b}{2}$이다. 한계소비자는 A기업이 확보한 수요함수($D_a(P_a, P_b)$)이며, B기업의 수요함수($D_b(P_a, P_b)$)는 $1 - \hat{x} = \frac{P_a - P_b}{2t} + \frac{1 - z_a + z_b}{2}$이다. 두 기업의 한계비용이 C인 경우에 이윤극대화에 따라서 균형 가격은 다음과 같다;

---

2) 이 모형에서 소비는 양이어야 하고, 순효용은 음이 되어서는 안되므로 $\frac{2v - 2c - 3t}{2} \geq 0$이어야 한다.

$$P_a^d = C + \frac{t(3-z_b+z_a)}{3},\ P_b^d = C + \frac{t(3+z_b-z_a)}{3}.$$

A와 B기업의 판매량(=시장점유율)은 다음과 같다;

$$D_a^d = \frac{3-z_b+z_a}{6},\ D_b^d = \frac{3+z_b-z_a}{6}.$$

두 기업의 이윤은 다음과 같다;

$$\pi_a^d = \frac{t(3-z_b+z_a)^2}{18},\ \pi_b^d = \frac{t(3+z_b-z_a)^2}{18}.$$

두 기업 사이의 거리는 $1-z_a-z_b$이다. 두 기업 사이의 거리가 증가하면 제품이 더 차별화되는 것을 말하며, 각 기업의 이윤은 증가한다. 두 기업이 양 끝에 위치하면($z_a=z_b=0$인 경우) 앞의 2)항에서 구한 해와 동일하다. 이 결과를 멀리 떨어질수록(제품 차별화가 클수록) 이윤이 극대화되는 '최대 차별화 원칙'이라고 한다. 두 기업이 양 끝에서 중간을 향해 동일한 거리만큼 떨어져 위치($0<z_a=z_b\le 1/2$인 경우)한다면 시장을 반분하며 각 기업의 가격과 이윤은 동일하다. 두 기업이 같은 위치에 있으면($z_a+z_b=1$인 경우) 두 제품은 동질적이며 두 기업의 가격이 한계비용과 같고 이윤은 영이다(버트랜드 역설). 이 결과를 두 기업이 가까이 있을수록(제품이 동질적일수록) 이윤이 최소화되는 '최소 차별화 원칙'이라고 한다.

호텔링은 두 기업의 위치를 변경시킬 수 있다면 모두 중간 지점으로 이동하여 최소 차별화 원칙이 나타난다고 주장했다. 그러나 다스프레몬트 외(d'Aspremont *et al.*, 1979)는 위 결과를 이용하여 두 기업이 같은 지점(또는 너무 가까운 지점)에 위치하면 균형 해가 존재하지 않기 때문에 호텔링의 중간지점 균형 결과는 적절치 않음을 증명했다. 두 기업이 매우 근접하게 위치한 경우에 각 기업은 상대방보다 가격을 낮게(undercutting) 설정하면서 이윤을 증대시킬 수 있기 때문에 같은 지점(균형)으로 수렴하지 못하는 결과를 가져온다. 균형이 존재하기 위해서는 각 기업은 너무 가까이 위치해 있으면 안 된다. 이를 설명하기 위해서 두 기업의 가격과 B기업의 위치가 주어져 있다고 하자. 앞에서 도출한 A기업의 이윤을 자신의 위치(z_a)

그림 9-9 호텔링의 선형도시: 기업 위치 변경

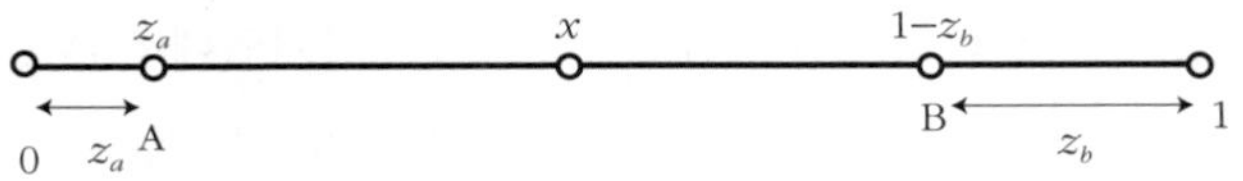

에 대해서 편미분하면 $\frac{\partial \pi_a^d}{\partial z_a}>0$을 얻는다. 이는 z_a(원점에서 A기업 위치까지 거리)가 증가함에 따라 A기업의 이윤이 증가한다고 해석한다. 즉, A기업은 이윤을 증가시키기 위해서 자신의 위치를 영에서 더 오른쪽으로 (B기업쪽으로) 이동할 유인이 있다. 마찬가지로, $\frac{\partial \pi_a^d}{\partial z_b}>0$을 얻는데 이는 B기업이 더 왼쪽으로 (A기업쪽으로) 이동할 유인이 있음을 말한다. 따라서 두 기업은 모두 중간 지점에 위치하려 할 것이다. 그러나 앞에서 두 기업이 너무 가까우면 균형 해가 존재하지 않는다고 했으므로 이는 균형이 아니다. 동일한 지점에서 한 기업이 약간 이동하면 두 기업 모두 이윤을 증가시킬 수 있기 때문이다. 요약하면, 교통비용이 선형인 경우에 각 기업이 가격과 기업 위치의 두 변수를 전략으로 이용하는 게임에서 해가 존재하지 않는다. 그러나 아래에서 보듯이 교통비용이 거리에 제곱인 경우에는 균형이 존재한다.

4) 교통비용이 거리에 제곱인 경우

교통비용이 거리에 제곱이고 가격과 위치를 선택하는 모형에서는 균형이 존재한다. 앞 페이지의 소비자 순효용에 $t(x-z_a)$ 대신 $t(x-z_a)^2$를, 그리고 $t(1-z_b-x)$ 대신 $t(1-z_b-x)^2$를 대입하자. 제1단계에 각 기업은 위치(z_a, z_b)를 선택하고 제2단계에는 가격을 선택하여 최적 위치와 균형 가격을 구할 수 있다(독자들의 연습문제로 남겨둔다). 선형 교통비용의 경우와는 다르게 (안정적인) 균형 가격이 존재하며, A기업은 영의 지점, B기업은 1에 위치하여 각 기업은 이윤극대화를 달성한다. 즉 각 기업은 서로 멀리 떨어지는 위치를 선택하여 '최대 차별화 원칙'을 보여준다.

2 원형도시(circular city) 모형

원형도시 모형은 살롭(Salop, 1979)이 소개했으며 호텔링의 선형도시 모형의 단점을 보완하고, 차별화된 시장에서 신규기업의 진입 행태를 분석한다. 기업들은 길이가 1인 원 둘레에 위치하며 한 지점에 한 기업만 위치한다. 개별 기업은 규모의 경제를 보이므로 총비용은 $C=cq_i+F$라고 가정한다. 여기서, c는 일정한 한계비용, F는 고정비용이다. 자유진입을 허용하여 기업의 숫자(N)가 내생적으로 결정되는 독점적 경쟁시장구조를 가정한다. 고정비용은 기업 숫자를 결정하는 주요 변수로 작용한다. [그림 9-10]에서 보듯이 1기업에서 N기업까지 시계방향으로 위치한다. 기업간 거리는 $\frac{1}{N}$이며 각 기업의 가격은 $P_i(i=1, 2, \cdots, N)$이다. 각 기업은 이윤

그림 9-10 원형도시 모형의 상점 위치와 소비자

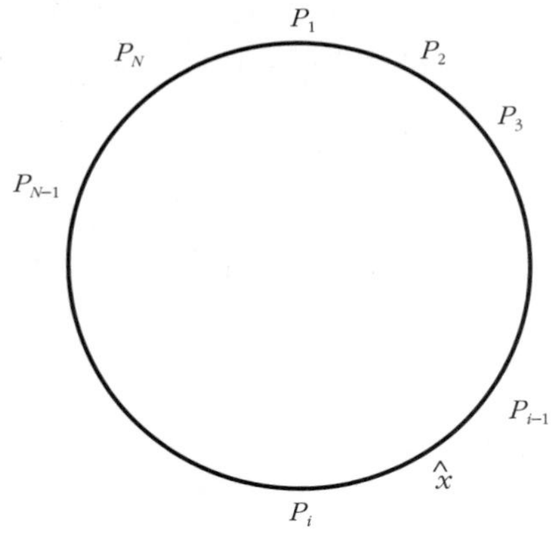

$\pi_i=(P_i-c)q_i-F$를 극대화한다.

소비자는 원둘레에 균등하게 분포하고 있으며, 최대한 한 단위 구매한다. 제품을 구매하기 위해서 거리 단위당 t의 교통비용을 가격에 추가하여 지불한다. 소비자는 자신의 주변에서 구매 비용이 가장 낮은 기업에서 구매한다. i기업의 가격을 P_i, 다른 모든 기업의 가격을 P_o라 하면, i와 $i-1$기업 사이에 있는 한계소비자($\hat{x}$)는 다음을 만족한다; $P_i+t\hat{x}=P_o+t(\frac{1}{N}-\hat{x})$. 따라서 $\hat{x}=\frac{1}{2t}(P_o-P_i+\frac{t}{N})$이다. 한편, i기업은 이러한 한계소비자가 그 왼쪽과 오른쪽에 있으므로 수요는 $2\hat{x}$이다. 따라서 i기업의 수요는 다음과 같다; $D_i(P_i, P_o)=\frac{1}{t}(P_o-P_i+\frac{t}{N})$. i기업의 이윤은 다음과 같다;

$$\pi_i=(P_i-c)D_i(P_i, P_o)-F.$$

이윤극대화 1차 조건과 대칭적 균형 조건($P_i=P_o$)에 따라서, 모든 기업의 균형가격은 $P_i=P_o=c+\frac{t}{N}$이고, $D_i(P_i, P_o)=\frac{1}{N}$이다. 이 결과는 선형도시 모형에서 교통비용이 선형인 경우와 동일하다($N=2$). 이윤 마진($=P_i-c$)은 기업 수가 증가함에 따라 감소한다. 내생적으로 결정되는 기업 수는 영의 이윤 조건식에 의해서 결정된다. 즉, $\pi_i=0=(P_o-c)\frac{1}{N}-F$이다. 따라서, 최적 기업수는 $N_o=\sqrt{\frac{t}{F}}$이고 $P_o=c+\sqrt{tF}$이다. 이 결과에 대한 해석은 독점적 경쟁시장과 유사하다. 고정비용은 진입장벽 역할을 한다. 고정비용이 커질수록 진입 기업 숫자는 감소하며, 이윤 마진은 상승하고, 개별기업의 판매량(점유율)은 증가한다. 초과이윤을 얻지 못하는 기업이 시장지배력(가격이 한계비용보다 높은 것)을 갖지 못한다고 결론지을 수는 없다. 단위당 교통비용(t)의 증가는 이윤 마진과 기업 숫자를 증가시킨다.

이 모형에서 마지막으로 논의하는 것은 위의 자유시장에서 결정된 기업 숫자 또는 차별화된 제품의 숫자($N_o=\sqrt{\frac{t}{F}}$)와 사회계획가가 선택하는 기업 숫자를 비교하는 것이다. 사회계획가는 모든 기업의 고정비용(NF)과 소비자의 총 교통비용($C(N)$)의 합을 최소화하는 기업 숫자를 선택한다. 소비자의 총 교통비용은 다음과 같이 도출할 수 있다. 한계소비자($\hat{x}=\frac{1}{2N}$)와 기업 사이의 중간에 있는 평균 소비자는 $\frac{1}{4N}$의 거리를 이동해야 하므로 총 교통비용은 $C(N)=\frac{t}{4N}$이다. 따라서 사회계획가의 문제는 다음과 같다;

$$Min_N \; NF+\frac{t}{4N}.$$

사회후생을 극대화하는 사회계획가가 선택하는 기업 숫자는 $N_s=\frac{1}{2}\sqrt{\frac{t}{F}}=\frac{1}{2}N_o$이다. $N_o>N_s$이므로 원형도시 모형에서 너무 많은 기업(=너무 많은 종류의 차별화된 제품)이 진입해 있음을 알 수 있다. 다시 말해서, 원형도시 모형에서 제품의 종류를 줄임으로써 사회후생을 증가시킬 수 있다.

제4절 | 수직차별화

1 기본 모형

수직차별화(vertical differentiation)는 제품의 특성을 나타내는 수치가 증가한다면, 모든 소비자의 효용이 증가하는 상태이다(플립스와 티스(Phlips and Thisse), 1982). 가장 대표적인 변수가 품질(quality)이기 때문에 품질 차별화는 수직차별화와 동의어로 사용한다. 서로 다른 두 가지 제품을 동일한 가격으로 내 놓았을 때, 모든 소비자들이 저품질 제품보다 고품질 제품을 선호한다면, 두 제품은 수직차별화 되었다고 볼 수 있다. 가격이 동일하다면, 모든 소비자들은 소형차보다 중형차를, 중형차보다 대형차를 선호한다.

품질을 실수로 나타낼 수 있고 이 변수를 S라 하면, S의 실수 값은 수직적으로 서로 다른 제품이라는 의미를 갖는다. 편의상 1과 2기업이 각각 S_1과 S_2 품질의 제품을 생산한다고 하자. $S_1<S_2$이라면 1기업은 저품질, 2기업은 고품질의 수직차별화된 제품을 생산한다고 한다. 이들의 가격은 각각 P_1과 P_2이고 한계비용은 동일하게 c라고 가정한다. 이 모형에서 품질 차이에 따른 비용은 고려하지 않는다.

소비자의 선호는 θ(그리스어로 '쎄타'(theta)라고 읽는다)로 표시하며, 양의 실수이다. 선호 θ는 θ_L과 $\theta_H(>\theta_L)$ 사이에 균등하게 분포되어 있다고 가정한다. 누적분포 확률함수는 $F(\theta)=\frac{\theta-\theta_L}{\theta_H-\theta_L}$, 밀도 확률함수는 $f(\theta)=\frac{1}{\theta_H-\theta_L}$이다. 여기서는 $\theta_L=0$, $\theta_H=1$을 가정하여 수직차별화 모형을 분석한다. 누적분포 확률함수는 $F(\theta)=\frac{\theta-\theta_L}{\theta_H-\theta_L}=\theta$이며, 밀도 확률함수는 $f(\theta)=\frac{1}{\theta_H-\theta_L}=1$이다. 일반적인 경우는 부록에서 소개한다.

소비자는 두 제품 중에서 한 단위를 구매하거나 또는 구매하지 않거나의 선택을 한다. 제품을 구매하는 소비자 x의 순효용(U_x)은 다음과 같다;

$$U_x=\begin{cases}\theta S_1-P_1, & \text{저품질 제품 구매하는 경우}\\ \theta S_2-P_2, & \text{고품질 제품 구매하는 경우.}\end{cases}$$

θ와 S_i가 곱의 형태로 되어 있는 것을 효용함수가 두 변수에서 '분리가능'하다고 한다.

수직차별화 모형에서 품질이 다른 제품을 생산하는 두 기업의 이윤극대화 균형을 도출해 보자. 이 모형에서 균형 가격과 품질 수준을 결정하기 위해서 2단계 게임을 가정한다. 제1기에 두 기업은 품질 수준을 동시에 결정하며, 제2기에 가격을 동시에 결정한다. 역행귀납법을 적용하여 하부게임 완전균형을 구한다. 두 기업의 품질 수준(S_1과 S_2)이 주어져 있다는 가정하에 제2기의 균형 가격을 먼저 도출하고 제1기의 품질 수준을 나중에 구한다.

2 제2기: 가격 선택

한계소비자 $\hat{\theta}$은 저품질 제품을 구매하나, 고품질 제품을 구매하나 무차별한 소비자로서 다음과 같다; $\hat{\theta}S_1-P_1=\hat{\theta}S_2-P_2$. 따라서 $\hat{\theta}=\frac{P_2-P_1}{S_2-S_1}$이다. $P_2-P_1>0$을 가정하므로, $\hat{\theta}$보다 작은 값을 가지는 θ 소비자들은 저품질 제품 구매자들로서 저품질 제품에 대한 수요는 $D_1(P_1, P_2)=F(\hat{\theta})=\frac{P_2-P_1}{S_2-S_1}$이다. $\hat{\theta}$보다 큰 값을 가지는 θ 소비자들은 고품질 제품 구매 시 효용이 저품질 제품 구매 시 효용보다 더 크므로 고품질 제품을 구매한다. 고품질 제품에 대한 수요는 $D_2(P_1, P_2)=1-F(\hat{\theta})=1-\frac{P_2-P_1}{S_2-S_1}$이다. 만약 $P_2-P_1<0$이라면, 모든 소비자들은 고품질 제품만을 구매한다. 즉, $D_1(P_1, P_2)=0$이고, $D_2(P_1, P_2)=1$이다. 이 결과는 흥미를 반감시키므로 $P_2-P_1>0$을 가정한다.

각 기업은 경쟁자의 가격이 주어져 있다고 여기면서 자신의 이윤($\pi_i=(P_i-c)$

$D_i(P_i, P_j)$)을 극대화하는 가격을 선택한다. 이윤극대화 균형 가격은 다음과 같다; $P_1^e = c + \frac{1}{3}(S_2 - S_1)$; $P_2^e = c + \frac{2}{3}(S_2 - S_1)$. 각 기업의 판매량은 $D_1^e = \frac{1}{3}$; $D_2^e = \frac{2}{3}$이다. 각 기업의 이윤은 $\pi_1^e(S_1, S_2) = \frac{1}{9}(S_2 - S_1)$; $\pi_2^e(S_1, S_2) = \frac{4}{9}(S_2 - S_1)$이다.

두 제품의 균형 가격은 모두 한계비용을 초과한다. 비록 두 제품의 한계비용은 동일하다 가정하더라도 고품질 제품의 균형 가격은 저품질 제품 가격보다 더 높으며($P_1^e < P_2^e$), 고품질 제품은 더 많이 판매된다($D_1^e < D_2^e$). 고품질 제품을 생산하는 기업의 이윤은 저품질 제품 기업보다 더 크다($\pi_1^e < \pi_2^e$).

3 제1기: 품질 선택

이제 우리는 제1기로 돌아가서 최적 품질 수준을 결정한다. 위에서 각 기업의 이윤은 $\pi_1^e(S_1, S_2) = \frac{1}{9}(S_2 - S_1)$; $\pi_2^e(S_1, S_2) = \frac{4}{9}(S_2 - S_1)$이므로 상대방 기업의 품질 수준을 주어진 것으로 여기면서 자신의 이윤을 극대화하는 품질 수준을 선택한다. 두 기업의 품질이 동일($S_2 - S_1 = 0$)하다면, 이윤은 영이 되어 모두 원하지 않는 결과이므로 서로 다른 품질을 선택해야 한다. 기업의 이윤은 품질의 차이($S_2 - S_1$)에 대해서 증가 함수이므로 품질의 차이가 클수록 두 기업의 이윤은 모두 다 최대를 달성한다. 두 기업이 선택 가능한 품질 수준이 최저 $\underline{S}$에서 최고 $\overline{S}$ 사이에 존재한다면, 1기업은 $S_1 = \underline{S}$를, 2기업은 $S_2 = \overline{S}$를 선택한다.($\underline{S}$에서 _는 underline, $\overline{S}$에서 ¯는 bar 라고 읽음) 예를 들어서, $\underline{S} = 5$이고, $\overline{S} = 10$이라면 2기업은 최적 품질을 10, 1기업은 최적 품질을 5로 정하는 것이 두 기업 모두에게 이윤극대화를 가져다 준다. 결과적으로 수직차별화에서 두 기업은 품질의 차이가 최대가 되는 '최대 차별화'원칙을 보여준다(그러나 이 모형은 현실적인 문제를 가지고 있다. $\underline{S}$가 너무 낮다면 아무 소비자도 원하지 않을 것이고, 1기업은 생존할 수 없기 때문이다).

연 | 습 | 문 | 제

>>> Theory of Industrial Organization

1. 독점적 경쟁시장에서 N개 기업이 차별화된 제품을 생산하고 있다. 한 기업은 한 가지 제품만 생산한다. 모든 기업이 직면하는 수요의 가격탄력도(ε)는 동일하며 2라고 가정하자. 개별 기업의 비용함수는 $C_i = cq_i + F$이다. 여기서, c는 일정한 한계비용이며, F는 고정비용이다. 모든 기업의 한계비용과 고정비용은 동일하다. 소비자의 소득의 합은 I라고 가정한다.

1) 개별 기업의 이윤극대화 조건 $MR_i = MC_i$를 이용하여 시장가격 P_i^{mc}와 한계비용(c)의 관계를 표시하시오.
2) 자유진입으로 인한 영의 이윤 조건을 표시하여 i기업의 생산량(q_i^{mc})을 한계비용과 고정비용으로 표시하시오.
3) 산업의 총지출($n(cq_i^{mc}+F)$)과 총소득(I)이 동일하다는 조건을 이용하여 최적 기업 수(n^{mc})를 총소득과 고정비용으로 표시하시오.
4) $c=2$, $F=100$, $I=1{,}000$이라고 할 때, 위에서 구한 변수의 값을 설명하시오.
5) 기술 혁신으로 한계비용이 하락할 때, 제품 숫자의 증감을 설명하시오.
6) 기술 혁신으로 고정비용이 하락할 때, 제품 숫자의 증감을 설명하시오.

2. (이 문제는 제5장 연습문제 3과 기본적으로 동일함) 선형도시 모형을 고려하시오. 이 도시의 거리는 1이며 왼쪽 끝에 1기업이, 오른쪽 끝에 2기업이 자리하고 있으며 동질적인 제품으로 경쟁을 한다. 각 기업의 제품 가격은 $P_i(i=1, 2)$이다. 한계비용은 c로 일정하다. 어떤 기업의 제품이나 소비자가 구매 시 V의 기본 만족감을 준다고 가정한다. 소비자들은 각 점에 한 명씩 균등하게 분포하고 있다. 어떤 점에 있는 소비자를 x라고 하자.

1) 이동 거리에 비례하여 거리 단위당 교통비 t가 소요되는 경우에 각 기업의 제품에 대한 수요함수를 도출하시오.
2) 이동 거리의 제곱에 비례하여 거리 단위당 교통비 t가 소요되는 경우에 각 기업의 제품에 대한 수요함수를 도출하시오.
3) 1기업으로 이동하는데 이동거리에 비례하여 거리 단위당 교통비 t가 소요되는데 비해서 2기업으로 이동하는데 이동거리에 비례하여 교통비는 $2t$라고 하자. 각 기업의 제품에 대한 수요함수를 도출하시오.

3. 두 기업(1기업, 2기업)이 차별화 제품으로 쿠르노 경쟁을 하며, 각 기업의 역수요함수는 다음과 같다; $P_1 = a - ux_1 - vx_2$; $P_2 = a - vx_1 - ux_2$. 여기서 $0 < u$, v이며, $v^2 < u^2$을 가정한다. x_i는 각 기업의 생산량이다. 각 기업의 한계비용은 c_i이다.

1) 두 기업의 반응함수를 도출하고 반응곡선을 그리시오.
2) 두 기업의 쿠르노-내쉬 균형 생산량과 가격, 각 기업의 이윤을 구하시오.
3) c_1이 하락하는 경우에, 반응함수의 변화를 표시하고, 두 기업과 산업의 생산량 변화를

설명하시오.

4. 차별화 제품으로 버트랜드 경쟁을 하는 두 기업(1기업, 2기업)의 수요함수는 다음과 같다; $x_1 = \alpha - \beta P_1 + \gamma P_2$; $x_2 = \alpha + \gamma P_1 - \beta P_2$. 여기서, 수요함수는 문제 3의 역수요함수를 전환한 것이다. 문제 3에서 u, $v>0$을 가정하므로, $\alpha = \frac{a(u-v)}{u_2-v_2}$, $\beta = \frac{u}{u_2-v_2}>0$, $\gamma = \frac{v}{u_2-v_2}>0$이고, 두 재화는 대체재이다. 각 기업의 한계비용은 c_i이다.

1) 두 기업의 반응함수를 도출하고 반응곡선을 그리시오.
2) 두 기업의 버트랜드-내쉬 균형 가격, 생산량, 각 기업의 이윤을 구하시오.
3) c_1이 하락하는 경우에, 반응함수의 변화를 표시하고, 두 기업과 산업의 생산량 변화를 설명하시오.
4) i기업의 쿠르노 균형 가격과 버트랜드 균형 가격을 비교 설명하시오.
5) 제품의 차별화가 더 클수록(γ가 감소할수록), i기업의 쿠르노 균형 가격과 버트랜드 균형 가격의 차이의 변화를 설명하시오.
6) γ가 영에 접근(두 제품은 독립적)하면, i기업의 쿠르노 균형 가격과 버트랜드 균형 가격은 같아지는 결과를 보이시오.

5. 차별화 제품으로 가격경쟁을 하는 1기업과 2기업의 수요함수는 다음과 같다: $Q_1 = 168 - 2P_1 + P_2$; $Q_2 = 168 + P_1 - 2P_2$. 각 기업의 한계비용은 영이다.

1) 일회성(또는 정태적) 버트랜드-내쉬 균형 가격, 이윤을 구하시오. 또한 반응함수를 도출하고 그림을 그리시오.
2) 두 기업은 다음과 같은 순차적(또는 동태적) 게임을 한다고 하자. 제1단계에 1기업은 선도기업으로서 가격을 공약한다. 선도기업의 가격을 알고서 제2단계에 2기업은 최적 가격을 선택한다. 각 기업의 가격, 이윤을 계산하시오.
3) 위 1)과 2)에서 얻은 각 기업의 가격과 이윤을 비교하시오.

6. 1기업은 저품질 제품(S_1)을 2기업은 고품질 제품($S_2 > S_1$)을 생산한다. 각 제품에 대한 가격은 $P_i(i=1, 2)$이고 $P_1 < P_2$이다. $i(=1, 2)$기업의 비용함수는 $C_i = S_i^2 Q_i$이다. 효용은 품질 수준과 가격에서 분리성을 가진다. 양의 실수인 θ는 선호 모수이며, 1와 b 사이에 균등분포한다. θ의 누적분포함수는 $F(\theta) = (\theta-1)/(b-1)$이다. 소비자의 순효용은 다음과 같다:

$$U = \begin{cases} \theta S_2 - P_2 & \textit{고품질제품 구입 시} \\ \theta S_1 - P_1 & \textit{저품질제품 구입 시.} \end{cases}$$

기업들은 2단계 게임을 한다; 제1단계에 각 기업은 품질 수준을 결정하고, 제2단계에는 가격을 결정한다.

1) 각 기업의 제품에 대한 수요($D_1(P_1, P_2, S_1, S_2)$, $D_2(P_1, P_2, S_1, S_2)(=1-D_1)$를 도출하시오.
2) 제2단계: 각 기업의 이윤은 다음과 같다: $\pi_1 = (P_1 - S_1^2)D_1(P_1, P_2, S_1, S_2)$; $\pi_2 = (P_2 - S_2^2)D_1(P_1, P_2, S_1, S_2)$

이윤극대화 가격($P_1^*(S_1, S_2)$, $P_2^*(S_1, S_2)$)을 도출하시오.

3) 제1단계: P_1^*, P_2^*를 위 이윤 함수에 대입하시오. 각 기업의 이윤극대화 품질 수준과 이윤 수준을 도출하시오.

4) b가 증가하는 경우에, 각 품질 수준의 변화와 각 기업의 이윤의 변화를 설명하시오.

부록 | 수직차별화: 일반 모형

제4절에서 $\theta_L=0$, $\theta_H=1$을 가정하였다. 여기서는 일반적인 변수를 이용한다.

앞으로 구할 균형을 위해서 다음의 가정을 한다:[3] ① $2\theta_L \leq \theta_H$ (소비자가 충분히 이질적임을 보장하는 가정), ② $c+\frac{\theta_H-2\theta_L}{3}(S_2-S_1) \leq \theta_L S_1$ (균형 가격에서 시장을 cover하는 조건). 이 조건의 좌항은 아래에서 도출하는 저품질 제품의 균형 가격이다. 이 조건은 저품질을 가장 선호하는 소비자는 이 가격에서 음이 아닌 효용(잉여)를 얻어야 모든 소비자가 두 제품 중의 하나를 구매함을 말한다.

수직차별화 모형에서 품질이 다른 제품을 생산하는 두 기업의 이윤극대화 균형을 도출하며, 앞에서 호텔링 모형과 유사한 개념과 방법을 이용한다. 이 모형에서 균형 가격과 품질 수준을 결정하기 위해서 2단계 게임을 가정한다. 제1기에 두 기업은 품질 수준을 동시에 결정하며, 제2기에 가격을 동시에 결정한다. 역행귀납법을 이용하여 하부게임 완전균형을 도출한다. 제1기에 두 기업의 품질 수준(S_1과 S_2)이 주어져 있다는 가정하에 제2기의 균형 가격을 먼저 도출한 후에 제1기에 최적화를 시도한다.

■ 제2기: 가격 선택

한계소비자 $\hat{\theta}$은 저품질 제품을 구입하나, 고품질 제품을 구입하나 무차별한 소비자로서 다음과 같다; $\hat{\theta} S_1-P_1=\hat{\theta} S_2-P_2$. 따라서, $\hat{\theta}=\frac{P_2-P_1}{S_2-S_1}$이다. $P_2-P_1>0$을 가정한다. $\hat{\theta}$보다 작은 값을 가지는 θ 소비자들은 저품질 제품을 구매하며, 저품질 제품 수요는 다음과 같다;

$$D_1(P_1, P_2)=F(\hat{\theta})=\frac{\frac{P_2-P_1}{S_2-S_1}-\theta_L}{\theta_H-\theta_L}.$$

$\hat{\theta}$보다 큰 값을 가지는 θ 소비자는 고품질 제품을 구매한다. 고품질 제품에 대한 수요는 다음과 같다;

$$D_2(P_1, P_2)=1-F(\hat{\theta})=1-\frac{\frac{P_2-P_1}{S_2-S_1}-\theta_L}{\theta_H-\theta_L}=\frac{\frac{-P_2+P_1}{S_2-S_1}+\theta_H}{\theta_H-\theta_L}.$$

만약에 $P_2-P_1<0$이라면, 모든 소비자들은 고품질 제품만을 구매한다. 즉, $D_1(P_1,$

---

3) 티롤(Tirole), 1988, pp. 296-298.

$P_2)=0$이고, $D_2(P_1, P_2)=1$이다. 앞에서 언급한 바와 같이 $P_2-P_1>0$을 가정한다.

각 기업의 자신의 가격에 대해서 다음의 이윤을 극대화 한다; $\pi_i=(P_i-c)D_i(P_i, P_j)$. 이윤 극대화 균형 가격은 다음과 같다;

$$P_1^e=c+\frac{\theta_H-2\theta_L}{3}(S_2-S_1);\ P_2^e=c+\frac{2\theta_H-\theta_L}{3}(S_2-S_1)>P_1^e.$$

각 기업의 판매량은 $D_1^e=\frac{\theta_H-2\theta_L}{3(\theta_H-\theta_l)}$; $D_2^e=\frac{2\theta_H-\theta_L}{3(\theta_H-\theta_l)}>D_1^e$이다. 각 기업의 이윤은 $\pi_1^e(S_1, S_2)=\frac{(\theta_H-2\theta_l)^2}{9(\theta_H-\theta_l)}(S_2-S_1)$; $\pi_2^e(S_1, S_2)=\frac{(2\theta_H-\theta_l)^2}{9(\theta_H-\theta_l)}(S_2-S_1)>\pi_1^e$이다.

두 제품의 균형 가격은 모두 한계비용을 초과한다. 비록 두 제품의 한계비용이 동일하다 가정하더라도 고품질 제품의 균형 가격은 저품질 제품 가격보다 더 높으며, 고품질 제품은 더 많이 판매된다. 또한 고품질 제품을 생산하는 기업의 이윤은 저품질 제품을 생산하는 기업보다 더 크다.

■ 제1기: 품질 선택

이제 우리는 제 1기로 돌아가서 최적 품질 수준을 결정한다. 위에서 각 기업의 이윤은 $\pi_1^e(S_1, S_2)=\frac{(\theta_H-2\theta_l)^2}{9(\theta_H-\theta_l)}(S_2-S_1)$과 $\pi_2^e(S_1, S_2)=\frac{(2\theta_H-\theta_l)^2}{9(\theta_H-\theta_l)}(S_2-S_1)$이므로 상대방 기업의 품질 수준을 주어진 것으로 여기면서 자신의 이윤을 극대화하는 품질 수준을 선택한다. 두 기업의 품질이 동일($S_2-S_1=0$)하다면, 이윤은 영이다. 이는 모두 원하지 않는 결과이므로 서로 다른 품질을 선택해야 한다. $S_2>S_1$을 가정한다. 기업의 이윤 함수는 품질의 차이(S_2-S_1)에 대해서 증가 함수이므로 품질의 차이가 클수록 두 기업의 이윤은 모두 다 최대를 달성한다. 두 기업이 선택 가능한 품질 수준이 최저 $\underline{S}$에서 최고 $\overline{S}$ 사이에 존재한다면, 1기업은 $S_1=\underline{S}$를, 2기업은 $S_2=\overline{S}$를 선택한다. 결과적으로 수직차별화에서 두 기업은 품질의 차이가 최대가 되는 '최대 차별화'원칙을 보여준다.

제 10 장

시장구조, 산업집중, 성과

장을 시작하며

독점시장과 과점시장에서 기업들의 주요 특징은 시장지배력(market power)의 행사이다. 시장지배력은 독점력이라고도 하며 기업이 한계비용을 초과하여 가격을 설정하는 능력이다. 진입장벽이 존재하는 시장(산업)에서 잠재적 경쟁은 약화되고 기존기업(들)의 시장지배력은 강화된다. 독점시장이 발생하고 유지되는 이유는 진입장벽의 존재이다. 과점시장에서 제품 차별화는 개별 기업의 시장지배력을 높이는 요인이다. 시장지배력이 높으면 일반적으로 가격과 기업의 이윤이 높다.

제1장에서 소개한 바와 같이 산업조직론은 1950년대의 구조론자로부터 출발했다. 구조론자는 시장지배력을 결정하는 요인을 설명하기 위해서 구조–행태–성과(SCP) 패러다임을 이용했다. 구조(structure)란 시장의 경쟁 정도를 나타내는 요소들로서 한 시장 내의 기업 숫자, 진입장벽의 정도, 제품 차별화 정도, 수직결합 정도 등을 예로 들 수 있다. 행태 또는 행동(conduct 또는 behavior)은 가격 차별, 담합 정도, 광고, R&D 등을 말한다. 성과(performance)는 효율성, 이윤, 제품 품질, 가격 수준 등을 나타낸다. 구조론자들은 시장지배력이나 성과는 상대적으로 쉽게 측정할 수 있다는 전제하에 성과와 구조의 관계를 규명하는데 집중했다. 그러나 현대의 산업조직론 연구자들은 통계 자료에서 구조나 성과를 쉽게 측정할 수 없다고 주장하면서, 새로운 자료와 분석 기술을 개발하는 과정에 있다.

이 장에서는 산업의 구조, 행동, 성과를 측정하는 방안과 변수간의 연관관계를 추정한 구조론자의 계량 분석 결과를 소개하고, 이에 대한 비판과 함께 대체방안을 제시한 서튼(Sutton)의 내생적 매몰비용 이론을 살펴본다.

제1절 | 시장구조 지수

시장 구조는 시장점유율과 이를 응용한 지수를 이용하여 측정한다.

1 시장점유율

시장점유율(S_i)은 i기업의 판매량이 산업 판매량에서 차지하는 비율로 다음과 같이 정의한다;

$$S_i = \frac{q_i}{Q} \times 100\%.$$

여기서, q_i는 i기업($i=1, \cdots, n$)의 판매량이며, Q는 산업 판매량으로서 모든 기업의 판매량의 합($\sum_{i=1}^{n} q_i$)이다. 시장에는 n개의 기업이 있다. 시장점유율은 단순한 개념의 계산법이며 기업들의 시장지배력을 나타내는 가장 기초적인 지표이다. 기업의 성공 여부는 이윤이나 주가뿐만 아니라 시장점유율을 통해서 판별하는 경향이 있다. 시장점유율이 높은 기업은 일반적으로 시장지배력이 높으며, 점유율이 낮으면 시장지배력이 낮다고 볼 수 있다. 시장점유율이 15%에 도달하면 일정 정도 시장지배력이 발생하며, 25~30%의 시장점유율은 의미있는 시장지배력을, 40~50% 이상이면 강한 시장지배력을 보유한다고 해석한다. 세계 스마트폰 시장점유율을 살펴보면, 2023년 1분기에 삼성 22%, 애플 21%, 샤오미 11%, 오포 10%, 비보 7%, 기타 29%이다. (korea.counterpointresearch.com, 2023. 6. 5).

한 해에 총 2,000대의 자동차가 판매되었다고 하자. 어떤 기업이 경차를 1,000대, 다른 기업이 대형 승용차를 1,000대 판매했다면, 판매량 기준 각 기업의 시장점유율은 50%씩이다. 그러나 대형차의 가격이 경차의 5배라면 판매량 기준 시장점유율은 두 기업의 시장지배력의 의미를 제대로 전달하기 어렵다. 이런 이유 때문에 시장점유율은 매출액 기준으로 측정하기도 한다. 산업 전체의 매출액 대비 각 기업의 매출액 비율을 시장점유율로 이용하는 것이다. 이동전화 서비스, 컨설팅, 회계법인, 로펌 같은 서비스 시장에서 매출액 비율을 점유율로 사용한다. 이동전화 서비스 산업, ICT산업, 앱산업, SNS 등의 산업에서는 매출액과 함께 고객의 가입자 비율을 사용하기도 한다. 산업에 따라서 재고비율, 생산용량 비율, 고용비율, 자산 비율 등을 점유율로 이용하기도 한다.

표 10-1 시장점유율, 산업집중률, 허핀달 지수 예시

	S_1	S_2	S_3	S_4	S_5	S_6	S_7	S_8	S_9	S_{10}	CR_4	HHI
산업1	40	40	20	0	0	0	0	0	0	0	100	3,600
산업2	45	15	5	5	5	5	5	5	5	5	70	2,450
산업3	20	20	20	20	20	0	0	0	0	0	80	2,000
산업4	12.5	12.5	12.5	12.5	12.5	12.5	12.5	12.5	0	0	50	1,250

* 여기서 S_i와 CR_4는 %이고, HHI는 숫자(지수)이다.

시장에 기업이 많은 경우 시장점유율은 사용하기가 불편하다. 〈표 10-1〉은 가상적인 산업의 점유율을 보여준다. 산업1에서 1기업과 2기업의 시장점유율은 40%, 3기업은 20%이다. 산업2에서 1기업의 점유율은 45%, 2기업은 15%이며 나머지 8개 기업의 점유율은 모두 5%씩이다. 산업3에서 5개 기업의 점유율이 균등하게 20%씩이며, 산업4에서 8개 기업의 점유율이 균등하게 12.5%씩이다. 산업2의 경우에 사실은 상위 2개 기업의 점유율이 의미가 있고, 산업3의 경우에 상위 4개 기업의 점유율을 알면 시장 구조를 어느 정도 파악할 수 있을 것이다. 모든 기업의 점유율을 제공하는 것은 때로 과도한 정보로 인한 혼란을 초래할 수도 있다. 이러한 이유 때문에 시장구조를 나타내는 변수로서 의미 있는 점유율을 보이는 상위 몇몇 기업의 점유율을 합한 지표인 '산업집중률'을 사용한다.

2 산업집중률

산업집중률은 시장점유율이 높은 상위 몇몇 기업의 점유율을 합한 지표이다. 산업집중률은 집중률이라고도 한다. 일반적으로 시장점유율 상위 4개 기업 집중률, 또는 8개 기업 집중률을 이용한다. 전자는 CR_4, 후자는 CR_8으로 표시하며,[1] $CR_k=\sum_{i=1}^{k} S_i$으로 정의한다. 여기서, S_i는 시장점유율이며, k는 4 또는 8처럼 시장점유율 상위 기업 숫자이다. 이런 이유 때문에 산업집중률을 시장점유율 '상위 k-기업 집중률'이라고도 한다. CR_4는 $k=4$로서 상위 4개 기업의 시장점유율의 합이다. 〈표 10-1〉에는 CR_4를 표시했다. 〈표 10-1〉를 이용하여 모든 기업의 집중률을 표시하면 아래의 [그림 10-1]과 같이 표시할 수 있다. Y축에는 점유율 누적 합계로서 '상위 k-기업 집중률'을 표시한다. X축에는 점유율 순서에 따른 기업의 숫자를 표시한다.

[그림 10-1]에서 보듯이(〈표 10-1〉과 대등) 산업1의 CR_4는 100%로서 가장 높고, 산업3은 80%, 산업2는 70%, 산업4는 50%이다. 산업1, 3, 4의 CR_8은 100%이다.

1) 연구자의 의도에 따라서 CR_3 또는 CR_{20}을 사용하기도 한다.

그림 10-1 상위 k-기업 집중률 곡선

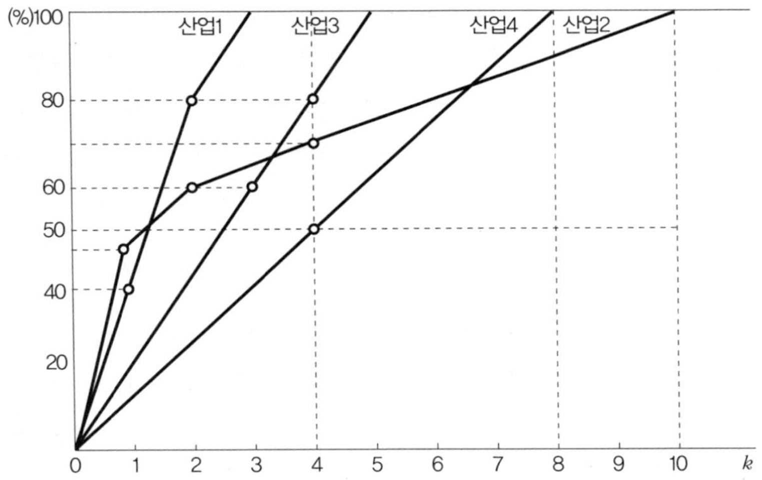

시장점유율은 시장 내의 모든 기업의 점유율을 표시해야 하는 단점이 있으나, 집중률은 의미있는 상위 기업의 점유율의 합을 하나의 숫자로 산업의 시장지배력을 표시할 수 있기 때문에 규제기관에서 많이 사용한다. 그러나 다음과 같은 단점이 존재한다; ① 집중률은 점유율 상위 기업의 점유율의 합이기 때문에 여기에 포함되지 않은 기업의 시장점유율이 변화해도 집중률은 이를 반영하지 못한다. ② 집중률은 일관적이지 못할 수도 있다. 한 산업에서 CR_4가 다른 산업보다 높지만, CR_8은 그 반대의 경우가 발생할 수 있다. CR_8에 따르면 산업4가 산업2보다 더 집중되어 있지만, CR_4지수에서는 산업2가 산업4보다 더 집중되어 있다. ③ 집중률은 상위 기업의 점유율 분포에 대한 정보를 제공하지 못한다.

집중률은 비록 시장 구조를 설명하기에 중요 요소라고 하기에는 다소 불완전하지만, 산업 구조를 하나의 숫자로 전달하기 때문에 서술적 통계로서 유용하다. 집중률에서 정보 누락의 문제를 보완하기 위해서 산업 내 모든 기업의 점유율를 반영하는 허쉬만-허핀달 지수가 개발되었다.

3 허쉬만-허핀달 지수

산업집중률의 단점을 보완하여 시장 구조를 측정하는 지수가 허쉬만-허핀달 지수(Hirschman-Herfindahl Index; HHI)이다. 줄여서 허핀달 지수라고도 한다. 허핀달 지수는 한 시장내의 모든 기업의 시장점유율(S_i)을 제곱하여 합한 것으로 다음과 같다;

$$HHI=\sum_{i=1}^{n}(S_i)^2,\ n\text{은 시장 내의 모든 기업 숫자.}$$

허핀달 지수는 모든 기업의 시장점유율의 제곱을 합한 것이므로 볼록(convex) 함수이다. 완전경쟁시장에서 허핀달 지수는 영에 가까우며, 순수 독점시장에서는 10,000이다. 일반적으로 허핀달 지수가 1,000 이하이면 어떤 기업도 시장지배력을 보유하지 못한 구조이고, 1,800 이상이면 시장지배력을 보유한 기업이 존재하는 과점시장이라고 판단하며, 10,000에 가까울수록 시장지배력이 높다고 볼 수 있다. 이 기준에 따르면 〈표 10-1〉에서 산업4는 허핀달 지수가 1,250으로서 시장지배력이 낮은 과점시장이다. 산업1은 3개의 기업이 경쟁을 하고 있고, 허핀달 지수가 3,600으로 매우 높으므로 시장지배력이 높은 시장이다. 산업2의 CR_4는 산업3보다 더 낮지만 허핀달 지수는 더 높다. 이 경우에 산업2의 시장지배력이 더 높다고 판단한다.

허핀달 지수는 시장점유율을 제곱하기 때문에 시장점유율 차이에 민감하다. 산업2의 허핀달지수는 산업4의 거의 두 배이다. 상위 1~2기업의 점유율이 높은 경우에 허핀달 지수는 여러 기업에 균등한 점유율을 보이는 경우보다 크다.

시장점유율은 %가 아니라 숫자(소수)로 표시하여 계산할 수도 있다. 15%를 0.15로 표시하는 식이다. 이 경우에 허핀달 지수는 숫자(소수)를 제곱해서 모두 합한다. 따라서 허핀달 지수를 10,000으로 나누면 시장점유율을 숫자(소수)로 표시된 것을 제곱해서 합한 것과 같다. 〈표 10-2〉의 산업1의 허핀달 지수는 %로 된 점유율을 제곱하여 얻은 것인데, 이를 10,000으로 나누면 0.36이 된다.

■ 동등 기업 수

시장에 동일한 점유율을 가진 기업이 n개 있는 경우에, $n=\frac{10,000}{HHI}$의 관계를 가진다. 기업 숫자 n을 동등 기업 수(numbers equivalent)라 한다. 산업4에서, 동등 기업 수 $n=\frac{10,000}{1,250}=8$이다. 한 산업에서 모든 기업의 점유율이 동일하고 허핀달 지수가 1,250이라면 8개의 기업이 있음을 의미한다. 동등 기업 수 관계는 $HHI=$

$\frac{10{,}000}{n}$로 표시할 수 있다. 따라서 모든 기업이 동일한 점유율을 가지는 경우에 기업 수가 많을수록 허핀달 지수는 감소한다.

■ 허핀달 지수와 러너지수의 관계

동질적인 제품을 생산하는 n개의 동일한 규모의 기업이 쿠르노 경쟁을 하는 과점시장을 고려하자. 시장 수요는 $P=P(Q)$이다. 여기서, $Q=nq_i$이며 q_i는 개별 기업의 생산량이다. 모든 기업의 한계비용은 c_i으로 일정하다고 가정한다. i기업은 다음과 같이 이윤극대화 q_i를 선택한다;

$$\pi_i=P(Q)q_i-c_iq_i.$$

이윤극대화 조건은 $MR=MC$이므로 $P+q_iP'(Q)=c_i$이다. 제8장 제1절의 ❼에서 보았듯이 러너지수($\frac{P-c_i}{P}$)는 다음과 같은 관계를 보인다; $\frac{P-c_i}{P}=\frac{S_i}{\varepsilon}$. 여기서 $S_i=\frac{q_i}{Q}$는 i기업의 시장점유율(영 이상 1이하 소수)이고, ε은 가격탄력도이다.

러너지수 양변에 S_i를 곱한 후 모든 기업에 대해서 더하면, 좌항은 $\sum_{i=1}^{n}S_i(\frac{P-c_i}{P})=\frac{\sum_{i=1}^{n}S_iP-\sum_{i=1}^{n}S_ic_i}{P}=\frac{P-c_w}{P}$가 된다. 여기서, $\sum_{i=1}^{n}S_i=1$이므로 $\sum_{i=1}^{n}S_iP=P$이고, $\sum_{i=1}^{n}S_ic_i=c_w$으로 정의한다. c_w는 산업의 모든 기업의 한계비용을 가중 평균한 것으로서 가중치는 각 기업의 시장점유율(S_i)이다. 우항은 $\frac{\sum_{i=1}^{n}S_i^2}{\varepsilon}=\frac{HHI}{\varepsilon}$이다. 쿠르노 과점시장에서 산업 수준의 러너지수는 허핀달 지수와 다음과 같은 관계를 가진다;

$$\frac{P-c_w}{P}=\frac{HHI}{\varepsilon}.$$

산업 수준의 러너지수는 허핀달 지수와 정비례하고, 시장수요의 가격탄력도에는 반비례한다. 즉, 산업의 집중도(허핀달 지수)가 증가하면 독점력(또는 가격과 한계비용의 왜곡)은 커진다. 모든 기업의 한계비용이 동일하다면($c_i=c$), $c_w=c$이므로 산업수준의 러너지수는 개별기업의 러너지수와 동일하다(카울링과 워터슨(Cowling and Waterson), 1976).

산업조직론에서 중요한 질문의 하나는 이윤성이 시장구조에 영향을 미치는지가 아니라 시장구조가 이윤성에 영향을 미치는지 여부이다. 이 검증이 의미있기 위해서는 시장구조가 외생적[2]이어야 하는데 앞서 소개한 집중률 지수들은 외생적이지

2) 구조 변수가 외생적(exogenous)이란 것은 구조가 이윤성에 영향을 받지 않고 그 이전에 결정되어야 하며, 이윤성이 구조에 영향을 미치지 않는다는 의미이다.

않다. 시장에 진입장벽이 없다면, 이윤이 매우 높은 산업에는 진입이 발생하여 이윤성을 감소시키므로 이윤성은 시장구조에 영향을 미친다. 외생적인 진입장벽이 다른 집중률 지수보다 더 나은 구조 변수이다. 따라서 진입장벽에 대한 이해가 필요하다.

4 진입장벽

진입장벽(barrier to entry)은 잠재 경쟁자(또는 단순히 잠재기업)가 시장에 진입하는 것을 어렵게 하는 모든 요인들을 말한다. 이에는 기존기업들이 진입을 저지하는데 사용하는 일반적인 경제적 장애요인과 전략뿐만 아니라 각종 법적 도구(특허, 프랜차이즈 등)가 있다. 진입장벽은 주어진 시장 조건에 의해서 만들어진 진입장벽과 기존기업에 의해서 만들어진 '전략적' 진입장벽으로 구분한다. 전자에는 최소효율규모, 매몰비용, 광고집약도, 제품차별화, R&D집약도, 자본집약도 등이, 후자에는 보복과 배제, 특허 장벽, 잠재경쟁자의 비용 올리기(raising rivals' costs) 등이 있다. 진입장벽을 측정하여 지수화하는 일은 쉽지 않다. 현재까지 만족할 만한 지수는 개발되어 있지 않다. 측정상 왜곡이 있거나, 외생적 변수로 사용하기에 부적절한 경우도 있다. 경쟁가능시장(contestable market) 주창자들은 진입 조건이 시장 내부 구조보다 더 중요하다고 본다. 이에 반해서 시카고학파는 진입장벽은 모호한 개념이며 의미가 없다고 주장한다.

■ 퇴출장벽

잠재 경쟁자의 시장 진입 유인은 시장에서 퇴출할 때 발생할 수 있는 장애 요인의 정도에도 달려있다. 만약에 퇴출하는데 시간과 비용이 많이 든다면, 진입 유인은 약화된다. 예를 들어 퇴출을 하려 할 때, 정부나 노조, 또는 다른 수직 계열의 거래 기업들의 간섭이 많아서 원하는 시기에 퇴출을 못하게 되는 경우에 퇴출장벽(exit barriers)이 높다고 볼 수 있다. 이 경우에 진입은 감소한다. 어떤 사업을 하는데 고가의 특별한 장비가 필요하지만 퇴출 시 이 장비에 대한 중고시장이 형성되어 있지 않아서 고가의 장비를 처분할 수 없다면, 잠재 경쟁자는 시장 진입을 꺼리게 된다. 반면에 퇴출 시 모든 장비를 용이하게 재판매할 수 있거나 법적 청산 절차가 용이하여 퇴출하는데 특별한 장애 요인이 없다면, 퇴출장벽이 낮다. 진입장벽과 더불어 퇴출장벽도 낮다면, 잠재 경쟁자는 즉각적인 진입과 퇴출[3]을 할 수 있으

3) 이를 '치고 달리기식 진입'(hit-and-run entry)이라고 한다.

며 시장가격은 한계비용을 초과하지 않을 가능성이 높다.

제2절 | 성과 지수

성과 지수[4]는 시장지배력의 결과인 시장 성과를 지수화한 것이다. 시장 성과의 대표적인 예는 수익률, 가격-비용 마진, 토빈의 q가 있다.

1 수익률

한 기업의 이윤 액수 절대값은 그 기업이 얼마나 이윤을 내는지 보여주기에 충분치 않다. 대기업의 이윤은 견실한 중소기업의 이윤보다 더 클 것이지만, 자본금 대비 이윤율이 중요하다. 수익률(Rate of Return; RoR)은 투자액 1원당 이윤이 얼마인지 측정하며 공식은 다음과 같다;

$$\text{수익률}(RoR)=\frac{\text{순수입}}{\text{투자자본금}}.$$

이를 도출하기 위하여 먼저 이윤(π)을 다음과 같이 정의한다;

$$\pi=TR-C_L-C_M-T_x-C_K.$$

여기서 이윤은 경제적 이윤이며 총수입(매출액, TR)에서 기회비용을 뺀 차액이다. C_L은 노동비용, C_M은 원료(중간재)비용, T_x는 세금, C_K는 자본비용이다. 자본비용은 저량이 아니라 유량으로 측정되어야 하므로 연간 임대 비용(rental fee)으로 계산한다. 따라서 자본비용은 임대율(rental rate)과 투자 자본금의 곱($(r+d)P_KK$)이다. 자본 소유주는 자신의 자본금에 대해서 감가상각(d)을 뺀 후에 수익률(r)을 보상해 주어야 투자하기 때문에 임대율은 수익률(r)과 감가상각률(d)의 합이다. 여기서, 수익률은 투자를 다른 곳에 할 때 얻을 수 있는 수익률로서 자본에 대한 투자 기회비용이다. 투자 자본금은 자본금 단위당 가격(P_K)에 자본금 수량(K)를 곱한 것이다. 이를 종합하면 이윤은 다음과 같이 정리할 수 있다;

$$\pi=TR-C_L-C_M-T_x-(r+d)P_KK$$

4) 칼튼과 펄로프(Carlton and Perloff), 2005, pp. 247-248 참조.

수익률(r)은 경제적 이윤이 영인 상태에서 얻어진다. 따라서 $\pi=0$에서 수익률을 구하면 다음과 같다;

$$r=\frac{TR-C_L-C_M-T_x-dP_KK}{P_KK}=\frac{\text{순수입}}{\text{투자자본금}}.$$

어떤 자본가가 1,000만원을 투자하고 1년후 자본재의 가치가 900만원으로 감소했다고 하자. 따라서 감가상각률(d)은 10%이다. 1년간 총수입이 2,000만원, 노동비용 1,000만원, 재료비 500만원, 세금 200만원이라고 하자. 수익률(r)은 다음과 같이 계산한다; r={총수입(2,000만원)－노동비용(1,000만원)－재료비용(500만원)－세금(200만원)－감가상각비(100만원＝0.1×투자 자본금(1,000만원)}/{투자 자본금(1,000만원)}＝0.2 또는 20%.

자본금과 감가상각률은 경제적 정의보다는 회계적 정의를 이용하여 측정하므로 경제적인 관점에서 적절히 계산되지 않는다는 문제가 제기된다. 또한, 위 공식에서 인플레이션과 부채 등이 적절히 고려되지 않았다. 이러한 이유 때문에 경제학자들은 이윤성을 대표하는 수익률이 경제적인 지수로서 적절한지 의문을 가지고 있다. 이러한 문제의 대안으로 가격－비용마진이 이용되기도 한다.

2 가격－비용마진(price－cost margins)

가격－비용마진은 러너지수를 말한다. 러너지수($L=\frac{P-MC}{P}$)는 수요의 가격탄력도(ε)의 역수와 같다: $L=\frac{P-MC}{P}=\frac{1}{\varepsilon}$.

현실적으로 한계비용 자료를 구하기 어려우므로 실증 분석에서는 이에 대한 대용변수로 평균가변비용을 이용한다. 그러나 한계비용과 평균가변비용이 다르므로 이 방식 또한 왜곡을 가져오게 된다.

3 토빈의 q

토빈의 q는 자본금의 대체 비용에 대한 기업의 시장 가치의 비율($=\frac{\text{기업의 시장가치}}{\text{자본금 대체비용}}$)이다. 기업의 시장 가치는 발행된 주식과 부채의 시장 가치의 합이며, 자본금 대체비용은 기업의 주식과 대등한 자산을 구매 시 소요되는 장기 비용이다. 완전경쟁시장의 장기 균형에서 토빈의 q는 1이다. 기업의 시장 가치는 그것을 다시 구축하는 데 소요되는 자본금 대체비용과 같기 때문이다. 토빈의 q가 1

보다 크다면 기업의 시장 가치가 대체비용보다 더 크다. 이 경우에 다른 기업들은 투자에 대한 시장 가치가 비용보다 클 것이라 기대하면서, 시장에 진입하려 한다. 진입과 퇴출 장벽이 없다면 토빈의 q는 1이 될 것이고, 진입이 금지된다면 1 이상이 될 것이다. 기업의 시장 가치가 대체비용보다 큰 차액은 경제적 이윤으로 볼 수 있다. 토빈의 q가 1보다 크다면, 기업은 시장지배력을 행사할 수 있는 능력이 있다고 추정할 수 있다.

토빈의 q는 기업의 시장 가치를 이용한다. 이 시장 가치는 위험에 대한 조정을 반영하기 때문에 그리고 이윤보다 측정 오차에 덜 민감하기 때문에 수익률보다는 장점이 있다. 그러나 대체비용을 계산하기 위해서 자산의 과거 가치인 장부가치를 이용한다. 자산 구입 시 저렴했으나, 현재에 자산 가치가 상승한 경우에 과거 자료를 이용하는 토빈의 q는 투자의 이윤성을 과잉 추정하는 문제가 발생한다.

제3절 | 구조와 성과의 관계

구조론자(SCP)가 규명하고자 했던 핵심적 내용은 시장 구조와 산업 성과 간의 상관관계였다. 구조론자는 시장 구조가 성과에 영향을 미친다는 가설을 실증분석을 통하여 증명하고자 했다. 베인(Bain, 1951)은 수익률과 시장구조 사이의 관계를 계량경제학적으로 분석한 개척자이다. 베인은 미국의 42개의 산업을 대상으로 상위 8개 산업 집중률을 70% 이상인 그룹과 70% 미만인 그룹으로 분리하여 전자의 수익률은 11.8%, 후자는 7.5%라는 실증 분석 결과를 발표했다. 이는 집중률이 높은 산업은 시장지배력이 높다고 해석할 수 있으므로, 시장지배력이 높을수록 수익률이 높다는 구조론자의 주장을 대표한다. 또한, 베인은 미국 내 산업의 진입장벽 고저를 주관적으로 설정하여 회귀분석한 결과, 집중률이 높고 진입장벽이 높은 산업은 수익률이 높음을 보였다.

만(Mann, 1966)은 상위 8개 기업 집중률이 70% 이상인 산업의 이윤율은 평균 13.3%이고. 70% 이하인 산업의 이윤율은 9.0%라는 결과와 진입장벽이 높을수록 이윤률이 높다는 결과를 보여서 베인(Bain, 1951, 1965)의 결과를 뒷받침했다. 베인의 연구는 주로 실증 자료를 수집하여 자료가 자신의 가설에 부합하는지를 살펴보는 것이다. 이후의 연구자들은 구조론자와 같은 단순한 자료 정리를 통한 가설을 검증하기 보다는 계량경제학적인 분석기법을 이용하였다.

계량경제학적인 분석은 수익률, 집중률, 진입장벽 변수 등 다양한 변수간의 민감도 계수를 추정하는 데 이용된다. 이러한 추정 관계는 회귀(regression)방정식을 통해서 얻어진다. 회귀방정식 연구 방법은 각각의 외생변수(독립변수로서 시장점유율, 상위 기업 집중률, 허핀달 지수, 또는 다른 관심있는 변수)가 하나의 내생변수(수익률, 가격-비용 마진, 또는 토빈의 q 등 이윤성 변수)에 미치는 효과를 추정할 뿐만 아니라 추정치가 통계적으로 유의한지를 검증한다. 단순한 분석 예는 시장점유율(X)을 외생변수로, 수익률(Y)을 내생변수로 하여 회귀방정식을 다음과 같이 설정한다; $Y=a+bX$. 여기서, a는 회귀방정식의 절편으로서 경쟁시장의 수익률을 나타낸다. b는 기울기로서 시장점유율 대비 수익률을 나타낸다. b가 클수록 기업들은 이윤에 대한 매력을 더 느끼게 되어 점유율을 높이려는 경쟁이 발생한다. 예를 들어 $b=0.5$로 추정된다면, 이는 시장점유율이 1% 상승함에 따라서 수익률이 0.5% 증가한다고 해석할 수 있다.

와이스(Weiss, 1974)는 계량경제학적 분석기법을 이용하여 이윤, 집중률, 진입장벽간에는 의미있는 관계가 있음을 보였다. 그러나 살린저(Salinger, 1984)는 집중률이 높은 산업에서 최소효율규모는 수익률에 매우 미미한 관계를 가지고 있으며, 진입장벽(광고 집약도 지수 이용)은 수익률과 관계가 없다는 결과를 보였다. 이 연구에서 노조 결성은 집중률이 높은 산업의 이윤과 음의 상관관계가 있음을 보였다.

콜린스와 프레스톤(Collins and Preston, 1969)은 상위 4개 기업 집중률과 가격-비용마진간의 관계에 대해서 계량경제학적인 분석을 하였다. 추정된 회귀방정식은 가격-비용마진$=19.54+0.096CR_4+$다른 변수로서, 상위 4기업 집중률이 10%(50%) 증가하면, 가격-비용마진은 0.96%(4.8%) 증가하는 결과를 보여준다. 이들의 연구를 따라서, 도모위츠 외(Domowitz *et al.*, 1986)는 한계비용을 평균가변비용으로 대체하여 다음과 같은 추정식을 도출했다;

$$\frac{P-AVC}{P}=0.16+0.1CR_4+0.08\frac{P_KK}{PQ}+\text{다른 변수}.$$

여기서, $\frac{P_KK}{PQ}$는 생산물 가치(PQ)에 대한 자본의 장부 가치(P_KK)의 비율이다. $CR_4=\frac{P_KK}{PQ}=50\%$이고 다른 모든 변수값이 영이라면, $\frac{P-AVC}{P}=0.16+0.1\times0.5+0.08\times0.5=0.25$이므로 $P=1.33AVC$이다. 따라서 가격은 평균가변비용의 1.33배이다. $\frac{P_KK}{PQ}=50\%$이고, $CR_4=60\%$로 증가한다면, $P=1.35AVC$가 된다. 즉, CR_4가 10% 포인트 증가하는 경우에 시장가격은 평균가변비용보다 약 1.4% 증가한다.

■ 구조론자 분석에 대한 비판

구조론자 분석은 산업 구조 및 변수 간의 관계를 규명했고, 산업조직론을 정착시키는데 큰 기여를 했다. 그러나 많은 연구들은 자료상의 측정 오류나 통계적 문제를 안고 있음이 밝혀졌다. 앞에서 각종 구조 변수와 성과 변수가 가지고 있는 문제를 지적한 바 있다. 각 기업은 일반적으로 여러 가지 제품을 판매하는데 이 자료들을 합하거나 평균한 집계 자료들은 문제를 가지고 있다. 회귀방정식은 대부분 선형 함수를 가정하여 계수를 추정하고 있는데, 외생변수와 내생변수의 선형 관계를 정당화할 근거가 미흡하다. U자 또는 역 U자 관계를 가질 수도 있는데 이러한 관계를 간과하고 있다.

구조론자 분석은 단기 이윤에 기초하여 시장구조와의 관계를 규명하고자 한다. 그러나 이론적으로 단기 이윤과 시장구조는 일정한 관계가 존재하지 않는다. 모든 시장구조(완전경쟁시장, 독점시장, 독점적 경쟁시장, 과점시장)의 단기 이윤은 양일 수도 영일 수도 있다. 그러나 완전경쟁시장과 독점적 경쟁시장의 장기 이윤은 이론상으로 영이며, 독점과 과점시장의 장기 이윤은 양일 가능성이 높다. 따라서 단기 성과에 기초한 구조론자 연구는 이러한 이론을 검증하는 적절한 분석이 아니다. 또한 구조론자가 사용하는 구조변수는 계량경제 이론적으로 외생 변수가 아니라는 지적이 제기되었다. 구조 변수와 성과 변수는 서로 영향을 주고 받는 것이지 구조론자 분석의 회귀방정식처럼 구조 변수는 외생적이고, 성과 변수는 내생적이라는 일방적인 관계가 아니다. 다시 말해서, 두 변수 사이에는 쌍방향으로 영향을 미칠 수 있다는 것이다. 이러한 설정에 기초하여 집중률이 높으면 이윤이 높고, 이는 나쁘다는 결론은 적절치 못한 해석이다. 시장점유율이 높은 기업들은 가장 효율적이거나 혁신적이어서 집중률이 높을 수도 있다. 이윤과 점유율로 측정된 기업의 성공은 소비자 만족에 대한 지표이지 산업 성과가 나쁘다고 할 수 없다. 따라서 기업의 성공은 산업집중률이 아니라 자신의 시장점유율에 의해서 설명된다고 해석할 수 있다(크워카와 레이븐스크래프트(Kwoka and Ravenscraft), 1985).

산업집중률은 외생변수가 아닌데도 불구하고 회귀방정식에서 추정을 하는 경우에 발생하는 문제를 동시성 왜곡(simultaneity bias)이라고 한다. 비록 계량 기법을 이용해서 이 왜곡 문제를 해결한다 하더라도, 구조 변수와 성과 변수간의 관계를 올바르게 추정한 계수는 인과관계(causality)에 대해서 유용한 정보를 제공하지 못한다. 집중률이 높아서 초과 이윤을 유발하는 것이 아니라 장기 진입장벽이 높기 때문에 초과 이윤을 가져온다. 결국 장기 진입장벽이 높은 이윤과 높은 집중률을 초래한다. 이러한 비판으로 새로운 시각의 구조주의 분석이 출현했다.

제4절 | 현대적 구조주의(SCP) 분석: Sutton의 연구

구조주의의 실증 분석에 대한 비판에도 불구하고 서튼(Sutton, 1991, 1998)은 구조주의에 기초하여 산업 간 경쟁적 행동에 대한 체계적인 양상을 분석하고, 진입에 대한 내생적 매몰비용 이론을 소개했다. 서튼은 기업의 진입비용을 외생적 매몰비용과 내생적 매몰비용으로 구분하였다. 전자는 진입하는데 소요되는 고정비용이며, 후자는 광고지출이나 R&D와 같이 산업에 진입하기 위해서 지출하는 비용으로서 가변적이고 생산물이 더 매력적으로 보이게 하기 위해서 선택하는 비용이다. 시장규모의 변화에 따른 산업집중률의 변화를 외생적 또는 내생적 매몰비용과 연계하여 살펴본다.

1 외생적 매몰비용

개별 기업이 한 산업에 진입하여 생산하기 위해서는 고정비용(F)과 일정한 한계비용(c)이 발생한다고 가정한다. 비용함수는 $C=cq+F$이다. 여기서, q는 개별 기업의 생산량이다. 고정비용은 생산기술에 따라서 결정되므로 외생적이며, 기업은 고정비용 수준을 선택할 수 없다. 이 경우에 고정비용은 외생적(exogenous) 매몰비용이다. 시장에는 n개의 기업이 있다. 시장수요는 $Q=S/P$를 가정하며 가격에 대해서 단위탄력적이다. 여기서 Q는 산업 수요량으로 nq이고 P는 가격이다. S는 가격과 별개로 결정되는 총지출로서 시장 규모를 나타낸다.

서튼은 세 가지 시장 구조를 가정했다. ① n개의 기업이 카르텔을 형성한 독점시장. 독점가격 P_m을 설정하여 독점이윤 π_m을 얻는다. 독점가격은 일정하므로 회원 기업수(n)가 증가함에 따라서 가격 변화는 없으나, 이윤은 영에 접근한다. 카르텔의 이윤은 $\pi=(P-c)Q-nF$이다. 카르텔의 극대화된 이윤은 π_m이므로 개별 기업의 이윤은 $\frac{\pi_m}{n}-F$이며, 균형에서 (즉, 초과이윤이 영이 될 때까지 회원기업 가입) 균형 기업 숫자는 $n_m=\frac{\pi_m}{F}$이다.

② 동질적인 제품으로 경쟁하는 쿠르노 과점시장. 제8장의 쿠르노 모형과 기업수의 관계를 응용하면, 개별 기업의 이윤극대화 생산량은 $q_c=\frac{S}{c}\frac{n-1}{n^2}$, 산업 생산량은 $Q_c=nq_c=\frac{S}{c}\frac{n-1}{n}$, 시장가격은 $P_c=c\frac{n}{n-1}$, 개별 기업의 이윤은 $\pi_c=\frac{S}{n^2}-F$이다. 자유진입의 균형($\pi_c=\frac{S}{n^2}-F=0$)에서 균형 기업 숫자는 $n_c=\sqrt{\frac{S}{F}}$이다.

③ 버트랜드 과점시장. 동질적인 제품으로 경쟁하는 경우 버트랜드 역설에 의해

서 $n=2$에서 시장가격은 한계비용과 같다; $P_B=c$. 기업이 둘인 경우($n=2$) 개별 기업의 이윤은 고정비용으로 인해서 손실을 본다. 하나의 기업이 있는 경우에만 양의 이윤을 얻는다.

기업 숫자(n)가 증가함에 따라서, 카르텔의 독점가격은 변함이 없이 일정하다. 쿠르노 시장구조에서 가격은 하락한다. 버트랜드 과점시장에서는 기업이 두 개 이상이면 시장가격은 한계비용과 같다. 경쟁이 가장 치열하다고 할 수 있는 버트랜드 과점시장에서 가격이 가장 낮고, 경쟁이 가장 약한 카르텔에서 가격이 가장 높다.

산업집중률은 개별 기업의 점유율로 나타낼 수 있으므로 $\frac{1}{n}$이다. 산업집중률과 시장규모(S)의 관계를 시장구조별로 나타내보자. 카르텔의 경우에 균형에서 $n_m=\frac{\pi_m}{F}$이므로 $\frac{1}{n_m}=\frac{F}{\pi_m}=\frac{FP}{S(P-c)}$이다. 따라서 시장규모가 증가하면 산업집중률은 하락한다. 쿠르노 과점시장에서 산업집중률은 $\frac{1}{n_c}=\sqrt{\frac{F}{S}}$이므로 시장규모가 증가하면 산업집중률은 하락한다. [그림 10-2]에서 보듯이 시장규모가 증가할 때 산업집중률은 쿠르노 구조보다 카르텔에서 더 빨리 하락한다. 버트랜드 과점시장에서 시장규모의 변화에 상관없이 산업집중률은 1로 일정하다.

산업집중률이 하락하는 이유는 시장규모가 증가함에 따라서 더 많은 기업이 진입하기 때문이다. 카르텔에서 집중률이 가장 낮은 이유는 경쟁이 치열해지면 가격이 낮아지고 진입을 위축시키기 때문이다. 버트랜드 시장구조에서 오로지 한 기업만이 양의 이윤을 얻고 두 번째 기업이 진입하면 모두 손실을 보게 되므로 시장규모에 상관없이 집중률은 1로 일정하다. 따라서 가격과 경쟁에 대한 추론을 도출하고자 할 때 집중률에만 의존하는 것은 잘못된 결론에 도달할 수 있다.

외생적 매몰비용이 있는 경우 동질적 제품으로 경쟁하는 시장에서 집중률과 시장규모와의 관계를 알아보았다. 서튼은 외생적 매몰비용이 있는 경우에 차별화 제품을 생산하는 기업 간 경쟁을 분석했다. 제9장에서 본 바와 같이 차별화 제품 경쟁시장에서 시장 결과는 동질적인 제품 시장 결과에 비해서 덜 명료하다. 서튼은 차별화 제품 시장에서 경쟁이 치열해지면(즉, 카르텔에서 버트랜드 과점시장으로 이동하면) 집중률은 낮아지지만 주어진 시장규모(S)에서 다양한 균형 결과가 도출됨을 보였다. 시장규모 증가에 따라 균형 집중률이 낮아진다는 결과는 매몰비용이 외생적이고 제품 품질이 주어져 있다는 가정에 기인된다. 그러나 일부 산업에서 시장규모에 상관없이 높은 집중률이 발견된다. 서튼은 이에 대해서 내생적 매몰비용으로 설명한다.

그림 10-2 동질적 제품 시장에서 시장규모와 산업집중률과의 관계

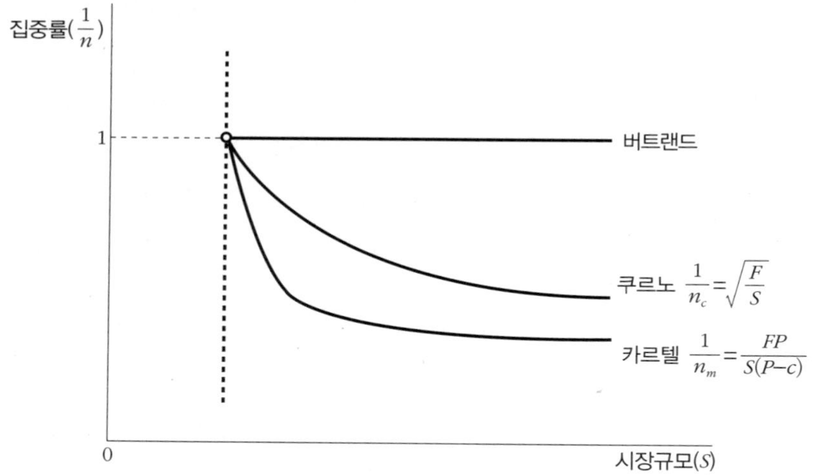

2 내생적 매몰비용

제5장에서 살펴본 바와 같이 기업들은 가격 이외에 품질, 제품 신뢰성, 판촉활동 등의 제품공간에서 경쟁한다. 품질로 대표하는 이들 변수를 Z라고 하자. 기업은 Z 수준을 향상시키기 위해서 광고와 R&D 등의 지출을 늘린다고 가정한다. 이와 같은 행동은 이 제품에 대한 소비자의 인식을 더 좋은 방향으로 변경시킬 수 있다. 서튼은 광고와 R&D 등에 지출하는 비용은 대표적으로 제품의 품질을 향상하기 위한 투자비용 성격이 강하므로 내생적(endogenous) 매몰비용이라고 정의했다. 이와 같은 내생적 매몰비용은 고정비용뿐만 아니라 한계비용을 더 올릴 수도 있다. 또한 과거에 저품질 제품을 구매하던 고객을 고품질 제품 구매로 전환시킬 수 있다. 이 경우에 시장규모의 증가는 앞의 외생적 매몰비용에서는 집중률을 낮추는데 비해서 내생적 매몰비용에서는 그 반대로 집중률을 증가시킬 수 있다. 시장규모가 커짐에 따라서 기업들은 품질을 향상시켜 경쟁하려는 유인이 있고, 품질을 향상시키기 위해서 기업들은 대규모 매몰비용이 있어야 하는데 이는 추가적인 기업의 진입 유인을 저해하는 역할을 하게 된다. 결과적으로 시장규모가 증가함에 따라서, 산업집중률은 반드시 낮아지지 않는다는 것이다. 시장 규모가 다른 산업은 집중률이 더 강화될 수 있으나, 규모가 더 큰 시장일수록 고품질 제품으로 경쟁할 가능성이 높다.

서튼은 수직차별화 모형(제5장, 제9장 참조)을 이용하여 고품질 제품 생산 기업은 저품질 제품 생산 기업보다 규모가 더 크고, 시장 규모의 증가로 고품질 제품의 품질 수준은 더 향상된다고 했다. 품질 수준이 높고 그 유지 비용이 높은 경우에, 산업에 남을 수 있는 기업의 수는 감소하므로 산업집중률은 높아지게 된다고 주장했다. 매몰비용이 내생적인 경우에 시장규모와 집중률은 양의 관계를 보인다.

포드와 스턴(Ford and Stern, 2011)에 따르면, 내생적 매몰비용을 증가시키는 품질경쟁은 이러한 경쟁이 부재한 경우보다 산업집중률을 더 증가시킨다. 집중률과 있을 수 있는 가격 경쟁의 약화에 대한 효과에도 불구하고 소비자들은 더 큰 혜택을 볼 수 있다고 주장했다.

서튼은 내생적 매몰비용 모형을 이용하여 구조주의 모형과는 다른 시각에서 진입에 따른 산업집중률과 시장규모와의 관계를 밝혔다. 이 결과는 시장의 구조를 주어진 것으로 하여 도출한 것이다. 산업집중률이 외생적일 필요가 없다는 구조주의를 지지하는 논문에 대한 비판과 마찬가지로 서튼의 결과도 시장구조(카르텔, 쿠르노, 버트랜드 과점시장)가 외생적일 필요가 없다는 비판에 직면하고 있다.

연 | 습 | 문 | 제

>>> Theory of Industrial Organization

1. 기업 집중률 지수의 장점과 단점을 설명하시오.

2. 허핀달 지수의 장점과 단점을 설명하시오.

3. 어떤 시장에 동일한 점유율을 가진 기업이 n개 있다고 하자. 이 시장의 허핀달 지수가 2,500이라면 기업 수는 얼마인지 구하시오.

4. 동질적인 제품을 생산하는 n개의 기업이 쿠르노 경쟁을 하고 있다. i기업의 러너지수는 $\frac{P-c_i}{P}=\frac{S_i}{\varepsilon}$이다. 여기서, P는 시장가격, c_i는 i기업의 한계비용, S_i는 i기업의 시장 점유율(q_i/Q)(여기서, $Q=nq_i$), ε는 수요의 가격탄력도이다. 러너지수를 다음과 같이 허핀달 지수로 전환하는 과정을 보이시오; $\frac{P-c_w}{P}=\frac{HHI}{\varepsilon}$. 여기서, $c_w=\sum_{i=1}^{n}S_ic_i$이다.

5. 대표적 구조론자인 Bain의 계량 추정식(1936–40 샘플)을 고려하시오. PNW는 순이윤율, CR8은 상위 8기업의 점유율, CR8(≥70)은 상위 8기업의 점유율이 70% 이상인 경우이다.

a) PNW=6.2190+0.0521CR8

b) PNW=7.4524+4.3857CR8(≥70)

c) PNW=10.9898+7.3825CR8(≥70)−0.0521CR8

1) 각 식을 해석하시오.

2) Bain의 추정식의 기본적인 문제점을 지적하시오.

6. 코마노와 윌슨(Comanor and Wilson, 1967)의 계량 추정식을 고려하시오. 여기서, π는 이윤성, ASR은 매출액 대비 광고지출 비율, ACR은 최소효율규모(MES)에서 진입을 위한 절대 자본 요구량, GR은 1947–1957 기간의 산업 매출 성장률, CR4(HBD)는 진입장벽이 높은 산업의 상위 4개 기업 집중률이다.

π=0.0398+0.254ASR+0.00577log(ACR)+0.0339GR+0.000395CR4(HBD).

1) 이 결과를 해석하시오.

2) 이 계량 추정식은 베인의 구조론을 지지하는지 또는 반대하는지 설명하시오.

제3부

기업 전략

제11장

전략적 행동: 진입저지 전략

장을 시작하며

애플(Apple)사는 PC를 처음 출시하여 성공한 이후 IBM이 PC시장에 진입하자 환영한다는 광고를 낸 적이 있다. 스티브 잡스는 애플사 하나보다는 여러 기업이 경쟁하는 것이 PC산업 발전에 도움이 되고 궁극적으로 자사의 이윤 증대에 기여할 수 있다는 생각에서 이와 같은 의사를 표출했다고 알려지고 있다. 어느 시장이나 기존기업이 초과 이윤을 얻고 있거나 미래 이윤이 예상되면, 잠재기업이 진입 가능성을 타진한다. 대부분의 산업에서 신규기업의 진입은 기존기업(들)으로부터 환영을 받지 못한다. 잠재기업이 진입 가능성을 타진하는 경우에 기존기업은 전형적으로 진입저지(entry deterrence) 전략을 행사한다. 진입저지 전략은 기존기업이 시장 환경(가격, 수량, 이윤 등)에 영향을 미쳐서 진입을 봉쇄하거나, 진입 이후에 진입기업이 정상 이윤을 얻지 못하게 하는 일련의 행동을 말한다. 물론 진입저지 전략을 펼친다 해도 모든 잠재기업이 진입을 안 하는 것은 아니다. 기존기업은 진입을 수용할 수도 있다. 진입저지 전략은 진입봉쇄, 진입저지, 진입수용을 포함하는 개념이다.

진입저지 전략은 제7장 게임이론에서 소개한 바 있다. [그림 7-3] 진입게임에서 잠재기업의 진입 가능성에 대한 기존기업의 대응으로서 진입수용 과정을 설명하였다. 여기서는 더 구체적인 진입저지 전략을 소개한다. 진입저지 가격(limit pricing) 전략은 전통적인 진입저지 전략이다. 딕시트(Dixit, 1980)의 선제적 생산용량 투자 모형은 영향력 있는 논문으로서 진입봉쇄, 진입저지, 진입수용의 진입저지 전략에 대한 매우 정치한 이론적 조건을 도출한다. 산업계에서 많이 사용하는 전략적 공약을 통한 진입저지와 진입수용 전략으로 네 가지 전략(온순형(puppy dog),

자만형(fat cat), 강골형(top dog), 야망형(lean and hungry look))을 소개한다. 제품 브랜드 증식(proliferation) 전략은 기존기업이 새로운 브랜드를 많이 출시하여 잠재기업의 진입을 저지하는 전략이다. 기존기업은 기술개발을 진입저지 전략의 하나로 활용할 수 있다. 기존기업은 진입 가능성이 없는 경우에 비해서 진입 가능성이 있는 경우에 기술 개발을 할 유인이 더 크다.

제 1 절 | 정태적 진입저지 가격 전략

진입저지 가격(limit pricing) 전략은 잠재기업이 진입하려는 경우에 기존기업이 생산용량을 확대하여 시장가격을 하락시키고 잠재기업이 손실을 보게 하여 진입을 포기하도록 하는 전략이다.

제8~9장에서 분석한 과점시장은 실제로 생산을 하는 기업 간 경쟁을 하는 상황이며, 이와 같은 경쟁을 실제경쟁이라 한다. 이에 비해서 기존기업이 잠재기업의 진입 가능성을 의식하여 잠재기업과 경쟁하는 상황을 잠재경쟁이라 한다. 기존기업(established firm 또는 incumbent)은 현재 생산을 하고 있는 기업이며, 잠재기업(potential firm)은 진입할 가능성이 있는 기업으로 진입기업(entrant)이라고도 한다.

독점시장에 잠재기업의 진입가능성이 있는 경우에 기존(독점)기업의 진입저지 가격 설정 방안을 먼저 알아본다.

1 기본 모형

독점기업이 우하향하는 시장 수요(D)에 직면하고 있으며, U자 모양의 AC곡선과 우상향하는 MC곡선을 가진다고 하자. 이윤극대화 생산량을 q_1^m, 가격을 P_1^m, 이윤을 $\pi_1^m(q_1^m)$이라 하자. 잠재기업은 진입 이후에 기존기업(독점기업)이 생산량을 변경하지 않을 것이며 시장 생산량은 기존기업과 자신의 생산량의 합이 되어 시장가격은 하락할 것이지만 아직도 경제적 이윤이 존재하는 것으로 예상한다고 하자. 이 경우에 기존기업은 잠재기업의 진입 유인을 제거할 정도로 생산량을 늘리고 가격을 낮추는 조치를 취할 수 있다. 기존기업의 생산량 증가가 잠재기업의 생산량, 가격, 그리고 이윤에 어떻게 영향을 미치는지 분석한다.

시장 수요에서 기존기업의 생산량(또는 생산용량)을 뺀 나머지 수요를 잔여수요

그림 11-1 잠재기업의 진입 유인이 존재하는 경우

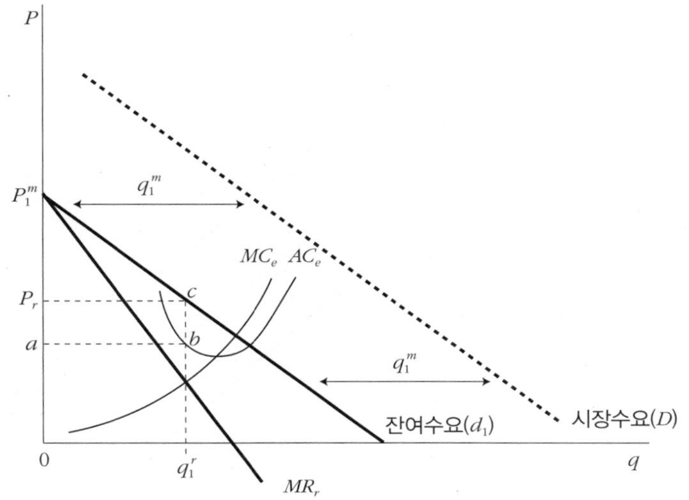

라고 한다. 잠재기업은 잔여수요에 직면하여 이윤극대화 생산량을 결정한다고 가정한다. [그림 11-1]에는 시장수요(D)에서 기존기업의 생산량 q_1^m을 뺀 잔여수요 d_1을 표시했다. 잔여수요에 대한 한계수입곡선은 MR_r이다. 그림에는 또한 잠재기업의 평균비용(AC_e)곡선과 한계비용(MC_e)을 표시했다. 잠재기업은 진입 후에 기존기업이 q_1^m을 생산한다고 믿는다면, 잔여수요 d_1에서 이윤극대화($MR_r=MC_e$) 생산량 q_1^r을 생산하여 양의 이윤($P_r abc$)을 얻을 수 있으므로 진입을 감행할 것이다.

2 정태적 진입저지 가격

잠재기업이 진입하여 생산을 한다면 시장가격은 하락하고, 기존기업의 판매량과 이윤은 하락하게 될 것이다. 기존기업은 이러한 상황을 막기 위해서 잠재기업이 진입 시 양의 이윤을 얻지 못하게 생산용량을 늘릴 수 있다. 생산용량의 증가는 생산량의 증가를 의미한다. [그림 11-2]에서 보듯이 기존기업은 생산량(생산용량)을 q_1^L로 늘려서 진입기업이 직면하는 잔여수요가 진입기업의 평균비용에 접하는 정도로 늘릴 수 있다고 가정한다. 진입기업의 이윤극대화는 새로운 잔여수요(d_2)와 평균비용이 접하는 점에서 생산량(q_e)을 생산하고 가격은 P_e가 된다. 이 생산량과 가격에서 진입기업의 이윤은 영이 되므로 진입하거나 진입하지 않거나 무차별하므로 진입하지 않는다고 가정한다. 기존기업이 생산량을 q_1^L보다 조금이라도 더

그림 11-2 진입저지 가격과 생산량

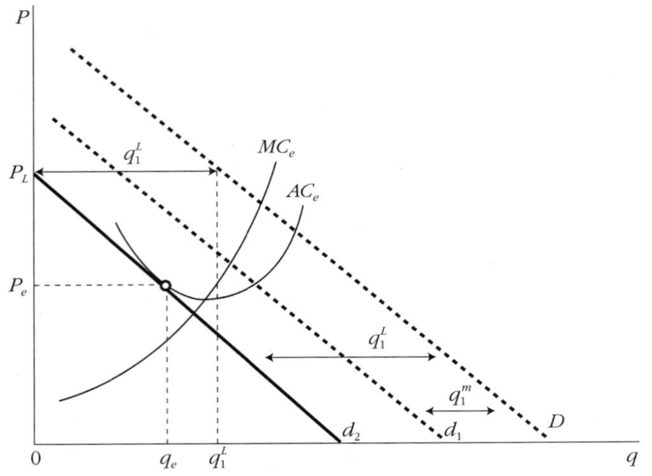

증가시켜서 진입기업이 직면할 잔여수요가 평균비용에 접하는 d_2보다 줄어든다면, 진입기업은 이윤을 얻을 수 없고 진입저지 된다. 이와 같이 잠재기업의 진입을 저지하는 가격(P_L)과 생산량(q_1^L)을 각각 진입저지 가격과 진입저지 생산량이라 한다.

그러나 잠재기업의 생산 규모와 평균비용이 기존기업과 동일하다면, 기존기업의 생산량 증대에 대해서 신뢰성(credibility)의 문제가 발생한다. 기존기업의 생산량 증대로 시장 가격이 P_1^m에서 P_L로 하락한다면 기존기업도 이윤 감소를 감수해야 하기 때문이다. 두 기업의 생산 규모가 동일하다면, 잠재기업은 진입하면서, 진입 이전에 기존기업이 받던 가격 P_1^m보다 약간 낮은 가격으로 소비자를 유인하여 이윤을 얻을 수 있을 것이다. 따라서 잠재기업이 기존기업과 생산 규모가 동일하다면, 기존기업의 진입저지 가격 전략은 성공을 보장하기 어렵다.

제2절 | 선제적 생산용량 투자와 진입저지

정태적 진입저지 가격 모형에서 생산량 증대는 현실적으로 신뢰성의 문제가 발생할 수 있다고 했다. 1기업은 독점기업으로서 이윤극대화 생산량(q_1^m)을 생산한다고 가정하자. 1기업은 잠재기업이 출현하면 진입저지 생산량인 q_1^L을 생산한다고 발표하여 2기업의 진입을 저지하려 하지만, 실제로 진입하면 2기업은 1기업이 복점시장의 생산량인 q_1^c(예로, 쿠르노 생산량)를 생산할 것이라고 믿고 진입할 수 있다. 1기업이 생산할 것으로 믿는 생산량 q_1^c는 독점생산량이나 진입저지 생산량보다 적다. 2기업이 진입하여 1기업과 같은 q_1^c를 생산한다면 양의 이윤을 얻을 수 있다. 따라서 1기업이 발표한 진입저지 생산량(q_1^L)은 신뢰성이 있는 생산량이 아니다 (제7장의 진입저지 게임).

딕시트(Dixit, 1980)는 신뢰성 있는 진입저지 전략 모형을 소개했다. 1기업은 2기업의 진입 가능성이 있는 경우에 선제적으로 생산용량을 투자한다면, 그리고 이 투자 비용이 매우 높고 매몰비용이라면, 생산용량 투자는 신뢰성 있는 진입저지 전략이다. 생산에 따른 한계비용이 매우 낮다면, 1기업은 생산용량보다 적은 생산량을 생산하다가 진입 가능성이 있는 경우에 별 비용을 들이지 않고, 진입저지 생산량을 달성할 수 있다.

1 딕시트의 기본모형

딕시트 모형은 기존기업이 제2단계에 잠재기업의 진입을 저지하기 위해서 제1단계에 선제적 투자를 어느 수준으로 결정해야 하는지를 보여주는 동태적 2단계 게임이다. 제1단계에 기존기업은 $r\bar{K}_1$의 비용으로 $\bar{K}_1$의 생산용량을 선택한다. 여기서 생산용량 $\bar{K}_1$은 생산량으로 측정한 것이며, r은 생산용량 단위당 일정한 한계비용이다. 이 투자는 매몰비용으로 간주한다. 제1단계에 $\bar{K}_1$을 투자하여, 기존기업은 제2단계 초에 최대한 $\bar{K}_1$을 생산할 수 있으며, 제2단계에 생산용량 투자를 증가할 수 있다.

진입기업은 제1단계에 기존기업의 생산용량 투자를 관찰한 후에 제2단계에 진입 여부를 결정한다(제1단계에서 기존기업은 독점기업이다). 진입한다면, 제2단계에 기존기업과 함께 쿠르노 경쟁을 한다고 가정한다. 제2단계의 시장수요는 $P=a-b(q_1+q_2)$이다. 여기서 q_1은 기존기업(1기업)의 생산량, q_2는 진입기업(2기업)의 생산량이다. 제2단계에 두 기업은 생산량(q_1, q_2)과 생산용량 수준(K_1, K_2)을 동시에 선택한다. 기존기업의 제2단계의 생산용량 투자는 제1단계보다 더 크거나 같다고 가정한다($K_1 \geq \bar{K}_1$).

$\bar{K}_1$을 초과하는 매몰비용을 F_1이라 하자. 각 기업의 단위당 생산에는 한 단위의 생산용량과 한 단위의 노동이 필요하다고 가정한다. 노동의 단위당 임금은 w로서 기존기업이 $\bar{K}_1$이하의 생산량을 생산하는 경우에($q_1 \leq \bar{K}_1$) 가변비용은 wq_1이고, 한계비용은 w이다. 기존기업이 $\bar{K}_1$을 초과하여 생산을 하는 경우($q_1 > \bar{K}_1$)에 추가용량

투자를 해야 하며, 생산용량 투자 단위당 한계비용 r이 추가로 소요되어, 생산량이 $\bar{K}_1$보다 더 큰 경우에 한계비용은 $w+r$이다. 제2단계의 1기업 비용함수는 다음과 같다;

$$C_1(q_1, \bar{K}_1)=\begin{cases} wq_1+r\bar{K}_1, & q_1 \le \bar{K}_1\text{인 경우}; MC_1=w \\ (w+r)q_1+F_1, & q_1 > \bar{K}_1\text{인 경우}; MC_1=w+r. \end{cases}$$

진입기업은 제1단계에 생산용량에 투자를 하지 않으며, 제2단계에 생산용량 투자(K_2)를 하여 진입한다. 또한 어떤 생산량 결정을 하던 노동 고용과 생산용량 투자를 해야 한다. 진입기업의 한계비용은 모든 생산량에서 $w+r$이므로 비용함수는 다음과 같다;

$$C_2(q_2)=(w+r)q_2+rK_2;\ MC_2=w+r.$$

제2단계에 두 기업은 쿠르노 경쟁을 하며 기존기업(1기업)의 한계비용은 $q_1 \le \bar{K}_1$인 경우에, $MC_1=w$이고 $q_1 > \bar{K}_1$인 경우에, $MC_1=w+r$이다. 2기업(진입기업)의 한계비용은 모든 생산량에 대해서 항상 $MC_2=w+r$이다. 이 관계는 [그림 11-3]에 표시되어 있다.

제7장에서 소개한 바와 같이 순차적 게임에서 하부게임 완전균형은 역행귀납법으로 구하므로 제2단계의 균형을 먼저 분석한다.

그림 11-3 사전과 사후 생산용량 투자에 따른 한계비용

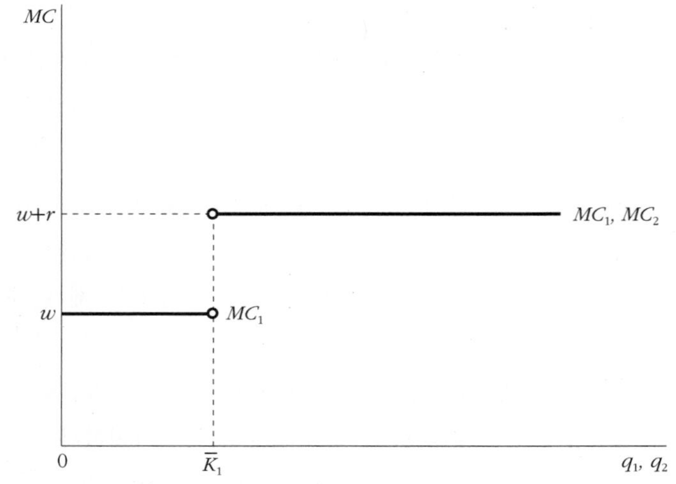

2 제2단계

쿠르노 경쟁을 하는 기존기업의 제2단계의 이윤은 다음과 같이 표시된다;

$$\pi_1(q_1,\ q_2,\ \bar{K}_1)=\begin{cases}(a-b(q_1+q_2))q_1-(wq_1+r\bar{K}_1), & q_1\le\bar{K}_1\text{인 경우}\\(a-b(q_1+q_2))q_1-((w+r)q_1+F_1), & q_1>\bar{K}_1\text{인 경우.}\end{cases}$$

기존기업(1기업)의 반응함수는 생산용량 투자 범위에 따라서 다음과 같다;

$$q_1=\begin{cases}R_1^o(q_2)=\dfrac{a-w}{2b}-\dfrac{q_2}{2}, & q_1\le\bar{K}_1\text{인 경우}\\R_1^n(q_2)=\dfrac{a-w-r}{2b}-\dfrac{q_2}{2}, & q_1>\bar{K}_1\text{인 경우.}\end{cases}$$

1기업의 반응함수는 $\bar{K}_1$의 크기에 따라서 두 부분으로 되어 있음을 의미한다. 두 반응곡선은 [그림 11-4]에 표시되었다. 선제적 투자인 $\bar{K}_1$을 중심으로 $q_1\le\bar{K}_1$인 경우의 반응곡선은 제2단계의 반응함수(R_1^o)의 왼쪽 부분이고, $q_1>\bar{K}_1$인 경우의 반응곡선은 제2단계의 반응함수(R_1^n)의 오른쪽 부분이다.

제2단계에서 진입기업(2기업)의 이윤은 다음과 같다; $\pi_2(q_1,\ q_2,\ K_2)=(a-b(q_1+q_2))q_2-((w+r)q_2+rK_2)$. 이윤극대화에 따라서, 2기업의 반응함수는 다음과 같다;

그림 11-4 생산용량($\bar{K}_1$)과 1기업 반응곡선

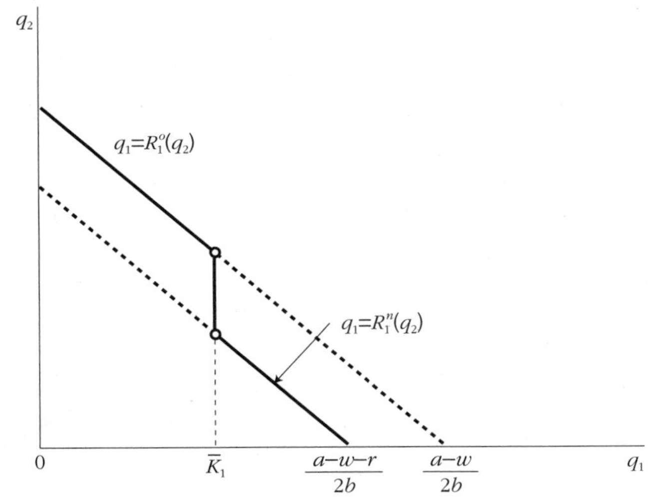

$$q_2 = R_2(q_1) = \frac{a-w-r}{2b} - \frac{q_1}{2}.$$

2기업의 반응곡선(R_2)은 [그림 11-5]에 표시되어 있다. 2기업의 반응(함수)곡선은 1기업의 반응함수와 다르게 항상 한계비용 $(w+r)$로 표시된다. q_2축(Y축) 절편은 $\frac{a-w-r}{2b}$이며, 이는 2기업이 1기업의 생산이 영이라는 예측하에 생산하는 최적 생산량으로서 독점 생산량에 해당하며, 양의 이윤을 의미한다. q_1축(X축) 절편은 $\frac{a-w-r}{b}$이며, 2기업은 1기업이 독점 생산할 것이라는 예측하에 생산량(q_2)과 이윤은 영이다. q_2축(Y축) 절편으로부터 2기업의 반응곡선을 따라서 오른쪽으로 내려오면 (1기업의 생산이 증가한다는 예측 하에) 2기업의 생산량은 감소하게 된다. 반응곡선상의 어느 생산량에서 고정비용(rK_2)를 고려하면, 2기업의 이윤은 양에서 영이 되는 점이 발생하게 된다. 2기업의 이윤이 영 또는 음이 되면 진입을 포기할 것이다. 2기업의 이윤이 영(즉, $\pi_2(q_1, q_2, K_2) = (a - b(q_1+q_2))q_2 - (w+r)q_2 - rK_2 = 0$)이 되는 점을 z라고 하면, [그림 11-5]와 같이 2기업의 동등이윤 자취(곡선)의 최고점으로 표시할 수 있다(제8장 참조). 2기업은 진입 이후 균형이 점 z의 왼쪽에 존재할 것으로 기대한다면 진입할 것이다.

제2단계의 내쉬 균형은 두 기업의 반응곡선의 교차점에서 발생한다. 이 교차점에서 2기업은 이윤이 음이 아니면 진입하여 생산한다. 이를 알고 있는 1기업(기존기업)은 제1단계에 (선제적) 생산용량 $\bar{K}_1$을 투자하여 제2단계에 최대의 이윤을 얻

그림 11-5 2기업(진입기업)의 반응곡선 (제2단계에 진입 이후)

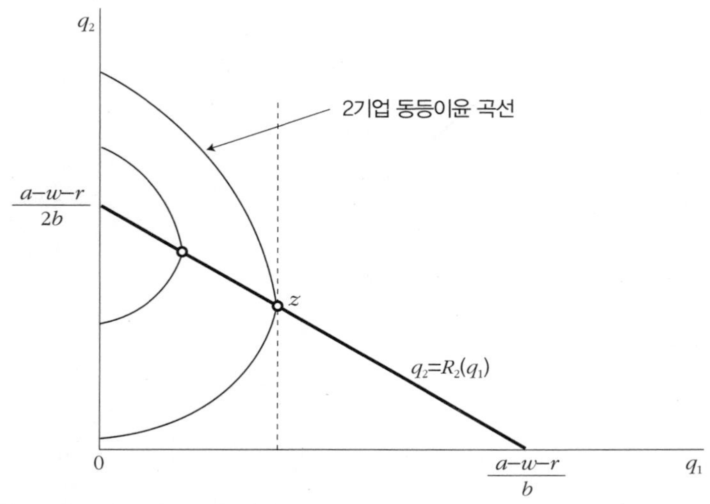

그림 11-6 생산용량 투자 범위

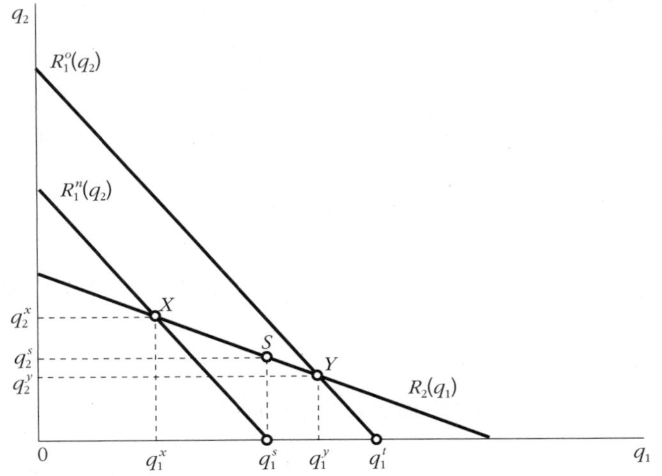

으려 할 것이다. 이 목적을 달성하기 위한 기존기업의 생산용량 투자 수준을 알아보자. 또한, 이 투자가 제2단계에 2기업의 진입을 저지하는지 살펴보자.

제2단계의 내쉬 균형은 [그림 11-6]에 표시되어 있다. 기존기업의 반응곡선은 R_1^o(한계비용이 w인 경우)와 R_1^n(한계비용이 $w+r$인 경우)이며, 진입기업의 반응곡선은 R_2(한계비용이 항상 $w+r$)이다. 내쉬 균형은 X와 Y에 있을 수 있으며, 점 X는 1기업의 반응곡선 R_1^n와 2기업의 반응곡선(R_2)의 교차점으로 1기업의 생산량은 q_1^x, 2기업의 생산량은 q_2^x이다. 점 Y는 1기업의 반응곡선 R_1^o과 2기업의 반응곡선의 교차점으로 1기업의 생산량은 q_1^y, 2기업의 생산량은 q_2^y이다. 점 S는 기존기업이 스택클버그 선도기업인 경우의 균형이다.

3 제1단계

제1단계에 기존기업은 최적 생산용량(투자)을 선택한다. 여기에는 진입봉쇄, 진입수용, 그리고 진입저지의 세 가지 상황을 고려한다. 먼저 [그림 11-6]을 이용하여 1기업은 2기업이 진입하거나 진입하지 않거나 제1단계에 q_1^x와 q_1^y 사이의 생산용량($\overline{K}_1$)을 투자한다. 내쉬 균형은 2기업의 반응곡선상의 점 X와 점 Y에 위치하게 되며, 실제 균형은 $\overline{K}_1$의 선택에 따라서 그 사이에 존재하게 된다.

딕시트 모형의 특징의 하나는 스택클버그 모형을 집중적으로 이용한다는 점이다. 기존기업은 q_1^x와 q_1^y 사이의 생산용량을 투자하여 스택클버그 선도기업으로서의 이점을 살릴 수 있다. 스택클버그 선도기업이 될 수만 있다면 쿠르노 균형보다 생산량과 이윤이 더 증가한다. 진입기업도 추종기업으로서 양의 생산량과 이윤을 얻을 수 있다. 1기업(선도기업)은 제1단계에 높은 생산용량을 선택해서 2기업의 진입을 저지할 정도로 큰 제2단계의 생산량을 사전 공약할 수 있다. 이러한 전략 가능성은 기존기업이 진입기업의 이윤을 영이 되게 하는 최적 생산용량을 선택하여 진입을 저지할 수 있다는 것이다.

이제 1기업의 생산용량($\bar{K}_1$)의 범위에 따라서 진입봉쇄, 진입수용, 그리고 진입저지 전략을 분석한다.[1]

1) 진입 봉쇄(blockaded entry)

진입 여부에 대한 기존기업의 관심에 상관없이 진입기업 이윤이 반응곡선(R_2)상 점 z에서 영인 경우를 고려하자. 기존기업은 [그림 11-7]과 같이 생산용량($\bar{K}_1$)을 q_1^s에 설정하여 진입을 봉쇄하고 독점기업이 된다. 기존기업은 q_1^s 생산량에서 이윤이 최대화 되므로 제1단계에 이 수준의 투자($\bar{K}_1$)를 한다. 기존기업의 반응곡선은 $aS'q_1^s$, 진입기업의 반응곡선은 R_2이므로 점 S에서 균형이 발생한다. 진입기업은 점 z에서 이윤이 영이고 점 S에서 손실이 발생하므로 진입을 포기하게 된다. 따라서

그림 11-7 진입봉쇄

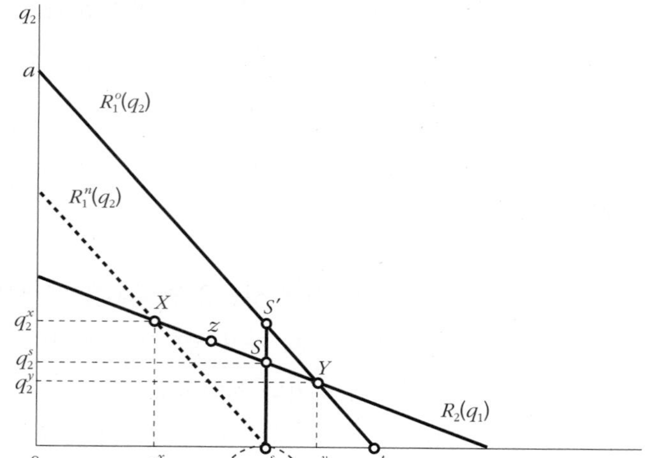

1) 마스-코렐 외(Mas-Colell *et al.*, 1995), pp. 423–427 참조.

제2단계의 균형은 q_1^s에 있다. 기존기업의 판매량은 $q_1^s = \frac{a-w-r}{2b}$, 이윤은 π_1^b로서 독점이윤이다. 동등이윤 곡선(π_1^b)은 q_1^s를 최고점으로 하는 오목한 모양이다. 진입이 봉쇄되었으므로 제2단계에 잠재기업 생산량은 영이다.

2) 진입수용(진입저지 불가능, 진입이 불가피하여 전략적으로 진입 수용)

진입기업의 이윤이 영인 점이 [그림 11-8]처럼 점 Y의 오른쪽 점 z에 위치하는 경우를 고려하자. 이 경우에 진입기업은 점 Y에서 비록 상대적으로 작은 생산량(q_2^y)이지만 양의 이윤을 얻을 수 있기 때문에 당연히 진입한다. 기존기업은 q_1^y 이상의 투자를 하지 않는다 했으므로 q_1^y 이하의 어떤 투자($\bar{K}_1$) 수준을 할 것이고, 진입기업은 양의 이윤을 얻을 수 있기 때문에 진입저지는 불가능하다. 기존기업은 진입이 불가피하다는 사실을 인지하므로 독점이 최적이 아니라는 것을 받아들인다. 진입이 허용된 상황에서 자신의 이윤을 극대화하는 방안을 강구해야 한다. 기존기업의 최적 투자는 어느 수준으로 할 것인가? 투자 이후 반응곡선(R_1^n)에서 가장 선호하는 투자(생산량)는 q_1^s이다. 진입기업은 추종기업으로서 점 S에 해당하는 q_2^s가 최적 반응 생산량이다. [그림 11-8]에 진입기업의 반응곡선($R_2(q_1)$)에 접하는 기존기업의 동등이윤 곡선(제 8장 참조)을 그렸다. 기존기업의 동등이윤 곡선(π_1)이 진입기업의 반응곡선과 접하는 점 S에서 진입기업의 이윤극대화가 달성된다. 기존기업은 제1단계에 점 S에 해당하는 생산용량 투자($\bar{K}_1 = q_1^s$)를 하게 된다. 점 S는 스

그림 11-8 진입수용

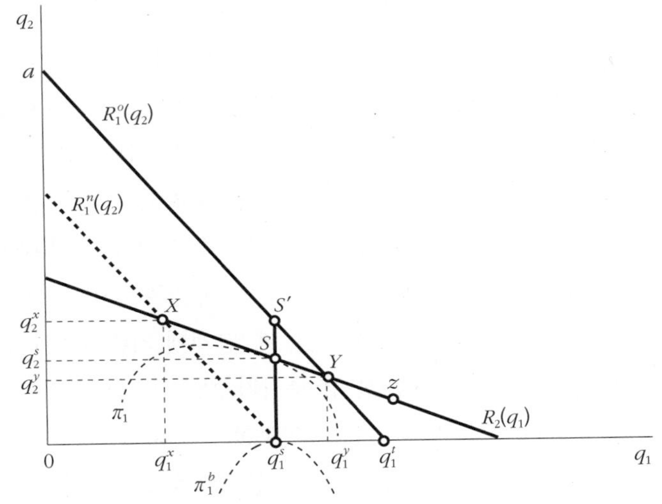

택클버그 모형에서 도출한 선도기업의 이윤극대화 점으로 쿠르노 균형(점 X)에서의 이윤보다 더 크다. 제1단계에 기존기업의 생산용량 투자($\bar{K}_1 = q_1^s$)는 고육지책이지만 진입저지가 불가능한 상황에서 최선의 방안이다. 기존기업은 q_1^s를 생산하고 스택클버그 선도기업으로서 이윤을 얻으며 반응곡선은 $aS'Sq_1^s$이다. 진입기업은 스택클버그 추종기업으로 q_2^s를 생산하며 양의 이윤을 얻고 반응곡선은 R_2이다. 점 z에서 생산량과 이윤보다 모두 더 크다.

기존기업의 이윤극대화는 점 Y의 오른쪽(즉, Y와 z 사이)에 위치할 수도 있다. 그러나 이 경우에 최적 투자 수준은 $\bar{K}_1 = q_1^y$을 선택한다. 기존기업은 점 Y의 오른쪽에서는 투자하지 않는다고 앞에서 밝힌 바 있음을 상기하자. $\bar{K}_1 = q_1^y$의 결과는 기존기업에게 스택클버그의 최적 균형에 비해 열등하다. 비록 기존기업이 제1단계에 $\bar{K}_1 = q_1^y$을 투자한다 하더라도 제2단계에 q_1^y 생산을 신빙성있게 공약할 수 없으므로 기존기업의 투자수준은 결국은 q_1^s이다.

진입봉쇄와 진입수용의 균형 결과를 비교해보자. 진입봉쇄 균형은 점 q_1^s에 있다. 진입봉쇄에서 기존기업 생산량은 q_1^s, 진입기업은 영이고, 기존기업은 독점이윤을 얻는다. 동등이윤곡선은 π_1^b이다. 진입수용 균형은 점 S에 있다. 기존기업은 스택클버그 선도기업, 진입기업은 추종기업이다. 기존기업 생산량은 q_1^s, 진입기업은 q_2^s이다. 기존기업 동등이윤곡선은 π_1이다. 기존기업 이윤이 진입기업보다 크다. 진입봉쇄에서 기존기업 이윤(π_1^b)은 진입수용에서 이윤(π_1)보다 크다.

3) 부분적 진입저지, 부분적 진입수용(진입저지 가능하나 전략적으로 진입수용)

[그림 11-9]에서 진입기업의 이윤이 영이 되는 점 z가 점 S와 Y 사이에 존재하는 경우를 고려하자. [그림 11-9]는 [그림 11-8]을 복사한 것이다. 여기서 q_1^s는 진입봉쇄를 하는 투자 수준이고, q_1^y는 기존기업이 생산할 수 있는 내쉬 균형 생산량이다. 점 z에 상응하는 투자 수준을 K_z라고 하자. 기존기업은 최소한 K_z만큼의 생산용량을 투자하여 진입기업의 진입을 저지할 수 있다. 기존기업이 K_z의 생산용량 투자를 하면, 점 z에서 진입기업의 이윤은 영이 되므로 진입하지 않기 때문이다. 즉, 기존기업의 투자가 K_z이면, 제2단계에 기존기업과 진입기업의 생산량은 $(K_z, 0)$이다. 그러나 K_z의 생산용량 투자가 기존기업에게 최적인지, 또는 진입기업의 진입을 수용하는 것이 더 나은지 여부를 검토해 보아야 한다.

[그림 11-9]에는 스택클버그 선도기업으로서 기존기업의 이윤극대화 점 S가 표시되어 있다. 이 점은 [그림 11-8]에서 보았듯이 전략적 진입수용을 표시한다. 이

그림 11-9 부분적 진입저지(부분적 진입수용)

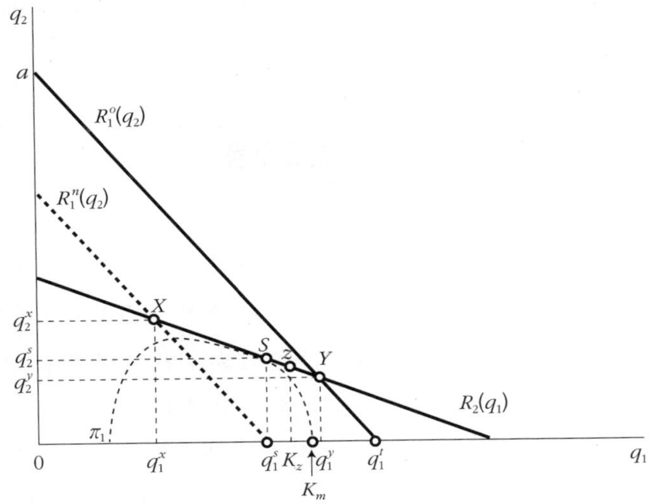

경우에 동등이윤 곡선이 q_1축과 교차하는 생산량을 K_m이라 하자. 생산량 K_m은 전략적 진입수용(점 S)을 하여 얻는 동일한 이윤을 독점기업이 생산할 수 있는 생산량이다.

진입저지 또는 진입수용 여부는 K_m과 K_z의 상대적 크기에 달려있다. $K_m > K_z$라면, 기존기업은 이윤이 더 높으므로 진입을 저지한다. 그러나 $K_m < K_z$라면, 기존기업은 진입수용을 선호한다. 진입저지가 최적이라면 진입이 발생하지 않는다 하더라도, 진입저지 위협은 진입이 가능하지 않은 경우에 비해서 생산량이 증가하고 후생이 증가하기 때문에 시장 결과에 영향을 준다.

딕시트 모형의 결과를 요약하면 다음과 같다: ① 진입은 쉽지 않다. 진입기업의 높은 진입비용으로 진입 후 이윤을 얻기가 쉽지 않고, 기존기업은 순수독점 생산량 이상의 과잉투자를 하여 진입저지를 할 수 있기 때문이다. ② 진입했다 하더라도, 기존기업은 스택클버그 선도기업으로서 큰 이윤을 얻고, 진입기업은 상대적으로 작은 이윤을 얻게 된다. 기본적으로 기존기업은 제1단계에 생산 용량 투자수준을 선택하여 제2단계의 생산량을 신뢰성 있게 선약(pre-commitment)할 수 있는 능력을 보유하고 있기 때문이다. 생산용량 투자가 저지 전략으로서 신뢰성 있는 이유는 투자가 매몰비용이기 때문이다. 만약에 투자 이후에 사용하지 않는 초과설비를 시장에 재판매할 수 있다면, 생산용량은 융통성이 있어 보이므로 선약은 신뢰성이 있는 것으로 여겨지지 않는다. 이 경우에 생산용량 투자는 신뢰성 있는 진입저지의 역할을 하지 못하게 된다. 가격에 대한 선약은 신뢰성 있는 진입저지 역할을 하기 어렵다. 선약한 가격을 쉽게 변경할 수 있기 때문이다.

제3절 | 전략적 공약: 진입저지와 진입수용

과점시장의 기업들은 미래의 경쟁을 자신에게 유리하게 하기 위해서 전략적 공약(strategic pre-commitment)을 이용하여 진입저지와 진입수용을 실시한다. 전략적 공약에는 생산용량 투자, 비용절감을 위한 연구개발, 신제품 개발, 광고 등이 있다. 기존기업은 잠재기업이 진입을 못하게 하거나 진입하더라도 생산량을 적게 하기 위해서 과잉투자를 할 수 있다. 또 다른 상황에서 기업들은 반대로 과소투자를 할 수도 있다. 2단계 복점 모형을 이용하여 다양한 전략적 공약의 효과를 설명한다.[2] 기존기업의 진입기업에 대한 진입저지와 진입수용 여부는 제2단계에 두 기업의 전략이 전략적 보완재(버트랜드 모형에서 가격; 제8장 부록 참조)인지 전략적 대체재(쿠르노 모형에서 수량)인지와 기존기업의 전략적 공약(생산비용 변화를 가져오는 투자)이 강한지 부드러운지에 따라서 결정된다. 진입저지와 진입수용을 결정하는 과정에서 기존기업의 과잉투자 또는 과소투자 수준이 결정된다.

먼저 현실적으로 (미국) 경영계에서 많이 사용하는 네 가지 용어를 간략히 소개한다. 온순형(puppy dog)은 부드럽거나 수세적임을 보이기 위해서 과소투자를 하는 전략, 강골형(top dog)은 강하거나 공격적으로 보이기 위해서 과잉투자를 하는 전략, 자만형(fat cat)은 부드럽거나 수세적임을 보이기 위해서 과잉투자를 하는 전략, 야망형(lean and hungry look)은 강하거나 공격적으로 보이기 위해서 과소투자를 하는 전략을 말한다(푸덴버그와 티롤(Fudenberg and Tirole), 1984).

제1단계에서 기존기업의 투자가 제2단계에서 진입할 진입기업의 이윤을 감소시킨다면 투자는 기존기업을 강하게(tough) 한다 하고, 기존기업의 투자가 진입기업의 이윤을 증가시킨다면 투자는 기존기업을 부드럽게(soft) 한다고 한다.

2) 이 절은 벌로우 외(Bulow *et al.*, 1985a), 푸덴버그와 티롤(Fudenberg and Tirole, 1984), 마스-코렐 외(Mas-Colell *et al.*, 1995, pp. 414–417), 티롤(Tirole, 1988, pp. 323–337), 페팔 외(Pepall *et al.*, 1999, ch. 12)를 참고하여 요약함.

1 기본 모형

제1단계에서 시장에는 기존기업만 존재하고 잠재기업이 진입 가능성을 타진한다. 기존기업은 전략적 투자 수준 K_1을 선택한다고 가정한다. 제2단계에서 진입기업이 진입하여 기존기업과 진입기업은 과점시장에서 경쟁을 하며, 이들이 선택하는 전략(행동)을 각각 s_1과 s_2라고 하자. 주어진 투자 수준 K_1과 전략 s_1과 s_2에서, 각 기업의 이윤은 다음과 같다; $\pi_1(K_1, s_1, s_2)$과 $\pi_2(K_1, s_1, s_2)$.

두 기업이 쿠르노 경쟁을 한다면 s_i는 수량(q_i)이고, 버트랜드 경쟁을 한다면 가격(P_i)이다($i=1, 2$). 1기업은 기존기업, 2기업은 진입기업이다. 쿠르노 경쟁에서 두 기업의 수량을 전략적 대체재라고 하며 두 기업의 반응곡선은 우하향한다. 버트랜드 경쟁에서 두 기업의 가격을 전략적 보완재라고 하며 두 기업의 반응곡선은 우상향한다(제8장 부록 참조).

기존기업에 의한 투자 수준은 모두 관찰 가능하다. 진입기업이 K_1을 관찰한 이후에 진입하지 않기로 결정했다면, 제2단계에 기존기업은 순수독점이 되며, 이윤은 다음과 같다; $\pi_1^m(K_1, s_1^m(K_1))$.[3] 여기서 $s_1^m(K_1)$은 제2단계에 투자 수준의 함수로 표시한 독점기업이 선택한 전략 변수이다.

주어진 K_1에서 진입 이후에 두 기업의 경쟁으로 s_1과 s_2의 내쉬 균형은 다음과 같다고 가정한다; $s_1^*(K_1)$와 $s_2^*(K_1)$. 제2단계에 두 기업의 이윤은 다음과 같다; $\pi_1(K_1, s_1^*(K_1), s_2^*(K_1))$과 $\pi_2(K_1, s_1^*(K_1), s_2^*(K_1))$. 기존기업이 제1단계에서 진입기업의 이윤이 양이 되지 않도록 투자 수준(K_1)을 선택한다면, 이를 '진입저지'되었다고 한다(진입저지에는 진입봉쇄도 포함하나 진입봉쇄는 전략적 상호작용이 없으므로 여기서는 논외로 한다). 만약에 진입기업의 이윤이 양이 되는 투자 수준을 선택한다면, 이를 '진입수용'이라고 한다.

기존기업이 진입을 수용하기 위해서 어떤 행동을 하는지에 대해서 먼저 살펴보고, 진입을 저지하는 행동을 나중에 분석한다.

2 진입수용 전략

진입수용에 관련된 전략은 기존기업의 투자에 따른 기존기업의 이윤의 변화에 달려있다. 기존기업의 이윤은 $\pi_1(K_1, s_1^*(K_1), s_2^*(K_1))$이므로 기존기업의 투자 수준

3) 엄격히 말해서 $\pi_1^m(K_1, s_1^m(K_1), 0)$로 표시해야 하지만, 여기서 제2단계에 진입기업은 진입하지 않으므로 진입기업의 전략 변수는 아예 제거한다.

의 변화는 두 가지 효과를 가져온다. 하나는 '직접효과'로서 기존기업의 이윤에 직접적인 영향을 미치는 효과(즉, $\frac{\partial \pi_1}{\partial K_1}$)이다. 다른 하나는 '전략적 효과'로서 투자 수준의 변경이 진입기업의 사후적 전략(s_2^*)의 변화($\frac{ds_2^*}{dK_1}$)를 초래하고 이에 연쇄적으로 진입기업의 전략의 변화가 기존기업의 이윤에 영향($\frac{\partial \pi_1}{\partial s_2}$)을 주는 효과(즉, $\frac{\partial \pi_1}{\partial s_2}\frac{ds_2^*}{dK_1}$ =전략적 효과)이다. 투자 수준의 변화는 기존기업의 전략의 변화($\frac{ds_1^*}{dK_1}$)를 가져오고, 이에 연쇄적으로 기존기업의 이윤에 영향($\frac{\partial \pi_1}{\partial s_1}$)을 주는 효과가 있으나, 후자는 내쉬 균형(또는 기존기업의 s_1 선택을 위한 이윤극대화)에서 영이다. 따라서 기존기업의 이윤에 대한 투자 수준의 총효과는 직접효과와 전략적 효과의 합이다. 진입을 수용하는 경우, 기존기업은 전략적 효과가 양이면 과잉투자를, 전략적 효과가 음이면 과소투자를 한다.

전략적 효과의 부호(따라서 과잉투자 또는 과소투자의 결정)는 투자가 기존기업을 강하게 또는 부드럽게 하는지와 제2단계의 반응곡선의 기울기에 달려있다. 따라서 네 가지 경우로 구분하여 투자수준을 결정한다. 아래에서는 반응곡선의 기울기(전략적 보완재 또는 대체재)에 따라서 투자가 기존기업을 강하게 또는 부드럽게 하는 경우로 구분하여 설명한다.

1) 전략적 보완재

제2단계에 두 기업의 행동이 전략적 보완재라면, 버트랜드 가격이 여기에 해당한다. 두 기업의 반응곡선은 [그림 11−10] (a)와 (b)에서처럼 우상향한다. 기존기업에 의한 전략적 투자 이전에 균형 가격은 점 A와 A'에 있다고 가정한다.

① 온순형(Puppy Dog) 전략

제1단계에 기존기업이 진입기업의 진입을 감지했고, 저지하는데 비용이 너무 많이 소요된다고 계산한다면, 기존기업은 진입을 수용하는 수밖에 없다. 그러나 기존기업은 진입기업의 진입을 용이하게 하는 것이 아니라, 진입하더라도 자신의 이윤을 극대화하면서 진입기업의 이윤이 낮게 되는 투자 수준을 선택할 것이다.

제1단계에서 기존기업의 투자가 제2단계에서 기존기업을 강한(tough) 경쟁자처럼 보이게 하는 경우에 기존기업은 과소투자를 하는 온순형 전략을 취하여 진입을 수용한다. 기존기업의 투자가 자신의 한계비용을 낮춘다면(그리고 진입기업의 이윤을 낮춘다면) 이 투자는 제2단계에서 기존기업을 강한 경쟁자처럼 보이게 한다. 기존기업이 투자하여 한계비용이 하락하면 반응곡선(R_1)은 좌측으로 이동하게 한다. 진입기업이 알지 못하는 수준으로 투자되는 경우에 기존기업의 반응곡선을 [그림

그림 11-10 진입수용 전략: 전략적 보완재

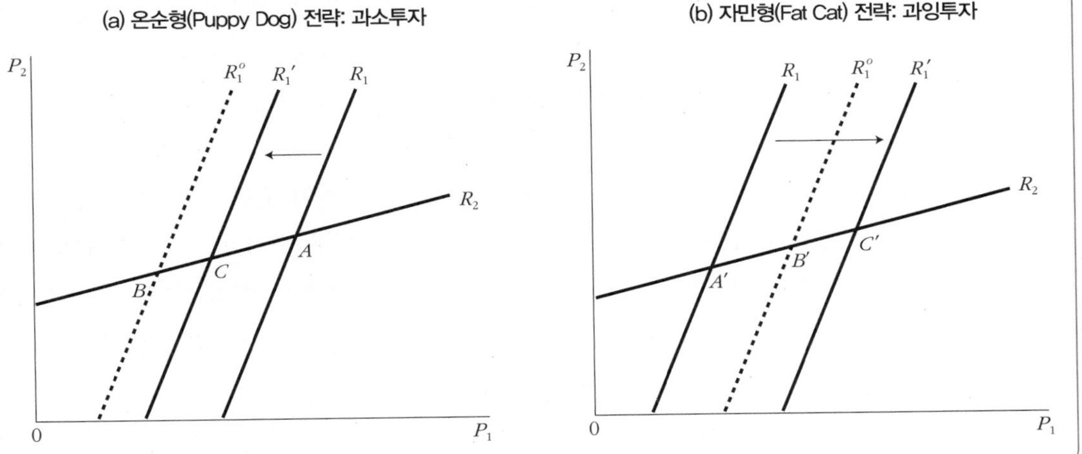

11−10] (a)의 R_1^o이라고 하자. 기존기업은 가격이 점 B에서처럼 너무 낮아져서 피해를 보게 된다. 기존기업은 반응곡선을 R_1'처럼 이보다는 덜 왼쪽으로 이동하도록 투자를 줄이게 된다.[4] 즉, 제1단계에 기존기업은 과소투자를 하게 된다. 이는 진입기업으로부터의 공격적인 반응을 유발하지 않게 하고 과도한 경쟁을 줄여서 균형이 점 C에서 발생하게 하기 위한 조치이다. 기존기업의 이와 같은 전략을 온순형(puppy dog) 전략이라고 한다. 제1단계에 기존기업의 투자는 진입기업으로 하여금 기존기업을 작고, 비공세적인 귀여운 강아지로 여기게 하여 지나친 경쟁을 제어하는 전략이다.

② 자만형(Fat Cat) 전략

기존기업의 제1단계 투자가 제2단계에서 기존기업을 부드러운(soft) 경쟁자처럼 보이게 하는 경우에 기존기업은 과잉투자를 하는 자만형(fat cat) 전략을 취한다. 기존기업의 투자가 자신의 한계비용을 올린다면(그리고 진입기업의 이윤을 증가시킨다면) 이 투자는 제2단계에서 기존기업을 부드러운 경쟁자처럼 보이게 한다. 예를 들어 기존의 최고급 호텔이 새로운 최고급 호텔이 신축 허가 신청한 것을 알게 되면서, 자신도 리노베이션을 한다면 이 투자는 기존 호텔의 비용을 올리게 된다. 기존기업은 리노베이션 이후에 기존의 고객을 계속 묶어두는 효과를 얻을 수 있다. 이와 같은 투자는 기존기업에 대한 소비자의 우의(goodwill)를 전제로 하며, 이 소비자들은 기존기업에 대해서 높은 지불의향을 보인다.

4) 여기의 그림은 페팔 외(Pepall *et al.*, 1999, ch. 12)를 참조.

기존기업의 투자가 부드럽게 보이고 제2단계에 버트랜드 경쟁을 하는 경우에 [그림 11-10] (b)에서 보듯이 반응곡선(R_1)은 우측으로 이동한다. 기존기업이 진입 이전에 진입기업이 알지 못하는 수준으로 투자하는 경우에 기존기업의 반응곡선을 [그림 11-10] (b)의 R_1^o이라고 하자. 이 경우에 기존기업은 점 B'의 균형에 불만족스러울 수 있다. 기존기업은 높은 지불의향을 보이는 자신의 고객이 많이 있으므로 과잉투자를 하여 반응곡선을 R_1'로 이동하게 하여 균형 가격을 이보다 더 높게 올린다. 제1단계에 기존기업의 과잉투자는 더 많은 소비자를 확보하여 제2단계에 기존기업은 평화롭고 여유 있는 뚱뚱한 고양이가 되어 진입기업이 지나친 경쟁을 하지 못하게 한다. 자만형 전략은 투자를 많이 하여 지불의향이 높은 고객을 많이 확보한 살찐 고양이처럼 행동하는 것을 말한다.

온순형과 자만형 전략은 전략적 보완재인 경우에만 구사할 수 있으며 모두 진입을 수용하는 전략이다.

2) 전략적 대체재

제2단계에 경쟁하는 두 기업의 행동이 전략적 대체재인 경우를 고려하자. 두 기업이 쿠르노 경쟁을 하면 선택 변수인 수량은 전략적 대체재이다. 두 기업의 반응곡선은 [그림 11-11] (a)와 (b)에서처럼 우하향한다. 기존기업에 의한 전략적 투자가 없는 경우에 균형 가격은 점 A와 A'에 있다고 가정한다.

③ 강골형(Top Dog) 전략

제1단계에서 기존기업의 투자가 제2단계에서 기존기업을 강한(tough) 경쟁자처럼 보이게 하는 경우에, 기존기업은 과잉투자를 하는 강골형(top dog) 전략을 취하여 진입을 수용한다. 기존기업의 투자가 한계비용을 낮춘다면(그리고 진입기업의 이윤을 낮춘다면) 이 투자는 제2단계에서 기존기업을 강한 경쟁자처럼 보이게 한다. 이 경우에 기존기업의 투자는 반응곡선(R_1)을 우측으로 이동하게 한다. 예를 들어 기술개발 투자는 전형적으로 한계비용을 낮춘다. 기존기업의 반응곡선이 우측으로 이동하면 기존기업의 균형 생산량은 증가하고, 진입기업의 생산량은 감소하여 진입기업으로 하여금 부드러운 행동을 유도할 수 있다.

진입 이전에 진입기업이 알지 못하는 수준으로 투자되는 경우에 기존기업의 반응곡선을 [그림 11-11] (a)의 R_1^o이라고 하면 균형은 점 B에 있다. 기존기업은 새로운 균형에서 더 많은 생산을 하고 이윤을 증가시킬 수 있다. 기존기업의 최적 투자는 점 B보다는 많은 (예를 들어) 스택클버그 균형에 도달할 정도로 투자를 증가시

그림 11-11 진입수용 전략: 전략적 대체재

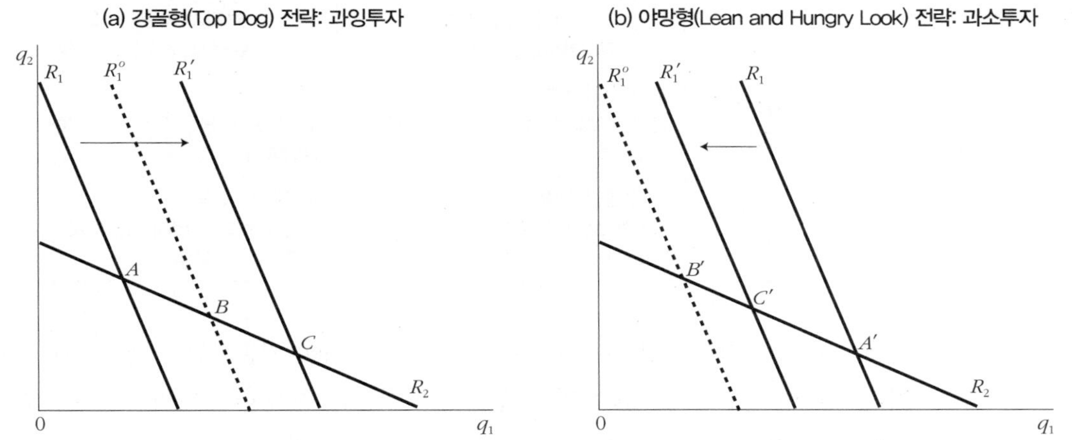

키는 것이다. 즉, 제2단계에 기존기업의 투자가 강하게 보일 때, 과잉투자는 기존기업의 반응곡선을 R_1^o를 지나쳐 R_1'로 이동시켜서 점 C에서 균형이 발생한다. 기존기업의 균형 생산량은 더 증가하고 진입기업의 균형 생산량은 감소한다. 제1단계에 기존기업은 강골형 전략으로 제2단계에 진입을 수용하면서, 진입기업의 생산량을 매우 제약하는 강력한 투자 공약을 한다. 2기업은 진입을 하지만 시장 상황이 그리 좋은 것은 아니다. 이 결과는 앞 절의 딕시트 모형에서 기존기업이 스택클버그 선도기업으로서 투자를 하면서 진입을 수용하는 것과 같은 맥락이다.

기존기업의 투자로 인한 진입기업의 진입수용은 진입저지와 동일하다. 기존기업이 말 그대로 승자(top dog)처럼 강하게 보이면서 진입기업에 피해를 주어 부드럽게 나오게 한다. 이러한 이유 때문에 제2단계에 두 기업의 행동이 전략적 대체재이고 기존기업의 투자가 강하게 보일 때에는 기존기업의 강골형 전략은 진입수용인 동시에 진입저지이다.

④ 야망형(Lean and Hungry Look) 전략

제1단계 투자가 제2단계에서 기존기업을 부드러운 경쟁자처럼 보이게 하고 두 기업이 쿠르노 경쟁을 하는 경우에, 기존기업은 과소투자를 하는 야망형(lean and hungry look) 전략을 취한다. 기존기업의 투자가 비용을 올린다면(그리고 진입기업의 이윤을 증가시킨다면) 이 투자는 제2단계에서 기존기업을 부드러운 경쟁자처럼 보이게 하며 [그림 11-11] (b)에서 보듯이 반응곡선(R_1)은 좌측으로 이동한다. 기존기업이 진입기업이 알지 못하는 수준으로 투자하여 반응곡선이 [그림 11-11] (b)

표 11-1 진입수용과 기업 전략

	투자가 기존기업을 강하게(tough) 하는 경우	투자가 기존기업을 부드럽게(soft) 하는 경우
전략적 보완재 (버트랜드 경쟁)	① 온순형 전략 강하게 보이는 것을 피하기 위해 과소투자	② 자만형 전략 부드러운 반응을 유도하기 위해 과잉투자
전략적 대체재 (쿠르노 경쟁)	③ 강골형 전략 강하게 보이기 위해 과잉투자 (진입저지와 동일)	④ 야망형 전략 강하게 보이기 위해 과소투자 (진입저지와 동일)

의 R_1^o이라고 하자. 이 경우에 균형이 점 B'로 이동하여 기존기업은 생산량과 이윤이 감소하여 불만족스러운 반면, 진입기업의 이윤은 증가한다. 따라서 기존기업은 과소투자하여 반응곡선을 R_1'로 이동하게 하여 진입기업의 진입을 수용한다.

제1단계에 기존기업은 과소투자 하겠다고 선공약하면 제2단계에 깡마르고 굶주린 모습(lean and hungry look)의 강한 경쟁자가 되어 진입을 수용하면서 진입기업을 압박할 수 있다. 이는 진입기업을 진입저지하는 것과 동일하다. 지금까지 소개한 기존기업의 전략(①②③④)을 요약하면 〈표 11-1〉과 같다.[5]

3 진입저지 전략

기존기업은 어떤 전략을 이용해야 진입기업이 진입을 하더라도 이윤을 얻지 못하게 할 것인지 그래서 진입저지할 수 있는지에 대해서 고려한다. 기존기업은 진입기업의 이윤이 영($\pi_2(K_1, s_1^*(K_1), s_2^*(K_1))=0$)이 되도록 하는 투자수준($K_1$)을 선택하여 진입기업의 진입을 저지할 수 있다(여기서도 진입봉쇄는 전략적 상호작용이 없으므로 논외로 한다). 기존기업의 투자 수준의 변화는 두 가지 효과를 가져온다. 하나는 직접효과로서 진입기업의 이윤에 직접적인 영향을 미치는 효과($\frac{\partial \pi_2}{\partial K_1}$)이다. 다른 하나는 전략적 효과로서 투자수준의 변경이 기존기업의 사후적 전략(s_1^*)의 변화($\frac{ds_1^*}{dK_1}$)를 초래하고 이에 연쇄적으로 기존기업의 전략의 변화가 진입기업의 이윤에 영향($\frac{\partial \pi_2}{\partial s_1}$)을 주는 효과($\frac{\partial \pi_2}{\partial s_1}\frac{ds_1^*}{dK_1}$ = 전략적 효과)이다. 투자수준의 변화는 진입기업의 전략의 변화($\frac{ds_2^*}{dK_1}$)를 가져오고, 이에 연쇄적으로 진입기업의 이윤에 영향($\frac{\partial \pi_2}{\partial s_2}$)을 주는 효과가 있으나, 후자는 내쉬 균형(또는 기존기업의 s_2 선택을 위한 이윤극대화)에서 영($\frac{\partial \pi_2}{\partial s_2}=0$)이다. 따라서 기존기업의 투자가 진입기업의 이윤에 미치는 총효과

5) 이 표는 페팔 외(Pepall *et al.*, 1999, Table 12-2 and Table 12-3, p. 666)와 티롤(Tirole, 1988, Figure 8.10, p. 327)을 보완한 것임.

표 11-2 진입저지와 기업 전략

	투자가 기존기업을 강하게(tough) 하는 경우	투자가 기존기업을 부드럽게(soft) 하는 경우
전략적 보완재 (버트랜드 경쟁)	⑤ 강골형 전략 강하게 보이기 위해 과잉투자	⑥ 야망형 전략 강하게 보이기 위해 과소투자
전략적 대체재 (쿠르노 경쟁)	③ 강골형 전략 강하게 보이기 위해 과잉투자 (진입수용과 동일)	④ 야망형 전략 강하게 보이기 위해 과소투자 (진입수용과 동일)

는 직접효과와 전략적 효과의 합이다. 총효과가 음이면 투자가 기존기업을 강하게(tough) 한다고 하고, 총효과가 양이면 투자가 기존기업을 부드럽게(soft) 한다고 말한다.

전략적 효과의 부호(즉, 과잉투자 또는 과소투자의 결정)는 투자가 진입기업을 강하게 또는 부드럽게 하는지와 제2단계의 반응곡선의 기울기에 달려있다. 따라서 네 가지 경우로 구분하여 투자 수준을 결정한다. 〈표 11-2〉에서 보듯이 반응곡선의 기울기(전략적 보완재와 또는 전략적 대체재)와 투자가 진입기업을 강하게 또는 부드럽게 하는 경우로 구분한다. 이 표에서 ③과 ④는 이미 〈표 11-1〉에서 설명했다. 기업의 행동이 전략적 대체재이고 투자가 기존기업을 강하게 하는 경우(③) 강골형 전략은 진입저지인 동시에 진입수용이다. ④의 경우도 진입저지인 동시에 진입수용 전략이다.

〈표 11-2〉의 ⑤ 강골형 전략에 대해서 살펴보자. 제2단계에서 두 기업의 행동이 전략적 보완재라고 하자. 제1단계에서 기존기업의 투자가 강한 경쟁자로 보이면 제2단계에서 기존기업의 반응곡선은 좌측으로 이동한다. 이 경우에 기존기업은 진입기업이 진입하기만 하면 이윤이 영이 될 정도로 가격을 낮출 수 있다. 버트랜드 경쟁에서 기존기업이 과잉투자를 하여 진입저지를 하는 것을 강골형 전략이라고 한다.

⑥ 야망형 전략은 다음과 같다; 제1단계에서 기존기업의 투자가 부드럽게 보이면 제2단계 버트랜드 경쟁에서 기존기업의 반응곡선은 우측으로 이동한다. 기존기업은 투자를 하여 반응곡선이 상대적으로 많이 우측으로 이동하는 경우에 가격이 높아져서 진입기업의 진입을 수용하는 자만형 전략이 될 수도 있다. 그러나 기존기업은 균형 가격이 이보다 낮게 설정되도록 과소투자하여 진입기업의 진입을 저지할 수 있다. 이를 야망형 전략이라고 한다.

〈표 11-2〉에서 보듯이 제1단계의 기존기업의 투자가 강하게 보이는지 부드럽

게 보이는지에 따라서 과잉 또는 과소투자가 결정된다. 기업의 행동이 전략적 보완재인지 대체재인지와는 상관 없다.

전략적 공약(온순형, 자만형, 강골형, 야망형)은 난해하고 까다로운 편이나, 미국 경영계에서 비공식적으로 많이 사용하는 용어이다. 다음과 같이 매우 단순하게 요약할 수도 있다; 온순형은 기존기업이 강하게 나오는 경우에 진입(또는 경쟁)기업도 강하게 나올 것 같으면 기존기업이 부드럽고 행동하고 작게 보이도록 하는 전략이다. 자만형은 기존기업이 부드럽게 나오는 경우에 상대방도 부드럽게 대응할 것 같으면 기존기업은 부드럽게 행동하면서 크게 보이도록 하는 것이다. 강골형은 기존기업이 강하게 나오면 상대방이 위축될 것 같은 경우에 자신은 강하고 크게 보이도록 하는 전략이다. 야망형은 기존기업이 약하고 부드럽게 보일 때 상대방이 강하게 나올 것 같은 경우에 비록 작지만 강하게 보이도록 하는 전략이다.

제4절 | 제품 브랜드 증식 전략

어떤 산업에서 각 기업들은 불필요할 정도로 많은 차별화된 제품 브랜드를 보유하거나, 꾸준히 새로운 차별화 제품을 출시하는 경우가 있다. 라면, 우유, 씨리얼 시장[6]에서 기업들은 새로운 맛의 제품을 선보이는 경우가 여기에 해당한다. 이를 제품 브랜드 증식(product proliferation)이라 한다. 제품 브랜드 증식 전략은 잠재기업의 진입을 저지하기 위한 목적으로 이용된다.[7] 기존기업과 진입기업이 한 가지씩 차별화된 제품으로 실제 경쟁을 한다면, 두 기업은 각각 양의 이윤을 얻을 수 있다. 그러나 진입 이전에 기존기업이 이미 두 가지 브랜드를 판매하는 경우, 한 가지 브랜드를 가지고 진입하는 잠재기업은 진입 시 손실을 보게 되어 진입이 저지될 수 있음을 보인다.

호텔링 모형에서 각 브랜드의 가격은 P로 동일하며, 소비자는 영에서 1 사이의 선형도시에 균일하게 분포되어 있다고 가정하자. 영과 1 사이의 각 지점은 소비자가 가장 원하는 (차별화된) 브랜드를 말한다. 소비자 숫자는 1이라고 가정한다. 브랜드 한 가지에 F의 고정비용이 소요되며, $\frac{P}{4} < F < \frac{P}{2}$라고 가정하자. 각각 한 가지 브랜드를 가지고 경쟁을 하고, 기존기업은 영, 진입기업은 1에 위치하여 실제 경쟁

6) 씨리얼시장에 대한 제품 브랜드 증식 전략은 슈말렌지(Schmalensee, 1978) 참조.
7) 기존기업들간의 경쟁에서 우위를 차지하기 위한 목적도 있다.

그림 11-12 제품브랜드 증식: 제품위치

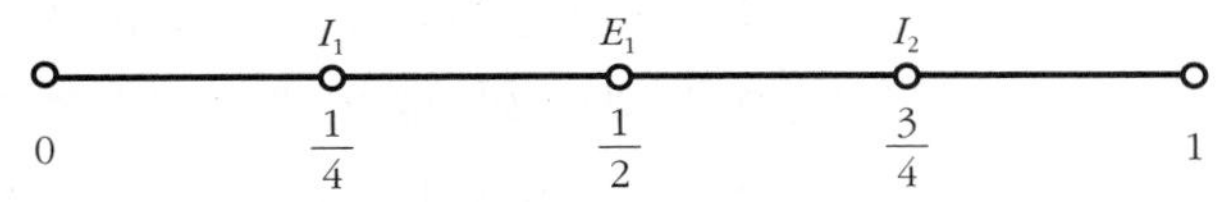

을 한다면, 제9장에서 보듯이 기존기업의 수요는 $D_o=\frac{1}{2}+\frac{P_1-P_o}{2t}$, 잠재기업의 수요는 $D_1=\frac{1}{2}+\frac{P_1-P_o}{2t}$이다. 여기서 $P_o(P_1)$는 기존(잠재)기업의 가격, t는 거리 단위당 교통비용이다. $P_1=P_o=P$를 가정하면 각 기업의 브랜드는 시장수요의 $\frac{1}{2}$씩을 가진다. 각 기업은 양의 이윤($=\frac{P}{2}-F>0$)을 얻는다.

잠재기업의 진입을 저지하려는 목적으로 기존기업이 두 가지 브랜드를 판매하고 있다고 하자. 기존기업이 I_1과 I_2 브랜드를 $\frac{1}{4}$과 $\frac{3}{4}$ 지점에서 판매한다고 가정하자. 각 지점이란 차별화된 제품을 말하며, 이 경우에 진입이 발생하지 않으면, 기존기업의 이윤은 $2(\frac{P}{2}-F)$이다.

이제 잠재기업이 진입하여 $\frac{1}{2}$지점에 새로운 브랜드(E_1)를 판매한다고 하자. [그림 11-12]에서 보듯이, 잠재기업의 수요는 시장수요의 $\frac{1}{4}$이며, 이윤은 $\frac{P}{4}-F$이다. 고정비용(F)이 $\frac{P}{4}$보다 크다고 가정하므로 잠재기업은 손실을 보게 되어 진입하지 못한다. 진입의 위협이 전혀 없다면, 기존기업이 한 가지 브랜드만 판매하여 얻을 수 있는 이윤($=P-F$)은 가장 크다. 따라서 진입의 위협이 있는 경우, 기존기업은 더 많은 종류의 브랜드(브랜드 증식)를 출시하여 진입저지 전략을 채택하게 된다.

브랜드 증식은 호텔링 모형에서 제품 차별화뿐만 아니라 위치 모형으로 이해할 수 있다. 정유사가 자사 주유소의 숫자를 늘리는 것은 기존기업들 간 경쟁의 일환이기도 하지만, 잠재기업의 진입을 저지하려는 목적을 가지고 있다. 정유사의 진입 가능성이 없는 경우에 기존기업이 가지려는 최적의 주유소 숫자보다 진입저지 전략으로서 더 많은 주유소를 확보하여 위치의 집적도를 높이려는 전략으로 해석할 수 있다.

제5절 | 진입저지 기술개발 투자 전략

쿠르노 과점시장(제8장)에서 각 기업의 한계비용은 경쟁기업들의 생산량과 이윤을 결정하는 주요 요인의 하나이다. 진입 위협이 있는 경우에 한계비용을 낮추는 기술개발 투자의 진입저지 가능성을 분석한다. 한 시장에서 기업의 비용구조는 동일하며, 두 기간에 경쟁을 하는 복점시장을 고려하자. 진입 위협이 없는 경우에 기존기업은 독점기업으로 제1기와 제2기에 구기술을 이용하며 높은 한계비용으로 생산한다. 진입 위협이 있는 경우에 기존기업은 제1기에 기술개발 투자를 하여, 제2기에 한계비용을 낮춘다. 제2기에 진입한 진입기업은 구기술을 이용하기 때문에 한계비용이 기존기업보다 높다고 가정한다.

진입위협이 없는 경우에 기존기업은 기술개발 투자 유인이 없다. 이에 비해서 진입위협이 있는 경우는 기존기업은 기술개발 투자 유인이 있으며, 기술개발 투자를 하여 잠재기업의 진입을 저지할 수 있음을 보인다. 기존기업의 기술개발 투자는 소비자잉여를 증가시킨다.

제1기에 독점기업의 비용함수는 $c(q_1)=121+50q_1$이다. 즉, 고정비가 121, 한계비용이 50이다. 제1기(말)에 기술개발 투자에 지출하지 않는 경우에 기존기업의 제2기의 비용함수는 제1기와 동일하다. 제1기에 기존기업이 기술개발 투자를 한다면, 제2기 비용함수는 $c(q_1)=121+33q_1$이 된다고 가정한다. 제2기에 진입하는 진입기업은 제1기의 기존기업의 기술개발에 의한 새로운 생산기술이 아니라 기술개발 이전의 생산기술(비용함수)을 모방해서 진입한다고 가정하기 때문에, 제2기에 진입하는 진입기업의 비용구조는 제1기의 기존기업과 동일하게 $c(q_2)=121+50q_2$이다. 매기 시장 수요는 $P=100-Q$이다. $(Q=q_1+q_2)$

1 진입위협이 없는 경우

진입위협이 없는 경우에 기존기업은 제1기와 제2기에 독점기업의 지위를 누린다. 기술개발 투자를 하지 않는 경우에 제1기와 제2기에 기존기업은 이윤$(\pi=(100-q_1)q_1-(121+50q_1))$을 극대화한다. 제1기와 제2기의 이윤극대화 생산량은 25, 가격은 75이고, 기존기업의 이윤은 504이다. 기존기업의 두 기간 이윤의 합은 1,008이다(여기서 할인율은 고려하지 않는다).

진입위협이 없지만 기존기업이 제1기에 500의 기술개발 투자 지출을 한다고 가정하자. 기존기업의 제1기 이윤은 4(=504−500)이다. 제2기에 기존기업의 비용은 $c(q_1)=121+33q_1$이 되므로 이윤은 $\pi=(100-q_1)q_1-(121+33q_1)$가 되어 제2기 이윤극대화 생산량은 33.5, 가격은 66.5, 그리고 이윤은 1,001.25이다. 두 기간 이윤의 합은 1,005.25이다.

기술개발 투자를 하지 않으면 1,008의 이윤을, 기술개발 투자를 하면 1,005.25의 이윤을 얻으므로 진입위협이 없는 경우에 기존기업은 기술개발 투자를 할 유인이 없다. 이에 비해서 다음에서 보듯이 진입위협이 있는 경우에는 기존기업은 기술개발 투자를 하여 잠재기업의 진입을 저지한다.

2 진입위협이 있는 경우

잠재기업이 제2기에 진입하는 경우를 고려하자. 기술개발 투자를 안 한다면, 기존기업의 제1기의 이윤은 진입이 없는 경우와 동일하게 504이다. 제2기에 잠재기업의 진입으로 두 기업은 쿠르노 경쟁을 한다. 두 기업의 비용함수는 $c(q_i)=121+50q_i(i=1,\ 2)$로 동일하다. 각 기업의 이윤은 $\pi_i=(100-q_1-q_2)q_i-(121+50q_i)$이며 제8장에서와 같이 쿠르노 균형을 구하면, 두 기업의 대칭성에 의해서 생산량은 각각 16.67이고, 시장 가격은 66.67, 이윤은 각각 156.78이다. 기존기업의 두 기간의 이윤 합은 660.78이다.

진입위협이 있고 기존기업이 제1기 말에 500의 기술개발 투자 지출을 한다고 가정하자. 기존기업의 제1기 이윤은 4(=504−500)가 된다. 제1기 말 기술개발 투자로 인해서 제2기에 기존기업 비용은 $c(q_1)=121+33q_1$이 되는데 비해서 진입기업 비용은 제1기의 $c(q_2)=121+50q_2$이다. 제2기에 1기업 이윤은 $\pi_1=(100-q_1-q_2)q_1-(121+33q_1)$이고, 2기업의 이윤은 $\pi_2=(100-q_1-q_2)q_2-(121+50q_2)$이다. 두 기업의 쿠르노 균형은 다음과 같다; 1기업과 2기업의 생산량은 각각 28과 11이며, 시장가격은 61, 1기업과 2기업의 이윤은 각각 663과 영이다. 기존기업의 두 기간 이윤의 합은 667이다.

진입위협에 직면한 기존기업이 기술개발 투자를 하지 않으면 두 기간에 660.78의 이윤을 얻고, 기술개발 투자를 하면 667의 이윤을 얻는다. 따라서 기존기업은 진입위협이 있는 경우에 기술개발 투자를 선택한다. 기존기업의 기술개발 투자로 인해서 잠재기업은 진입해서 생산을 한다 해도 이윤이 영이므로 진입 유인이 발생하지 않는다. 기존기업에 의한 기술개발 투자는 진입저지 전략이라고 볼 수 있다.

기존기업에 의한 기술개발 투자는 선제적 전략적 행동으로 간주될 수 있으며, 잠재기업이 진입하기 이전에 행동을 취할 수 있다는 비대칭성에 기인하기 때문에 기존기업에 매력적이다. 기존기업은 스택클버그 선도기업으로서 신뢰성있는 기술개발을 공언하여 이득을 취할 수 있으며, 소비자에게도 혜택을 부여한다. 기술개발 투자의 전략적 가치는 앞에서 소개한 선제적 생산용량 투자와 일맥상통하는 면이 있음을 알 수 있다.

연 | 습 | 문 | 제

>>> Theory of Industrial Organization

1. 본문의 [그림 11–6]을 고려하시오. 1기업이 제1기에 아래의 1), 2), 3), 4)와 같은 범위의 K를 투자한 경우에 제2기의 1기업 반응곡선을 그리고, 균형을 도출하시오.

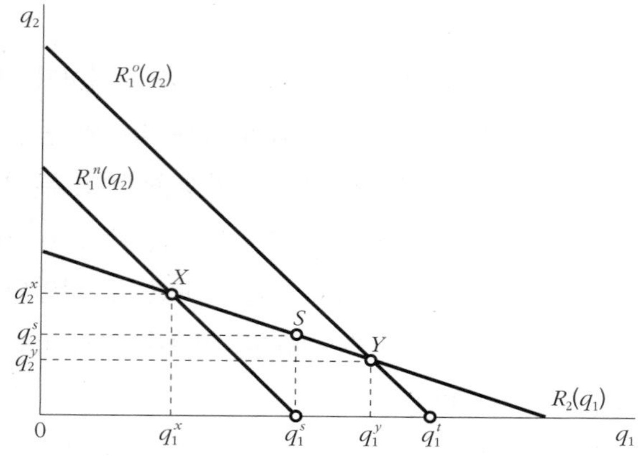

1) $K<q_1^x$ 2) $q_1^x<K<q_1^s$ 3) $q_1^s<K<q_1^y$ 4) $q_1^t<K$

2. 위 1번 문제에 있는 그림을 참고하시오. 부분적 진입저지–부분적 진입수용 전략을 설명하시오.

3. 다음의 전략을 설명하고 현실적인 예를 들어 설명하시오.

1) 온순형 전략, 2) 자만형 전략, 3) 강골형 전략, 4) 야망형 전략

4. 시장 수요가 $P=100-Q$이다. 여기서 $Q=q_1+q_2$이다. 기존기업의 비용함수는 $c(q_1)=121+50q_1$이다. 동일한 비용구조($c(q_2)=121+50q_2$)로 잠재기업이 진입을 타진하고 있다. 진입 이전을 제1기, 진입 이후를 제2기라고 한다.

1) 잠재기업이 진입하는 경우 제2기의 시장 균형을 도출하시오. 두 기업의 판매량, 이윤, 시장 가격.

2) 잠재기업의 진입에 위협을 느낀 기존기업이 제1기 말에 600의 기술개발 투자를 하였고, 한계비용을 C_o로 낮추었다. 이에 비해서 잠재기업은 $c(q_2)=121+50q_2$의 비용함수를 이용하여 진입하였다. 잠재기업의 진입을 저지하기 위해서 기존기업의 한계비용이 얼마 수준으로 낮아져야 하는지 계산하시오. (진입을 저지하는 C_o를 계산하시오.)

3) 기존기업이 제1기 말에 500의 기술개발 투자를 하고 한계비용이 C_1으로 하락하는 것을 잠재기업이 알게 되었다고 하자. 잠재기업은 이와 동일한 투자를 하여, 한계비용을 기존기업의 반으로 내렸다고 하자. 제2기의 두 기업의 균형을 도출하시오. 진입이 발생하는

지, 저지되는지 설명하시오.

5. (Tirole, 1988) 기존기업(1기업)과 잠재기업(2기업)이 투자로 경쟁하는 시장을 고려하시오. 각 기업이 선택하는 투자 수준은 $K_i(i=1,2)$이다. 잠재기업은 기존기업의 투자 수준(K_1)을 관찰한 이후에 자신의 투자 수준(K_2)을 결정한다. 각 기업 투자 수준은 선택 이후에는 고정된다.

1) 각 기업의 이윤은 다음과 같다: $\Pi^i(K_1, K_2)=K_i(a-K_i-K_j)$. 기존기업이 스택클버그 선도기업이고, 잠재기업은 추종기업인 경우에 균형 투자 수준과 이윤을 계산하시오.

2) 잠재기업이 진입하는 경우에 F의 진입 고정비용이 소요된다고 하자. 이 경우에 2기업의 이윤함수는 다음과 같다:

$$\Pi^2(K_1, K_2)=\begin{cases} K_2(a-K_1-K_2)-F & if\ K_2>0 \\ 0 & if\ K_2=0 \end{cases}.$$

(1) $F<a^2/16$인 경우를 고려하시오. 기존기업이 $K_1=a/2$를 선택한 경우에 잠재기업이 진입함을 보이시오.

(2) 기존기업이 투자 수준을 $K_1=K_1^d$로 설정하여 잠재기업의 진입을 저지하였다고 하자. 진입저지는 주어진 K_1^d에서 잠재기업이 최적화 자본 수준을 선택하고 이윤이 영 또는 그 이하인 상태이다. K_1^d를 계산하시오. 기존기업의 이윤을 계산하시오. F의 크기에 따라서, 기존기업이 잠재기업을 진입저지, 진입수용, 진입봉쇄 할 수 있음을 설명하시오.

제12장

약탈 전략과 협조 전략

장을 시작하며

한 기업이 경쟁기업의 점유율과 이윤을 감소시키는 것은 물론 퇴출시키는 행동을 약탈(predation), 이 기업을 약탈기업(predatory firm; predator)이라고 한다. 본 장은 실제경쟁을 벌이는 기업 간에 한 기업이 다른 기업을 불리하게 하고 자신은 유리한 지위를 차지하는 다양한 약탈 전략을 소개한다. 제11장에서 소개한 진입저지 또는 진입수용 전략은 본 장에서 논의하는 기존기업 간 경쟁에서 퇴출 여부 선택에 그대로 적용할 수 있다. 제11장의 '진입저지'를 본 장에서 '약탈'로 그리고 잠재기업을 경쟁기업으로 변경하면 거의 동일한 결과를 얻을 수 있다.

과점시장에서 기업들은 약탈 전략과는 반대라고 할 수 있는 협조 전략을 구사하기도 한다. 협조 전략은 제7장의 반복게임에서 소개한 바 있다. 여기서는 협조 전략으로 담합과 카르텔을 소개한다. 협조 전략을 통하여 기업들은 공존하며 하나의 독점기업처럼 행동하려 한다. 기업들은 담합을 하거나 카르텔에 가입할 유인이 있으나, 동시에 이를 배반할 유인도 존재한다.

제 1 절 | 약탈가격 전략

약탈가격(predatory pricing) 전략은 단기에 약탈기업이 가격을 낮추어 경쟁기업(들)을 시장에서 퇴출시키고,[1] 장기에 독점기업이 되어 가격을 다시 올리는 전략을

1) 약탈가격 인하 전략은 잠재기업의 진입을 저지하는 효과도 있다.

말한다. 많은 경우 약탈가격은 평균비용의 최저점보다 낮은 수준을 말한다. 약탈기업은 단기 손실과 장기 이윤을 현재가치화 하여 순이윤이 양이면 약탈가격 전략을 실행한다.

약탈기업은 낮은 가격에서 경쟁기업(들)보다 더 오랫동안 견딜 수 있어야 약탈가격 전략에서 성공할 수 있다. 약탈가격을 실행한다는 발표와 실제로 오래 견딜 수 있는 능력에 대한 신뢰성이 요구된다. 이와 더불어 약탈가격 인하로 경쟁기업들이 모두 퇴출된다 해도 약탈기업이 가격을 올리는 시기에 퇴출되었던 기업이 시장에 진입하여 이윤을 얻을 수 있는데, 이와 같은 현상을 막을 수 있어야 한다. 약탈가격 전략이 성공하기 위해서는 약탈기업은 퇴출기업이 약탈기업의 재무적 조건이나 가격 행태 때문에 생존할 수 없다는 것을 믿도록 해야 한다.

현실적으로 어떤 가격 인하가 약탈가격인지 구별하기 어려울 수도 있다. 가격인하가 경쟁의 결과로 장기 평균비용의 최저점에 수렴할 수도 있고, 경기변동에 의한 가격 하락일 수도 있다. 인하된 가격이 평균비용의 최저점에 가깝고 마진이 매우 낮은 친경쟁적인 상황과 단기에 가격을 인하하여 기존기업들을 퇴출시킨 후 장기에 독점기업이 되는 반경쟁적인 상황을 구별하기 어려운 문제가 있다.

다음에서 약탈가격 전략이 실패하는 경우와 성공하는 경우를 소개한다.

1 실패하는 약탈가격 전략

동질적인 제품을 생산하는 n개의 동일한 규모의 기업들이 경쟁하는 시장을 고려하자. 각 기업의 평균비용(AC)과 한계비용(MC)은 U자 모양으로 [그림 12-1]에 표시되어 있다. 시장 수요(D)는 우하향한다. 약탈기업이 약탈가격을 설정하기 이전에 시장은 장기균형에 있다고 가정한다. 장기균형에서 시장가격은 평균비용의 최저점인 P_o, 개별 기업의 공급량은 q_o, 시장 공급량은 $Q_o(=nq_o)$라 하자. 모든 기업의 이윤은 영이다. 이제 한 기업이 P_o보다 낮은 P_1의 약탈가격을 설정했다고 가정하자. 약탈가격 P_1에서 다른 모든 개별 기업은 q_1을 생산하고, 시장 수요량은 Q_1이 된다. 약탈기업은 자신이 설정한 약탈가격을 유지하기 위해서 이 낮은 가격에서 다른 모든 기업의 생산량을 뺀 잔여 수요량을 공급해야 한다. [그림 12-1]에서 약탈기업이 공급해야 할 잔여 수요량은 $q_2(=Q_1-(n-1)q_1)$이다. 예를 들어, 시장에 $n=5$개의 기업이 있고 $q_o=30$이면 $Q_o=150$이다. $q_1=25$이고 $Q_1=160$이라면, $q_2=60(=160-4\times25)$이다.

그림 12-1 동일 규모 기업간 약탈가격

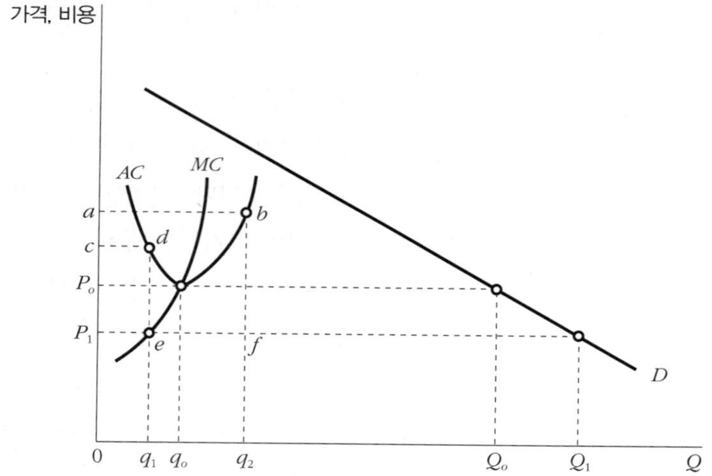

[그림 12−1]에서처럼, 피약탈기업이 생산을 계속한다면, cP_1ed의 단기 손실을 보게 된다. 약탈기업은 q_2 생산 시 평균비용이 점 b에 있으므로 이보다 더 큰 aP_1fb의 손실을 본다. 약탈기업과 피약탈기업이 동질적이라면, 약탈기업이 더 큰 손실을 보면서 약탈가격을 유지하기란 어려운 일이다. 한 기업이 동질적인 다른 경쟁자들을 시장에서 퇴출시키기 위한 약탈가격 전략은 성공하기 어렵다.

2 성공하는 약탈가격 전략

모든 기업의 규모가 동일한 경우에 어느 한 기업에 의한 약탈가격은 성공할 수 없다고 했다. 그러나 한 기업이 다른 기업에 비해서 비용 우위를 가지는 경우에 약탈가격 전략은 성공할 수 있다. 한 시장에 지배적 기업과 소규모의 주변기업들(competitive fringe firms)이 있는 경우를 고려하자(제4장 참조). 지배적 기업은 가격결정자이고 주변기업은 가격순응자이다. 이 모형에서 기업들은 2기간의 경쟁을 가정한다. 제1기에 지배적 기업은 시장수요에서 한계기업들의 생산량을 뺀 잔여수요에 대한 이윤극대화 가격을 결정한다. 제2기에 주변기업들은 그 가격을 주어진 것으로 하여 이윤극대화 생산량을 결정한다. 지배적 기업의 한계비용은 $C_L=40$으로 주변기업에 비해서 낮다고 가정한다. 모든 주변기업의 시장공급(=한계비용)은 [그림 12−2]처럼 $Q_F=-60+P$이며 최저점은 생산량 영에서 $C_o=60$이다. 평균비용의 최저점은 생산량 영에서 한계비용과 같이 C_o이며, 우상향한다(그림에 표시 안함). 시장수요는 $Q=200-2P$라고 가정한다.

지배적 기업이 제1기에 P를 발표하면, 제2기에 주변기업은 $Q_F=P-60$을 공급한다. 지배적 기업은 제1기에 잔여수요에 대해서 이윤극대화 가격을 결정하므로 먼저 잔여수요를 계산한다. 잔여수요는 시장수요에서 주변기업의 공급을 뺀 차이이므로 $Q_R=Q-Q_F=(200-2P)-(P-60)=260-3P$이다. 역수요함수는 $P=\frac{260}{3}-\frac{Q_R}{3}$ ($P\geq60$인 경우)이며, $P\leq60$인 경우에 지배적 기업이 직면하는 수요는 시장수요이다. 잔여수요에 대한 한계수입은 $MR_R=\frac{260}{3}-\frac{2}{3}Q_R$ ($Q\leq80$인 경우)이다.

제1기에 주변기업의 시장공급으로 인하여 지배적 기업은 잔여수요에 대한 한계수입을 자신의 한계비용과 일치하는 점($\frac{260}{3}-\frac{2}{3}Q_R=40$)에서 이윤극대화 생산량 $70(=Q_L)$을 생산하고 시장가격(P_L) $63.3(=\frac{260}{3}-\frac{70}{3}=\frac{190}{3})$을 설정한다. 제2기에 가격순응자인 주변기업들은 이 가격을 주어진 것으로 하여 자신들의 시장공급 함수에서 3.3(=10/3)의 생산량을 공급한다. 시장에서 지배적 기업은 70단위를, 주변기업은 총 3.3단위를 공급한다. 이 경우에 지배적 기업의 이윤은 $1{,}633.3(=\pi_L(P_L)=(\frac{190}{3}-40)\times70)$이다.

지배적 기업이 약탈가격을 설정할 유인이 있는지 살펴보자. 약탈가격은 많은 경우 평균비용의 최저점$(C_o=60)$으로 정의하므로, 지배적 기업이 설정할 수 있는 최고 수준의 약탈가격은 $P_p=60$이다. 이 약탈가격에서 주변기업들은 이윤이 영이 되어 퇴출하며, 지배적 기업은 $80(=Q=200-2\times P_p(=60))$단위를 생산하여 양의 이윤 $1{,}600(=\pi_p(P_p)=(60-40)80)$을 얻는다. 약탈가격 설정으로 지배적 기업의 단기이

그림 12-2 지배적 기업의 약탈가격 전략

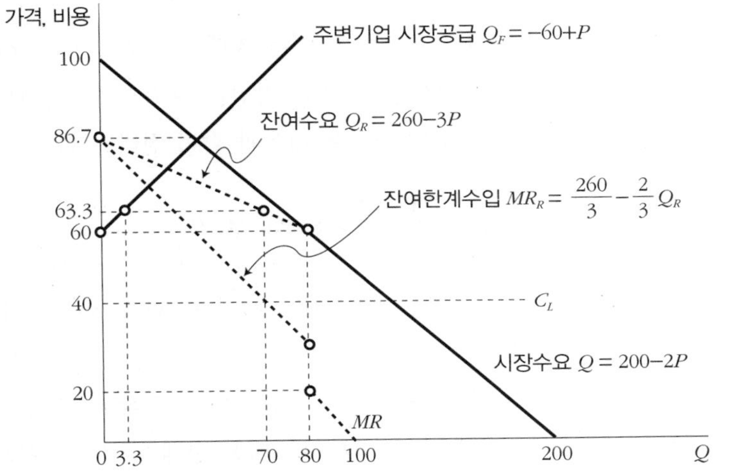

윤은 P_L의 가격을 설정시 얻는 이윤에 비해서 33.3(=1,633.3−1,600)만큼 감소한다. 그러나 약탈가격을 설정하여 주변기업이 모두 퇴출한 이후에 장기적으로 지배적 기업은 독점기업이 되어 독점이윤(π_M)을 얻으려고 할 것이다. 독점기업의 생산량(Q_m)은 60($MR=MC \rightarrow 100-Q_m=40$), 독점가격($P_m$)은 70, 독점이윤($\pi_M$)은 1,800이다.

지배적 기업의 약탈가격 설정 여부는 ① 약탈가격 설정으로 단기의 하락한 이윤과 곧 이은 장기의 독점이윤의 현재가치(V_M)가 ② 약탈가격을 설정 안하고 지배적 기업으로서 균형을 유지하는 경우에 얻을 이윤의 현재가치(V_L)를 비교하여 ①이 ②보다 크다면 약탈가격을 실행할 것이고, 그 반대이면 약탈가격을 실행하지 않을 것이다.

시간(t)이 영에서부터 T까지이고, 할인율(δ)은 $\frac{1}{1+r}$이라 하자(r은 이자율). $t=0$에서 약탈가격을 실시한다면 지배적 기업의 이윤은 $\pi_p(P_p)$이며, $t=1$에서부터 $t=T$까지는 독점기업이 되어 매기 π_M의 독점이윤을 얻는다. 그러므로 현재가치화된 이윤 흐름(V_M)은 다음과 같다;

$$V_M=\pi_p(P_p)+\pi_M(\delta+\delta^2+\delta^3+\cdots+\delta^T)=\pi_p(P_p)+\pi_M\frac{\delta(1-\delta^T)}{1-\delta}.$$

만약에 지배적 기업이 약탈가격 전략을 실행하지 않고 지배적 기업으로서 이윤극대화 균형을 장단기적으로 유지한다면, 이윤은 $t=0$에서부터 $t=T$까지 $\pi_L(P_L)$이므로 현재가치화된 이윤 흐름(V_L)은 다음과 같다;

$$V_L=\pi_L(P_L)(1+\delta+\delta^2+\delta^3+\cdots+\delta^T)=\pi_L(P_L)(1+\frac{\delta(1-\delta^T)}{1-\delta}).$$

약탈가격 전략을 구사하여 얻는 지배적 기업이 얻는 혜택 V_M와 V_L를 비교하여 전자가 후자보다 크다면, 지배적 기업은 주변기업들을 퇴출시키는 약탈가격을 실행할 것이다. $V_M>V_L$인 조건은 다음과 같이 정리된다;

$$(\pi_M-\pi_L(P_L))\frac{\delta(1-\delta^T)}{1-\delta}>\pi_L(P_L)-\pi_p(P_p). \qquad (12-1)$$

이 조건은 다음과 같이 해석할 수 있다; 좌측 항은 지배적 기업이 약탈가격(P_p)을 설정한 직후 시기($t=1$)부터 $t=T$까지 미래 기간에 얻을 독점이윤(π_M)에서 약탈가격 전략을 실행하지 않고 이윤극대화 가격(P_L)을 설정하였더라면 얻을 이윤($\pi_L(P_L)$)을 뺀 차액($\pi_M-\pi_L(P_L)$)에 대한 현재가치이다. 우측 항은 오늘($t=0$) 이윤극대화 가격을 설정하여 얻는 이윤($\pi_L(P_L)$) 대신에 약탈가격을 설정하여 얻는 이윤($\pi_p(P_p)$)을 희생해야 하므로 지배적 기업이 포기해야 하는 이윤 감소분($\pi_L(P_L)-\pi_p(P_p)$)이다. 약탈가격을 통해서 얻는 현재가치화된 이윤($(\pi_M-\pi_L(P_L))\frac{\delta(1-\delta^T)}{1-\delta}$)이 약탈가격을 하는데 잃게 될 현재 기간의 이윤($\pi_L(P_L)-\pi_p(P_p)$)보다 더 크다면, 약탈가격 전략을 실행한다. 그 반대이면 약탈가격 전략을 실행하지 않는다.

앞의 모형에서 $\pi_M=1{,}800$, $\pi_p(P_p)=1{,}600$, $\pi_L(P_L)=1{,}633.3$이다. $\pi_M-\pi_L(P_L)=166.7$이고, $\pi_L(P_L)-\pi_p(P_p)=33.3$이다. 약탈가격 실시 이후 독점이윤을 얻는 기간이 매우 길어진다면(즉, $T=\infty$), $\delta^T=0$이 되고, $\frac{\delta}{1-\delta}=\frac{1}{r}>1$이므로 약탈가격을 통해서 얻는 현재가치화된 이윤($(\pi_M-\pi_L(P_L))\frac{\delta(1-\delta^T)}{1-\delta}=\frac{166.7}{r}$)은 약탈가격을 실행하여 잃게 되는 이윤($\pi_L(P_L)-\pi_p(P_p)=33.3$)보다 크므로 약탈가격을 실행한다.

3 약탈가격 전략에 대한 반론

1) 약탈가격 전략과 합병

약탈가격 전략은 낮은 가격을 설정하여 실제 경쟁하는 기업을 시장에서 퇴출시키는 방법이다. 그러나 맥기(McGee, 1958)는 약탈기업은 경쟁기업을 퇴출시키기 위해서 낮은 가격을 설정하며, 그 과정에서 경쟁기업들은 약탈기업에 합병(merge)되기 때문에 약탈가격은 존재하지 않는다는 비판적 주장을 제기하였다. 1870년과 1899년 사이에 스탠다드(Standard) 정유사는 미국 시장에서 90%의 시장점유율을 확보하였는데, 이 과정에서 120개 이상의 경쟁사를 합병했다. 스탠다드 정유사 대표인 록펠러는 수시로 경쟁 정유사 매입 제안을 하였고, 거절하는 경우에 경쟁사가 퇴출할 때까지 가격을 낮추었다. 정유와 유통 사업에서 시장을 장악한 이후에 스탠다드사는 가격을 올렸다. 이 행동은 반독점법 위반혐의로 기소되었다.

맥기는 약탈가격 전략을 충족하기 위해서 ① 약탈가격으로 인한 단기의 손실보다 미래 이윤이 더 커야 하며, ② 약탈과 동일한 결과를 초래하여 더 많은 이윤을 가져오는 전략이 없어야 한다는 조건을 제시했다. 맥기는 합병은 약탈가격보다 항상 더 많은 이윤을 가져다 주고 두 번째 조건이 충족되지 않으므로 약탈가격은 존재하지 않는다고 주장했다. 약탈가격 전략은 합병에 비해서 열등하며 사용되지 않을 전략이다. 스택클버그 모형을 이용하여 이를 설명하여 보자. 시장에는 스택클버그 선도기업과 추종기업이 각각 q_L과 q_F를 생산하고 한계비용은 동일하게 c라고 하자. 역수요함수는 $P=a-b(q_L+q_F)$라고 가정하자. 두 기업이 일회성 게임을 한다면 제8장에서 살펴본 바와 같이 선도기업의 이윤극대화 생산량은 $q_L=\frac{a-c}{2b}$이고 추종기업의 생산량은 $q_F=\frac{a-c}{4b}$이다. 시장가격은 $P=\frac{a+3c}{4}$이고, 선도기업의 이윤은 $\pi_L=\frac{(a-c)^2}{8b}$, 추종기업의 이윤은 $\pi_F=\frac{(a-c)^2}{16b}$이다. 선도기업은 독점기업이 되면 이윤이 더 증가하는데 2기간 모형을 통해서 이윤의 변화를 살펴보자.

제1기에 선도기업은 충분히 많은 생산량을 공약(commitment)하여 시장가격이 평균비용(=c=한계비용)과 같아지게 하는 약탈가격 전략을 실행했다고 하자. 이 경우에 선도기업은 시장수요를 공급하며 이윤은 영이다. 그러나 추종기업은 이 가격에서만 판매할 경우 가격은 c보다 낮아지므로 손실을 보게 되고 퇴출해야 한다. 추종기업이 영원히 퇴출한다면, 제2기에 선도기업은 독점기업이 되어 독점이윤(=$\frac{(a-c)^2}{4b}$)을 벌 수 있다. 이 약탈가격 전략에 따른 선도기업의 제1기 이윤은 영, 제2기 이윤은 $\frac{(a-c)^2}{4b}$이다. 그러나 맥기에 따르면 이 약탈가격 전략보다 더 좋은 전략이 있다. 제1기에 추종기업을 합병하면 합병된 기업은 독점기업으로서 제1기와 제2기에 모두 $\frac{(a-c)^2}{4b}$의 독점이윤을 얻는다. 합병에 의한 두 기간 이윤의 합은 약탈가격 전략에서 두 기간 이윤의 합보다 증가한다. 합병은 약탈가격 전략보다 우월하므로 약탈가격 전략을 실행하지 않고 합병 전략을 택한다. 약탈가격 전략은 존재하지 않는다.

그러나 맥기의 합병 전략이 약탈가격 전략보다 우월하다는 주장은 다음과 같은 비판에 직면하게 되었다. ① 합병은 공개적인 사건으로서 규제 당국의 승인 사안이고, 동종 업종 간의 합병(=수평결합)은 일반적으로 경쟁을 완화시키기 때문에 승인 받기가 어렵다. ② 합병은 약탈가격과 대체관계가 아니라 보완관계이다. 합병을 하고자 하는 기업은 약탈가격으로 먼저 위협을 하고, 협상에 임하여 낮은 가격으로 합병하는 경향이 있다. ③ 합병 이후에 또 다른 여러 기업이 진입하거나, 연속적으로 신규기업들이 진입하는 경우에, 합병 전략의 이득은 약화될 수 있다. 진입기업들은 스스로를 매물로 내놓아 합병 시 차액을 챙길 수 있다(라스무센(Rasmusen, 1993). 이는 진입을 부추겨서 합병하는 기업을 곤경에 빠뜨릴 수 있다.

2) 약탈가격 전략과 자금시장

합병과 약탈가격 전략에서 중요한 논의는 '신뢰성'(credibility)에 대한 것이다. 선도기업의 합병이나 약탈가격 위협은 신뢰성이 없을 수도 있다. 제7장 동태적 게임에서 순차적인 의사 결정을 하는 경우에 하부게임 완전균형은 신뢰성없는 위협을 제거한 내쉬 균형이다. 약탈가격 전략에서도 게임이론을 적용하여 신뢰성있는 내쉬 균형을 고려해야 한다.

시카고학파는 자금시장이 잘 발달해 있고 두 기업이 모두 합리적이라면 약탈가격 전략은 존재하지 않는다고 주장했다. 약탈가격이 설정된 이후에 피약탈기업이 퇴출한다면, 약탈기업은 독점이윤을 얻을 수 있다. 그러나 피약탈기업이 퇴출하지 않고 생존하는 기간이 길어진다면 약탈기업의 손실(또는 이윤 감소분)도 증가하게 된다. 시카고학파는 피약탈기업이 은행 등의 금융기관에서 초기 손실을 메울 자금을 대출 받을 수 있는 경우를 상정했다. 피약탈기업이 대출 자금으로 생존하면 나중에 과점시장에서 양의 이윤을 얻을 수 있다. 피약탈기업이 대출금을 갚을 수 있다는 것을 알고 있는 은행은 기꺼이 대출을 해 줄 것이다. 약탈가격을 설정했는데도 불구하고 피약탈기업이 자금을 조달받아 오랜 기간 견딘다면 약탈기업은 기대순이윤이 감소할 수 있기 때문에 약탈가격 전략을 실행하지 않는 것이 합리적이고, 피약탈기업도 퇴출하지 않는 것이 합리적이다. 이런 측면에서 약탈기업의 약탈가격 전략 위협은 신뢰성이 없다. 시카고학파는 자금시장에서 대출 자금이 충분하고 기업들이 합리적이라면 약탈가격 전략은 신뢰성이 없고 존재하지 않는다고 주장한다.

그러나 시카고학파의 주장은 볼튼과 샤프스테인(Bolton and Scharfstein, 1987)이 제기한 '자금여력'(long purse 또는 deep pocket) 이론의 비판을 받았다. 피약탈기업이 단기 손실을 보충하기 위해서 은행에 대출을 신청하는 경우 정보비대칭에 처한 은행은 모든 대출을 승인하지 않을 수 있다. 은행의 대출 승인 여부에 대한 확률을 고려한 볼튼과 샤프스테인은 각 기업의 기대이윤과 기대손실을 비교하여 약탈가격의 실행 조건을 도출하였다. 풍부한 자금(long purse)을 보유한 약탈기업은 약탈가격으로 제1기에 손실을 입는다 하더라도 유동성 위기를 겪지 않는다. 그러나 불확실한 은행 대출에 의존하는 피약탈기업은 기대이윤이 음인 경우에 퇴출한다. 따라서 자금여력이 충분한 약탈기업은 공격적인 약탈가격 전략을 펼 것이므로 시카고학파의 주장과는 달리 약탈가격이 존재한다. 이 결과는 시장에 남아있는 기업은 가장 효율적이라기보다는 자금여력이 많은 기업이고, 독점으로 인한 비효율이 발생할 수 있음을 시사한다.

제2절 | 약탈가격 전략과 비대칭 정보

1 정보비대칭과 정태적 모형

두 기업의 비용에 대한 정보가 비대칭적인 경우에 약탈가격 전략을 구사할 수 있다. 두 기업이 2기간 경쟁을 하는 경우에, 제2기는 마지막이므로 기업들은 제2기 초에 얻은 믿음을 바탕으로 행동하게 된다. 이 믿음은 제1기 행동에 의해서 얻은 정보를 반영하기 위해서 각 기업의 제1기의 믿음을 수정 보완한 것이다. 정태적 모형은 각 기업이 상대 기업들로 하여금 사적 정보에 대해서 믿기를 원하는 것이 무엇인지를 보여주며, 제1기 행동이 이 목적을 위해서 어떻게 이용되는지를 제시한다.[2]

두 기업이 차별화된 제품으로 버트랜드 경쟁을 하는 모형을 고려한다. 1기업의 한계비용(c_1)은 모두에게 알려진 공통 지식(common knowledge)인데 비해서, 2기업의 한계비용(c_2)은 2기업의 사적 정보(private information)로서 2기업만이 알고 있다. 1기업은 사전적(ex ante)으로 2기업의 한계비용이 확률 α로 낮은 비용 c_2^L과 확률 $1-\alpha$로 높은 비용 c_2^H이라고 가정한다. 1기업의 입장에서 2기업의 한계비용의 기대치(평균)는 $c_2^e=\alpha c_2^L+(1-\alpha)c_2^H$이다. 두 기업이 직면하는 수요는 다음과 같이 대칭적이며 선형 함수라고 가정한다;

$$D_1(P_1, P_2)=1-P_1+P_2;$$
$$D_2(P_1, P_2)=1+P_1-P_2.$$

제9장에서 보인 바와 같이 같이 사후적으로 각 기업의 이윤은 $\pi_i(P_1, P_2)=(P_i-c_i)D_i(P_1, P_2)$(여기서 $i=1$, 2기업)이다. 버트랜드 경쟁을 하는 두 기업은 동시적으로 가격을 선택한다. 차별화 제품의 버트랜드 모형에서 균형가격은 두 기업의 반응함수(1기업 반응함수: $P_1=R_1(P_2)=\dfrac{1+c_1+P_2}{2}$, 2기업 반응함수: $P_2=R_2(P_1)=\dfrac{1+c_2+P_1}{2}$)로부터 구할 수 있으나, 이 모형에서 2기업의 비용이 확률분포를 가지므로 다음과 같이 변형된 형태로 구한다. 먼저 1기업이 $P_1=P_1^o$를 설정했다 하자. 2기업 반응함수는 $P_2=\dfrac{1+c_2+P_1^o}{2}$로서 1기업의 가격에 상관없이 2기업의 비용에 증가함수이다. 2기업의 반응함수는 $c_2=c_2^L$인 경우에 $P_2^L=R_2^L(P_1)=\dfrac{1+c_2^L+P_1^o}{2}$이고, $c_2=c_2^H$인 경우에는 $P_2^H=R_2^H(P_1)=\dfrac{1+c_2^H+P_1^o}{2}$이다. 1기업이 예상하는 2기업의 반응함수는 두 반응

2) 티롤(Tirole, 1988, ch. 9) 참조.

그림 12-3 비대칭 정보하의 두 기업의 반응곡선

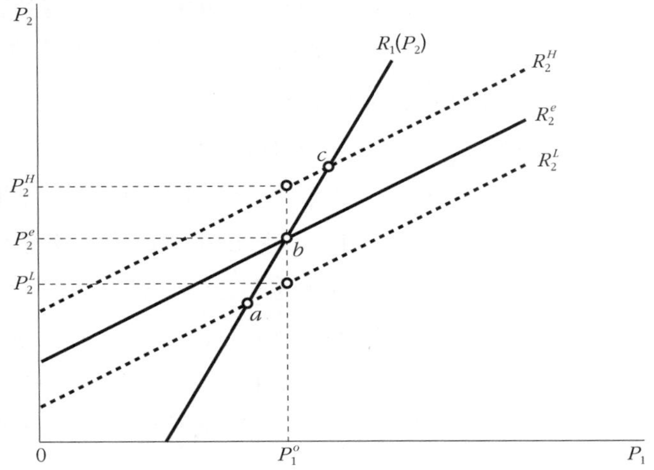

함수의 평균인 기대 가격(P_2^e)으로서 다음과 같다;

$$P_2^e = R_2^e(P_1) = \alpha P_2^L + (1-\alpha)P_2^H = \frac{1+c_2^e+P_1^o}{2}. \tag{12-2}$$

여기서 도출한 세 개의 2기업 반응곡선은 [그림 12-3]에 표시되어 있다.

1기업 제품에 대한 수요는 확률분포를 가지는 2기업의 가격에 따라서 달라지므로 다음과 같은 기대이윤을 극대화하는 P_1을 선택한다; $\pi_1^e = \alpha(P_1-c_1)(1-P_1+P_2^L)+(1-\alpha)(P_1-c_1)(1-P_1+P_2^H)$. 이에 따라서 1기업의 반응함수는 다음과 같으며, [그림 12-3]에 반응곡선이 표시되어 있다;

$$P_1^o = R_1(P_2^e) = \frac{1+c_1+P_2^e}{2}. \tag{12-3}$$

식 (12-2)와 식 (12-3)을 동시에 풀면 두 기업의 균형가격은 다음과 같다; $P_1^o = \frac{3+2c_1+c_2^e}{3}$; $P_2^e = \frac{3+c_1+2c_2^e}{3}$. 이 균형가격은 [그림 12-3]의 점 b이다. 2기업 비용에 대한 정보 비대칭으로 2기업이 '평균 반응곡선'(R_2^e)을 가지는 것처럼 예상되어 R_2^e과 R_1의 교차점에서 균형이 얻어진다. 정보가 대칭적이라면, 버트랜드 균형은 2기업의 비용이 낮은 경우는 점 a에서, 비용이 높은 경우는 점 c에서 발생한다. 균형 가격 P_1^o는 2기업의 기대비용(c_2^e)의 증가함수이므로 비용이 높을 확률인 $(1-\alpha)$의 증가함수이다. 따라서 2기업의 비용이 높을 것으로 보이면 1기업은 가격을 높인다.

2기업이 자신의 비용에 대해서 1기업에게 증명 가능한 정확한 정보를 알릴 수 있고, 정보 공시에 대한 비용이 소요되지 않는 경우를 가정하자. 2기업이 비용이 낮은 경우에 이를 공개하면 이는 약탈가격 전략 효과를 가져온다. 1기업은 낮은 가격을 선택하는 경쟁을 촉발하기 때문이다. 2기업은 비용이 높은 경우에 1기가 끝난 후에 낮은 비용일 확률을 영으로 믿도록 한다. 이 경우에 $c_2^e = c_2^H$이므로 $P_1^H = \frac{3+2c_1+c_2^H}{3}$로서 가장 높은 가격이 되게 한다. 따라서 비용이 높은 기업은 이를 알릴 유인이 있다. 자신의 비용이 높으므로 경쟁기업으로 하여금 가격 경쟁을 완화하려 한다. 그러나 비용이 낮은 기업은 이를 알릴 유인이 존재하지 않는다. 비용에 대한 정보를 제공하지 않는다면 이 기업은 비용이 낮다는 신호를 보내는(signal) 것으로 해석할 수 있다. 자신의 비용이 높은지 낮은지에 대해서 증명가능한 정확한 정보를 알릴 길이 없는 경우에 기업은 (비용이 높은지 또는 낮은지에 대한) 신호를 보내려고 한다.

2 약탈가격과 동태적 분석

약탈가격 전략에 대한 동태적 분석은 정태적 분석보다 훨씬 더 복잡한 수학적 설명이 필요하다. 여기서는 직관적인 설명으로 대신한다. 두 기업이 2기간에 걸쳐서 가격경쟁을 하며, 각 기업의 비용은 사적 정보이다. 기업들은 대칭적 정보하에서 얻는 최적 행동과는 다른 시장 행동을 선택하면서 경쟁기업에 대한 정보를 간접적으로 얻고자 한다. 만약에 경쟁기업을 퇴출시키려는 목적을 가지고 있지 않다면, 기업은 경쟁자가 가격을 올리도록 유도하기 위해서 공세적이지 않게 보이려 한다. 따라서 제1기에 높은 가격을 설정하여 높은 비용 기업이라는 신호를 보낸다. 이는 퇴출을 강요하지 않고 한 시장에서 공생(accommodation)하려 하며, 온순형 전략(제11장 참조)을 요구한다. 이 결과는 대칭적 정보에서 얻는 것보다 더 담합적이다.

경쟁기업을 퇴출시키기 위해서 기업은 더 공세적인 강골형 전략을 취한다. 공세적인 기업은 경쟁기업으로 하여금 시장에서 잔존 가능성에 의문을 갖도록 유도하기 위해서 낮은 비용 기업이라는 신호를 보내고, 실제로 낮은 가격을 설정한다. 낮은 가격 설정은 진입저지 가격 전략에서는 진입을 저지하기 위한 것이고, 약탈가격 전략에서는 경쟁기업을 퇴출하기 위한 전략이다.

지배적 기업과 주변기업의 모형에서처럼 지배적 기업이 다른 기업들보다 낮은 비용을 보유하고 있다면, 퇴출되었던 기업이 재진입시 다시 낮은 가격을 설정하는

데 무리가 없을 것이다. 약탈가격에 이은 독점가격에 재진입이 발생하고 다시 약탈가격 설정과 독점가격에 이은 재진입이 수시로 발생한다고 하자. 이는 지배적 기업이 다른 기업의 시장 진입에 낮은 가격으로 대응하여 낮은 비용의 기업이라는 평판을 얻게 된다. 이에 따라, 지배적 기업의 가격 설정 기록은 재진입을 노리는 퇴출 기업(또는 다른 잠재기업)들로 하여금 지배적 기업의 비용이 낮은지 여부를 알려 주는 지표 역할을 할 수 있다. 이 지표는 완벽하지 않기 때문에 지배적 기업이 높은 비용을 가지고 있다 하더라도, 약탈가격을 설정할 수 있게 하고, 잠재 진입자에게 낮은 비용을 보유한 기업으로 믿게 할 수도 있다. 이 경우에 높은 비용의 지배적 기업은 낮은 경우보다 덜 빈번하게 약탈가격을 설정할 것이다. 높은 비용을 보유한 기업이 낮은 비용을 보유한 것과 같은 착각을 불러오게 하고 진입을 봉쇄할 수 있다면, 비용보다 낮게 가격을 설정하는 행동은 합리적이고 이윤극대화 행동이라고 할 수 있다.

비록 약탈가격 모형이 설득력이 있지만, 약탈가격을 현실에서 실행하는 것은 큰 비용과 위험을 동반한다. 사전에 고객과 고정된 가격으로 계약하여 기업이 진입한다면 성공적인 약탈가격을 방해하게 된다. 또한, 피약탈기업이 다른 시장에서 평판이 좋다면, 해당 시장에서 지배적 기업에 의한 약탈가격 전략은 성공하기 어렵다.

제3절 | 경쟁기업의 비용 올리기 전략

쿠르노 모형에서 한 기업의 비용이 경쟁기업보다 높다면, 그 기업의 시장점유율과 이윤은 다른 기업보다 더 낮으며, 경쟁기업의 점유율과 이윤은 더 높다. 동질적인 버트랜드 모형에서 두 기업의 한계비용이 다른 경우에, 한계비용이 낮은 기업은 한계비용이 높은 기업을 시장에서 퇴출하고, 자신은 상대방의 높은 한계비용을 시장가격으로 설정하여 이윤을 취할 수 있음을 보였다. 만약에 한 기업이 자신의 비용보다 경쟁기업의 비용이 더 높아지게 할 수 있다면, 그 기업은 경쟁기업의 높아진 비용으로 추가 이윤을 얻을 수 있다. 이를 경쟁기업의 비용 올리기(raising rival's cost) 전략이라고 한다(샐롭과 세프만(Salop and Scheffman), 1983, 1987). 경쟁기업의 비용 올리기 전략은 실제경쟁에서 경쟁기업의 점유율 감소, 이윤 하락 또는 퇴출 등의 불리한 위치에 직면하게 한다. 또한, 잠재경쟁에서 진입기업의 진입저지를 목적으로 실행한다. 경쟁기업의 비용을 더 올릴 수 있는 방법은 직접적인 것과 간접적인 것이 있다.

1 비용 올리기 직접 방법

경쟁기업의 비용을 상대적으로 더 올릴 수 있는 직접적인 방법은 경쟁기업의 생산과 판매 경로를 방해하여 비용을 올리는 것이다. 극단적으로 비윤리적인 기업은 경쟁기업에 산업 스파이를 파견하여 생산시설을 파괴하는 방법으로 경쟁기업의 비용을 증가시킬 수 있다. 비윤리적인 기업은 경쟁기업 제품의 품질과 평판을 훼손시키는 작업을 암암리에 진행하여, 경쟁기업이 이를 해소하기 위해서 비용을 지불하게 할 수도 있다.[3] 어느 경우나 비윤리적인 기업도 비용이 소요되지만 경쟁기업이 비용을 상대적으로 더 많이 지출하게 하기 때문에 경쟁기업은 불리한 위치에 처하게 된다.

대형 유통업체는 일부 품목에서 자사 브랜드 제품(private brand)을 판매한다. 우유와 같은 소비재뿐만 아니라 TV 등을 예로 들 수 있다. 이 경우에 대형 유통업체는 자사 브랜드와 경쟁하는 일반 제조업체 제품의 유통비용을 올리는 전략을 취할 수 있는데(오도버 외(Ordover *et al.*), 1990; 라이오단과 샐롭(Riordan and Salop), 1995) 이 전략도 경쟁기업의 비용을 직접적으로 올리는 방법이다.

2 비용 올리기 간접 방법

경쟁기업의 비용을 상대적으로 더 올릴 수 있는 간접적인 방법을 살펴본다.

1) 비대칭 규제

한 기업은 로비를 통해서 자신에게는 유리하고 경쟁기업에는 불리한 비대칭 규제를 유도할 수 있다. 경쟁기업(들)을 불리하게 규제하도록 하여 상대적으로 비용을 올리는 방법이다. 신기술을 도입한 기업은 구기술을 이용하는 기업에게 더 높은 세율을 부과토록 하거나, 더 엄격한 환경규제를 적용하도록 로비할 수 있다.

3) 과거에 한 사업자는 경쟁 사업자의 라면이나 제빵류에 이물질이나 혐오물질을 넣은 사례가 있었다. 이는 경쟁기업의 제품에 대한 소비자의 인식을 나쁘게 하여 점유율을 낮추며, 경쟁기업으로 하여금 더 많은 비용을 지출케 할 목적도 가지고 있다.

2) 묶음판매

한 기업이 A재화 구매 시 B재화도 구매하도록 하는 묶음판매(제14장 참조)를 한다고 하자. 한 가지만 판매하는 경쟁기업은 가격이 상대적으로 올라서 불리한 위치에 처할 수 있다. 예를 들어, 1기업은 A재화와 B재화를 모두 판매하는데 비해서, 2기업은 B재화만 판매하는 경우에, 1기업은 두 재화를 묶음판매하여 소비자들이 2기업의 제품을 덜 선호하게 할 수 있다. 1990년대 후반 마이크로소프트사는 PC제조사가 설치하는 자사의 윈도우에 자사의 브라우저인 인터넷 익스플로러(IE)를 묶음판매하면서, 당시의 시장점유율 1위였던 다른 브라우저인 넷스케이프 내비게이터를 출고 시 윈도우에 설치하지 말도록 요청하였던 적이 있다. 내비게이터를 선호하는 소비자는 윈도우가 설치된 PC에 내비게이터를 별도로 설치해야 하는데 이는 여간 번거로운 일이 아니었다. 이미 인터넷 익스플로러가 설치되어 있었으므로 더 이상 내비게이터를 수요하는 소비자들은 많지 않았다. 마이크로소프트사의 묶음판매는 경쟁사인 내비게이터의 비용을 올리는 결과를 초래하여 시장에서 내비게이터는 사라지게 되었다. 묶음판매를 하는 기업은 경쟁사의 비용을 올리고 이윤을 낮추면서 자신의 이윤을 높일 수 있다는 연구 결과가 많이 있다.

3) 수직결합

수직결합(제13장 참조)은 결합을 안 한 경쟁기업의 비용을 더 올릴 수 있다. 동질적인 중간재를 생산하는 A와 B기업(상류기업이라 함)이 이를 이용하여 최종재를 생산하는 1과 2기업(하류기업이라 함)에 판매하는 시장을 고려하자. 하류기업의 생산비용은 전적으로 상류기업의 중간재 가격에 의존한다고 가정하자. 1기업은 A기업을 수직결합하여 중간재를 시장가격이 아니라 원가로 이전받아서 최종재의 생산비용을 낮출 수 있다. 반면에 결합을 하지 못한 2기업은 이제 독점기업이 된 B기업으로부터 결합 이전보다 높아진 독점가격으로 중간재를 구매해야 한다. 비용이 상승한 2기업은 최종재 시장에서 결합한 1기업과의 경쟁에서 불리하게 된다. 수직결합으로 1기업 점유율과 이윤은 증가하나, 결합을 안 한 2기업은 이윤이 감소하여 퇴출될 수도 있다.

4) 핵심 요소 가격 결정자

시장지배적 기업(A)은 핵심 생산요소(핵심 중간재)의 가격 결정자로서 주변기업에도 공급한다고 가정한다.[4] 최종재 한계비용이 [그림 12-4]처럼 역-L자 모양이라

4) A기업이 이 핵심 요소를 직접 공급하지 않는다 하더라도, 다른 기업들보다 이 요소를 상대적으로 적게

고 가정하자.[5] 생산량 q_o까지 한계비용(=평균비용)은 c_o로 일정하며, q_o에서 무한대이다. 이러한 생산기술은 극단적인 규모의 보수 감소(DRS)라고 할 수 있다. A기업은 자신의 한계비용(c_o)에 마진을 부과하기 때문에 주변기업들의 한계비용은 $c_1(>c_o)$으로 더 높으며 공급함수는 완전 탄력적(또는 생산기술이 규모수익 불변(CRS))이라고 가정한다. 주변기업들은 생산물시장에서 가격순응자이다. 시장지배적 기업이 전략적 행동을 취하지 않는 경우에 시장가격은 주변기업의 한계비용에서 결정되므로 $P=c_1$이다. 지배적 기업은 q_o를 생산하고, 이윤은 $\pi=(c_1-c_o)q_o=c_1c_oab$이다. 주변기업들의 이윤은 영이다.

이제 시장지배적 기업이 핵심 요소의 가격을 전략적으로 c_2로 올렸다고 하자. 시장지배적 기업의 한계비용은 변하지 않으며, 평균비용은 변화가 없거나, 매우 적게(c_2-c_1보다 적게) 상승한다고 가정한다. 시장지배적 기업의 핵심 요소 투입비율이 상대적으로 낮은 경우에 평균비용은 이러한 변화를 보일 수 있다. 지배적 기업의 평균비용이 변화가 없는 경우에 주변기업에 대한 핵심요소 가격 인상으로 지배적 기업의 이윤은 $(c_2-c_1)q_0=c_2c_1bd$만큼 더 증가한다. 평균비용이 c_2-c_1보다 적게 상승한다면, 지배적 기업의 이윤은 이보다는 더 적게 증가한다. 주변기업들의 공급량은 감소하며, 일부 기업들은 퇴출한다. 개별 주변기업의 이윤은 영이다.

그림 12-4 규모의 보수감소 산업의 비용구조

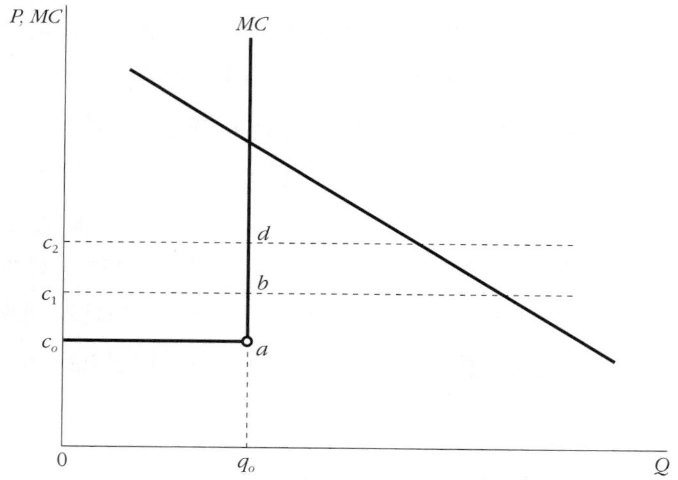

투입하고, 핵심 요소 가격 결정에 영향력이 큰 경우를 가정하여도 동일한 결과를 얻는다.

5) 이 시장은 제4장에서 소개한 시장지배적 기업 시장구조에 해당한다. 세프만(Scheffman, 1992)을 따라서 일부 모형을 변경하여 설명한다.

시장지배적 기업이 핵심 요소의 가격을 정할 수 있다면, 그리고 요소 가격의 전략적 인상으로 자신의 평균비용이 그리 많이 변하지 않는다면, 지배적 기업은 핵심 요소 가격을 올려서 자신의 이윤을 증가시키고 경쟁기업을 퇴출 시킬 수 있다.

제4절 | 협조 전략: 카르텔과 담합

약탈기업은 약탈 전략을 구사하여 경쟁기업을 퇴출시켜 독점적 지위를 얻으려는 행동을 취할 수 있다. 그러나 이와 반대로 과점시장의 기업들은 경쟁을 피하기 위하여 협조 전략을 구사하기도 한다. 협조 전략은 경쟁을 줄이고 기업간 공생하는 전략으로서 경쟁기업들이 집합적으로 독점적 지위를 얻고자 한다. 기업의 협조 전략은 독점가격을 설정하고 생산량을 줄여서 개별 기업의 이윤을 증가시킬 목적을 가지고 있다. 쿠르노 모형에서 기업들의 이윤의 합보다 독점기업의 이윤이 더 크다는 사실을 상기할 때 과점시장의 기업들은 협조할 유인이 충분히 존재한다. 이 절은 경쟁하는 기업들이 어떤 조건으로 협조 전략을 채택하는지 알아본다. 협조 전략의 대표적인 예로는 카르텔과 담합이 있다. 먼저 시장에서 카르텔이 성립하고 유지될 수 있는 요인을 살펴본다.

1 카르텔

카르텔(cartel)은 독점적 지위를 행사하기 위해서 기업활동을 조정하기로 합의한 기업 협의체를 말한다. 독점 행동의 하나인 시장가격을 올리기 위해서는 카르텔 회원 기업의 생산량을 제한할 수 있어야 한다. 산업 내 모든 기업이 카르텔에 가입하여 시장가격을 독점가격으로 올리고, 생산량의 총합이 독점기업 생산량이 되도록 줄일 수 있다면, 개별 기업의 이윤은 카르텔 구성 이전에 비해서 증가하므로 모든 기업은 카르텔을 구성할 유인이 있다.

카르텔 자체나 가격 인상을 위한 담합은 우리나라를 포함하여 대부분의 국가에서 불법이다. 담합은 비밀리에 또는 암묵적으로 하게 되는데 참여한 기업들은 규제기관으로부터 적발 시 벌과금을 감수해야 한다. 우리나라의 공정거래법에 '사업자단체'는 회원사의 경제적 이익을 목적으로 하는 단체로서 카르텔을 말한다. 공정거래법에 '부당공동행위'는 담합을 의미하며, 가격의 결정-유지-변경 등 8개의 유형이 있다.

1) 카르텔 성립 요소

카르텔을 성립하기 위한 주요한 요소는 다음과 같다; ① 시장가격을 올릴 수 있는 능력이 있어야 한다. 카르텔 구성 이전보다 카르텔 성립 이후 현격히 가격을 인상할 수 있다면 기업들은 가입하게 된다. 카르텔이 직면하는 수요가 덜 탄력적일수록, 카르텔은 더 높은 가격을 설정할 수 있다. 그러나 비회원 기업이 시장에 진입하거나 다른 산업의 대체재의 존재는 카르텔의 가격 상승을 저지하는 역할을 한다. 카르텔의 회원사에 의한 공급량이 시장에서 차지하는 비율이 작다면, 카르텔 비회원사는 카르텔 가격보다 낮게 설정(undercutting)하여 카르텔의 시장가격 인상을 무력화 할 수 있다. 또한 현재에 모든 기업이 카르텔을 형성하고 가격을 높이 설정할 수 있다 하더라도, 장기적으로는 높은 가격을 유지하기가 어려울 정도로 신규기업의 진입이 발생하면 시장가격은 하락할 수 있다.

② 적발되었을 경우 처벌 기대치가 카르텔을 통해서 얻을 수 있는 기대가치보다 작아야 한다. 카르텔 회원 기업들은 정부에 적발되지 않거나, 적발되었다 하더라도 처벌을 심하게 받지 않는다면 카르텔에 가입하려고 한다. 적발 시 벌과금의 기대치가 높다면 카르텔 형성으로부터 얻는 순 기대가치는 감소하게 될 것이고 카르텔은 약화될 것이다.

③ 카르텔 창립 비용과 유지 비용이 기대가치보다 작아야 한다. 다른 모든 조건이 동일해도 카르텔 유지·관리 비용이 높다면, 카르텔 형성이 어렵다. 적은 수의 기업이 참여하거나 좁은 지역에서 카르텔을 조직하는 경우, 시장 집중도가 높은 경우, 그리고 모든 기업이 거의 동질적 제품을 생산하는 경우에 카르텔 유지·관리 비용은 낮다.

2) 카르텔을 유지할 수 있는 요인

다음의 경우에 카르텔은 오래 유지될 수 있다; ① 협정 내용의 위반(cheating) 사실을 적발하기 용이하면 카르텔은 오래 유지된다. 시장에 적은 수의 기업이 경쟁하거나, 전반적으로 가격이 잘 알려지거나, 해당 제품의 가격이 다른 제품의 가격과는 독립적으로 움직이거나, 모든 카르텔 회원사들이 동질의 제품을 동일한 지점에서 판매하는 경우에 적발이 용이하다. ② 위반에 대한 유인이 낮은 경우에 카르텔은 오래 유지될 수 있다. 한계비용이 상대적으로 비탄력적인 경우(규모의 보수 감소로 한계비용이 수직선인 경우)에는 생산량 증가에 어려움이 있으므로 카르텔이 정한 생산량을 쉽게 증가시킬 수 없다. 소량 구매 고객이 많은 경우에 가격 인하 유인이 줄어든다. 대량 구매 고객이 가끔식 구매한다면, 가격 인하를 해도 카르텔이 적발하기 어렵다. ③ 위반을 저지할 다양한 방안이 있다면, 카르텔은 오래 유지할 수 있다. 이에는 다음과 같은 방안들이 있다; 호혜평등 조건(a most-favored-nation clause)은 다른 고객에 더 낮은 가격으로 판매하지 않는다는 조건이다. 만약에 한 고객에 낮은 가격을 제시하면 다른 고객에게도 낮은 가격을 제시해야 한다는 조건이다. 경쟁 조건(a meeting-competition clause)은 만약에 한 기업이 낮은 가격에 판매하면, 다른 기업도 그에 부응해서 낮은 가격에 판매할 것을 보증하는 제도이다. 이 조건은 구매자가 카르텔에 낮은 가격을 전달하기 때문에 기업이 위반하기 어렵게 한다. 촉발가격(trigger price)은 한 회원사가 어느 수준 아래로 가격을 낮추면(이 가격을 trigger price라 함), 다른 기업도 카르텔 이전의 생산량 수준으로 증가한다는 조건이다. 촉발가격으로 카르텔이 해체된다면 모든 기업의 이윤은 카르텔 이전으로 하락하므로 회원사들은 이를 두려워하여 카르텔 협정을 위반할 유인이 낮아진다.

2 경쟁시장의 카르텔 구성 유인

카르텔을 구성한다면 카르텔 이전보다 가격은 상승하고 생산량은 감소하여 카르텔 전체의 이윤이 증가한다. 완전경쟁시장의 모든 개별 기업들이 카르텔에 참여하면 이는 집합적으로 독점기업이 된다. 이 경우에도 개별 기업(회원사)의 이윤이 카르텔 구성 이전보다 증가하는지 살펴보자. 경쟁시장의 개별 기업은 생산량 감소로 자신이 얻을 혜택을 고려하지만, 시장 가격의 상승과 총생산량의 감소로 인해 다른 모든 기업이 얻을 혜택은 무시한다. 이에 비해서 카르텔은 개별 기업의 생산량의 감소로 모든 회원사가 얻을 혜택을 고려하므로 경쟁시장의 총생산량은 카르텔의 총생산량보다 더 많다.

[그림 12−5] (a)에는 경쟁시장의 개별 기업i의 한계비용(MC_i)을 표시했다. [그림 12−5] (b)에는 시장수요(D)와 모든 개별 기업의 한계비용의 합인 $MC=\Sigma MC_i$를 표시했다. 경쟁시장에서 MC는 시장공급(S)이므로 균형 가격은 시장공급과 시장수요가 교차하는 P_c에서 결정되고 시장 생산량은 Q_c이다. 개별 기업은 가격순응자로서 주어진 가격과 한계비용이 교차하는 점($P_c=MC_i$)에서 q_c를 생산하여 이윤을 극대화한다. 만약에 모든 기업들이 카르텔에 가입한다면 카르텔은 독점기업이나 마찬가지이므로 이윤은 한계수입(MR)과 한계비용(MC)이 교차하는 점에서 Q_m을 생

산하고 독점가격 P_m을 부과한다.

[그림 12-5] (b)에서 보듯이 경쟁시장의 산업 균형에서 모든 기업의 총 생산량은 Q_c이다. 이 생산량에서 카르텔의 한계비용(점 C)은 한계수입(점 e)을 초과하므로 카르텔은 집합적으로 산업 생산량을 줄이면 한계수입이 증가하고 한계비용은 감소하므로 카르텔의 이윤을 증가시킬 수 있다. 카르텔은 이윤극대화를 위해서 한계수입과 한계비용이 교차하는 점 B까지 생산량을 줄여서 $MR=MC$인 Q_m을 생산하고 시장가격은 P_m으로 인상한다. 카르텔의 생산량 Q_m에서 한계수입은 점 B에서 m이므로 [그림 12-5] (a)와 같이 회원기업은 $MC=m$인 점 f에서 q_m을 생산한다. 개별 회원 기업이 점 f에서 생산하도록 하는 것은 다공장의 독점기업이 개별 공장의 최적 생산량을 결정하는 것과 동일하다(제4장 참조). 카르텔은 동일한 n개의 개별 기업(회원사)에게 동일한 생산량 $q_m(=\frac{Q_m}{n})$을 생산하고, 가격 P_m을 받도록 하며, 카르텔의 초과 이윤(P_mmBA)은 개별 기업(P_mmfa)이 똑같이 나누어 가진다.

완전경쟁시장에서 개별 기업들은 생산량을 줄여서 이윤 증대의 기회가 있지만 자발적으로 생산량을 줄이지 않는다. [그림 12-5] (a)에서 보듯이 개별 기업의 이윤극대화 생산량은 q_c이고 시장가격은 P_c이다. 시장가격은 개별 기업에게 수평선의 수요곡선으로서 한계수입(MR)이다. 만약에 개별 기업이 자신의 생산량 q_c를 줄인다면 한계수입($MR=P_c$)은 그대로인데 한계비용(MC_i)은 한계비용 곡선을 따라서 감소한다. 이는 $MR>MC_i$가 되어 이윤극대화에 부합하지 않는다. 즉, 완전경쟁시장의 개별 기업 입장에서 생산량을 줄일 유인이 없지만, 카르텔을 구성한 개별 기

그림 12-5 경쟁시장과 카르텔 비교

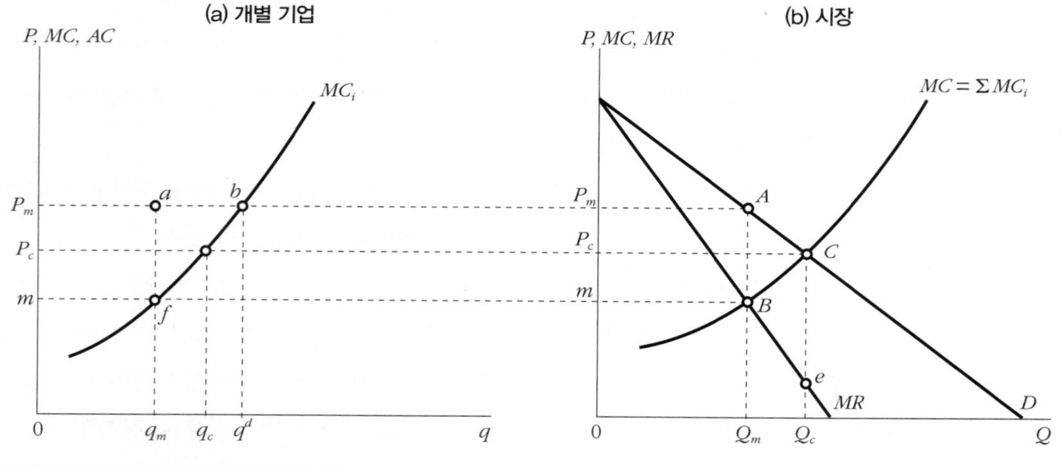

업은 집합적으로 보았을 때 생산량을 줄일 유인이 있다.

경쟁시장에서 개별 기업은 생산량을 줄이고 가격을 인상하여 다른 모든 기업들이 얻을 수 있는 이득(gain)을 무시하기 때문에 외부성(externality)이 발생한다. 반면에 카르텔 회원 기업들은 협조적으로 일하여 각자 생산을 줄여서 이득을 얻고 이를 나누어 가지므로 개별 기업의 생산 감소로 만들어진 외부성은 카르텔에 의해서 내부화(internalize)된다고 볼 수 있다.

경쟁시장에는 일반적으로 많은 기업이 있다고 가정한다. 이는 카르텔 성립에 장애요인임이 분명하다. 카르텔을 조직하고 유지하는 데는 적은 수의 기업이 유리하다고 했다. 따라서 경쟁시장은 현실적으로도 카르텔을 만들기 어려운 환경이다. 설사 카르텔이 구성되었다 하더라도 개별 회원 기업은 협정 내용(P_m의 가격과 q_m의 생산량)을 위반(cheating)하려는 유인이 존재한다. 개별 회원 기업은 P_m에서 q_m의 생산량 대신에 $P_m=MC_i$인 q^d를 생산하는 것이 이윤을 더 증가(afb)시킬 수 있기 때문이다. 따라서 경쟁시장에는 많은 기업들이 있기 때문에 그리고 협정 내용을 위반할 좋은 유인이 존재하기 때문에 경쟁시장의 기업들이 카르텔을 결성하고 유지하는 것은 현실적으로 어려운 일이다.

3 과점시장의 협조 전략과 담합

과점시장에서 기업들이 협조 전략을 추구할 유인이 있는지 쿠르노 모형을 통해서 알아보자. 제8장에서 소개한 바와 같이 동질적인 제품을 생산하는 쿠르노 모형에서 q_1과 q_2를 생산하는 1기업과 2기업의 한계비용이 c로 일정하다고 가정하자. 시장 수요는 $P=a-bQ$이다. P는 시장가격, Q는 산업 생산량으로서 1기업과 2기업의 생산량의 합($Q=q_1+q_2$)이다. 두 기업의 쿠르노-내쉬 균형은 다음과 같다; $q_1^c=q_2^c=\frac{a-c}{3b}$. 산업 생산량은 $Q_c=q_1^c+q_2^c=\frac{2(a-c)}{3b}$이고 시장가격은 $P^c=\frac{a+2c}{3}$이다. 비협조적 쿠르노-내쉬 균형에서 각 기업의 이윤은 $\pi_1^c=\pi_2^c=\frac{(a-c)^2}{9b}$이다.

두 기업이 카르텔을 구성한다고 하자. 이 협조 전략은 두 기업으로 하여금 독점기업처럼 행동하게 하여 독점 생산량($Q_m=\frac{a-c}{2b}$)을 생산한다. 카르텔 가격은 $P_m=\frac{a+c}{2}$이며 카르텔의 이윤은 $\pi_m=\frac{(a-c)^2}{4b}$이다. 두 기업은 카르텔 생산량을 반씩 생산($q_1^m=q_2^m=\frac{a-c}{4b}$)하며 카르텔 이윤을 반씩 분배한다; $\pi_1^m=\pi_2^m=\frac{(a-c)^2}{8b}$.

협조체제에서 개별 기업이 얻는 이윤은 비협조적 체제에서 얻는 이윤보다 더 크므로($\pi_i^m=\frac{(a-c)^2}{8b}>\pi_i^c=\frac{(a-c)^2}{9b}$) 카르텔(담합)의 유인이 존재한다. 그러나 협조체제는 불안정하다. 게임이론을 이용하여 살펴보자. 1기업은 2기업이 협조 전략을 견지한다는 예상하에서 자신은 비협조적인 행동을 취하므로서 이윤을 더 증가시킬 수 있다. 2기업이 협조 전략으로 $q_2^m=\frac{a-c}{4b}$을 생산한다고 1기업이 예측한다면, 1기업의 가장 좋은 반응은 이를 자신의 반응함수에 대입하여 생산량(q_1^d)을 도출하는 것이다. 즉, $q_1^d=\frac{a-c}{2b}-\frac{q_2^m}{2}=\frac{3(a-c)}{8b}$이다. 산업 생산량은 $Q^d=q_1^d+q_2^m=\frac{3(a-c)}{8b}+\frac{a-c}{4b}=\frac{5(a-c)}{8b}$이고, 시장가격은 $P^d=\frac{3a+5c}{8}$이다. 1기업의 이윤은 $\pi_1^d=\frac{9(a-c)^2}{64b}$이고, 2기업의 이윤은 $\pi_2^{dm}=\frac{3(a-c)^2}{32b}$이다. 1기업의 생산량과 이윤은 두 기업의 협조 전략에 의한 생산량($q_1^m=\frac{a-c}{4b}$)과 이윤($\pi_1^m=\frac{(a-c)^2}{8b}$)보다 더 크고, 2기업의 생산량과 이윤은 비협조 체제(쿠르노-내쉬 균형)의 생산량과 이윤보다 더 적다. 1기업은 두 기업의 협조 전략을 배반하여 더 좋은 성과를 낼 수 있음을 보인다. 두 기업이 협조 전략을 한다는 가정하에 2기업이 배반한다면, 앞과 반대의 결과를 얻는다. 2기업의 생산량과 이윤은 협조 전략에서의 균형보다 증가하고, 1기업은 생산량과 이윤은 비협조 체제의 균형보다 감소한다. 즉, $q_1^m=\frac{a-c}{4b}$, $q_2^d=\frac{a-c}{2b}-\frac{q_1^m}{2}=\frac{3(a-c)}{8b}$, 1기업의 이윤은 $\pi_1^{dm}=\frac{3(a-c)^2}{32b}$, 2기업의 이윤은 $\pi_2^d=\frac{9(a-c)^2}{64b}$이다. 이러한 결과를 〈표 12-1〉에 정리하였다.

이 표는 제7장 용의자의 딜레마 게임의 보수행렬(〈표 7-2〉)과 동일하다. 단순한 계산에 따르면 이 표의 보수는 다음의 순서를 보인다; $\frac{3(a-c)^2}{32b}<\frac{(a-c)^2}{9b}<\frac{(a-c)^2}{8b}<\frac{9(a-c)^2}{64b}$. 두 기업의 전략이 협조(담합)와 비협조(쿠르노 경쟁)가 있다고 하자. 상대방이 어떤 전략을 선택했는지 알지 못한 상태에서 나의 행동을 선택하는 경우에 두 기업은 (비협조, 비협조)의 결과를 얻는다. 두 기업은 협조 전략을 택하여 더 높은 보수를 얻을 수 있음에도 불구하고 합리성 때문에 담합에 이르지 못하게 된다. 이는 용의자의 딜레마 게임에서 내쉬 균형이 (자백, 자백)인 것과 같다. 한 기업이 생산량을 증가할 때 시장가격은 이 기업에게뿐만 아니라 경쟁기업에게도 하락한다. 그러나 생산량을 증가하는 기업은 가격이 자신에게 미치는 효과만 고려하지 상대 기업에게 미치는 영향은 고려하지 않는다. 즉, 외부성이 발생한

표 12-1 협조 전략과 비협조 전략에 따른 보수행렬

1기업 \ 2기업	비협조 (쿠르노)	협조 (담합)
비협조 (쿠르노)	$\frac{(a-c)^2}{9b}$, $\frac{(a-c)^2}{9b}$	$\frac{9(a-c)^2}{64b}$, $\frac{3(a-c)^2}{32b}$
협조 (담합)	$\frac{3(a-c)^2}{32b}$, $\frac{9(a-c)^2}{64b}$	$\frac{(a-c)^2}{8b}$, $\frac{(a-c)^2}{8b}$

다. 생산을 증가하는 기업은 이 외부성을 무시하고 '너무 많이' 생산하기 때문에 시장가격이 하락하여 경쟁기업의 이윤은 하락한다. 담합을 하게 되면 이 외부성을 내부화하여 한 기업이 다른 기업에 미치는 효과를 고려한다. 따라서 생산을 줄이고, 시장가격을 높여서 각 기업의 이윤을 증가시킨다. 그러나 이 담합은 불안정하기 때문에 비협조 전략을 선택하게 된다.

기업의 경쟁은 일회에 끝나는 것이 아니라 반복적으로 발생한다. 〈표 12-1〉과 같은 보수행렬을 가진 두 기업이 여러 기간동안 반복 게임을 한다면 두 기업은 협조 전략을 선택할 것인가? 우리는 제7장에서 이 질문에 대한 답을 얻은 바 있다. 여기서는 협조 전략과 관련해서 결과만 요약해 보자. 유한 반복게임을 하는 경우에 매 기간 두 기업은 일회성 게임과 동일한 내쉬 균형을 얻으며, 이를 '젤튼의 정리'라고 했다. 따라서 두 기업이 유한한 기간동안 (예를 들어 100번의 기간) 위와 같은 게임을 하는 경우에 두 기업은 비협조 전략을 선택한다.

그러나 무한히 긴 기간 동안 반복게임을 한다면 그리고 제7장에서 소개한 바와 같이 촉발전략(trigger strategy)이나 상대방 따라하기 전략(tit-for-tat strategy)을 사용한다면, 두 기업은 협조 전략을 선택하게 된다. 두 기업이 매우 오랜 기간 동안 경쟁을 할 것으로 예상한다면 두 기업은 담합하게 된다. 제7장의 반복게임에 따르면 이 결과는 할인율의 크기에 달려 있다. 할인율은 시간에 대한 선호율이므로 무한 반복게임에서 도입한 배반에 대한 보복 때문에 할인율이 어떤 범위 이상이면 현재의 배반으로 인해서 얻을 이득보다 미래에 닥칠 보복으로 인한 피해가 더 크므로 배반의 유인이 사라지고 협조 전략을 구사하게 된다.

연 | 습 | 문 | 제

1. 본문에 있는 '성공하는 약탈적 가격전략'의 지배적 기업과 주변기업 모형을 고려하시오. 지배적 기업이 한계비용을 40에서 10으로 하락시킨 후 독점기업으로 행동할 유인이 있는지 계산하시오.

2. 약탈가격 전략은 성공하지 못한다는 시카고 학파의 주장을 1) 합병 전략, 2) 자금 시장의 대출 가능성에 기초하여 설명하시오.

3. 경쟁기업의 비용 올리기 방법의 하나인 핵심 요소 공급자의 요소 가격 인상이 현실적으로 불가능할 수 있음을 지적하시오.

4. 경쟁시장에서 개별 기업들이 카르텔을 구성하기 어려운 이유를 설명하시오.

5. 한 시장의 공급자들이 카르텔 회원사와 비회원사로 구성되어 있다고 하자. 회원사는 집합적으로 하나의 시장 지배적 기업으로 행동하고 비회원사들은 주변기업처럼 행동한다고 하자. 회원사가 탈퇴하여 비회원사가 증가하는 경우에 시장의 균형이 어떻게 변하는지 설명하시오.

6. 시장의 역수요함수가 $P=100-Q$이다. 여기서 $Q=Q_1+Q_2$이며 Q_i는 $i(=1, 2)$기업의 공급량이다. i기업의 한계비용은 각각 C_1과 C_2로 일정하다. 두 기업이 쿠르노 경쟁을 한다고 하자.

1) 각 기업의 반응함수, 쿠르노 균형 생산량, 이윤을 구하시오.
2) $C_1=C_2=10$인 경우에, 위 문제를 반복하시오.
3) 한계비용을 결정할 수 있는 2기업이 자신의 한계비용은 10으로 유지하면서 1기업의 한계비용을 20으로 올렸다고 하자. 문제 1)을 반복하고, 2)의 결과와 비교하시오.

7. 차별화 버트랜드 경쟁을 하는 1기업의 수요함수가 $Q_1=100-P_1+P_2$이고 2기업의 수요함수는 $Q_2=100+P_1-P_2$이다. 1기업과 2기업의 한계비용은 각각 C_1과 C_2로 일정하다.

1) 각 기업의 반응함수, 버트랜드 균형 가격과 생산량, 이윤을 구하시오.
2) $C_1=C_2=30$인 경우에, 위 문제를 반복하시오.
3) 한계비용을 결정할 수 있는 1기업이 2기업의 한계비용을 60으로 올렸다고 하자. 이 과정에서 1기업의 한계비용은 40으로 상승하였다. 문제 1)을 반복하고, 2)의 결과와 비교하시오.

8. 시장지배적 기업의 시장구조에서 시장 역수요함수가 $P=100-Q$이다. 지배적 기업의 비용함수는 $C_d=5Q_d$이며 생산용량은 $Q_d=10$이다. 주변기업의 비용함수는 $C_f=6Q_f$이다.

1) 지배적 기업의 이윤을 계산하시오.

2) 지배적 기업이 자신의 비용에는 변화가 없으면서 주변기업의 한계비용을 6에서 8로 올렸다고 하자. 지배적 기업의 이윤을 계산하고 1)과 비교하시오.

3) 지배적 기업의 한계비용이 $MC_d=20+\frac{1}{4}Q$라고 가정하자. 수요는 동일하다.

a) 모든 주변기업의 한계비용의 합이 $MC_{f1}=40+2Q$인 경우에 시장 판매량, 시장가격, 주변기업의 총 판매량, 지배적 기업의 판매량, 지배적 기업의 생산자잉여를 계산하시오.

b) 지배적 기업이 자신의 비용에는 변화가 없으면서 모든 주변기업의 한계비용의 합을 $MC_{f2}=50+2Q$로 올렸다고 하자. 위 문제 a)를 반복하고 결과를 비교하시오.

c) 문제 a)와 b)에서 주변기업은 주어진 가격에서 1단위씩만 생산한다면, 한계비용의 상승으로 몇 개의 기업이 퇴출하는가?

제13장

기업결합

장을 시작하며

기업결합은 서로 다른 기업이 단일한 경영체제에 의해 지배되는 상태를 말한다. 기업결합 수단에는 주식취득(acquisitions), 합병(mergers), 회사설립, 임원겸임, 영업양수가 있다. 이 중에서 주식취득과 합병이 주요 수단이므로 기업결합은 흔히 합병 또는 M&A(Mergers and Acquisitions)라고 부른다.[1] 기업결합은 기업 간 담합이나 카르텔과는 달리 합법적이다. 그러나 기업결합은 경쟁에 미치는 영향이 크므로 정부 규제기관의 승인 사안으로 규제법과 지침이 마련되어 있다. 대표적인 규제기관은 공정거래위원회이다.[2]

기업결합의 유형에는 수평결합, 수직결합, 혼합결합이 있다. 수평결합(horizontal mergers)은 한 산업에서 경쟁하는 기업들이 하나의 기업으로 결합하는 것을 말한다. 대체재를 생산하는 기업간 결합이라 할 수 있다. 수직결합(vertical mergers)은 생산단계가 수직적인 관계를 가지고 있는 기업 간 결합이다. 중간재나 원재료를 생산하는 기업과 이를 이용하여 최종재(또는 또 다른 중간재)를 생산하는 기업의 결합은 구매자–판매자의 수직 관계 기업 간 결합이다. 혼합결합은 연관이 별로 없는 시장에 있는 기업 간 결합으로서 'conglomerate 결합'이라고도 한다. 혼합결합은 취득기업과 피취득기업이 생산이나 유통에서 기능적으로 연관이 있어서 제품 확장의 일환으로 결합하는 경우, 동일한 제품을 생산하지만 지리적으로 다른 시장에서 판매하여 시장 확장의 일환으로 결합하는 경우, 그리고 생산과 유통에서 실질적으로 아무 연관이 없는 기업 간 결합하는 경우로 세분할 수 있다. 우리나라의 대

1) 영어에서 mergers, acquisitions, takeovers, integration은 모두 기업결합을 의미하는 동의어로 사용된다.
2) 은행 등 금융기관의 기업결합은 금융위원회, 방송통신 사업자의 기업결합은 방송통신위원회에서 관장하나 공정거래위원회와 협의를 한다.

규모 기업집단(재벌)은 혼합결합의 한 종류에 해당하며, 지주회사도 혼합결합이라고 간주할 수 있다. 우리나라를 포함해서 아시아 국가의 대규모 기업 중에는 혼합결합인 경우가 많은 편인데 비해서 서구 자본주의 국가에서는 그리 많은 편은 아니다. 혼합결합한 기업을 conglomerates, industrial group(산업집단), 또는 business group(경영집단)이라고 한다. 이에 비해서 특정 제품 생산에 집중하는 기업을 전문기업(specialized firm)이라고 한다.

세 가지 결합 유형에서 수평결합, 혼합결합, 수직결합 순으로 설명한다. 이어서 수직결합을 대체하는 수직제약 도구를 소개한다. 마지막으로 수직관계에서 발생할 수 있는 '경제적 강탈' 문제를 논의한다.

제1절 | 수평결합

수평결합은 대체재를 생산하는 기업 간 결합이다. 동질적인 재화를 생산하는 경쟁기업 간 결합은 산업내 기업 수를 줄이므로 반경쟁적 효과(또는 경쟁제한 효과)가 나타날 수 있다. 그러나 기업결합으로 규모의 경제를 실현하거나 비용절감을 할 수 있다면, 시장가격을 낮추고 생산이 증가하여 후생을 증진하는 친경쟁적 효과(또는 효율성 항변효과)를 얻을 수 있다. 우리나라의 전체 결합 중에서 수평결합의 승인 비율은 1/4이 넘는다. 수평결합이 반경쟁적인 효과만 가져온다면 이렇게 많이 승인이 되지 않을 것이다. 다양한 모형을 이용하여 반경쟁적인 수평결합과 친경쟁적인 수평결합을 소개하고 사회후생의 변화에 대해서 살펴본다.

1 경쟁시장에서의 수평결합

수평결합은 결합기업의 독점력을 높이고 반경쟁적 효과로 사회후생을 감소시키는 경향이 있다. 경쟁시장에 n개의 기업이 있으며 개별기업의 비용이 $C=c_o q_i$ ($i=1, \cdots, n$)로 동일하다고 가정하자. 시장 수요는 $P=a-bQ$이며, Q는 시장 수요량으로서 산업 공급량이다($Q=\sum_{i=1}^{n} q_i$). 수평결합 이전에 시장 균형은 [그림 13-1]과 같이 $P_e=c_o$이며, 산업 공급량은 Q_e이다. 개별 기업의 생산량은 $q_i=\dfrac{Q_e}{n}$이다. 기업 이윤(생산자잉여)은 영이고, 소비자잉여는 $aP_e h$이다. 사회후생은 소비자잉여와 같다. 만약에 경쟁시장의 모든 기업들이 결합한다면 독점기업이 되어 균형 생산량과 가격

그림 13-1 경쟁기업의 수평결합 효과

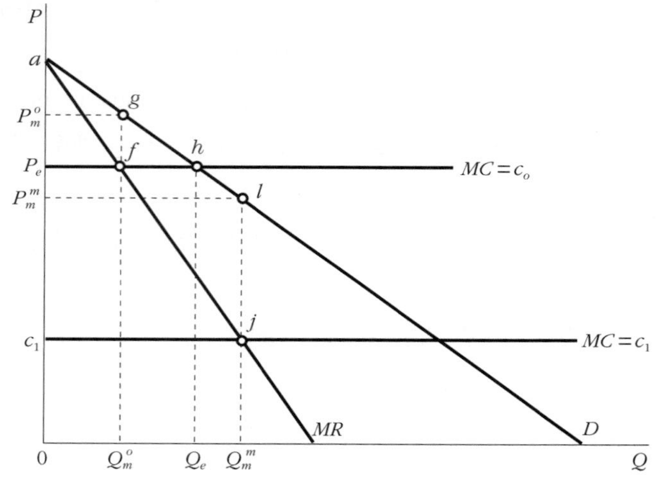

은 각각 Q_m^o과 P_m^o이다. 결합 이후에 사회후생은 aP_m^og(소비자잉여)$+P_m^oP_efg$(독점이윤)으로 gfh만큼 감소하므로 수평결합은 반경쟁적이다.

그러나 수평결합 이후에 규모의 경제를 실현하여 한계비용이 c_1으로 (많이) 하락한다면, 결합된 기업은 결합 이전의 경쟁시장의 생산량보다 더 많은 Q_m^m을 생산하고 더 낮은 가격 P_m^m을 설정하여 사회후생은 결합 이전보다 더 증가할 가능성이 있다. 소비자잉여는 $P_eP_m^mlh$, 생산자잉여(독점이윤)는 $P_m^mc_1jl$만큼 증가하여 사회후생의 증가를 가져오므로 수평결합은 친경쟁적이다.

그러나 이 결과는 과연 규모의 경제와 비용 절감이 어떻게 달성될 것인지에 대한 설명이 불분명하다. 또한 결합하는 경우에 산업의 모든 기업이 수평결합에 참여할지도 의문이다. 설사 모두 참여한다 해도 수평결합에 막대한 비용이 소요될 것이다. 경쟁시장에서 수평결합을 하는 경우 친경쟁적인 효과가 발생할 수도 있으나 현실적 제약이 있다.

2 과점시장에서의 수평결합

일반적으로 수평결합하면 독점기업이 된다고 가정하는데 현실적으로 결합하지 않는 기업이 존재할 수 있다. 이를 '독점으로 결합되지 않는 수평결합'이라고 한다. 과점시장에서 '독점으로 결합되지 않는 수평결합'의 경우를 고려하자. 이 경우에 '결합의 역설'이 발생한다(샐란트 외(Salant *et al.*), 1983). 쿠르노 모형에서 한계비용이 10이며 동질적인 세 개의 기업이 경쟁하고, 시장수요가 $P=100-Q$라고 가정하자. 산업 생산량 $Q=q_1+q_2+q_3$이고 $q_i(i=1, 2, 3)$는 각 기업의 생산량이다. 결합하지 않은 경우 각 기업의 쿠르노-내쉬 균형 생산량은 $q_i^c=22.5$, 가격은 $P^c=32.5$, 각 기업의 이윤은 $\pi_i^c=506.25$이다. 이에 비해서 세 개의 기업이 모두 수평결합하면 독점이윤은 2,025이다. 이는 결합 이전 세 기업의 이윤의 합보다 크므로 세 기업이 하나로 결합할 유인이 있다.

'독점으로 결합되지 않는 수평결합'은 두 개의 기업은 수평결합하고, 세 번째 기업은 개별 기업으로 남는 경우이다. 결합 이후에 쿠르노 경쟁은 결합한 기업과 결합하지 않는 다른 기업이 경쟁하는 복점시장이 된다. 결합한 기업의 생산량을 q_{12}라 하고 결합하지 않은 기업의 생산량은 그대로 q_3라 하자. 이 경우에 결합 이전에 비해서 쿠르노-내쉬 균형 생산량은 $q_{12}^c=q_3^c=30$으로 증가하고 시장가격은 40으로 상승한다. 각 기업의 이윤은 $\pi_{12}^c=\pi_3^c=900$으로 증가한다. 결합한 기업의 이윤은 $\pi_{12}^c=900$으로 결합 이전에 두 기업의 이윤의 합$(1,012.5=\pi_1^c+\pi_2^c= 506.25+506.25)$보다 적다. 결합 이후에 산업 생산량은 감소하고 시장가격은 상승하므로 소비자에게는 나쁜 소식이다. 결합 이후에 결합한 기업의 이윤은 결합 이전의 두 기업의 이윤의 합보다 더 커야 결합할 유인이 발생하는데 그렇지 못하다. 이에 비해서 결합하지 않은 기업의 생산량은 증가하고 이윤도 증가한다. 세 개의 기업이 경쟁하는 쿠르노 모형에서 이론상으로 어느 두 기업도 결합할 유인이 없지만, 현실적으로 이러한 수평결합이 자주 관찰되는데 이를 '결합의 역설'이라고 한다.

제8장에서 소개한 스택클버그 모형을 고려해 보자. 제1기에 두 개의 기업이 결합하여 생산량을 공약하는 스택클버그 선도기업으로 행동하고 제2기에 나머지 기업(들)은 이윤극대화 생산량을 선택하는 스택클버그 모형을 고려하자. 결합한 기업(스택클버그 선도기업)의 이윤은 결합 이전에 쿠르노-내쉬 균형에서 얻은 두 기업의 이윤의 합보다 더 증가하여 앞의 쿠르노 모형에서 발생한 결합의 역설은 사라진다.[3] 산업 생산량은 증가하고 시장가격은 하락하여 소비자에게 혜택을 준다. 규제기관은 결합을 막을 이유가 없어 보인다. 그러나 이 경우에 제기된 문제는 다른 기업들도 결합하여 스택클버그 선도기업이 되기를 원한다는 점이다(이를 도미노(domino) 효과라고 한다).

많은 기업이 있는 시장에서 두 개의 기업씩 결합하여 여러 개의 스택클버그 선

3) 결합 이전에 시장에 최소한 4개의 기업이 있어야 한다. 두 개의 기업이 결합하여 스택클버그 선도 기업 역할을 하고 나머지 기업들은 추종기업들처럼 행동한다고 가정한다. 이 경우에 결합한 기업의 이윤은 결합 이전의 두 기업의 이윤의 합보다 더 증가한다. 이에 대해서 연습문제 1을 풀어보기 바란다.

도기업들이 출현하고 나머지 기업들은 추종기업으로 행동하는 경우를 고려하자. 일정한 균형 조건하에서 산업 생산량은 감소하고 시장가격은 상승하여 소비자에게 나쁜 영향을 미치는 결과가 도출된다. 이 모형은 비록 정확히는 아니지만 현실을 적절히 반영한다고 볼 수 있다. 이 때문에 수평결합에 대해서 규제 기관의 개입이 정당화 된다(페팔 외(Pepall *et al.*), 1999, pp. 405–422).

제2절 | 혼합결합

혼합결합은 연관없는 재화와 서비스를 생산하는 기업들을 하나의 기업(기업인)이 경영하는 결합 형태이다. 이는 '사업 다각화'를 위한 결합이라고 할 수 있다. 삼성, 현대자동차, LG, SK 등 대규모 기업집단(재벌)은 혼합결합으로 간주된다. KT 같은 통신 전문기업도 2017년 인터넷은행에 진출하여 혼합결합의 양상을 보인다. 대규모 기업집단의 계열사들은 법적으로 독립된 지배구조를 가지고 있기 때문에 하나의 지배구조로 경영되는 혼합결합과 다르다고 할 수 있다. 그러나 대규모 기업집단을 형성하는 기본 동기는 혼합결합과 다르지 않으며 실질적으로 오너 또는 하나의 지배구조가 경영한다. 미국의 구글과 GE, 독일의 지멘스는 세계적으로 유명한 혼합결합 기업이다. 서구 자본주의 국가에서 혼합결합을 발견하는 것이 그리 어렵지는 않지만 우리나라나 일본 등 아시아 국가보다는 덜한 편이라고 할 수 있다. 서구 자본주의 국가에서 이와 같은 혼합결합된 기업을 industrial group(산업집단), business group(경영집단), 또는 conglomerates라고 한다. 우리나라의 재벌은 서구 국가의 혼합결합 기업과는 구분되는 특이 사항이 많기 때문에 하나의 고유명사화 하여 지칭하기도 한다. 제20~21장에서 우리나라의 대규모 기업집단(재벌)의 특성과 규제를 소개한다. 혼합결합에 대한 경제학적 분석은 수평결합이나 수직결합에 비해서 그리 활발한 편은 아니다. 혼합결합을 하는 동기를 살펴보자.

1 범위의 경제

범위의 경제(economies of scope)는 제2장에서 소개한 바 있다. 여러 종류의 재화를 2개나 그 이상의 기업이 각각 생산할 때보다 한 기업이 모두 생산할 때 비용이 더 낮은 경우에 범위의 경제가 존재한다고 한다. 수학적으로 표시해 보자. X기업의 X재 생산 비용을 $C(X)$, Y기업의 Y재 생산 비용을 $C(Y)$라 하자. 새로운 기업인 Z기업이 두 재화를 모두 생산할 때 비용을 $C(X+Y)$라 하자. 만약에 $C(X+Y) < C(X)+C(Y)$라면 범위의 경제가 존재한다. 이는 효율성 증진을 의미한다. 대략적으로 말해서 다품종 소량 생산 시 이득이 있는 경우를 말한다.

범위의 경제가 발생하는 원인은 다양하다. 하나는 서로 다른 제품 생산에 동일한 투입물을 사용하는 경우에 발생한다. 광고회사를 보유하고 있는 혼합결합 기업은 여러 기업들(이를 계열사라 하자)의 제품을 광고하면 각 계열사가 자체적인 광고 업무를 수행하는 것보다 비용을 절약할 수 있다. R&D기업(부서)이 다양한 제품의 혁신을 하여 각 제품의 비용을 낮추고, 수출입 담당 기업(부서)은 계열사 재화의 수출입 업무를 관장하여 비용을 절감할 수 있다.

범위의 경제가 혼합결합의 주요 요인의 하나라면, 계열사들간에는 일정한 측면에서 연관이 있어야 하는데 그렇지 못한 경우가 발견된다. 네이던슨과 카사노(Nathanson and Cassano, 1982)는 혼합결합 기업의 계열사 사이에 공통적인 재화를 생산하는 경우는 매우 드물다는 사실을 밝히고 있다.

2 위험분산과 재무적 다변화

혼합결합 기업은 제품 수만큼 많은 시장에 다변화(diversification)되어 있으므로 주주들에게 위험도가 낮은 포트폴리오를 제공한다고 볼 수 있다. 혼합결합된 기업은 여름에 우산과 양산을 동시에 판매하는 것과 같다. 우산과 양산을 판매하는 기업이 별개의 기업이라면 비가 오는지 안 오는지에 따라서 한 기업은 이윤을 보고 다른 기업은 손실을 본다. 우산과 양산을 같이 판매하는 혼합결합 기업은 여름에 비가 많이 오거나 안 오거나 적절한 이윤을 올릴 수 있다. 혼합결합은 위험분산과 재무적 다변화 차원에서 모든 계란을 한 바구니에 쌓아 두지 말라는 속담을 연상케 하는 전략이다.

그러나 투자자들은 혼합결합 기업에 투자하는 것보다 결합하지 않은 두 기업에 동시에 투자하여 실제로 원하는 위험분산과 수익을 얻을 수 있다. 이것은 위험분산을 할 목적으로 혼합결합한 기업에 투자하는 것보다 선호될 수 있다. 펀드 시장의 발달은 개인 투자자들로 하여금 개별 기업의 포트폴리오에 투자하여 위험을 더 잘 분산하고 수익을 올릴 수 있다. 이런 이유 때문에 혼합결합 기업이 위험을 분산하여 수익을 올릴 수 있다는 주장은 근거가 미흡하며, 혼합결합의 정당성에 의문을 제기한다.

3 거래비용 절감

거래비용은 재화 거래시 재화가격 이외에 소요되는 모든 외부 비용을 포함한다. 이에는 부품(중간재, 요소) 공급자 탐색, 계약서 작성에 따른 협상, 배달 과정, 납품 받은 부품에 대한 품질 검증, 계약서 준수 여부에 대한 검증 등에 소요되는 비용이다. 제1장에서 소개한 바와 같이 거래비용이 매우 높으면 기업은 다른 기업으로부터 시장에서 구매하는 것보다 내부적으로 생산하고자 한다. 결합하여 높은 거래비용을 내부화하고자 한다.

거래비용은 거래 대상 제품이 특화되어 있거나 맞춤형인 경우에 특이성(specificity)을 보인다고 한다. 이 경우에 제품의 구매자 또는 판매자는 기회주의적 행동을 보일 수 있으며 어느 한쪽에 피해를 줄 수 있다. 제품 특이성을 보이는 제품의 경우에 거래비용이 높으므로 구매자는 공급자의 생산시설이나 장비를 보유하여 직접 생산하고자 한다. 시장의 불확실성이 높거나 정보(또는 지식)가 거래되는 경우에도 혼합결합의 유인이 발생한다.

4 경영 동기

기업은 일반적으로 소유와 경영이 분리되어 있다고 했다. 소유권은 주주에게 있으나 주주들이 경영을 하지 않고 일반적으로 이사회에서 임명된 전문 경영인(CEO)이 수행한다. 주주들이 경영인의 행동을 완전히 관찰가능하고 감독할 수 있다면 소유와 경영의 분리는 문제가 되지 않는다. 주주의 이윤극대화 목적에 어긋나는 경영인은 해고 당할 수 있기 때문이다. 그러나 주주들이 완전 정보를 보유하지 못하고 있기 때문에 경영인은 주주의 목적에 부합하지 않는 행동을 취할 수 있다. 이를 보완하는 방안의 하나는 스톡옵션과 같은 경영인 성과급이다.

경영인 성과급이 기업 성장과 연계되어 있다고 가정하자. 기업 성장은 일반적으로 시장점유율로 측정한다. 경영인은 규제기관의 감독으로 인하여 수평결합을 하기란 매우 어려운 처지이다. 이에 비해서 혼합결합은 비록 장기적으로 주주의 목적에 부합하지 않을지 모르지만 기업 성장의 일환으로 보여질 수 있기 때문에 경영인의 입장에서는 혼합결합에 대한 유인이 있다.

5 정치적 영향력

혼합결합한 기업의 경영인이나 대주주는 자신의 사업과 관련해서 정책적 결정이 필요한 경우(지금은 거의 없어졌지만 정책자금이나 대규모 신규사업 진출에 따른 대출 등) 기업 규모가 작고 한 가지 사업을 하는 기업인에 비해서 유리한 입장에 있을 수 있다. 혼합결합한 기업은 일반적으로 기업의 규모가 크고 사업이 다각화되어 있고, 전국 여러 곳에 사업장을 가지는 경우가 많기 때문에 정치인과 이해 관계가 부합할 수 있다. 이를 '정치적 영향력'이라고 한다. 우리나라에서 혼합결합을 하는 경영인들은 일반적으로 대주주(또는 오너)인 경우가 많은데 이들은 때때로 기업경영을 정치로 해결하려는 성향을 보이기도 한다. 이 경우에 혼합결합이 전문화된 기업보다 유리하다.[4] 혼합결합은 정치적 영향력 확대를 통해서 조세 감면, 금융특혜, 신규 사업 진출 시 인허가 업무 편의 등 측면에서 상대적으로 유리한 위치에 있을 수 있다(뮬러(Mueller), 1982).

제3절 | 수직결합

1 용어와 결합이유

자동차 한 대를 생산하는데 약 2만 가지의 부품이 필요하다. 현대자동차는 자동차 생산에 필요한 2만여 가지의 모든 부품을 스스로 생산하지 않는다. 엔진이나 트랜스미션 등은 자체 생산하지만 자동차 유리, 타이어, 각종 전자 부품 등은 다른 기업으로부터 구입하여 조립한다. 한 기업이 타사의 중간재를 구입하여 자사의 제품 생산에 이용하는 경우에, 두 기업은 수직관계에 있다고 한다. 수직관계에서 중간재를 생산·판매하는 기업을 상류기업(upstream firm), 이를 구매하여 생산에 이용하는 기업을 하류기업(downstream firm)이라 한다. 제철소는 철강 제품을 자동차 회사에 판매하고, 자동차 회사는 자동차를 자동차 대리점에 판매하며, 자동차 대리점은 자동차를 최종 소비자에게 판매한다. 제철소는 상류기업, 자동차 회사는 하류기업이며, 자동차회사와 대리점 관계에서 자동차회사는 상류기업, 대리점은 하류기

4) 우리나라 기업 창업자들이 기업 규모를 확장하는 것은 물론 사업 다각화에 상당한 매력을 느끼는데 비롯된다고 해석할 수도 있다. 이는 문화적 측면에서 해석이 가능하다.

업이다. 최종 소비자에게 최종재 판매를 전담하는 소매상이나 백화점, 복합상가 내의 상점 등은 하류기업의 전형적인 예들이다. 중간재를 다른 기업으로부터 구입하여 제품을 생산하는 제조업체 중에는 직접 최종소비자에게 판매하기도 하는데 이 경우에 제조업체는 하류기업으로 분류된다.

수직관계에서 상류와 하류기업의 행동은 어떤 면에서 생산물시장에서 판매자인 기업과 구매자인 소비자 관계와 유사하게 보일 수 있다. 그러나 기업 간 수직관계는 이보다 훨씬 더 복잡하다. 하류기업은 최종 소비자와 달리 상류기업으로부터 중간재를 구입한 이후 가격 결정, 판촉활동, 기술 사용 등에 대한 독자적인 결정을 한다. 이런 결정은 하류기업뿐만 아니라 상류기업의 판매량과 이윤에도 영향을 미치는데, 하류기업은 상류기업의 이러한 측면을 무시하므로 외부성의 문제가 발생한다. 그렇기 때문에 상류기업은 하류기업을 통제하고자 하는 유인이 발생한다.

상류기업이 하류기업을 결합하는 경우를 전방결합(forward integration)이라 하며, 그 반대인 경우를 후방결합(backward integration)이라 한다. 정유사가 주유소를 직영한다면, 정유사는 주유소를 전방결합한 것이다. 우유가공업체가 낙농 목장을 직영한다면, 이는 전자가 후자를 후방결합을 한 것이다. 직관적으로 수직결합하는 것이 결합 안 한 상태로 거래를 하는 것보다 더 좋을 수 있다. 결합 안 한 상태에서 거래를 하기 위해서 상류와 하류기업들은 지속적으로 협상과 계약을 해야 하고 이에는 비용이 수반된다. 중간재를 공급하는 상류기업이 갑자기 부도가 나거나 자연재해로 공급이 불가능해질 수도 있으며, 더 좋은 조건으로 다른 하류기업으로 거래를 변경하여 중간재 공급이 중단될 수도 있다(제2장의 거래비용 참조). 이 모든 거래비용이 제거될 수 있다면 상류나 하류기업 입장에서 더 좋은 환경이 조성될 수 있을 것이다. 상류와 하류기업이 수직결합한다면 이런 종류의 거래비용은 제거 또는 감소될 수 있다.

수직결합을 하는 이유는 다음과 같다; ① 수직관계의 기업 간 원가와 함께 거래비용을 절감할 수 있다. 상류기업이 불완전 경쟁시장에 있는 경우에 중간재 가격은 한계비용보다 높은데, 수직결합하면 중간재 가격은 한계비용으로 이전된다. 상류와 하류기업 간 거래에서 불확실성이 높거나, 합리성 제약이 있거나, 기회주의적인 행동이 나타나는 경우에 결합하여 거래비용을 제거할 수 있다. 결과적으로 수직결합은 하류기업의 중간재 구매 비용을 낮춘다. ② 수직결합은 상류기업의 주요 원자재, 중간재, 또는 최종재의 공급을 안정적으로 확보해 주고 적절한 시간에 공급해 줄 수 있다. ③ 수직결합은 상류와 하류기업 간 외부성으로 인한 시장실패를 내부화할 수 있다. 하류기업의 독립적인 의사결정은 상류기업의 이윤극대화를 고려치 않으므로 부정적 외부성을 야기한다. 두 기업이 수직결합하면 이러한 외부성을 제거하여 두 기업 이윤의 합을 증가시킬 수 있다. 상류기업이 생산한 최종재를 많은 소매상(또는 대형 유통 체인점)이 판매하는 경우에 한 소매상은 다른 소매상의 좋은 평판으로 노력비용을 들이지 않고 이윤을 얻을 수 있다. 이 경우에 양의 외부성이 발생한다고 한다. 좋은 평판을 유지하는 다른 소매상들의 노력비용은 한 소매상에 외부 혜택을 부여하므로 이는 비효율적이다. 이 비효율성을 제거하는 방안의 하나는 모든 소매상을 직영(수직결합)으로 하여 서비스 기준, 제품 완비, 종업원 교육 등을 제공하는 것이다. ④ 수직결합은 정부규제 회피 수단으로 이용할 수 있다. 정부가 A제품 시장에 최고가격제를 실시한다면 이 제품을 필요로 하는 B기업은 원하는 만큼 구매할 수 없다. B기업은 A제품을 생산하는 기업을 수직결합하여 필요한 수량을 조달할 수 있다. 높은 세금을 부과하는 경우나 규제가 심한 경우에 기업은 수직결합을 통해서 이들을 회피할 수 있다.

2 수직결합과 시장구조

1) 기본 모형

수직결합의 경제적 효과는 상류와 하류 시장의 시장구조에 따라 다르다. 상류와 하류 시장에 모두 독점기업이 있는 경우, 상류에 독점기업과 하류에 경쟁기업이 있는 경우, 반대로 상류에 경쟁기업과 하류에 독점기업이 있는 경우, 그리고 상류와 하류가 모두 과점경쟁을 하는 경우로 구분하여 분석한다. 각 시나리오에서 상류기업은 제조업체, 하류기업은 소매상이라고 가정한다.

하류기업이 직면하는 시장수요는 $P_d=P(Q)$이며 우하향($P'(Q)<0$)한다고 가정한다. 하류기업의 생산함수는 레온티에프(Leontief) 생산함수를 가정한다. 이 생산함수는 하류기업이 상류기업 제품(중간재) 한 단위와 하류기업의 요소 한 단위(또는 몇 단위)를 고정비율로 결합하여 최종재를 생산하는 관계이다. 두 생산요소는 완전보완재(두 요소 투입량 비율이 고정)를 의미하며, 등량곡선은 L-자모양이다. 상류기업의 중간재 한계비용은 C_u로 일정하다 가정한다. 상류기업이 하류기업에게 판매 시 가격은 P_u이며 하류기업에게 한계비용의 일부가 된다. 하류기업은 이 중간재를 가공 처리하여 최종재를 생산하는데 C_d의 일정한 비용이 소요된다 가정한다. 하류기업의 비용(C_d)은 상류기업 중간재를 단순 가공하는 데 소요되는 비용으로서 임금이나 자본재 비용을 상정할 수 있다. 하류기업의 최종재에 대한 한계비용은 상

류기업의 중간재 가격과 자신의 가공처리 비용의 합이다; $MC_d(Q)=P_u+C_d$. 하류기업의 생산함수는 고정비율로 이루어진다 가정했으므로 상류기업의 중간재 판매량은 하류기업의 최종재 판매량(Q)과 같다.

수직결합 효과는 상하류 시장구조와 생산함수 형태에 따라서 다르다. 2)~5)는 다양한 시장구조와 레온티에프 생산함수인 경우이다. ❸에서는 한 시장구조에서 변동비율 생산함수와 레온티에프 생산함수인 경우를 비교한다.

2) 상류시장 독점기업; 하류시장 독점기업

상류의 독점기업이 생산한 중간재를 하류의 또 다른 독점기업에 생산·판매하는 수직 관계를 연쇄독점(successive monopoly) 또는 이중독점(double monopoly)이라고 한다. 스팽글러(Spengler, 1950)는 연쇄독점의 경우 두 독점기업은 결합할 유인이 있으며, 결합 시 사회후생이 증가한다고 했다. 수직결합을 안하는 경우와 결합을 하는 경우를 비교하여 결합유인을 알아본다.

(1) 수직결합 안 한 경우

[그림 13-2]와 같이 상류시장에 독점기업(U)이 중간재를 생산하고 또 다른 독점기업인 하류기업(D)이 이를 구매하여 가공 처리한 제품을 최종 소비자에게 판매하는 수직관계를 고려하자. 하류기업의 이윤극대화 생산량을 구해보자. 독점기업이므로 이윤극대화는 $MR_d(Q)=MC_d(Q)$에서 달성된다. $MC_d(Q)=P_u+C_d$로서 기본모형에서 소개한 바와 마찬가지로 중간재(상류기업 제품)의 가격(P_u)과 하류기업의 다른 요소 비용(C_d)으로 구성되어 있다. 상류기업은 독점기업이므로 $P_u>C_u$이다.

그림 13-2 이중독점

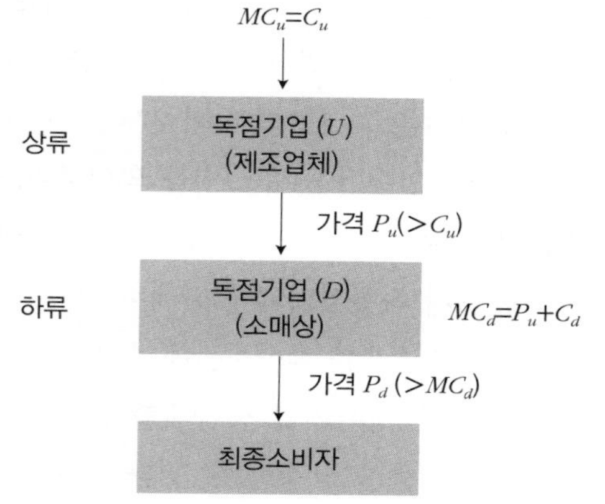

이제부터 그림을 이용하여 균형을 설명한다. [그림 13−3] (a)에서 수요함수는 직선으로 $P_d = P(Q) = A - Q$를 가정했다. 상류와 하류기업이 결합을 안한 경우에 하류기업의 이윤극대화는 $MR_d(Q) = P_u + C_d$에서 달성된다. 이는 $P_u^* = MR_d^*(Q) - C_d$로 전환할 수 있다. 이 식을 상류기업의 중간재에 대한 '도출된 수요'의 역수요함수라고 한다. 다르게 말하면, 상류기업의 중간재에 대한 수요는 주어진 가격 P_u와 최종재의 한계수입에서 하류기업의 가공처리비를 뺀 것($MR_d(Q) - C_d$)과의 관계로서 [그림 13−3] (a)에서 확인할 수 있다. 상류기업의 이윤극대화는 이 (역)수요함수로부터 도출되는 한계수입 $MR_u(Q)$와 한계비용 C_u가 같은 점 f에서 달성된다. [그림 13−3] (a)에서 보듯이 한계수입($MR_u(Q)$)는 수요곡선($MR_u(Q) - C_d$)과 Y축 절편이 같고 기울기는 2배이다. 상류기업의 이윤극대화 판매량은 Q_d^*이며 레온티에프 생산함수에 따라서 하류기업 생산량도 Q_d^*이다. 상류기업의 가격 P_u^*는 자신의 중간재에 대한 역수요함수인 $P_u^* = MR_d^*(Q_d^*) - C_d$에서, 최종재 가격 P_d^*는 최종재 수요곡선인 $P_d = P(Q_d^*)$에서 얻는다. [그림 13−3] (a)에서 상류기업의 가격과 판매량인 (P_u^*, Q_d^*)는 자신의 수요곡선인 $MR_d - C_d$상의 점 e에서, 하류기업의 가격과 판매량인 (P_d^*, Q_d^*)는 자신의 수요곡선인 $P(Q)$의 점 x에 위치한다.

[그림 13−3] (a)에서 상류기업의 이윤은 $P_u^* C_u fe$이며, 하류기업의 이윤은 $aP_u^* ed$이다. 두 기업의 이윤의 합은 $aC_u fd$이다. Q_d^*판매시 하류기업은 P_d^*의 가격을 받고 단위당 P_u^*와 $C_d(=xd)$의 비용을 지불하므로 단위당 이윤은 $aP_u^*(=de)$이므로 하류기업의 이윤은 $aP_u^* ed$이다.

그림 13−3 이중복점의 균형

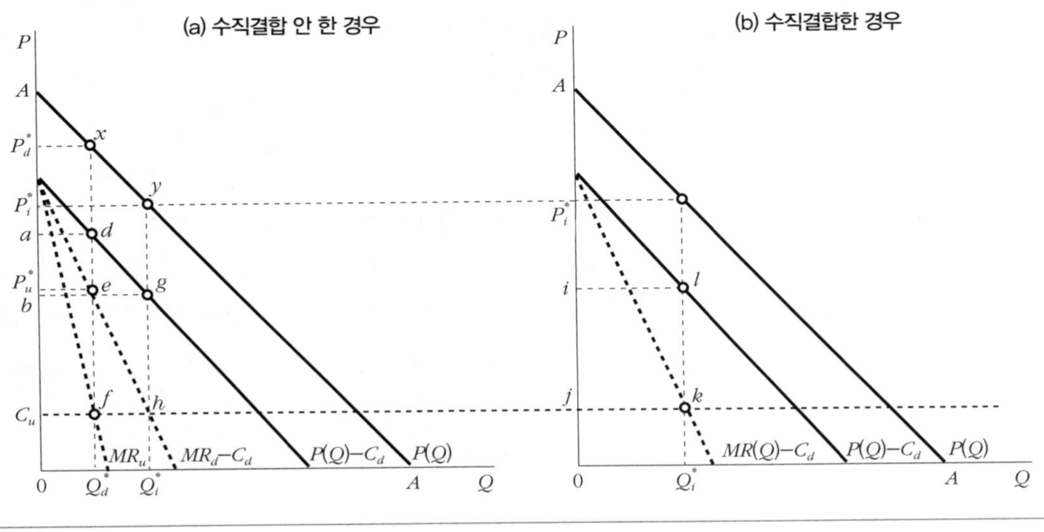

(2) 수직결합 한 경우

상류와 하류기업이 결합한다면 이제는 한 기업이 된다. 수직결합한 기업의 수요와 비용은 [그림 13-3] (b)에 표시했다. 결합 이전의 상류와 하류기업은 결합 이후에 기업 내의 생산부서(상류부서, 하류부서)로 역할을 하게 된다. 결합한 기업이 생산하는 최종재의 한계비용은 상류부서의 한계비용 C_u에 하류부서의 가공 처리 비용 C_d를 합한 $MC_i=C_u+C_d$가 된다. 수직결합 안 한 경우 하류기업의 한계비용 $MC_d=P_u+C_d$와 비교된다. 수직결합 기업의 이윤극대화는 $MR=MC_i$이므로 $MR(Q)=C_u+C_d$가 된다. 이는 $MR(Q)-C_d=C_u$와 같으므로 이윤극대화는 [그림 13-3] (b)의 점 k에서 달성되며, 가격과 생산량은 각각 P_i^*, Q_i^*이고 이윤은 $ijkl$이다.

(3) 균형 비교

수직결합 안 한 경우와 수직결합 한 경우를 비교하기 위해서 [그림 13-3] (b)를 [그림 13-3] (a)에도 표시하였다. [그림 13-3] (a)에서 bC_uhg는 결합한 경우 이윤인 $ijkl$과 같은 면적이다. 주요 결과를 비교하면 다음과 같다;

	결합 안 한 경우	결합한 경우	변화
최종재 가격	P_d^*	P_i^*	하락
생산량	Q_d^*	Q_i^*	증가
총이윤	$aC_ufd(=P_u^*C_ufe+aP_u^*ed)$	$bC_uhg(=ijkl)$	증가

[그림 13-3]에서 보듯이 결합 이후에 최종재 가격은 결합 이전에 비해서 하락하고 생산량은 증가한다. 이는 소비자에게 좋은 소식이다. 두 독점기업의 수직결합으로 소비자의 잉여는 증가한다. 결합 이후에 결합된 기업의 이윤은 그 이전의 두 기업의 이윤의 합보다 증가한다. 결합 안 한 경우 두 기업의 이윤의 합은 aC_ufd(상류 $P_u^*C_ufe$+하류 aP_u^*ed)이고, 결합한 경우 이윤은 bC_uhg인데, 후자가 전자보다 더 크기 때문이다. 독점기업은 수요가 탄력적인 구간에서 행동하며, 주어진 C_u에서 가격이 하락하면, aC_ufd보다 bC_uhg 면적이 더 크다.

이 결과는 다음과 같이 요약할 수 있다; 결합 기업의 이윤은 결합 이전 두 기업의 이윤의 합보다 더 크다. 따라서 수직 관계의 두 독점기업은 하나의 독점기업으로 결합할 유인이 있다. 결합으로 인해서 결합 이전보다 소비자잉여와 이윤이 증가하므로 수직결합은 사회후생의 증가를 가져온다.

이 결과에 대한 해석은 다음과 같다;

■ **수직적 외부성**: 하류기업이 최종재를 한 단위 더 판매하면, 가격과 소매 마진의 변화를 통해서 자신의 이윤을 변화시킨다. 이 생산량의 변화는 상류기업의 마진(P_u-C_u)에 영향을 미치고 상류기업 이윤의 변화를 초래한다. 그러나 하류기업은 상류기업의 이윤 변화 가능성을 고려치 않으면서 자신의 판매량을 결정한다. 하류와 상류기업 이윤의 합을 극대화하는 측면에서 보았을 때 하류기업은 너무 적은 최종재를 판매하고, 너무 적은 양의 중간재를 구입하여 상류기업의 이윤을 적게 하는 수직적 외부성이 발생한다. 상류기업의 중간재 가격은 하류기업의 비용의 일부인데 상류기업의 가격과 한계비용과 차이(즉, P_u-C_u)를 무시하기 때문이다. 두 기업이 결합된 경우에 하류 부서가 사용하는 중간재의 한계비용에는 이 차이가 존재하지 않는다. 상류기업의 중간재 가격과 한계비용의 차이로 인해 두 기업의 이윤의 합은 결합된 기업의 이윤보다 작으므로 외부성을 제거하기 위해서 결합할 유인을 가진다. 물론 결합만이 외부성을 제거할 수 있는 제도는 아니다. 수직결합과 대등한 결과를 가져오는 '수직제약'을 통해서도 제거할 수 있다. 이는 제4절에서 다룬다.

■ **이중 마진**: 상류와 하류에 두 개의 독점기업이 거래하는 수직 관계를 연쇄독점(successive monopoly) 또는 이중독점(double monopoly)이라고 한다. 하류 독점기업은 상류기업의 마진에 일정 정도 마진을 또 부과하므로 이중 마진화(double marginalization)가 발생한다. 독점기업에 의한 마진은 시장 왜곡을 의미한다. 수직결합은 이중 마진에서 한 독점기업의 마진이 제거된 결과이다. 수직결합을 안 한 상태에서 두 번의 왜곡이 발생했으나 결합에 의해서 왜곡은 한 번으로 감소했으니 사회후생은 증대한다.

3) 상류시장 독점기업; 하류시장 완전경쟁 기업

상류기업이 중간재에 부과하는 가격은 $P_u(>C_u)$이며, 하류기업의 한계비용은 $MC_d=P_u+C_d$이다. 하류기업은 경쟁시장의 한 기업으로서 $P(Q)=P_u+C_d$에서 이윤극대화 생산량과 가격을 결정한다. 상류기업의 도출된 수요는 $P_u=P(Q)-C_d$이며, 상류기업은 하류기업의 비용을 뺀 수요를 자신의 수요로 간주한다는 의미이다. 이 수요에 대한 한계수입은 $MR_u=MR_d(Q)-C_d$이다. 상류 독점기업의 이윤극대화 생산량은 $MR_u=C_u$인 $MR_d(Q)-C_d=C_u$에서 달성된다. 이는 [그림 13-3] (a)에서 점 h와 동일하다. 상류기업의 이윤은 bC_uhg, 하류기업의 이윤은 영이다. 상류가 독점기업, 하류가 완전경쟁시장인 경우에 두 기업이 수직결합을 한다면 시장균형은 [그림 13-3] (b)와 동일하며 결합한 기업의 이윤은 $ijkl$이다. 이는 수직결합 안 한 경우 두 기업의 이윤의 합($=bC_u hg$)과 동일하다. 시장균형은 앞에서 수직 결합한 경우와 동일하다. 두 기업이 결합을 하는 경우 이윤은 수직결합을 안 하는 경우와 동일하므로 이 시장구조에서 결합 유인은 없다.

이 결론은 생산함수가 고정비율(레온티에프)인 경우에 도출된 것이다. [그림 13-6]과 같이 생산함수가 변동비율인 경우에는 다른 결과가 도출된다.

4) 상류시장 완전경쟁 기업; 하류시장 독점기업

이 경우는 앞의 상류시장이 독점기업, 하류시장이 완전경쟁 기업인 경우와 동일한 결과를 가져온다. 상류기업이 중간재에 부과하는 가격은 $P_u(=C_u)$이며, 하류기업의 한계비용은 $MC_d=P_u+C_d$이다. 독점기업인 하류기업은 시장수요 $P(Q)$에 직면하며, 한계수입(MR_u)은 $P(Q)$에서 도출된 $MR(Q)$이다.[5] 하류기업의 이윤극대화 생산량은 $MR(Q)=P_u+C_d$에서 결정된다. $P_u=MR(Q)-C_d$는 상류기업의 도출된 수요이며, 이윤극대화는 $P_u=MR(Q)-C_d=C_u$에서 달성된다. 여기서 두 번째 등호는 앞의 상류시장이 독점기업, 하류시장이 완전경쟁 기업인 경우의 균형조건과 동일하다. [그림 13-3] (a)에서 점 h와 동일하다. 두 기업의 결합이전 이윤의 합이 결합 이후와 동일하므로 이 시장구조에서도 두 기업간 결합 유인은 존재하지 않는다.

상류가 경쟁시장이고 하류도 경쟁시장인 경우를 고려해 보자. 상류와 하류의 두 기업이 결합을 하지 않는 경우에 두 기업의 이윤은 영이고, 결합을 해도 결합된 기업의 이윤이 영이므로 결합 유인이 존재하지 않는다.

5) 상류 복점시장; 하류 복점시장

상류에 두 개의 기업(A, B)이 중간재를 생산하여 하류에 있는 두 개의 최종재 기업(1, 2기업)에 판매하는 수직구조를 고려하자. 하류의 복점기업은 차별화된 제품을 생산하며 생산기술이 동일하다 가정한다. 상류기업의 한계비용은 C_o로 같다고 가정한다. 상류기업의 중간재 가격은 하류기업의 한계비용이 되며, 하류기업은 이 비용 이외에 다른 비용은 영이라고 가정한다. 상류와 하류의 기업들은 모두 버트랜드 경쟁을 한다고 가정한다.[6] 하류의 두 기업은 차별화된 제품으로 경쟁하며 1과 2기업의 수요는 각각 다음과 같다; $q_1=10-P_1+P_2$; $q_2=10+P_1-P_2$. 어떤 기업도 결합하지 않은 시장구조와 A기업과 1기업이 수직결합을 하고 B기업과 2기업

5) [그림 13-3]에서 $MR(Q)$는 그려져 있지 않지만, MR_d-C_d는 그려져 있다. (a)의 MR_d와 (b)의 $MR(Q)$는 동일하다.

6) 쿠르노 경쟁을 가정해도 결과는 질적으로 다르지 않다. 연습문제 7을 시도하기 바란다.

그림 13-4 상류와 하류의 복점시장에서 수직결합

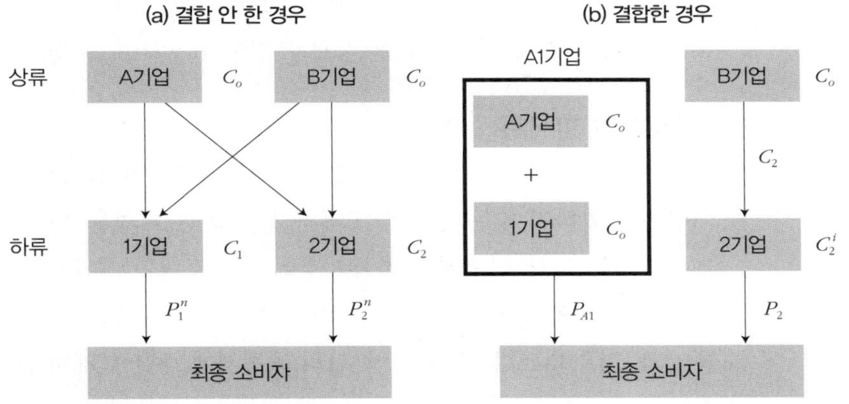

은 결합하지 않는 시장구조를 상정한다. 결합한 A기업은 더 이상 2기업에 중간재를 공급하지 않는다고 가정하며, 이를 수직배제(vertical foreclosure)라고 한다. [그림 13-4] (a)는 결합을 하지 않은 시장구조이며, [그림 13-4] (b)는 상류의 A기업과 하류의 1기업이 수직결합을 하는 반면에 B기업과 2기업은 결합하지 않은 시장구조이다.

먼저 하류 1기업과 2기업이 중간재를 구매하여 최종재 생산의 한계비용이 각각 C_1과 C_2인 경우에 균형을 도출하자. C_1과 C_2는 가상적으로 설정한 것이다. 뒤에 나오는 수직구조에 따라 각각 다를 수 있다. 하류기업들의 이윤은 각각 다음과 같다; $\pi_1=(P_1-C_1)(10-P_1+P_2)$; $\pi_2=(P_2-C_2)(10+P_1-P_2)$. 1기업과 2기업의 버트랜드 균형 해는 다음과 같다(제9장 참조).

$$P_1^*=\frac{30+2C_1+C_2}{3},\ P_2^*=\frac{30+C_1+2C_2}{3}, \tag{13-1}$$

$$q_1^*=\frac{30-C_1+C_2}{3},\ q_2^*=\frac{30+C_1-C_2}{3}, \tag{13-2}$$

$$\pi_1^*=(\frac{30-C_1+C_2}{3})^2,\ \pi_2^*=(\frac{30+C_1-C_2}{3})^2. \tag{13-3}$$

(1) 결합 안 한 경우

[그림 13-4] (a)에서 상류 두 기업의 한계비용은 C_o이고 버트랜드 경쟁을 하므로 중간재의 시장가격은 C_o이다(버트랜드 역설). 하류기업들의 한계비용은 C_o가 된다. 위에서 도출한 균형 해(식 (13-1), (13-2), (13-3))에 $C_1=C_2=C_o$를 대입하면, 하

류기업의 균형 해(상첨자 n으로 표시)를 다음과 같이 구할 수 있다; $P_1^n = P_2^n = 10 + C_o$; $q_1^n = q_2^n = 10$; $\pi_1^n = \pi_2^n = 100$. 버트랜드 역설에 의해서 상류기업의 중간재 가격은 모두 C_o이고 각 기업의 이윤은 모두 영이다($\pi_A^n = \pi_B^n = 0$).

(2) 결합 한 경우

[그림 13-4] (b)처럼 상류 A기업과 하류 1기업이 결합하는 반면에 B기업과 2기업은 결합하지 않는 경우를 고려하자. 결합한 기업을 A1이라 하자. 두 기업(A1과 2기업)은 결합 이후에도 하류시장에서 버트랜드 경쟁을 하여 판매량은 $q_{A1}^* = \frac{30 - C_1 + C_2}{3}$와 $q_2^* = \frac{30 + C_1 - C_2}{3}$이다. 결합 안 한 경우와 달리 두 기업의 한계비용(C_1과 C_2)은 다르다. 결합 기업 A1의 최종재에 대한 한계비용은 C_o으로 변함이 없으므로 $C_1 = C_o$이다.

그러나 C_2는 C_o가 아니며 다음과 같이 도출한다; B기업은 2기업의 유일한 중간재 공급원이므로 독점기업으로 행동하여, 중간재 가격을 결정한다. 중간재 가격은 곧 2기업의 한계비용이므로 2기업의 한계비용(C_2)은 B기업이 결정하는 것이나 마찬가지이다. B기업이 결정하는 중간재 가격에 대한 변수를 따로 정하지 않고 C_2라고 하자. B기업의 이윤은 중간재 가격(C_2)에서 자신의 한계비용(C_o)을 뺀 단위당 마진에 2기업의 판매량을 곱한 것이 된다. 즉, $\pi_B = (C_2 - C_o)q_2^*$이다. 여기서 $q_2^* = \frac{30 + C_1 - C_2}{3}$이고 $C_1 = C_o$이다. 이윤극대화 조건($\frac{d\pi_B}{dC_2} = 0$)에 따라서 B기업의 중간재 가격은 $C_2^i = 15 + C_o$이다. 식 (13-1), (13-2), (13-3)에 $C_1 = C_o$과 $C_2 = 15 + C_o$을 대입하고 P_1^*, q_1^*, π_1^*에서 하첨자 1을 A1으로, *을 결합을 표시하는 i로 변경하면 결합한 이후의 균형(상첨자 i로 표시)은 다음과 같다;

$$P_{A1}^i = 15 + C_o,\ P_2^i = 20 + C_o,\ q_{A1}^i = 15,\ q_2^i = 5,$$
$$\pi_{A1}^i = 225,\ \pi_2^i = 25,\ \pi_B^i = 75.$$

(3) 비교

상류와 하류의 결합 기업과 결합하지 않은 기업의 가격은 결합 이전에 비해서 모두 상승하며, 결합 안 한 기업의 가격이 결합한 기업보다 더 높다($P_2^i > P_{A1}^i > P_1^n = P_2^n$). 결합한 기업의 한계비용은 결합 이전과 비교하여 변화가 없지만, 결합 안 한 기업은 상류의 B기업의 독점력 행사로 한계비용이 상승하기 때문이다.

결합 기업의 비용은 변화가 없지만, 가격 상승과 판매량 증가로 이윤은 대폭 증가하기 때문에 결합 이전 상류와 하류 두 기업의 이윤의 합보다 더 크다

($\pi_{A1}^{i} > \pi_{A}^{n} + \pi_{1}^{n} = 100$). 2기업의 한계비용은 상승했으나 가격은 그만큼 상승하지 못하며, 판매량은 감소한다. 결합 이전과 비교하여 이윤은 오히려 감소한다($\pi_{2}^{i} < \pi_{2}^{n}$). 결합 이전에 이윤이 영이었던 B기업은 초과이윤을 얻는다($\pi_{B}^{i} = 75 > \pi_{B}^{n} = 0$). 결합하지 않은 B기업과 2기업의 이윤의 합은 결합 이전 B와 2기업의 이윤의 합과 동일하다. 결합 이전 이 두 기업의 이윤의 합은 $\pi_{B}^{n} + \pi_{2}^{n} = (P_{2}^{n} - C_{o})q_{2}^{n} + (C_{o} - C_{o})q_{2}^{n} = (10 + C_{o} - C_{o}) \times 10$이다. A기업과 1기업의 결합 이후에 결합하지 않은 B기업과 2기업의 이윤의 합은 $\pi_{B}^{i} + \pi_{2}^{i} = (C_{2}^{i} - C_{o})q_{2} + (P_{2}^{i} - C_{2}^{i})q_{2} = (20 + C_{o} - C_{o}) \times 5$이다. 단위당 이윤이 증가(10에서 20으로 증가)하는 데 반비례하여 판매량이 감소(10에서 5로 감소)하기 때문에 두 기업 이윤의 합은 변화가 없다.

앞에서 A기업은 수직결합 이후에 중간재를 2기업에 판매하지 않는 수직배제(foreclosure)를 가정하였다. 이 결과와 관련하여 두 가지 해석이 필요하다. 1) Salinger(1988)는 수직결합한 A기업의 수직배제가 이윤극대화에 부합하는지에 대해서 의문을 제기하였다. A기업이 중간재 1단위를 결합된 1기업에 판매(이전)하는 경우에 단위당 이윤은 $P_{A1}^{i} - C_{o} = 15$이다. 이 중간재 1단위를 독립적인 2기업에 판매하는 경우에(즉 수직배제를 안 하는 경우) 단위당 이윤은 $C_{2}^{i} - C_{o} = 15$이다. 2기업에 중간재를 판매하여 얻을 것이 없기 때문에 수직배제는 결합기업에게 최적이다.[7] 2) 수직배제로 결합 기업과 결합하지 않는 B기업과 2기업 이윤의 합은 결합 이전보다 증가한다. 그러나 소비자잉여의 변화는 판정하기 쉽지 않다. 결합기업의 판매량은 1.5배 증가하나 가격은 50% 미만으로 상승하고, 독립기업인 2기업의 판매량은 반으로 감소하나 가격은 2배 미만으로 상승하여 소비자잉여는 증가 또는 감소하는지 알 수 있다. 결과적으로 모든 기업의 총이윤은 증가하나, 전체 소비자잉여의 증감이 불명확하여 사회후생의 변화는 알 수 없다(이에 대한 다양한 분석은 Salinger (1988)와 Ordover *et al.*(1990) 참고).

3 수직결합과 생산함수 형태

고정비율 생산함수(또는 레온티에프 생산함수)란 하류기업(경쟁기업)이 상류기업(독점기업)의 중간재 한 단위와 자신의 생산요소 한 단위를 결합하여 최종재를 한 단위 생산하는 관계를 말한다.[8] 이를 등량곡선을 이용해서 설명해보자. [그림 13-5]에는

7) Ordover *et al.* (1990)은 수직배제에 대한 전략적 움직임을 고려하였다.
8) 상류기업의 중간재와 하류기업의 생산요소 투입량이 반드시 한 단위씩일 필요는 없고, 2:1 또는 3:4 등의 다른 비율로 생산을 해도 상관없다.

X축에 중간재 투입량(U), Y축에 하류기업의 생산요소 투입량(D)을 표시한다. 두 요소를 1:1로 투입하는 고정비율 생산함수는 원점으로부터 45도 선에 꼭지점이 있는 L-자 모양의 등량곡선(Q_f)이다. U의 가격은 독점가격으로서 $P_u(>C_u=MC_u)$이고 D의 가격은 경쟁시장 가격으로서 $C_d(=MC_d)$이므로 등비용곡선의 기울기 $aa'(=P_u/C_d)$는 등량곡선 Q_f에 접하는 점 v에서 비용최소화 균형을 달성된다.

U의 한계비용$(=C_u)$과 D의 한계비용 비율은 $bb'(=C_u/C_d<P_u/C_d)$로 표시된다(두 한계비용 비율은 점 v에 접한다). $0a$는 결합 이전에 요소를 독점가격으로 구입시 D 기업의 재화로 측정한 총비용이고, $0b$는 이 요소를 한계비용으로 구입시 총비용이므로 그 차이인 ab는 상류의 독점이윤이다. 상류가 하류를 결합한다면, 상류의 중간재에 대한 생산비용은 P_u가 아니라 C_u가 되므로 등비용선은 bb'가 된다. 결합 이후의 이윤은 결합 이전과 ab로 동일하다. 상류가 독점, 하류가 경쟁시장이고 하류기업이 고정비율 생산함수로 생산하는 경우 결합 유인이 없다.

동일한 수직구조에서 변동비율 생산함수를 고려해 보자. 변동비율 생산함수는 두 요소간 투입비율이 가변적이며 대체성이 있다. 등량곡선은 [그림 13-6]과 같이 원점에 볼록한 모양(Q_v)이 된다. 전형적인 콥-다글라스 생산함수(제2장 참조)가 여기에 해당한다. 완전경쟁에 있는 하류기업은 상류의 독점기업으로부터 독점가격(P_u)으로 중간재를 구매하며, 자신의 다른 생산요소 D를 결합하여 Q_v를 생산한다. 두 요소의 상대가격은 앞의 분석과 같이 $aa'(=P_u/C_d)$이며, 점 v에서 U_v와 D_v의 생산요소를 투입하고 있다. 두 요소의 한계비용 비율은 $bb'(=C_u/C_d<P_u/C_d)$이므로 수

그림 13-5 고정비율 생산함수와 비용절감

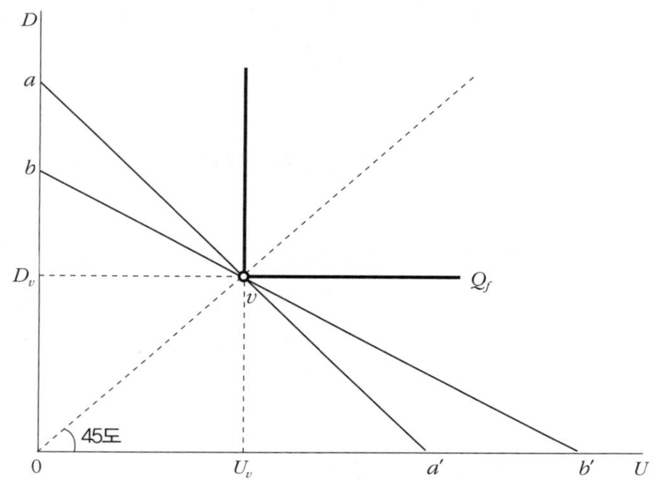

그림 13-6 고정비율과 변동비율 생산함수와 비용절감

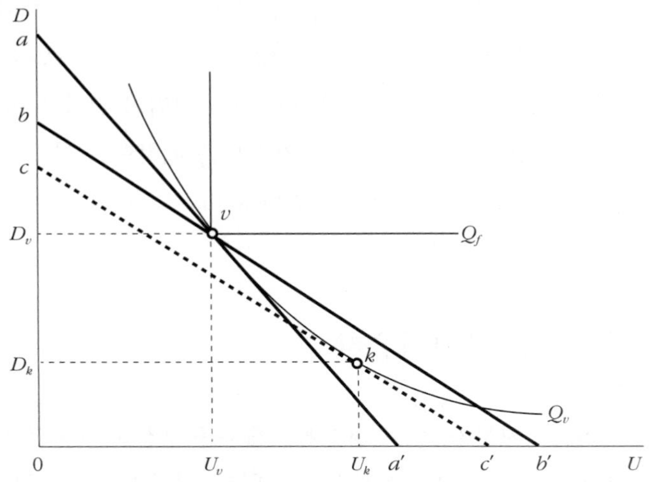

직구조에서 상류의 독점기업은 *ab*의 이윤을 얻고 있다. 상류의 독점기업이 하류의 경쟁기업을 전방결합한다면, 요소 투입은 두 요소의 가격 비율은 *bb′*와 평행한 *cc′*가 등량곡선과 접하는 점 *k*에서 이루어진다. 결과적으로 상대적으로 저렴한 *U*를 더 많이, 그리고 상대적으로 비싸진 *D*를 더 적게 투입한다. 결합 이후 *D*로 측정한 총비용은 0*c*로 감소하므로 이윤은 최소한 *bc*만큼 더 증가하기 때문에 결합 유인이 있다(버논과 그래햄(Vernon and Graham), 1971).[9]

위 결과를 요약하면 다음과 같다; 상류에 독점기업, 하류에 경쟁기업이 고정비율 생산함수로 생산하는 경우에 수직결합 이전과 이후에 이윤이 동일하기 때문에 수직결합 유인이 존재하지 않는다. 그러나 변동비율 생산함수로 생산하는 경우에는 수직결합 이후에 이윤이 증가하므로 결합 유인이 존재한다.

제4절 | 수직제약

수직관계에 있는 기업들 중에는 수직결합 유인이 있다는 것을 알게 되었다. 그러나 현실적으로 결합을 위한 협상 자체의 어려움과 협상 비용, 예상치 못한 비용

9) 결합 이후 생산량이 Q_v로 일정하다는 가정하에 이윤은 *bc*만큼 증가하므로 이를 최소한의 증가라 한다. 결합기업은 비용절감으로 다른 기업보다 더 생산할 수 있기 때문에 *bc* 이상의 이윤 증가를 얻는다.

등으로 결합까지 도달하기가 용이치 않다. 결합 이후에 결합된 조직을 유지하기도 어렵다. 수직관계에서 수직결합과 대등한 효과를 가져올 수 있는 방안이 있다면 구태여 수직결합을 할 필요가 없을 것이다. 수직제약(vertical restraints) 또는 수직통제(vertical control)란 수직관계에 있는 기업이 결합을 하지 않고 독립적인 상태에서 결합한 것과 대등한 효과를 가져오는 계약이나 제도 등을 말한다. 대표적인 수직제약은 재판매가격유지(resale price maintenance), 프랜차이즈 제도, 판매영역 제약, 배타적 거래 등을 들 수 있다.

1 재판매가격유지

담배, 자동차, 노트북이나 IT제품을 생산하는 제조업체는 계약을 맺은 특정 소매상이나 대리점을 통해서 판매한다. 상류기업은 독점력을 가지고 있으며, 일반적으로 소매상 등 하류기업들은 서로 경쟁적인 상태에 있다. 하류기업들은 경쟁을 회피하기 위해서 상류기업으로 하여금 소매 가격을 지정할 것을 요청하는 경우가 발생한다. 이와 같이 상류기업이 하류기업의 최종재 가격을 지정하는 제도를 재판매가격유지(Resale Price Maintenance: RPM)라고 한다. 재판매가격유지 행위는 많은 경우 최저가격을 지정하나 최고가격을 지정하는 경우도 발견된다. 재판매가격유지는 소매상간의 자유로운 경쟁을 막아서 가격 하락의 여지가 없어지므로 반경쟁적이라는 주장과 이에 반해서 하류기업들의 판매촉진 활동의 강화로 배분 효율성의 증가를 가져올 수 있다는 반론이 제기 되고 있다.

재판매가격유지 행위는 공정거래법(제46조)에 의해 불법(정당하지 못한 경우에)이다. 미국에서도 재판매가격유지 행위는 전통적으로 '당연위법'이었으나, 2007년부터 '합리성의 원칙'을 적용하게 되었다. '당연위법' 원칙은 일정한 법적 요건이 충족되면, 어떤 반증도 허용되지 않고 위법을 선언하는 원칙이다. 이에 비해서 합리성의 원칙이란 어떤 행위로 인한 반경쟁적인 효과와 친경쟁적인 효과를 비교하여 위법성을 판단하는 것이다.

매튜슨과 윈터(Mathewson and Winter, 1983, 1984)와 데네커 외(Deneckere *et al.*, 1997)는 재판매가격유지를 왜 실시하게 되었는지에 대한 가설을 제시하였다. ① 소매상 담합: 경쟁시장의 소매상(대리상)들은 경쟁으로 인하여 마진이 줄어들 수 있기 때문에 상류기업에게 소매 가격을 지정하고, 위반자에게는 상류기업이 처벌하도록 요구했기 때문에 재판매가격유지는 소매상 담합에 기인된다는 가설이다. 그러나 일반적으로 소매상들에 의한 담합은 흔하지 않고, 진입장벽도 낮기 때문에 소매상 담합으로 보기 어렵다는 반론이 제기되었다. 또한 하류기업에 적용할 최저 가격은 이중독점에서 보듯이 외부성 때문에 상류기업의 이윤을 증가시키지 못한다. ② 생산자 담합: 재판매가격유지는 상류에서 경쟁관계에 있는 제조업체 간 담합을 조장하기 위해서 사용된다는 가설이다. 도매 가격이 관찰가능하지 않고 소매 원가의 변동이 심한 경우에, 제조업체들은 소매 가격의 변화가 지정한 도매 가격을 위반하는 것인지 소매 원가의 변화에 기인된 것인 것 알기 어렵다. 제조업체들은 도매 가격을 지정하는 것보다 '권장 소비자가격' 같은 명목의 소매 가격을 지정하여 소매 가격의 안정을 도모하고 담합하여 재판매가격유지를 실시한다.

상류기업은 도매상으로서 독점기업이고 하류기업은 경쟁시장의 소매상들인 시장구조를 고려해 보자. 최종재의 수요는 가격(P)뿐만 아니라 소매상의 판매촉진(판촉) 활동 수준(S)에 의해서 결정된다; $Q=D(P, S)$. S가 한 단위 증가 시 Q는 증가하며, 수요곡선은 우측으로 이동한다. 여기서, 판촉활동은 제5장의 제품공간에서 수직차별화에 해당하며, 컴퓨터 게임이나 소프트웨어의 시험조작, 수입차의 시험탑승, 종업원의 친절하고 상세한 제품 설명, 고가 스피커 상점의 청음실 제공 등을 예로 들 수 있다. 상류 독점기업의 한계비용은 C_u이다. 수직제약이 없는 경우에 하류의 소매상들은 판촉활동을 할 유인이 없다. 판촉활동을 하든 안 하든 이윤이 영이 되기 때문이다. [그림 13-7]에는 $S=0$인 경우의 수요에 대해서 소매상 가격(P_d)을 표시했다.[10] 상류기업은 하류의 수요를 자신의 수요로 간주하여 독점으로서 $MR_u=C_u$인 점 h에서 이윤극대화 수량(Q_o)과 가격(P_u)을 결정한다. 상류기업이 결정한 가격(P_u)은 하류의 소매상의 한계비용(즉, $MC_d=P_u$)이 되며, 경쟁시장이므로 소매상의 가격(P_d)은 한계비용($=P_u$)와 같다. 이윤극대화 수량에서 하류의 이윤은 영이며, 상류기업의 이윤은 $(P_u-C_u)Q_o(=abhd)$이다.

상류기업은 재판매가격유지와 판촉활동을 통하여 이윤을 증가시킬 수 있다. 이를 구체적으로 살펴보자. 상류기업은 하류기업이 지출할 판촉활동 비용을 고려하여 결합된 경우의 이윤을 극대화하는 재판매가격유지 가격과 판촉활동 비용을 동시에 결정한다. 즉, 상류기업은 하류기업의 판촉활동이 영(즉, $S=0$)인 경우에 설정했던 가격 P_u보다 더 높은 '재판매가격유지' 가격 $P_u^*(>P_u)$을 결정하고 하류기업으로 하여금 가격의 차이($=P_u^*-P_u$)를 단위당 판촉활동 비용(S^*)으로 지출하게 한다.[11] 이는 [그림 13-8]에 표시했다. 하류기업이 판촉활동을 하면 시장 수요는 증가(수요

10) 이 그림에서 MR_u는 [그림 13-7]에서 C_d가 영인 경우와 동일하다. $C_d=0$인 경우에 상류 독점, 하류 경쟁인 경우를 분석하는 것이다.

11) 상류기업의 수요 $D(P, S^*)$에서 이윤극대화 생산량 Q^*는 $MR(Q, S^*)=C_u$에서 달성된다. $MR(Q, S^*)$는 al을 연결하는 선인데 여기서는 표시하지 않았다.

그림 13-7 상류 독점기업과 하류 경쟁적 소매상의 가격 결정

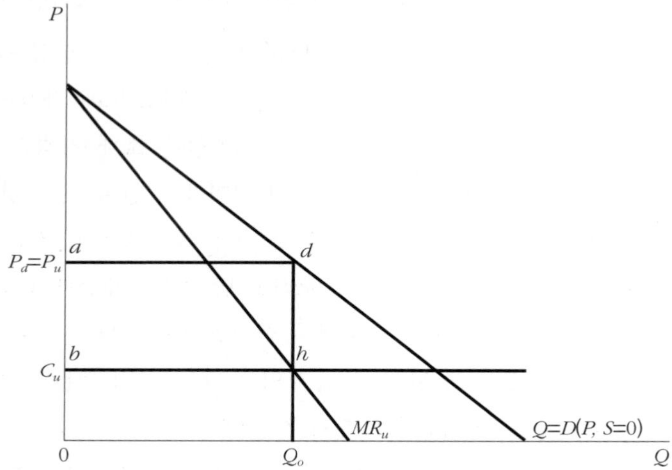

곡선의 우측 이동)한다고 했으므로 수요는 $D(P, S^*)$로 변한다.

소매상들의 최적 가격(P_u^*)과 판촉활동비를 영에서 S^*로 증가시키는 과정을 살펴보자. 상류기업이 '재판매가격유지' 가격인 P_u^*을 설정하였다고 하자. 소매상들은 Q_o판매시 단위당 $P_u^*-P_u$의 마진을 얻으므로 $P_u^*P_uif$의 이윤을 얻는다. 상류기업은 소매상들로 하여금 이 초과이윤을 지출하여 판촉활동이나 더 좋은 서비스를 제공토록 하며, 이를 거부시 거래중단의 위협을 가한다. 장기적으로 모든 소매상들은 초과 이윤을 판촉활동에 지출하여 초과 이윤이 영이 되고 수요는 $D(P, 0)$에서 $D(P, S^*)$로 이동한다. 시장균형에서 소비자가격은 P_u^*, 판매량은 Q^*이다.

재판매가격유지의 후생효과를 살펴보자. 판촉활동이 없는 경우에 소비자잉여와 생산자잉여의 합은 $bP_ui+P_uC_uki$이다. 판촉활동 이후에 소비자잉여는 aP_u^*g로, 생산자잉여는 P_uC_ulj로 증가했다. 소매상들에 의한 판촉활동비용은 $P_u^*P_ujg$이다. 재판매가격유지로 인해서 소비자잉여는 $abeg$만큼 증가하는 동시에 $P_u^*P_uie$만큼 감소하고, 생산자잉여는 $iklj$만큼 증가한다. 면적 $abeg+iklj$가 면적 $P_u^*P_uie$보다 더 크다면, 사회후생은 증가하고 그 반대이면 사회후생은 감소한다. 두 면적이 같다면 재판매가격유지 행위는 후생중립적이다. 재판매가격유지의 사회후생은 증가할 수도, 감소할 수도, 또는 변하지 않을 수도 있다. 이러한 이유 때문에 재판매가격 유지행위를 당연위법이 아니라 합리성의 원칙에 입각해서 판단하게 되었다.

판촉활동으로 수요가 우측으로 평행이동하는 경우($D(P, S^*)$)에 대해서 분석했다. 판촉활동이 지불의향이 높은 소비자나 낮은 소비자 모두에게 동일한 크기의 혜택

그림 13-8 재판매가격유지 가격과 판촉활동 결정

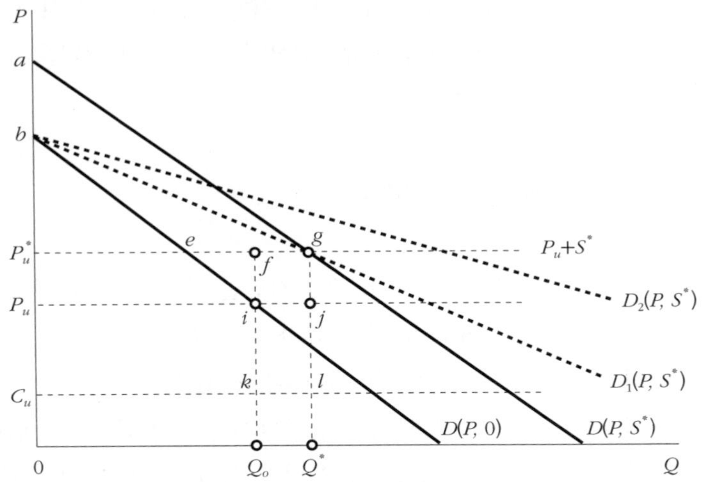

을 주는 경우이다. 그러나 판촉활동으로 낮은 지불의향 소비자보다 높은 지불의향 소비자에게 상대적으로 혜택이 적은 경우에는 수요가 Y절편을 축으로 $D_1(P, S^*)$로 회전한다. $D_1(P, S^*)$가 점 g에서 $D(P, S^*)$와 동일한 이윤극대화 생산량과 가격을 가져온다면,[12] 소비자잉여가 명백히 더 적으므로 $D(P, S^*)$보다 사회후생이 더 적다. 그러나 판촉활동이 낮은 지불의향 소비자를 더 자극하여 혜택이 대폭 증가하여 $D_2(P, S^*)$처럼 회전하는 경우에는 $D(P, S^*)$보다 후생이 더 증가할 수 있다. 결과적으로 판촉활동으로 수요가 어떤 식으로 변하는지에 따라서 재판매가격유지 행위의 후생효과는 달라질 수 있다.

■ **수평적 외부성**: 우리는 앞에서 소매상들이 스스로 판촉활동을 하지 않는다고 했다. 이는 소매상의 수평적 외부성으로 해석할 수 있다. 만약에 한 소매상이 판촉활동을 펴고 다른 소매상들은 그렇지 않은 경우에 판촉활동 비용을 지출한 소매상은 다른 소매상보다 높은 가격을 받아야 한다. 판촉활동은 일종의 정보를 제공하는 것이므로 이 정보를 이용한 소비자들은 판촉활동을 한 소매상에서 높은 가격으로 구매하기보다는 판촉활동을 하지 않은 소매상에서 낮은 가격으로 제품을 구입하려 한다. 소매상에 의한 수평적 (양의) 외부성을 유발하기 때문에 어느 소매상도 스스로 판촉활동을 하려 하지 않는다. 판촉활동을 수행하지 않은 소매상의 판촉활동의 과소공급은 순수공공재가 무임승차로 과소공급되는 것과 유사한 논리이

12) 수요함수에 따라서 균형이 다를 수 있다.

다. 상류기업에 의한 재판매가격유지 행위는 판촉활동에 소요된 비용을 재판매가격유지 가격과 중간재 가격의 차이(즉, $P_u^* - P_u$)로 보전해 주어 수평적 외부성을 내부화한다면, 하류기업은 장기적으로 손실을 입지 않으며 상류기업은 혜택을 얻을 수 있다.

2 프랜차이즈 제도

프랜차이즈(franchise)는 하류기업인 가맹점 사업자(franchisee)가 상류기업인 가맹본부(본사)(franchisor)와 상류와 하류의 수직 관계를 유지하는 제도이다. 대부분의 프랜차이즈는 경영형(business-format) 프랜차이즈로서 상류의 가맹본부가 하류의 가맹점 사업자에게 사업 경영에 대한 전반적인 시스템을 제공하는 방식을 취한다. 가맹본부는 사업자에게 사업장 위치, 경영 컨설팅, 인테리어, 직원 교육, 원재료 공급, 구매 관리, 가격 설정, 품질 관리, 광고 등을 제공한다. 맘스터치, 맥도널드, 파리바게뜨 등이 여기에 해당한다. 이에 비해서 단순히 제품과 상표 만을 프랜차이즈하는 방식도 있다. 자동차 제조업체는 직영점이 아닌 자동차 딜러에 자동차를 매개로 수직관계를 맺고 있는데, 자동차 딜러들은 경영형 프랜차이즈에 비해서 더 큰 독립성을 가진다.

프랜차이즈는 '가맹사업거래'라고 하며, '가맹사업거래의 공정화에 관한 법률'은 가맹사업의 조건과 정의, 처벌 등을 규정하고 있다. 우리나라의 가맹본부는 2019년 말에 5,175개, 가맹점 사업자 수는 254,040개로 추정되고 있다(공정거래위원회 홈페이지, 2023년 6월). 프랜차이즈는 제과, 자동차 수리, 음식업, 주유소, 학습지, 학원, 미용실, 자동차 대리점 등 다양한 사업 영역에서 발견되고 있다. 가맹점은 가맹본부(본사)의 가맹점 개설 조건을 충족해야 하고 점포 임대료 투자 등을 수행하여 독립적인 경영을 수행한다. 즉, 계약에 의한 수직관계를 유지한다. 예를 들어, 파리바게뜨는 2021년 3,425개의 제과점 가맹점을 운영하고 있다. 파리바게뜨 가맹점은 개설에 필요한 각종 비용(보증금, 가맹비, 인테리어비용, 장비구입비 등)을 조달해야 한다.[13] 가맹본부(파리바게뜨 본사)는 개설하기 전에 가맹점 창업주에 경영 상담과 제빵교육 등 창업 지원을 하며, 광고, 제품 개발, 품질 유지 등을 하여 프랜차이즈 전체의 이윤극대화를 도모한다. 일상적으로 가맹본부는 완제품 또는 제빵 원재료와 중간재 등을 가맹점에 공급하고, 제빵기사를 교육시켜 각 가맹점에 고용되

13) 파리바게뜨 홈페이지

도록 한다.[14] 가맹점 사업자는 수직관계에서 독립적인 경영을 할 수 있고, 가맹본부는 전국적인 가맹점을 확보하는 것이 이와 대등한 규모의 직영점을 운영하는 것보다 이윤극대화 측면에서 더 나은 장점이 있다.

수직관계의 기업들이 수직결합을 하지 않고 프랜차이즈 제도를 이용하는 첫 번째 이유는 가맹본부와 가맹점 사업자가 일정 정도 독립성을 유지할 수 있기 때문이다. 전국적 판매망을 운영하는 데 자본이나 경영능력이 부족한 경우에 가맹본부는 본부의 역할만 하고 가맹점 사업자는 하류로서 독립적인 경영을 할 수 있다. 두 번째는 수직결합 자체가 어렵고 비용이 많이 들며, 결합 이후에도 전국적인 직영점을 운영하는데 따른 감독 및 운영비용이 지나치게 많이 소요될 수도 있기 때문이다. 세 번째는 사업자가 독립 사업을 창업하는 경우 실패 확률이 높은데 비해서, 프랜차이즈를 통해서 가맹점을 운영하면 실패 확률이 낮다. 네 번째는 가맹본부는 한 상권에 한 가맹점을 허용하여 (지역적) 독점권을 부여한다.

프랜차이즈는 가맹본부와 가맹점 사이에 수직적 외부성과 가맹점 사이의 수평적 외부성의 문제를 야기한다.

1) 수직적 외부성

수직적 외부성은 가맹본부와 가맹점 사이의 이중독점으로 인해 발생하는 외부성이다. 가격 관련 외부성과 서비스 관련 외부성의 두 가지를 살펴보자.

① 가격 관련 수직적 외부성; 수직적 외부성이 발생하는 이유는 이중독점에서 살펴본 바와 마찬가지로 가맹본부의 마진으로 인하여 가맹점의 이윤 마진이 수직결합 시보다 더 작기 때문에 가맹점은 과소 판매 또는 과잉 가격을 선택한다. 가맹본부는 이부가격을 실시하여 가격 관련 수직적 외부성을 제거할 수 있다. 다시 말해서, 가맹점이 본부에 지불할 비용은 가맹비인 프랜차이즈 수수료(고정비)와 단위당 가격인 가맹본부의 한계비용을 포함한다. 즉, $T(Q)=F+CQ$이다(여기서 $T(Q)$는 총비용, F는 프랜차이즈 수수료, C는 중간재 가격으로서 한계비용, 그리고 Q는 판매량이다). 가맹점은 최종재에 대해서 한계비용(C)보다 높은 독점가격을 부과하고 독점이윤을 얻을 수 있는데, 가맹본부는 이부가격의 프랜차이즈 수수료(F)로 지급하게 하여, 수직결합 시 얻은 이윤을 확보할 수 있다. 결과적으로 이부가격을 통한 프랜차이즈는 수직결합과 같은 효과를 얻는다. 현실적으로 상류기업은 하류기업에 프랜차이즈 수수료와 로열티 수수료를 받고 있다. 로열티 수수료는 이부가격에서 한계비용(C)이며 일반적으로 하류기업이 상류기업에 지급하는 매출액 대비 일정 비

14) 2018년에 제빵기사는 파리바게뜨가 설립한 별도의 기업이 직접 고용하고 있다.

율이다. 상류기업이 하류기업의 이윤에 일정 비율의 로얄티 수수료를 부과하는 경우에는 하류기업의 생산량에 왜곡이 발생하지 않지만, 매출액 대비 일정 비율을 부과하는 경우에는 생산량에 왜곡이 발생한다는 것을 잘 알려진 이론적 결과이다.[15] 프랜차이즈에서 매출액 대비 일정 비율을 로얄티로 받는 이유는 매출액이 이윤보다 쉽고 편리하게 계산할 수 있기 때문이다.

② 서비스 관련 수직적 외부성; 하류기업의 서비스지출은 하류의 이윤 증가에 기여하는데 상류의 이윤 마진을 고려하지 않으므로 수직결합된 기업의 최적 서비스 지출과 비교할 때 가맹점의 서비스는 과소공급되는 상태이다. 재판매가격유지에서 분석한 방법을 이용하여 가맹점의 서비스 관련 수직적 외부성을 방지하고 최적 서비스 수준을 결정할 수 있다.

2) 수평적 외부성

수평적 외부성은 한 브랜드의 가맹점 간 가격과 서비스지출이 직영점(모든 가맹점을 수직결합한 경우)으로 운영할 때와 다른 상태를 말한다.[16] 이 경우에 두 가지 수평적 외부성이 발생한다.

① 가격 관련 수평적 외부성; 한 가맹점의 가격 인하는 다른 가맹점의 판매를 감소시키고 이윤을 낮추는데 이 가맹점은 다른 가맹점에 미치는 영향을 고려하지 않기 때문이다. 따라서 각 가맹점은 너무 낮은 가격을 설정하려 한다. 이를 막는 방법은 재판매가격유지 가격을 설정하는 것이다.

② 서비스 관련 수평적 외부성; 한 가맹점은 서비스 지출을 낮추어 비용을 절감하면서 다른 가맹점들의 평판으로 자신의 이윤을 유지하려는 무임승차 유인이 있다. 이 경우에 모든 가맹점들은 서비스를 과소공급하는 수평적 외부성이 발생한다. 복잡한 기능의 전자제품을 잘 설명하는 직원이 있는 가맹점을 방문하여 기능을 잘 알게 된 소비자는 동일한 제품을 설명하는 직원이 없는 판매점에서 이 제품을 저가에 구입할 수 있다. 고가 스피커의 음질을 잘 알 수 있도록 청음실을 구비한 유명 브랜드 스피커 소매상을 방문한 소비자는 청음실을 구비하지 않은 다른 스피커 소매점에서 낮은 가격으로 스피커를 구매할 수 있다. 한 소비자는 시승 서

15) 이윤에 일정 비율의 로열티를 부과하는 경우의 생산량은 (통상적인) 이윤극대화 생산량과 동일하기 때문에 생산량 왜곡이 발생하지 않는다. 그러나 매출액에 로열티를 부과하는 경우에 생산량은 이윤극대화 생산량과 다르기 때문에 생산량에 왜곡이 있다고 말한다.

16) 비록 본부는 한 가맹점이 다른 가맹점의 상권과 겹치지 않도록 한 지역에 한 가맹점을 허가해 주어서 적절한 독점력을 행사하도록 하지만, 소비자가 가맹점간 이동하는데 따른 비용(교통비용 또는 시간비용 등)이 매우 적다면, 가맹점 간 실질적인 경쟁이 있다고 볼 수 있다. 이러한 경쟁을 '브랜드 내부'(intrabrand) 경쟁이라 한다.

비스를 제공하는 자동차 판매 대리점에서 시승을 한 후에 시승 서비스를 제공하지 않는 대리점에서 동일한 자동차를 더 낮은 가격에 구매할 수 있다. 서비스 관련 수평적 외부성을 방지하기 위한 가맹점들의 최적 서비스 수준 결정 과정은 재판매가격유지에서 분석한 것과 유사하다.

3 판매영역 제약

판매영역 제약(territorial restrictions)은 하류시장을 여러 개의 시장(영역)으로 나누어 한 시장에 하나의 하류기업(소매상)을 배정해 주는 제약조건이다.[17] 각 시장에 배정된 하나의 가맹점은 자사 브랜드 독점력을 보유하며, 브랜드 내부(intrabrand) 경쟁을 막는다. 가맹본부는 하나의 상권에 하나의 가맹점을 허용한다. 각 프랜차이즈는 판매영역에 대한 각자의 기준이 마련되어 있다. 상권이 매우 좋은 경우에 지역적 거리는 그리 문제되지 않는 경향을 보인다. 미국에서 스타벅스 커피점들은 번화가에서 근접한 거리에 위치하고 있다. 일부 업종의 경우 판매영역 제약은 소비자 입장에서 독점력과 상관 없는 경우도 발생한다. 자동차 딜러상이 지역별로 퍼져 있어도 아는 사람의 추천으로 구매하는 경우 지역별 독점력을 보장하기 위한 영역 제약은 그 효과가 예상보다 약하다고 볼 수 있다.

파리바게뜨 가맹점끼리 경쟁하는 것을 브랜드 내부(intrabrand) 경쟁이라고 했다. 한 상권에서 파리바게뜨 가맹점과 뚜레쥬르 가맹점이 경쟁하는 것을 브랜드 간(interbrand) 경쟁이라 한다. 판매영역 제약이 브랜드간 경쟁을 배제할 수 있는 것은 아니다. 따라서 경쟁정책 시각에서 브랜드 간 경쟁이 활발한 경우 한 브랜드의 판매영역제약은 그리 문제가 안될 수도 있다. 한 브랜드의 지역적 독점력이 심한 경우, 그 기업을 규제하는 것보다 경쟁 브랜드의 출현을 촉진하는 것이 더 나을 수 있다.

4 배타적 거래

배타적 거래(exclusive dealing)는 상류기업이 하류기업으로 하여금 자사 제품만 팔고 다른 경쟁 기업의 제품을 팔지 못하게 하는 계약이다.[18] 현대자동차 대리점에

17) 판매영역 제약은 공정거래법 제23조(불공정거래행우의 금지) 5항에서 '거래지역제한'에 해당한다.
18) 배타적 거래는 공정거래법에서 '구속조건부거래'이며, 동법 제23조는 이를 불법으로 규정하고 있다.

서는 현대자동차만 판매하고 경쟁사의 자동차를 판매하지 않는다.[19] 마이크로소프트사는 한때 컴퓨터 제조업체에게 윈도우 초기 화면에 자사의 인터넷 익스플로러(Internet Explorer)만 뜨도록 하고 경쟁사의 웹 브라우저(예로, 당시에 선도적 브랜드였던 내비게이터(Navigator))는 설치하지 못하도록 한 적이 있다.

배타적 거래는 효율성을 증진시킬 수도, 감소시킬 수도 있다. 양의 외부효과와 이에 대한 보상은 효율성을 증진시킨다. 한 하류기업(가맹점)이 자신의 지역에서 광고나 정보 제공 등을 하여 다른 지역의 하류기업(다른 가맹점)에 양의 외부효과를 가져오는 경우에 상류기업은 혜택을 얻으므로 하류기업들의 이러한 행동에 보조를 해 줄 수 있다. 이는 효율성을 증진시킨다. 이에 반해서 배타적 거래는 효율성을 낮추는 효과가 있다. 하류기업이 여러 경쟁사 제품을 같이 취급한다면, 소매상을 방문하는 소비자의 탐색비용을 낮출 수 있는데 배타적 거래는 그렇지 못하기 때문이다. 배타적 거래 계약은 상류시장에 진입저지의 효과를 가져온다. 이 계약으로 잠재적 상류기업은 자신의 하류기업망을 새로이 구축해야 하는데 이는 비용이 매우 많이 들기 때문에 진입이 저지되며 사회적 효율성을 낮춘다.

제5절 | 경제적 강탈(hold-up) 문제

경제적 강탈(hold-up)은 ① 수직 관계에서 한 당사자가 거래 이전에 기업가치(이윤)를 높일 수 있는 투자를 할 때, 그리고 ② 다른 당사자가 증가된 기업가치의 일부를 강탈(hold-up)할 수 있는 충분한 협상력을 가질 때 발생한다.[20] 예를 들어, 한 자동차 제조업체가 지속적으로 디자인 혁신과 품질 개선을 위한 투자를 한 결과 시장에서 제값을 받아 자사 브랜드 가치가 향상되었다고 하자. 부품을 공급하는 상류기업(독점)은 협상력을 이용하여 하류기업의 이윤 증가 중 일부를 자신에게 이전시키라고 요구(자신의 부품가격 인상 요구)할 수 있다. 마찬가지로 상류기업의 투자로 가치가 상승하는 경우에 하류기업이 가치 증가분의 일부를 이전할 것을 요구할 수 있다. 경제적 강탈은 과소투자의 문제를 야기한다.

하류기업이 디자인에 I를 투자하여 소비자가 얻는 가치가 $v=v(I)$라 하자. 소비자가 얻는 가치 v는 투자 I에 대해서 체감적으로 증가($v'(I)>0$, $v''(I)<0$)한다고 가

19) 미국에서 자동차 딜러상 중에는 여러 회사의 자동차를 같이 판매하는 경우도 있다.

20) 중세 유럽에서 의적이나 지역 관할권을 가진 봉건 영주가 상인들로부터 통행료를 받는 행동에서 유래되었다. 이 영주를 robber baron이라 한다.

정한다. 소비자는 이 제품의 가격(P)이 소비자 가치(v)보다 작거나 같으면 한 단위 구매한다고 가정한다. 하류기업의 비용은 투자 지출 비용 I와 상류로부터 구입하는 중간재 가격 P_u이다. 상류기업의 중간재의 한계비용은 C_u로 일정하다고 가정한다. 상류와 하류기업의 단위당 이윤은 각각 다음과 같다; $\pi_u = P_u - C_u$; $\pi_d = v(I) - I - P_u$. 하류기업의 이윤은 소비자잉여($v(I) - P_u$)와 비용(I)과의 차이다.

두 기업이 결합한다면 결합된 기업의 단위당 이윤은 다음과 같다; $\pi_m = v(I) - I - C_u$. 이 이윤은 소비자잉여와 두 기업의 이윤의 합이므로 사회후생과 같다. 사회후생을 극대화($\frac{d\pi_m}{dI} = v'(I) - 1 = 0$)하는 최적 투자를 $I^*(>0)$이라 하자. [그림 13-9]에 I^*이 표시되어 있다. 극대화된 사회후생을 양($v(I^*) - I^* - C_u > 0$)이라고 하면, $P_u - C_u > 0$과 $v(I^*) - I^* - P_u > 0$을 만족하는 P_u가 존재한다. 두 기업이 생산을 할 의향이 있고, 하류기업은 사회후생을 극대화하는 투자를 할 의향이 있다면 상류기업의 중간재 가격(P_u)은 고정된 수준으로 존재한다.

경제적 강탈문제가 어떻게 발생하는지 다음 상황을 보자. 하류기업의 투자가 이루어진 이후에 두 기업 사이에 중간재 가격을 정하는 협상이 있다고 가정하자. 투자 이후에 협상을 하므로 투자 지출은 매몰비용으로서 의사 결정에 영향이 없다. '일반화된 내쉬협상'(generalized Nash bargaining)에 따르면 중간재 가격은 다음과 같이 설정된다;[21] $P_u = (1-\alpha)v(I) + \alpha C_u$. 여기서 α는 영과 1 사이의 숫자로서 하류기업의 협상력을 표시하는 모수이다. α가 1에 접근하면, 하류기업의 협상력이 큰 것을 의미하고, α가 영에 접근하면 그 반대이다. α가 1로 접근하면 협상력이 큰 하류기업은 중간재 가격을 상류기업의 한계비용으로 정할 것($P_u = C_u$)이고, α가 영에 접근하면 협상력이 작은 하류기업은 중간재 가격이 자신이 얻을 총잉여로 결정($P_u = v(I)$)되는 것을 받아들일 수밖에 없을 것이다. 하류기업의 이윤은 $\pi_d^a = v(I) - I - P_u = v(I) - I - \{(1-\alpha)v(I) + \alpha C_u\} = \alpha v(I) - I - \alpha C_u$가 된다. 중간재 가격을 고려한 하류기업의 이윤(π_d^a)을 극대화하는 투자를 $\hat{I}$이라 하자. $\hat{I}$은 $\frac{d\pi_d^a}{dI} = \alpha v'(\hat{I}) - 1 = 0$을 만족하며, [그림 13-9]에 표시했다. 그림에서 $\hat{I} < I^*$임을 알 수 있다. 협상력에 따라서 중간재 가격이 결정되는 경우 하류기업의 최적 투자($\hat{I}$)는 사회후생을 극대화하는 최적투자(I^*)보다 적다. 이와 같은 과소투자를 '경제적 강탈(hold-up) 문제'가 있다고 한다.

이 결과를 초래하는 이유는 다음과 같이 해석할 수 있다. 상류기업은 아무 투자비용 부담없이 하류기업이 만들어낸 가치의 $1-\alpha$를 가져가려 하는 반면에, 하류기업은 투자 비용을 100% 부담하면서 만들어낸 가치의 α만 얻게 되기 때문에 사회

21) 일반화된 내쉬 균형은 부록에서 조금 더 자세히 설명한다.

그림 13-9 경제적 강탈 문제

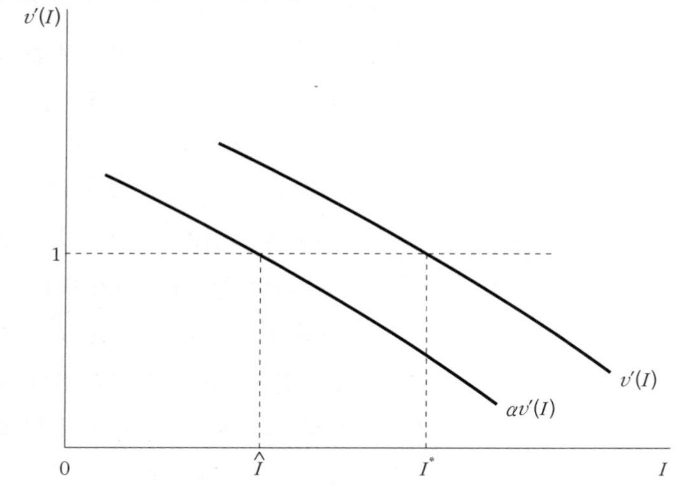

후생을 극대화하는 투자를 할 유인이 줄어들게 되는 것이다.

경제적 강탈 문제를 해결하는 방안을 고려해 보자. 매우 단순한 해결방안은 수직결합이다. 수직결합에 따른 이윤극대화는 사회후생극대화(I^*)와 동일한 최적 투자를 유도한다. 다른 방법은 계약을 통한 해결방안이다. 경제적 강탈 문제가 발생하는 근본 이유는 투자를 한 이후에 하류기업이 상류기업과 중간재 가격을 협상하기 때문이다. 하류기업이 투자하기 이전에 중간재 가격을 협상한다면 문제는 해결되고 왜곡은 사라질 것이다. 이 계획에 따르면 투자지출은 이제 더 이상 매몰비용이 아니고 예상되는 결정변수이다. 상류와 하류기업은 일반화된 내쉬협상에 따라서 $P_u=(1-\alpha)(v(I^e)-I^e)+\alpha C_u$이 된다. 여기서, I^e는 균형에서 예상되는 투자 수준이다. 하류기업의 이윤 $\pi_d=v(I^e)-I^e-P_u$에 P_u를 대입하면 하류기업의 최적투자를 위한 이윤은 다음과 같다; $\pi_d^e=\alpha(v(I)-I)-\alpha C_u$. 이 이윤을 극대화하는 최적투자는 사회후생을 극대화하는 투자(I^*)와 동일함을 알 수 있다.

연 | 습 | 문 | 제

>>> Theory of Industrial Organization

1. 도미노 효과와 관련하여 다음의 문제를 고려하자. 시장에는 4개의 기업이 쿠르노 경쟁을 한다. 각 기업의 생산량을 q_i라 하고 한계비용을 10이라고 하자. 시장수요는 $P=100-Q$이다. $Q=q_1+q_2+q_3+q_4$이다.

1) 각 기업의 쿠르노 균형 생산량, 이윤, 시장 가격을 계산하시오.
2) 1기업과 2기업이 수평결합했으며 이 기업은 스택클버그 선도기업이 되었고, 나머지 두 기업은 스택클버그 추종기업들이다. 수평결합한 기업의 생산량과 이윤, 두 개의 추종기업의 생산량과 이윤, 그리고 시장가격을 계산하시오.
3) 수평결합한 기업의 이윤은 결합이전에 두 기업 이윤의 합보다 더 큰지 작은지 비교하여, 결합 유인이 있는지 설명하시오.
4) 수평결합한 경우와 결합 안한 경우의 소비자잉여를 비교하시오. 사회후생을 비교하시오.

2. 완전경쟁시장에 두 개의 기업이 있으며 동질의 제품으로 경쟁한다. 각 기업의 한계비용은 10으로 동일하며 일정하다. 산업 생산량은 100이다. 두 기업의 결합과 관련된 다음과 같은 설명을 평가하시오.

1) 결합된 독점기업의 한계비용이 3으로 하락하고 이윤극대화 가격이 8이 된다고 가정하면, 이 결합은 결합 이전에 비해서 사회후생이 증가한다.
2) 결합 이후 한계비용에 변화가 없다면 시장가격은 결합 이전보다 더 높아지고 거래량은 감소하여 사회후생이 감소하므로 규제기관은 결합을 승인해서는 안된다.
3) 이런 종류의 결합은 '다공장의 경제성'을 확보할 수 있다.
4) 결합 이후 규모의 경제로 인해서 한계비용이 하락한다면, 소비자잉여가 감소한다. 따라서 이 결합은 반경쟁적이므로 규제 기관은 결합을 승인해서는 안된다.

3. 전 세계에 PC 제조업자가 하나 있으며, PC에 반드시 탑재해야 하는 OS 프로그램을 제작하는 기업이 단 하나 존재한다고 가정하자. 두 기업의 결합에 관련된 다음과 같은 설명에 대해서 평가하시오.

1) 두 기업이 결합을 한다면, 더 커진 독점력으로 인하여 사중손실은 결합 이전보다 더 커지므로 소비자에게 나쁘게 작용한다.
2) 결합을 하면 결합을 안했을 경우보다 PC 제조의 한계비용이 하락하는 효과를 가져온다.
3) 결합된 기업의 (총)이윤은 결합하지 않은 경우의 두 기업의 이윤의 합보다 더 크다.
4) 결합 이전에 이중마진화(double markups, double marginalization)가 있었으나, 결합 이후에 한 마진(markup)이 사라지면서 PC 가격이 하락한다.

4. 버트랜드 경쟁을 하는 상류의 A와 B기업은 동질적인 중간재를 생산하며 한계비용은 1로 동일하다. 하류의 X와 Y기업은 A 또는 B로부터 중간재를 구입 후 이를 가공하여 최종소비자에게 판매하며 쿠르노 경쟁을 한다. X와 Y기업의 다른 요소비용은 동일하게 2이다. 최종재에 대한 수요는 $P=a-b(q_1+q_2)$이다. $q_1(q_2)$은 X(Y)기업 생산량이다.

1) 위에 적시된 경쟁을 하는 경우에, 네 기업의 판매량, 이윤, 시장 가격을 계산하시오.
2) A와 Y기업이 AY기업으로 결합하였고, B와 X기업은 결합하지 않아서, 이제 B기업은 X기업에 대해서 독점기업이 되었다. AY, B, X기업의 판매량, 이윤, 시장가격을 계산하시오.
3) 위 1)과 2)의 결과를 비교하시오.

5. 가맹본부와 가맹사업자 간의 계약에서, 가맹본부의 이윤극대화 전략으로 로열티(royalty fee)와 프랜차이즈 수수료(franchise fee)를 어떻게 결정하는지 설명하시오.

6. 중간재를 생산하는 상류기업 A와 B가 수량경쟁을 한다. 각 기업은 동질적인 중간재를 생산(Q_A, Q_B)하며 한계비용은 C_u로 동일하다. 하류시장에 1과 2기업이 수량경쟁하며 상류기업의 중간재를 시장 가격(P_u)에 구매하여 최종재를 생산한다. 하류기업의 추가적인 한계비용은 C_d로 동일하다. 하류기업은 최종재 1단위 생산에 중간재 1단위를 투입한다. 최종재에 대한 시장 수요는 $P=100-(Q_1+Q_2)$이다. Q_i는 하류기업 1과 2의 생산량이다.

1) 어떤 기업도 수직결합하지 않은 경우에 하류기업의 한계비용은 P_U+C_d이다. 하류기업의 이윤극대화 생산량(Q_1^n, Q_2^n)과 이윤을 P_U와 C_d로 나타내시오. 중간재 총 수요량을 Q_u라 하면, $Q_u=Q_1^n+Q_2^n$을 이용하여 중간재 수요함수를 도출하시오. 이를 중간재 역수요함수로 전환하면 $P_U=100-C_d-\frac{3}{2}Q_u$이 된다. $Q_u=Q_A+Q_B$를 이용하여 상류기업 A와 B의 이윤극대화 중간재 생산량(Q_A^n, Q_B^n)을 도출하시오. 시장 균형을 도출하시오.
2) A기업과 1기업이 수직결합했고, B와 2기업은 수직결합하지 않았다고 하자. A기업은 중간재를 2기업에 판매하지 않는 수직배제를 한다고 가정하시오. 위 1)을 응용하여 이 시장구조의 균형을 도출하시오. 위 1)의 결과와 비교하시오. 이 결과를 이용하여, A기업은 수직배제하는 것이 최적이라는 것을 보이시오.

부록 | 일반화된 내쉬협상이론

일반화된 내쉬협상이론은 상류와 하류기업의 투자(I)에 따른 잉여를 각각 $S_u(I)$와 $S_d(I)$라 할 때, 양측이 협상하는 상류의 중간재 가격 P_u는 사회후생 $W=\alpha \log(S_d(I))+(1-\alpha)\log(S_u(I))$를 최대화하는 값을 구하는 과정이다. 여기서, α는 하류기업의 협상력을 표시하는 모수로서 $0\le\alpha\le1$이다. $S_d(I)=\pi_d$이고 $S_u(I)=\pi_u$이므로 $W=\alpha\log(v(I)-P_u)+(1-\alpha)\log(P_u-C_u)$이다. W를 최대화하는 P_u는 다음을 만족한다;

$$\frac{dW}{dP_u}=\frac{-\alpha}{v(I)-P_u}+\frac{1-\alpha}{P_u-C_u}=0.$$

중간재 가격 P_u는 다음과 같이 결정된다; $P_u=(1-\alpha)v(I)+\alpha C_u$. 이는 일반화된 내쉬협상이론 결과이다.

경제적 강탈 문제를 해결하는 방안의 하나인 계약을 통한 방안을 살펴보면 다음과 같다. 상류와 하류기업은 일반화된 내쉬협상에 따라서 $\alpha\log(v(I^e)-I^e-P_u)+(1-\alpha)\log(P_u-C_u)$를 극대화하는 P_u를 협상한다. 여기서 I^e는 균형에서 예상되는 투자 수준이다. 극대화 조건 $\frac{-\alpha}{v(I^e)-I^e-P_u}+\frac{1-\alpha}{P_u-C_u}=0$에서 $P_u=(1-\alpha)(v(I^e)-I^e)+\alpha C_u$이다. 이제 하류기업의 최적투자를 위한 이윤은 다음과 같다; $\pi_d^e=\alpha(v(I)-I)-\alpha C_u$. 이윤을 극대화하는 최적투자는 사회후생을 극대화하는 투자(I^*)와 동일함을 알 수 있다.

제14장

묶음판매

장을 시작하며

기업들은 때때로 서로 다른 제품을 하나로 묶어서 판매한다. 대형 할인점에서 우유 한 통에 요구르트 하나를 테이프로 묶어서 판매하거나, TV의 홈쇼핑에서 대형 냉장고에 덤으로 소형 청소기를 얹어서 판매하는 것을 볼 수 있다. 커피전문점에서 커피와 케익을 같이 구매할 때 가격할인 제도, 여행사의 패키지 관광 상품(항공, 호텔 서비스, 현지 가이드 등을 하나의 상품으로 구매), 은행의 크로스 셀링(cross selling)(정기예금에 가입하는 고객에게 정기적금을 추가로 한 구좌 가입하거나 보험을 구입하면, 정기예금의 이자율을 조금 더 높여주는 것), 음식점(맥도널드, 양식, 한정식, 중국집)의 세트메뉴(또는 코스요리), CATV에서 각종 채널의 결합적 선택, 여러 곡이 들어 있는 음악 CD 등은 모두 서로 다른 제품을 하나로 묶어서 판매하는 행위이다. 프린터에서 잉크 카트리지를 교체할 때 자사의 정품 잉크 카트리지를 구매하도록 하며, 다른 기업의 재생 잉크 카트리지를 이용하다 프린터가 고장나는 경우 보증수리를 해 주지 않는 경우도 여기에 해당한다. 또한 자동차 한 대를 판매한다는 것은 사실은 수만 가지 부품이 결합된 제품을 판매한다고 볼 수 있다. 컴퓨터를 이용하기 위해서는 PC본체, 키보드, 모니터, 각종 소프트웨어 등은 말할 것도 없고 인터넷 서비스, 프린터 등도 같이 구매해야 한다.

기업들이 두 가지 또는 그 이상의 서로 다른 제품을 묶어서 하나의 가격으로 판매하는 이러한 행동을 경제학자들은 크게 두 가지로 구분한다. 하나는 묶음판매(tying; tie-in sales)이고 다른 하나는 번들링(bundling)이다. 묶음판매는 '필수적' 묶음판매(requirements tie-in sale; tie-ins, tying arrangement)로서, 주상품을 판매하는 조건으로 부상품을 같은 기업으로부터 필수적으로 구매하도록 하는 판매방식이다.

부상품이 소모품이라서 추가 구매 시 반드시 주상품을 구입한 기업으로부터 구매하는 방식이다. 1936년 IBM사건에서 이러한 묶음판매 행위가 불법으로 판결 난 후에 부상품의 의무적 구매는 발견하기 어렵지만 주상품을 판매하는 기업 중에는 다른 방법을 이용하여 부상품을 자사로부터 (거의 의무적으로) 구매토록 하는 경우가 발견된다. 프린터 제조업체는 잉크나 토너를 타사의 재생품 구매 시 고장이 나면 보증 수리를 제공하지 않는 경우나, 자동차 제조사들이 고장 수리 시 자사가 인정한 순정 부품의 사용을 권장하면서 타사의 재생 부품 사용 시 안전 문제를 크게 부각시키는 경고 등이 있다. 주상품과 부상품은 일반적으로 보완재 관계이나 두 상품이 서로 독립적인 경우도 있다.

번들링은 여러 제품을 고정된 비율로 구성하여 하나의 패키지로 판매하는 방식이다. 컴퓨터 한 단위란 일반적으로 PC본체 한 단위, 모니터 한 단위, 키보드 한 단위, 운영체계(OS, 일반적으로 마이크로소프트사의 윈도우) 한 단위 등이 하나의 패키지로 된 상품을 말한다. 따라서 컴퓨터란 실질적으로 번들링으로 판매된다. 맥도널드의 세트 메뉴는 햄버거 한 단위, 감자튀김 한 단위, 콜라 한 단위의 패키지로 되어 있다. 2박 3일 홍콩 패키지 여행상품은 하나의 왕복 비행권, 호텔 2일 숙박권, 조식 2회, 중식 3회, 만찬 2회 등 다양한 서비스와 제품이 하나로 묶어져 있다. 번들링은 순수번들링과 혼합번들링으로 구분하는데 전자는 소비자로 하여금 패키지 상품을 구매하거나, 아무것도 구매하지 않도록 하는 판매방식이다. 후자는 패키지 상품을 구매할 수도, 패키지를 구성하는 각 제품을 개별적으로 구매할 수도 있는 판매방식이다. 번들링은 패키지 묶음판매(package tie-in sale)라고도 한다. 번들링을 묶음판매의 한 종류로 볼 수도 있기 때문에, 이 책에서는 두 용어를 경우에 따라서 구분하기도 하지만 혼용해서 사용하기도 한다.[1]

제1절 | 묶음판매 목적

묶음판매에 대한 초기의 이론인 지렛대 이론(the levevage theory)은 묶음판매는 주상품 시장에서 보유한 독점력을 부상품 시장에 연장하는 목적을 가지고 있다고 했다. 그러나 스티글러(Stigler, 1968) 이후 묶음판매 목적은 가격차별 등 다양한 것으로 밝혀졌다.

1) 때때로 묶음판매와 번들링의 엄격한 구분은 쉽지 않다.

1 가격차별

묶음판매는 묶어진 두 재화(*X*재, *Y*재)를 하나의 가격으로 판매하는 것인데, 각 재화에 대해서 소비자들의 지불의향이 서로 다를 수 있다. *X*재와 *Y*재의 패키지 가격을 3이라고 하자. A소비자의 *X*재 지불의향이 1, *Y*재는 2이고, B소비자의 *X*재 지불의향이 2, *Y*재는 1이라고 하자. A와 B소비자가 이 패키지를 구매했다고 하면, 묶음판매는 *X*재에 대해서 두 소비자에게 가격차별을 한 것이나 다름없다. 물론 *Y*재에 대해서도 가격차별을 한 것이다. 프린터와 잉크(또는 토너) 카트리지의 묶음판매에서 프린터 가격은 한계비용, 카트리지 가격은 한계비용을 초과하여 판매한다. 프린터를 이용하여 얻는 것을 인쇄서비스라고 하면, 이 서비스의 대용량 소비자(기업)는 소용량 소비자보다 카트리지 구입이 더 많으므로 인쇄서비스를 더 싸게 구매하는 셈이 되어, 가격차별 결과를 가져온다. 고가의 특수장비를 비교적 저렴하게 판매하나, 이에 대한 A/S나 유지보수 서비스 가격을 높게 받는 것도 묶음판매의 가격차별 목적을 가지고 있다. 묶음판매를 통한 가격차별은 기업의 이윤을 증가시킨다.

2 효율성 증진

생산자는 두 개 이상의 보완재를 결합하여 생산-유통-판매하는 경우에 비용을 절감하여 생산 효율성을 증진시킬 수 있고, 소비자 탐색비용을 절감할 수 있다.[2] 두 재화가 기술적 상호의존관계에 있는 경우에 결합 생산-유통-판매는 효율성을 가져올 수 있다. (기술적 효율성) 타이어 등 자동차의 모든 부품을 개별적으로 구매하여 자동차를 조립하는 경우에 소요되는 비용보다 자동차 회사로부터 완성된 자동차를 구매하는 것이 더 저렴한 것과 같은 원리이다. 마이크로소프트사는 웹 브라우저인 인터넷 익스플로러(Internet Explorer)가 자사의 운영체계인 윈도우와 기술적으로 분리될 수 없기 때문에 묶음판매 형태가 소비자에게 더 큰 혜택을 준다고 주장했다.

2) 이를 결합 생산-유통-판매의 경제(economies of joint production-distribution-sales)라고 한다.

③ 가격규제 회피의 수단

묶음판매는 가격규제 회피수단으로 이용되기도 한다. 최고가격제 등으로 가격규제를 받는 기업은 규제를 받지 않는 다른 재화를 같이 패키지로 판매하면서, 최고가격제를 회피할 수 있다. 예를 들어, 어떤 재화의 시장 가격이 100만원인데 규제 가격이 80만원이라면, 판매자는 시장 가격이 10만원인 다른 재화를 같이 판매(묶음판매)하면서 이 패키지 가격을 110만원으로 설정하면, 자신의 제품은 실제로 100만원 받은 것이나 다름없으므로 규제를 무력화시킬 수 있다.

④ 암묵적 가격인하(secret price discount)

카르텔의 회원사는 해당 제품을 카르텔 가격에 판매하면서 다른 재화를 (원가보다) 낮은 가격에 묶음판매할 수 있다. 이와 같은 묶음판매는 카르텔 가격을 위반(cheating on a cartel price)하는 행동이며, 암묵적으로 카르텔 가격을 인하하는 결과를 초래한다. 이 행동을 하는 카르텔 회원사는 다른 회원사보다 더 많이 판매하고 이윤을 증가시킬 수 있다.

⑤ 품질보증의 일환

디지털 카메라가 출현하기 이전에 사진기는 필름이 있어야 했고, 필름을 현상소에서 인화하여 사진을 만들었다. 당시에 필름시장의 대기업인 코닥(Kodak)은 자사의 필름을 반드시 자사 대리점(현상소)에서 인화하도록 했었다. 코닥사는 다른 브랜드 필름 대리점(현상소)에서 인화할 때 사진 품질의 저하를 막기 위한 것이라 주장했다. 이는 필름과 사진 인화를 묶음판매한 것이며, 묶음판매를 통해서 코닥의 시장지배력과 독점적 이윤을 유지하기 위한 방책이었다. 마찬가지로, 자동차 제조업자는 자동차 수리시 자사가 인정한 순정부품을 이용할 것을 권장한다. 순정부품이 아닌 (재생)부품을 이용하는 경우에 자사의 자동차의 품질과 안전을 보증하기 어렵다고 광고하는 것을 볼 수 있는데 이는 품질보증이기도 하지만, 시장지배력과 이윤 증대를 위한 묶음판매 전략이다.

6 독점력 전이 효과: 지렛대이론(the leverage theory)

묶음판매를 하는 패키지의 상품을 주상품과 부상품이라 하고 전자는 독점기업이, 후자는 완전경쟁 기업이 판매한다고 하자. 독점기업이 부상품을 자사의 주상품에 묶음판매를 하면, 주상품 독점기업은 부상품 시장에서도 독점기업이 되어 독점력을 이전하는 결과를 가져온다. 주상품 시장의 독점력을 지렛대 삼아서 부상품시장으로 이전하게 된다. 독점기업이 이전시키는 지렛대 효과는 묶음판매 전략에 의한 부상품시장의 비율과 진입장벽에 대한 효과에 달려 있다. 이 장의 후반부에서 묶음판매의 논쟁과 함께 지렛대이론에 대해서 소개한다.

묶음판매는 한편으로는 시장경쟁을 제한하여 반경쟁적 효과를, 다른 한편으로는 원가절감과 가격을 인하하고, 효율성을 증가시키는 친경쟁적 효과가 동시에 나타날 수 있다. 사회후생은 증가 또는 감소할 수도 있으므로 묶음판매의 효과는 긍정적 또는 부정적이다. 그럼에도 공정거래법(제45조)과 시행령(제52조)은 (부당한) 묶음판매(끼워팔기)를 불법으로 규정하고 있다.

위에서 묶음판매는 필수적 묶음판매와 번들링으로 구분한다고 하였다. 아래에서는 번들링을 먼저 소개한다.

제2절 | 번들링

번들링은 패키지 묶음판매(package tie-in sale)로서 여러 가지 제품을 일정 비율로 묶어서 판매하는 방식이다. 이에는 순수번들링과 혼합번들링이 있다. 여러 가지 제품을 별개로는 판매하지 않고 패키지만 판매하는 것을 순수번들링이라 한다. 순수번들링은 소비자들이 패키지를 구매하거나 또는 구매하지 않거나 둘 중의 하나를 선택하게 하는 판매방식이다. 서울에서 LA로 가는 비행기 내에서 식사를 제공하는데, 항공과 식사 서비스는 순수번들링이다. 식사 서비스 요금을 빼고 항공 서비스만 구매할 수 없다.

혼합번들링은 여러 제품으로 구성된 패키지를 구매(순수번들링)할 수도 있고, 각 제품을 개별적으로 구매할 수도 있는 판매방식이다. 맥도널드에서 햄버거, 감자튀김, 콜라로 된 세트메뉴도 구매할 수 있을 뿐만 아니라, 햄버거와 콜라만 구매하거나, 햄버거만 구매하는 것도 가능하다.

1 순수번들링과 가격차별

독점기업이 *X*재와 *Y*재를 생산하며 한계비용은 모두 영이라고 가정하자. 각 재화에 대해서 소비자들의 지불의향은 소비자 타입에 따라서 다르다. 〈표 14-1〉에서 보듯이 1타입 소비자는 *X*재에 대해서 80원의 가치를, *Y*재에 대해서 40원의 가치를 가진다. 2타입 소비자는 각각의 재화에 대해서 100원과 30원의 가치를 가진다. 각 소비자는 각 재화를 최대 한 단위 구매한다고 가정한다.

순수번들링 가격을 정하기 이전에 각 재화를 개별적으로 판매하는 경우의 가격을 고려해 보자. 독점기업은 *X*재의 가격을 100원으로 정하는 것보다 80원으로 정하는 것이 이윤을 극대화 한다(100원이면 2타입 소비자만 구매하는데 비해서 80원이면 두 소비자 모두 구입하므로 이윤이 더 크다). *Y*재의 가격은 40원보다 30원으로 정하는 것이 더 낫다. 시장에서 *X*재 가격은 80원, *Y*재 가격은 30원이 되고 독점이윤은 220원이다.

순수번들링을 한다고 가정하자. 이제 독점기업은 *X*와 *Y*를 개별적으로 판매하지 않고, 두 재화를 묶어서 패키지로 판매한다. 1타입 소비자는 패키지 가격이 120원 이하이면 구매하고 그 이상이면 구매하지 않으며, 2타입 소비자는 130원 이하이면 구매한다. 패키지 시장 가격은 120원, 독점이윤은 240원이다. 독점기업은 개별 판매를 하는 것보다 순수번들링으로 판매하는 것이 이윤을 증가시킨다.

이 예에서 독점기업은 동일한 패키지의 *X*재에 대해서 1타입 소비자는 80원, 2타입 소비자는 100원을 그리고 *Y*재에 대해서 1타입 소비자는 40원, 2타입 소비자는 20원을 지불하게 한 것과 같다. 독점기업은 동일한 재화에 대해서 서로 다른 소비자에게 서로 다른 가격으로 가격차별을 한 것이나 다름없다.

지불의향이 〈표 14-2〉처럼 다른 경우에 순수번들링이 채택되는지 알아보자. 순수번들링을 위한 두 재화의 패키지 가격을 130원으로 한다면, 1타입 소비자는 이 패키지를 구입하지 않고, 2타입 소비자는 이 패키지를 구입하므로 이윤은 130원이 되는데 비해서 패키지 가격을 90원으로 하면, 두 소비자가 모두 구입하여 이윤은 180원이다. 따라서 순수번들링을 한다면 패키지 가격은 90원이고 이윤은 180원

표 14-1 개별 재화와 패키지에 대한 지불의향

	X재	Y재	패키지(=X+Y)
1타입 소비자	80	40	120
2타입 소비자	100	30	130

표 14-2 순수번들링이 채택되지 않는 경우의 지불의향

	X재	Y재	번들링(=X+Y)
1타입 소비자	80	10	90
2타입 소비자	100	30	130

이다. 개별 판매 시 *X*재 가격은 80원, *Y*재 가격은 30원으로 정해야 이윤이 극대화되며, 이윤은 190원이다. 이 경우에 1타입 소비자는 *Y*재를 구매하지 못한다. 즉, 독점기업의 개별 판매는 지불의향이 낮은 소비자를 배제할 수 있다. 이 예에서 순수번들링보다 개별 판매 시 이윤이 더 크므로 독점기업은 순수번들링을 채택하지 않는다.

〈표 14-1〉의 예에서 순수번들링을 채택하는 이유는 각 소비자의 두 재화에 대한 상대적인 지불의향이 '음의 관계'를 가지고 있기 때문이다. 1타입 소비자는 *X*재에 대해서 상대적으로 낮은 지불의향을 *Y*재에 대해서는 상대적으로 높은 지불의향을 가지고 있는데(2타입 소비자의 경우는 그 반대), 이를 지불의향의 '음의 관계'라고 하며, 개별 판매보다 순수번들링을 채택하는 것이 이윤을 증대한다. 이에 비해서 〈표 14-2〉에서, 1타입 소비자의 두 재화에 대한 지불의향이 2타입 소비자에 비해 모두 낮다. 지불의향은 '양의 관계'를 보이며 이 경우에 순수번들링은 이윤을 증가시키지 못한다.

2 혼합번들링

번들 패키지와 함께 패키지의 각 제품을 개별적으로 판매하는 방식을 '혼합번들링'이라고 한다. 맥도널드에는 세트 메뉴로 판매하기도 하고, 세트 메뉴내의 각 품목을 개별적으로 판매하기도 한다. 고급 음식점에서 코스요리도 이와 유사하다(즉, 코스요리를 주문하든지 아니면, 코스요리에 있는 각 단품 요리를 주문하든지의 선택). 인터파크에서 2~3가지 뮤지컬을 묶어서 파는 패키지를 구매할 수도 있고, 각 뮤지컬을 별개로 구매 가능하다. 프로 스포츠(야구, 농구, 축구 등)에서 당일권뿐만 아니라 시즌권을 판매한다. 혼합번들링에서 패키지 가격은 일반적으로 패키지 안에 있는 개별 제품의 가격의 합보다 낮다. 가격 할인이 없는 경우에는 패키지에 대해서 부수적인 혜택을 부여하는 것을 볼 수 있다.

한 기업이 여러 재화를 판매하는 방식은 크게 세 가지를 고려할 수 있다: 개별 판매, 순수번들링, 혼합번들링. 세 가지를 비교 분석하면서 개별 판매나 순수번들

링보다 혼합번들링 판매방식이 이윤을 더 증대시킬 수 있음을 보인다. 이와 같은 혼합번들링에 대한 분석은 아담스와 옐런(Adams and Yellen, 1976)의 기여가 크다.

각 재화의 가격을 P_x, P_y라 하고, 한계비용은 각각 C_x, C_y로서 일정하다고 가정한다. 독점기업이 두 재화를 패키지로 판매하는 경우, 패키지 가격은 P_{xy}이며 패키지의 한계비용은 단순히 두 재화의 한계비용의 합이라고 가정한다. 소비자들의 각 재화에 대한 지불의향은 V_x와 V_y이다. 각 지불의향은 적절한 범위 내에서 (확률적으로) 분포되어 있으며, 분포는 독립적이며 동일하다고 가정한다. X재 한 단위와 Y재 한 단위를 같이 구입하는 경우 소비자의 지불의향 가격은 단순히 각 재화의 지불의향의 합(V_x+V_y)으로 가정한다.

패키지 가격은 개별 가격의 합(P_x+P_y)보다 높지 않다고 가정한다(즉 $P_{xy} \le P_x + P_y$). 패키지 가격이 개별 가격의 합보다 높다면, 패키지를 수요하는 소비자들은 패키지를 구매하지 않고 개별 재화를 따로 따로 구매할 것이므로 이는 자연스러운 가정이다. 마찬가지로 각 개별 가격은 패키지 가격보다 낮다고 가정한다($P_x < P_{xy}$, $P_y < P_{xy}$).

소비자의 X재에 대한 지불의향(V_x)을 X축, Y재에 대한 지불의향(V_y)을 Y축에 표시한다. 다음의 지불의향을 가진 여덟 명의 소비자를 상정한다; $a=(0.5,\ 3.5)$, $b=(1.5,\ 3.5)$, $c=(4,\ 4)$, $d=(1,\ 2)$, $e=(1.8,\ 2.8)$, $f=(3,\ 0.5)$, $g=(3,\ 1.5)$, $h=(3,\ 2.5)$. 괄호 안의 앞 숫자는 그 소비자의 X재에 대한 지불의향, 뒷 숫자는 Y재에 대한 지불의향이다. $P_x=2$, $P_y=3$, 그리고 $P_{xy}=4$를 가정한다. 소비자 지불의향과 재화가격

그림 14-1 개별판매

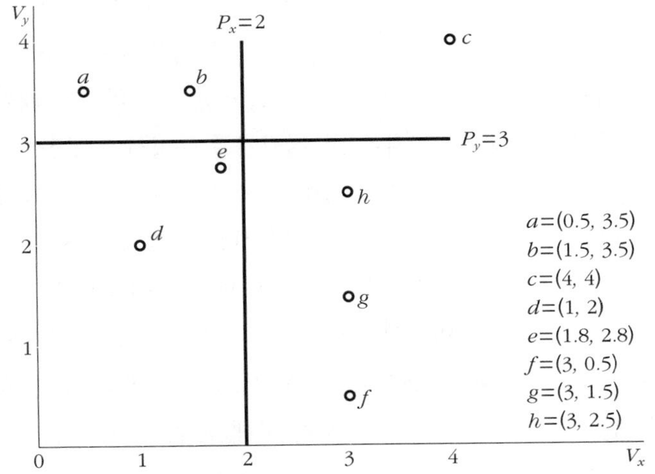

은 [그림 14–1]에 표시되어 있다.

각 판매방식에서 소비자는 소비자잉여를 최대화하는 구매를 선택한다.

1) 개별 판매

[그림 14–1]에서 $P_x=2$는 X축의 $V_x=2$에서 수직선이며, $P_y=3$은 $V_y=3$에서 수평선이다. X재에 대한 지불의향이 2보다 크거나 같은 소비자($V_x \geq 2$)들은 모두 X재를 구매한다. $P_x=2$의 수직선 오른쪽에 있는 소비자들(c, h, g, f)은 X재 구매자들이다. 마찬가지로 Y재에 대한 지불의향이 3보다 크거나 같은 소비자들($V_y \geq 3$)은 Y재를 구매한다. $P_y=3$의 수평선 윗쪽에 있는 소비자들(a, b, c)은 Y재 구매자들이다. c 소비자는 X재와 Y재를 모두 구매한다. 이에 비해서 d와 e 소비자는 어느 제품도 구매하지 않는다.

2) 순수번들링

순수번들링은 소비자로 하여금 X재와 Y재가 일정 비율(예로, 각 재화 한 단위씩)로 된 패키지를 구입하든지, 또는 구입 안 하든지의 선택을 하게 하는 판매방식이다. 패키지 가격(P_{xy})이 4인 경우, 소비자 패키지 지불의향($=V_x+V_y$)이 패키지 가격(P_{xy}) 이상(즉, $V_x+V_y \geq 4$)이면 이 패키지를 구입하고, 그 미만이면 패키지를 구입하지 않는다. 구매 여부는 이렇게 소비자의 두 재화에 대한 지불의향의 합을 구하여 4보다 큰지 작은지를 비교하여 알 수 있다. 그림으로 이 결과를 확인하기 위해서 구매 조건을 수학식으로 생각해 보자. $V_x+V_y \geq 4$인 소비자는 패키지를 구매한다고 했으므로 이들은 $V_y \geq 4-V_x$인 소비자들이다. $V_y \geq 4-V_x$인 소비자는 $V_y=4-V_x$인 직선상이나 그 윗 부분을 말한다. [그림 14–2]와 같이 이 직선식상에 있거나 윗 부분에 위치한 소비자들은 패키지를 구매하고, 그 아래 부분에 위치한 소비자는 패키지를 구매하지 않는다. a, b, c, e, g, h 소비자는 패키지를 4의 가격에 구입하는 반면에, d와 f 소비자는 이 패키지를 구입하지 못한다. 놀라운 변화는 개별판매시 어느 재화도 구매하지 못했던 e 소비자가 순수번들링에서 두 재화를 모두 구입한다는 점이다. e 소비자의 지불의향은 개별 판매 시 어느 재화의 가격에도 미치지 못하여 둘 다 구입하지 못했으나, 패키지 가격은 각 재화의 가격의 합에서 할인된 가격이고, 지불의향의 합이 이보다 더 크므로 패키지를 구입할 수 있다. 이에 비해서 f 소비자는 개별 판매 시 X재를 구입했으나, 순수번들링 판매방식에서 패키지를 구입하지 못하고, X재조차 구매할 수 없다. 이는 Y재에 대한 지불의향이 너무 낮아서 패키지 가격에 못 미치기 때문이다.

그림 14-2 순수번들링

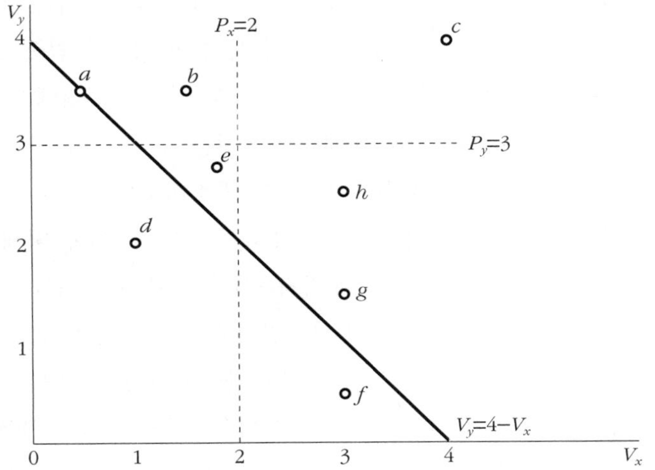

3) 혼합번들링

혼합번들링 판매방식은 [그림 14-3]에서 설명한다. 이 판매방식에서 소비자는 X재는 $P_x=2$, Y재는 $P_y=3$에 개별 재화를 구매할 수도 있고, 패키지를 $P_{xy}=4$에 구매할 수 있으므로, 앞의 두 판매방식에 비해서 선택의 폭이 넓다. 소비자는 자신의 지불의향과 세 가지 가격을 각각 비교하여 자신에게 가장 좋은 구매를 선택해야

그림 14-3 혼합번들링

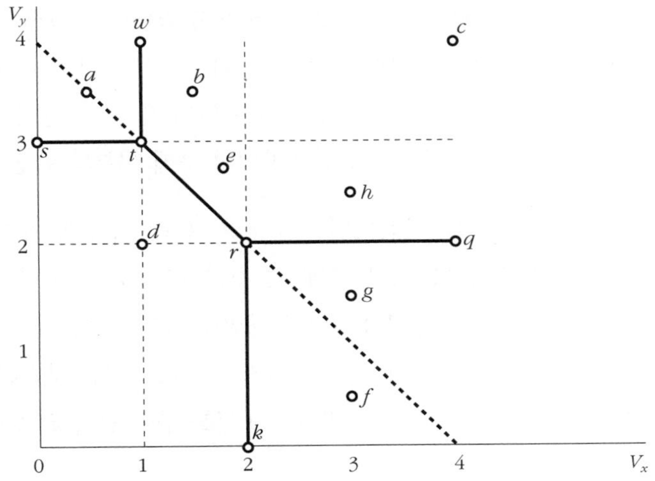

한다. 몇몇 소비자의 선택을 살펴보자. *a* 소비자는 개별판매에서는 *Y*재만 구매하고, 순수번들링에서는 패키지를 구매하였다. 그러나 혼합번들링에서 *Y*재 구매 시 0.5의 잉여를 얻고, 패키지 구매 시 영의 잉여를 얻으므로 *Y*재만 구입한다. *b* 소비자는 개별 판매에서 *Y*재만 구매하고, 순수번들링에서는 패키지를 구매했다. 혼합번들링에서 패키지를 구매(잉여 1)하는 것이 *Y*재를 구매(잉여 0.5)하는 것보다 잉여가 더 크므로 패키지를 구매한다. *f* 소비자는 개별판매에서는 *X*재만 구매하고, 순수번들링에서는 패키지를 구매하지 않았다. 이에 비해 혼합번들링에서 *X*재 구매 시 1의 잉여를 얻는데, 패키지 구매 시 음의 잉여를 얻으므로 *X*재만 구입한다. *g* 소비자는 *X*재만 구입 시 1의 잉여를 얻는데 패키지를 구매하면 0.5의 잉여를 얻으므로 *X*재만 구매한다. 다른 소비자들이 어떤 제품을 구매하는지는 이러한 방식으로 도출할 수 있다. 결과적으로 다음의 구매영역을 결정할 수 있다. *stw* 구간에 있는 소비자는 *Y*재만 구매, *qrk* 영역에 있는 소비자는 *X*재만 구매, *wtrq* 오른쪽 영역에 있는 소비자는 패키지를 구매, *s0krt* 영역의 소비자는 아무 것도 구매하지 않는다.[3]

4) 비교: 판매방식의 결정

앞에서 각 판매방식별 소비자 구매 행동에 대해서 살펴보았다. 위의 혼합번들링에서 개별 재화의 가격이 개별 판매 시 가격과 같은 $P_x=2$, $P_y=3$을 가정하였다. 그러나 혼합번들링에서 재화의 가격은 개별 판매방식에서 각 재화의 가격과 다를 수 있다. 이러한 사실과 한계비용의 역할을 반영하여 새로운 소비자를 소개한다. 소비자는 세 명(*b*1, *b*2, *b*3)이 있으며 각각의 *X*재와 *Y*재에 대한 지불의향은 다음과 같다; *b*1=(0.5, 3.5), *b*2=(1.5, 2.5), *b*3=(3.5, 0.5). 두 재화의 한계비용은 각각 1로 일정하며 동일하다. [그림 14-4]는 소비자의 위치와 한계비용을 보여준다.

두 재화를 판매하는 독점기업은 위의 세 가지 판매방식 중에서 이윤이 가장 큰 판매방식을 선택한다. 각 판매방식별 구매 여부와 독점기업의 이윤을 알아보자.

① **개별 판매:** 독점기업이 *X*재 가격을 3.5, *Y*재 가격을 2.5로 설정했다고 하자. *b*1 소비자는 *X*재 구매 시 소비자잉여가 마이너스이고, *Y*재 구매 시 소비자잉여가 1이므로 *Y*재만 구매한다. *b*2 소비자는 *X*재 구매 시 잉여는 마이너스이고, *Y*재 구매 시 잉여가 영이므로 *Y*재만 구매한다. 이와 유사한 계산 방법을 적용하면, *b*3 소비자는 *Y*재를 구매 안하고, *X*재만 구매한다. 따라서 독점

3) 여기서 얻어진 구매영역은 일반적으로 혼합번들링에서 나타나는 결과이다.

그림 14-4 혼합번들링과 비용

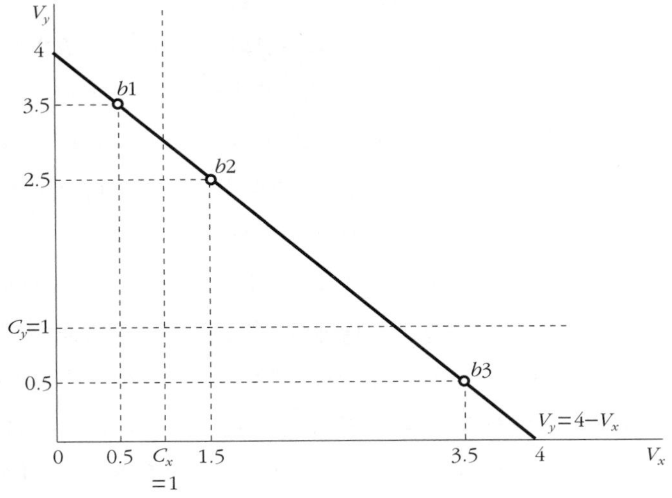

기업은 X재 1단위, Y재 2단위 판매한다. 총수입은 8.5(=3.5+2.5×2)이고, 총비용은 3(=X재 1단위×한계비용 1+Y재 2단위×한계비용 1)이므로 개별 판매방식에서 독점이윤은 5.5이다.

② **순수번들링**: 독점기업이 순수번들링 가격을 4로 설정했다고 하자. 세 명의 소비자는 모두 구매한다(패키지를 구매하지 않는 경우에 각 소비자잉여는 영이고, 패키지를 구매하는 경우도 각 소비자잉여도 영인데, 유인합리성(incentive rationality)에 의해서 구매를 선택한다고 가정한다). 독점기업은 패키지를 세 단위 판매하므로 총수입은 12이고, 총비용은 6(패키지 한계비용 2×3단위)이다. 따라서 이윤은 6이다.

③ **혼합번들링**: 독점기업이 패키지 가격을 4, X재 가격을 3.4, 그리고 Y재 가격을 3.4로 설정했다고 하자. $b1$ 소비자는 패키지를 구매하면 잉여가 영이고, Y재를 구매하면 잉여가 0.1이므로 패키지 대신에 Y재를 구매한다. $b2$ 소비자의 경우 X재나 Y재를 구매하면 잉여가 마이너스이나, 패키지를 구매하면 잉여가 영이므로 패키지를 구매한다. $b3$ 소비자의 경우 패키지를 구매하면 잉여가 영이고 X재를 구매하면 잉여가 0.1이므로 X를 구매한다. 독점기업은 X재 1단위, Y재 1단위, 그리고 패키지 1단위를 판매하므로 총수입은 10.8(=3.4+3.4+4)이고 총비용은 4(=X재 한계비용 1+Y재 1+ 패키지 2)이다. 따라서 이윤은 6.8이다.

세 가지 판매방식에서 혼합번들링을 하는 경우 이윤이 가장 크므로 독점기업은 이 경우에 혼합번들링 판매방식을 택한다.[4]

순수번들링은 X재와 Y재를 3단위씩 판매하고, 혼합번들링은 X재와 Y재를 2단위씩 판매한다. 그럼에도 순수번들링에서 이윤이 더 낮은 이유는 무엇인가? 순수번들링에서 구매한 $b1$ 소비자의 X재에 대한 지불의향(=0.5)이 비용(=1)보다 작고, $b3$ 소비자의 Y재 지불의향(=0.5)도 비용(=1)보다 작다. 이와 같이 비용보다 낮은 지불의향을 가진 소비자에게 판매하기 때문에 순수번들링에서 이윤이 낮아진다. 순수번들링에서 $b1$ 소비자가 두 재화를 모두 구매하므로 독점기업은 2의 이윤을 얻는다. 그러나 혼합번들링에서 이 소비자는 X재를 구매하지 않고 Y재만 구매하기 때문에(X재 비용을 절감하는 대가로) 2.4의 이윤을 얻는다. 혼합번들링은 순수번들링에 비해서 각 소비자의 잉여를 더 많이 착취할 수 있으므로 이윤이 증가한다.

그러나 만약에 비용이 모두 영이라면 가장 많이 판매하는 순수번들링의 이윤이 가장 크다. 모든 경우에 혼합번들링이 가장 좋은 판매방식은 아니다. 일반적으로 기업은 소비자 선호와 비용을 고려하여 한 가지 판매방식을 선택한다.

■ 독점기업이 경쟁시장 제품을 번들링하는 경우

X재는 독점기업이 판매하고, Y재는 경쟁시장에서 판매하는 경우를 고려하자. X재의 한계비용은 영이고, Y재의 한계비용은 C라고 가정하자. X재와 Y재의 가격을 각각 $P_m(>0)$과 $P_c(=C)$라고 하자. 두 재화는 독립재로서 X재(Y재)의 소비 여부와 Y재(X재)의 지불의향은 상관이 없다고 가정하자. 독점기업이 개별 판매 방식보다 번들링으로 이윤을 증가시킬 수 있는지 살펴보자. 독점기업은 시장에서 Y재를 P_c에 구입하여 X재 한 단위와 Y재 한 단위를 번들링하는 경우 번들링 가격을 $P_b(=P_m+P_c)$로 설정한다고 하자. 이 경우에 독점기업의 이윤은 패키지 1단위당 $P_b-P_c(=P_m)$이다. 독점기업은 개별 판매 방식에서 X재를 P_m의 가격에 판매하고 이윤을 얻으므로, 번들링으로 독점기업의 이윤은 증가하지 않는다.

시장에 두 타입(A, B)의 소비자가 있다고 가정한다. A타입 소비자의 Y재에 대한 지불의향이 $V_a(\geq P_c)$라고 가정하자. A타입 소비자는 두 재화를 개별 구입(X재 가격은 P_m, Y재 가격은 P_c)하는 것과 번들링으로 구입(X재와 Y재를 P_b의 가격)하는 것에 무차별하다.

B타입 소비자의 Y재에 대한 지불의향을 $V_b(<C)$라고 가정하자. B타입 소비자가

4) 여기서 개별 가격이나 번들링 가격이 주어져 있다. 실제로 중요한 문제는 이들 가격을 결정하는 것이다. 대학원 수준의 연습문제 9를 시도하기 바란다.

패키지를 구매한다면, Y재를 개별적으로 구매할 때보다 더 많이 소비하게 되므로 B타입 소비자는 개별 판매에서 Y재를 구입하지 않는다. $V_b=0$인 경우에 이 소비자가 패키지를 P_b에 구매한다면, X재에 대한 지불의향은 P_b 이상이다.

만약에 X재 가격이 개별 판매 방식에서 P_b-P_c라면, B타입 소비자들은 P_b에 판매되는 패키지보다 개별 판매 방식에서 판매하는 X재를 더 많이 구매한다. 위의 예에서처럼 $V_b=0$인 B타입 소비자들은 (아직도 X재에 P_b-P_c의 지불의향이 있는) 개별 판매 방식에서 가격이 P_b-P_c인 X재를 구매할 것이고 Y재는 구매하지 않을 것이다. 패키지 판매에서 단위당 이윤이 P_b-P_c이고, 개별 판매 방식에서도 X재 단위당 이윤이 P_b-P_c라면, 후자의 경우에 X재를 더 많이 판매하기 때문에 전자보다 이윤이 더 증가한다. X재와 Y재를 번들링으로 판매하는 독점기업은 일부 소비자들로 하여금 지불의향이 높지 않은 제품이 포함된 패키지를 구매하도록 강요하는 것이나 다름없다. 결과적으로 X재에 높은 지불의향을 가진 소비자들은 패키지를 구매하지 않는다. 독점기업은 경쟁시장에서 공급되는 제품을 자신의 제품과 일정 비율로 묶는 패키지를 판매할 유인이 없다.

제3절 | 수직제약으로서 묶음판매

1 기본 모형

묶음판매는 수직결합과 동일한 효과를 가져오며 수직제약으로 이용할 수 있음을 보인다. Z재를 생산하는 독점기업이 두 가지 요소(X와 Y)를 투입하여 최종재를 생산한다. X요소는 독점기업으로부터, Y요소는 경쟁시장에서 구입한다. 전자의 가격과 한계비용은 $P_x(>C_x)$와 C_x이고, 후자의 가격과 한계비용은 $P_y(=C_y)$와 C_y이다.[5] 제조업체의 생산함수는 $Q=f(X, Y)$이다. 생산함수는 CRS와 두 요소의 대체성을 가정하므로 변동비율 생산함수이다. 시장수요는 $Q=D(P)$이며 우하향한다. 기업의 생산 및 요소 거래는 [그림 14-5]에 표시되어 있다.

흥미로운 것은 상류의 독점기업과 하류의 독점기업이 결합하는 경우와 상류기업이 경쟁시장의 중간재를 묶음판매하는 경우를 비교하는 것이다. 수직결합하는

5) 최종재를 생산하는 기업은 하류기업이며, 요소를 공급하는 기업은 상류기업이다. 하류기업은 상류기업 중에서 독점기업의 중간재와 경쟁적으로 생산하는 대체성이 있는 또 다른 중간재를 구입한다.

그림 14-5 두 가지 요소를 투입하는 기업의 거래 관계

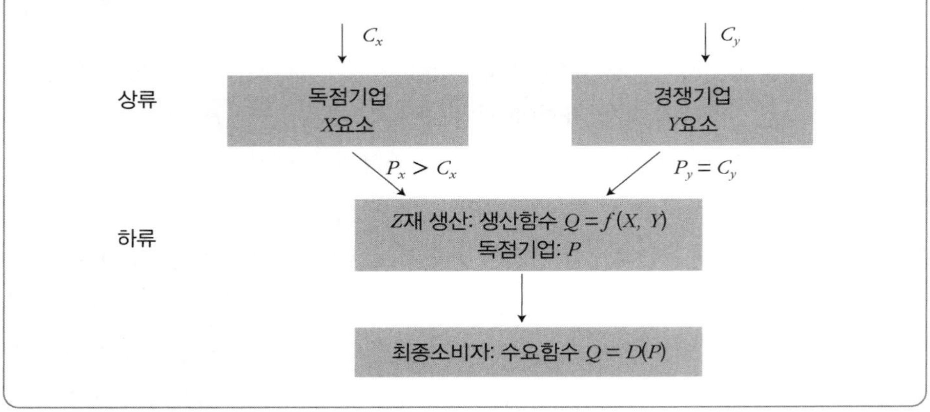

경우 상류의 중간재는 하류기업에 한계비용으로 공급된다. X요소를 판매하는 상류기업이 Y요소를 묶음판매하는 경우 상류의 X요소와 Y요소는 모두 독점가격으로 하류기업에 제공된다. 먼저 수직결합이나 묶음판매를 안 하는 경우에 하류의 독점기업의 최적 요소 투입량과 이윤을 도출한다. 수직결합 이전과 이후의 비교는 이미 제13장에서 수행했기 때문에 중복 부분은 간략히 소개하고 묶음판매의 효과를 분석한다.

2 수직결합 이전

하류의 독점기업은 상류의 독점기업과 경쟁기업의 중간재를 각각 시장가격인 P_x와 P_y에 구입하여 투입한다. 하류기업은 생산량 제약하에 비용최소화 투입량을 결정하므로 이 문제는 다음과 같다; $Min_{X, Y}\ P_xX+P_yY$, 제약조건; $Q=f(X, Y)$. 이 문제에 대한 해는 실질적으로 제13장 수직결합과 동일하므로 [그림 13-6]을 [그림 14-6]에 요소 부호를 바꾸어 다시 그렸다.

비용최소화 조건은 $MRTS=P_x/P_y$으로서 [그림 14-6]에서 점 v에 표시한다. 점 v에서 X요소는 X_v, Y재는 Y_v 투입하는 것이 비용최소화 최적 투입량이다. 점 v에 접하는 등비용곡선(aa')의 Y절편은 Y요소로 측정한 최소화된 비용을 나타낸다. 점 v에서 등비용곡선의 기울기는 중간재의 상대가격으로 P_x/P_y인데 이는 진짜(true) 상대가격인 두 요소의 한계비용의 비율 C_x/C_y를 초과한다. 왜냐하면 $P_x>C_x$이고, $P_y=C_y$이기 때문이다. 점 v에서 두 요소의 한계비용의 비율(C_x/C_y)은 bb'로 나타내며, 이 곡선의 Y축 절편은 두 요소를 모두 한계비용으로 공급했을 때의 총비용을 나타

그림 14-6 변동비율 생산함수와 비용절감

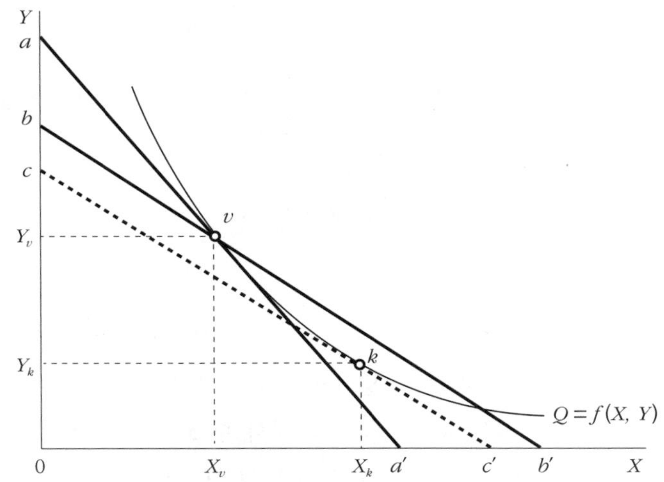

낸다. 따라서 *ab*는 상류의 *X*요소 독점기업이 얻는 독점이윤이다.

3 수직결합 이후: *X*기업과 *Z*기업의 수직결합

상류와 하류의 두 독점기업이 결합하면, 상류의 *X*요소는 P_x가 아니라 한계비용인 C_x로 하류에 공급된다. 하류의 최적 생산을 위한 비용최소화는 $MRTS = C_x/C_y$인 점 *k*에서 달성된다. 수직결합이 되면, *X*요소의 가격 하락으로 하류기업은 *X*요소 투입량을 결합 이전보다 증가시킨다. *Y*요소로 측정한 총비용은 0*c*이므로 수직결합하면 수직결합 이전보다 독점이윤은 *bc*만큼 더 증가한다.

4 *X*재와 *Y*재 묶음판매

이제 상류의 독점기업이 하류기업에게 *X*요소와 함께 *Y*요소도 자신으로부터 구입하도록 묶음판매를 한다고 하자. 하류기업이 *Y*요소를 상류의 독점으로부터 구매하지 않고 시장에서 구매한다면, 상류의 독점기업은 *X*요소를 공급하지 않겠다고 으름장을 놓을 것이다. 상류의 독점기업은 시장에서 *Y*요소를 구입하여 하류기업에게 독점가격($P_y^m > P_y = C_y$)에 공급한다. 상류의 독점기업은 *X*요소와 *Y*요소의 가격으로 각각의 한계비용에 대해서 동일한 비율의 마진을 부친다고 가정한다.[6] 즉, $P_x^m =$

6) 블레어와 카이저맨(Blair and Kaserman, 1978)은 이 가정을 이용하여 수직결합과 묶음판매가 대등하다

그림 14-7 *X*와 *Y*요소의 묶음판매

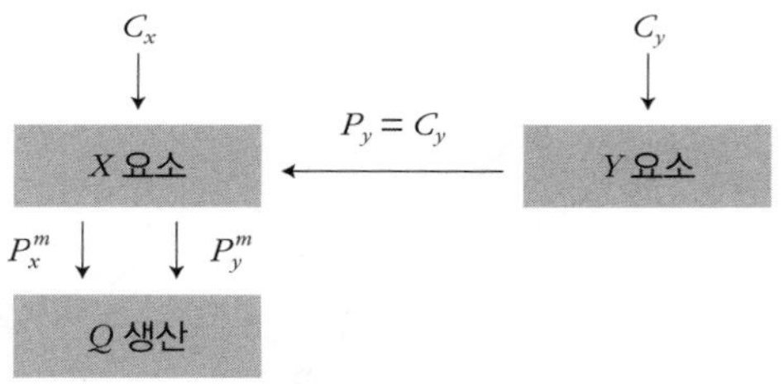

$(1+m)C_x$와 $P_y^m=(1+m)C_y$이다. 여기서, m은 이윤 마진으로서 영에서 1 사이의 숫자이다. 이 거래는 [그림 14-7]에 표시되어 있다.

하류기업은 묶음판매에 의해서 두 요소를 독점가격으로 구입하므로 최적 투입량은 $MRTS=P_x^m/P_y^m$인 요소를 투입한다. 여기서 $P_x^m/P_y^m=C_x/C_y$가 되므로 최적 상태는 [그림 14-6]에서 점 k에서 발생하게 된다.

수직결합과 묶음판매를 비교하면 다음과 같다: 상류의 독점기업이 두 가지 요소를 묶음판매하면 수직결합과 동일한 결과(점 k에서 동일한 요소 투입량과 bc의 추가 이윤)가 도출된다. 묶음판매에서는 수직결합과 다르게 하류기업의 가격 설정에 따른 외부성이 발생하기 때문에 '재판매가격유지'와 같은 도구가 하나 더 필요하다.[7] 상류의 독점기업은 하류기업이 최종재 가격을 이윤극대화 독점가격으로 설정하는 재판매가격유지를 묶음판매와 함께 시행한다.[8] 이와 같은 묶음판매는 수직결합과 대등한 결과를 가져오므로 수직통제로 이용될 수 있다.

제4절 | 묶음판매와 전략적 배제[9]

묶음판매는 전략적 배제(strategic foreclosure)를 초래할 수 있다. 묶음판매의 '전략적 배제이론'은 윈스턴(Whinston, 1990)이 정립하였고 칼튼과 왈드맨(Carlton and Waldman, 2002)이 동태모형으로 확장했다. *X*재(주상품)와 *Y*재(부상품)를 생산하는 1기업이 *X*재 시장에서 독점기업이나, *Y*재 시장에서는 2기업과 차별화 버트랜드

고 주장했다.

7) 재판매가격유지는 제13장 참조.

8) 하류기업이 얻은 독점이윤을 상류의 독점기업으로 이전시키기 위해서 $P_x^m X_m + P_y^m Y_m = P^m f(X_m, Y_m)$을 충족시키는 (P_x^m, P_y^m)을 정한다.

9) 이 절은 윈스턴(Whinston, 1990)을 요약했다.

복점에 직면하는 모형을 고려하자. 다른 측면으로 보자면, 1기업은 두 시장에서 영업을 하지만 2기업은 한 시장에서 판매한다. Y재 시장에서 두 기업의 제품을 각각 Y_1과 Y_2라고 한다. X재 한계비용 C_x, 소비자 지불의향 V_x, Y재 한계비용 C_y, 지불의향은 V_y라고 가정한다. Y재 생산에는 규모의 경제가 있다고 가정한다.

1 X재와 Y재가 독립재

1기업의 묶음판매의 전략적 효과를 알아보기 위해서 Y재 시장에서의 두 기업의 반응곡선을 고려하자. 묶음판매 이전에 Y재 시장에서 1기업의 반응곡선($P_1=R_1(P_2)$)과 2기업의 반응곡선($P_2=R_2(P_1)$)은 [그림 14-8]과 같이 우상향하며, 균형가격은 점 a에서 P_1^*와 P_2^*이다. 1기업이 묶음판매를 선공약했다고 하자. 패키지를 P_b의 가격에 묶음판매를 하면 1기업의 Y재에 대한 최적 실효적(effective) 가격(즉, $P_b(P_2)-V_x$, 이는 패키지에서 Y재에 대한 반응함수)은 개별 판매시의 가격($R_1(P_2)$)보다 더 낮아진다. 즉, 1기업의 패키지 가격의 반응함수($P_b(P_2)-V_x$)는 개별 판매 시의 반응곡선의 왼쪽에 위치한다.[10] 직관적으로, 1기업이 번들링을 할 때 X재 판매에서 이윤을 얻기 위해서 Y재 판매를 증가해야 하는데, 이를 위해서 1기업은 Y재 가격을 하락시

그림 14-8 묶음판매의 전략적 배제

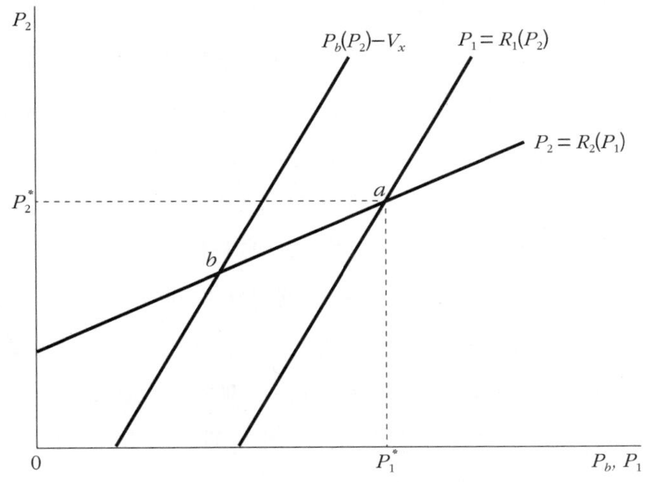

10) Y재 시장에서 1기업은 번들링을 하고 2기업은 Y재만 판매한다. 개별 판매 시 1기업의 판매 수입은 $R_1(P_2)+V_x$이다. 번들링을 하는 경우 이윤극대화에 따라서 $P_b(P_2)<R_1(P_2)+V_x$이다. 따라서 $P_b(P_2)-V_x<R_1(P_2)$이므로 묶음판매 이후 1기업의 반응곡선($P_b(P_2)-V_x$)은 묶음판매 이전의 반응곡선($R_1(P_2)$)의 왼쪽에 위치한다.

켜서 2기업의 판매를 감소시키려고 한다. 여기서 2기업 판매의 감소를 '전략적 배제'라고 한다.

균형이 점 *a*에서 *b*로 이동함에 따라서, 2기업의 가격은 하락하므로 이윤도 감소한다. 2기업이 영업을 지속하는 한 1기업의 이윤도 개별 판매의 경우보다 낮아진다. 이러한 수용(accommodation) 균형에서 1기업은 전략적 혜택을 얻지 못한다. 2기업을 시장에서 퇴출시키지 못하는 한 1기업은 묶음판매를 하지 않는다. 그러나 1기업이 *Y*재 시장에서 진입을 저지하거나 2기업의 퇴출을 유도할 수 있다면, 1기업은 전략적 이득을 얻을 수도 있다. 이 경우에 묶음판매의 이점은 *Y*재 시장을 복점에서 독점으로 전환하여 이득을 얻는 것이다.

그럼에도 불구하고, 1기업이 패키지만 판매하는 독점기업이라는 사실에서 잠재적인 손실이 기다린다. 1기업이 패키지로 판매하는 *Y*재를 좋아하지 않는(지불의향이 낮기 때문에) 소비자들은 번들링을 하는 1기업이 이윤을 얻지 못하게 할 수 있다.

2 *X*재와 *Y*재가 보완재

*X*재는 1기업에 의해서만 생산되며, *Y*재는 차별화된 제품으로 1기업과 2기업이 생산한다. 이제 *X*재와 *Y*재가 보완재인 경우를 고려하자. 소비자는 두 재화를 한 단위씩 고정비율로 소비하여 효용을 얻는다. 1기업이 *X*재와 *Y*재를 묶음판매한다면, 소비자는 이 패키지 제품에서 한 가지 제품만 분리해서 사용할 수 없다고 가정한다. 따라서 1기업은 단순히 묶음판매를 함으로써 2기업을 시장에서 배제할 수 있다. 그러나 윈스톤(1990)은 1기업이 2기업을 시장에서 배제하기 위하여 묶음판매를 통해 독점할 필요가 없음을 밝혔다. 즉, 묶음판매를 하여 2기업을 배제할 수 있다면 1기업은 개별 판매를 함으로써 더 나쁘지 않으며, 더 좋을 수도 있다.[11] 직관적으로 2기업이 시장에 없다면, 1기업은 *Y*재 가격을 한계비용이나 그 이하로, *X*재 가격은 매우 높은 수준으로 책정하여 개별 판매방식으로 최소한 묶음판매의 이윤을 달성할 수 있다. 이와 같은 가격 책정으로 만약에 2기업이 영업을 하게 된다면, 1기업은 초과 이윤을 창출하는 *X*재는 더 많이, 손실을 발생시키는 *Y*를 덜 판매하여 이윤을 증가시킬 수 있다. 이 결과는 다음 절에서 살펴 볼 '하나의 독점이윤 이론'(one monopoly profit theory)을 뒷받침한다. 이 모형은 두 재화가 보완재이면서 '*X*재 시장에 경쟁기업이 존재하는 경우'와 '*Y*재가 교체부품으로 사용되는 경우'로 확장하였다.

11) Proposition 3, p. 851.

3 X재 시장에 경쟁기업의 존재

X재 시장에서 1기업 제품보다 열등한 제품을 공급하는 경쟁기업이 존재하는 경우를 가정하자. X재 시장에서 1기업 제품을 X_1, 경쟁기업 제품을 X_i라고 하자. 소비자들은 Y재 구매 시 반드시 1기업 X재가 아니라 경쟁기업 X_i재를 구매할 수 있으므로 Y재 소비에서 1기업 X재가 필수적이지 않다. 1기업이 2기업의 퇴출을 선호한다면, 1기업은 묶음판매를 하여 2기업을 퇴출시킬 수 있다. 앞의 보완재 결과와 같이 1기업이 패키지만 판매할 수 있는 경우, 1기업은 X_1으로부터만 이윤을 얻을 수 있으며 이는 2기업으로 하여금 Y재 시장에서 판매를 배제하도록 한다. 1기업은 패키지 가격을 개별 판매 시 X_1의 가격과 Y_1가격의 합보다 낮게 책정하기 때문이다. 이는 결과적으로 2기업의 이윤을 낮춘다. 따라서 보완재의 경우 독점기업이 부상품을 묶음판매할 필요가 없다는 결과와는 달리 독점기업(1기업)은 묶음판매를 통하여 Y시장에서 2기업을 전략적으로 배제(strategic foreclosure)하여 이윤을 증가시킨다.

4 교체부품으로서 Y재 시장

X재와 Y재를 하나의 시스템으로 사용하여 효용을 얻는 모형에서 부상품인 Y재가 교체부품인 경우를 고려한다. 이 경우에 독점기업은 묶음판매를 하여 Y재 시장의 경쟁기업들을 전략적으로 배제하여 퇴출시킨다. Y재는 교체부품이므로 소비자가 Y재를 구매할 때 1기업으로부터 주상품을 신규로 구매할 필요가 없다. X재는 이제 Y재 소비에 필수적이지 않기 때문에 2기업이 영업을 한다 해도 1기업은 X재 판매로부터 혜택을 얻을 수 없다. 독점기업인 1기업은 Y재 시장을 독점화하기 위해 2기업을 배제할 동기를 가진다. 일부 소비자는 Y재에 X재가 필수적이므로 1기업은 주상품과 부상품을 패키지화하여 2기업의 판매를 직접적으로 배제하게 된다.

예를 들어, 휴양지 섬에 단 하나의 호텔이 있고 이 호텔에 있는 음식점이 지역 음식점과 경쟁을 하는 경우를 상정해 보자. 호텔이 투숙객에게 호텔 음식점에서 식사를 하도록 (묶음판매를) 한다면, 지역 음식점의 고객은 감소하여 지역 음식점의 숫자가 줄어들 수 있다. 지역 주민들은 선택할 수 있는 음식점이 줄어들고 호텔 음식점을 이용해야 할지도 모른다. 묶음판매(호텔의 숙박과 식사)는 부상품 시장(음식

점)의 경쟁을 줄이기 때문에 독점기업의 이윤을 증가시킬 수 있다.[12]

5 동태적 전략적 배제이론

칼튼과 왈드맨(Carlton and Waldman, 2002)은 윈스톤 모형을 동태적으로 확장하였기 때문에 동태적 전략적 배제이론이라 부른다. 묶음판매는 부상품 시장의 독점화가 아니라 주상품 시장의 독점기업을 동태적 경쟁 위협으로부터 보호하여 미래에도 독점적 지위를 유지하게 하는 전략적 역할이 있음을 보였다. 또한 묶음판매는 독점기업이 신생 시장에 초기의 독점력을 이전하여(이를 'swinging'이라고 함) 이 시장에서 독점 지위를 얻게 할 수 있다. IT분야처럼 기술적으로 급변하는 산업에서 독점기업은 묶음판매를 통해서 독점력을 유지할 수 있다. 주상품 시장의 독점 유지는 주상품과 부상품 시장에 더 효율적이고 우수한 제품의 출현을 차단하므로 사회후생이 감소함을 보였다. 망외부성의 성격을 가진 부상품(보완재)으로 마이크로소프트사의 '워드'(워드프로세서)를 예로 들면서, 망외부성은 부상품 시장의 진입비용에 해당하므로 독점기업의 묶음판매는 부상품 시장에서 경쟁기업을 전략적으로 배제(판매 중지)하고, 주상품 시장의 진입을 억제하여 독점기업의 독점력을 유지할 수 있도록 한다.

윈스톤, 칼튼과 왈드맨의 논문은 묶음판매가 부상품 시장에 규모의 경제가 없이 완전경쟁적이거나, 규모의 경제가 있는 과점시장에서 주상품이 부상품의 소비에 필수적이라면, 묶음판매가 경쟁 제한적이지 않다고 주장한다. 또한, 규모의 경제나 망외부성으로 인해 부상품 시장에 진입 제한이 있는 경우 묶음판매는 주상품을 판매하는 독점기업이 독점력을 유지할 수 있고, 부상품 시장에서 독점력을 확장하여 경쟁기업을 배제할 수 있음을 보였다.

제5절 | 묶음판매에 대한 주요 논쟁과 법원 판결[13]

묶음판매에 대한 초기의 논쟁을 소개하고, 이 과정에서 주로 미국에서 발생한 다양한 묶음판매 사례에 대한 판결을 소개한다. 전통적 지렛대이론, 하나의 독점이

12) 이 예는 칼튼과 왈드맨(Carlton and Waldman, 2002, p. 195).
13) 이상승 · 정승화(2002).

론 그리고 윈스톤, 칼튼과 왈드맨의 주장을 비교한다

1 전통적 지렛대이론과 초기 법원의 당연위법 원칙

1) 전통적 지렛대이론

보완재인 두 상품을 하나는 주상품, 다른 하나는 부상품이라 하고, 주상품은 독점기업이 부상품은 경쟁기업들이 생산하는 경우를 고려하자. 독점기업은 주상품뿐만 아니라 부상품도 생산할 수 있다. 독점기업이 묶음판매를 한다고 하자. 전통적 지렛대이론(the classical leverage theory of tying)이란 주상품을 판매하는 독점기업이 주상품 시장의 독점력을 지렛대 삼아서 부상품 시장에 자신의 독점력을 연장(extension of monopoly power)할 수 있다는 이론이다.

독점기업이 묶음판매를 안 한다면, 구매자들은 주상품을 독점기업으로부터 구매하지만, 부상품은 독점기업이나 경쟁기업들로부터 구매할 수 있다. 그러나 묶음판매로 인해서 부상품 시장에서 구매자들의 선택이 저해되고 경쟁기업이 배제(foreclosure)된다. 결과적으로 주상품시장의 독점기업이 부상품시장에서도 독점기업이 되어 부상품 시장에 주상품의 독점력을 연장하고 추가적인 독점이윤을 얻는 반경쟁적인 결과를 초래할 수 있다. 특히, 이 경우에 경쟁시장의 기업들은 퇴출할 가능성이 높다.

2) 초기 법원의 당연위법 원칙

1900년대 초반부터 미국에는 다양한 형태의 '필수적' 묶음판매 행태가 나타났다. 이러한 묶음판매는 전통적 지렛대이론에 기초하여 당연히 위법이라는 판결이 나왔는데 이를 초기 법원의 당연위법 원칙(per se illegality rule)이라 부른다.

미국 대법원은 다음의 네 가지 사건에서 (필수적) 묶음판매가 '경쟁 제한'을 금지한 셔먼법 제1조와 클레이톤법을 위반한 것으로 판결했다. 1917년 Motion Pictures Patents 사건[14]은 영사기 발명 특허를 보유한 모션픽쳐스사가 자사의 영사기로 영화를 상영하는 영화관은 반드시 자사가 공급하는 필름만 상영토록 한 사건이다. 1936년 IBM 사건[15]은 IBM사가 발명한 컴퓨터를 이용하기 위해서 손바닥 크기의 펀칭카드(tabulating card)라는 자료 입력용 카드 종이를 반드시 IBM사로부터 구입

14) Motion Pictures Patents Co. v. Universal Film Co., 243 U.S. 502 (1917).
15) IBM Co. v. U.S. 298 U.S. 31 (1936).

할 것을 요구한 사건이다. 1947년 International Salt 사건[16]은 당사가 발명한 통조림 제조 기계에 소금을 넣는 공정이 있는데, 이 통조림 제조 기계 구입자는 반드시 당사의 소금을 구입하게 한 사건이다. 1958년 Northern Pacific Railway 사건[17]은 이 회사의 토지를 임대한 임차인이 화물을 선적하려면 반드시 자사 철로를 이용하게 한 사건이다.

위에서 열거한 사건에서 미국 대법원은 피고 기업들은 자사 제품에 대해서 막대한 독점력을 보유하고 있으므로 '필수적' 묶음판매는 불법이며, 부상품 시장에서 피고 기업은 경쟁기업들과는 공유할 수 없는 이점을 가지고 있기 때문에 묶음판매는 불법이라고 판결했다.

2 '하나의 독점이윤 이론'의 반론

묶음판매에 의한 독점력 강화와 반경쟁성을 제기한 전통적 지렛대이론과 이에 근거한 미국 대법원의 당연위법 판결은 일단의 미국 시카고대학의 경제학자, 법학자와 판사를 지칭하는 '시카고학파'(the Chicago school of antitrust)의 도전에 직면하였다. 스티글러(Stigler, 1968)는 전통적 지렛대이론과 초기의 당연위법에 반대하는 이론적 기초를 제공한 대표적 경제학자이다. 시카고학파가 제기한 '하나의 독점이윤 이론'(one manopoly profit theory)이란 보완재인 주상품과 부상품은 개별적으로 소비하는 것이 아니라 하나의 시스템으로 소비하며, 두 상품에 대해 개별적인 지불의향이 있는 것이 아니라 시스템에 대해 하나의 지불의향이 있기 때문에 주상품을 판매하는 기업이 벌어들일 수 있는 이윤은 두 개가 있는 것이 아니라 하나의 독점이윤(one monopoly profit)만 존재한다는 주장이다. '하나의 독점이윤 이론'에 따르면 독점기업이 개별 판매를 해서 얻을 수 있는 독점이윤은 묶음판매를 해서 얻는 이윤보다 적지 않으므로 묶음판매를 할 필요가 없다. 부상품 시장의 경쟁 활성화로 부상품 가격(=한계비용)이 하락하는 경우에 독점기업이 이전의 시스템 가격과 같도록 주상품의 가격을 올리더라도 판매량은 변화가 없으므로 독점기업의 이윤은 오히려 증가한다(포즈너(Posner), 1976).

간단한 수식을 이용하여 설명해보자. 독점기업의 주상품 한계비용이 C_a, 소비자 지불의향이 $V_a(>C_a)$이고, 부상품은 경쟁시장에서 공급되며 한계비용은 C_b, 지불의향은 $V_b(>C_b)$라고 하자. 두 상품의 시장가격은 각각 V_a와 C_b이다. 개별 판매를 한

16) International Salt Co. v. U.S. 332 U.S. 392 (1947).
17) Nothern Pacific Railway Co. v. U.S. 356 U.S. 1 (1958).

다면 두 상품을 한 단위씩 구매하여 시스템으로 소비해야 하므로 V_a+C_b의 가격을 지불한다. 독점기업의 이윤은 주상품 판매에서 얻는 V_a-C_a이고, 경쟁시장의 기업들의 이윤은 영이다. 주상품의 독점기업이 부상품을 묶음판매할 수 있다면, 소비자들은 두 상품의 가격이 V_a+C_b보다 크지 않을 경우 구매할 것이다. 묶음판매 시 독점기업은 V_a-C_a보다 더 큰 이윤을 얻지 못하며 주상품을 개별 판매할 때 얻은 이윤과 동일하기 때문에 묶음판매할 유인이 없다. 만약에 부상품 시장에 신규 진입 등으로 비용이 하락하여 가격을 $C_b-\Delta C$로 낮추었다고 하자. 독점기업은 주상품 가격을 $V_a+\Delta C$로 인상하여 이윤을 증가시킬 수 있고, 두 제품을 하나의 시스템으로 구매하는 소비자는 부상품의 비용 하락 이전이나 이후나 동일한 가격(이전 가격 V_a+C_b=이후 가격$(V_a+\Delta C)+(C_b-\Delta C)$)을 지불하므로 나쁠 것이 없다. 주상품의 독점기업은 부상품의 경쟁시장에 진입, 품질 제고, 비용 절감 등이 발생한다면 이윤 증가 가능성이 높으므로 구태여 부상품 시장에 독점력을 연장할 필요가 없으며 묶음판매도 할 필요가 없다. 또한, 시카고학파는 묶음판매 자체가 사회후생을 감소하게 하는 것도 아니고, 반경쟁적이 아니므로 당연위법 판결은 잘못된 것이라고 주장하면서, 전통적 지렛대이론은 이러한 치명적 결함을 가지고 있음을 지적한다.

그렇다면 주상품의 독점기업은 왜 부상품을 묶음판매하는가? 시카고학파에 따르면 독점기업이 부상품을 묶음판매를 하는 이유는 ① 가격차별, ② 부상품의 품질 유지, ③ 공동생산-유통-판매의 경제, ⑤ 가격규제 회피, ⑥ 카르텔 가격 회피를 위한 은밀한 가격할인 등을 달성하기 위해서이다. 이들에 대해서는 이미 앞에서 설명한 바 있다.

3 시카고학파의 법원과 정부에 대한 영향

시카고학파는 전통적 지렛대이론의 결함을 지적하고 초기 법원의 판결에 대해 비판하면서, 묶음판매는 당연합법(per se legal)으로 판결하여야 한다고 주장했다. 포즈너 판사와 함께 시카고학파의 대표적인 이론가인 보크(Bork, 1966)는 전통적 지렛대이론의 오류가 밝혀진 마당에 법원이 이에 기초한 판결을 계속하는 점을 비판했다. 미국 대법원은 1984년 제퍼슨 패리쉬(Jefferson Parish)판례[18]에서 비록 묶음판매에 대한 당연위법 원칙을 고수했으나, 과거와는 달리 불법적인 묶음판매에 대한 적용 요건을 제시하여 시카고학파의 주장을 반영하였다. 불법적인 묶음판매에

18) Jefferson Parish Hospital Dist. No. 2 v. Hyde, 466 U.S. 2 (1984).

해당하려면 ① 별개 상품성: 주상품과 부상품이 별개의 제품, ② 주상품 시장의 지배력: 묶음판매 주도 기업이 주상품시장의 독점력 보유, ③ 구매 강제: 묶음판매 주도 기업이 부상품을 자신으로부터 구매하도록 강제, ④ 부상품 시장의 상당한 배제: 묶음판매로 인해 부상품 시장의 상당 부분의 배제 등 4개 조건을 제안했다. 또한 4명의 대법관이 제출한 소수의견은 묶음판매에 대한 당연위법 원칙을 폐기하고 '합리성 원칙'(rule of reason)을 적용할 것을 주장했다. 합리성 원칙이란 묶음판매 사건을 심결할 때 그 묶음판매가 사회후생을 증진시키는지 여부와 피해 정도의 심각성 여부 등을 사건마다 판단하여 불법 또는 합법으로 판결하는 원칙이다. 제퍼슨 패리쉬사건 이후 하급심은 보다 더 구체적인 합리성 원칙 조건을 추가하기도 하였는데, 이들은 모두 시카고학파의 영향을 받은 것이다.

시카고학파의 주장은 법원뿐만 아니라 미국 행정부에도 직접적인 영향을 미쳤다. 미국 법무성은 1985년 발표한 '수직적 제한 행위에 대한 가이드 라인'에서 '묶음판매는 일반적으로 현저한 반경쟁적 가능성이 없음'을 천명한 바 있다.

시카고학파는 전통적 지렛대이론과 당연위법 원칙에 대해서 불합리성을 지적하여 의미 있는 영향을 미쳤다. 그러나 윈스톤, 칼튼과 왈드맨은 시카고학파의 '하나의 독점이윤 이론'은 특별한 상황에는 맞지만, 또 다른 상황에는 지렛대이론이 맞는다는 '전략적 배제이론'을 제기했다. 이 이론은 묶음판매 논쟁에서 현재까지 가장 영향력있는 것으로 평가받고 있다.

4 전략적 배제이론의 묶음판매에 대한 평가

앞에서 윈스톤 모형과 결과를 소개하였다. 여기서는 이 모형을 지렛대이론, 하나의 독점이윤 이론과 비교한다. 후자의 두 이론이 부상품 시장이 경쟁적이고 규모의 보수 불변(CRS)이라는 가정을 하는데 비해서 윈스톤 모형은 부상품 시장에 규모의 경제(IRS)로 과점시장이라는 가정이 큰 차이점이다. 묶음판매하는 두 상품이 독립재인 경우에 그리고 사전에 묶음판매에 대한 공약을 하지 않는 경우에는 묶음판매가 독점기업에게 유익하지 않지만, 묶음판매에 대한 선공약을 하는 경우에 묶음판매는 부상품 시장에서 경쟁기업을 배제할 수 있기 때문에 독점기업에게 유익하다. 따라서 하나의 독점이윤 이론은 전자의 경우에 합당하다.

지렛대이론에서 묶음판매는 독점력을 부상품 시장으로 확장하여 이윤을 더 얻을 수 있다고 했다. 그러나 윈스톤은 묶음판매는 부상품 시장에서 경쟁기업의 이윤을 낮추어 퇴출과 전략적 배제를 초래하기 때문에 부상품 시장에서는 과점체제가 독점체제로 전환되고 주상품시장에서는 독점력을 유지하여 더 큰 이윤을 얻을 수 있음을 보였다. 윈스톤은 규범적인 함축성은 덜 명백하지만, 현상적으로 지렛대이론이 합당함을 옹호하고 시카고학파의 일반적인 주장을 비판하였다. 윈스톤은 부상품 시장에서 완전경쟁과 규모의 보수 불변을 가정하는 시카고학파의 반론은 부상품 시장에서 경쟁기업의 퇴출을 유도하고 독점화할 수 없으므로 전통적 지렛대이론을 제대로 비판한 것은 아니라고 주장했다. 칼튼과 왈드맨은 묶음판매가 주상품 시장에서 미래의 독점력 유지의 수단으로 쓰일 수 있음을 보였다.

시카고학파의 주장과 더불어 윈스톤, 칼튼과 왈드맨의 결과는 규제기관과 법원이 묶음판매를 무조건 위법으로 볼 것이 아니라 사안에 따라서 효율성 여부를 가리게 하는 근거가 되었다.

연 | 습 | 문 | 제

>>> Theory of Industrial Organization

1. 우리나라 법원은 마이크로소프트(MS)사의 메신저를 윈도우에 결합판매(묶음판매)한 것은 불법행위라는 판결을 했다(2009년 6월 11일 서울중앙지법 민사합의 21부). 이 판결에 대하여 '전통적 지렛대이론'과 '하나의 독점이윤 이론'으로 평가하시오.

2. 어떤 독점기업이 거북과 호랑을 판매하려 한다. 거북과 호랑의 한계비용은 각각 4로서 동일하다. 100명의 소비자가 있으며 소비자들은 모두 동일하며 거북과 호랑에 대한 지불의향은 W_1과 W_2이며, 각각 0에서 10 사이에 독립적으로 분포하고 있다.

1) 거북과 호랑을 개별적으로만 판매하며, 소비자들은 각 재화에 대해서 최대 한 단위 소비할 의향이 있다. 거북과 호랑에 대한 이윤극대화 가격이 각각 $P_1^t=7$과 $P_1^g=7$로 정해졌을 때 거북과 호랑에 대한 구매자 비율이 어떻게 결정되는지 설명하고 그림에 표시하시오.

2) 독점기업은 거북과 호랑을 개별적으로도 판매하는 동시에, (거북+호랑)의 묶음판매를 한다. 묶음판매 제품의 가격은 $P=W_1+W_2$이며, 한계비용은 8이다. 개별 판매되는 거북과 호랑의 가격은 P_2^t과 P_2^g이다. 이윤극대화 결과 $P=12$, $P_2^t=7$과 $P_2^g=7$로 결정되었다. 이 전략에 따라서 각 제품에 대한 구매자 비율을 그림에 표시하고, 1)과 비교하여 중요한 변화를 최소 5가지 설명하시오. (특히, $P=12$에 순수번들링을 했을 경우보다 이 전략에 의한 이윤이 왜 더 큰지 설명하시오.)

3. 독점기업이 R재와 T재를 판매하고 있다. A 소비자의 R재와 T재에 대한 유보가격(가치, 또는 지불의향가격)은 각각 (4, 0), B 소비자는 (3, 3), C 소비자는 (0, 4)이다. R과 T의 시장가격은 각각 P_r, P_t로 표시한다. 소비자는 각 제품 구매 시 최대한 한 단위씩만 구매한다. 각 제품의 한계비용은 영이라고 가정한다. 두 재화를 묶음으로 판매하면 한계비용은 변하지 않고 단순 합이다. 이 독점기업은 마케팅 수단으로 두 재화에 대해서 개별 판매, (순수)번들링, 혼합번들링을 고려하고 있다.

1) 개별 판매를 위해서 각 재화의 가격이 3인 경우($P_r=P_t=3$)와 4인 경우($P_r=P_t=4$)를 고려하고 있다. 어느 가격을 설정할 것인지 설명하시오. 기업 이윤과 소비자잉여를 계산하시오.

2) (순수)번들링을 위해서 번들 가격이 4인 경우(즉, $P_r+P_t=4$)와 6인 경우($P_r+P_t=6$)를 고려하고 있다. 어느 가격을 선택할 것인지 설명하시오. 기업 이윤과 소비자잉여를 계산하시오.

3) 혼합번들링을 위해서 R재 한 단위와 T재 한 단위를 동시 구매 시 가격은 6, R재만 구매 시는 4, T재만 구매 시는 4의 가격을 고려하고 있다. 어느 소비자가 어느 제품(또는 번들)을 구매하는지, 그리고 왜 그런지 설명하시오. 기업 이윤과 소비자잉여를 계산하시오.

4) 독점은 순수번들링과 혼합번들링 중에서 어느 것을 선택할 것인지 설명하고, 또한 순수번들링과 혼합번들링의 이윤을 비교하고 왜 그런 차이가 발생했는지 설명하고 해석하시오.
5) 위 문제 4)에 대한 당신의 답을 고려하시오. 상기 제품에 대해서 시장가격으로 재판매(즉, 한 번 구입한 제품을 시장에서 다른 구매자에게 판매)를 할 수 있다면, 시장에는 어떤 일이 벌어질지 설명하시오.

4. "묶음판매는 항상 수직결합과 동일한 결과를 가져온다."는 주장을 평가하시오.

5. "X재는 독점기업이, Y재는 완전경쟁시장의 기업들이 생산하여 소비자에게 판매하고 있다. X재 기업이 소비자가 Y재를 자신으로부터 구매토록 하면, X재 기업은 Y재 시장에서도 추가적인 독점이윤을 얻을 수 있다." 이 서술을 평가하시오.

6. X재와 Y재에 대한 세 소비자(A, B, C)의 지불의향이 아래와 같다. 두 재화는 독점기업이 생산하며 한계비용은 동일하게 25이다. 두 재화를 묶음판매하면 한계비용은 변하지 않고 단순 합이다.

	X재	Y재
A	20	80
B	40	60
C	90	10

독점기업은 다음의 세 가지 마케팅 판매방식을 고려하고 있다.

① 개별 판매: X재 가격 90, Y재 가격 60
② 순수번들링: 번들가격 100
③ 혼합번들링: X재 가격 85, Y재 가격 75, 번들가격 100

1) 각각의 마케팅 수단에 대해서 각 재화의 ⓐ 구매량, ⓑ 기업 이윤, ⓒ 소비자잉여를 계산하시오. 이 독점은 어떤 마케팅 수단을 선택할지 설명하시오.
2) 위에서 순수번들링과 혼합번들링의 판매량과 이윤을 비교하고 왜 그런 차이가 발생했는지 설명하고 해석하시오.

7. 스마트폰을 이용하기 위해서는 완전보완재인 단말기(X재)와 OS(안드로이드 또는 iOS)를 구매해야 한다. 두 재화 소비에 대한 다음의 두 가지 시나리오를 고려하시오.

(개별 판매) 한 독점기업(A)이 스마트폰 단말기를 생산하고, 또 다른 독점기업(B)이 OS(Y재)를 생산한다고 하자. 소비자는 두 독점기업으로부터 X재 한 단위와 Y재 한 단위를 구매하여 스마트폰을 이용할 수 있다. X재 가격을 P_X, Y재 가격을 P_Y라 하자. X재 수요함수는 $D_X = a-(P_X+P_Y)$이고 Y재는 $D_Y = a-(P_X+P_Y)$다. 여기서 $a>0$이다. X재와 Y재 한계비용은 동일하게 $C(<a/2)$이다.

(묶음판매) 하나의 독점기업이 단말기와 OS를 결합된 상태로 판매한다고 하자. 소비자는 결합된 스마트폰의 가격은 P_t로서 소비자 수요는 $Q_t=a-P_t$이고, 결합된 스마트폰의 한계비용은 $2C_o$이다.

1) 개별 판매에서 X재와 Y재의 가격을 구하고, 소비자가 지불하는 두 재화 가격의 합을 구하시오.

2) 묶음판매에서 결합된 스마트폰의 가격을 구하시오. 위 1)과 비교-설명하시오.

8. 1기업은 A재와 B재를 생산하며, 2기업은 B재만 생산한다. 두 재화는 상호 연관이 없는 재화이다. 1기업과 2기업이 생산하는 B재는 완전히 동질적이다. A재의 한계비용은 $C_a(<1)$이며, B재의 한계비용은 두 기업 모두 동일하게 $C_b(<1)$이다. i소비자의 A재에 대한 지불의향(U_i)은 영에서 1 사이에 균등분포되어 있으며, B재에 대한 지불의향도 영에서 1 사이에 균등분포되어 있다. 1기업은 다음과 같은 No-bundling과 Bundling 전략을 고려하고 있다.

① No-bundling: 1기업은 A재 시장에서 독점, B재 시장에서 2기업과 버트랜드 경쟁
A재 가격을 P^A, 1기업과 2기업의 B재 가격을 각각 P_1^B, P_2^B

② Bundling: 1기업은 A재와 B재를 묶음판매, 2기업은 B재를 판매
1기업의 묶음판매 가격을 P, 2기업의 B재 가격을 P^B

1) No-bundling에서 1기업의 A재 시장수요, B재에 대한 1기업 직면 수요와 2기업 직면 수요를 도출하시오. 각 재화에 대한 이윤극대화 가격, 판매량, 이윤을 구하시오.

2) Bundling에서 $\frac{1+C_a}{2} \geq C_b$와 $0 \leq 2P^B < P \leq 2$를 가정하시오. 이 경우에 1기업은 소비자 지불의향이 $P-P^B$와 1사이인 소비자에게 판매하며, 2기업은 소비자지불의향이 P^B와 $P-P^B$ 사이인 소비자에게 판매할 수 있다. 1기업의 묶음판매에 대한 수요와 2기업의 B재에 대한 수요를 도출하시오. 각 기업의 이윤극대화 가격, 판매량, 이윤을 구하시오.

3) 1기업은 No-bundling과 Bundling 중에서 어느 것을 선택하는지 설명하시오.

4) 1기업이 Bundling을 하는 경우에, No-bundling에 비해 2기업의 가격, 이윤, 판매량의 변화에 대해서 설명하시오.

9. 독점기업이 X재와 Y재를 생산한다. 각 재화 한계비용은 영이다. 소비자들의 각 재화에 대한 지불의향(가치)은 V_x, V_y로서 V_x는 0에서 4사이에, V_y는 0에서 3사이에 균등 분포한다. 각 재화의 한계비용은 영이며 번들 재화에 대한 한계비용도 영이다.

1) 독점기업이 두 재화를 개별 판매하는 경우에 X재에 대한 수요는 $D_x=3(4-P_x)$, Y재에 대한 수요는 $D_y=4(3-P_y)$이다. 각 재화의 이윤극대화 가격과 이윤을 계산하시오.

2) 독점기업이 두 재화를 순수 번들하는 경우에 번들 재화에 대한 지불의향은 V_x+V_y이며, 순수 번들 재화 대한 수요함수는 $D_{xy}=12-\frac{(P_{xy})^2}{2}$이다. P_{xy}는 순수 번들 재화 가격. 번들 재화의 이윤극대화 가격과 이윤을 계산하시오. 1)의 두 재화 가격의 합과 2)의 번들 재화 가격을 비교하고, 1)의 이윤과 2)의 이윤을 비교하시오.

3) 혼합번들링을 고려하시오. 각 재화 가격은 P_x와 P_y, 번들 재화 가격은 $P_{xy}(<4<P_x+P_y)$

이다.

(1) X재, Y재, 번들 재화에 대한 수요함수(각각 D_x, D_y, D_{xy})를 도출하시오.

(2) 혼합번들링에서 독점기업의 이윤함수를 작성하시오. 각 재화의 가격과 독점이윤을 구하시오.

(3) 혼합번들링에서 각 개별 재화 가격과 1)에서 구한 개별 판매 시 재화 가격, 이윤을 비교하시오.

(4) 혼합번들링에서 번들재화 가격과 2)에서 구한 순수번들링의 가격을 비교하시오.

제4부

기술혁신과 광고

제15장

연구개발과 기술혁신

장을 시작하며

우리들이 사용하는 대부분의 소비재들은 연구개발(research and development; R&D)과 기술혁신(innovation)의 산물들이다. 이미 보편화된 인터넷, 스마트폰이나 전자 기기들은 모두 연구소나 대학에서 연구자들의 호기심에 의해서 연구·개발하기 시작하여 상업적으로 성공하게 되었다. 기술혁신은 우리의 생활수준을 개선시키고 경제발전을 가져오는 주요한 원천이다. 연구개발과 기술혁신은 이미 오래 전부터 학자와 연구자들의 관심사였고, 기업의 제품개발에 있어서 핵심 과제였던 것은 사실이지만 오늘날 그 중요성은 과거 어느 때보다 크다.

이 장에서는 독점시장과 경쟁시장 중에서 어떤 시장구조가 R&D를 수행할 유인이 큰지 분석하고 기업간 R&D 협조체제 효과를 알아본다. 연구개발의 결과인 지식과 정보는 순수 공공재와 같아서 일단 공표되면 제3자는 큰 비용 없이 모방을 할 수 있다. 발명자나 기업들은 연구개발 투자비용을 회수하지 못하는 경우가 발생할 수 있기 때문에 어느 누구도 연구개발이나 발명을 하려고 하지 않을 것이다. 특허(patent)나 저작권(copyrights) 등과 같은 지식재산권(intellectual property rights; IPR)은 발명가와 발명기업들에게 특허료 등의 수입을 얻거나 독점력을 유지하여 연구개발을 촉진할 수 있다. 이 장에서는 특허경쟁에 따른 경제적 효과에 대해 분석을 한다.

제 1 절 | 연구개발 3단계와 혁신의 종류

1 연구개발 3단계

연구개발은 3단계로 구분한다. 제1단계는 기초연구(basic research)이다. 이는 순수 학문적 연구 활동으로 연구자의 호기심이나 학문적 연구 과제로 수행하는 과정이다. 기초연구는 반드시 특정한 응용 결과를 얻고자 하는 것은 아니며 기초 지식을 확장하고자 하는 노력의 일환이다. 제2단계는 응용연구로서 일반적으로 기초연구 결과에 대해서 공학적인 기술을 연계하여 조금 더 실제적이고 특정한 사용 목적을 가진 시제품을 만드는 과정이다. 제3단계는 개발(development)이며 제2단계에서 만들어진 시제품을 실제 소비자가 사용할 수 있는 표준화된 제품을 생산하는 것이 주요 목표이다. 이 단계에서 대량 생산도 가능하다. 연구개발 3단계는 새로운 제품의 창출에 초점을 맞추어져 있는데 이를 '제품혁신(product innovation)'이라고 한다.

연구개발은 '공정혁신(process innovation)'을 의미하기도 한다. 공정혁신은 연구개발을 이용하여 기존 재화와 용역의 생산공정을 개선하고 더 저렴하게 생산하는 방법을 발견하는 혁신을 말한다. 제품혁신과 공정혁신은 구분하기 어려운 경우도 있다. 제품혁신을 통한 새로운 제품의 창출은 어떤 제품의 생산 원가가 너무 높아서 시장에 출시하지 못하거나 수요가 미약한 (이전에 존재하던) 제품을 혁신했을 가능성이 높다. 이 경우에 제품혁신은 공정혁신의 결과라고 할 수 있기 때문에 제품혁신과 공정혁신을 구분하기 어려울 수도 있다. 애플의 아이폰(스마트폰) 출시는 제품혁신, 삼성의 고성능 반도체 칩 생산은 공정혁신으로 볼 수 있다. 이 장에서 연구개발은 혁신을 의미하고 혁신은 공정혁신을 대상으로 한다.

2 혁신의 종류

공정혁신은 혁신의 결과 한계비용이 얼마나 낮추어졌는지에 따라서 획기적(drastic 또는 major) 혁신과 비획기적(non-drastic 또는 minor) 혁신으로 구분한다. 이 두 가지 혁신을 정의하기 이전에 공정혁신에 따른 기업의 행동에 대해서 고려해 보자. 경쟁시장에서 모든 기업의 혁신 이전의 한계비용을 C_o라 하면 시장가격은 $P=C_o$이다. 주어진 시장 수요함수($Q=D(P)$, $D'<0$)에서 시장 판매량을 $Q_o(=D(C_o))$이

그림 15-1 획기적 또는 비획기적 혁신

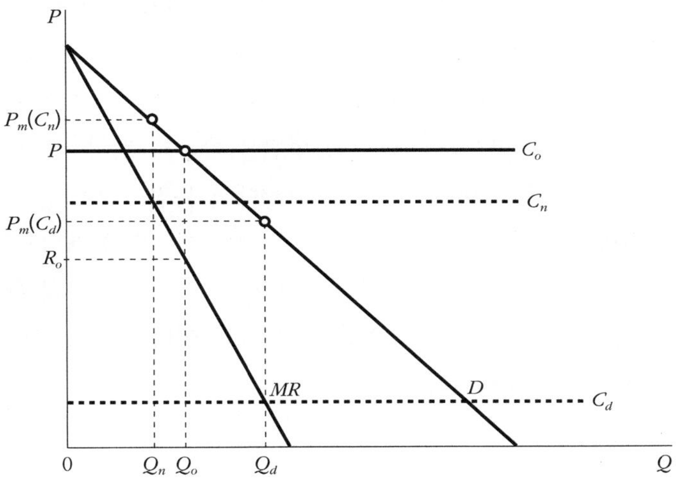

라 하자. 경쟁시장에서 한 기업이 공정혁신에 성공한 이후에 한계비용이 $C_i(i=n$ 또는 $d)$로 하락한다고 하자. 이 기업의 공정혁신을 다른 기업들이 모방할 수 없거나 특허로 보호되어 있다면, 혁신에 성공한 기업은 독점적 지위를 누릴 수 있을 것이며, $P_m(C_i)$의 독점가격을 설정할 것이다.

'비획기적 혁신'이란 공정혁신의 결과 낮아진 한계비용(C_n)에서 설정한 독점가격($P_m(C_n)$)이 혁신 이전의 한계비용(C_o)보다 높은 경우의 혁신이다. [그림 15-1]에서 C_n의 한계비용은 $P_m(C_n)>C_o$을 보이므로 비획기적 혁신이다. 비획기적 혁신을 한 기업은 기존의 기업들의 가격($P=C_o$)보다 더 높은 독점가격을 부과할 수 없다. 독점가격을 부과하면 기존기업들은 이 보다 낮은 $P=C_o$에서 영업을 하기 때문이다. 대신에 기존기업의 가격(이론적으로 ε 낮은 가격, 즉 $P-\varepsilon \approx P=C_o$)을 부과하여 모든 경쟁자를 시장에서 퇴출시켜서 독점기업이 된다. 결과적으로 비획기적 혁신에 성공한 기업은 독점기업으로서 이전과 동일한 가격과 생산량을 판매하고 $(C_o-C_n)Q_o$의 독점이윤을 얻을 수 있다.

공정혁신의 결과 낮아진 한계비용에서 설정한 독점가격이 혁신 이전의 한계비용보다 낮은 경우, 이 혁신을 '획기적 혁신'이라고 정의한다. [그림 15-1]에서 보듯이 C_d의 한계비용에서 독점가격은 $P_m(C_d)$이며, 이는 혁신 이전의 한계비용(C_o)보다 낮다. 즉, $P_m(C_d)<C_o$이므로 C_d의 한계비용은 획기적 혁신이다. 공정혁신으로 한계비용의 하락이 상당히 커서 낮은 한계비용에 상응하는 독점가격이 다른 기업의 혁신 이전의 한계비용보다 낮은 경우에 이 혁신을 획기적이라고 한다. 획기적 혁신

에 성공한 경우 독점기업의 가격은 혁신 이전의 가격 P에서 $P_m(C_d)$로 낮아지며, 시장 판매량은 Q_o에서 Q_d로 증가한다. 획기적 혁신에 성공한 기업은 다른 경쟁기업의 비용보다 더 낮은 수준의 가격을 설정할 수 있기 때문에 기존의 다른 기업은 획기적 혁신에 성공한 기업과 경쟁할 수 없고 퇴출된다.

획기적 혁신과 비획기적 혁신은 다음과 같이 재정의할 수 있다; 혁신 이전의 높은 비용(C_o)에 의한 생산량(Q_o)에서 독점기업이 얻을 수 있는 한계수입을 R_o(= $MR(Q_o)$)로 표시하자([그림 15−1]). 혁신 이후의 한계비용이 이 한계수입보다 낮다면(즉, $C_d<R_o$), 이 혁신은 획기적이라 한다. 혁신 이후의 한계비용이 이 한계수입보다 높다면(즉, $C_n>R_o$) 이 혁신은 비획기적이라고 한다. 이 장에서는 비획기적 혁신을 대상으로 분석한다.

제2절 | 시장구조와 혁신에 대한 유인

혁신과 관련된 주요 논쟁 중의 하나는 혁신에 대한 유인이 어느 시장구조에서 더 강한지에 대한 것이다. 애로우(Arrow, 1962)는 독점기업보다는 경쟁시장의 기업이 혁신에 대한 유인이 더 강하다는 결과를 보였다. 이미 초과 이윤을 얻고 있는 독점기업은 혁신으로 인한 추가 이윤에 덜 매력적이기 때문에 혁신 유인이 약한 반면에, 경쟁시장의 기업들은 혁신 이전에 이윤이 영이고 혁신으로 양의 이윤을 얻을 수 있기 때문에 혁신에 대한 유인이 매우 강하다. 그러나 다스굽타와 스티글리츠(Dasgupta and Stiglitz, 1980)는 기업 숫자가 적은 시장에서 혁신을 실행하려는 유인이 더 강할 수 있음을 보였다. 애로우의 설명은 슘페터의 독점기업의 혁신 가능성 주장에 반하는 것인데 비해서 후자의 설명은 슘페터의 주장을 지지한다.[1] 단순한 모형을 이용하여 두 가지 상반된 결과를 소개한다.

1 경쟁시장의 혁신 유인이 독점시장보다 강한 경우

세 가지 시장구조(사회계획가, 경쟁시장, 독점시장)에서 어느 시장구조가 혁신 유인이 강한지 알아보자. 각 시장구조에서 혁신 이전과 이후의 사회후생 또는 이윤

1) 슘페터(Schumpeter, 1942)는 기업이 R&D를 수행하게 하기 위해서는 독점이 필요하며, 특허제도가 이를 유지할 수 있다고 주장했다.

을 비교한다. 사회계획가, 경쟁시장, 독점시장 순으로 혁신 유인이 강하다는 결과를 보인다.

1) 사회계획가와 혁신 유인

사회후생의 극대화가 목표인 사회계획가의 혁신 유인을 고려하자. X재에 대한 시장수요는 선형으로 $P=a-bQ$라고 가정한다. 사회계획가는 F의 고정비용을 R&D에 지출하여 비획기적 공정혁신 방법을 모든 기업에 전파했다고 하자. 혁신 이전과 이후의 한계비용은 앞에서 소개한 바와 같이 C_o와 C_n이고, [그림 15-2]에서 보듯이, 사회계획가는 혁신 이전에 생산자로 하여금 $P=C_o$를 설정하고 $Q_o(=\frac{a-C_o}{b})$를 생산하게 하여 사회후생을 극대화한다. 한계비용이 일정한 경우에 생산자잉여는 영이므로, 사회후생은 소비자잉여($W(C_i)=\frac{(a-C_i)^2}{2b}$, 여기서 $i=n,\ o$)와 같다. 혁신 이후에는 마찬가지로 $P=C_n$을 설정하게 하여 사회후생을 극대화한다. 혁신 이후에 X재의 가격은 C_o에서 C_n으로 하락하며, 판매량은 $Q_o(=\frac{a-C_o}{b})$에서 $Q_n(=\frac{a-C_n}{b})$으로 증가한다. 혁신으로 인한 한 기간의 사회후생의 증가(v_s)는 소비자잉여의 증가($=W(C_n)-W(C_o)=\frac{(C_o-C_n)(2a-C_0-C_n)}{2b}$)와 동일하다. [그림 15-2]에서 $v_s=C_oC_nkj$의 넓이이다. 혁신에 성공한 직후 시기부터 무한대까지 이 후생 증가를 누릴 수 있으므로 사회계획가가 얻는 현재가치화한 사회후생의 증가분은 다음과 같이 표시할 수 있다; $V_s=\sum_{t=0}^{\infty}\delta^t(W(C_n)-W(C_o))=\frac{1}{1-\delta}\frac{(C_o-C_n)(2a-C_0-C_n)}{2b}$, 여기서 δ는 할인율이다. 따라서 $V_s>F$이면 사회계획가는 혁신을 추구하고자 한다.

그림 15-2 시장구조와 혁신 유인

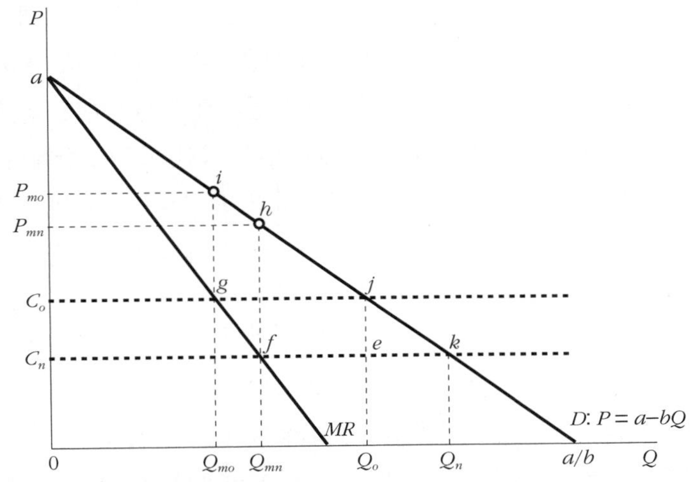

사회계획가의 혁신에 대한 가격 설정과 이로 인한 사회후생의 증가는 이상적이며, 효율적인 결과를 보여준다.

2) 경쟁시장과 혁신 유인

X재를 생산하는 경쟁시장에서 모든 기업이 기존의 비용 C_o에서 생산하고 있다고 하자. 경쟁시장의 가격은 C_o, 판매량은 $Q_o(=\frac{a-C_o}{b})$이며 개별 기업의 이윤은 영이다. 한 기업이 비획기적 혁신에 성공해서 특허를 획득했고, 경쟁기업들에게 C_o-C_n의 특허료를 받고 혁신을 판매(특허권 라이센싱)한다고 하자. 특허권을 라이센싱한 기업은 C_n의 한계비용으로 생산하나 특허료 지급으로 시장 가격은 C_o이다. 생산량은 Q_o로 혁신 이전과 동일하다. 결과적으로 특허권을 보유한 기업이 얻는 잉여의 증가분(v_c)은 $(C_o-C_n)Q_o(=\frac{(C_o-C_n)(a-C_o)}{b})$로서 [그림 15-2]에서 $v_c=C_oC_nej$이다. 이 기업이 무한대 기간 동안 얻을 잉여의 현재가치는 $V_c=\frac{1}{1-\delta}\frac{(C_o-C_n)(a-C_0)}{b}$이며, 혁신에 소요되는 고정비용 F보다 더 크다고 가정한다. 그림에서 보듯이 주어진 기간에 사회계획가가 혁신을 하는 경우 얻을 사회후생의 증가분이 경쟁시장이 혁신을 수행하는 경우의 후생 증가분보다 더 크다($C_oC_nej<C_oC_nkj$)는 것을 알 수 있다. 경쟁시장에서 혁신을 수행하는 기업은 특허료 수입에 의한 이윤의 증가를 고려하나, 사회계획가는 소비자잉여의 증가를 고려하기 때문이다.

3) 독점시장과 혁신 유인

독점기업은 비획기적 혁신을 통하여 낮은 비용으로 얻는 독점이윤이 혁신 이전의 높은 비용으로 생산하여 얻는 이윤보다 더 증가한다면 혁신을 수행하려 할 것이다. 혁신 이전과 이후의 이윤의 변화를 살펴보자. 혁신 이전에 한계비용은 C_o이므로 [그림 15-2]에서 보듯이 이윤극대화 조건($MR=MC$)에 따라서 $Q_{mo}(=\frac{a-C_o}{2b})$를 생산하고, $P_{mo}(=\frac{a+C_o}{2})$의 독점가격을 설정하며 $\pi_{mo}(=\frac{(a-C_o)^2}{4b})$의 이윤을 얻는다. 독점이윤은 $P_{mo}C_ogi$의 넓이이다. 혁신 이후에 한계비용은 C_n이므로 이윤극대화 생산량 $Q_{mn}(=\frac{a-C_n}{2b})$을 생산하고, $P_{mn}(=\frac{a+C_n}{2})$의 독점가격을 설정하고 $\pi_{mn}(=\frac{(a-C_n)^2}{4b})$의 이윤을 얻는다. 그림에서 독점이윤은 $P_{mn}C_nfh$의 넓이이다. 따라서 혁신에 대한 독점기업이 부여하는 기간당 가치는 $v_m=\pi_{mn}-\pi_{mo}=\frac{(a-C_n)^2}{4b}-\frac{(a-C_o)^2}{4b}$으로서 단순화 하면 $v_m=\frac{(C_o-C_n)(2a-C_o-C_n)}{4b}$이다. 이는 C_oC_nfg의 넓이에 해당한다. v_m은 양의 이윤이고, 무한대 기간의 현재가치 이윤의 증가분은 $V_m=\frac{1}{1-\delta}\frac{(C_o-C_n)(2a-C_0-C_n)}{4b}$이며 F보다 크다고 가정한다.

그림에서 볼 수 있듯이 주어진 기간에 혁신으로 인해서 얻는 혜택은 사회계획가가 가장 크며, 경쟁시장, 독점시장 순으로 크다($C_oC_nfg < C_oC_nej < C_oC_nkj$). 이에 따라서 다음의 결과를 도출할 수 있다; $V_m < V_c < V_s$. 즉, 경쟁시장의 기업들은 독점기업보다 혁신의 가치를 더 높이 평가하며, 사회계획가는 두 시장 구조보다 높게 평가한다. 경쟁시장의 기업들이 독점기업보다 혁신의 가치를 더 높이 평가하는 이유는 다음과 같이 설명할 수 있다; 경쟁시장의 기업은 혁신 이전에 손익분기점에 있는데, 혁신 이후에는 증가할 수 있는 가치를 자신의 이윤 증가로 귀속시킨다. 이에 비해서 독점기업은 혁신 이전에 이미 초과이윤을 얻고 있으므로 혁신 이후에 증가하는 가치는 혁신 이전의 이윤을 잠식하므로 상대적으로 작다. 동일한 혁신으로 인해서 독점이 얻는 이윤의 증가는 경쟁시장의 기업보다 작다. 경쟁시장의 기업이 독점기업보다 혁신에 대한 유인이 더 강하다고 말할 수 있다. 독점기업의 혁신에 대한 유인이 약한 것을 애로우는 독점의 대체효과(replacement effect) 때문이라고 했다. 대체효과란 독점기업의 혁신 이후의 제품이 혁신 이전의 제품을 대체하는 것을 말하며, 독점기업은 이러한 대체를 달갑게 여기지 않는다.

과점시장의 기업과 독점기업의 혁신에 대한 유인은 경쟁시장의 기업과 독점기업의 비교 결과와 질적으로 동일하다. 혁신 이전에 버트랜드 경쟁을 하는 기업의 이윤은 완전경쟁시장의 기업과 같이 영이므로 혁신에 대한 유인은 독점기업보다 강하다. 쿠르노 경쟁을 하는 기업의 이윤은 비록 양이지만 독점기업의 이윤보다 적으므로 혁신에 대한 유인은 마찬가지로 독점기업보다 강하다.

비록 혁신이 비획기적인 경우를 분석하였지만, 획기적 혁신의 경우에도 시장구조의 혁신 유인은 질적으로 동일하다. 획기적 혁신에서도 $V_m < V_c < V_s$이다.

2 경쟁시장의 혁신 유인이 낮은 경우

다스굽타와 스티글리츠는 쿠르노 모형을 이용하여 기업의 숫자가 많아질수록 개별 기업의 연구개발 지출비가 감소하지만, 기업 숫자가 작을수록(즉, 산업의 독점도가 높아질수록) 산업 총매출 대비 연구개발 총지출 비율은 증가함을 보였다. 이는 곧 경쟁시장보다 독점시장의 혁신 유인이 더 강하다는 것을 의미한다.

한 산업이 쿠르노 경쟁을 하는 n개의 기업으로 구성되어 있고, 시장 수요는 $P = P(Q)$(여기서, $P'(Q) < 0$, $Q = \sum_{i=1}^{n} q_i$이며 Q는 시장 생산량, q_i는 i기업의 생산량)이다. 개별 기업은 연구개발에 x_i를 지출한다. 단위당 생산량의 한계비용은 연구개발 지출비에 영향을 받아서 $c(x_i)$이며, 연구개발 지출비가 증가할수록 혁신의 효과로 한계비용은 감소한다($c'(x_i) < 0$, $c''(x_i) > 0$)고 가정한다. 개별 기업의 총비용(C_i)은 생산량에 대한 비용과 연구개발 지출액의 합이므로 $C_i=c(x_i)q_i+x_i$이다. 개별 기업의 이윤은 다음과 같다;

$$\pi_i=P(Q)q_i-c(x_i)q_i-x_i. \tag{15-1}$$

개별 기업은 이윤극대화 생산량(q_i)과 연구개발 지출비(x_i)를 선택한다. 이들 최적을 구하기 위한 두 변수에 대한 1차 조건식은 다음과 같다;

$$P(Q)+q_iP'(Q)-c(x_i)=0, \tag{15-2}$$

$$-c'(x_i)q_i-1=0. \tag{15-3}$$

식 (15–2)는 $MR_i=MC_i$로서 생산량 이윤극대화 조건이다. 모든 기업이 동일한 규모를 가지고 있다고 가정하면, 개별 기업의 최적 생산량은 $q_i=q^*$, 개별 기업의 최적 연구개발 지출비는 $x_i=x^*$, 시장 생산량은 $Q^*=nq^*$이다. 개별 기업의 최적 생산량(q^*)을 나타내는 식으로 러너지수로 표시하면 다음과 같다;

$$\frac{P(Q^*)-c(x^*)}{P(Q^*)}=\frac{\frac{q^*}{Q^*}}{\varepsilon}=\frac{1}{n\varepsilon}. \tag{15-4}$$

여기서, ε는 수요의 가격 탄력도이며, $\frac{q^*}{Q^*}$는 개별 기업의 시장점유율로서 $\frac{1}{n}$이다. 개별 기업의 마크업지수는 수요의 가격 탄력도와 기업 숫자에 반비례한다.

식 (15–3)은 개별 기업의 최적 연구개발 지출비를 나타내는 식이다. 이를 다시 표시하면 다음과 같다;

$$-c'(x^*)q^*=1. \tag{15-5}$$

좌항은 주어진 최적 생산량(q^*)에 연구개발 지출비가 1원 증가할 때 감소한 한계비용인 $-c'(x^*)$을 곱한 것이므로, 연구개발 지출비 1원 증가에 따른 (최적 생산량에 대한) 총 한계 혜택이다. 우항은 연구개발 지출비 1원 증가에 대한 연구개발 지출비 한계비용으로 그대로 1이다. 따라서 연구개발 지출비로 얻을 수 있는 최적 생산량의 한계 혜택과 연구개발 지출비의 한계비용이 같은 점에서 최적 연구개발 지출비(x^*)가 결정된다.

n개의 기업이 있는 쿠르노 모형에서 기업 숫자(n)가 증가하면, 개별 기업의 생산량(q^*)은 감소한다($\frac{dq^*}{dn}<0$)는 것은 제8장에서 확인한 바 있으며, 여기서는 식 (15–2)에서 확인할 수 있다.[2] 기업 숫자(n)의 증가로 개별 기업의 생산량(q^*)이 감소하면 식 (15–5)에서 우항은 1로 일정해야 하므로 $c'(x^*)$는 증가해야 한다. $c'(x^*)$

가 증가하기 위해서는 개별 기업의 최적 연구개발 지출비(x^*)는 감소해야 한다. 결과적으로 기업 숫자(n)의 증가로 개별기업은 연구개발 지출비를 감소시킨다($\frac{dx^*}{dn}<0$).

기업 숫자의 증가로 개별 기업의 연구개발 지출비가 감소하는 것이 곧 산업의 연구개발 지출비(즉 nx^*)를 감소시킨다고 할 수는 없다. 예를 들어, 기업 숫자의 증가로 개별 기업의 연구개발 지출비는 감소하지만 기업 숫자의 증가가 이 감소보다 크다면 산업 연구개발 지출비는 증가할 수도 있다. 따라서 기업 숫자의 증가에 따라 산업 연구개발 지출비는 증가 또는 감소할 수 있다. 다스굽타와 스티글리츠는 자유진입이 허용되면 장기균형에서 개별기업은 이윤은 영이 될 때까지 진입하므로 기업 숫자가 결정되는 조건을 도출했다. 이윤이 영인 조건식은 식 (15−1)이 다음과 같은 경우이다;

$$\pi_i = P(Q^*)q^* - c(x^*)q^* - x^* = 0. \qquad (15-6)$$

개별 기업의 이윤이 영이 될 때까지 진입한 기업의 수를 n^*라 하고 이를 식 (15−6)에 곱하면 다음과 같이 산업 균형을 얻을 수 있다; $P(Q^*)n^*q^* - c(x^*)n^*q^* - n^*x^* = 0$. 여기에 $n^*q^* = Q^*$를 대입하고 $P(Q^*)Q^*$로 나누어 정리하면 다음을 얻는다; $\frac{P(Q^*)-c(x^*)}{P(Q^*)} = \frac{n^*x^*}{P(Q^*)Q^*}$. 이를 러너 지수(식 15−4)에 대입하면 다음의 식을 얻을 수 있다;

$$RD \equiv \frac{n^*x^*}{P(Q^*)Q^*} = \frac{1}{n^*\varepsilon}. \qquad (15-7)$$

식 (15−7)에서 RD는 산업 총매출($P(Q^*)Q^*$)에서 차지하는 산업 연구개발 총지출(n^*x^*)의 비율이라고 정의한다. RD는 X재 시장수요의 가격탄력도(ε)가 적을수록 더 크고, 기업이 많을수록 작다. 경쟁시장 기업들의 연구개발 활동은 적은 반면에, 기업이 적을수록 (예를 들어 독점시장) 연구개발 활동이 많다고 할 수 있다. 이 결과는 슘페터의 독점기업의 혁신 유인이 더 강하다는 주장을 뒷받침한다.

---

2) 식 (15−2)를 q와 n에 대해서 전미분하면 다음과 같다; $P'(nq)(ndq+qdn)+P'(nq)dq+qP''(ndq+qdn)=0$. (상첨자 *를 생략) 이 식은 다음과 같다; $\frac{dq}{dn} = -\frac{q(P'+qP'')}{(n+1)P'+nqP''}<0$. 여기서 $P''\leq 0$을 가정하며, 이는 수요곡선이 직선 또는 원점에 오목함을 가정한다는 의미이다.

제3절 | 연구개발에 대한 기업간 협조체제

현대 기술은 과거와는 달리 매우 복잡하고 여러 기술이 연계되어 있기 때문에 한 기업이 보유한 기술만으로는 경쟁력있는 제품을 생산하기가 쉽지 않다. 한 기업이 모든 기술을 보유하고 있다는 것은 거의 불가능하다. 다른 기업과 기술, 경험, 디자인, 실험 결과 등을 공유하여 생산하는 것이 이윤을 증가하고 경제적으로 효율적일 수 있다. 최종재 시장에서 경쟁을 한다 하더라도 공통으로 사용하는 소재나 중간재에 대한 연구개발을 공동으로 수행하려는 경향이 발견된다. 비록 생산물 시장에서 경쟁기업간 협조체제(카르텔)는 반독점법에 위법한 경우가 많이 있지만 연구개발 분야에서 협조체제는 위법하지 않은 예외조항을 적용받는다. 오히려 연구개발 카르텔이라 할 수 있는 공동연구벤처(research joint venture; RJV)는 권장되고 있는 실정이다. 이 절에서는 두 기업이 연구개발을 협조적으로 수행하는 경우와 비협조적으로 수행하는 경우를 비교하여 협조적 연구개발 유인이 더 높음을 보인다. 또한 공동연구벤처(RJV)의 경제적 효과를 규명한다.[3]

1 연구개발 기본모형

기업간 연구개발 협조체제에 대한 분석은 한 기업의 연구개발 노력이 다른 기업의 한계비용에 영향을 미치는 양의 외부효과(spillover effect)를 고려한다. 이 분석을 위해서 두 기업에 의한 2단계 게임을 소개한다. 제1단계에서 두 기업($i=1, 2$)은 쿠르노 모형 방식으로 연구개발 투자(x_i)를 선택하고, 제2단계에서 쿠르노 경쟁을 하여 생산량을 선택한다. 생산물 시장에서 수요는 $P=10-Q$(여기서 $Q=q_1+q_2$, 그리고 q_i는 $i(=1, 2)$ 기업의 생산량)을 가정한다. 각 기업의 생산에 대한 한계비용은 c_i로 일정하다. 한 기업이 주요 부품이나 소재 등에 대한 연구를 하여 혁신에 성공한다면 자신의 한계비용을 낮출 수 있다. 이는 경쟁기업의 동일한 부품이나 소재의 혁신에 영향을 미쳐서 경쟁기업의 한계비용도 어느 정도 내려가는 외부효과가 발생할 수 있다. 한 기업의 연구개발 활동은 자신의 한계비용을 하락시키며, 외부효과로 인하여 다른 기업의 한계비용을 어느 정도 하락시킨다고 가정한다. 1기업과 2기업의 연구개발 지출비를 각각 x_1, x_2라 하면 각 기업의 한계비용은 다음과 같다;[4]

3) 이 절은 샤이(Shy, 1995, ch.9) 참조.
4) x_i는 연구개발 지출비로서 연구개발 집약도(intensity)로 해석할 수 있다.

$$c_1=5-x_1-ax_2;$$
$$c_2=5-ax_1-x_2. \tag{15–8}$$

여기서 a는 한 기업의 연구개발 활동이 다른 기업에 양의 영향을 주는 '외부효과의 정도'를 측정한다. 만약 $a=0$이면, 한 기업의 연구개발 활동이 다른 기업에게 외부효과가 없는 경우로서, 1기업(2기업)이 $x_1(x_2)$의 연구개발 지출을 하면 1기업(2기업)에게만 그 만큼의 한계비용이 낮아지며, 2기업(1기업)에게는 영향이 없다. 만약 $a=1$이면, 한 기업이 연구개발 활동을 하면 다른 기업에게도 동일한 비용 절감 효과가 발생한다. $0<a<1$이면, 외부효과는 부분적이다. 이 경우에 한 기업이 1원의 연구개발비를 지출하면, 그 기업의 한계비용은 1원 낮아지나, 다른 기업의 한계비용은 1원 미만으로 낮아진다.[5]

연구개발 활동은 기업들에게 연구개발 자체의 비용을 유발한다. i기업의 연구개발 지출 x_i를 운영하는 데 $RC_i=\frac{x_i^2}{2}$의 총비용이 소요된다고 가정한다. 이 비용함수는 연구개발을 운영하는 데 규모의 보수 감소(DRS)가 발생하는 것을 말한다. 연구개발 노력이 증가할수록 연구개발 부서(연구실)의 운영 비용은 비례적으로 훨씬 더 많이 증가한다는 의미이다.

다음에서 비협조적 연구개발을 하는 경우와 협조적 연구개발을 하는 경우를 분석한다. 각 경우의 최적 연구개발 지출 수준을 비교하며, 외부효과의 정도(a)와 연구개발의 경제효과를 분석한다. 또한 공동연구벤처(RJV)의 경제적 효과를 알아본다.

2 비협조적 연구개발 체제

두 기업이 연구개발 단계에서 협조를 하지 않는 경우에 제1단계에서 두 기업은 비협조적 연구개발 투자(x_i)를 선택하며, 제2단계에서 비협조적 쿠르노 생산량(q_i)을 선택한다. 하부게임 완전균형을 구하기 위하여 역행귀납법을 이용한다. 제2단계 생산량 균형을 먼저 구한 다음 제1단계 연구개발 투자를 결정한다.

■ 제2단계 균형

제2단계에서 기업들은 제1단계에서 이미 비용절감 혁신이 달성된 이후에 생산량 경쟁을 하므로 c_1과 c_2는 주어진 것으로 간주한다. i기업($i=1, 2$)의 이윤 함수는

5) $a<0$인 경우는 음의 외부효과를 말한다. 한 기업의 연구개발 활동이 다른 기업에게 잘못된 정보나 컴퓨터 바이러스와 같은 기능을 해서 다른 기업의 한계비용을 오히려 증가시키는 효과가 있는 경우이다. 여기서는 음의 외부효과를 고려하지 않는다.

다음과 같다; $\pi_i=(10-q_1-q_2)q_i-c_iq_i-\frac{x_i^2}{2}$.

각 기업의 균형 생산량은 다음과 같다;

$$q_1=\frac{10-2c_1+c_2}{3},$$

$$q_2=\frac{10+c_1-2c_2}{3}. \tag{15-9}$$

이에 따라서 각 기업의 이윤은 다음과 같다;

$$\pi_1=\frac{(10-2c_1+c_2)^2}{9}-\frac{x_1^2}{2},$$

$$\pi_2=\frac{(10+c_1-2c_2)^2}{9}-\frac{x_2^2}{2}. \tag{15-10}$$

■ 제1단계 균형

제1단계에서 각 기업은 상대방의 연구개발 수준을 주어진 것으로 하여 자신의 이윤극대화 연구개발 수준을 선택한다. 다시 말해서 쿠르노-내쉬 연구개발 균형을 구한다. 이를 위해서 식 (15-8)을 식 (15-10)에 대입하여 정리하면 제1단계의 개별 기업의 이윤은 다음과 같다;

$$\pi_1=\frac{(5+(2-a)x_1+(2a-1)x_2)^2}{9}-\frac{x_1^2}{2},$$

$$\pi_2=\frac{(5+(2a-1)x_1+(2-a)x_2)^2}{9}-\frac{x_2^2}{2}. \tag{15-11}$$

두 기업의 이윤극대화 1차 조건으로부터 비협조적 체제의 쿠르노-내쉬 연구개발 균형(x_i^{nc})은 다음과 같다;[6]

$$x_1^{nc}=x_2^{nc}=\frac{10(2-a)}{9-2(2-a)(1+a)}.$$

연구개발 균형 투자는 외부효과의 정도(a)에 대해서 감소함수이다. a가 작은 경우에 각 기업의 균형 연구개발 노력은 크며, a가 큰 경우에 각 기업의 균형 연구개발 노력은 작다. 먼저, a가 작은 경우(예, $a=0.1$)를 고려하자. 1기업이 연구개발 지출을 늘리면, 이는 1기업의 경쟁적 지위를 높이기 때문에 2기업은 연구개발 지출을 줄인다. 그러나 역설적으로 이는 두 기업이 패자를 면하기 위해서 연구개발 지

6) 이 해를 구하는 것은 독자들의 연습으로 남겨둔다.

출을 모두 증가시키도록 한다. a가 큰 경우(예, $a=0.8$)에, 1기업이 연구개발 지출을 늘릴수록 2기업도 연구개발 지출을 증가시킬 유인이 커진다. 1기업이 연구개발 지출을 약간 늘려도 외부효과 정도가 크기 때문에, 2기업도 연구개발 지출을 증가시키려는 유인이 발생하고 2기업의 행동은 1기업에게 상당한 혜택을 준다. 각 기업은 경쟁기업의 연구개발 노력에 대한 무임승차자가 되려 하기 때문에 각 기업의 연구개발 지출은 작아진다.

$x_1^{nc}=x_2^{nc}$를 식 (15−9)와 식 (15−11)에 대입하면 다음과 같이 최적 생산량과 이윤을 얻을 수 있다;

$$q_1^{nc}=q_2^{nc}=\frac{15}{9-2(2-a)(1+a)};\ \pi_1^{nc}=\pi_2^{nc}=\frac{25(9-2(2-a)^2)}{(9-2(2-a)(1+a))^2}.$$

3 협조적 연구개발 체제

협조적 연구개발 체제란 두 기업이 제2단계에는 쿠르노 모형과 같이 비협조적으로 생산량을 선택하지만, 제1단계에는 협조적으로 두 기업이 이윤의 합을 극대화하는 연구개발 투자를 각자 선택하는 게임이다. 제1단계에서 두 기업은 각자의 연구개발을 개별적으로 선택하지만, 그 과정에서 연구개발 노력을 상호 협조한다는 의미이다. 제1단계의 이러한 행동을 두 기업의 공동연구벤처(RJV)라고 부를 수 있다. 제2단계에서 개별 기업의 쿠르노 균형 생산량과 이윤은 비협조적 연구개발 체제와 동일하다(식 (15−11)). 그러나 제1단계에서 개별 기업은 두 기업의 이윤의 합을 극대화하는 최적 연구개발 지출비를 선택하는 것에 차이가 있다. 두 기업의 이윤의 합은 식 (15−11)의 이윤을 합한 것으로 다음과 같다;

$$\begin{aligned}\pi_1+\pi_2=&\frac{(5+(2-a)x_1+(2a-1)x_2)^2}{9}-\frac{x_1^2}{2}\\&+\frac{(5+(2a-1)x_1+(2-a)x_2)^2}{9}-\frac{x_2^2}{2}.\end{aligned}\tag{15−12}$$

개별 기업 이윤의 합에 대한 x_1과 x_2의 이윤극대화 1차 조건식은 다음과 같다;

$$\begin{aligned}\frac{\partial(\pi_1+\pi_2)}{\partial x_1}=&\frac{2(2-a)(5+(2-a)x_1+(2a-1)x_2)}{9}-x_1\\&+\frac{2(2a-1)(5+(2a-1)x_1+(2-a)x_2)}{9}=0,\end{aligned}$$

$$\frac{\partial(\pi_1+\pi_2)}{\partial x_2}=\frac{2(2a-1)(5+(2-a)x_1+(2a-1)x_2)}{9}+\frac{2(2-a)(5+(2a-1)x_1+(2-a)x_2)}{9}-x_2=0. \qquad (15-13)$$

식 (15-13)에서 두 기업의 연구개발 균형을 구할 수 있다. 두 기업은 대칭적이므로 $x_1=x_2$이며, 협조적인 연구개발 체제에서 기업의 연구개발 균형 지출은 다음과 같다;

$$x_1^{rc}=x_2^{rc}=\frac{10(1+a)}{9-2(1+a)^2}.$$

협조적인 연구개발 체제에서 연구개발 지출은 외부효과 정도(a)에 따라서 증가한다. 외부효과 정도가 큰 경우에 각 기업은 개별적인 연구개발 투자 지출을 증가시킨다. 이는 비협조적인 연구개발 체제와 반대의 결과이다. 두 기업이 연구개발 노력을 협조적으로 선택한다는 것은 개별 기업의 연구개발 지출이 경쟁기업에게 부여하는 외부효과를 내부화하도록 하는 것이다. 이는 무임승차자 문제를 방지하므로 두 기업은 협조 부재 시에 얻었을지도 모를 혜택만큼의 최소한 이윤을 얻을 수 있다. 두 기업의 생산량과 이윤은 다음과 같다;

$$q_1^{rc}=q_2^{rc}=\frac{15}{9-2(1+a)^2};\quad \pi_1^{rc}=\pi_2^{rc}=\frac{25}{9-2(1+a)^2}.$$

이제 두 기업이 비협조적으로 연구개발을 수행하는 경우와 협조적으로 수행하는 경우의 결과를 비교한다.

■ 비교

두 기업이 협조적으로 연구개발을 수행하는 경우에 기업의 이윤은 비협조적으로 수행하는 경우보다 증가한다(즉, $\pi_i^{nc}<\pi_i^{rc}$). 기업들은 언제든 비협조적인 연구개발 지출을 선택하여 이윤을 달성할 수 있는데, 협조적인 체제하에서 기업들은 무임승차자 문제를 제거할 수 있기 때문에 최소한 비협조적인 체제하의 이윤보다 더 높은 이윤을 달성할 수 있다.

연구개발 외부효과 정도가 크다면($a>\frac{1}{2}$이라면) 협조적 체제의 연구개발 균형 지출은 비협조적 체제의 연구개발 지출보다 더 크다(즉, $x_i^{nc}<x_i^{rc}$). 연구개발 외부효과 정도가 작다면($a<\frac{1}{2}$이라면) 협조적 체제의 연구개발 균형 지출은 비협조적 체제의 연구개발 지출보다 더 작다. 먼저, 비협조적 체제에서 개별 기업은 자신의 비

용을 낮추기 위해서 연구개발 투자를 선택할 때, 다른 기업의 비용도 낮추는 효과를 무시한다. 연구개발 외부효과 정도가 큰 경우, 협조적 체제에서 연구개발 외부효과를 내부화하여 시장실패를 제거하기 때문에 개별 기업의 투자는 다른 기업에 대한 투자 효과를 고려치 않는 비협조적 체제보다 더 크다. 연구개발 외부효과 정도가 작은 경우, 각 기업의 연구개발이 경쟁기업의 비용 절감에 미치는 효과는 작다. 따라서 비협조적 체제에서 개별 기업은 더 많은 연구개발 투자를 선택하여 자신의 비용절감 효과를 더 많이 얻으려 한다. 연구개발 외부효과 정도가 작은 경우, 협조적 체제에서 비용 절감 효과는 이미 내부화되어 있으므로, 비협조적 체제에서 연구개발 투자가 더 크다.

연구개발 외부효과 정도가 큰 경우, 협조적인 체제에서 연구개발 지출이 더 크므로 혁신으로 인해 한계비용이 비협조적인 체제에서 보다 더 낮아진다. 이것은 쿠르노 모형의 전형적인 특징으로 한계비용이 낮은 협조적 체제에서 생산이 더 증가하고 가격은 낮아진다. 따라서 소비자는 혜택을 보게 된다. 연구개발 외부효과 정도가 작은 경우, 그 반대의 효과가 발생한다.

■ 공동연구벤처(RJV)

현대의 기술은 매우 복잡하며 서로 연계되어 있다. 생명공학, 전자산업이나 IT 분야에서 제품들은 융합의 경향을 보이고 있다. 기업들은 융합 제품시장에서 치열한 경쟁을 염두에 두고, 제품의 연구개발 단계에서 서로 다른 지식, 정보, 과학기술을 보유한 여러 기업의 과학자나 엔지니어들의 긴밀한 협조를 유도하기 위해서 공동연구벤처(RJV)라고 하는 기업을 창설한다. 공동연구벤처는 서로 다른 기업들의 연구개발 지출을 분담할 뿐만 아니라 연구개발 노력을 협의하여 참여한 기업이 연구개발 결과를 대등하게 공유하는 조직이다. 즉, 협조적인 연구개발 체제에서 외부효과가 완전하게 전파되어 $a=1$인 경우이다(카미엔 외(Kamien *et al.*), 1992).

공동연구벤처 체제에서 내쉬 균형 연구개발 노력은 $x_1^{rjv}=x_2^{rjv}=20$, 생산량은 $q_1^{rjv}=q_2^{rjv}=15$, 이윤은 $\pi_1^{rjv}=\pi_2^{rjv}=25$이다. 이 균형은 협조적인 연구개발체제에서 $a=1$인 경우에 얻을 수 있는 최대의 값들이다. 생산량이 가장 크고 시장가격은 가장 낮기 때문에 소비자들이 얻는 혜택은 어느 연구개발 체제보다 크다.

이 결과에 대한 경제학적 설명은 명료하다. 공동연구벤처는 외부효과를 완전히 내부화($a=1$)하여 연구개발 노력으로 얻은 혁신 기술을 참여한 모든 기업에게 즉각적으로 전파한다. 외부효과가 완전($a=1$)하기 때문에 각 기업은 다른 기업이 연구개발을 수행하고 창출한 혜택을 기다리지 않는다. 공동연구벤처는 각 기업이 연구개발 투자를 하지 않으려는 무임승차자 문제를 회피할 수 있다. 공동연구벤처는 외부효과를 내부화하기 때문에 각 기업은 최대한의 연구개발 투자를 하게 된다. 한계비용을 대폭 낮추며 시장가격을 하락시키므로 소비자에게도 가장 유리하다. 생산물 시장에서 카르텔이 바람직하지 않지만 공동연구벤처는 소비자잉여와 생산자잉여를 모두 증가시키므로 사회적으로 권장하는 제도이다.

제4절 | 특허제도와 특허경쟁

1 특허제도

특허(patent)는 정부가 발명가에게 일정 기간 동안 독점권을 부여하는 법적 도구이다. 특허는 발명을 장려하고 모방으로부터 발명자를 보호하려는 목적을 가지고 있다. 발명자를 보호하려는 이유는 특허를 이용한 독점 행동이나 특허료 수입으로 연구개발과 혁신에 소요된 비용을 보전하여 발명에 대한 유인을 증진하고, 사회에 더 많은 혁신과 발명을 가져오게 하기 위함이다.

특허제도는 특허법, 정부 부서와 국제기구로 구성된다. 우리나라의 특허법 제1조는 "특허는 발명을 보호장려하고 그 이용을 도모함으로써 기술의 발전을 촉진하고 산업발전에 이바지"함을 목적으로 하고 있다. 특허법(그리고 이와 관련된 9개의 법과 그 하위 법령 등)과 정부조직법에 따라서 창설된 특허청은 특허출원과 승인, 그리고 특허 침해에 대한 심판업무를 수행한다. 특허청은 지식재산권[7] 또는 산업재산권(특허, 실용신안, 상표, 디자인)이 효과적으로 창출·활용될 수 있도록 하는 정부 부서이다. 특허청은 산업재산권 출원에 대한 심사 및 특허권을 부여하며, PCT[8] 국제 조사 및 예비심사를 수행하여 산업재산권의 국제화 업무를 담당하고 있다. 산업재산권 분쟁이 있는 경우 일차적으로 특허청 산하의 특허심판원에서 해결한다. 특허심판원의 심결에 불복하는 경우에 특허법원에 제소한다. 특허법원은 산업재산권 관련 특허분쟁을 해결하기 위해서 설립한 고등법원급의 지식재산전문 법

7) 지식재산권은 특허 등의 산업재산권과 저작권–저작인접권(서적 판권, 음악, 방송, 실연, 인터넷상 저작권 등)을 포함하는 개념이다. 산업재산권은 특허청에서, 저작권과 저작인접권은 산업통상자원부와 문화체육관광부 등에서 관리한다. 이 장에서는 특허에 대해서 논의한다.

8) Patent Cooperation Treaty(특허협력조약)의 약자로서 국제적인 특허출원 절차요건의 통일을 목적으로 하는 국제협약이다.

원이다.

발명에 대한 특허권을 받기 위해서 특허청에 신청하는 것을 특허출원이라고 한다. 출원발명이 갖추어야 할 요건을 특허요건이라 하며 다음의 세 가지를 충족해야 특허권을 부여받는다; ① 산업상 이용가능성(usefulness) (출원발명은 산업에 이용할 수 있어야 한다는 조건), ② 신규성(novelty) (출원하기 전에 이미 알려진 기술(선행기술)이 아니어야 한다는 조건), ③ 진보성(non-obviousness) (선행기술과 다른 것이라 하더라도 그 선행기술로부터 쉽게 생각해 낼 수 없는 것이어야 한다는 조건) (특허청 홈페이지). 스캇취머(Scotchmer, 2004)는 특허요건으로 patentable subject matter를 추가로 제시했다. 이는 특허 대상의 객관성을 말하며 발명이 기계, 제조 상품, 두 가지 이상의 물질로 구성된 합성품이나 생산공정 과정이라면 이 요건을 충족한다. 특허출원은 과거에는 특허 대상이 아니었던 생명과학 분야(예, 스템셀의 생명공학) 등으로 확대되는 추세이다. 이 네 가지 특허요건은 보기에 따라서는 애매모호한 조건일 수도 있고, 판단하기가 그리 용이하지 않는 조건들이다.

특허는 기본적으로 특허출원된 국가 내에서만 효력이 발생한다. 그러나 세계화 시대에서 특허 효력이 한 국가에만 머물지 않고 세계적인 차원에서 그 효력이 인정되어야 한다. 특허협력조약(patent cooperation treaty; PCT)은 해외 특허출원 절차의 통일화와 간소화에 주안점을 두는 국제협약이다. PCT 규정에 따라 한 번의 국제출원으로 출원인은 모든 PCT 체약국의 특허청에 직접 출원한 효과가 발생한다(특허청 홈페이지). PCT에는 2023년 현재 193개국이 가입되어 있다(WIPO 홈페이지).

세계지식재산권기구(world intellectual property organization; WIPO)는 세계지식재산권 분야의 국제협력기구이다. 지식재산권 분야의 국제협력을 위하여 1970년에 창립되었고, 1974년에 UN 전문기구의 일원이 되었다(특허청 홈페이지). 지식재산권의 효율적 보호 촉진, 지식재산권 관련 조약 체결, 운용 및 각국 법제의 조화를 도모하고 있다. 산업재산권 문제를 위한 파리협약(1883년)과 저작권 문제를 위한 베른조약(1886년), PCT를 포함한 국제 특허법 조약 등을 관리한다. 우리나라의 PCT에 의한 국제 특허출원은 세계에서 다섯 번째로 많다. 주요 10개국의 PCT에 의한 국제특허 출원은 〈표 15-1〉과 같다.

2 특허경쟁과 시장구조

앞에서 우리는 특허체제와 함께 산업구조가 연구개발 수준에 어떻게 영향을 미치는지를 분석했다. 이러한 분석틀은 구조론자의 SCP분석을 기초를 하고 있다. 그

표 15-1 주요 10개국 PCT 국제특허출원 현황

연도	2018	2019	2020	2021
미국	56,160	57,445	58,437	59,440
중국	53,463	59,187	68,942	69,562
일본	49,704	52,702	50,584	50,262
독일	19,758	19,346	18,497	17,320
한국	16,920	19,074	20,044	20,676
프랑스	7,922	7,924	7,786	7,337
영국	5,636	5,777	5,886	5,830
스위스	4,595	4,648	5,140	5,408
스웨덴	4,175	4,201	4,355	4,451
네덜란드	4,132	4,035	3,996	4,114

출처: WIPO 홈페이지, 2023. 6.

러나 특허경쟁과 기업의 혁신 노력은 상호작용을 통하여 시장구조를 변경시킬 수 있다. 길버트와 뉴베리(Gilbert and Newberry, 1982)는 특허가 어떻게 시장구조를 변경 또는 유지할 수 있는지를 보인다.

혁신 이전에 독점기업이 높은 한계비용(C_H)으로 $P_m(C_H)$의 가격을 설정하여 $\pi_m(C_H)$의 이윤을 얻고 있다고 하자. 만약 진입기업이 (비획기적) 혁신을 통하여 낮은 한계비용(C_L)으로 시장에 진입하여 쿠르노 경쟁을 한다면 두 기업의 이윤 수준은 다르나 모두 양의 이윤을 얻을 수 있다. 이 시장에서 독점기업을 기존기업(i)이라 하면 이윤은 $\pi_i^d(C_H, C_L)$이며, 진입기업(e)의 이윤은 $\pi_e^d(C_H, C_L)$으로 표시할 수 있다. 쿠르노 모형의 전형적인 결과에 따라서 $\pi_i^d(C_H, C_L) < \pi_e^d(C_H, C_L)$이다.[9] 진입기업이 혁신을 위해서 지불할 최대의 금액은 자신이 얻은 이윤의 현재가치로서 다음과 같다;

$$V_e = \sum_{t=1}^{\infty} \delta^{t-1} \pi_e^d(C_H, C_L) = \frac{\pi_e^d(C_H, C_L)}{1-\delta}, \tag{15-19}$$

여기서 δ는 할인율이다.

만약 독점기업이 먼저 (비획기적) 혁신에 성공한다면, 그래서 낮은 한계비용으로 독점을 유지한다면 이윤은 $\pi_m(C_L)$이 된다. 기존의 독점기업이 혁신을 먼저 성공한다면 얻을 수 있는 기간당 이윤의 증가분은 $\pi_m(C_L) - \pi_i^d(C_H, C_L)$이다. 기존기업으로

9) 한계비용이 낮은 진입기업의 이윤이 한계비용이 높은 기존기업의 이윤보다 높다.

서 독점기업이 혁신을 위해서 지불할 최대의 금액은 이 이윤 증가분의 현재가치로서 다음과 같다;

$$V_i = \sum_{t=1}^{\infty} \delta^{t-1}(\pi_m(C_L) - \pi_i^d(C_H,\ C_L)) = \frac{\pi_m(C_L) - \pi_i^d(C_H,\ C_L)}{1-\delta}. \qquad (15-20)$$

쿠르노 모형에서 다음의 결과를 먼저 상기할 필요가 있다. 두 기업(i, e)이 모두 동일한 낮은 한계비용(C_L)으로 경쟁하는 경우 두 기업의 이윤은 동일하며 이윤의 합은 $\pi_i^d(C_L,\ C_L) + \pi_e^d(C_L,\ C_L)$이다. 만약에 두 기업이 결합하여 독점기업이 된다면, 이윤은 $\pi_m(C_L)$이고 $\pi_m(C_L) > \pi_i^d(C_L,\ C_L) + \pi_e^d(C_L,\ C_L)$의 결과는 잘 알려진 사실이다. 쿠르노 모형에서 한 기업(e)의 한계비용은 C_L이고 다른 기업(i)의 비용은 이보다 높은 C_H라면, 두 기업의 이윤의 합($\pi_i^d(C_H,\ C_L) + \pi_e^d(C_H,\ C_L)$)은 $\pi_m(C_L) > \pi_i^d(C_L,\ C_L) + \pi_e^d(C_L,\ C_L) > \pi_i^d(C_H,\ C_L) + \pi_e^d(C_H,\ C_L)$의 관계를 보이며 다음의 결과[10]를 얻는다;

$$\pi_m(C_L) > \pi_i^d(C_H,\ C_L) + \pi_e^d(C_H,\ C_L). \qquad (15-21)$$

식 (15−21)을 이용하여 식 (15−19)와 식 (15−20)을 비교하면 $V_i > V_e$이다. 즉, 기존의 독점기업은 진입기업보다 혁신에 더 높은 가치를 부여하므로 혁신 유인이 더 강하다. 독점기업이 진입기업이 출현할 때 진입기업보다 혁신하고자 하는 유인이 더 강한 이유는 독점력 자체를 보존하기 위한 동기 때문이다. 길버트와 뉴베리는 이와 같은 현상을 '독점의 지속성'이라고 했다.

■ 독점력과 '잠자는 특허'

독점체제와 혁신에 대한 경쟁이 상호 작용하여 산업구조에 영향을 줄 수 있는 또 다른 방법은 '잠자는 특허'(sleeping patents)이다. 잠자는 특허란 기업이 제품 생산이나 공정에 결코 사용하지 않을 의도로 획득·보유하고 있는 특허를 말한다. 기업이 보유하는 잠자는 특허는 그 기업의 중요한 특허와 유사하거나 열등한 내용의 특허인 경우가 많다. 잠자는 특허를 보유하는 이유는 중요한 특허로부터 창출되는 독점이윤을 보호하기 위해서이다. 잠자는 특허는 진입기업의 진입을 저지하기 위해 전략적으로 이용할 수 있다. 잠자는 특허를 이용하여 독점기업은 출현할지도 모르는 과점시장 구조를 사전에 막아내고 독점 시장구조를 유지할 수 있다(길버트(Gilbert), 1981).

한 독점기업이 특허로 보호된 기술을 이용하여 낮은 한계비용(C_L)으로 생산한다

---

10) 이 결과는 쿠르노 모형에서 보편적으로 도출하는 결과이다.

고 하자. 진입은 봉쇄되어 독점기업은 $\pi_m(C_L)$의 독점이윤을 얻고 있다고 하자. 독점기업이 어떤 기술을 개발했는데 이 기술은 C_L의 한계비용보다 높은 C_V에서 생산이 가능하다고 가정하자. 독점기업은 이 기술로 전환할 유인이 전혀 없다. 그러나 C_V의 한계비용이 기존 독점기업에게는 높은 편이나, 진입기업에게는 그리 높은 편이 아닐 수도 있다. 왜냐하면 이 기술을 획득한다면 진입기업은 시장에 진입하여 (쿠르노 경쟁의 경우) 독점이윤을 침식할 수 있을 뿐만 아니라 양의 이윤을 얻을 수 있기 때문이다.

기존기업은 높은 한계비용(C_V)의 기술을 사용할 의향이 전혀 없지만, 낮은 비용의 기술과 함께 이 높은 비용의 기술을 특허 받을 유인이 존재한다. 기존기업은 높은 비용의 기술에 대한 특허를 이용하여 다른 기업의 진입을 방지하며, 이 특허를 '잠자게'(또는 비활성적이게) 하고 독점지위를 유지하려 한다. 더욱이 기존기업이 높은 비용의 기술에 대한 특허 유인은 진입기업이 이 기술을 획득하여 진입하려는 유인보다 더 강하다. 잠자는 특허를 이용한 독점기업의 이윤은 $\pi_m(C_L)$이다. 만약에 높은 비용에 대한 잠자는 특허가 없는 경우에 그리고 진입기업이 이 특허를 얻는 경우에, 진입기업이 진입하여 낮은 비용의 독점기업과 쿠르노 경쟁을 한다고 가정하자. 진입하지 않으면 진입기업의 이윤은 영이라고 가정하자. 진입기업이 진입하여 얻는 이윤은 쿠르노 과점기업으로서 $\pi_e^d(C_L, C_V)$이 되며, 이 이윤은 진입하지 않는 경우와 비교하여 진입하여 얻는 이윤의 증가분이므로 진입 유인에 해당한다. 쿠르노 과점시장에서 기존의 독점기업이 얻는 이윤은 $\pi_i^d(C_L, C_V)$이 된다. 독점기업이 잠자는 특허를 이용한다면 진입을 허용하는 경우에 비해서 $\pi_m(C_L) - \pi_i^d(C_L, C_V) > 0$의 이윤이 증가하며, 이는 잠자는 특허를 하려는 유인에 해당한다. 식 (15−21)을 이용하면, $\pi_m(C_L) - \pi_i^d(C_L, C_V) > \pi_e^d(C_L, C_V)$이다. 따라서 독점기업이 높은 비용의 기술을 개발하여 잠자는 특허를 획득하려는 유인은 진입기업이 높은 비용의 기술을 얻으려는 유인보다 더 강하다. 그 이유는 기존기업이 진입기업을 포함하여 누구도 이 기술을 사용하지 못하게 하여 독점지위를 유지하고자 하는 것이다.

3 특허와 라이센싱

특허는 기술혁신과 발명에 대한 유인을 보장하기 위해서 필요한 제도적 장치이다. 그러나 특허는 혁신에 대한 혜택을 독점화하여 사회적 비효율과 왜곡을 발생하는 바람직하지 못한 측면이 있다. 특허를 보유한 기업이 다른 기업에게 특허를 시장가격으로 거래하는 제도를 라이센싱(licensing)이라고 한다. 특허에 대한 시장 가격을 특허료 또는 로열티라고도 한다. 라이센싱 제도는 특허가 가져올지도 모르는 왜곡을 해소하고 또 다른 혁신을 가져올 수 있기 때문에 특허 라이센싱은 사회적 혜택을 증진할 수 있다(캣츠와 샤피로(Katz and Shapiro), 1985b).

특허 라이센싱을 허용(판매)하는 기업(licensor)은 라이센싱을 받는(구매) 기업(licensee)이 심각한 경쟁 위협이 되지 않는다면 기꺼이 라이센싱을 허용하고자 한다. 그러나 다음과 같은 경우에 라이센싱은 성사되지 않을 수 있다; ① 라이센싱에 따른 특허료는 일반적으로 당사자간 협상에 의해서 결정되는데, 특허료 수준이 낮은 경우 특허 보유 기업은 라이센싱을 허용하지 않을 수 있다. ② 특허 보유기업은 라이센싱을 받는 기업이 더 나은 제품을 만들어서 경쟁의 위협이 되는 경우에 라이센싱을 허용하지 않을 수 있다. 특허를 보유한 한 국가의 기업이 외국 기업에게 라이센싱을 허용한 경우에 라이센싱을 받은 기업이 더 좋은 제품을 더 저렴하게 그 국가로 역수출하여 경쟁을 하게 될 것이 예상되는 경우에 라이센싱은 허용되지 않을 수 있다. ③ 라이센싱을 받는 기업이 특허 기술을 이용하여 더 뛰어난 기술혁신에 성공하여 미래에 기술 우위를 확보할 위협을 가지는 경우에 라이센싱 보유 기업은 라이센싱을 허용하지 않을 수 있다. 많은 경우에 라이센싱은 보유 기업에게 이윤을 더 가져다 주기 때문에 특허의 광범위한 라이센싱이 이루어지고 있다. 특허의 약 80%는 라이센싱하고 있다고 알려져 있다. 특허는 한 기업에게만 라이센싱을 할 수도 있고 여러 기업에게 할 수도 있다.

■ 라이센싱 모형

단순한 모형을 이용하여 라이센싱의 효과를 분석한다. 두 개의 기업(A, B)이 동질적인 제품을 생산하며 경쟁 중이다. 시장수요는 $P=a-Q$이고, 혁신 이전에 한계비용은 동일하게 일정한 C_o라고 가정하자. A기업은 비획기적 혁신에 성공하여 한계비용을 C_n으로 낮추었고, $C_n=C_o-x$라고 가정하자. B기업의 한계비용은 C_o이다.

● 버트랜드 모형

혁신 이전에 두 기업의 시장가격은 $P_o=C_o$이다. 각 기업이 시장 판매량($Q_o=a-C_o$)을 반분한다고 가정하면 각 기업의 판매량은 $\frac{Q_o}{2}$이다. 두 기업의 이윤은 영이다. 혁신에 성공한 기업이 라이센싱을 하지 않는다면, A기업은 B기업을 시장에서 몰아내어 독점기업이 될 수 있다. 독점기업으로 C_o의 시장가격에 $Q_o(=a-C_o)$를 판매하고 $(C_o-C_n)Q_o$의 이윤을 얻을 수 있다(제8장 참조).

A기업이 B기업에 특허에 대한 라이센싱을 한다면, 로열티는 단위당 $x(=C_o-C_n)$가 된다. 두 기업의 시장가격은 C_o로 동일해지고, 시장을 반분한다. B기업의 이윤은 영이며, A기업은 라이센싱을 하지 않았다면 판매했을지도 모르는 수량에 대한 로열티만큼 손해보게 된다. 즉, A기업의 라이센싱으로 인한 이윤은 로열티 수입($=\frac{(C_o-C_n)}{2}Q_o$)과 자신의 판매량에 대한 이윤($=\frac{(C_o-C_n)}{2}Q_o$)의 합이므로 라이센싱을 하지 않을 경우에 비해서 이윤의 변화가 없다. 따라서 버트랜드 경쟁에서 특허 기업은 라이센싱할 유인이 없다. 이에 반해서 쿠르노 수량경쟁에서 특허 기업은 라이센싱할 유인이 있으며, 사회후생도 증가할 수 있다.

● 쿠르노 모형

혁신 이전에 두 기업의 판매량은 각각 $q_A=q_B=\frac{a-C_o}{3}$이고, 시장가격은 $P_o=\frac{a+2C_o}{3}$, 개별기업의 이윤은 $\pi_A=\pi_B=\frac{(a-C_o)^2}{9}$이다. 혁신 이후에 A기업이 라이센싱을 하지 않는다면, A기업의 한계비용은 $C_n(<C_o)$이고, B기업의 한계비용은 C_o이다. 이에 따라서 A기업의 이윤과 판매량은 B기업보다 더 크다. 즉, $\pi_A(C_n, C_o)>\pi_B(C_n, C_o)$, $q_A(C_n, C_o)>q_B(C_n, C_o)$이다.

A기업이 B기업에 라이센싱을 한다면, B기업의 한계비용은 C_o에서 C_n으로 하락하며 단위당 x의 로열티를 지급한다. 라이센싱 이후 B기업의 한계비용은 로열티를 포함하여 결과적으로 $C_o(=C_n+x)$가 된다. 따라서 B기업의 쿠르노 균형 생산량과 이윤은 라이센싱 이전과 동일하다. 이에 비해서 A기업의 이윤은 다음과 같이 증가한다; $\pi_A=\pi_A(C_n, C_o)+xq_B(C_n, C_o)$. 즉 A기업은 자신의 이윤과 함께 B기업의 한계비용 하락으로 인해 창출된 모든 잉여($=xq_B(C_n, C_o)$)를 가져온다. 쿠르노 경쟁을 하는 기업은 비획기적 혁신을 라이센싱할 유인이 매우 강하다. 이 모형에서 산업 생산량과 가격은 라이센싱 이전과 동일하므로 소비자잉여는 변화가 없다. 또한 B기업의 이윤도 동일하다. 그러나 A기업의 이윤은 증가하므로 사회후생은 증가한다.

특허와 라이센싱은 경쟁하는 기업간에 매우 민감하고 복잡한 문제로서 협상에 의하여 타결되는 경우도 있지만 법원에 소송을 하여 오랫동안 법정 공방을 하는 경우도 있다. 대기업간 국제분쟁은 큰 뉴스 거리의 하나이기도 하다. 2011년 11~12월에 시작된 삼성전자와 애플사의 스마트폰과 태블릿 PC에 대한 디자인과 기술 사용에 대한 특허 분쟁은 유명한 일화로 남을 것이다. 당시 애플사는 삼성전자 갤럭시 탭의 디자인 특허 침해를 독일 법원에 제소하면서 특허 분쟁이 촉발되었다. 양사는 독일, 네덜란드, 프랑스, 이탈리아, 일본, 호주 등 10여개 국가의 법원에 스마트폰과 태블릿 제품에서 서로 자신의 특허를 침해했다는 30여건의 동시 다발적인 특허 소송을 진행했다.[11]

양사의 특허분쟁에서 핵심사안 중의 하나는 FRAND권리이다. FRAND는 업계 표준으로 통용되는 특허를 다른 업체들이 '공정하고, 합리적이고 무차별적인'(fair, reasonable, and non-discriminatory) 조건으로 사용할 수 있는 권리를 말한다. 삼성전자가 보유한 스마트폰 특허 기술 중에는 이를 이용하지 않고는 다른 기업들이 제품을 절대로 만들 수 없을 정도로 핵심적인 기술이 있다. 만약에 다른 기업이 라이센싱 없이 이를 이용하는 경우에 법원은 삼성전자의 특허를 인정하고 상대방인 애플사의 행동이 특허법에는 위배되지만 FRAND 권리를 존중한다. 이는 애플이 우선 제품을 만들어 판매한 뒤 나중에 특허 사용료(로열티)를 내면 된다는 의미이다.

11) 많은 세계적 기업간 특허 소송이 그렇듯이 삼성과 애플은 대표들의 합의에 의해 2018년 6월에 종결되었다. 양사는 7년 간의 특허 소송에서 얻은 실익이 크지 않았기 때문에 합의에 도달한 것으로 알려지고 있다.

연 | 습 | 문 | 제

>>> Theory of Industrial Organization

1. 획기적 혁신(drastic innovation)과 비획기적 혁신(non-drastic innovation)을 정의하고 비교 · 설명하시오.

2. 획기적 혁신이 달성되는 경우를 고려하시오. 혁신 이전에 한계비용은 C_o이고 획기적 혁신 이후에 한계비용은 C_n이다. 시장수요는 $P=a-bQ$이다. 경쟁시장, 독점시장, 사회계획가의 혁신유인을 비교하시오.

3. 일반적으로 기업들의 담합은 엄격히 금지되어 있으며, 법 위반시 처벌이 뒤따른다. 쿠르노 경쟁을 하는 과점시장에서 공동연구벤처는 왜 합법적인지 경제적인 논리로 설명하시오.

4. 라이센싱을 포함하여 특허제도에 대해서 찬성과 반대의 입장이 있다. 반대하는 이유를 정리해 보시오. Open innovation의 취지에 대해서 정리해 보시오. (Chesbrough *et al.* 참고)

5. 2011년부터 몇 년간 이어진 삼성전자와 애플사의 스마트폰과 관련한 국제적인 특허 소송 사건을 요약하고, 교훈을 정리하시오.

6. 본문의 식 (15-11)에서 두 기업의 최적 연구개발 균형($x_i^{nc}=\frac{10(2-a)}{9-2(2-a)(1+a)}$)을 도출하고, 최적 생산량($q_i^{nc}$)과 이윤($\pi_i^{nc}$)을 구하시오.

7. 동질적인 제품으로 쿠르노 경쟁을 하는 두 기업이 직면하는 역수요함수는 $P=120-Q$이다. 여기서 P는 시장가격, $Q=q_1+q_2$로서 1기업 생산량(q_1)과 2기업 생산량(q_2)의 합이다. 혁신 이전에 두 기업의 한계비용은 60으로 동일하다.

1) 1기업이 한계비용을 30으로 낮추는 '비획기적' 혁신에 성공하였다. 1기업의 혁신이 특허로 보호되고, 2기업에는 라이센싱을 하지 않는 경우에 두 기업의 쿠르노 균형 생산량과 이윤을 계산하시오. 과정을 보이시오.

2) 1기업이 2기업에 로열티 라이센싱을 하는 경우를 고려하자. 제1단계에서 1기업이 2기업에 생산량 단위당 r의 로열티 라이센싱을 결정한다. 제2단계에서 2기업의 한계비용은 30이 되나, 1기업에 rq_2의 특허료를 지급해야 하기 때문에 각 기업의 이윤은 다음과 같다: $\pi_1=(120-q_1-q_2)q_1-30q_1+rq_2$; $\pi_2=(120-q_1-q_2)q_2-30q_2-rq_2$.

a) 제2단계에서 두 기업의 생산량과 이윤을 r의 함수로 도출하시오.

b) 제1단계에서 1기업이 설정하는 최적 로열티는 $r^*=30$임을 설명하고, 두 기업의 생산량과 이윤을 구하시오.

3) 사회계획가의 입장에서 1기업의 라이센싱을 장려할 것인가? 아니면 금지할 것인가? 설

명하시오.

8. 시장수요가 $P=a-b(q_1+q_2)$이고 혁신이전에 두 기업의 한계비용은 C_o이다. 1기업이 비획기적 혁신에 성공하여 한계비용을 C_o-x로 낮추었다고 가정하자. (여기서 $0<x<C_o$)

1) 혁신 이후에 1기업이 라이센싱을 하지 않는 경우에 각 기업의 쿠르노 균형 생산량, 시장가격, 각 기업 이윤을 도출하시오.

2) 혁신 이후에 1기업이 2기업에 라이센싱을 판매하는 경우를 고려하시오.

a) 2기업에 정액제 라이센싱을 한다면 2기업이 지급하는 라이센싱 정액제 요금($=T$)을 구하시오. 정액제 라이센싱이란, 라이센싱 대가로 2기업의 한계비용이 1기업과 같이 낮아지고, 2기업은 생산량에 상관없이 일정 금액을 1기업에 지급하는 제도이다. T를 주고 받기 이전에 두 기업의 이윤함수는 $\pi_1=(a-b(q_1+q_2))q_1-(C_o-x)q_1$와 $\pi_2=(a-b(q_1+q_2))q_2-(C_o-x)q_2$. 이 이윤함수를 이용하여 2기업의 최대화된 이윤을 구하여 1)의 2기업 이윤과의 차액이 T가 된다.

b) 2기업에 로열티(royalty) 라이센싱을 한다면 2단계 게임으로 로열티(r)과 최적화 생산량을 도출한다. 제1단계에 1기업은 r을 결정하여 발표한다. 제2단계에 2기업은 낮아진 한계비용으로 로열티를 지급하면서 쿠르노 경쟁을 하여 생산량을 결정한다. 최적 로열티와 생산량, 이윤을 구하시오.

c) 위 a)에서 구한 정액요금(T)와 b)에서 구한 로열티 요금(rq_2)를 비교하시오.

제16장
망외부성, 호환성, 표준화

장을 시작하며

동일한 제품을 소비하는 소비자의 숫자가 증가함에 따라서 개별 소비자의 효용이 증가하는 경우에 망외부성(network externality)이 있다고 한다. 소비자 숫자 또는 규모를 망(network)이라 할 때, 망 규모가 증가함에 따라서 개별 소비자가 얻는 외부 혜택(external benefits)이 증가하는 현상이다.[1] 망외부성은 '직접 망외부성'과 '간접 망외부성'으로 구분한다. 직접 망외부성은 한 가지 제품을 소비하는 소비자의 수가 증가함에 따라서 개별 소비자의 효용이 증가하는 상황이다. 카카오톡을 설치하는 소비자가 많을수록 개별 소비자의 효용은 증가한다. 간접 망외부성은 두 가지 또는 그 이상으로 구성된 보완재를 소비하는 경우에 한 제품의 소비자가 증가함에 따라서 다른 제품의 소비자 효용이 증가하는 경우이다. PC에 이용 가능한 소프트웨어나 주변기기가 증가할수록 PC사용자의 효용은 증가하고, 스마트폰에 더 많은 앱(application)이 출시될수록 스마트폰 사용자의 효용은 증가한다. 직접 망외부성에서 소비자는 망외부성의 혜택을 고려하므로 망외부성이 없는 경우에 비해서 망의 규모 결정(또는 가입하는 소비자 숫자)이 중요한 문제로 부각된다. 소비자들이 두 가지 서로 다른 재화를 선택하는 경우에 발생하는 균형과 '조정문제,' 비효율성 등에 대해서 분석한다. 간접 망외부성에서 두 가지의 시스템(보완재)이 주어졌을 때 시스템 선택의 문제와 효율성 달성 여부를 분석한다.

많은 제품이나 브랜드 중에는 같이 작동이 될 수 있는 것이 있고, 그렇지 않은 것들이 있다. 네이버 이메일 계정을 가진 사람은 구글 이메일 계정 보유 친구에게

1) 미시경제학에서 외부성(외부효과)은 양의 외부성과 음의 외부성으로 구분하는데, 망외부성은 일반적으로 소비자의 증가로 인해서 개별 효용이 증가하는 양의 외부성(positive externality)을 말한다.

메일과 첨부파일을 보내고 받을 수 있다. 그러나 네이버 밴드 사용자는 카카오톡 사용자와 대화를 나눌 수 없다. 전자의 두 브랜드는 호환적(compatible)이라고 하고, 후자의 두 브랜드는 비호환적(non-compatible)이라 한다. 호환성이 있는 브랜드를 동일한 표준(standard)에서 작동된다고 한다. 두 기업은 각 브랜드에 대해서 호환성 여부를 선택할 수 있는데 이 경우에 발생하는 문제를 직접 망외부성과 연계하여 분석한다.

삼성 노트북에 익숙한 사람이 애플 노트북을 이용할 때 처음에는 적응하기 힘들다. 적응이 힘들다는 것은 한 제조사의 기기에서 다른 제조사 기기로 교체하는데 비용이 든다는 의미인데, 이 비용을 교체비용(switching cost)이라 한다. 교체비용이 존재하는 경우에, 한 브랜드 사용자는 다른 브랜드로 쉽게 이동하지 못하는 잠김(lock-in)현상이 발생한다. 기업들이 잠김효과를 전략적으로 이용하는 방법과 시장 균형을 살펴본다. 교체비용이 매우 높지 않은 경우에 두 기업은 서로 상대방의 소비자를 빼앗아 오는 경쟁을 벌일 수 있는데, 이 경우에 단기와 장기 균형을 분석한다.

제 1 절 | 직접 망외부성

1 개념과 기본 모형

카카오톡 프로그램을 설치하여 이용하는 친구가 많을수록 나의 효용은 증가한다. 동일한 제품을 소비하는 소비자의 숫자가 증가함에 따라서, 개인의 효용이 증가하는 경우에 직접 망외부성이 있다고 한다.[2]

망외부성 효과는 기업의 행동에 영향을 미치며, 본질적으로 망의 규모는 소비자 기대에 달려있다. 모든 소비자의 동시적 기대로 인해서 여러 개의 균형이 도출될 수도 있는데, 어떤 균형은 모든 소비자들이 신기술을 채택하는 균형일 수도 있고, 다른 균형은 어떤 소비자도 신기술을 채택하지 않는 균형일 수도 있다. 소비자들의 입장에서 볼 때 이와 같은 복수 균형은 다른 모든 소비자의 채택 결정에 대한 최적 반응이기 때문에 '합리적'이다. 팩스 기계는 초기에 사용자가 매우 적었으나, 일정한 규모의 가입자 임계치(critical mass)를 초과하면서 급격히 증가했다. 인터넷

2) 직접 망외부성은 롤프스(Rohlfs, 1974)가 처음 분석했다.

도 1990년 이전까지 사용량이 미미했으나, 그 이후에는 매년 두 배씩 증가했다. 초기의 적은 가입자도 하나의 합리적 균형이고, 나중의 대규모 가입자도 또 다른 합리적 균형이다. 망외부성에서 언제 사용량이 급격히 증가하는지 또는 낮은 사용량 균형이 언제 높은 사용량 균형으로 이동하는지를 알아보는 것은 주요 작업의 하나이다.

망외부성과 관련하여 같이 이용하는 개념은 호환성(compatibility)이다. IBM 호환(IBM-compatible) 컴퓨터는 IBM사가 PC본체 제작에 정한 표준을 이용하여 다른 PC제조업체가 제조한 모든 PC를 말한다. 삼성전자, 델컴퓨터, 레노버 등에서 생산한 PC는 모두 IBM 호환 컴퓨터이다. 비록 제조업체는 달라도 한 제조업자의 PC에서 돌아가는 소프트웨어나 주변기기(모니터, 프린터 등)들은 다른 제조업체에서 제작한 PC에도 작동하게 되는데 이는 '표준'을 지키기 때문이다. 직접 망외부성과 호환성을 연계하여 설명하는 좋은 예는 이동전화 서비스가 될 것이다. SKT에 가입하여 삼성전자 단말기를 사용하는 소비자가 KT에 가입하여 아이폰을 사용하는 친구와 전화 통화할 수 있다. 따라서 SKT와 KT 이동전화 통신망은 호환적이다(또한, 우리나라에서 사용되는 두 회사의 단말기도 호환적이다). 새로운 소비자가 어느 사업자에게 가입하기만 하면, 기존의 가입자는 통화 기회가 증가하므로 효용이 더 증가하게 된다. 즉 이동전화 서비스는 소비자에게 망외부성의 특성을 가진다. 이에 비해서 애플사는 다른 어떤 제조업체에게 표준을 제공하지 않기 때문에 애플사에서 제작한 맥킨토시 컴퓨터는 다른 어떤 컴퓨터와도 호환적이지 않다. 이와 같이 (비)호환성은 한 제품(네이버 이메일 계정)과 다른 제품(구글 이메일 계정)이 같이 작동될 수 있는지 없는지를 나타내는 것이지만, 보완재 관계에서도 발생한다. 컴퓨터 하드웨어(대표적으로 PC본체)는 주변기기나 소프트웨어 없이는 거의 쓸모가 없다. IBM 호환 PC에서 작동되는 소프트웨어나 주변기기들은 맥킨토시 컴퓨터와 비호환적이다. 스마트폰과 앱의 관계에서도 이러한 특성을 보인다. 보완재는 한 제품(주상품이라 하자)이 다른 제품(부상품이라 하자)과 같이 사용되지 않고는 어떤 제품으로부터 소비자가 효용을 얻을 수 없는 특징을 가지고 있다.

직접 망외부성과 호환성은 다음과 같이 정의할 수 있다;

- **직접 망외부성:** 한 가지 제품을 구매하는 소비자의 숫자가 적을 때보다 많을 때 개별 소비자의 효용이 증가하는 상태.
- **호환성:** 두 개의 서로 다른 브랜드가 같이 작동할 수 있는 상태. 두 브랜드가 같이 작동이 되지 않는다면, 두 브랜드는 비호환성.

- **표준화:** 두 제품이 호환성이 있는 상태.

이코노마이데스(Economides, 1996)는 망외부성이 존재하는 경우에, 이 제품에 대한 수요는 우하향 하는 것이 아니라 종모양임을 보였다. 아래에서 샤이(Shy, 1995)의 모형을 이용하여 수요함수를 구하고 시장 균형을 도출한다.

직접 망외부성이 있는 제품의 시장에서 이 제품에 대한 소비자의 수요를 도출하고 시장 균형을 설명한다. 시장에서 직접 망외부성이 있는 제품을 판매하는 기업은 완전경쟁적으로 행동하고, 모든 기업의 제품은 호환성을 보인다고 가정한다. 이동전화 서비스에는 망외부성이 존재한다. 어떤 가입 예정자가 이동전화 서비스 사업자에게 가입할지 안 할지를 고려한다고 하자. 가입 예정자를 v라 하고, v는 영에서 1 사이에 분포한다고 가정한다. v가 영에 가까우면 이동전화 가입을 매우 원하는 가입 예정자로서 지불의향이 매우 높으며, v가 1에 가까우면 그 반대이다. 실제로 이동전화에 가입한 소비자 수를 n, 가격을 P라 하자. 가입 예정자 v의 효용은 다음과 같이 정의한다;

$$U=\begin{cases} n(1-v)-P & \text{이동전화 서비스에 가입하는 경우} \\ 0 & \text{이동전화 서비스에 가입하지 않는 경우.} \end{cases} \qquad (16-1)$$

여기서 $n(1-v)$는 이동전화에 가입한 소비자 수(n)에 가입자 v가 얻는 개별 효용을 곱한 것으로 가입자 수(n)가 증가할수록 개별 가입자의 효용이 증가하므로 망외부성을 나타낸다. 망외부성이 없는 경우에 소비자 순효용은 $1-v-P$이다.

이동전화에 가입하거나 또는 가입하지 않거나 무차별한 소비자를 한계소비자라 하고, 이 소비자를 $\hat{v}$이라 하면 $n(1-\hat{v})-P=0$이다(가입한 경우에 얻는 효용은 $n(1-\hat{v})-P$이고, 가입하지 않는 경우에 얻는 효용은 영인데, 이 둘이 무차별하므로 이 관계가 성립한다). 이동전화 서비스에 가입한 소비자는 다음의 관계를 보인다;

$$P=n(1-\hat{v}). \qquad (16-2)$$

$\hat{v}$은 곧 가입자 숫자를 말하므로 $\hat{v}=n$이다. 식 (16-2)에 대입하면 다음과 같다;[3]

$$P=n(1-n). \qquad (16-3)$$

식 (16-3)은 주어진 가격과 이동전화 서비스가입자 수(수요량)를 나타내므로 수요함수라고 해석한다. 이 식에서 우항은 한계 가입자가 서비스에서 얻는 가치를

3) 여기서 가입자 수 n은 절대 숫자가 아니라 가입자 비율로 해석하며, $0 \le n \le 1$이다.

그림 16-1 직접 망외부성

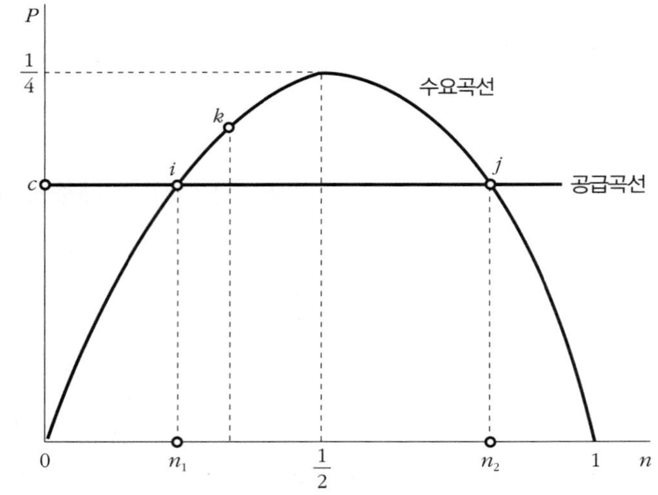

가입자 수로 나타낸 것이다.

식 (16−3)의 수요함수를 수요곡선으로 나타내보자. P를 Y축에 n을 X축에 표시하면 수요곡선은 [그림 16−1]과 같이 종모양이 된다. 가입자 수가 적은 경우에 통화할 상대가 많지 않으므로 한계소비자의 지불의향은 낮으며, 가입자 수가 많은 경우에 이동전화 가치를 높이 평가하는 소비자가 이미 많이 가입했으므로 한계소비자의 지불의향은 낮다. 아무도 가입하지 않으면($n=0$), 한계소비자는 가입해서 통화할 상대가 없으므로 얻는 가치는 영이다. 모두 다 가입한다면($n=1$), 더 높은 가치로 평가한 다른 모든 소비자가 이미 가입자인 상태이므로 한계소비자($\hat{v}=1$)의 지불의향은 영이다.

이동전화 서비스에 대한 공급은 규모의 보수 불변(CRS)을 가정한다. 한계비용과 평균비용은 일정하고 같으므로 c라고 한다. 따라서 공급함수는 $P=c$이며, [그림 16−1]에서 수평선으로 나타난다.

이 시장에서 두 개의 가입자 균형이 발생한다. ① $n=n_1$: 점 i에서 가입자가 작은 규모의 균형으로서 개별 소비자의 효용은 낮다. 따라서 가입자 수가 많지 않다. ② $n=n_2$: 점 j에서 가입자가 매우 큰 규모의 균형으로서 개별 소비자가 얻는 효용이 높다. 따라서 가입자가 많다.

이 두 가지 균형에서 어느 것이 발생할 것인가? 실제로 n_2가 발생한다. 각 균형은 수요와 공급이 일치하여 균형이라 할 수 있지만, 각기 다른 특징을 가진다. 소비자가 지불해야 할 시장가격 대비 얻을 효용이 더 크다면 더 많은 소비자가 가입한다. 반대로 얻는 효용 대비 지불할 가격이 더 높다면 가입자는 감소한다. 점 i에서 어떤 소비자가 추가로 가입한다면, 가격은 그대로 $P=c$인데 이 추가 소비자로 인해서 가입자들은 개별적으로 점 k에서 그 보다 높은 효용을 얻게 된다. 따라서 외생적으로 가입자가 우연히 증가한다면, 가입자는 $n=n_1$에 머물지 않고 증가하게 된다. 점 j에 도달하게 되면, 추가로 가입할 유인이 없어진다. 추가 가입 시 얻는 효용에 비해서 가격이 비싼 편이기 때문이다. 두 개의 균형에서 $n=n_1$은 불안정하며, $n=n_2$는 안정적인 균형이다. 이 분야에서 $n=n_1$의 작은 망 규모를 임계치(critical mass)라고 부른다(롤프스, 1974). 앞에서 설명한 바와 같이 팩스, 인터넷의 망 가입자의 변화는 이러한 양상을 보였다.

임계치와 관련된 이슈는 전략적으로 중요하다. 기업이 출시한 제품에 망외부성이 있는 경우에, 그 기업은 제품 출시 초기에 (또는 출시 이전에라도) 적당한 규모의 구매자 또는 가입자를 확보할 필요가 있다. 최근에 IT제품 중에는 처음에 높은 가격보다는 적절히 낮은 가격으로 출시하여 '시장을 창출'하는 현상을 볼 수 있다. 일단 시장이 창출되면 그리고 임계치에 도달하면 이 제품에 대한 수요는 극적으로 증가할 것을 예상할 수 있다.

2 과잉관성과 과잉타성

직접 망외부성이 있는 경우에 사용자의 독립적인 효용함수 때문에 다른 사용자가 어떤 제품을 채택할 것인지에 대해서 예상을 하면서 해당 제품을 선택해야 한다. 이는 소비자 사이의 '조정 문제'(coordination problem)를 야기한다. 또한 소비자 간에 조정해야 하는 기술에 대한 선호가 상충될 수도 있다. 기술 채택에 대한 조정과 선호의 상충은 직접 망외부성에서 두 가지의 비효율성을 가져온다. ① 과잉관성(excess inertia): 구기술 제품 사용자들이 우월한 신기술이 출현했지만 다른 사람들이 채택하기를 기다리며 구기술을 유지하기 때문에 발생하는 비효율성이다. ② 과잉타성(excess momentum): 망외부성에서 소외되는 것을 피하기 위하여 너무 빨리 신기술을 채택하는 과정에서 발생하는 비효율성이다(파렐과 살로너(Farrell and Saloner), 1985). 이와 같은 소비자를 '조기 채택자'(early adopter)라고 한다. 다음의 예를 이용하여 이 개념을 이해하자.

1) 먼저 어떤 경우에 과잉관성이 발생하는지 살펴보자. 시장에 신기술과 구기술 제품이 출하되어 있으며 이들은 비호환적이라고 가정하자. 시장에 소비자가 두

명이 있으며 비협조적으로 각 제품을 선택한다. 직접 망외부성이 존재하기 때문에 두 소비자가 같은 기술의 제품을 이용하는 경우에 서로 다른 제품을 이용하는 경우보다 개별 소비자의 효용이 더 높다고 가정한다. 두 소비자가 같이 신기술 제품을 이용하는 경우에 두 소비자의 효용은 두 소비자가 같이 구기술 제품을 이용하는 것보다 모두 다 더 크고, 두 소비자가 모두 구기술을 이용하는 경우에 각 자가 얻는 효용은 둘이 서로 다른 제품을 이용하는 경우보다 모두 크다고 가정한다. 〈표 16-1〉의 보수행렬을 고려하자. 내쉬 균형은 (구기술, 구기술)과 (신기술, 신기술)의 두 개이다. 두 소비자가 모두 신기술 제품을 이용하는 것이 구기술을 이용하는 것보다 파레토 우월적이다. 그러나 어떤 소비자이던 비호환적인 신기술 제품으로 홀로 전환하는 것을 선택하려 하지 않는다. 그런 선택을 하는 소비자의 효용은 감소하기 때문이다. 이와 같이 비호환적인 제품으로 홀로 전환하는 것에 대한 두려움으로 전환을 하지 못하고 구기술에 머물러 있는 상태를 '과잉관성'이라고 한다.

표 16-1 망외부성과 과잉관성의 예

		2 소비자	
		구기술	신기술
1 소비자	구기술	90, 80	50, 30
	신기술	40, 65	120, 130

2) 과잉타성을 살펴보자. 〈표 16-2〉에서 내쉬 균형은 (구기술, 구기술)과 (신기술, 신기술)이다. 두 소비자가 모두 구기술 제품을 채택하는 것이 신기술 제품을 채택하는 경우보다 파레토 우월적이다. 그럼에도 불구하고 구기술 제품을 혼자만 고집하다가 외톨이가 된다는 불안감에서 신기술 제품으로 이동하는 현상을 '과잉타성'이라고 한다.

표 16-2 망외부성과 과잉타성의 예

		2 소비자	
		구기술	신기술
1 소비자	구기술	120, 130	50, 30
	신기술	40, 65	90, 80

이와 같은 현상을 조금 더 엄격하게 수학적으로 설명하기 위해 조정문제를 먼

저 살펴보자. 소비자($i=1, 2$)가 두 명 있으며, 이들은 비호환적인 구기술이나 신기술 중에서 선택한다. 망의 규모는 기술(또는 기업) 특유성을 가지고 있다. 구기술을 선택 시 소비자의 효용은 $U(x)$이고 x는 망 규모로, 1 또는 2이다. 신기술을 채택 시 소비자의 효용은 $V(x)$이다. 두 효용함수는 교체비용을 포함하여 구매가격을 뺀 순효용을 나타낸다. 직접 망외부성은 $U(2)>U(1)$와 $V(2)>V(1)$을 의미한다. 망외부성은 구기술(신기술)을 소비자 2명이 선택하는 경우 개별 소비자가 얻는 효용은 구기술(신기술)을 소비자 한 명이 선택하는 경우 이 한 명이 얻는 효용보다 더 크다. 두 소비자가 조정하는 것을 선호한다고 가정하면, $U(2)>V(1)$과 $V(2)>U(1)$이다. 만약에 $U(2)<V(1)$와 $V(2)<U(1)$라면 조정문제는 발생하지 않으며 각 소비자는 상대방과 서로 다른 기술을 채택하는 것을 선호한다.

두 구매자가 동시적 게임을 한다면 내쉬 균형은 (신기술, 신기술)과 (구기술, 구기술)의 두 가지이다. 앞에서 정의한 바와 같이 과잉관성은 $V(2)>U(2)$임에도 불구하고 두 소비자가 구기술에 집착하는 경우에 발생한다. 신기술을 채택하는 것이 두 소비자에게 파레토 우월적일 수 있으나 각 소비자는 홀로 이동하는 경우에 발생할지도 모를 후생 감소를 두려워하여 구기술에 머무른다. 과잉타성은 $U(2)>V(2)$임에도 불구하고 두 소비자는 구기술에 갇혀 있는지 모른다는 우려로 신기술로 돌진하는 것이다.

과잉관성과 과잉타성에서 나타나는 비효율은 동시적 게임 때문에 발생하는 인위적인 성격이 강한 측면이 있다. 모든 소비자의 효용이 동일하다면 과잉관성은 사라진다. 과잉타성은 한 사용자가 다른 사용자의 교체 결정에 재빨리 반응한다면 문제가 되지 않는다. 구기술에 집착하는 소비자들은 다른 사용자가 교체한다면 매우 오랫동안 소외되지는 않을 것이다. 파렐과 살로너(Farrell and Saloner, 1985)는 선호가 상충하는 경우에 과잉관성이 균형임을 보이면서, 소비자간 소통을 하면 과잉관성의 문제를 해소할 수 있다는 해결책을 제시했다. 공급자 측면에서 민간표준제정위원회를 예로 들 수 있다. 교체하는 소비자에게 정부가 보조금을 지급하면 과잉관성의 문제를 완화할 수 있다(포스트렐(Postrell), 1988). 파렐과 살로너(1986b)는 과잉관성을 완화하기 위해서 신기술의 출시를 사전에 발표하는 것이 중요하다고 했다. 출시 시기를 사전 발표하는 것은 신기술 출시를 기다리는 소비자가 구매를 미루게 하기 때문이다. 이는 신규 또는 기존 구매자가 경쟁기업 제품의 구매를 미루게 하는 역할도 한다. 그러나 이 방안은 신규 구매자에게 효과가 있는지 알 수 없으며, 현재의 제품 판매가 감소될 수 있다. 신기술 제품을 선도 예약하는 것은 신규 사용자의 채택 가능성을 증가시키고 소비자 기반층(installed base)을 구축하여 경쟁 기업의 기술을 채택하는 것을 늦출 수 있다.

3 표준화 경쟁

어떤 산업에서 표준화 채택은 기업의 이윤에 큰 영향을 미친다. 한 산업에 두 개의 기업이 자신만의 기술을 개발하여 경쟁하는 경우를 고려하자. 각 기업의 기술은 하나의 표준으로 채택될 수도 있고, (비호환적인) 서로 다른 기술을 시장에 출시할 수 있다. 보수 행렬을 이용하여 표준화를 알아본다(베센과 파렐(Besen and Farrell), 1994).

1) 서로 다른 기술 표준화 채택

〈표 16-3〉의 보수 행렬을 고려하자. 기업들은 망외부성이 강하지 않고 공동의 기술을 산업 표준으로 채택하기 위한 산업 내 기술 경쟁으로 얻을 것이 별로 없다고 고려하는 상황이다. 산업 표준을 채택하는 경쟁 과정에서 기업들은 소비자들이 구매를 많이 지연하지 않을 것이고 큰 손해를 입지 않는다고 판단하는 상황이다.

1기업과 2기업은 두 개의 내쉬 균형((Y, X)와 (X, Y))을 얻으며, 각 기업은 비호환적인 기술을 표준으로 채택하기를 희망한다. 1기업은 기술 Y를, 2기업은 기술 X를 산업 표준으로 채택하기 위해 경쟁하게 된다(또는 그 반대의 기술을 표준으로 채택). 기업들은 호환적 기술보다는 비호환적인 기술을 선호하며 표준화 전쟁이 발생할 수 있다.

베센과 파렐은 이 경우에 자사의 기술을 표준화로 채택하기 위해서 시장에는 다음의 네 가지 표준화 경쟁이 발생한다고 했다;

① 소비자 기반층(installed base) 구축 경쟁: 한 기술에서 망외부성이 있다면, 이 기술에 대한 소비자 기반층을 구축하는 데 성공하는 기업은 상당한 혜택을 얻을 수 있다. 소비자 기반층은 다른 기술로 이동하려 하지 않을 것이고, 소비자 기반층의 존재는 망외부성 때문에 신규 사용자에게 매력적이다. 모바일 메신저 프로그램

표 16-3 서로 다른 기술 채택 표준화 게임

		2 기업	
		기술 X	기술 Y
1 기업	기술 X	40, 40	80, 90
	기술 Y	90, 70	30, 30

을 설치하고자 할 때 가장 많은 친구들(즉, 소비자 기반층)이 사용하는 메신저 프로그램을 설치하려고 하는 것과 같다. 새로운 기술이 아직 정착되지 않은 상황에서 각 기업들은 치열한 가격 경쟁을 벌이게 된다. 자사의 제품 가격을 낮추어 초기 단계에서 소비자 기반층을 확보해야 나중에 자사의 기술을 산업 표준으로 채택할 수 있기 때문이다.

② 보완재 공급자 확보: 대부분의 IT 제품은 여러 기술 (또는 중간재)이 하나로 결합되어 사용된다. PC의 경우 소프트웨어나 인터넷 기능이 없다면 별 쓸모가 없을 것이다. 스마트폰의 경우 다른 기능과 함께 앱이 얼마나 많이 있는지가 중요하다. PC의 경우 자신의 플랫폼에서 작동하는 소프트웨어를 많이 제작하도록 소프트웨어 프로그래머를 많이 확보하고 스마트폰의 경우에도 앱 개발자를 많이 확보하는 것이 표준화에 중요하다.

③ 제품 출시 사전 공표: 새로운 제품이 출시되기 이전에 사전에 공표하는 것은 경쟁기업의 제품 구매를 미루고 자사의 제품을 기다리게 하여 망외부성을 키울 수 있다. 자동차나 다른 고가의 IT제품 중에서 1년 후에 새로운 모형을 출시한다는 사전 공표는 잠재 고객이 경쟁사 제품을 구매하지 않게 하는 전략이다.

④ 가격 공약: 장기간에 걸쳐서 낮은 가격을 유지하겠다는 공약은 그 제품을 구매하도록 하고 소비자 기반층을 확보하는 데 기여한다. 특히, 규모의 경제가 있는 경우에 소비자 기반층 구축이 원가 절감을 가져오고 이는 다시 낮은 가격을 공약할 수 있게 한다.

2) 동일 기술 표준화 채택

〈표 16-4〉의 보수 행렬을 고려하자. 이는 제7장의 남녀 데이트 게임과 유사하다. 내쉬 균형은 (X, X)와 (Y, Y)의 두 개이다. 두 기업은 이 중에서 균형(X, X)에서 보수가 (90, 90)으로 균형(Y, Y)에서의 보수(80, 80)보다 크므로(즉, 파레토 우월적이므로), 동일한 기술(X, X)을 표준화로 채택하는데 쉽게 합의할 수 있다.

그러나 두 균형에서의 보수가 괄호 안의 숫자처럼 변경된다면, 비록 두 기업은

표 16-4 동일 기술 채택 표준화 게임

		2 기업	
		기술 X	기술 Y
1 기업	기술 X	90, 90 (100, 80)	50, 60
	기술 Y	60, 50	80, 80 (70, 110)

동일한 기술을 표준화로 채택하는 데에는 합의를 하지만 둘 중의 어느 것을 산업 표준으로 할지에 대해서는 합의가 어려울 수 있다. 1기업은 기술 *X*를, 2기업은 기술 *Y*를 선호한다. 이 경우에 산업표준을 위한 또 다른 경쟁이 발생할 수 있으며, 베센과 파렐이 앞에서 제시한 경쟁 양상이 발생할 것이다. 그러나 〈표 16–3〉에서 발생하는 표준화 경쟁보다는 훨씬 완화될 것이다.

3) 지배적 기업은 비호환성, 주변기업은 호환성 선호

시장지배적 기업(1기업)과 하나의 주변기업(2기업)이 경쟁하는 경우에 〈표 16–5〉의 보수 행렬을 고려하자. 시장지배적 기업은 시장에서 역사가 오래 되었거나, 다른 이유로 시장점유율이 크고, 암묵적으로 시장 표준을 선도하는 기업인데 비해서 주변기업은 신생기업인 상황을 고려할 수 있다.[4] 이 게임에서 순수전략 내쉬 균형은 존재하지 않는다.[5] 순수전략에서 가능한 해를 알아보기 위해서 순차적 게임을 고려하자. 이 게임에서 1기업이 먼저 기술을 공약한다. 2기업이 이를 주어진 것으로 하여 최선의 행동을 선택하는 것을 1기업은 막을 수 없다. 2기업은 명백하게 1기업의 기술에 호환적인 기술을 채택하는 것이다. 2기업의 이러한 선택은 1기업이 피하고 싶지만 막을 수가 없는 결과이다.

표 16–5 1 기업은 비호환성, 2기업은 호환성 선호 표준화 게임

		2기업(주변기업)	
		기술 *X*	기술 *Y*
1기업(지배적 기업)	기술 *X*	110, 60	180, 30
	기술 *Y*	160, 30	100, 70

예를 들어서 1기업이 기술 *X*를 공약했다면 2기업은 기술 *Y* 보다는 기술 *X*를 선택하는데, 이 경우에 1기업은 기술 *Y*를 채택 했어야 했다. 그러나 1기업이 기술 *Y*를 공약했다면, 2기업도 기술 *Y*를 선택하여 1기업의 보수는 더 악화된다. 이 시나리오에서 1기업은 호환성을 원하지 않지만 어떻게 해서든 호환성을 달성하려는 매우 귀찮은 동생(pesky little brother)같은 2기업과 살아야 하는 상황이다.

베센과 파렐은 지배적 기업이 주변기업을 떼어 놓을 수 있는 방안을 제시한다. ① 1기업의 지식재산권을 적극적으로 보호하는 행동: 1기업이 지식재산권을 보유

4) 베센과 파렐에서 이 시나리오의 제목은 'Pesky Little Brother'이다.

5) 순수전략에서 내쉬 균형은 존재하지 않지만 내쉬 균형 정의에 따라서 혼합전략에서는 항상 내쉬 균형이 존재한다(제7장 참조). 여기서는 혼합전략의 균형을 도출하지 않는다.

하고 있다면 특허권을 행사하고 라이센싱을 부여하지 않는 방안을 고려할 수 있다. '잠자는 특허'[6] 등을 많이 보유하는 것은 또 다른 방안이다. ② 기술을 수시로 변경: 1기업은 기술을 수시로 변경하여 2기업의 모방이나 호환성 노력을 무산시킬 수 있다. ③ 접속차단: SNS 등 망 산업에서 1기업은 2기업의 접속을 차단한다.

망외부성에서 호환성을 허용하거나 산업 표준화를 달성하는 것이 일견 사회후생을 최대화할 수 있는 것으로 보일 수 있다. 그러나 기업들은 이를 거부하고 비호환적이거나, 복수의 산업 표준으로 시장에서 경쟁하는 것을 선호할 수도 있다. 망외부성 효과는 일률적으로 평가하기 어려운 부분이 존재한다.[7]

제2절 | 간접 망외부성: 지원서비스 접근방법

직접 망외부성은 한 제품을 구매하는 개별 소비자의 효용이 소비자 총 숫자로부터 직접적인 영향을 받는 상황이었다. 간접 망외부성은 한 재화의 개별 소비자 효용이 다른 재화(보완재 또는 시스템) 소비자 총 숫자에 영향을 받는 상황이다. 주상품과 부상품으로 구성된 보완재 또는 시스템의 경우에 부상품 없이 주상품의 가치는 창출될 수 없고, 그 역도 마찬가지이다. 부상품 소비가 증가함에 따라서 주상품을 구매하는 개별 소비자의 효용이 증가하는 경우에 간접 망외부성이 있다고 한다. 한 PC에서 작동하는 응용 소프트웨어 종류(variety; 다양성)가 증가할수록 하드웨어인 PC 사용자의 효용은 증가한다. 소프트웨어는 하드웨어를 위한 지원서비스(supporting service)로 간주되며 이에 기반한 분석을 '지원서비스 접근'이라 한다.

많은 경우 특정한 하드웨어를 지원하는 소프트웨어의 종류와 그 하드웨어의 구매자 숫자 사이에 양의 상관관계가 있기 때문에 '지원서비스 접근'을 '간접 망외부성 접근'이라고도 부른다(샤이(Shy), 2001, pp. 51−52).

소비자들이 지원서비스의 종류에 의해서 주상품의 가치를 평가하는 경우를 많이 발견할 수 있다. 우리나라의 아이리버는 MP3 플레이어를 상용화하는데 성공하고 초기에 세계 점유율 1위를 차지한 적이 있었다. 애플의 아이팟은 디자인과 편의성이 매력적이기도 했지만, 아이팟을 구매하는 결정적인 이유는 아이튠스에서 수만곡의 음원을 내려받을 수 있는 지원서비스 제도 때문이다. 음악을 알아서 내

6) 제15장 참조.
7) 엄격한 수학적 모형은 캐츠와 샤피로(Katz and Shapiro), 1985a, 1986a, 1986b) 참조.

려받으라는 식의 아이리버를 포함한 우리나라의 MP3플레이어는 내리막길을 걷게 되었다. 이는 MP3플레이어에 대한 음원 접근권인 지원서비스의 중요성을 말해주는 대목이다. (스마트폰 출시 이후 아이팟을 포함한 MP3 플레이어는 사라지게 되었다.) 아이폰 운영체계(IOS)의 아이폰과 안드로이드 운영체계(Android OS)의 스마트폰(삼성, 샤오미, 비보 등) 중에서 한 제품을 구매할 때 각 운영체계에서 작동하는 앱의 종류와 그 매력도를 고려하게 된다. 수입 자동차와 국산 자동차의 구매 시에 각 자동차의 AS센터나 자동차 수리소의 숫자와 전국 분포를 고려하게 된다. 새로운 주상품을 소개하는 기업의 입장에서 자신의 상품에 호환적인 부상품의 개발자를 어떻게 늘릴 것인지가 주요한 전략이 된다.

챠우와 샤이(Chou and Shy, 1990)의 간접 망외부성 모형을 소개한다. 하드웨어는 완전경쟁시장에서 생산하며 한계비용은 M으로 일정하다. 하드웨어에 작동하는 소프트웨어는 독점적 경쟁시장을 가정한다. 소프트웨어 생산은 규모의 경제가 있으며 총비용은 $C=F+cQ$로서 Q는 소프트웨어 생산량, c는 한계비용이고 F는 개발비용(고정비용)으로 상대적으로 크다. 소프트웨어 산업에 자유진입이 허용되며, 균형에서 개발업자들의 이윤은 영이다. 소비자는 하드웨어와 소프트웨어를 완전보완재로 여기며, 소프트웨어 종류의 다양성에 대한 선호를 보이는 효용함수를 가정한다. 하드웨어가 한 가지 종류인 경우에(하나의 네트워크 시스템), 소비자의 숫자가 증가함에 따라서 소프트웨어 종류와 개별 소비자의 효용이 증가하는 결과를 도출했다. 개별 소비자는 동일한 하드웨어를 구매하기 때문이 아니라, 지원서비스라 할 수 있는 소프트웨어(보완재) 구매자 수가 증가하여 네트워크가 커지기 때문에 효용이 증가한다. 보완재 생산에 규모의 경제가 존재하면 하드웨어에 대한 직접 망외부성 없이도 보완재 소비로 인한 간접 망외부성의 효과를 보여준다.

상기 논문은 하드웨어가 두 가지 타입(A, B)인 복수의 네트워크 시스템이 비호환적이고, 각 타입을 선호하는 이질적 소비자의 존재를 가정한다. 주요 결과는 다음과 같다; ① 두 개의 서로 다른 네트워크 시스템(two single systems) 균형이 항상 존재한다. B네트워크를 선호하는 소비자를 포함하여 모든 소비자가 A네트워크에 가입하는 균형과 A네트워크를 선호하는 소비자를 포함하여 모든 소비자가 B네트워크에 가입하는 균형이 항상 존재한다. ② 일정한 소비자 임계 범위 내에서 안정적인 두 개의 네트워크가 존재한다. A네트워크 가입자 비율을 t, B네트워크 가입자 비율을 $1-t$라 하면, 각 시스템 가입자의 효용은 앞의 간접 망외부성의 도출에 따라서 가입자 비율의 증가함수이다. A시스템 가입자 효용(U_a)은 A네트워크 가입자 비율(t)이 증가함에 따라서 증가한다. B시스템 가입자 효용(U_b)은 A네트워크 가입자 비율(t)이 증가함에 따라서 감소한다. A시스템을 선호하는 소비자가 A시스템에 가입하여 얻는 효용은 K_aU_a이고, B시스템을 선호하는 소비자가 A시스템에 가입하여 얻는 효용을 K_bU_a로 정의하며, $K_b<1<K_a$이다. 따라서 모든 구간에서 K_bU_a $<K_aU_a$이다.

[그림 16-2]에서 보듯이, 효용함수 U_b는 K_aU_a와 t_1에서 교차하며, K_bU_a와는 t_2에서 교차한다. A시스템 가입자 비율이 영보다 크고 t_1보다 작으면(즉, A시스템 가입자가 적으면), $U_b>K_aU_a>K_bU_a$이므로, 모든 타입의 소비자는 B시스템만을 선택하게 된다. 이는 이 구간의 가입자 비율이 A시스템 사용자의 균형 비율이 아니라는 것을 의미한다. A시스템 가입자 비율이 t_2보다 크고 1보다 작으면 모든 소비자는 A시스템만을 선택하므로 이 비율 역시 두 개의 시스템 균형 비율이 아니다. 또한, t_1과 t_2의 비율은 두 개의 시스템으로서는 불안정한 비율이므로, 안정적인 두 개의 시스템을 가져오는 A시스템을 선호하는 비율은 t_1보다 크고, t_2보다 작아야 한다. 결과적으로 A시스템을 선호하는 비율이 적정한 범위에 있다면, 두 개의 안정적인 네트워크 시스템이 존재한다. 이 경우에 A를 선호하는 모든 소비자는 A시스템을 구매하고, B를 선호하는 모든 소비자는 B시스템을 구매한다.

만약에 A타입을 선호하는 소비자가 적다면, 하드웨어 A에만 작동하는 소프트웨어를 개발하는 개발자들이 매우 적을 것이고, A시스템은 덜 매력적이게 된다. B시스템에 대해서도 마찬가지이다. 따라서 두 개의 시스템 균형이 존재하기 위해서는 A시스템을 선호하는 소비자 최저치가 있어야 하고, B시스템에 대해서도 마찬가지

그림 16-2 **두 개의 네트워크 시스템**

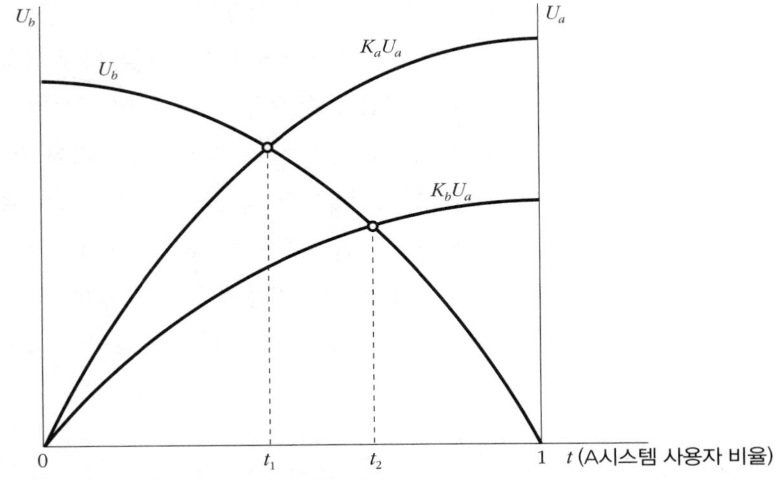

이다. 사회후생에 대한 함의는 다음과 같다: ① 소비자들은 가장 인기있는 브랜드(하드웨어)를 구매하기 위해서 자신이 가장 선호하는 브랜드를 포기할 수도 있는데 그 이유는 가장 인기 있는 브랜드는 매우 다양한 소프트웨어가 지원되기 때문이다. ② 각 시스템에 가입한 소비자 숫자 범위에 따라서 하나의 네트워크 시스템(표준화)이 두 개의 네크워크 시스템보다 파레토 우월적일 수 있다. 하드웨어 브랜드가 증가한다면, 각 브랜드에 작동하는 소프트웨어 숫자(다양성)가 감소하기 때문에 모든 소비자들의 후생이 감소할 수 있다.

■ 부분호환성

앞에서 A타입과 B타입의 하드웨어와 각각의 하드웨어에 작동하는 소프트웨어가 비호환적인 네트워크 시스템을 분석했다. 한 타입의 하드웨어에 작동하는 소프트웨어 일부가 다른 타입의 하드웨어에도 작동하는 것을 부분호환성이라 한다. 예를 들면, 아이폰에서 작동하는 앱 중에서 일부는 안드로이드 계열 스마트폰에서 작동하는 것을 볼 수 있으며, 그 반대의 경우도 있을 수 있다. 부분호환성을 다음과 같이 정의한다;[8] B(A)컴퓨터에 작동하도록 만들어진 소프트웨어 중에서 일정 비율($\rho_A(\rho_B)$)이 A(B) 컴퓨터에서도 작동한다면, A(B)컴퓨터는 $\rho_A(\rho_B)$ 정도의 부분호환성이 있다. 여기서 $0 \leq \rho_A,\ \rho_B \leq 1$이고 각 비율은 외생적으로 결정되어 있다고 가정한다. ρ는 그리스 문자로서 로우(rho)라고 읽는다. 부분호환성은 대칭적일 필요는 없다. B컴퓨터의 모든 소프트웨어가 A컴퓨터에서 작동하게 한다고 해서, A컴퓨터의 모든 소프트웨어가 B컴퓨터에서 반드시 작동하는 것은 아니다.

부분호환성이 각 컴퓨터에 작동하는 소프트웨어 숫자에 미치는 영향을 분석하기 위해서 다음의 모형을 고려한다. 시장에는 두 가지 종류의 비호환적인 컴퓨터가 이용가능하다. 소비자는 컴퓨터 한 대와 각 컴퓨터에 작동하는 여러 종류의 소프트웨어를 구입하는 데 지출할 수 있는 I의 소득이 주어져 있다. 컴퓨터의 가격을 $P_i(i=A,\ B)$라 하면, i컴퓨터를 구입한 소비자는 i컴퓨터에 작동하는 소프트웨어 구입에 $E_i=I-P_i$를 지출한다. i컴퓨터에 작동하는 소프트웨어 총숫자를 $N_i(i=A,\ B)$라 한다. A컴퓨터에 대한 상대적인 선호에 따라서 소비자를 θ라 하고 θ가 영에서 1 사이에 균등하게 분포되어 있다고 가정한다. θ가 영에 가까운 소비자는 B컴퓨터를 선호하고 1에 가까운 소비자는 A컴퓨터를 선호한다. 소비자의 효용을 다음과 같이 정의한다;

---

8) 챠우와 샤이(Chou and Shy, 1993) 참조.

그림 16-3 θ소비자의 A와 B타입 컴퓨터 선호

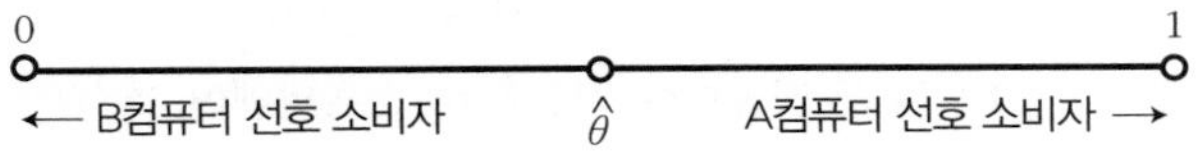

$$U^{\theta}=\begin{cases}\theta\sqrt{N_A} & \text{A타입 컴퓨터 구입 시}\\ (1-\theta)\sqrt{N_B} & \text{B타입 컴퓨터 구입 시.}\end{cases}$$

A와 B컴퓨터에 무차별한 한계소비자를 $\hat{\theta}$이라 하면, 이 소비자는 다음을 만족한다;

$$\hat{\theta}\sqrt{N_A}=(1-\hat{\theta})\sqrt{N_B}. \tag{16-4}$$

여기에서 $\hat{\theta}$보다 작은 θ 소비자는 B타입 컴퓨터 사용자($=\theta_B$)이고, $\hat{\theta}$보다 큰 소비자는 A타입 컴퓨터 사용자($=\theta_A$)이다([그림 16-3] 참조).

B컴퓨터 구매자 비율(숫자)은 $\theta_B=\hat{\theta}$이고, A컴퓨터 구매자 비율(숫자)은 $\theta_A=1-\hat{\theta}$이므로 식 (16-4)는 $\theta_B\sqrt{N_A}=\theta_A\sqrt{N_B}$가 된다. 따라서 $N_A\geq N_B$이면 $\theta_A\geq\theta_B$이고, $\theta_A\geq\theta_B$이면 $N_A\geq N_B$이다. 즉, A컴퓨터에 작동하는 소프트웨어 숫자가 B컴퓨터에 작동하는 소프트웨어 숫자보다 크다면($N_A\geq N_B$), B컴퓨터보다 A컴퓨터 구매자가 더 많고($\theta_A\geq\theta_B$), A컴퓨터(네트워크 시스템) 소비자의 효용은 증가한다. 마찬가지로 B컴퓨터보다 A컴퓨터 사용자가 더 많다면($\theta_A\geq\theta_B$), A컴퓨터에 작동하는 소프트웨어 숫자가 B컴퓨터에 작동하는 소프트웨어 숫자($N_A\geq N_B$)보다 더 많다. 이는 앞에서 설명한 간접 망외부성 효과와 일맥상통한다.

각 컴퓨터에서 작동하는 소프트웨어 총숫자가 각 컴퓨터 소프트웨어 구매의 총지출에 비례한다고 가정하면 $N_A=(1-\hat{\theta})E_A=(1-\hat{\theta})(I-P_A)$, $N_B=\hat{\theta}E_B=\hat{\theta}(I-P_B)$이다. 이를 식 (16-4)에 대입하면 다음을 얻는다;

$$\hat{\theta}=\theta_B=\frac{I-P_B}{2I-P_A-P_B}.$$

이 식과 앞의 식 (16-4)에서 다음의 해석이 가능하다. B컴퓨터 가격(P_B)이 상승하면, ① B컴퓨터 소비자는 감소하는 반면에 A컴퓨터 소비자는 증가(θ_B 감소, θ_A 증가)하고, ② A컴퓨터에 작동하는 소프트웨어 숫자(N_A)는 증가, B컴퓨터에 작동하는 소프트웨어는 감소하며, ③ A컴퓨터 소비자의 효용은 증가, B컴퓨터 소비자의 효용은 감소한다.

이제 부분호환성에 대해서 소개한다. A와 B컴퓨터의 전용 소프트웨어 숫자를 각각 n_A와 n_B라 하면, 부분호환성에 의해서 A와 B컴퓨터에 작동하는 실제 소프트웨어 숫자(즉, 각 컴퓨터에 작동하는 소프트웨어 총숫자)는 각각 다음과 같다;

$$N_A = n_A + \rho_A n_B;\ N_B = n_B + \rho_B n_A. \tag{16-5}$$

분석의 단순화를 위해서 각 소비자가 소프트웨어에 지출할 수 있는 소득은 $E(=E_A=E_B)$로 모두 동일하다 가정한다. A컴퓨터 소비자는 A컴퓨터에 작동하도록 만들어진 n_A의 소프트웨어와 B컴퓨터에 작동하도록 만들어진 소프트웨어 중에서 $\rho_A n_B$를 구매하므로 지출액은 $n_A E/N_A$와 $\rho_A n_B E/N_A$의 합이다. B컴퓨터 소비자의 지출도 마찬가지이다. i컴퓨터 전용 소프트웨어 숫자(n_i)는 다음과 같이 A와 B컴퓨터 사용자들이 i컴퓨터 소프트웨어에 지출한 총비용과 같다;

$$n_A = \theta_A \frac{n_A E}{N_A} + \theta_B \frac{\rho_B n_A E}{N_B};\ n_B = \theta_B \frac{n_B E}{N_B} + \theta_A \frac{\rho_A n_B E}{N_A}. \tag{16-6}$$

식 (16-6)은 $\frac{1}{N_A}$과 $\frac{1}{N_B}$의 선형 연립방정식이므로 다음과 같이 N_A와 N_B를 구할 수 있다;

$$N_A = \frac{(1-\rho_A \rho_B)\,\theta_A E}{1-\rho_B};\ N_B = \frac{(1-\rho_A \rho_B)\,\theta_B E}{1-\rho_A}. \tag{16-7}$$

식 (16-4)와 식 (16-7)을 이용하여 다음과 같이 A와 B컴퓨터 (균형)시장점유율(소비자)을 부분호환성의 함수로 나타낼 수 있다;

$$\text{A컴퓨터 (균형) 소비자: } \theta_A = \frac{1-\rho_A}{2-\rho_A-\rho_B};$$

$$\text{B컴퓨터 (균형) 소비자: } \theta_B = \frac{1-\rho_B}{2-\rho_A-\rho_B}. \tag{16-8}$$

식 (16-8)로부터 $\rho_i(i=A, B)$가 증가하면, θ_i가 감소하며, $\theta_j(j=B, A)$는 증가함을 알 수 있다. 이 결과로부터 식 (16-7)에서 $\rho_i(i=A, B)$가 증가하면, N_i가 감소하며, N_j는 증가함을 알 수 있다. B컴퓨터가 A컴퓨터용 소프트웨어를 더 많이 작동될 수 있게 부분호환성(ρ_B)을 증가시키면, B컴퓨터에서 작동하는 실제 소프트웨어 숫자(N_B)는 감소하고, 오히려 A컴퓨터에서 작동하는 실제 소프트웨어 숫자(N_A)는 증가한다. 또한, B컴퓨터 전용 소프트웨어 숫자(n_B)는 감소하고 A컴퓨터 전용 소프트웨어 숫자(n_A)는 증가한다.

이 결과는 B컴퓨터가 부분호환성으로 더 많은 A컴퓨터용 소프트웨어를 읽을 수 있는데, 왜 B컴퓨터용 소프트웨어 종류가 감소하는가?하는 의문을 제기한다. B컴퓨터가 A컴퓨터용 소프트웨어와 호환적이 될수록(ρ_B 증가) 더 많은 A컴퓨터용 소프트웨어가 B컴퓨터에서 작동하게 되는데 이는 A컴퓨터용 소프트웨어에 대한 총지출이 증가하고, B컴퓨터용 소프트웨어에 대한 총지출이 감소하는 결과를 초래한다. 소프트웨어 산업에서 균형 숫자는 총지출에 비례하므로 A컴퓨터 전용 소프트웨어 숫자는 증가(n_A 증가)하고, B컴퓨터 전용 소프트웨어 숫자는 감소(n_B 감소)한다. 식 (16–5)에서 보듯이, n_B의 감소가 크므로, B컴퓨터에 더 많은 A컴퓨터용 소프트웨어를 사용하더라도 B컴퓨터용 소프트웨어 총숫자(N_B)는 감소한다. $N_B = n_B + \rho_B n_A$에서 B컴퓨터 소비자들이 소프트웨어 지출을 B컴퓨터용 소프트웨어에서 A로 전환하면, B컴퓨터 전용 소프트웨어 숫자(n_B)는 A컴퓨터 소비자가 사용했던 A컴퓨터용 소프트웨어의 증가($\rho_B n_A$)보다 더 많이 감소한다.

부분호환성 정도의 변화가 전용 소프트웨어의 종류에 미치는 영향을 규명하는 것은 수학적으로 복잡하다. 간단한 방법을 소개하자면, $N_A = n_A + \rho_A n_B$와 $N_B = n_B + \rho_B n_A$를 각각 $n_A = N_A - \rho_A n_B$와 $n_B = N_B - \rho_B n_A$로 전환한다. 전자는 A기업의 주어진 부분호환성(ρ_A)에서 A컴퓨터에 이용 가능한 실제 소프트웨어 숫자(N_A)에 연관된 A의 전용 소프트웨어(n_A)와 B의 전용 소프트웨어(n_B)와의 관계를 나타낸다. 후자는 B기업의 주어진 부분호환성에서 B컴퓨터에 이용 가능한 실제 소프트웨어 숫자(N_B)와 연관된 B와 A의 전용 소프트웨어의 관계를 나타낸다. 이를 [그림 16–4]

그림 16–4 부분호환성 정도와 반응함수

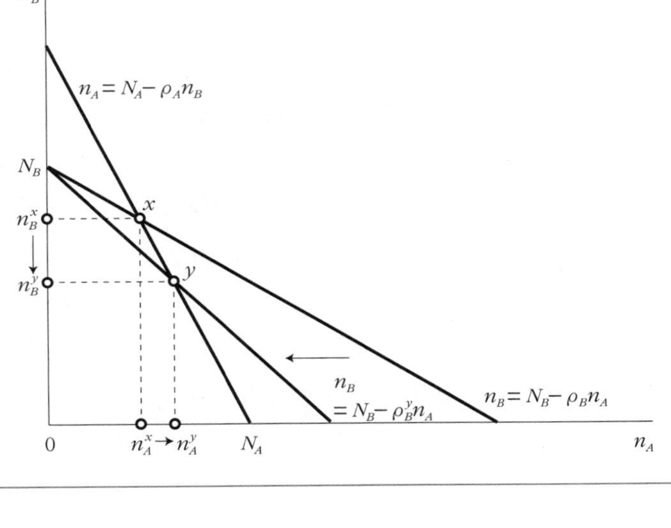

에 반응곡선으로 표시한다. A기업의 부분호환성이 ρ_A이고, B기업의 부분호환성이 ρ_B인 경우에 점 x에서 균형이 발생하며, A와 B컴퓨터에만 작동하는 전용 소프트웨어 숫자는 (n_A^x, n_B^x)이다.

B기업이 A컴퓨터에 작동하는 소프트웨어가 B컴퓨터에도 작동하게 하는 부분호환성을 ρ_B에서 ρ_B^y로 증가시켰다고 하자. B기업의 반응곡선은 N_B를 축으로 하여 시계방향으로 회전한다. B컴퓨터에 사용할 수 있는 소프트웨어를 일정하게 유지하기 위해서 균형은 점 x에서 y로 변한다. 결과적으로 B기업 전용 소프트웨어(n_B)는 n_B^x에서 n_B^y로 감소하고 A기업 전용 소프트웨어(n_A)는 n_A^x에서 n_A^y로 증가한다.

이 결과는 B형 컴퓨터 제조업자는 A형 컴퓨터에서 작동하는 소프트웨어가 자신의 컴퓨터에서 작동하지 못하도록 (즉, 호환적이지 못하도록) 할 것을 시사한다. 경쟁사 컴퓨터의 소프트웨어와 호환성이 증가하면 소프트웨어 개발업자들은 경쟁사 컴퓨터에서 작동하는 소프트웨어를 더 많이 개발할 것이고, 이 소프트웨어들은 B컴퓨터에도 작동하므로 소비자들에게 A컴퓨터가 더 매력적이기 때문이다. 현실에서 첨단기술 기업이나 점유율이 높은 기업은 경쟁 기업 제품이 이들과 호환적이 되게 하는 것을 저지하는 현상(예, 접속차단)을 발견할 수 있다.

제3절 | 교체비용과 잠김효과

교체비용(switching cost)이란 동일하다고 여겨지는 제품(브랜드, 서비스)을 한 기업으로부터 구매한 이후에 경쟁 기업의 제품으로 교체 시 소비자에게 발생하는 비용을 말한다. 이 비용이 매우 크다면 소비자들은 한 번 구매한 제품에서 다른 제품으로 교체를 못하게 될 것인데, 이런 현상을 '잠김효과(lock-in effect)'라고 한다. 교체비용으로 인한 잠김효과는 비효율을 유발한다(샤피로와 배리안(Shapiro and Varian), 1999). IBM 호환 PC 사용자가 맥킨토시 PC로 교체하는 경우에 PC자체의 조작법과 다른 소프트웨어 사용을 배워야 하기 때문에 교체비용이 많이 소요된다. 교체비용은 서비스에서도 발생한다. 심장병이나 고혈압, 당료병 등의 환자가 오랫동안 다니던 병원을 다른 병원으로 바꾸는 경우 각종 검사나 진단을 새로이 받아야 하고, 복용약을 변경해야 할 수도 있기 때문에 교체비용이 소요된다. 소비자에게 교체비용은 일단의 또는 연속적인 구매가 서로 호환성을 갖도록 시도하는 경우에 발생한다. 생산 측면에서도 교체비용이 발생한다. 어떤 자본재를 구매한 기업이

이 자본재를 유지 보수하는 전문인력을 자본재 판매 회사에서 공급받아야 하는 경우를 고려하자. 만약에 유지 보수 전문 인력을 다른 서비스 회사로 변경하거나 유지 보수 가이드라인을 변경하려 하는 경우에 교체비용이 발생할 수 있다.

교체비용으로 인해서 사전적으로 두 개의 동질적인 제품이 사후적으로 차별화된 제품으로 간주되며, 기업들은 반복 구매자들에게 독점력을 행사할 수 있다. 교체비용이 존재하는 과점시장에서의 균형은 교체비용이 없는 동질적인 제품 시장에서 두 기업이 결합(독점기업)한 균형 결과와 동일하다. 각 기업은 초기에 낮은 가격을 설정하여 미래의 반복 구매자를 확보하기 위한 치열한 점유율 경쟁을 하며, 후기에 (교체비용으로 인하여 경쟁기업으로 교체하기 어려운) 자신의 고객을 대상으로 높은 가격을 부과하여 담합 이윤을 얻는다.[9]

1 교체비용 발생 원인

교체비용은 소비자가 사전적 투자와 사후적 구매 사이의 호환성을 원하기 때문에 발생한다. 교체비용의 발생 이유는 구체적으로 다음과 같다;

1) 기존 장비에 대한 비호환성

DSLR카메라를 사용하는 경우 다른 기업에서 출시한 더 좋은 카메라 렌즈가 자신의 카메라와 호환적이지 않다면, 이 렌즈와 호환적인 새로운 DLSR카메라를 구매해야 하는 교체비용이 발생한다. 마찬가지로 컴퓨터 시스템의 서로 다른 부품(또는 주변기기), 수동 면도기(razor)와 면도기 날(blade), 형광등 세트와 전구가 비호환적이면 교체비용이 발생한다.

2) 공급자 교체에 따른 거래비용

이동전화서비스 사업자를 바꾸는 경우에 가입비와 새로운 단말기 구입비가 소요되는데, 이는 교체비용이다. 또한 기존의 이동전화 사업자에서 이동통신 재판매(MVNO)사업자로 바꾸는 경우에 단말기뿐만 아니라 전화번호도 변경해야 하는데 전화번호 변경은 다른 사람에게 변경된 전화번호를 알려주어야 하는 등 교체비용을 초래한다. 이를 제거하기 위해서 2003년 1월부터 번호이동제가 도입되었다. 주거래은행을 변경하는 경우에도 다양한 형태의 교체비용이 발생하는데, 이를 해소

---

9) 클렘퍼러(Klemperer, 1987, 1995)는 교체비용에 대한 영향력 있는 논문을 발표했으며, 이 절의 주요 내용은 두 논문을 요약한 것이다.

하기 위해서 2015년 10월부터 계좌이동제를 시행하게 되었다.

3) 신제품 사용에 대한 학습비용

경험재에서 빈번히 나타나듯이 한 브랜드를 사용하는 데 소요된 학습은 기능적으로 동일한 다른 브랜드 사용시 전환이 어렵다. 비록 여러 기업의 컴퓨터가 기능적으로 동일하다 하더라도, 어떤 소비자가 한 기업의 컴퓨터를 사용하기 위해서 기능을 배웠고 이 컴퓨터에 호환적인 소프트웨어를 구입했다면, 이 소비자는 이와 호환적인 소프트웨어를 계속 구매할 유인이 있다. 비호환적인 다른 컴퓨터를 구입한다면, 소프트웨어를 교체해야 하며, 신제품 사용에 따른 학습비용이 소요된다. 이 학습비용이 교체비용이다. 이마트(또는 롯데마트)에서 시장을 보던 구매자는 비록 같은 거리에 있고 같은 상품을 판매한다 하더라도 쉽사리 롯데마트(또는 이마트)로 변경하지 못하는데 그 이유는 상품 배열이 다르고 원하는 상품을 새로운 장소에서 찾는다는 것은 교체비용으로서 학습비용이 소요되기 때문이다.

4) 검증되지 않은 브랜드의 품질에 대한 불확실성

소비자들은 검증되지 않았고 그래서 자신에게 잘 안 맞을지도 모르는 약을 처방받기보다는 차라리 그동안 사용했던 약을 재사용하고자 한다. 이와 같이 새 브랜드로 교체하는 경우에 소비자는 이전에 구매했던 제품과 같은 가치를 보증받기를 원한다. 이 경우에 지출하는 보험 프리미엄은 불확실성에 대한 교체비용이다.

5) 할인 쿠폰

항공사들은 마일리지 제도를 운용하고 있다. 이 제도는 같은 항공사를 이용하는 고객에게 일정 한도를 채우면 이코노미석을 비즈니스석으로 올려주거나, 다른 보상을 제공한다. 한 항공사에서 마일리지를 어느 정도 적립한 고객은 쉽게 다른 항공사로 옮기지 못한다. 그렇게 하면 자신이 받을 수 있는 보상이 모두 없어지기 때문이다. 마일리지 제도는 소비자로 하여금 교체비용을 유발하게 한다. 일부 커피전문점은 커피 구매 시마다 쿠폰 종이에 도장을 찍어 10번의 도장이 찍힌 쿠폰을 가져오면 무료 커피를 준다. 일부 소매상은 어떤 상품을 구매하는 고객에게 그 다음에 동일 상품을 구매 시 할인받을 수 있는 할인 쿠폰을 주는 경우가 있다. 이동전화 사업자나 신용카드사는 가입자들에게 멤버십 프로그램을 제공한다. 이런 예들은 반복구매 소비자에게 교체비용을 발생하게 하여 쉽게 다른 경쟁기업으로 거래를 변경하지 못하도록 한다.

6) 심리적 교체비용 또는 비경제적인 '브랜드 충성도'

경제적으로 명백한 이유없이 소비자들은 단순한 습관이나 브랜드 충성도에 기인하여 동일한 제품을 반복구매하는 경우가 있는데, 이는 심리적 교체비용 또는 비경제적인 브랜드 충성도가 존재하기 때문이다. 사회심리학 연구 결과에 따르면 소비자들은 '인지 부조화'(cognitive dissonance)를 줄이기 위해서 이전에 선택했던 제품을 좋아하는 방향으로 선호를 변경한다(브렘(Brehm), 1956). 이 책을 읽는 대부분의 학생들은 엄마가 만들어 주는 음식을 선호할 것인데 학생들은 그렇게 성장했고 엄마표 음식을 좋아하면서 자랐기 때문이다. 하숙하는 학생들은 하숙집 음식을 좋아하지 않는 경향이 있다. 하숙집 음식도 다른 엄마가 준비했을 것인데 왜 좋아하지 않나? 이는 심리적 교체비용이 존재하기 때문일 것이다.

기업에게 있어서도 소비자에 대한 교체비용이 발생한다. 2)와 유사하게 이동전화 서비스 사업자가 새로운 고객이 가입할 때, 거래비용이 발생한다. 명품매장 판매원이 새로운 고객에게 고가품을 설명할 때, 새로운 고객이 어떤 사람인지 알고 판매하는 것이 좋은데, 이 경우에 3)과 같은 학습비용이 교체비용으로서 소요된다.

2 기본 모형

교체비용의 효과를 분석하기 위한 기본 모형을 소개한다. 교체비용은 반복 구매의 경우에 발생하므로 구매 관련 시간을 두 기간($t=1, 2$)으로 설정한다. 두 개의 기업(A, B)이 경쟁하며, 각 기업의 한계비용은 $c_t^i (i=A, B)$로 일정하다. 제1기에 두 제품을 차별화된 것으로 간주하는 N명의 소비자는 영과 1 사이에 균등하게 분포되어 있으며, A기업은 영에, B기업은 1에 위치한다고 가정한다. 영과 1 사이의 y에 위치하는 소비자는 단위당 t의 교통비용이 소요되므로, A기업의 제품을 구매하기 위해서 ty의 교통비용을, B기업 제품을 구매하기 위해서는 $t(1-y)$의 교통비용을 지불한다. 제1기에 y소비자의 A재 한 단위에 대한 가치는 $v-ty$이다. 여기서 v는 기본 잉여이다. 생산자와 소비자는 공통의 할인율($\delta \leq 1$)을 사용한다.

제1기에 A제품을 구매한 소비자(이 소비자 비율을 m_A)가 제2기에 B제품으로 교체하는 경우에 s의 교체비용이 소요되며, 제1기에 B제품을 구매한 소비자($m_B=1-m_A$)가 A제품으로 교체하려면 s의 교체비용을 내야 한다.[10] 제2기에 각 소비자의 각 제품에 대한 유보가격은 R이라 하고, $s \geq R-c_2^A>0$, 그리고 $s \geq R-c_2^B>0$을 가정

10) 즉, 제2기는 이미 소비자의 교체비용이 발생된 '성숙 시장'(mature market)이다.

한다.

각 기간에 두 기업은 비협조적 가격경쟁을 하여 P_t^i를 선택한다.[11] 하부게임 완전 균형을 구하기 위해서 역행귀납법을 이용한다. 이에 따라서 제2기 경쟁을 먼저 분석하고 제1기 경쟁을 나중에 분석한다.

1) 제2기 경쟁

위의 가정($s \geq R - c_2^A > 0,\ s \geq R - c_2^B > 0$)에 따라서 제2기의 유일한 비협조적 내쉬 균형은 $P_{2s}^A = P_{2s}^B = R$이며, 각 기업의 이윤은 $\pi_2^A = m_A N(R - c_2^A)$와 $\pi_2^B = m_B N(R - c_2^B)$이다.

위의 가정에서처럼 교체비용이 매우 높다면 결합이윤(독점이윤)을 극대화하는 것이 제2기의 유일한 비협조적 내쉬 균형이다. 그 이유는 A기업이 B기업의 가격보다 최소한 s만큼 낮게 가격을 설정하지 않는다면 B기업의 고객을 빼앗아 올 수 없기 때문이다. A기업이 자신의 모든 고객에게 똑같은 가격을 부과한다면, 그와 같은 가격 인하는 B기업의 고객을 빼앗아서 얻는 것보다 기존 고객으로부터 얻는 더 많은 이윤을 포기해야 한다. 따라서 A기업은 자신의 기존 고객에 대해서 차라리 독점으로 행동하는 것이 더 낫다.

2) 제1기 경쟁

제2기에 소비자들은 제1기에 어떤 기업에서 구매하던 효용이 동일하다. 제1기에 소비자 $\hat{y}$은 $P_1^A + t\hat{y} \leq P_1^B + t(1-\hat{y})$인 경우에 A기업으로부터 구매한다. 제9장에서 살펴본 바와 같이 $\hat{y} = \frac{1}{2} + \frac{P_1^B - P_1^A}{2t}$이며, $\hat{y} = m_A$이므로 제1기에 A제품 구매자 비율은 $m_A = \frac{1}{2} + \frac{P_1^B - P_1^A}{2t}$이다. B제품 구매자 비율은 $m_B = 1 - m_A = \frac{1}{2} + \frac{P_1^A - P_1^B}{2t}$이다.

A와 B기업의 현재가치화 제1기 이윤은 각각 다음과 같다;

$$\pi^A = m_A N(P_1^A - c_1^A) + \delta m_A N(R - c_2^A),$$
$$\pi^B = m_B N(P_1^B - c_1^B) + \delta m_B N(R - c_2^B).$$

두 기업의 비협조적 내쉬 균형은 다음과 같이 도출된다;

$$P_{1s}^A = t + \frac{2c_1^A + c_1^B}{3} - \delta\left(R - \frac{2c_2^A + c_2^B}{3}\right),$$

$$P_{1s}^B = t + \frac{c_1^A + 2c_1^B}{3} - \delta\left(R - \frac{c_2^A + 2c_2^B}{3}\right).$$

11) 해를 구하기 위해서 $v - 2t > c_1^i$, $R > c_2^i$, $i = A, B$, 그리고 $t > |c_t^A - c_t^B|$, $t = 1, 2$를 가정한다.

만약에 $v-t<R$이라면, $P_{1s}^A<P_{2s}^A$이다. 즉, 모든 소비자의 수요가 제1기보다 제2기에 아주 더 크지 않다면 A기업의 제2기 가격이 제1기 가격보다 더 높다.

교체비용이 없는 경우에 제1기와 제2기 시장 사이에는 연관이 없다. 따라서 제1기의 A와 B기업의 균형 가격은 각각 $P_1^{A*}=t+\frac{2c_1^A+c_1^B}{3}$와 $P_1^{B*}=t+\frac{c_1^A+2c_1^B}{3}$이다. 제2기에 비용이 낮은 기업이 경쟁기업의 비용으로 전체 시장을 공급한다. 즉, 만약에 $c_2^A<c_2^B$이라면, 시장은 A기업이 차지하며, 시장가격은 $P_2^{A*}=c_2^B(=max\{c_2^A,\ c_2^B\})$이다. 그 반대이면 시장은 B기업이 차지하며, 시장가격은 $P_2^{B*}=c_2^A(=max\{c_2^A,\ c_2^B\})$이다. 따라서 교체비용이 있는 경우에 제1기 가격은 교체비용이 없는 경우보다 낮다. 즉, $P_{1s}^A<P_1^{A*}$, 그리고 $P_{2s}^A<P_2^{A*}$. 교체비용이 있는 경우에 기업들은 미래에 가치가 있는 제1기의 시장점유율을 높이는 경쟁을 하기 위해서 제1기 가격을 낮추기 때문이다. 소비자들에게 교체비용이 발생하기 이전에 초기 단계에서 시장점유율을 위한 공격적인 경쟁을 벌이는 것이다. 그러나 교체비용이 있는 경우에 제2기 가격은 교체비용이 없는 경우보다 더 높다. 즉, $P_2^{A*}=c_2^i<P_{2s}^A=P_{2s}^B=R(i=A$ 또는 $B)$. 이 결과로부터 교체비용이 존재하는 경우에 그렇지 않은 경우에 비해서 비효율이 발생함을 알 수 있다. 교체비용의 존재로 인해서 잠김효과가 발생하며 이는 비효율적이라는 의미가 된다.

예를 들어 상점들은 자신들이 취급하는 상품 중에서 일부만 세일 광고를 하는 경우를 볼 수 있다. 이는 소비자들이 일단 이 상점에 들어와서 광고를 안 한 정상 가격의 다른 상품을 알게 되는 경우에도 다른 상점으로 이동하는 데 (교체)비용이 소요되어 정상 가격의 상품을 이 상점에서 구매하게 할 수 있다. 소형과 대형 자동차를 판매하는 자동차 제조업체는 소형차 부문에서 이윤이 낮은데, 그 이유는 낮은 소형차 가격으로 신규 고객을 유인하여 이들이 나중에 이윤이 많이 나는 대형차를 반복 구매하도록 하기 위해서이다.

이 모형에서 교체비용을 너무 높다고 가정했기 때문에 실제로 소비자의 교체가 발생하지 않는다. 다음 절에서 교체비용이 존재하는 상황에서 소비자가 다른 기업의 제품으로 교체하는 모형을 소개한다.

제4절 | 교체비용과 소비자 빼앗기

한때 우리나라 이동전화 사업자는 경쟁사 가입자가 자사로 이동하여 가입하면 가입비 면제 등을 해준 적이 있었다. 심지어 현금을 지급한다는 광고를 한 적이 있다. 이동전화 서비스 사업자 간에는 상대방의 고객을 빼앗아 오려는 경쟁이 매우 치열하다. 인터넷 서비스(브로드 밴드) 산업에서도 사업체를 교체하면 현금을 지급한다는 광고가 있었다. 1994년에 미국에서 약 20%의 미국 가구가 장거리 전화 사업자를 교체했으며, 1995~1996년에 미국의 장거리 전화 사업자는 자신의 회사로 교체하는 경우에 일시불을 지급하겠다는 광고를 한 적이 있다.

교체비용이 존재하는 경우에 이와 같이 다양한 방법을 동원하여 경쟁자의 고객을 자사로 전환하는 '소비자 빼앗기'(customer poaching 또는 churning)가 발생한다. 푸덴버그와 티롤(Fudenberg and Tirole, 2000)은 수평차별화의 2기간 모형에서 소비자가 제2기에 한 기업으로부터 다른 기업으로 어떻게 교체하는지를 분석했다.

1 기본 모형

단기계약이 가능하고 소비자 선호가 고정된 경우를 먼저 분석한다. 두 개의 기업(A, B)이 A재와 B재를 생산하며 한계비용은 두 기업 모두 c로 일정하다. 기업들은 각 기간에 현재가치화된 (기대)이윤을 극대화하며, 공통의 할인율($\delta<1$)을 사용한다. θ로 표시되는 소비자의 선호는 소득에 대해서 준선형(quasi-linear) 함수이며, -1와 1 사이에 존재한다. θ는 A재에 대한 B재의 상대적인 선호이다. θ는 누적분포함수(F)와 정규적인 수요함수를 가지며, 균등분포를 가정한다(즉, $F=\frac{\theta+1}{2}$, 밀도함수 $f=\frac{1}{2}$). 소비자 선호는 시간에 대해서 일정하다고 가정한다. 각 기간($t=1, 2$)에 소비자는 A재를 한 단위 사거나, B재를 한 단위 사거나, 아무 것도 구매하지 않을 수 있다. 소비자는 각 기간 효용 $U_t(\theta)$의 현재가치화된 (기대)효용을 극대화하며 t기에 A재를 $P_A^t(t=1, 2)$에 구매하는 소비자는 $U_t(\theta)=v-\theta/2-P_A^t$, B재를 P_B^t에 구입 시 $U_t(\theta)=v+\theta/2-P_B^t$, 아무 것도 구입하지 않을 시 영의 효용을 얻는다. 여기서 v는 어느 제품을 구입하거나 얻는 동일한 기본 잉여이다. 소비자의 할인율은 기업과 동일하게 δ이다.

2 정태 모형

단기계약만 존재하고 가격차별을 할 수 없는 상황에서 정태적인 호텔링 균형을 얻는다. 균형에서 두 기업은 초과이윤과 양의 시장점유율을 얻는다. A, B기업의 가격을 각각 P_A, P_B라 하자. 한계소비자를 θ^*이라 하면, $\theta^*=P_B-P_A$이다. A재 수요는 $\frac{-P_A+P_B+1}{2}$이며, B재 수요는 $\frac{P_A-P_B+1}{2}$이다. A기업 이윤함수는 $\pi_A=(\frac{-P_A+P_B+1}{2})(P_A-c)$이고 B기업의 함수는 $\pi_B=(\frac{P_A-P_B+1}{2})(P_B-c)$이다. 유일한 이윤극대화 균형 가격은 다음과 같다; $P_A=P_B=1+c$.

1) 단기계약 하의 소비자 빼앗기

기업들이 제1기의 행동을 제2기에 공약할 수 없는 단기계약의 상황을 고려한다. $[-1,\ \theta^*]$는 A기업 영역(A재 소비자)이라 하며, $[\theta^*,\ 1]$은 B기업 영역(B재 소비자)이라 부른다. 제1기에 A, B기업은 P_a^1, P_b^1의 가격을 제시한다. 역행귀납법을 이용하여 제2기부터 해를 구한다.

(1) 제2기 균형

제2기에 각 기업은 제1기의 고객을 관찰한 이후에 자신이 확보한 고객과 경쟁사의 고객에게 서로 다른 가격을 제시하여 경쟁사의 고객을 일부 빼앗는 경쟁을 벌인다.[12] 제2기에 A와 B기업은 자사 고객에게 P_A^2와 P_B^2의 가격을, 상대방 고객에게 P_a^2와 P_b^2를 제시한다. 두 기업은 모두 상대방의 고객을 일부 빼앗는데 성공하여 일부 고객은 정말로 교체를 한다. 제1기에 θ^A와 θ^* 사이의 (A기업) 소비자는 A기업으로부터 B기업으로 교체하며, θ^*와 θ^B 사이의 (B기업) 소비자는 B기업으로부터 A기업으로 교체한다([그림 16-5] 참조).

해를 구하기 위해서 각 영역에서 두 기업의 경쟁을 별도로 분석한다. A기업 영역에서 A기업은 충성스런 고객($\theta^A-(-1)$)에게 P_A^2가격을, B기업은 자신의 제품으로 교체할 고객($\theta^*-\theta^A$)에게 P_b^2의 가격을 제시한다. 이에 따라, A기업 영역에서 두 기업의 이윤은 다음과 같다;

$$\pi_{AA}^2=(P_A^2-c)(\theta^A+1);$$
$$\pi_{BA}^2=(P_b^2-c)(\theta^*-\theta^A).$$

θ^A는 제1기에 A제품을 구매한 소비자로서(그래서 A영역에 있는) B기업으로 교체하는 것과 A기업에 충성스럽게 남아있는 것에 대해서 무차별한 한계소비자이므로 $v-\frac{\theta^A}{2}-P_A^2=v+\frac{\theta^A}{2}-P_b^2$를 만족한다. 따라서 $\theta^A=P_b^2-P_A^2$이다. A기업 영역에서 두 기업의 이윤극대화 균형 가격은 다음과 같다; $P_A^2=\frac{2+\theta^*}{3}+c$와 $P_b^2=\frac{1+2\theta^*}{3}+c$.

12) 한 기간의 단기계약이므로 제1기 이후에 제2기에 소비자들은 다른 기업 제품으로 교체하는 데 자유롭다.

또한 $\theta^A = \frac{-1+\theta^*}{3}$이다. A기업에 충성스런 소비자는 $\theta^A - (-1) = \frac{2+\theta^*}{3}$이고, A기업에서 B기업으로 교체하는 소비자는 $\theta^* - \theta^A = \frac{1+2\theta^*}{3}$이다.

B기업 영역에서도 이와 유사한 경쟁이 발생하며, 각 기업의 이윤함수는 다음과 같다;

$$\pi^2_{AB} = (P^2_a - c)(\theta^B - \theta^*);$$
$$\pi^2_{BB} = (P^2_B - c)(1 - \theta^B).$$

B기업 영역에서 무차별한 소비자는 $\theta^B = -P^2_a + P^2_B$이다. 두 기업의 이윤극대화 균형 가격은 다음과 같다; $P^2_a = \frac{1-2\theta^*}{3} + c$와 $P^2_B = \frac{2-\theta^*}{3} + c$. 또한, $\theta^B = \frac{1+\theta^*}{3}$이다. A기업으로 교체하는 소비자는 $\frac{1-2\theta^*}{3}$이고, B기업에 충성스런 소비자는 $\frac{2-\theta^*}{3}$이다.

제2기의 결과(Proposition 1, p. 640)는 다음과 같다; 각 영역에서 기존기업의 점유율은 경쟁자보다 크고, 경쟁자의 가격은 기존기업보다 낮다. 두 기업의 가격은 정태모형의 가격보다 낮다. 제1기에 큰 점유율을 가진 기업은 제2기에 이를 방어하기 위해서 자만형(fat cat) 전략을 펴는 기업이 되기 때문이다.[13]

(2) 제1기 균형

제1기의 해를 구해보자. 기업들은 공약을 하지 못한다고 가정했으므로 제1기의 두 개의 시장은 제2기의 가격과 이윤에 영향을 미치고, 기업들은 제1기의 가격을 설정할 때 이를 반영한다. 또한, 소비자들은 제2기에 상대방 기업이 소비자 빼앗기를 하고 균형에서 이들은 더 낮은 가격을 제시한다는 것을 정확히 예상한다. 결과적으로 제1기 가격은 소비자 빼앗기가 허용되지 않는 경우(또는 기업들이 소비자 빼앗기 가격(poaching price)을 제시할 수 없는 경우)에 비해서 더 높다는 것을 알게 된다.

제1기에 A, B기업은 P^1_a, P^1_b의 가격을 제시한다. 이들 가격으로 인해서 -1과 1 사이에 θ^*가 형성되며, θ^*소비자는 제1기에 P^1_a의 가격으로 구매하고 제2기에 소비자 빼앗기 가격인 P^2_b에 구매하여 얻는 효용$(v - \frac{\theta^*}{2} - P^1_a + \delta(v + \frac{\theta^*}{2} - P^2_b))$과 제1기에 P^1_b의 가격으로 구매하고 제2기에 소비자 빼앗기 가격인 P^2_a에 구매하는 것$(v + \frac{\theta^*}{2} - P^1_b + \delta(v - \frac{\theta^*}{2} - P^2_a))$에 무차별하다. 따라서 θ^*는 다음과 같다; $\theta^*(P^1_a, P^1_b) = \frac{P^1_b - P^1_a + \delta(P^2_a - P^2_b)}{1-\delta}$. 여기서 $P^2_a - P^2_b = -\frac{4\theta^*}{3}$이므로 $\theta^* = \frac{P^1_b - P^1_a}{1 + \delta/3}$이다.

13) 자만형(fat cat) 전략은 제11장 제3절 참고.

그림 16-5 제2기의 소비자 빼앗기

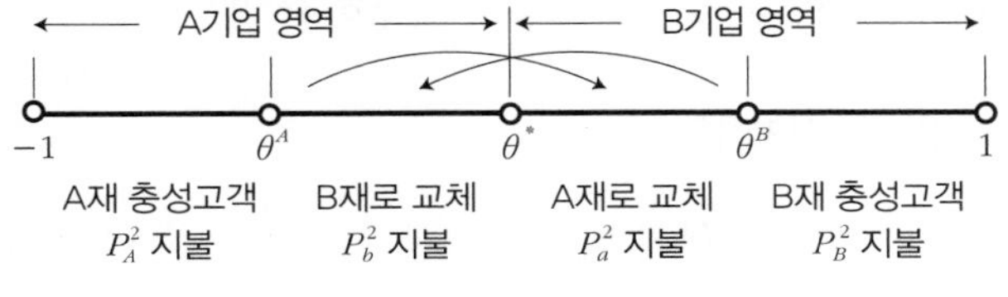

제1기에 A, B기업의 현재가치화된 기대이윤은 다음과 같다;

$$\pi_A=(P_a^1-c)\theta^*(P_a^1,\ P_b^1)+\delta[(P_A^2(\theta^*(P_a^1,\ P_b^1))-c)(\theta^A(\theta^*(P_a^1,\ P_b^1))+1)$$
$$+(P_a^2(\theta^*(P_a^1,\ P_b^1))-c)(\theta^B(\theta^*(P_a^1,\ P_b^1))-\theta^*(P_a^1,\ P_b^1))],$$
$$\pi_B=(P_b^1-c)(1-\theta^*(P_a^1,\ P_b^1))+\delta[(P_B^2(\theta^*(P_a^1,\ P_b^1))-c)(1-\theta^B(\theta^*(P_a^1,\ P_b^1)))$$
$$+(P_b^2(\theta^*(P_a^1,\ P_b^1))-c)(\theta^*(P_a^1,\ P_b^1)-\theta^A(\theta^*(P_a^1,\ P_b^1)))].$$

π_A에서 첫 번째 항은 제1기에 A기업 영역에서 얻는 이윤이며, δ 아래 항에서 첫 번째 항은 제2기에 A기업에 충성스런 고객으로부터 얻은 이윤(π_{AA}^2)이며, 두 번째 항은 B기업에서 A기업으로 교체하는 소비자로부터 얻은 이윤(π_{AB}^2)이다. π_B에 대한 해석도 이와 유사하다. 위의 이윤 함수에 $\theta^*=\dfrac{P_b^1-P_a^1}{1+\delta/3}$를 대입하고, 제2기 균형에서 구한 θ^A, θ^B, P_A^2, P_a^2, P_B^2, P_b^2을 대입하면 이윤극대화 P_a^{1*}와 P_b^{1*}를 다음과 같이 구할 수 있다; $P_a^{1*}=P_b^{1*}=1+c+\delta/3$. 중요한 결론은 다음과 같다: ① 소비자 빼앗기를 통해서 가격차별을 하는 경우의 제1기의 수요($\dfrac{\partial\theta^*}{\partial P_a^1}=\dfrac{-1}{1+\delta/3}$)는 가격차별이 금지된 경우($\dfrac{\partial\theta^*}{\partial P_a^1}=-1$) 보다 덜 탄력적이다. ② 소비자 빼앗기를 하는 경우(또는 가격차별이 있는 경우)에 제1기 가격($P_a^{1*}=P_b^{1*}=1+c+\delta/3$)은 정태 모형(또는 가격차별이 금지된 경우) ($P_A=P_B=1+c$)에 비해서 높다. ③ 균형에서 $\theta^A=-1/3$, $\theta^B=1/3$이므로 모든 소비자의 1/3이 제2기에 제품을 교체한다.

제1기 가격이 정태모형보다 더 높은 이유는 이 모형의 수요가 덜 탄력적이기 때문이다. 가격이 변할 때 제1기의 한계 선호도(θ^*)를 변경시키고, 제2기의 경쟁을 변화시키지만, 이 모형처럼 소비자 선호가 균일적인 경우에는 제2기의 한 시장에서 얻은 이득은 다른 시장에서 겪은 손실과 정확히 같게 된다. 따라서 덜 탄력적인 제1기에 가격이 더 오르게 된다.

이 모형(소비자 빼앗기)에서 제1기에 가격이 상승하는 것은 '교체비용이론'과 반대의 결과이다. 교체비용이론에서 제1기의 가격은 정태모형보다 낮고, 제2기에 각 브랜드에 갇힌(locked in) 모든 소비자에게 높은 가격을 부과한다. 소비자 빼앗기 모형에서는 소비자의 제품 교체(또는 기업에 의한 소비자 빼앗기)가 발생하나, 교체비용이론에서 실제로 교체가 발생하지 않는다.

2) 장기계약

장기계약 모형에 대한 세밀한 분석은 이 책의 범위를 벗어나므로,[14] 직관적인 결과를 소개한다. 제1기에 장기계약(제1기와 제2기)을 제시한다. 기업은 두 기간의 장기계약을 하면서 중간에 해약 시 높은 위약금을 물리는 계약으로 소비자 빼앗기를 막을 수도 있지만, 그러한 계약 대신에 장기계약 시 높은 가격과 낮은 위약금을 선택하는 것이 더 낫다. 한 기업에 대한 선호도가 낮은 소비자는 제1기에 장기계약을 한 후 제2기에 위약금을 내고 경쟁기업의 소비자 빼앗기에 의한 낮은 가격을 이용한다. 제1기의 모든 소비자를 묶어 놓는 기업은 강한 선호를 가진 소비자와 약한 선호를 가진 소비자를 차별하기 위해서 제2기 시장을 사용할 수 없다. 따라서 제1기에 계약이 더 매력적이게 하기 위해서 제2기의 소비자 빼앗기를 실시하게 된다.

장기계약과 단기계약 상품을 선보이면, 이 제품에 강한 선호를 가진 소비자는 장기계약을, 중간 정도의 선호를 보이는 그러나 이 제품에 충성스런 소비자는 단기계약을 선택한다. 약한 선호의 소비자는 제2기에 경쟁기업 제품으로 교체한다. 이 경우에 단기계약 상품만 이용 가능한 경우보다 교체는 더 적게 발생하고, 장기계약을 사용할 수 있는 능력 때문에 효율성이 증가한다.

---

14) 관심있는 독자는 푸덴버그와 티롤(Fudenberg and Tirole, 2000)을 참고하기 바란다.

연 | 습 | 문 | 제

>>> Theory of Industrial Organization

1. 호환성을 정의하시오.

2. 부분호환성을 정의하시오.

3. "거의 모든 이메일 주소 공급자(예; @hanmail.net; @gmail.com)는 상대방 이메일의 수신과 발신이 가능하므로 망외성이 존재한다." 이 주장을 평가하시오.

4. "모바일 메신저 프로그램은 어떤 상대방과도 대화가 가능하므로 망외부성이 존재한다." 이 주장을 평가하시오.

5. 안드로이드 스마트폰 구매자는 안드로이드 뮤직사이트에서만 음악을 다운받아야 하고, 아이폰 구매자는 애플 뮤직사이트에서만 음악을 다운 받아야 한다고 하자.

1) 각 음악사이트의 음원(또는 접속자) 수가 어떻게 결정되는지 설명하시오.
2) 안드로이드 스마트폰의 가격이 상승하면 시장에 어떤 변화가 있는지 설명하시오.
3) 안드로이드 스마트폰의 CEO는 구매자에게 애플 뮤직사이트에서 음악을 다운받을 수 있는 장치(이 장치의 원가는 영이라고 가정)를 무료로 제공할 것인지 여부를 결정하고자 한다. 이에 대한 당신의 의견을 제시하시오.
4) 반대로, 아이폰의 CEO는 가입자들이 안드로이드 뮤직사이트에서 음악을 다운받을 수 있는 장치(이 장치의 원가는 영이라고 가정)를 무료로 제공할 것인지 여부를 결정하고자 한다. 이에 대한 당신의 의견을 제시하시오.

6. (Lambertini and Orsini, 2001) 독점기업이 생산하는 X재에 대한 소비자 효용은 다음과 같다.

$$U=\begin{cases}\theta S+eQ-P & \text{한 단위 구매 시}\\ 0 & \text{구매 안 할 시.}\end{cases}$$

여기서, θ는 소비자 선호를 나타내는 모수이며 영에서 1까지 균등분포되어 있다. 소비자 숫자는 1로 정상화 한다. S는 X재 품질수준, Q는 소비량(=판매량), P는 가격, e는 망외부성 정도를 나타내는 양의 계수이다. 독점기업의 비용함수는 $C(Q, S)=S^2Q$이다. $e<S<1/2$을 가정한다.

1) 한계소비자 $\hat{\theta}$(영에서 1 사이에 존재)와 시장수요 함수를 도출하시오.
2) 독점기업이 결정하는 최적 판매량과 품질 수준을 구하시오. 망외부성 정도가 판매량과 품질에 미치는 효과를 설명하시오.

7. (Belleflamme and Peitz, 2015) 호텔링 선형도시 모형을 고려하시오. 거리 1인 직선의 왼쪽 끝에 1기업, 오른쪽 끝에 2기업이 위치해서 가격경쟁을 벌인다. 소비자는 두 기업 사이에 균등분포되어 있으며 1로 정상화 한다. 각 기업의 제품은 자사 제품에 대해서 직접망외부성이 있다. 소비자 $x(\in(0, 1))$의 효용은 다음과 같다:

$$U=\begin{cases} R+kn_1^e-tx-P_1 & \textit{1기업 제품 한 단위 구매 시} \\ R+kn_2^e-t(1-x)-P_2 & \textit{2기업 제품 한 단위 구매 시.} \end{cases}$$

여기서, R은 어느 제품을 구매하나 동일한 기본효용, k는 망외부성 정도, t는 이동에 따른 단위당 교통비용(또는 차별화 정도), P_i는 i기업 제품의 가격이다. n_i^e는 i기업 제품을 구매하는 소비자 규모 기대값이다. 1단계는 가격경쟁이다. 제2단계는 어떤 주어진 가격에서 소비자들은 두 제품 중에 하나를 선택한다. 이는 균형에서 규모 기대값은 실제로 구매한 소비자이다. 즉, $n_i^e=n_i$이다. 2단계 순수전략 게임에서 하부게임 완전균형을 구한다. 계산의 편리성을 위해서 각 기업의 한계비용은 영으로 가정한다.

1) $k<t$를 가정하자. (즉, 차별화 정도(t)가 망외부성 정도(k)보다 더 크다) 제2단계에서 한계소비자 ($\hat{x}$, $0<\hat{x}<1$)와 각 기업 제품에 대한 수요를 구하시오.
2) 제1단계에서 각 기업 가격, 수요, 이윤을 구하시오. 망외부성 정도가 가격과 이윤에 미치는 효과를 설명하시오.

제17장

양면시장과 플랫폼기업

장을 시작하며

음식점에서 식사를 하고 현금을 내면 구매자와 판매자의 거래는 성사된다. 이와 같이 구매자와 판매자의 직접 거래가 이루어지는 시장을 단면시장(one-sided markets)이라고 한다. 이 장의 앞에서 그리고 경제학에서 설명하는 많은 거래는 단면시장에서 이루어진다. 이에 비해서 '배달의 민족'이라는 앱을 실행하여 음식을 배달받아 식사를 하는 경우에, 구매자(음식 주문자)는 판매자(음식점)와 직접 거래를 한 것이 아니다. 배달의 민족이라는 앱 기업을 매개로 간접 거래가 이루어지는 시장을 양면시장(two-sided markets)이라고 한다. 양면시장에서 양면이란 별개의 두 집단(참여자 또는 가입자 집단이라 하며 일반적으로 구매자와 판매자 집단)을 말하며, 이들을 연결하는 배달의 민족이라는 앱 기업을 플랫폼(platform)기업이라고 한다.[1] 양면시장이란 별개의 두 집단이 수수료(가격)를 내고 플랫폼기업에 가입하여 거래를 하는 시장이다. 한 집단의 가입자 효용은 다른 집단의 가입자가 많을수록 증가하는 교차망외부성(cross network externality)이 존재한다.[2] 플랫폼기업이 두 집단에 설정하는 가입 수수료(가격)는 각 집단에 대한 한계비용과 차별화 정도(또는 가격탄력도 관련 지수)의 합에서 교차망외부성을 뺀 차이다. 이 차이가 영보다 큰지, 같은지, 작은지에 따라서 플랫폼기업은 가입자에게 양의 수수료, 무료, 또는 음의 수수료(보조금)를 부과한다. 플랫폼기업이 한 가입 집단에는 양의 수수료를 부과하면서,

1) 플랫폼기업을 중개상(intermediary)이나 촉매기업(catalyst)이라고도 한다. 여기서 후자는 에반스와 슈말렌지(Evans and Schmalensee, 2007)의 번역서적(에번스, 슈말렌지, 2008,『카탈리스트 코드』김태훈 옮김, 노재범 해제)에서 인용.

2) 다른 집단의 가입자가 많을수록 한 집단의 효용이 증가하는 것은 '닭이 먼저인지, 달걀이 먼저인지'의 문제와 같다. 이에 대해서는 케일러드와 쥴리엔(Caillaud and Jullien, 2003) 참고.

다른 가입 집단에는 무료나 심지어 보조금을 지급하는 사례가 현실에서 많이 발견된다. 이는 단면시장에서 독점기업이나 과점기업이 설정하는 가격은 한계비용보다 높다는 결과(제4장, 제9장)와 대비된다. 양면시장 분석은 정보통신기술(ICT)을 이용한 모바일, 온라인과 오프라인 산업에서 플랫폼기업의 수익 창출을 위한 사업 모형(business model)을 제시한다는데 의의가 있다.

양면시장의 플랫폼기업은 카카오택시, 배달의 민족, 요기요, 직방, 다방, 우버(uber), 에어비앤비(airbnb), 구글플레이, 애플 스토어, 아도비(Adobe)사와 같이 정보통신기술(ICT)산업과 관련된 사업(business)을 하는 기업을 들 수 있으며, 부동산중개업소, 결혼중매(정보)회사, 신용카드사, 쇼핑몰, 미디어(신문, 잡지, 방송의 광고 게재)등과 같이 전통적인 기업도 포함한다. 양면시장에서 우버와 에어비앤비같이 소비자가 보유한 재화, 공간, 지식, 서비스에 여유분이 있을 때 이를 필요로 하는 다른 소비자에게 공급하여 거래하는 사업을 공유경제(sharing economy)라고 한다.

다음에서 모형을 통하여 플랫폼기업과 참여 집단의 구체적인 행동 양상을 소개하고 시장 균형을 도출한다. 플랫폼기업이 독점인 경우와 과점인 경우를 구분한다. 망중립성(net neutrality) 등 양면시장과 관련된 다양한 주제를 소개한다.

제1절 | 양면시장 모형

1 플랫폼 독점시장

소비자들이 판매자로부터 구매하는데 거래가 불가능하거나 거래비용이 매우 높은 경우에, 두 집단은 각자 플랫폼기업에 가입하여 거래를 할 수 있다. 그러한 플랫폼기업이 하나인 경우를 고려하자. [그림 17-1]과 같이 소비자 집단과 판매자 집단은 각각 플랫폼기업에 가입하며 가입비(가격, 수수료)를 지불한다. 많은 경우 수수료는 소비자의 지출액에 대한 비율(예, 지출액의 0.5%)이나, 여기서는 단위당 일정한 액수인 가격(P_c, P_s)이라고 가정한다. 소비자는 플랫폼기업에 가입한 판매자 숫자(수요, n_s)가 많을수록 좋으므로 소비자가 얻는 효용은 (판매자로부터의) 교차망외부성의 혜택(benefit)으로 나타낸다. 이 혜택은 판매자 단위당 얻는 교차망외부성 정도(e_c)와 판매자 숫자의 곱인 $e_c n_s$로 표현한다. 마찬가지로 판매자 효용(이윤)은 (소비자로부터의) 교차망외부성의 혜택이며, 플랫폼기업에 가입한 소비자 숫자

그림 17-1 플랫폼 독점시장

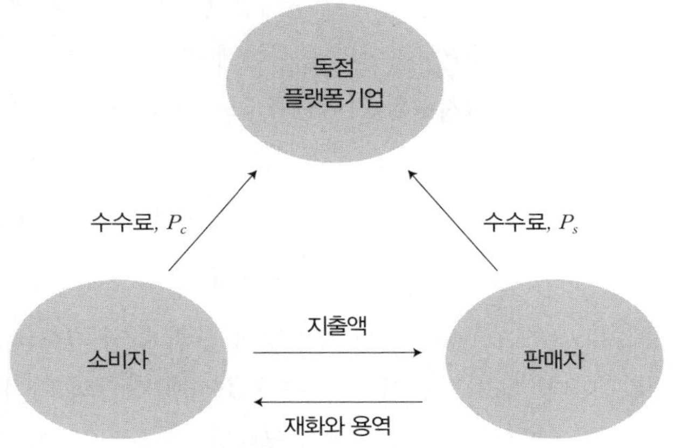

(수요, n_c)가 많을수록 증가하므로 $e_s n_c$를 교차망외부성의 혜택으로 표현한다. 부호의 하첨자 c와 s는 각각 소비자와 판매자를 나타낸다.

암스트롱(Armstrong, 2006)을 따라서 플랫폼에 가입하는 소비자가 얻는 순효용(u_c)과 판매자가 얻는 순효용(u_s)은 다음과 같다; $u_c = e_c n_s - P_c$, $u_s = e_s n_c - P_s$. 여기서 e_c는 소비자가 판매자 집단과의 거래에서 얻는 혜택으로 소비자의 교차망외부성 정도를 나타내는 모수이며, e_s는 개별 판매자가 소비자 집단과의 거래에서 얻는 혜택으로 판매자의 교차망외부성 모수이다. n_c와 n_s는 소비자와 판매자 숫자, P_c와 P_s는 플랫폼기업이 각각 소비자와 판매자에게 부과하는 거래 수수료(가격)이다. 순효용 함수는 양면시장에 대한 개념을 더 구체적으로 설명한다고 할 수 있다. 플랫폼기업에 가입하는 각 집단의 숫자는 다음과 같이 각각의 순효용의 증가함수라고 할 수 있다; $n_c = f_c(u_c)$와 $n_s = f_s(u_s)$, 여기서 $f_i'(u_i) > 0 (i = c, s)$이다. 플랫폼기업이 소비자에게 서비스를 제공하는데 C_c, 판매자에게는 C_s의 일정한 한계비용이 소요된다고 하자. 플랫폼기업의 이윤은 다음과 같다; $\pi = (P_c - C_c)n_c + (P_s - C_s)n_s$. 플랫폼기업이 가격($P_c$, P_s) 대신에 순효용(u_c, u_s)을 선택변수로 한다면, 이윤은 다음과 같이 표현할 수 있다;

$$\pi = (e_c f_s(u_s) - u_c - C_c) f_c(u_c) + (e_s f_c(u_c) - u_s - C_s) f_s(u_s).$$

플랫폼기업의 이윤극대화 가격은 아래와 같이 도출 된다([부록1] 참조);

$$P_c^m = C_c + \frac{f_c(u_c)}{f_c'(u_c)} - e_s n_s,\ P_s^m = C_s + \frac{f_s(u_s)}{f_s'(u_s)} - e_c n_c.$$

소비자 집단에 대한 가격(P_c^m)은 그 집단에 대한 한계비용(C_c)과 가격탄력도 관련 지수($\frac{f_c(u_c)}{f_c'(u_c)}$)를 더한 것에서 상대방 집단의 외부 혜택($e_s n_s$)을 뺀 것이다. 판매자 집단에 대한 가격($P_s^m$)도 이와 유사하게 해석할 수 있다.

이 식을 러너지수와 가격탄력도로 전환하면 다음과 같다([부록1] 참조);

$$\frac{P_c^m-(C_c-e_s n_s)}{P_c^m}=\frac{1}{E_c(P_c^m;n_s)},\quad \frac{P_s^m-(C_s-e_c n_c)}{P_s^m}=\frac{1}{E_s(P_s^m;n_c)}. \tag{17-1}$$

$E_c(P_c^m;n_s)$는 주어진 판매자 집단의 가입 규모(n_s)에서 소비자 집단의 가격탄력도이며, $E_s(P_s^m;n_c)$는 주어진 소비자 집단의 가입 규모(n_c)에서 판매자 집단의 가격탄력도이다. 식 (17−1)에서 보듯이 소비자 집단의 가격탄력도가 매우 크다면, 또는 교차망외부성 모수(e_s)가 매우 크다면, 플랫폼기업이 소비자에 부과하는 가격은 한계비용보다 더 낮을 수 있어서, 가격은 영이거나 음수이다. 마찬가지로 판매자의 가격탄력도가 매우 크거나 교차망외부성 모수(e_c)가 매우 크다면, 판매자에게 부과하는 가격은 영이거나 음수일 수 있다. 가격이 영이라는 것은 무료이며 음수라는 것은 보조금 또는 부가 서비스를 제공하는 것을 말한다. 이러한 결과는 단면시장에서는 발생할 수 없으나, 양면시장에서는 이윤극대화에 부합한다. [그림 17−2]를 통하여 직관적인 설명을 한다.

논의를 단순하게 하기 위해서 두 집단에 대한 한계비용은 모두 영이라고 가정한다. [그림 17−2] (a)에서 소비자 수요(D_c^1)는 점 X에서 가격탄력도가 높으며, (b)

그림 17−2 양면시장에서 최적 가격 결정

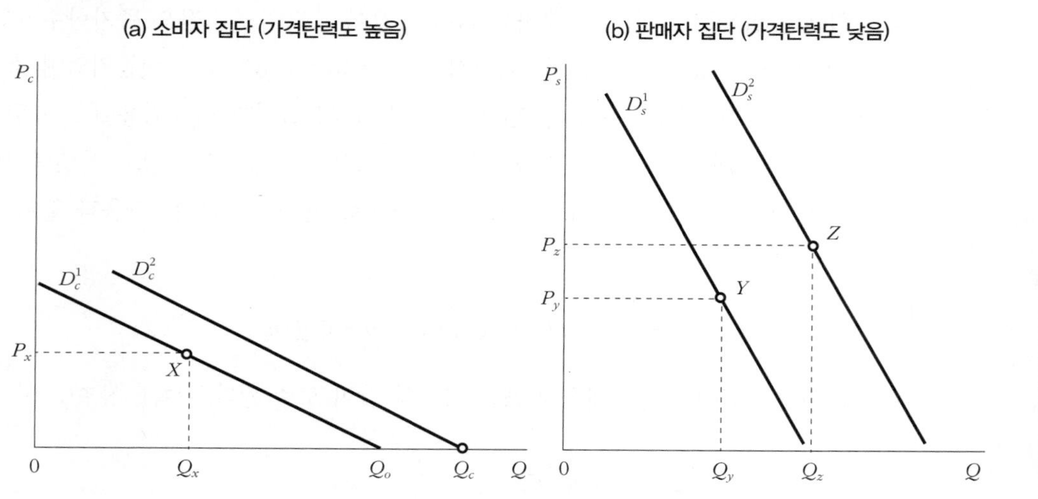

에서 판매자 수요(D_s^1)는 점 Y에서 가격탄력도가 낮다고 가정한다. 양면시장의 특성을 고려하지 않았을 경우에 두 집단에 대한 균형이 X와 Y에 있다고 하면 각 집단에 대한 가격과 가입자 숫자는 (P_x, Q_x)과 (P_y, Q_y)이고 플랫폼기업의 이윤은 $P_x0Q_xX+P_y0Q_yY$이다. 그러나 양면시장의 특성을 고려한다면 이 해는 최적이 아니다. 플랫폼기업은 양면시장의 특성을 이용하여 이보다 더 큰 이윤을 가져다 주는 가격과 수량을 선택할 수 있다. 소비자의 가격탄력도가 높으므로 플랫폼기업은 가격을 한계비용인 영(무료)으로 내리면 더 많은 소비자(Q_o)가 플랫폼기업에 가입하게 된다. 소비자의 증가는 교차망외부성에 따라서 다른 면에 있는 판매자 수요(가입자)가 증가하여 수요곡선이 D_s^1에서 D_s^2로 이동한다. 플랫폼기업은 판매자 가격을 P_y에서 P_z로 올려서 이윤의 증가($P_zP_yYQ_yQ_zZ$)를 꾀할 수 있다. 판매자 가입 증가는 교차망외부성으로 소비자 수요 증가(D_c^1에서 D_c^2)를 초래하여 가격 영에서 Q_c의 소비자 가입자를 확보한다. 플랫폼기업이 소비자로부터 얻는 이윤은 영이 되어 P_x0Q_xX의 감소를 초래하게 된다. 소비자 집단에서 발생한 이윤의 감소보다 판매자 집단으로부터 이윤 증가가 더 크다면($P_zP_yYQ_yQ_zZ > P_x0Q_xX$), 플랫폼기업은 기꺼이 이러한 가격 조정을 할 것이다. 두 집단에 양의 가격을 부과하는 것보다 수요가 더 탄력적인 집단에는 무료(공짜, 보조금)로 재화와 용역을 제공하면서, 교차망외부성때문에 큰 폭으로 수요가 증가하는 다른 집단에는 더 높은 가격을 부과하고 더 많이 판매하여 총이윤의 증가를 가져올 수 있다. 수요탄력적인 집단에 무료(공짜, 보조금)로 제공하는 것이 비합리적인 행동이 아니다.

현실적인 예를 들어 보자. 아도비(Adobe)사는 초기에 PDF '파일읽기'(reader program)와 '작성하기'(writer program) 프로그램을 모두 유료로 출시하였으나 매출이 높지 않았다. 그러나 양면시장의 최적 결정 과정을 인지한 이후 현재는 PDF 파일읽기 프로그램은 모두에게 무료(공짜)로 제공하면서, PDF 작성하기 프로그램을 많이 사용하는 학교나 연구기관, 기업에는 유료로 판매하고 있다. 쇼핑몰 사업자나 프리미엄 아울렛 사업주는 소비자와 입주점으로부터 주차비와 임대료를 받는데 소비자에게 부과할 주차비는 면제(무료)해 준다. 카카오택시 앱 기업은 소비자와 가입 택시기사에게 가입비나 수수료를 무료로 제공하고 있다. 주말에 젊은 여성과 남성이 많이 찾는 클럽에서 여성 입장료는 무료이거나 심지어 칵테일 등의 무료 서비스를 제공하지만 남성들은 입장료를 지불하게 한다. 결혼중매(정보)업체는 이와 반대로 여성에게는 가입비를 받고, 남성에게는 면제하는 경우가 많다(식 (17-1)을 이용하여 왜 그런지 설명해 보자).

2 플랫폼 과점시장

[그림 17-3]과 같이 A와 B플랫폼기업이 양면의 가입을 대상으로 경쟁하는 플랫폼 과점시장을 고려하자. 두 플랫폼 기업은 동질적인 서비스를 제공한다. 소비자는 판매자로부터 구매하기 위해서 A나 B플랫폼기업에 가입하며, 또는 두 플랫폼 기업 모두에 가입할 수 있다. 판매자 역시 소비자에게 판매하기 위해서 A나 B플랫폼기업에, 또는 두 플랫폼기업 모두에 가입할 수 있다.

정의: 단일가입(싱글호밍; single-homing)은 한 가입자가 한 플랫폼기업에만 가입하는 경우를 말한다. 복수가입(멀티호밍; multi-homing)은 한 가입자가 두 플랫폼기업 모두에 가입하는 경우를 말한다.

플랫폼 과점시장은 단일가입을 하는지 복수가입을 하는지에 따라서 결과가 다르다. 먼저 두 집단이 모두 단일가입하는 경우를 분석한다. 플랫폼 독점시장에서 소개한 바와 같이 암스트롱(2006)에 따르면 $i(=A, B)$플랫폼기업에 가입하는 소비자와 판매자 순효용은 다음과 같다; $u_c^i=e_c n_s^i-P_c^i$, $u_s^i=e_s n_c^i-P_s^i$. i플랫폼기업에 가입하는 소비자의 경우 순효용(u_c^i)은 해당 플랫폼기업에 가입해 있는 판매자로부터 얻는 교차망외부성 혜택($=e_c n_s^i=$소비자의 교차망외부성 정도(e_c)에 판매자 숫자(n_s^i)의 곱)에서 이 기업에 지불하는 가격(P_c^i)의 차이이다. 판매자의 효용도 유사하게 해석할 수 있다. 호텔링 선형도시 모형(제9장)을 이용하면 i플랫폼기업의 각 집단에 대한 수요를 도출할 수 있다. 두 플랫폼기업의 소비자 집단에 대한 한계비용이 C_c로 동일하고, 판매자집단에 대한 한계비용이 C_s로 동일하다고 가정한다. 각 플랫폼기

그림 17-3 플랫폼 과점시장

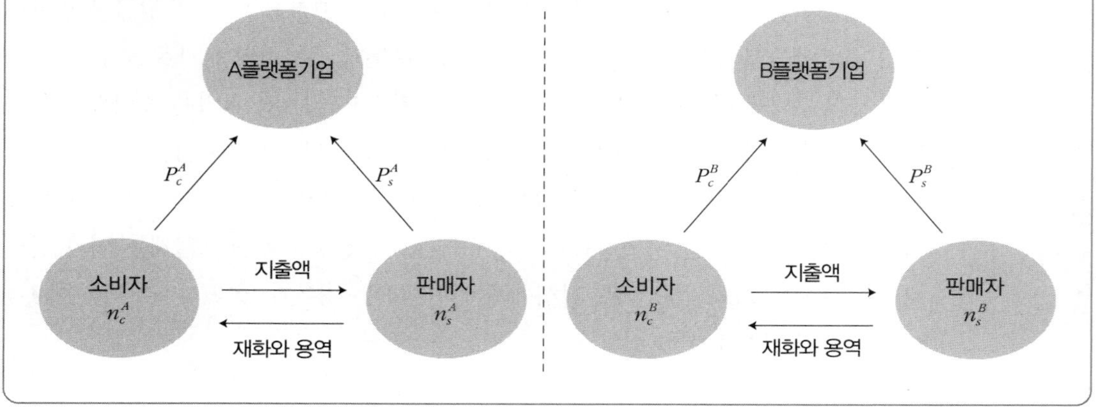

업의 두 집단에 대한 이윤극대화 가격은 다음과 같이 도출된다;([부록2] 참조)

$$P_c = C_c + t_c - e_s,\ P_s = C_s + t_s - e_c.$$

여기서 t_c와 t_s는 호텔링 선형도시 모형에서 이용하는 교통비용 또는 제품차별화(또는 경쟁정도)를 나타내는 모수이다. P_c는 A와 B플랫폼기업의 대칭적 소비자 가격($P_c^A = P_c^B$)이며 소비자에 대한 한계비용과 제품차별화 모수의 합($C_c + t_c$)과 교차망외부성 정도(e_s)의 차이이다. 판매자 가격도 유사하게 해석한다. 이 결과에 따르면 플랫폼기업은 한 집단(예, 소비자)에 대한 한계비용이나 제품차별화가 낮거나 교차망외부성이 높은 경우에 가격은 영이거나 음수일 수 있다. 플랫폼 독점기업의 전략과 유사하다는 해석이 가능하다. [부록2]에서 보듯이 플랫폼 과점시장의 가격은 다음과 같이 가격탄력도로 전환할 수 있다;

$$\frac{P_c - (C_c - 2e_s n_s)}{P_c} = \frac{1}{E_c},\quad \frac{P_s - (C_s - 2e_c n_c)}{P_s} = \frac{1}{E_s}. \tag{17-2}$$

플랫폼 과점기업들도 플랫폼 독점기업과 같이 가격탄력도가 높은 집단에 낮은 가격을 부과한다(식 (17-1)과 식 (17-2)를 비교). 그러나 플랫폼 과점기업들은 플랫폼 독점기업보다 교차망외부성 혜택($e_s n_s$ 또는 $e_c n_c$)에 2배 더 높은 가중치를 부여한다.

이제 복수가입을 고려해 보자. 복수가입은 다양한 시장구조가 있기 때문에 한 집단(소비자)은 단일가입을 하고 다른 집단(판매자)은 복수가입하는 구조를 소개한다. 대부분의 소비자는 한 가지 신문을 구독하나, 광고주들은 여러 신문에 광고를 싣는 경우를 고려할 수 있다. 암스트롱(2006)은 이와 같은 시장구조를 '경쟁적 병목'(competitive bottlenecks)이라고 했다. 이 구조에서 플랫폼 기업들은 단일가입하는 소비자를 확보하기 위해서 가격을 한계비용이나 그 이하 또는 무료로 설정하여 치열한 경쟁을 펼친다. 판매자는 플랫폼기업에 가입해야만 판매하는 절박감이 있는데 비해서 플랫폼기업은 복수가입하는 판매자에게 경쟁할 필요가 없으므로 이들에게 높은 가격을 부과한다. 플랫폼기업은 복수가입하는 판매자집단으로부터 초과이윤을 얻지만 단일가입하는 집단에게 이를 이전(이들에게 낮은 가격이나 보조금 지급)하기 때문에 이윤은 낮아진다.

양면시장에서 소비자들이 복수가입을 하고 판매자들도 복수가입하는 경우를 많이 발견할 수 있다. 소비자는 여러 개의 신용카드를 보유(즉, 플랫폼기업인 신용카드사에 복수가입)하며, 대부분의 가맹점(판매자)도 많은 종류의 신용카드(복수가입)를 받는다. 모든 가맹점들이 모든 신용카드사에 복수가입한다면, 소비자는 단 하나의 신용카드만 보유(단일가입)해도 어느 가맹점에서나 지불시스템을 이용할 수 있다.

제2절 | 양면시장 예시

양면시장은 최근 정보통신기술산업에서 부상하는 분야이다. 플랫폼기업으로 많은 벤처 창업이 관찰된다. 국내외 성공적인 기업 중에서 6개를 소개하며, 다양한 시장에서 플랫폼기업과 참여자를 〈표 17-1〉에 정리하였다. ① 우버(uber)는 캐러닉과 캠프(Kalanick and Camp)가 2009년 미국 샌프란시스코에서 창업하여 2010년부터 서비스를 제공하였다. 스마트폰에 기반한 앱을 제공하여 자가용 서비스 수요자(승객)와 승용차를 소유한 운전기사의 거래를 가능하게 해 주었다. 우버는 기사로부터 지불 요금의 일정 비율(약 20~30%)을 수수료로 지급받는다. 2023년 약 70개 국가 10,500개 도시에서 영업 중이다. 우리나라에서는 법률 문제로 인해서 영업을 하지 않고 있다. 안전, 신뢰성, 서비스 수준을 유지하기 위해서 승객에 의한 운전자의 평가와 운전자에 의한 승객의 평가를 동시에 실시하여 기준에 어긋나는 승객이나 운전자는 가입을 철회하는 제도를 운영하고 있다.

② 에어비앤비(airbnb)는 2008년 체스키, 지비아, 블레차크직(Chesky, Gebbia, and Blecharczyk)이 미국 샌프란시스코에서 숙소 대여를 위한 여행업으로 창업하였다. 에어비엔비는 스마트폰이나 인터넷으로 숙소를 임대하는 숙소 주인(host)과 여행객(guest)을 연결해주는 프로그램을 개발하여 플랫폼기업으로 사업을 하고 있다. 에어비엔비는 숙소 주인에게 약 3%, 여행객에게는 방값에 따라서 6~12%의 수수료를 부과하는 것으로 알려져 있다. 약 220개국 10만 개 도시에서 숙소가 제공된다. 전 세계에서 운영되는 숙소는 약 660만 개, 호스트 수는 약 440만 명 이상이다. (2022년 12월 31일 기준, airbnb 홈페이지) 우버와 에어비엔비는 정보통신기술을 이용한 성공적인 창업 사례로 인용되고 있으나 두 기업에 대한 찬반 논쟁은 치열하다.

③ 직방은 원룸이나 아파트 등을 구하는 임차인과 세를 놓을 임대인을 앱을 통해 연결해 주는 플랫폼기업이다. 2012년 1월 서비스를 시작하였다. 사용자들은 직방 앱을 통해서 원하는 매물이 있으면 공인중개사를 직접 찾아가서 계약서를 작성한다. 직방은 공인중개사들이 매물을 올릴 때 수수료를 받아 이윤을 얻는다. 공시 매물에 대한 신뢰도가 중요하므로 허위 매물을 올리는 부동산 중개업소 퇴출제,

소비자 피해 보상제, 소비자가 중개업소를 평가하는 '클린 피드백' 제도 등을 시행하고 있다.[3]

④ 카카오택시는 스마트폰 앱으로 택시를 호출하는 서비스를 제공하는 플랫폼기업이다. 택시기사와 승객은 카카오택시 앱을 내려받아 설치한다. 승객이 출발지점과 도착지점을 입력하면 근방의 기사들의 앱에 이 호출이 뜨게 되며 가장 먼저 응한 기사가 승객을 태울 수 있는 시스템이다. 2015년 3월 31일 서비스를 시작하였다. 카카오택시는 기사나 승객 어느 쪽으로부터도 수수료를 받지 않고 있다. 카카오택시 앱은 O2O(online to offline)의 하나로 스마트폰을 이용하여 온라인과 오프라인을 결합하여 원하는 재화나 서비스를 제공받을 수 있는 방식으로 위 직방처럼 시장을 세분화 하여 사업을 창출한 것으로 볼 수 있다.[4]

⑤ 강남언니는 성형수술과 피부시술 정보를 제공하는 앱으로 플랫폼기업이다. 공급자집단으로서 성형외과와 피부과 병의원이 입점하여 자신들의 장비와 의료진 등의 정보를 제공하고, 소비자집단인 이용자들은 자신의 사진을 올려서 상담을 받을 수 있다. 성형이나 미용 관련 정보 불균형을 해소하여 소비자가 원하는 병의원을 찾도록 돕는다. 2015년 서비스를 시작하였다. 병의원 입점료(수수료)는 받지 않고 있으며 광고 수입에 의존한다. 일본, 중국, 싱가포르 등으로 사업을 확장하고 있다. (강남언니 홈페이지 참고, 2023. 6. 12)

⑥ 로톡(lawtalk)은 법률 서비스가 필요한 소송 의뢰인(소비자 집단)과 변호사(공급자 집단)를 연결시키는 법률 플랫폼이다. 2014년 서비스를 시작했다. 로톡 앱이나 홈페이지에 무료 상담, 24시간 상담, 방문 상담. 분야별 상담을 받을 수 있고 입점한 변호사를 선택한다. "갑작스러운 법률문제"가 발생하는 경우에 앱으로 정보를 제공받을 수 있다. (로톡 홈페이지, 2023. 6. 12)

〈표 17-1〉에 다양한 양면시장과 이 시장에서 사업하는 플랫폼기업, 소비자집단과 판매자 집단을 요약하였다. 〈표 17-1〉에서 * 표시는 수수료 면제(무료)되거나 보조금을 받는 집단이다. 수수료 부과 대상 집단은 사업체 별로 다를 수도 있고 잘 알려지지 않은 경우도 있어서 실제와 상이할 수도 있다. 위키피디아는 기부금으로 운영하는 비영리 기업이다. 이노센티브는 영리기업으로 문제 의뢰인이 수수료(또는 상금)를 내고 선택된 아이디어 제안자에게 일정 금액을 지급한다. 이 두 기업은 모두 크라우드소싱(crowd-sourcing)이라 할 수 있는 집단지성(collective intelligence)

---

3) 강동철, "누구나 한 번에 딱 맞는 집 찾도록 신뢰도 높은 부동산 정보 제공에 집중," 「조선일보」, D2, 2015년 12월 18일.

4) 이길성, "2015 ISSUE 10," 「조선일보」, D1, 2015년 12월 18일.

표 17-1 양면시장 요약

시 장	플랫폼기업	소비자	판매자
결제시장	신용카드사(카드 발급은행)	카드 가입자*	가맹점
모바일 결제시장	애플페이, 삼성페이, 알리페이, 카카오페이, 구글월렛	가입자*	가맹점
부동산시장	부동산소개업자	주택 구매자, 임차인	주택 판매자, 임대인
온라인부동산시장	직방, 다방	임차인	임대인, 부동산소개업자
신문방송 매체	신문사	구독자*	광고주
인터넷 포털	네이버, 구글	이용자*	광고주
문서작성	아도비(Adobe)	PDF 구독자*	PDF 작성자
남녀 만남	틴더, 매치닷컴; 클럽	남 녀*	남 녀
결혼중매	듀오	남* 녀	남 녀
SNS	카카오톡, 네이버 밴드, 메타(구 facebook)	가입자*	광고주
온라인 음식주문	배달의 민족, 요기요, 배달통	음식주문자*	음식점
스마트폰 OS	애플iOS, 구글Android	스마트폰가입자	앱개발사*
스마트폰 앱	애플 앱스토어, 구글 플레이	앱 구매자	앱 개발자
쇼핑몰, 아웃렛	신세계백화점, 현대백화점	구매자	입점주
온라인 오픈마켓	11번가, 인터파크 등	구매자	온라인 상점
온라인 경매(장터)	이베이, 자유게시판 장터	구매자	판매자
승용차서비스	우버(uber)	자가용 서비스 수요자	자가용 서비스 공급자
택시호출 서비스	카카오택시, T맵택시, 콜택시	승객	택시기사
웹기반 백과사전	위키피디아(wikipedia)	지식 이용자	지식 입력자
문제 집단해결 포털	이노센티브(InnoCentive)	아이디어제안자	문제 의뢰인(기업)
여행서비스	에어비앤비(airbnb)	숙소 이용자	숙소 공급자
	익스피디어(Expedia)	숙소, 비행기, 렌트카 이용자	숙소 등 여행 서비스 공급자
성형수술, 피부시술	강남언니	성형수술, 피부시술 이용자	성형외과, 피부과 병의원
법률서비스	로톡, 로앤굿	소송의뢰인	변호사

또는 협업(collaborative)지성에 의해서 운영되는 특징이 있다.

아마 독자 중에는 쇼핑몰이 양면시장이라면 이마트나 슈퍼마켓도 양면시장이 아닌가? 또는 심지어 노동자가 생산한 제품을 소비자에게 판매하는 일반 기업들도 양면시장이 아닌가? 하는 의문을 가질 수도 있다. 이마트나 슈퍼마켓은 재화와 용역을 구매해서 이를 소비자에게 판매하고, 일반 기업들은 노동을 고용하여 생산된 제품을 판매하는 것이 본업이다. 두 개의 별도의 집단을 중개하는 것이 아니므로 양면시장이 아니며 플랫폼기업도 아니다. 백화점은 가맹점과 직영 판매 부서를 같이 운영하는데, 가맹점 측에서는 양면시장이고, 직영 판매 부서 측에서 볼 때는 양면시장이 아니다.

제3절 | 다면시장(multi-sided market)

플랫폼기업에 가입하는 집단이 두 개인 경우를 양면시장이라고 하였다. 가입하는 집단이 두 개 또는 그 이상인 시장구조를 다면시장이라고 한다. 플랫폼기업에 소비자, 판매자, 광고주가 가입하고, 세 집단이 거래를 하면 삼면시장이라 할 수 있다. 페이스북(현재 메타)은 처음에는 사용자라는 한 개 집단으로 시작했으나, 현재는 앱 개발자, 광고주, 페이스북 커넥트(다른 사이트에 회원으로 가입하는 경우에 페이스북 계정을 이용하는 서비스) 등 네 개의 집단이 거래하고 있다. 플랫폼기업이 가입할 집단(면)을 늘리는 것은 수익 창출을 위한 비즈니스 모형으로 간주될 수 있다. 그러나 많을수록 무조건 좋은 것은 아니며 플랫폼기업이 사업 면을 얼마나 적절히 나눌 수 있는지에 달려 있다. 웨일(Weyl, 2010)은 참여자의 소득과 규모 등을 이질성에 따라 구분하여 면을 나눌 수 있음을 보이고 있다.

제4절 | 망중립성(Net Neutrality)

망중립성은 유무선 통신사(인터넷 서비스 공급자, 망사업자)가 콘텐츠 사업자와 이용자, 이동통신 기기 사업자, 인터넷 주소 보유자 등 트래픽을 유발하는 모든 주체에 망 접근을 자유롭게 허용하고 동일한 가격을 부과해야 한다는 원칙을 말한다(Wu, 2003). 양면시장으로 분석하자면 통신사는 플랫폼기업, 통신사 인터넷으로 영화나 유튜브 콘텐츠 등을 공급하는 넷플릭스, 유튜브, 구글 등의 콘텐츠 사업자는 판매자 집단, 통신사에 가입하여 (유무선) 인터넷으로 콘텐츠를 구독(넷플릭스 영화, 유튜브 등)하는 이용자는 소비자 집단으로 볼 수 있다. 미국에서 망중립성 유지와 폐지에 대한 치열한 논쟁은 법적으로 인터넷서비스를 "공공 설비"로 간주할 것인지 아니면 "정보 서비스"로 간주할 것인지 달려 있다. 전자의 경우에 인터넷 서비스 공급자는 망중립성을 실시해야 하고 후자의 경우에는 망중립성 적용을 폐지하고 가격차별을 실시할 수 있다. 2023년 현재는 망중립성을 유지하고 있다. 미국에서 일반적으로 인터넷 서비스 공급자는 망중립성을 반대하나, 콘텐츠 사업자들은 망중립성 원칙을 지지하고 있다. 그러나 넷플릭스 등과 같은 콘텐츠 공급자들의 동영상(streaming)은 망을 집중적으로 사용하기 때문에 다른 사업자와 소비자의 망 접속 속도를 저하시키고 있는 것은 사실이다. 인터넷 서비스 공급자와 콘텐츠 사업자간 개별 계약을 통해서 가격차별을 수용하는 경우도 발견된다.

우리나라의 유선 통신사(초고속 인터넷 서비스 공급자)는 KT, SKB(SK Broadband, SK 초고속 통신망), LGU+ 등이 있다. 콘텐츠 사업자는 미국의 넷플릭스, 디즈니플러스, 구글 등과 국내 티빙, 웨이브(wave), 네이버 등이 있다. 넷플릭스, 디즈니플러스, 웨이브 등과 같이 영상을 streaming으로 공급하는 기업들을 OTT(Over-The-Top) 산업이라 한다. 문제가 불거진 것은 코로나 감염증 기간(2020년 초 이후)에 OTT 구독자 폭증으로 망 통신에 부하가 발생하여 속도가 느려졌다는 점이다.[5] 이는 중소 OTT 사업자뿐만 아니라 포털 사업자와 소비자에 불편과 비용을 전가하고 있다. 통신사는 네이버 등의 콘텐츠 공급자로부터 망 사용료를 받고 있었으나 넷플릭스는 우리나라에서 사업 이후 망사용료 지불을 거부하고 있다. 이에 SK브로드밴드는 망사용료 지급을 독촉하자 넷플릭스는 오히려 법원에 "채무부존재 확인 소송"을 제기했고, 2021년 6월 법원은 "넷플릭스가 망 사용료를 지급하는 것이 타당"하다는 판결을 내렸다. 그럼에도 넷플릭스가 망 사용료 지급 협상에 응하지 않자 SK브로드밴드는 2021년 9월 넷플릭스에 지난 3년간 전용회선 이용대가 지급에 대한 소송을 제기했다. (2023년까지 판결이 나오지는 않았다.) 우리나라에서 이전까지 네이버와 아프리카 TV 등 콘텐츠 사업자들은 망 사용료를 차별적으로 지급하고 있었으며, 심지어 통신자는 망 속도 등을 차별하여 적용하였다. 우리나라에서 넷플릭스가 망사용료 지급을 거부하는 또 다른 이유 중의 하나는 콘텐츠가 해외 망을 통하여 국내에 들어온다는 점을 들고 있다. 우리나라에서는 넷플릭스가 망중립성 논쟁을 유발한 측면이 있으며 현재는 법안을 마련 중이다.

---

5) SK브로드밴드에 따르면 넷플릭스가 SK브로드밴드 통신망을 이용하면서 발생하는 트랙픽이 2018년 5월 50Gbps(초당 50기가비트)에서 2021년 9월에는 1,200Gbps로 약 24배로 폭증했다. (조선일보, 2021년 9월 30일)

망중립성을 찬성하는 측(콘텐츠 사업자)의 주장은 다음과 같다: 1) 망사업자(통신사)는 망중립성에 따라 망의 공공성을 제공해야 한다. 2) 표현의 자유와 민주적 참여를 보장하고 경쟁과 혁신을 발현한다. 3) 통신사는 컨텐츠 사업자 덕분에 이용자들로부터 통신료를 이미 받고 있으니 컨텐츠 사업자로부터 이중 청구로 부당 이득을 챙겨서는 안 된다. 4) 망중립성을 지키지 않는 경우 망사업자는 일부 콘텐츠 사업자에게 고의로 속도를 저하시킬 수 있는데 이는 부당하다.

망중립성을 반대하는 측(통신사 등)의 주장은 다음과 같다: 1) 네이버, 아프리카TV등은 이미 망사용료를 지급하고 있으므로 넷플릭스 등의 콘텐츠 사업자도 망사용료를 지급해야 한다. 2) OTT 등 대용량 콘텐츠와 스마트폰 확산으로 망 교통이 증가하고 이는 저용량 사업자와 일반 소비자에 불편과 비용을 초래하고 있으므로 망 부하를 유발하는 콘텐츠 사업자는 비용을 더 많이 부담해야 한다. 3) 외국 콘텐츠 사업자에게도 과금해야 한다. 4) 망중립성으로 망 설비에 대한 투자가 감소하여 혁신에 저해 요인이 된다.

2023년 현재 우리나라와 EU 등은 OTT산업에 망사용료를 부과하는 법안을 심의 중에 있다.

제 5 절 | 양면시장에 대한 평가와 논쟁

양면시장에서 플랫폼기업은 거래비용이 높아서 거래가 어려운 두 집단(소비자와 판매자)를 중개해 주므로 사회적 비용을 낮춘다. 두 집단에게 잉여를, 플랫폼기업에게는 이윤을 창출한다. 플랫폼 독점이나 과점시장에서 사중손실이 발생하지만 이는 양면시장이 형성되지 않았을 경우와 비교하여 양면시장에서 사회후생은 더 크다고 할 수 있다. 단면시장과 비교하여 교차망외부성으로 인하여 양면시장에서 균형 가격은 낮아지며, 플랫폼기업의 이윤도 낮아진다.[6] 새로운 플랫폼기업들이 기존의 거래 단계에 정보통신기술을 적용하여 양면시장을 조성하는 것은 일자리 창출뿐만 아니라 효율성 향상과 사회후생의 증진에 기여하는 측면이 있다.

양면시장의 공과에 대한 논쟁은 주로 우버와 에어비앤비와 같은 공유경제에 집중되어 있다. 1) 먼저 공유경제에 대한 찬성 의견을 소개한다. ① 양면시장에 의한 새로운 서비스는 소비자의 선택의 폭을 넓혀주는 계기가 된다. 우버는 소비자로

6) 단면시장의 판매자(기업) 이윤과 양면시장의 플랫폼기업의 이윤을 비교할 때 이 결과가 나온다.

하여금 다양한 형태의 자동차를 이용하고 스마트폰을 이용한 편의성을 제공한다. 에어비앤비는 별장과 같은 고급 주택뿐만 아니라 도심의 지하철역 근처의 쪽방도 이용하게 한다. 우버의 경우 자동차를 소유한 소비자가 여유 시간이 있을 때 필요로 하는 다른 소비자에게 자동차 서비스를 공급하고, 에어비엔비의 경우 거주공간을 보유한 소비자가 여행객 등 다른 사람에게 숙박 서비스를 공급한다. ② 이는 '소유' 개념을 '공유'로 전환하고 소비패턴을 더 합리적이고 효율적으로 향상시킬 수 있다. ③ 공급자들은 일반적으로 저소득층인데 이들에게 일자리와 추가 소득을 얻을 기회를 제공한다. 2) 그러나 이에 대한 반론도 만만치 않다. ① 택시의 경우 운행 면허와 보험 등이 요구되는데 우버 자동차 운전기사는 무면허로 영업을 하므로 위법하다는 의견이 있다. 또한 사고 발생시 보상에 대한 처리가 택시만큼 분명하지 않기 때문에 승객이 피해를 볼 수 있다. 위법 해석과 반대 시위 등으로 우리나라를 포함하여 스페인, 독일, 프랑스, 네덜란드 등에서 영업이 정지된 상태이다. ② 우버 자동차 서비스 공급자는 독립 계약직이라고 하나 실질적으로 비정규직이기 때문에 복지 혜택이 미진하고 결국 영세민의 증가와 고착화로 이어질 수도 있다. 미국 연방정부 노동부는 우버 운전자가 '경제적으로 종속적'이기 때문에 독립계약자로 분류해서는 안 되며 노동자로 분류하여 우버가 각종 복지혜택을 제공해야 한다는 지침을 발표한 바 있다. ③ 우버와 에어비앤비 공급자들이 세금을 내지 않는다는 사실도 경쟁업체로부터 불공정한 것으로 비판받고 있다. ④ 공유경제에서 돈을 버는 것은 플랫폼기업(앱 기업)이며, 서비스 공급자(우버 자동차 운전기사와 에어비앤비 숙소 제공자) 몫은 적기 때문에 소득 재분배가 불공평하다는 주장도 제기되고 있다. 그러나 종합적으로 볼 때 플랫폼기업은 새로운 사업모형으로 긍정적인 측면이 더 많다는 것을 부정할 수 없다.

우리나라에서 기존산업과 플랫폼 산업간 갈등은 혁신을 저해하고 있다. 플랫폼기업은 혁신을 달성하여 효율성과 사회후생을 증진시킬 수 있다. 공인중개사협회는 공인중개사들에게 직방 등 부동산 중개 플랫폼을 이용하지 않도록 강요하여 공정거래법 제51조(사업자단체 금지행위) 위반 혐의를 받고 있다. 강남언니는 의사협회로부터 의료법 위반인 '환자 알선 행위'로 보는 의사협회와 갈등을 빚고 있다. 대한변호사협회는 변호사의 로톡 가입을 막는 "변호사에 대한 광고 규정"을 개정하여 급속도로 변호사들이 로톡에서 떨어져 나가게 하고 있다. 2022년 5월 헌법재판소는 이 규정에 대해서 위헌 결정을 내렸다. 스타트업으로 혁신을 위한 플랫폼기업에 대한 기존산업의 반발은 혁신을 주저 앉히고 기득권의 이익을 지키고 있다. 그 과정에서 일부 정치인들의 기득권에 기대는 일은 우리나라의 혁신을 가로 막는 또 다른 장애요인이기도 하다.

양면시장에 대해서 마지막으로 언급할 것은 '간접 망외부성'과의 관계이다. 두 연구 주제는 플랫폼기업에 가입하는 참여자 집단의 행동을 분석한 것으로 연구 대상은 동일하다고 평가된다. 차이점은 간접 망외부성은 다른 참여자 집단의 활동을 주어진 것으로 보고 한 참여자 집단을 분석한 것인데 비해서 양면시장은 두 참여자 집단의 행동을 동시에 분석한 것이다.

연 | 습 | 문 | 제

>>> Theory of Industrial Organization

1. 〈표17-1〉을 고려하시오. 이 표에 포함되지 않은 양면시장의 예를 두 가지 들고 그 시장에서 플랫폼기업, 참여자를 나열하고 설명하시오. 소비자와 판매자 중에서 가입비를 누가 얼마나 내는가? (또는 안 내거나, 보조금(사은품)을 받는가?) 또한, 이 표에서 두 가지 양면시장을 선택하고 각 시장에 추가할 수 있는 플랫폼기업 예를 들고 설명하시오. 소비자와 판매자 중에서 누가 얼마나 가입비를 내는가? (또는 안 내거나, 보조금(사은품)을 받는가?)

2. (이 문제는 부록 2를 공부한 후에 시도 권장) 두 플랫폼기업($i=1,2$)과 이에 가입하여 소비자와 판매자가 거래하는 양면시장을 고려하시오. 각 플랫폼기업은 길이가 1인 선형도시의 양 끝점에 위치한다. 소비자 수와 판매자 수는 각각 1이다. 한 소비자가 플랫폼기업i에 가입하면 그 플랫폼기업에 가입한 판매자 규모(판매자 수요, n_s^i)로부터 $b_c n_s^i$ 크기의 교차망외부성을 얻는다. 판매자는 각 플랫폼기업에 가입한 소비자 규모(소비자 수요, n_c^i)로부터 $b_s n_c^i$의 교차망외부성을 얻는다. $b_j(j=c, s)$는 소비자가 플랫폼기업i로부터 얻는 교차망외부성 정도이다. 시장수요는 두 이용자 수요의 합과 같다고 가정하여 $n_c^1+n_c^2=1$과 $n_s^1+n_s^2=1$이 된다. 소비자가 플랫폼기업에 가입하는 데는 거리 단위 당 t_c의 교통비용이 소요된다. $x(\in[0,1])$에 위치하는 소비자가 플랫폼기업1에 가입하면 $t_c x$의 교통비용, 플랫폼기업2에 가입하면 $t_c(1-x)$의 교통비용이 소요된다. 판매자는 t_s의 교통비용이 소요되며 y에 위치하는 판매자가 플랫폼기업1 또는 2에 가입하기 위해서는 $t_s y$와 $t_s(1-y)$의 교통비용이 소요된다. 모든 이용자는 플랫폼기업1과 2에 대해서 싱글호밍을 가정한다. 교통비용이 교차망외부성 보다 크고 ($t_j>b_j(j=c, s)$), 플랫폼기업 이윤함수의 오목성을 위해서 $4t_c t_s-(b_c+b_s)^2>0$을 가정한다. 플랫폼기업은 소비자와 판매자에게 각각 P_j^i의 수수료를 부과한다. 각 플랫폼기업이 소비자에게 제공하는 서비스에는 C_c, 판매자에게는 C_s의 일정한 한계비용이 발생한다.

각 플랫폼기업에 가입하는 소비자 순효용은 다음과 같다; $V_c^1=b_c n_s^1-P_c^1-t_c x$; $V_c^2=b_c n_s^2-P_c^2-t_c(1-x)$. 각 플랫폼기업에 가입하는 판매자 순효용은 다음과 같다; $V_s^1=b_s n_c^1-P_s^1-t_s y$; $V_s^2=b_s n_c^2-P_s^2-t_s(1-y)$.

1) 플랫폼기업에 대한 각 가입자의 수요가 다음과 같음을 보이시오.

① $n_c^1=\frac{1}{2}-\frac{1}{2A}(t_s(P_c^1-P_c^2)+b_c(P_s^1-P_s^2))$; $n_c^2=1-n_c^1$.

② $n_s^1=\frac{1}{2}-\frac{1}{2A}(b_s(P_c^1-P_c^2)+t_c(P_s^1-P_s^2))$; $n_s^2=1-n_s^1$. 여기서 $A=t_c t_s-b_c b_s>0$.

2) 플랫폼기업1과 2의 이윤함수는 다음과 같다:

$\Pi^1=(P_c^1-C_c)n_c^1+(P_s^1-C_s)n_s^1$; $\Pi^2=(P_c^2-C_c)n_c^2+(P_s^2-C_s)n_s^2$.

플랫폼기업1과 2의 이윤극대화 1차 조건을 통하여 다음을 보이시오.

① $P_c^1=P_c^2=P_c^*=t_c+C_c-b_s$. ② $P_s^1=P_s^2=P_s^*=t_s+C_s-b_c$.

3) 위 결과에서 어떤 경우에 소비자 균형 가격(P_c^*)이 양수, 음수, 영인가? 또한 어떤 경우에 판매자 균형 가격(P_s^*)이 양수, 음수, 영인가?

3. 인터넷 서비스를 제공하는 독점 플랫폼(예로, KT)을 고려하시오. 플랫폼에는 소비자와 콘텐츠를 공급하는 공급업자(T: 네이버, 구글, 아마존 등)가 가입한다. 소비자는 영에서 1까지 균등 분포되어 있다. 영에서 1 사이의 중간에 위치하는 x_i 소비자의 순효용은 다음과 같다; $U_i = v + bn_T - tx_i - p$. 여기서, v는 기본효용, b는 콘텐츠로부터 얻는 교차 망외부성 정도, n_T는 콘텐츠 공급자 숫자(수요), t는 단위 거리에 대한 교통비용, p는 소비자 가입비이다. 콘텐츠 공급자는 영에서 1까지 균등 분포되어 있다. 영에서 1 사이의 중간에 위치하는 y_j 공급자의 이윤은 다음과 같다; $\pi_j = an_B - fy_j - s$. 여기서, a는 가입자로부터 얻는 교차 망외부성 정도, n_B는 소비자 숫자(수요), f는 공급자 y_j의 고정비용, s는 콘텐츠 공급자의 수수료이다. 독점 플랫폼은 영의 지점에 위치하고 있다. 소비자에 대한 한계비용은 c이나, 콘텐츠 공급자에 대한 한계비용은 영이다.

1) 소비자와 콘텐츠 공급자 수요($n_B(p, s)$, $n_T(p, s)$)를 도출하시오.
2) 독점 플랫폼 이윤은 다음과 같다; $\Pi(p, s) = (p-c)n_B(p, s) + sn_T(p, s)$. 독점 플랫폼의 이윤극대화 소비자 가입비와 콘텐츠 공급자 수수료를 도출하시오. 독점 플랫폼 이윤을 계산하시오.
3) 망중립성(net neutrality) 정책에 의해서 공급자 수수료를 면제(즉, $s=0$)한다고 하자. 소비자 가입비, 소비자와 콘텐츠 공급자 수요, 독점 플랫폼 이윤을 도출하시오. 위 2)의 결과와 비교-설명하시오.

부록 1 | 플랫폼 독점시장 균형(암스트롱(2006) 참조)

독점 플랫폼기업의 이윤함수는 다음과 같다;

$$\pi=(e_c f_s(u_s)-u_c-C_c)f_c(u_c)+(e_s f_c(u_c)-u_s-C_s)f_s(u_s).$$

각 순효용에 대한 이윤극대화 1차조건은 다음과 같다;

$$\frac{\partial\pi}{\partial u_c}=-f_c(u_c)+(e_c f_s(u_s)-u_c-C_c)f_c'(u_c)+e_s f_c'(u_c)f_s(u_s)=0, \quad (A17-1)$$

$$\frac{\partial\pi}{\partial u_s}=e_c f_s'(u_s)f_c(u_c)-f_s(u_s)+(e_s f_c(u_c)-u_s-C_s)f_s'(u_c)=0. \quad (A17-2)$$

식(A17−1)을 $f_c'(u_c)$로 나눈 후에 $e_c f_s(u_s)-u_c=P_c$와 $e_s f_s(u_s)=e_s n_s$를 대입하고, 식(A17−2)를 $f_s'(u_s)$로 나눈 후에 $e_s f_c(u_c)-u_s=P_s$와 $e_c f_c(u_c)=e_c n_c$를 대입하면, 플랫폼기업의 이윤극대화 수수료는 다음과 같다;

$$P_c^m=C_c+\frac{f_c(u_c)}{f_c'(u_c)}-e_s n_s,\ P_s^m=C_s+\frac{f_s(u_s)}{f_s'(u_s)}-e_c n_c. \quad (A17-3)$$

상대방 수요를 주어진 것으로 하면 한 집단의 수요의 가격탄력도는 다음과 같이 정의할 수 있다;

$$E_c(P_c^m;n_s)=-\frac{P_c^m f_c'(e_c n_s-P_c^m)}{f_c(e_c-P_c^m)},\ E_s(P_s^m;n_c)=-\frac{P_s^m f_s'(e_s n_c-P_s^m)}{f_s(e_s-P_s^m)}.$$

이 식을 식(A17−3)에 대입하면 아래와 같이 러너지수를 얻는다;

$$\frac{P_c^m-(C_c-e_s n_s)}{P_c^m}=\frac{1}{E_c(P_c^m;n_s)},\ \frac{P_s^m-(C_s-e_c n_c)}{P_s^m}=\frac{1}{E_s(P_s^m;n_c)}.$$

부록 2 | 플랫폼 과점시장 균형(암스트롱(2006) 참조)

플랫폼 과점시장에서 두 집단이 모두 단일가입하는 경우를 분석한다. $i(=A, B)$ 플랫폼기업에 가입하는 소비자와 판매자 순효용은 다음과 같다;

$$u_c^i = e_c n_s^i - P_c^i,\ u_s^i = e_s n_c^i - P_s^i. \qquad \text{(A17-4)}$$

호텔링 선형도시 모형(제9장 참조)을 이용하여 플랫폼기업에 가입하는 두 집단의 수요($n_j^i(i=A, B, j=c, s)$)를 도출하자. 두 플랫폼기업은 직선의 양 끝(영과 1)에 위치하며 각 집단은 이 사이에 균등분포하고 있다. 소비자에게 각각 u_c^A와 u_c^B의 순효용을, 판매자에게는 각각 u_s^A와 u_s^B의 순효용을 제안한다고 하자. 영과 1 사이의 x에 위치한 소비자는 A플랫폼기업에 가입하는 경우에 $V_c - t_c x + u_c^A$의 효용을, B플랫폼기업에 가입하는 경우에 $V_c - t_c(1-x) + u_c^B$의 효용을 얻는다고 하자. 여기서, V_c는 소비자가 어느 기업에 가입하던 얻는 동일한 기본 효용이며, t_c는 이동하는 거리 단위당 교통비용이다. 거리 단위당 교통비용은 두 기업의 제품차별화 모수로 해석한다. 한계소비자는 $\hat{x} = \frac{1}{2} + \frac{u_c^A - u_c^B}{2t_c}$이므로 플랫폼기업에 가입하는 소비자 숫자($n_c^A$)는 $\hat{x}$이며, B플랫폼기업에 가입하는 소비자 숫자(n_c^B)는 $1-\hat{x}$이다.

영과 1 사이의 y에 위치한 판매자는 A플랫폼기업에 가입하는 경우에 $V_s - t_s y - u_s^A$의 효용을, B플랫폼기업에 가입하는 경우에 $V_s - t_s(1-y) - u_s^B$의 효용을 얻는다고 하자. (여기서 V_s는 판매자가 어느 기업에 가입하던 얻게 되는 동일한 기본 효용이며, t_s는 이동하는 거리 단위당 교통비용이다.) 한계판매자는 $\hat{y} = \frac{1}{2} + \frac{u_s^A - u_s^B}{2t_s}$이므로 A플랫폼기업에 가입하는 판매자 숫자($n_s^A$)는 $\hat{y}$이며, B플랫폼기업에 가입하는 판매자 숫자(n_s^B)는 $1-\hat{y}$이다. 따라서 i플랫폼기업에 가입하는 각 집단의 숫자는 다음과 같다;

$$n_c^i = \frac{1}{2} + \frac{u_c^i - u_c^j}{2t_c},\ n_s^i = \frac{1}{2} + \frac{u_s^i - u_s^j}{2t_s}. \qquad \text{(A17-5)}$$

식(A17-4)와 (A17-5), 그리고 $n_j^A + n_j^B = 1$을 이용하면 플랫폼기업에 대한 각 집단의 숫자는 다음과 같다;

$$n_c^i = \frac{1}{2} + \frac{e_c(2n_s^i - 1) - (P_c^i - P_c^k)}{2t_c},\ n_s^i = \frac{1}{2} + \frac{e_s(2n_c^i - 1) - (P_s^i - P_s^k)}{2t_c}. \qquad \text{(A17-6)}$$

여기서 상첨자 i, $k = A$, $B(k \neq i)$이다.

식(A17−6)에서 각 집단의 플랫폼기업에 대한 수요함수는 다음과 같다;

$$n_c^i = \frac{1}{2} + \frac{e_c(P_s^k - P_s^i) + t_s(P_c^k - P_c^i)}{2(t_c t_s - e_c e_s)},\ n_s^i = \frac{1}{2} + \frac{e_s(P_c^k - P_c^i) + t_c(P_s^k - P_s^i)}{2(t_c t_s - e_c e_s)}. \qquad \text{(A17−7)}$$

균형이 존재하기 위한 필요충분 조건은 $4t_c t_s - (e_c + e_s)^2 > 0$을 가정하므로 $t_c t_s - e_c e_s > 0$이다. 또한, 내부해를 위해서 $t_c > e_c$와 $t_s > e_s$를 가정한다.

$i(=A, B)$ 플랫폼기업의 이윤은 다음과 같다;

$$\Pi^i = (P_c^i - C_c)n_c^i + (P_s^i - C_s)n_s^i. \qquad \text{(A17−8)}$$

여기서 n_c^i와 n_s^i는 식(A17−7)이다.

이윤극대화 조건식은 네 개($\frac{\partial \Pi^A}{\partial P_c^A} = 0,\ \frac{\partial \Pi^A}{\partial P_s^A} = 0,\ \frac{\partial \Pi^B}{\partial P_c^B} \partial = 0,\ \frac{\partial \Pi^B}{\partial P_s^B} = 0$)이나 각 기업의 소비자에 대한 한계비용이 동일하고 수요가 대칭적이므로 $P_c^A = P_c^B = P_c^*$이고, $\frac{\partial \Pi^A}{\partial P_c^A} = 0$과 $\frac{\partial \Pi^B}{\partial P_c^B} = 0$은 동일하다. 또한 판매자도 이와 유사하게 $P_s^A = P_s^B = P_s^*$이고, $\frac{\partial \Pi^A}{\partial P_s^A} = 0$과 $\frac{\partial \Pi^B}{\partial P_s^B} = 0$은 동일하다. 따라서 이윤극대화 조건식은 두 개로 줄어들어 두 방정식의 해를 구하면 다음과 같다;

$$P_c^A = P_c^B = C_c + t_c - e_s,\ P_s^A = P_s^B = C_s + t_s - e_c. \qquad \text{(A17−9)}$$

극대화된 이윤은 다음과 같다: $\Pi^A = \Pi^B = \frac{t_c + t_s - e_c - e_s}{2}$.

이제 러너지수를 구해보자. 식(A17−6)에서 소비자와 판매자 수요에 대한 가격 탄력도는 각각 $E_c = \frac{P_c^*}{t_c}$와 $E_s = \frac{P_s^*}{t_s}$이고 균형에서 $n_c^i = n_s^i = \frac{1}{2}$이므로 이를 식(A17−9)에 대입하여 정리하면 본문의 식(17−2)의 러너지수를 얻는다.

제18장

광고이론

장을 시작하며

광고는 현대 경제활동의 중요한 요소 중의 하나이다. 광고 없이 소비자의 구매 활동은 상상할 수 없다. 달리는 버스나 택시는 물론, 지하철 역이나 지하철 안에도 온통 광고이다. 아파트의 우편함에는 광고 전단지가 넘쳐나고 있으며 이것도 모자라 문 앞에까지 광고 전단지가 붙어 있다. 일간지, 잡지, 방송 매체의 광고는 이제 고전적인 방법이 되어 가고 있다. 인터넷에서 포털 사이트는 광고의 또 다른 장이며, 맛집 검색에서 검색자가 음식점을 클릭하면, 클릭 수에 따라서 광고주는 광고비를 낸다. 스마트폰의 광고는 최첨단을 달리고 있다. 구글의 안드로이드 운영 체계는 라이센스 수수료 대신에 광고를 올리는 조건으로 이용이 허가된다. 미식축구 결승전에서 30초짜리 광고 1편은 수십억 원을 호가한다.

소비자에게 광고는 무엇인가? 자원의 낭비인가 아니면 합리적 소비 생활을 위한 필수 요소인가? 19세기에 광고는 경제학자로부터 관심을 끌지 못했다(배그웰(Bagwell), 2007).[1] 당시에 경제학은 완전경쟁시장에 대한 연구가 주류였다. 이 연구에 따르면 완전경쟁시장에서 소비자의 선호는 고정되어 있고 소비자는 가격과 품질에 대해서 완전정보를 보유하고 있으므로 광고에 노출되었다 해도 소비자가 광고에 반응하지 않는다. 따라서 광고는 시장 수요곡선을 이동시키지 못한다. 광고가 오랫동안 판매촉진의 하나였지만 거대한 산업으로 전환한 것은 19세기 말과 20세기 초이다. 철도 등의 운송과 통신수단의 발전으로 생산자들은 생산과 유통 혁신을 강구하여 규모의 경제를 실현하게 되었다. 이러한 규모의 경제는 대규모 광고

1) 배그웰(Bagwell, 2007)은 광고에 대한 경제학 분석을 문헌조사한 영향력 있는 논문(book chapter)이다. 본 장은 이 논문에 기초하여 다른 저자들의 광고 관련 논문을 요약한다.

와 판매촉진 활동을 요구했다. 20세기 초에 광고는 경제학 연구의 주요한 대상이 되었고, 현재까지 상당한 연구가 진행되었다.

경제학에서 광고와 관련된 주요 질문의 하나는 소비자들이 왜 광고에 반응하느냐이다. 소비자들이 광고에 반응하는 이유에 따라서 광고의 종류는 크게 세 가지로 구분한다(배그웰, 2007). 첫 번째 종류는 설득(persuasive) 광고로서 광고는 소비자의 선호를 변경시켜서 제품 차별화와 충성도를 이끌어 낸다는 견해이다. 이 견해는 1950대에 많이 제기되었다. 광고에 의해서 소비자의 선호가 변하므로 제품에 대한 수요는 덜 탄력적이 되어 가격 상승을 유발한다. 기존기업에 의한 광고는 진입장벽 역할을 하게 한다. 따라서 설득 광고는 소비자에게 실질적인 혜택을 주지 못하면서 반경쟁적 효과가 강한 반면 인위적인 제품 차별화와 높은 시장 집중을 가져온다.

두 번째는 정보제공(informative) 광고로서 1960년대 시카고학파가 주도했다. 광고는 제품의 특성, 품질, 가격, 판매 장소 등의 제품 기본 정보를 제공해주어, 소비자가 제품에 대한 정보가 없는 경우에 발생하는 비효율을 제거해 준다는 견해이다. 제품에 대한 수요는 더 탄력적이 되며, 광고는 기존기업간 경쟁을 제고한다. 또한 광고는 진입기업의 존재, 제품 자체와 제품 가격을 알려 주어 진입을 촉진한다. 따라서 정보제공 광고는 친경쟁적이다.

세 번째는 보완적(complementary) 광고이다. 광고는 광고 제품에 보완적이므로 광고는 설득 광고와 달리 소비자 선호를 변경하지 못한다. 이러한 광고는 꼭 그런 것은 아니지만 정보를 제공할 수도 있다. 보완적 광고를 주장하는 경제학자들은 광고가 광고 제품의 보완재로서 소비자 선호 집합을 구성하는 하나의 요소로 간주한다. 따라서 소비자 효용함수는 광고제품, 다른 제품, 광고제품의 보완재인 광고 등의 변수로 구성되어 있다. 사회적 지위에 가치를 두는 소비자는 어떤 제품이 광고될 때 이 제품의 소비로부터 더 큰 사회적 지위를 얻을 수 있다는 견해이다.

설득 광고와 정보제공 광고는 양 극단의 견해를 보여주고 있다. 광고에 대한 이론과 실증 분석은 이 두 가지 견해에 기초하고 있다. 본 장에서도 이 두 가지 종류의 광고를 기준으로 광고에 대한 분석을 소개한다.

제1절 | 광고에 대한 견해

1 정보에 따른 재화 구분

제5장에서 재화를 탐색재와 정보재로 구분했다(넬슨(Nelson), 1970). 탐색재(search goods)란 구매하기 이전에 또는 구매 시 육안 등의 탐색 과정에서 제품의 품질을 알 수 있는 제품을 말한다. 옷, 가구, 책상 등이 여기에 해당한다. 경험재(experience goods)란 구입 이후에 제품을 소비하는 과정에서 품질을 알게 되는 제품을 말하며, 통조림, 음식점의 맛, 오디오 시스템 등을 예로 들 수 있다. 넬슨(Nelson, 1974)은 광고에 포함된 간접 정보는 경험재의 경우에 매우 중요하다고 주장했다. 직접 정보는 제품의 존재, 판매 장소, 가격, 품질 등을 말한다.

광고가 소비자에게 간접 정보를 제공하는 이유는 다음과 같이 세 가지이다. 첫 번째, 신호 효율 효과(signaling-efficiency effect)가 있기 때문이다. 광고를 하는 기업은 효율적이며 좋은 제품을 제공한다는 신호를 보내게 된다. 광고가 초래하는 수요 확장은 효율적인 기업에게 매우 가치가 있으며 이 기업은 낮은 가격과 좋은 품질을 통하여 수요 증가를 기대한다. 두 번째, 소비자에게 부합하는 제품을 제공하는 효과(match-products-to-buyers-effect)이다. 소비자의 선호는 이질적이므로 소비자에게 부합하는 제품을 효율적으로 제공하기란 매우 어렵다. 겉으로 보기에 정보가 없는 듯한 광고는 이를 가장 필요로 하는 어떤 소비자에게 도움이 될 수도 있다. 세 번째, 반복 경영 효과(repeat-business effect)이다. 광고는 소비자로 하여금 구매했던 제품의 과거 경험을 기억하게 한다. 광고는 소비자가 제품의 이름을 기억하게 할 확률을 높인다. 이와 같은 회상은 고품질 제품 판매자에게 매우 가치있는 일이다. 반복 경영 효과는 새로운 소비자에게도 광고와 품질 사이에 양의 상관관계를 느끼도록 한다. 따라서 광고는 품질에 대한 신호를 보낸다.

광고는 탐색재에도 간접 정보를 제공할 수 있다. 탐색재 광고가 직접 정보를 포함하지 않는다 해도 광고되었다는 사실은 판매자가 효율적이고 따라서 그 제품의 가격은 적절히 좋을 것으로 여겨질 수 있다. 신호 효율 효과로 인해서 소비자는 광고된 제품을 탐색하게 된다. 경험재와 비교하여 탐색재는 광고에서 직접 정보를 전달할 개연성이 높다. 결과적으로 넬슨(1974)은 '경험재 품질에 대한 광고는 간접 정보가 지배적이고, 탐색재 품질에 대한 광고는 직접 정보가 지배적'이라는 가설을 제시했다.

2 정보에 따른 광고의 종류

광고는 설득 광고, 정보제공 광고, 그리고 보완적 광고의 세 가지로 분류한다. 이 분류는 소비자들이 광고로부터 정보를 얻는지, 아니면 아무 정보도 얻지 못하는지에 대한 견해를 대변한다.

1) 설득 광고

광고가 설득적(persuasive)이라는 견해[2]에 따르면 광고는 소비자가 광고된 제품에 더 많은 가치를 부여토록 설득한다는 것이다. 이 견해에 따르면, 광고는 인위적으로 광고 제품에 대한 수요곡선을 위로 이동시켜서 소비자의 진실한 선호(광고 이전의 수요에 반영되었던 선호)를 왜곡한다(브레이드웨이트(Braithwaite), 1928). 또한 광고 비용에 영향 받은 가격에서 소비자들이 원하지 않는 수량을 구매하도록 유인하기 때문에 광고에 지출된 자원은 비효율적이며 낭비이다. 독점기업이 광고를 하여 수요가 우측으로 이동했다고 하자. 소비자잉여를 광고 이전의 수요와 비교하여 평가한다면, 소비자잉여는 광고로 인해서 가격이 얼마나 많이 하락하는지에 달려 있다. [그림 18-1]에서 광고 이전의 수요를 D_o라 하고 독점의 이윤극대화 생산량과 가격을 각각 (Q_o, P_o)라 하자. 광고 지출 이후에 수요가 D_1로 이동했고 이윤극대화 생산량과 가격이 (Q_1, P_1)으로 변했다고 하자. 광고 이전의 수요가 진실한 선호이므로 가격 하락으로 인한 소비자잉여의 증가는 $G(=P_oP_1ab)$ 넓이이다. 광고 이후에 소비자가 P_1의 가격에서 Q_1을 구매하는 것은 잘못된 구매량이다. 이 잘못된 구매에 aQ_2Q_1d를 추가 지출했다. 그러나 Q_1을 구매한다면 이는 광고가 없는 경우의 진실한 수요에서 aQ_2Q_1c만큼의 소비자잉여가 증가할 것이므로 광고로 인해 $L(=acd)$ 넓이가 소비자에게 손실이다. 광고의 증가로 인해서 소비자는 G의 이득과 L의 손실을 비교해 보아야 한다. 가격이 미미하게 하락하거나 변하지 않는다면 L이 G를 초과하므로 광고로 소비자잉여는 감소한다. 가격이 많이 하락한다면 소비자잉여와 사회후생은 증가한다(제4절에서 추가 논의).

설득 광고는 제품 충성도를 강화하므로 광고하는 회사의 이윤을 증가시키고 진입저지 효과를 발생시킨다. 광고는 또한 (좋은) 평판을 고착시키므로 진입기업이 자사의 제품에 대한 평판을 구축하기 위해서는 더 많은 광고지출을 하게 하므로 진입저지 효과를 강화한다. 광고로 인한 진입저지 효과는 가격을 올리고 후생을

---

2) 이를 티롤(Tirole, 1988, pp. 289−290)은 역행관점(adverse view)이라고 했고, 페팔 외(Pepall *et al.*, 1999, Ch. 10)는 대중적 매력(crowd appeal)이라고 했다.

그림 18-1 광고로 인한 소비 왜곡

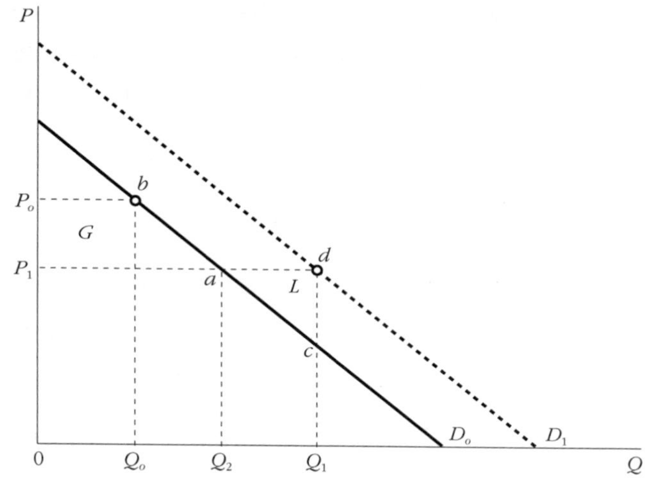

감소시킨다. 설득 광고는 소비자에게 실질적인 혜택을 주지 못하면서 반 경쟁적 효과가 강한 반면에 인위적인 제품 차별화와 높은 시장 집중을 가져온다. TV 광고는 주로 제품의 존재를 알리고 정보가 별로 없으므로 신문 광고에 비해서 설득적이라는 견해가 있다.

2) 정보제공 광고

광고가 정보제공(informative)을 한다는 견해[3]에 따르면 광고는 소비자에게 정보를 전달할 수 있는 수단이다. 스티글러(1961)는 어떤 제품에 대한 가격의 차이가 존재하는 경우 이러한 가격 분포는 소비자의 무지(ignorance)에 기인되는 것이며, 제품의 존재, 가격, 품질 등의 정보를 획득하는 데 비용이 소요된다고 주장했다. 광고는 정보를 제공하므로 소비자의 탐색비용을 줄이고 가격 분포를 감소시키기 때문에 가치있는 정보이다. 이 견해에 따르면 광고는 제품 정보의 부족으로 인한 제품 차별화 정도를 감소시키고 경쟁을 활성화 한다. 기존기업의 수요를 빼앗을 수 있으므로 신규 기업의 광고는 진입을 활성화 한다. 광고는 고품질 제품의 생산을 촉진하기 때문에 고품질 제품의 생산자는 이를 광고에 이용할 유인이 있다.

신문 광고는 TV에 비해서 정보제공적이다. 미국에서 안경, 약처방, 음식 등의 광고는 정보를 제공하는 것으로 알려져 있다. 미국에서는 안경 광고가 허용되는

3) 이를 티롤(Tirole, 1988, pp. 289−290)은 부분관점(partial view)이라고 했고, 페팔 외(Pepall *et al.*, 1999, Ch. 10)는 브랜드인식(brand recognition)이라고 했다.

주가 있고 불허되는 주가 있다. 벤햄(Benham, 1972)은 안경의 평균 가격은 광고가 금지된 주에서 훨씬 더 높다는 결과를 보고했다.

앞에서 넬슨(1970, 1974)은 광고를 정보제공 여부에 따라서 탐색재와 경험재로 구분했다. 특히, 정보를 직접 정보와 간접 정보로 구분했다. 넬슨의 이러한 분류는 광고는 정보제공적이라는 견해를 나타낸다.

3) 보완적 광고

광고가 보완적(complementary)이라는 견해는 광고를 소비자의 선호체계에 직접적인 변수로 도입하여 광고의 효과를 분석한다. 광고 변수는 광고된 제품의 소비에 보완적인 변수이다. 설득 광고는 효용함수와 수요함수를 변경시키고, 정보제공 광고는 광고가 정보를 보유하고 있다면 효용에 직접적으로 영향을 미친다. 이에 비해서 보완적 광고는 광고가 정보를 보유할 수 있고, 그래서 소비자 행동을 변화시킬 수 있지만 소비자가 사회적 위신(social prestige)에 가치를 두는 경우에, 광고는 이 위신에 기여하는 요소로 작용할 수 있다. 스티글러와 베커(1977)는 이를 반영하여 다음과 같이 여러 재화를 구매하는 소비자의 효용함수를 만들었다. 소비자는 가격이 P_x인 X재와 이 재화에 대한 광고(지출액 A)가 결합된 Z재를 생산(이를 가계 생산[4]이라 하며, $Z=g(A)X$를 가정)하여 소비한다. X재 자체가 아니라 Z재의 소비가 효용을 가져다 준다. Y재는 광고하지 않는 기타 재화의 소비량이라 하자. 보완적 광고를 위하여 다음과 같은 효용함수를 제시할 수 있다;

$$U=U(Z,\ Y),\ \text{여기서}\ Z=g(A)X.$$

Z재의 생산에는 A와 X재 사이에 보완성이 존재한다. 기업이 광고를 더 많이 할 때, 그 제품은 소비자에게 더 매력적으로 보인다. 왜냐하면 소비자는 광고된 제품으로부터 더 높은 만족감을 얻을 수 있다고 믿도록 하기 때문이다. 이 접근에 따르면 완전경쟁시장의 기업도 광고를 하여 제품에 대한 수요를 증가시켜서 더 높은 가격을 받을 수 있다. 기업들은 다른 재화(예, 보석이나 명품의류)를 생산하고 다른 수준의 광고비를 지출하더라도 같은 재화 (예, 위신)시장에서 경쟁할 수도 있다. 독점기업이 광고 지출을 증가하는 경우에 사회후생은 소비자잉여로 나타나며, 소비자잉여는 독점가격이 상승하는지 또는 하락하는지에 달려 있다. 전자의 경우 소비

4) 조립책상을 구매한 경우를 예를 들어 보자. 이를 구매한 소비자는 드라이버 등의 도구를 이용하고 시간을 들여 조립책상 부품을 조립을 해야 책상으로부터 효용을 얻을 수 있다. 이를 '가계 생산'이라 한다. 완제품 책상을 구매한 경우, 구매 즉시 효용이 발생하는 것과 비교하면 그 차이를 알 수 있다.

자잉여는 감소하고 후자의 경우 소비자잉여는 증가하여 사회후생에 영향을 준다. 제4절에서 더 구체적으로 살펴본다.

광고에 대한 세 가지 견해는 서로의 장점과 단점이 있다. 각 견해는 제품의 특성, 수요와 광고매체의 특징에 따라 적절하게 이용할 수 있으며, 완전 독립적인 것은 아니고 약간씩 보완적인 성격을 가지고 있다.

제2절 | 독점기업과 광고

1 도프먼–스타이너(Dorfman–Steiner) 조건

도프먼과 스타이너(Dorfman and Steiner, 1954)는 광고가 설득적인 경우에 독점기업의 이윤극대화 생산량과 광고지출액을 도출하였다. 광고의 도프먼–스타이너 조건에 따르면 독점기업의 최적 광고–매출 비율은 수요의 광고 탄력도에 비례하고, 수요의 가격탄력도에 반비례한다.

독점기업의 광고 제품의 가격을 P, 광고량을 A라 하자. A는 TV나 라디오의 방송 시간(30초 등), 신문의 광고 크기(면적), 광고 전단 숫자 등을 표시한다. 광고 지출액은 kA이다. k는 광고 단위당 비용으로 일정하게 주어져 있다고 가정한다. 시장 수요함수는 $Q=D(P, A)$이다. 여기서, D_P는 가격의 변화에 따른 수량의 변화($\frac{\partial Q}{\partial P}$)로서 수요곡선의 기울기를 나타낸다. 수요의 법칙을 반영하기 위해 $D_P<0$을 가정한다. D_A는 광고량의 변화에 따른 수요량의 변화($\frac{\partial Q}{\partial A}$)로서 수요곡선의 이동을 나타낸다. 광고의 증가로 수요의 증가(수요곡선의 우측이동)를 나타내기 위해 $D_A>0$을 가정한다. 생산에 따른 비용함수는 $C=C(Q)$이고 $C'(Q)\geq 0$을 가정한다. 독점기업의 이윤함수는 $\pi=PD(P, A)-C(D(P, A))-kA$이다. 독점기업의 이윤극대화 생산량과 광고지출액은 다음과 같이 각 변수에 대한 1차조건을 충족한다;

$$(P-C')D_P+D=0, \qquad (18-1)$$

$$(P-C')D_A-k=0. \qquad (18-2)$$

식 (18–1)을 만족하는 독점가격을 $P_m(A)$라 하면 이는 주어진 광고에 대한 이윤극대화 가격을 말하며, 식 (18–2)를 만족하는 광고량을 $A_m(P)$라 하면, 이는 주어진 가격에서 이윤극대화 광고량이다. 독점기업의 이윤극대화 가격과 광고량은 위 두 식을 동시에 만족하는 (P_m, A_m)이다. $\varepsilon_P = -\frac{PD_P}{D}$는 수요의 가격탄력도이고, $\varepsilon_A = \frac{AD_A}{D}$는 수요의 광고탄력도라고 정의하자. 후자는 광고량 1% 증가에 따른 수요량의 변화 비율(%)을 나타낸다. 식 (18−1)은 다음과 같이 러너지수로 전환할 수 있다;

$$\frac{P-C'}{P} = \frac{1}{\varepsilon_P}. \tag{18−3}$$

식 (18−3)을 식 (18−2)에 대입하면 광고 지출액 1원당 한계수입(PD_A/k)은 수요의 가격탄력도와 같음을 알 수 있다;

$$\frac{PD_A}{k} = \varepsilon_P. \tag{18−4}$$

식 (18−4)의 좌항의 분모 분자에 $\frac{DA}{DA}$를 곱하여 정리하면 $\frac{DAPD_A}{DAk} = \frac{PD}{Ak}\frac{AD_A}{D} = \frac{PD}{Ak}\varepsilon_A = \varepsilon_P$이므로 다음과 같이 정리된다;

$$\frac{Ak}{PD} = \frac{\varepsilon_A}{\varepsilon_P}. \tag{18−5}$$

이 식을 도프먼−스타이너 조건이라고 한다. $\frac{Ak}{PD}$은 매출액(PD)에 대한 광고 지출액(Ak)의 비율이며 '광고집약도'라고 한다. 독점기업의 광고집약도는 수요의 광고 탄력도(ε_A)에 비례하고 가격 탄력도(ε_P)에 반비례한다. 이 조건은 설득 광고의 가정을 충족한다: 광고집약도가 높으면 수요함수가 가격에 대해서 덜 탄력적이 되고 마크업 비율(러너지수)이 증가한다. 반대로 수요함수가 가격에 대해서 덜 탄력적이 되면 (즉, ε_P가 더 작아지면) 독점기업은 광고집약도와 마크업 비율이 크게 되도록 선택한다.

도프먼−스타이너 조건에서 일정한 조건을 부과하여 설득 광고와 정보제공 광고의 효과를 분석한다. 설득 광고는 수요를 위로 이동하게 하여 소비자의 지불의향을 높인다. 정보제공 광고는 새로운 소비자에게 제품의 존재와 가격 등을 알려주어서 수요를 우측으로 이동하게 한다. 이 두 가지 효과를 설명하기 위해서 실제로 보완적 광고의 모형을 이용한다.

2 설득 광고의 효과

어떤 제품에 대해서 θ타입인 소비자는 다음의 효용을 갖는다고 가정한다;

$$U=\begin{cases} \theta g(A)-P & \text{한 단위 구매 시} \\ 0 & \text{구매하지 않을 시.} \end{cases}$$

여기서 $g(0)=1$이고 $g'(A)>0$을 가정한다. 소비자는 N명이 있으며, θ는 영에서 1 사이에 균등분포를 한다. 제5장에서 소개한 바와 같이 소비자는 광고에 대해서 수직차별화되어 있다고 정의할 수 있다. $\theta \geq P/g(A)$라면 소비자는 한 단위의 제품을 구매하므로 시장수요함수는 $D(P, A)=N(1-\frac{P}{g(A)})$이다.

$\varepsilon_P=\frac{P}{g(A)-P}$이고 $\frac{d\varepsilon_P}{dA}<0$이므로, 광고가 증가하면 수요함수는 더 비탄력적이 된다. 광고가 증가할 때 규모의 효과를 상쇄하지 않는다면 이윤극대화 가격 $P_m(A)$는 상승한다.

위에서 도출한 역수요함수는 $P(A, Q)=g(A)(1-\frac{Q}{N})$이다. 낮은 소비량에서 광고의 증가는 수요함수를 더 많이 위로 이동시킨다. 광고량이 증가할 때 수요함수는 위로 이동하고 소비자 지불의향은 상승한다. 이 제품을 아주 좋아하는 소비자(상대적은 높은 θ타입의 소비자)의 지불의향은 비례적으로 더 많이 상승한다. 이 소비자를 '누적 한계(infra-marginal) 소비자'라고 한다. 광고량이 증가할 때 누적 한계 소비자(높은 θ)의 지불의향은 한계소비자의 지불의향보다 비례적으로 더 많이 증가한다. 이를 수요곡선으로 나타내 보자. 낮은 광고량을 A_L이라 하고 높은 광고량을 A_H라 하자. $P=0$에서 광고량의 수준과 상관없이 $Q=N$이고 수요함수는 선형이므로 수요곡선은 [그림 18-2]와 같다.

그림 18-2 설득 광고가 있는 경우 수요곡선 형태

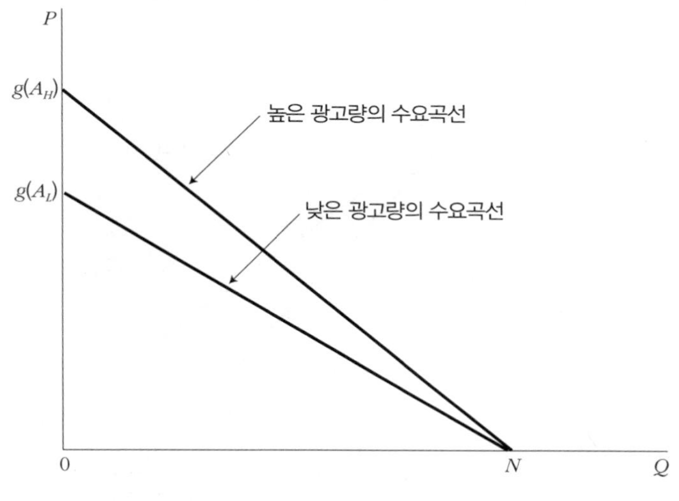

설득 광고에서 도출한 수요곡선은 제5장에서 수직차별화 모형에서 품질의 변화에 따른 수요곡선과 유사하다. 광고 증가로 인한 수요곡선의 변화는 주어진 수량에서 지불의향의 증가로 표시하기 때문에 수요곡선이 위로 이동한다.

3 정보제공 광고의 효과

정보제공 광고 효과가 있는 경우 수요함수는 버터스(Butters, 1977)가 도출했다. 시장에 N명의 소비자가 있으며 각 소비자는 $d(P)$의 동일한 개별 수요함수를 가지고 있다고 하자. 가격은 영에서 유보가격(R) 사이에 존재하며 수요곡선은 우하향한다($d'(P)<0$). 가격이 유보가격보다 더 높으면 소비자는 구매하지 않으며, 독점기업은 전달하는 광고량을 선택한다고 가정한다. 각 광고는 정확히 한 명의 소비자에게 전달되는데, 소비자의 광고 전달은 확률 분포를 가진다. 버터스에 따라서 시장 수요함수는 $D(P, A)=N(1-e^{-\frac{A}{N}})d(P)=G(A)d(P)$이다. 여기서 $G'>G(0)=0>G''$이다.

광고가 증가함에 따라서 수요함수가 더 비탄력적이 되지 않으면, 탄력도에 영향을 미치지 않는다. 즉, $\frac{d\varepsilon_P}{dA}=0$이다. 광고의 증가가 독점가격에 미치는 효과는 C''의 부호와 동일하다. 따라서 한계비용이 일정한 경우(즉, $C''=0$) 광고는 가격에 영향을 미치지 못한다. 이 수요함수의 경우에 높은 수요량에서 광고의 증가는 수요함수를 더 많이 우측으로 이동시킨다. 개별 수요곡선이 $d(P)=a-bP$와 같은 선

그림 18-3 정보제공 광고가 있는 경우 수요곡선 형태

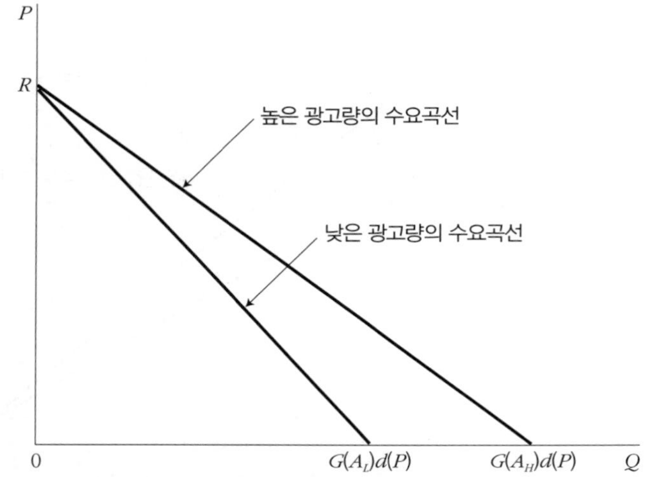

형 수요라고 가정하면 수요곡선은 [그림 18-3]과 같다. [그림 18-3]의 수요곡선은 주어진 가격에서 광고의 증가는 Y축 절편을 축으로 수요곡선을 오른쪽으로 회전시킨다.

4 독점기업의 최적 광고

TV 프로그램(드라마, 뉴스, 스포츠 중계) 시작 전에 광고가 너무 많다는 느낌을 가질 수 있다. 중간에 광고도 많지만 프로그램이 끝나기 5분 전 정도에는 광고가 밀집되어 있어 결말을 보려는 시청자의 불만이 높다(미국 TV는 중간 광고가 허용되어 있다). 인쇄매체에도 광고가 너무 많다는 인상을 가질 수 있다.

광고가 너무 많다 또는 너무 적다는 기준은 사회후생을 극대화하는 효율적 광고량에 비교해서 많다 또는 적다라고 해석할 수 있다. 그러나 효율성은 일반적으로 가격이 한계비용과 같은 점에서 달성되는 것인데, 광고는 소비자에게 공짜로 제공되는 것이고 광고에 대한 한계비용은 양이므로 이 기준을 적용한다는 것은 무리가 있다(제4절 참조).

설득 광고와 정보제공 광고 모형에서 광고와 광고된 제품에 대한 수요는 보완적 광고 모형을 이용하여 도출하였다. 따라서 광고 가격은 광고와 그 제품 가격을 합해야 한다. 이 가격은 광고의 한계비용보다 낮지는 않을 것이다.

이 모형에서 광고는 너무 많을 수도 너무 적을 수도 있다. 독점기업은 이윤을 극대화하는 광고를 선택하기 때문에 광고의 변화로 소비자잉여의 증가를 고려하지 않는다. 따라서 독점기업은 사회후생을 극대화하는 최적 광고를 선택하지 않는다. 이를 위해서 위에서 도출한 설득 광고와 정보제공 광고의 수요함수를 고려하자. 제5장에서 독점기업의 최적 품질을 사회적 최적 수준과 비교한 적이 있다. 독점기업의 최적 품질 수준은 사회계획가보다 더 높을 수도 더 낮을 수도 있음을 보였다. 여기서도 동일한 구조이다. 독점기업의 광고 선택은 광고가 누적 한계(inframarginal) 소비자(광고를 매우 좋아하는 소비자의 합계)의 지불의향과 한계소비자의 지불의향을 어떻게 변화시키는지에 달려 있다(이에 대해서 연습문제 4를 풀어보기 바란다).

제3절 | 광고와 진입저지

광고의 호감 효과(goodwill effect)로 진입기업의 진입을 저지할 수 있는지는 불분명하다. 그러나 낮은 비용(low-cost)의 기업이 이를 알리기 위해서 광고를 하면 진입기업이 이윤을 얻지 못할 것임을 알리는 것이 되기 때문에 진입을 저지할 수 있다.

진입기업의 진입이 예상되는 상황에서 기존기업이 진입 이전에 광고를 집중적으로 한다면 광고에 노출된 소비자들은 기존기업의 제품에 대해 호감 효과를 가질 수 있다. 호감 효과는 두 가지로 구분한다. 하나는 진입 이전의 광고가 소비자에게 해당 제품의 존재, 가격, 품질, 판매 장소 등 주요 정보를 전달할 수 있는 경우에 발생하는 '정보제공에 따른 호감 효과'이다. 다른 하나는 설득 광고 주창자들이 제기하는 것으로 기존기업의 광고가 소비자의 과거 경험을 강화하여 기존기업에게 유리하게 보상을 해줄 수 있는 경우에 발생하는 '명성에 따른 호감 효과'이다. 기존기업에 의한 대량 광고는 신뢰성있고 품질이 좋은 제품에 대한 명성을 더 강화할 수 있다. 실증적으로 어떤 산업에서는 광고의 진입저지 효과가 미미하기도 하고 다른 산업에서는 매우 큰 경우가 발견된다.

슈말렌지(Schmalensee, 1983)는 3단계 게임을 고려했다. 제1단계(진입 이전)에 기존기업은 소비자에게 정보를 전달하고, 소비자는 무료로 기존기업의 제품에 대한 정보(판매 장소, 가격 등)를 얻는다. 제2단계에 진입기업은 기존기업의 광고 행동을 관찰한 후에 광고의 매몰비용을 지출하고 진입할 것인지를 검토한다. 진입기업이 진입을 한다면 자신의 광고를 한다. 이 경우에 각 기업은 일단의 전용고객(captive consumers)과 선택적 고객(selective consumers)에 직면한다. 전자는 해당 기업의 광고에 노출되어 충성스러운 고객이고, 후자는 유보적인 고객이다. 제3단계(진입 이후)에서 두 기업은 쿠르노 수량 경쟁을 한다. 이 모형에서 광고는 내구성이 있는 투자로서 매몰비용이다. 만약에 기존기업이 대량 광고를 한다면 전용고객이 증가할 것이므로 기존기업은 이 고객들만을 위해서 생산량을 줄이고 가격을 높일 수도 있다. 합리적 진입기업은 기존기업의 이러한 행동을 자만형(fat cat) 전략(제11장 참고)으로 받아 들이게 되어 진입할 수 있다. 진입저지를 추구한다면 광고에 과소투자하여서 기존기업은 전용고객을 확보하지 않을 것이고 진입 시 선택적 고객을 대상으로 치열한 경쟁을 벌이게 될 것을 확신시킨다. 이 모형의 결론은 동질적인 제품 시장에서 정보제공에 따른 호감효과가 큰 경우에 기존기업은 광고에 과잉투자를 하여 진입을 저지하지 않는다는 것이다. 푸덴버그와 티롤(Fudenberg and Tirole, 1984)은 차별화된 제품 시장에서 이와 유사한 결과를 보였다.

신뢰성 있는 고품질 제품에 대한 명성을 보유한 기존기업이 정보제공 광고를 하는 경우 광고는 진입장벽으로 작용할 수 있다(Bagwell, 2007). 기업의 광고는 소비자로부터 관심을 얻어야 하므로 시장에서 광고는 '잡음'(noise)으로 생각할 수 있다. 한 기업이 더 큰 소리를 질러야 들릴 수 있다. 즉, 산업의 광고량이 증가할수록 단위당 광고 메시지의 효과는 감소한다. 이로 인해 진입기업은 진입 시에 기존기업보다 광고비용을 더 많이 지출해야 한다. 기존기업은 진입기업의 광고를 혼란스럽게(jmming) 하기 위해서 잡음 효과를 이용하며 전략적으로 광고를 과잉투자하게 만든다. 즉, 기존기업의 광고는 진입기업의 광고비용을 올리고(이는 경쟁기업의 비용올리기(raising rival's cost)의 일환) 진입장벽을 악화시킨다.

이러한 잡음효과를 제외하고는 광고의 호감효과에 기반하는 기존의 논문은 광고의 진입저지 효과를 강력하게 옹호하지 않는다. 기존기업이 낮은 비용으로 생산하는 기업이고 광고로 수요가 증가한다고 가정하자. 낮은 비용이 사적 정보인 경우에 기존기업은 비용에 대해서 신호를 보내고 진입을 저지하기 위해서 진입저지 가격을 설정(즉, 가격을 왜곡하여 더 낮춤)하고 광고에 과잉투자한다. 산업 수요가 낮고, 이 사실이 사적 정보인 경우를 고려하자. 수요에 대해서 신호를 보내고 진입을 저지하기 위해서 기존기업은 진입저지 가격을 설정하고 과소투자한다. 여기서, 광고에 대한 과잉투자는 광고의 진입저지 효과를 어느 정도 지지하는 결과이다. 그러나 진입은 본질적으로 이윤이 발생하지 않아야 저지된다. 낮은 비용의 기존기업이 대량의 광고 때문에 진입기업의 이윤이 발생하지 않는 것이 아니라 광고에 대한 과잉투자가 이윤을 가져다 주지 못한다는 것을 알려 줄 뿐이다.

제4절 | 광고와 사회후생

독점기업의 광고가 사회후생에 미치는 영향을 분석하자. 앞 부분에서 독점기업의 광고는 소비 왜곡과 소비자잉여의 변화를 초래했다. 광고로 인하여 가격이 올라가거나 또는 변하지 않는 경우에 소비자잉여는 감소하고, 가격이 많이 하락한다면 소비자잉여는 증가한다. 광고로 인한 가격과 소비자잉여의 변화는 광고 이전의 수요를 기준으로 소개했다. 여기서는 이 기준을 자세히 살펴본다.

1 설득 광고의 경우

딕시트와 노만(Dixit and Norman, 1978)은 광고로 인한 소비자잉여와 이윤을 포함하는 사회후생을 고려했다. 또한 후생의 변화 측정에 광고 증가 이전을 기준으로 하는 경우와 증가 이후를 기준으로 하는 경우로 구분했다. 설득 광고의 견해를 반영하여 수요는 광고로 인해서 증가한다고 가정한다.

[그림 18-4]에 광고 수준에 따라서 수요곡선을 표시했다. 광고가 A_o에서 A_1로 증가함에 따라 수요곡선은 $D(P, A_o)$에서 $D(P, A_1)$으로 우측 이동한다. 설득 광고의 견해에 따라서 광고 증가 이후의 수요는 진실의 또는 바람직한 수요가 아니다.

광고의 증가는 이윤극대화 가격을 P_o에서 P_1으로 올리고, 판매량은 $Q_o=D(P_o, A_o)$에서 $Q_1=D(P_1, A_1)$으로 증가한다. $\Delta A \equiv A_1-A_o>0$이고 $\Delta P \equiv P_1-P_o>0$라고 정의한다. 독점기업의 한계비용은 C에서 일정하다고 가정한다. 후생을 평가하는데 광고 증가 이전의 기준은 $D(P, A_o)$의 수요를, 광고 증가 이후의 기준은 $D(P, A_1)$의 수요를 이용한다.

광고 증가 이전의 기준을 고려하자. 광고로 인하여 가격이 상승하면 소비자잉여는 감소한다. 가격 상승으로 광고 증가 이전의 바람직한 소비량(Q_o)에 대해서 $(X+W)$를 더 지불해야 하고, 이 수량보다 더 많이 구매하기 때문에 Z를 추가 지출해야 한다. 따라서 소비자잉여의 변화는 $\Delta CS_o=-(X+W+Z)<0$이다. 독점기

그림 18-4 설득 광고와 사회후생

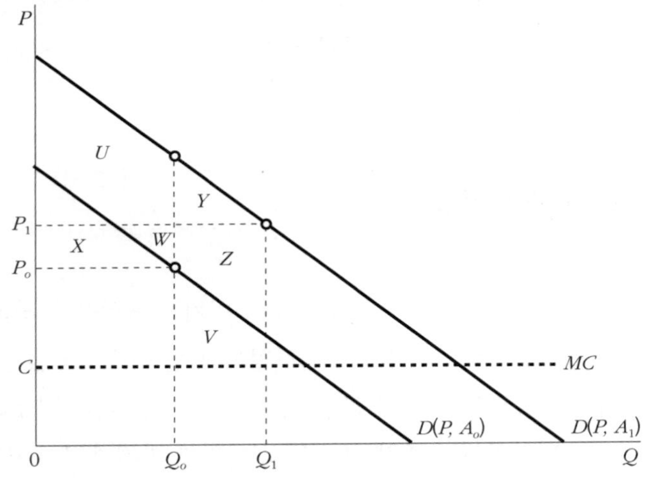

업의 생산자잉여는 $X+W+Z+V(>0)$만큼 증가한다. 독점기업의 이윤의 변화는 $\Delta\pi=\pi(P_1, A_1)-\pi(P_o, A_o)=X+W+Z+V-k\Delta A$이다. 광고의 비용변화($k\Delta A$)는 독점기업과 사회가 동일하므로 사회후생의 변화는 $\Delta W_o=\Delta CS_o+\Delta\pi=V-k\Delta A$이다. 광고를 매우 조금 증가시키는 경우에 사회후생의 변화는 다음과 같이 추정할 수 있다;

$$\Delta W_o \approx \Delta\pi - Q_o\Delta P. \tag{18-6}$$

$Q_o\Delta P>0$이므로 $\Delta W_o<\Delta\pi$이다. 광고 증가 이전을 기준으로 후생을 측정하는 경우에, 광고를 조금 증가시켰을 때 독점이윤 증가는 사회후생의 증가보다 더 크다. 따라서 독점기업은 광고를 과잉투자한다.

광고 증가 이후를 기준으로 사회후생의 변화를 고려하자. 소비자잉여의 변화는 $\Delta CS_1=-X-W+Y$이다. 여기서, Y는 광고의 증가로 신규 소비자가 소비량을 Q_1-Q_o만큼 더 증가시키고 P_1의 가격에서 구매하므로 신규 소비자의 잉여이다. 독점기업의 이윤은 이전과 동일하다. 사회후생의 변화는 $\Delta W_1=\Delta CS_1+\Delta\pi=Y+Z+V-k\Delta A$이다. 광고를 매우 조금 증가시키는 경우에 사회후생의 변화는 다음과 같이 추정되며 앞의 경우와 동일하다;

$$\Delta W_1 \approx \Delta\pi - Q_o\Delta P. \tag{18-7}$$

식 (18–7)로부터 얻는 결론은 식 (18–6)과 유사하다. 딕시트와 노만은 다음의 결과를 제시한다: 광고가 설득적인 경우에, 독점기업은 가격을 상승시키는 광고를 공급하며 사회적으로 과잉투자한다. 따라서 광고를 줄이면 사회후생을 증진시킬 수 있다.

2 정보제공 광고와 보완적 광고의 경우

위에서 제시한 딕시트와 노만 접근법에서 독점기업이 광고에 과잉투자하는 이유는 광고 증가 이전의 소비량에 대해서 더 높은 가격을 받아 이득($Q_o\Delta P$)을 볼 수 있기 때문이다. 그러나 이 접근법에서는 광고 증가 이전의 구매량인 Q_o 이하의 구매량(누적 한계(infra-marginal) 소비자)을 고려하지 않았다. 정보제공 광고와 보완적 광고는 이를 고려한다. 즉, 광고의 변화로 인한 사회후생의 변화를 측정하기 위해서는 광고 증가 이전의 가격–수량 조합(P_o, Q_o)에서의 소비자잉여와 광고 증가 이후의 가격–수량 조합(P_1, Q_1)에서의 소비자잉여를 비교해야 한다. 광고 증가가 매우 작은 경우에 소비자잉여의 변화는 면적 $U+W$와 X를 포함한다. 면적 $U+W$는 누적 한계 수량(또는 신규 소비자)에 대한 잉여로서 독점이 얻지 못하는 사회적 혜택이다. 누적 한계 수량 변화($U+W$)는 독점기업의 광고 선택에 부적절한 영향을 미친다. 정보제공의 견해와 보완적 견해에 따르면 독점기업의 광고 선택은 소비자잉여의 변화를 반영하지 않으므로 부적절하다는 것이다.

정보제공 광고와 보완적 광고 지지자는 딕시트와 노만의 결과(독점기업은 가격을 상승시키는 광고를 공급하며 사회적으로 과잉투자)는 광고로부터 얻는 소비자 이득을 무시하고 있다고 반박하면서, 독점기업은 광고로 가격이 일정하거나 하락하는 경우에 사회적으로 부적절한 수준의 광고를 공급한다고 주장했다. 이에 더하여 보완적 광고 지지자는 광고가 가격을 상승하는 경우에도 독점기업의 광고는 사회적으로 부적절한 수준으로 투자한다고 주장한다.

광고가 효용을 감소시키거나 피할 수 없는 경우에 (버스의 부적절한 광고, 인터넷 팝업 광고 등) 독점기업이 이들 광고로부터 이윤을 얻는다면, 독점기업은 과잉광고를 할 것이다. 만약에 독점기업이 시장을 분할하고 각 분할된 시장에 적절한 타게팅(targeting) 광고를 하는 경우에 가격차별을 할 수 있다. 이 경우에 독점기업은 사회적으로 최적 광고를 할 수도 있다.

연 | 습 | 문 | 제

>>> Theory of Industrial Organization

1. 설득 광고와 정보제공 광고의 차이점을 설명하시오. 어떤 경우에 이 둘이 동일한지 설명하시오.

2. 광고가 어떻게 동질적 제품을 차별화하는지 개념적으로 설명하시오.

3. 광고지출비(A)에 영향을 받는 어떤 재화에 대한 수요함수가 다음과 같다; $Q=A^{\varepsilon_a}P^{-\varepsilon_p}$. 여기서 $\varepsilon_a=\frac{\partial Q}{\partial A}\frac{A}{Q}$는 수요의 광고탄력도이고, $0<\varepsilon_a<1$이다. $\varepsilon_p=-\frac{\partial Q}{\partial P}\frac{P}{Q}$는 수요의 가격탄력도로서 $1<\varepsilon_p$을 가정한다. 이 재화의 한계비용은 c로 일정하다. 독점기업의 이윤은 $\pi=PQ-cQ-A=A^{\varepsilon_a}P^{-\varepsilon_p+1}-cA^{\varepsilon_a}P^{-\varepsilon_p}-A$이다.

1) 가격(P)과 광고지출비(A)에 대한 이윤극대화 1차 조건식을 도출하시오.

2) 위 1)에서 도프먼-스타이너 조건식을 도출하시오. 이 식을 해석하시오.

4. 광고지출비가 A_1에서 A_2로 증가함에 따라, 수요가 아래의 그림처럼 $D(A_1)$에서 $D(A_2)$로 이동했다고 하자. 생산량에 따른 한계비용은 C로 일정하다. 독점기업의 이윤극대화 광고지출비와 사회계획가의 광고지출비를 비교하시오. 과정을 설명하시오.

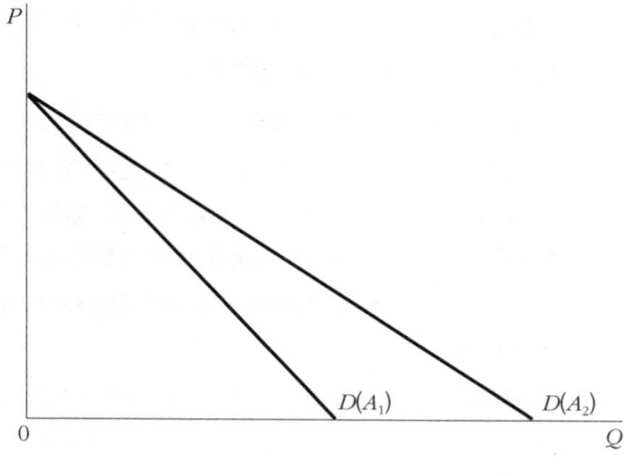

5. (Martin, 1993, Problems 6.3) i기업($i=1, 2$)의 역수요함수는 다음과 같다;

$P_i=a+u(A_i+vA_j)-b(q_i+nq_j)$, 여기서 u는 양의 상수, v는 음의 상수, b와 n은 양의 상수이다. P는 가격, A는 광고, q_i는 생산량이다. j는 $j(j=1, 2, j\neq i)$기업을 말한다. 생산의 한계비용은 일정한 c이다. 광고(A)에 대한 비용함수는 $C(A_i)=A_i+dA_i^2$이다. i기업의 이윤은 다음과 같다; $\pi_i=(P_i-c)q_i-C(A_i)$.

1) 기존기업이 독점기업이라면 독점기업의 이윤극대화 생산량과 광고 수준을 계산하시오.

(이 경우에 $v=n=0$을 가정하시오.)

2) 기존기업의 동등이윤 곡선의 모양을 분석하시오.

3) 기존기업은 진입기업이 q_1과 A_1을 주어진 것으로 하여 이윤을 극대화하는 것을 알고 있다고 하자. 어느 수준의 q_1과 A_1이 진입을 저지하는지 설명하시오. 어떤 조건에서 기존기업은 진입을 저지하는 것이 이득인지 설명하시오.

6. (Comanor and Wilson, 1974, p. 156) 미국의 3자리 표준산업분류에서 41개 산업에 대한 추정 계량식이다. BAR 이외의 변수는 생략했다.

$ASR = 0.0016 + 0.868PCM - 0.0146DUR + 0.0044CR4 - 0.0176BAR + T,$

여기서 ASR은 도프먼-스타이너조건식에서 매출액 대비 광고지출비 비중(A/PQ), PCM은 %로 매출액 대비 수익률(rate of return), DUR은 내구재 산업을 나타내는 변수, CR4는 상위 4개 기업 시장점유율의 합, BAR는 최소효율규모(MES)과 절대 자본 요구량(BAR)에 기인하여 진입장벽이 높은 산업이다. 원래의 계량식에 있는 다른 변수와 추정 계수(T)는 생략했으며, 또한 t통계량도 표시하지 않았다.

1) 매출액 대비 수익률이 1% 증가하면, 매출액 대비 광고지출비는 얼마나 증가하나?

2) 내구재 산업과 최소효율규모로 진입장벽이 높은 산업은 내구성과 진입장벽이 높을수록 광고지출비중이 증가하는지 감소하는지 설명하시오.

7. 위 문제 6에서 CR4는 통계적으로 매출액 대비 광고지출비에 영향을 미치지 못하는 것으로 나타났다. Cable (1972, p. 120)은 이에 대한 의문을 제기하여 다음의 계량식을 추정하였다. $HERF^2$ 이외의 변수는 생략했다.

$ASR = -0.0789 + 0.7721HERF - 0.9572HERF^2 + Z,$

여기서 HERF는 허핀달 지수이다. Z는 원래 계량식에 있는 다른 변수와 추정 계수이다.

이 추정식은 ASR은 허핀달 지수의 2차 함수로 포물선 모양을 보인다. 허핀달 지수가 0.4033보다 작은 경우에 집중률이 증가하면 ASR은 증가하고, 허핀달지수가 0.4033보다 큰 경우에, 집중률이 증가하면 ASR은 감소한다. 허핀달 지수가 0.4033인 경우에 ASR은 최고점에 달한다.

1) 허핀달 지수가 0.4033이라면, 동등 기업수(N)는 얼마인가? (제10장 참조)

2) 동등 기업 수를 기준으로 위 식을 해석하시오.

제5부

국제 산업조직론, 규제이론과 경쟁정책

제19장

산업조직과 국제무역

장을 시작하며

국제무역이론은 경제학에서 매우 오래된 독립 분야의 하나이다. 아담 스미스는 국부론(1776)에서 절대우위론을 이용하여 무역의 발생 원인과 이득을 설명하였다. 리카도의 비교우위론(1817)은 절대우위론을 비판적으로 발전시켰으며, 국제무역이론의 주요한 명제로 자리잡고 있다. 헥셔-올린(Ohlin, 1935)은 두 국가의 비교우위의 원천에 대해서 규명하고 무역 양상에 대해서 분석하였다.

전통적인 무역이론은 완전경쟁시장을 가정하여 자유무역이 가장 좋은 무역정책임을 주창한다. 그러나 대부분의 재화는 불완전경쟁시장에서 거래되고 있다. 또한 서로 다른 산업의 제품의 교역과 함께 한 산업 내에서 차별화된 제품의 교역이 증가하고 있다. 우리나라는 미국에 자동차를 수출하지만 미국으로부터 자동차를 수입하기도 한다. 이러한 현실을 반영하기 위해서 국제무역이론과 산업조직론을 접합하는 이론이 출현하였다[1](크루그만(Krugman), 1989). 1970년대 중반부터 국제무역이론과 산업조직론을 연계하는 논문들은 다음과 같이 두 가지 흐름으로 구분할 수 있다. 하나는 규모의 경제를 무역 발생의 원인으로 보고 모형화를 하는 것이었다. 어떤 재화 생산에 규모의 경제가 나타나는 경우에 우리나라처럼 작은 국내 수요만 고려하여 생산시설을 건설한다면 수요가 작기 때문에 손실을 보게 된다. 수출시장을 염두에 두고 건설한다면, 규모의 경제가 무역의 원인이다. 또한 차별화된 제품 생산에 규모의 경제가 나타난다. 한 산업내에서 차별화된 제품의 산업내 무역(intra-industry trade)이 발생하는 원인은 규모의 경제와 제품차별화이다. 우리나라에

1) 이 분야를 '전략적 무역정책이론'(theory of strategic trade policy) 또는 '국제산업조직론'(international industrial organization)이라고도 한다.

서 미국으로 수출하는 자동차와 미국에서 수입하는 자동차는 동일한 산업내(intra-industry)의 제품이지만 차별화된 제품이다. 전통적 무역이론이 주로 산업간 무역(inter-industry trade)을 설명하던 것과는 대비된다.

다른 하나는 교역 국가의 정부와 기업은 과점시장에서 전략적 행동을 선택하여 더 많은 이윤을 얻을 수 있다는 점이다. 전략적 행동은 수출 보조금, 비관세 장벽, 전략적 R&D 보조금의 효과를 분석하는 데 유용하다. 그러나 교역에 참여하는 모든 국가가 전략적 행동을 펴는 경우에 사회후생은 그렇지 않은 경우에 비해서 감소(파레토 열등적)할 수 있다. 전략적 무역정책이론을 주장한 경제학자들이 모든 국가가 이 정책을 채택할 것을 권장하는 것은 아니다. 그 반대의 입장이 강하며, 매우 특수한 경우에 이 정책을 허용할 것을 주장한다.

전통적인 무역이론의 주요한 주제인 완전경쟁시장에서 수입관세의 효과를 소개하고 불완전경쟁시장에서의 효과와 비교한다. 전략적 무역정책이론에서 상호덤핑, 전략적 보조금, 전략적 R&D 보조금 효과 등을 분석한다. 마지막으로 비관세장벽(예, 수입품에 대한 환경규제)의 전략적 효과를 분석한다.

제 1 절 | 경쟁시장에서 수입관세 효과

1 무역으로부터의 이득

A국가에서 X재는 완전경쟁시장에서 거래되며 A국가의 수요(D_a)와 공급(S_a)에 의해서 가격이 결정된다. B국가에서도 동질의 X재가 완전경쟁시장에서 거래되며 가격은 수요(D_b)와 공급(S_b)에 의해서 결정된다. 두 국가의 X재 국내 가격이 [그림 19-1] (a)와 (b)처럼 수요와 공급의 교차점인 E_a와 E_b에서 결정되었다고 하자. A국가의 가격은 P_a이고 B국가의 가격은 P_b이다. A국가의 가격은 B국가의 가격보다 높다($P_b<P_a$). 이와 같은 가격 차이는 두 국가의 수요와 공급의 차이에 기인되지만, 근본적으로 두 국가의 비교우위에 영향을 받기 때문이다. 두 국가가 자유무역을 하여 서로 이득을 얻을 수 있는지 살펴보자. 두 국가 간에 무역거래가 없다면, (또는 무역이 금지되어 있다면) A국가는 높은 가격인 P_a, B국가는 낮은 가격인 P_b에서 시장가격이 형성된다. 각 국가는 완전경쟁 시장에서 X재가 거래되므로 효율적이며 사회후생은 극대화된다.

그림 19-1 두 국가에서 X재 가격의 결정

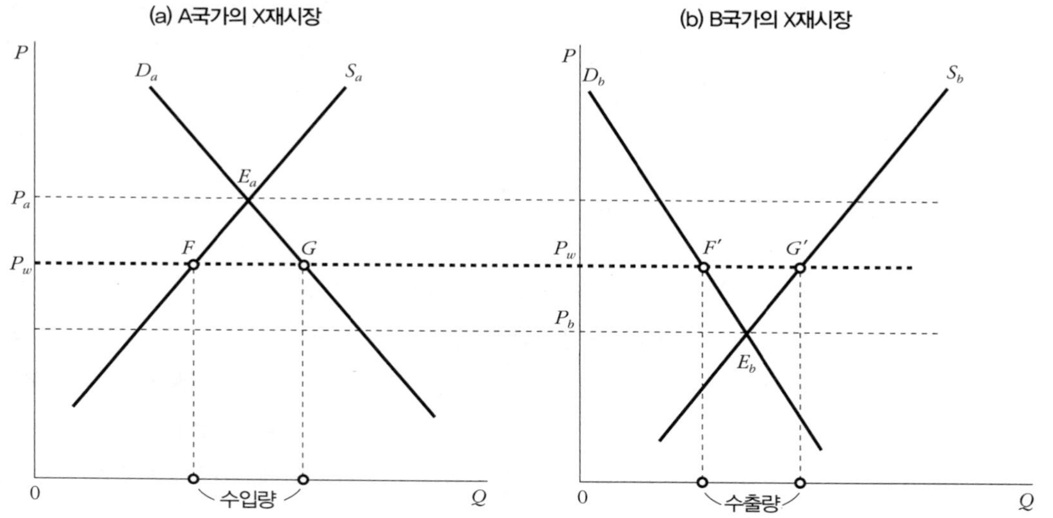

두 국가가 시장을 개방하여 교역을 시작하기로 했다고 하자. A국가의 무역상은 저렴한 B국가의 X재를 구매(수입)하여 A국가에 판매하려 할 것이고, B국가의 무역상도 동질의 X재를 A국가에 판매(수출)하여 더 높은 가격을 받을 수 있을 것이다. X재의 운송비와 다른 모든 수수료 등은 없다고 가정하자. 무역거래가 증가하면, 국제시장은 완전경쟁시장이 되며, 국제시장 가격은 P_a와 P_b의 중간에서 형성된다. 이 가격을 P_w라고 하면, 이 가격에서 국제시장의 공급은 수평선이 된다. 국제가격 P_w는 B국가의 수출량과 A국가의 수입량이 일치하는 수준에서 결정된다. 두 국가의 시장은 완전경쟁시장이므로 각 국가의 수요자와 공급자는 가격순응자로서 국제가격을 주어진 것으로 받아들인다. 따라서 무역거래 이후 두 국가의 국내 가격은 P_w가 된다.

무역 개방 이후에 P_w에서 A국가의 소비는 G이고 생산은 F이므로 FG의 초과수요는 수입으로 채워진다. 즉, 수입량은 FG이다. B국가에서 소비는 F'이고 생산은 G'이므로 초과 공급은 수출을 하고 수출량은 $F'G'$이다. 무역 이후에 A국가에서 가격은 하락하므로 소비자잉여는 $P_aP_wGE_a$만큼 증가하는데 비해서 생산자잉여는 $P_aP_wFE_a$만큼 감소하므로 사회후생은 E_aFG만큼 증가한다. 무역 이후에 B국가에서 가격은 상승하므로 생산자 잉여는 $P_wP_bE_bG'$만큼 증가하고, 소비자잉여는 $P_wP_bE_bF'$만큼 감소하여 사회후생은 $F'E_bG'$만큼 증가한다. 자유무역은 각 국가의 순사회후생을 증가시킨다. 자유무역은 국가 내의 모든 경제주체에게 혜택을 주는 것이 아니다. 이득을 보는 주체와 손실을 보는 주체가 동시에 발생한다. 그러나 자유무역은 전체적으로 손실보다 이득이 더 크기 때문에 개별 국가의 사회후생을 증가시킨다. 자유무역을 포기하는 것보다 자유무역으로부터 얻는 이득으로 손실을 보전해 주는 방안을 마련하는 것이 중요하다.

2 수입관세와 쿼타의 효과

수입 국가에서 자국 산업을 보호하기 위해서 수입품에 관세나 쿼타를 부과하는 경우를 분석하자. 관세는 수입품(또는 수출품)에 부과하는 세금이며 쿼타는 수입량 또는 수출량에 대한 수량제한이다. 자유무역의 확산으로 국제 무역기구(대표적으로 WTO)는 이들을 엄격하게 규제하고 있으나, 아직도 일부 분야와 일부 국가에서는 관세나 쿼타를 적용하고 있다. 관세나 쿼타는 자유무역에 비해서 사회후생을 감소시킨다. 그러나 그 둘의 효과에는 차이가 있다.

앞 절에서 X재를 수입하고 있는 A국가를 고려하자. [그림 19-2]에서 A국 정부가 단위당 t원의 관세(수입품에 부과하는 단위당 세금)를 부과했다고 하자. 관세를 부과하면 국내가격은 $P_d=P_w+t$가 된다. t가 매우 높아서 $P_w+t=P_a$가 된다면 수입은 이루어지지 않는다. 이렇게 높은 수준의 관세를 '수입 금지' 관세라고 한다.

[그림 19-2]처럼 낮은 수준의 관세(t)가 부과되었다고 하자. 낮은 수준의 관세는 $t<P_a-P_w$인 경우이다. 이를 '수입 허용' 관세라고 한다. [그림 19-1] (a)에서 본 바와 같이 자유무역에서 A국가는 가격 P_w에 $FG(=Q_2-Q_1)$를 수입하였다. t의 관세를 부과하면 국내가격은 P_d가 되어 소비는 Q_2에서 Q_4로 감소하고 국내 생산량은 Q_1에서 Q_3로 증가하여 수입량은 $HI(=Q_4-Q_3)$로 감소한다. 관세의 부과로 국내 생산자의 잉여는 P_dP_wFH만큼 증가하고 국내 소비자잉여는 P_dP_wGI만큼 감소한다. 수입관세는 국내 생산자에게 좋은 소식이나 국내 소비자에게 나쁜 영향을 미친다. 국내 생산자 단체의 요구로 관세가 시행되는 경우가 많은 이유이다. 소비자잉여의 감소분(P_dP_wGI)이 어떻게 되었는지 살펴보자. P_dP_wFH는 생산자에게로, $HJKI$는 정부의 관세 수입($=t\times(Q_4-Q_3)$)으로 이전되었다고 볼 수 있다. 삼각형 HFJ는 관세 부과로 인해서 비효율적인 국내 기업이 생산을 증가하여 발생한 사중손실이며, 삼각형 IKG는 자유무역에 비해서 비싸진 제품을 구매하여 소비가 감소하여 발생한 사중손실이다. 따라서 관세는 '조세부담의 귀착'과 같이 사회적 비효율성을 발생한다.

국내의 생산자 단체가 관세 대신에 관세와 동일한 수입량을 수입쿼타로 설정할 것을 요구하는 경우를 고려하자. 관세 부과 시 HI를 수입하므로 정부가 수입쿼

그림 19-2 관세 부과의 효과

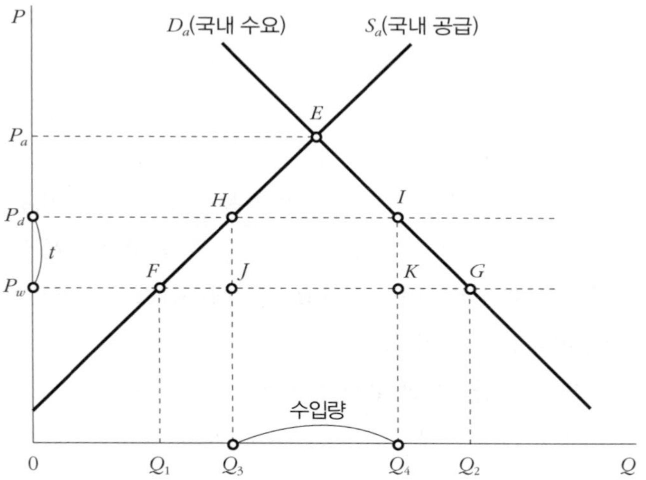

타를 *HI*로 설정한다고 하자. 국내가격은 관세와 마찬가지로 P_d가 되며, 자유무역에 비하여 수입량은 감소한다. 쿼타로 생산자잉여의 증가와 소비자잉여의 감소는 수입 관세와 동일하며, 생산자와 소비자로부터 발생하는 사중손실도 동일한다. 단 하나의 차이점은 수입쿼타에서는 수입 국가 정부의 관세수입이 없어진다는 것이다. 관세제도하에서 정부의 관세수입이었던 *HJKI*는 수출국(B국) 정부가 가져간다. 수출국 정부는 수출 생산자에게 쿼타량을 부과하며 (일반적으로) 생산자들에게 경매 형식으로 쿼타량을 분배한다. 수출국 정부는 경매를 통하여 *HJKI*의 수입을 얻을 수 있다. 또는 수출 생산자들이 나누어 가질 수 있다. 쿼타는 대등한 수입 관세에 비해서 수입 국가 전체적으로 열등한 제도라고 할 수 있다.

그러나 만약에 수입 국가의 국내 수요가 증가한다면, 관세제도하에서는 수입 물량이 증가하여도 국내 생산자가 얻을 것이 없는데 반해서 쿼타 제도하에서는 수입 물량은 제약되어 있으므로 증가된 소비량을 국내 생산자가 채우므로 국내 기업에게 유리할 수 있다.

완전경쟁시장에서 관세와 쿼타는 경제주체들이 시장에서 주어진 가격에 수동적으로 반응하게 한다. 기업들도 이 제도를 능동적으로 또는 전략적으로 활용할 여지가 없다. 그러나 과점시장에서 기업들은 이들 무역 도구를 전략적으로 활용하여 수출시장에서 자신들의 시장점유율과 이윤을 더 증가시킬 수 있다.

3 국내 독점기업에 대한 관세와 쿼타의 효과[2]

국내의 X재 시장에 독점기업이 존재하고 수입 개방 시 완전경쟁적인 외국 기업으로부터 경쟁에 처한 상황을 고려하자. 국내의 독점기업은 외국 경쟁으로부터 보호받고 국내에서 시장지배력을 행사하기를 원할 것이다. [그림 19-3]에 국내 시장 수요(D)와 한계수입(MR), 그리고 독점기업의 한계비용(MC)이 표시되어 있다. 시장이 개방되어 있지 않다면 독점기업은 국내에서 독점가격(P_m), 독점 생산량(Q_m)을 판매하여 시장지배력($P_m>MC$)을 행사한다. 이 시장이 경쟁적이라면 국내 가격은 P_c, 판매량은 Q_c이다.

외국 생산자들은 완전경쟁적이기 때문에 국제가격 P_w에서 완전 탄력적인 공급곡선(즉, 수평선)을 보인다고 하자. 국내 시장을 개방한다면 그리고 국제가격이 국내 경쟁시장에서 형성될 국내가격 P_c보다 낮다면 국내 소비자들은 $P_w=D$인 Q_1을 구매하게 된다. 이 가격에서 독점기업은 단지 Q_2를 생산하고 가격은 P_m이 아니라 P_w를 받게 되어 시장지배력을 잃게 된다. 수입량은 Q_1-Q_2이다.

정부가 국내의 독점기업을 보호하기 위해서 관세 t를 부과하여 국내가격이 $P_d^o=P_w+t$가 된다고 하자. 만약에 국내가격 P_d^o가 P_w와 P_c 사이에 있다면 국내 독점기업은 $P_d^o=MC$에서 생산하기 때문에 시장지배력을 확보하지 못한다. 이 수준

그림 19-3 국내 독점기업과 해외 경쟁기업: 관세의 효과

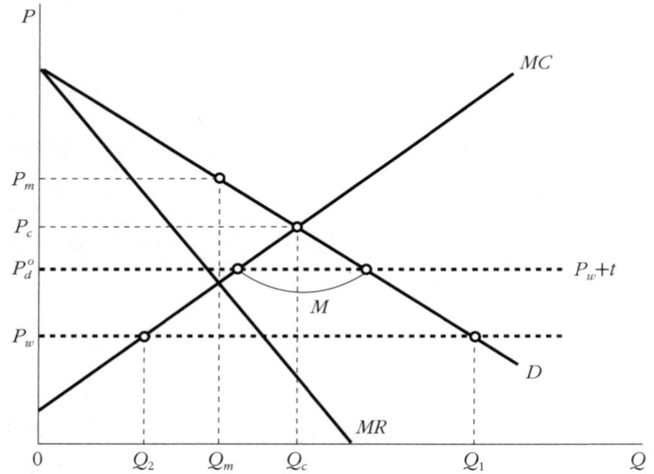

2) 이 항은 바그와티(Bhagwatti, 1965)의 모형임. 여기서는 크루그만(Krugman, 1989, pp. 1187-1190)을 요약함.

의 관세로 외국 기업들은 국내시장에서 경쟁력이 있으므로 수입품을 판매$(=M)$한다.

그러나 수입관세를 더 높여서 국내가격$(P_d^1=P_w+t')$이 경쟁시장 가격(P_c)보다 높고 독점가격(P_m)보다 낮은 수준에서(즉, $P_c<P_d^1<P_m$; 그림에 표시 안 함) 설정한다면 수입은 발생하지 않는다. 이 수준의 관세는 수입 금지 관세이다. 국내 독점기업은 국내시장에서 유일한 공급자이나, 시장지배력을 행사하지는 못한다. 왜냐하면 국내 독점기업이 이 수준보다 더 높게 가격을 설정한다면 외국기업이 진입을 할 수 있는 잠재적 위협이 상존하기 때문이다. 이 수준의 관세에서 외국 기업 때문에 국내 독점기업은 $P_d^1=D$인 수량을 공급하여, 국내 공급량은 감소한다. 관세가 충분히 높아서 국내가격이 독점가격보다 높다면(즉, $P_m<P_d^2=P_w+t''$, 그림에 표시 안 함) 외국 기업의 진입은 봉쇄되고, 독점기업은 정상적인 독점가격을 설정하여 시장지배력을 행사할 수 있다. 그러나 어떤 수준의 관세이던 현실적으로 외국으로부터 경쟁의 압력 때문에 독점체제를 유지하기가 어렵게 된다.

관세 대신에 쿼타 부과를 고려해 보자. 완전경쟁시장에서 쿼타는 관세와 대등한 효과를 가져온다고 했다. 그러나 국내 독점기업의 경우에 쿼타제를 채택하면 독점기업은 관세보다는 쿼타를 선호하며 시장지배력을 행사할 수 있다. 독점시장의 쿼타와 관세의 효과는 완전경쟁시장과 다르다는 점을 알 수 있다. [그림 19-4]에서 t의 관세로 국내가격이 P_d^o인 경우에 국내 독점기업은 시장지배력을 잃고 국내시장은 M을 수입한다. 즉, P_d^o의 가격에서 독점기업은 MC와 교차하는 Q_v를 생산하고, 시장 수요량은 Q_b이므로 이 국가의 수입량은 $M(=Q_b-Q_v)$이다. 이제 수입쿼타를 관세에서와 동일하게 M으로 설정했다고 가정하자. 국내 독점기업은 시장수요에서 쿼타를 뺀 잔여수요에 직면하게 된다. 잔여수요(D_R)는 시장수요(D)를 M만큼 왼쪽으로 이동하여 얻는다. 잔여수요는 관세의 균형점인 v를 통과한다. 쿼타의 경우에 독점기업은 잔여수요에 대한 한계수입(MR_r)과 한계비용이 교차하는 점에서 생산하여 Q_a를 판매하고 자신의 독점가격인 P_a를 받는다. 이 독점가격은 한계비용보다 높으므로 시장지배력을 나타내며, 관세를 부과하는 경우 국내가격 P_d^o보다 더 높다. 독점기업에게 수입 쿼타는 관세보다 덜 제약적이다.

이 모형은 한 국가에서 독점기업과 외국의 경쟁기업이 관세나 쿼타와 관련한 경쟁양상을 분석한 비대칭적 모형이다. 자연스럽게 외국 기업도 독점기업이면 어떤 경쟁 양상이 펼쳐질지 분석해 볼 수 있다. 제5절은 국내와 외국 기업이 복점경쟁을 하는 경우 비관세 장벽과 관련한 전략적 행동을 분석한다.

그림 19-4 국내 독점기업과 해외 경쟁기업: 쿼타의 효과

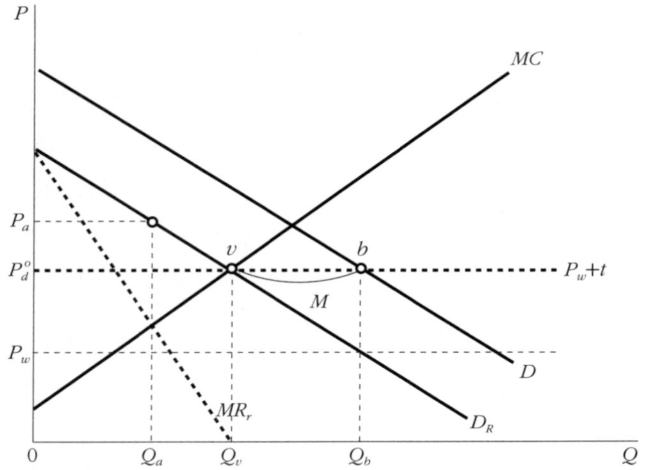

제2절 | 덤핑

덤핑(dumping)은 한 국가의 수출 기업이 해외 수출시장에서 자국내 가격이나 평균비용보다 낮게 판매하는 행동을 말한다. 브라질의 철강 기업이 평균비용이 톤당 $260인 철강을 자국에서는 톤당 $300에 판매하면서, 우리나라에서는 $250에 판매한다면 이 철강 기업은 우리나라 시장에서 덤핑한다고 한다. 덤핑은 가격차별의 일환으로서 전통적 국제무역이론의 주요 명제인 비교우위와는 거리가 있는 독특한 현상이다. 덤핑은 산업조직론에서 약탈행동이나 가격차별로 설명할 수 있다.

1 약탈적 덤핑

한 기업이 다른 나라에 수출하면서 평균비용 이하로 가격을 설정하는 행동을 약탈적 덤핑이라 한다. 이 행동은 제12장의 약탈행동과 동일하다. 그러나 약탈행동에 대한 논쟁에서 보았듯이, 이러한 약탈적 덤핑은 현실적으로 가능하지 않은 시나리오일 수 있다. 약탈기업이 해외 국가의 경쟁기업과 동질적이라면, 약탈기업은 약탈적 덤핑으로 인한 손실 때문에 먼저 망할 수도 있다. 그러나 수출 국가의 약탈기업이 자국 정부의 보조금 도움을 받아서 손실을 보전하여 오랜 기간 견딜 수 있는 반면에 수입 국가에서 이러한 정책이 부재한다면 수입 국가의 경쟁기업이 먼저

망할 수 있다. 수입국의 경쟁기업이 퇴출한 후에 약탈기업은 해외 시장에서 가격을 올리고 양의 이윤을 벌 수 있다. 단기의 손실을 장기의 이윤으로 보전할 수 있을 것이다. 그러나 약탈기업이 가격을 다시 올리는 시기에 수입 국가 기업은 재진입을 할 수가 있고, 약탈기업은 예상과 다르게 장기 이윤을 얻기가 어려울 수 있다. 이 경우에 약탈기업의 정부는 실제로 수입국가의 소비자에게 보조금을 지급한 것이나 다름없다. 약탈기업이 실질적으로 낮은 비용의 기술을 보유하고 해외 시장에서 경쟁기업보다 낮은 가격을 설정한다면, 시장의 효율성을 달성하는 하나의 방법이므로 경쟁기업의 정부는 이를 거부할 이유가 없다.

2 가격차별적 덤핑

우리나라에서 X재를 생산하는 기업이 국내에서 독점기업으로 행동한다고 하자. 외국에 경쟁적인 기업들이 많이 존재하지만, 여러 이유로 국내시장에 진입을 못하고 있다고 하자. 그러나 국내의 독점기업은 국제시장에 경쟁기업으로 진출할 수 있다고 하자. [그림 19–5]에서 X재의 국제 가격은 P_w로 주어져 있다고 하자. 국제시장에서 국내기업이 직면하는 수요는 P_w에서 완전탄력적인 수평선이다. 해외 시장에서 얻을 한계수입(MR_F)은 P_w이다(케이브스와 존스(Caves and Jones), 1985).

우리나라의 X재에 대한 수요와 이에 따른 한계수입은 [그림 19–5]에 D와 MR_d로 표시되어 있다. 우리나라의 기업이 가격순응적이라면 $P_w=MC=D$이므로 수출이나 수입을 하지 않는다. 국내 기업이 독점기업이라면 한계수입과 한계비용이 교차하는 점에서 생산을 한다. 따라서 국제시장에서는 $MR_F=MC$인 Q_w를 P_w에 판매한다. 국내시장에서는 $MR_d=MR_F$인 Q_d를 판매하고 P_d의 가격을 받는다. 국내 독점기업은 국내가격을 국제가격보다 높게 설정하고 해외에서는 국내가격보다 낮은 (국제) 가격에 판매한다. 즉, 가격차별 덤핑을 한다.

이 모형에서 중요한 점은 다음과 같다. ① 국내 기업은 해외시장의 수요가 국내시장의 수요보다 더 탄력적인 것으로 여긴다. 국내 독점기업은 더 탄력적인 국제시장에서 낮은 가격을 받고, 덜 탄력적인 국내시장에서 높은 가격을 받는 3차 가격차별을 실행한다. ② 국내 기업은 국제시장에서 일종의 비교 열위에 있다고 볼 수 있다. 그럼에도 불구하고 덤핑을 하고 있는데 이는 전통적 무역이론에서 설명하는 무역 양상과 반대되는 현상이라고 할 수 있다. ③ 이 모형은 국내 기업이 국내에서는 가격결정자(price-setter)이고, 국제시장에서는 가격순응자(price-taker)라는 비대칭성을 가정하고 있다. 다음 항에서 왜 이런 비대칭이 나오는지에 대해서 분

그림 19-5 국내 독점기업의 덤핑 행동

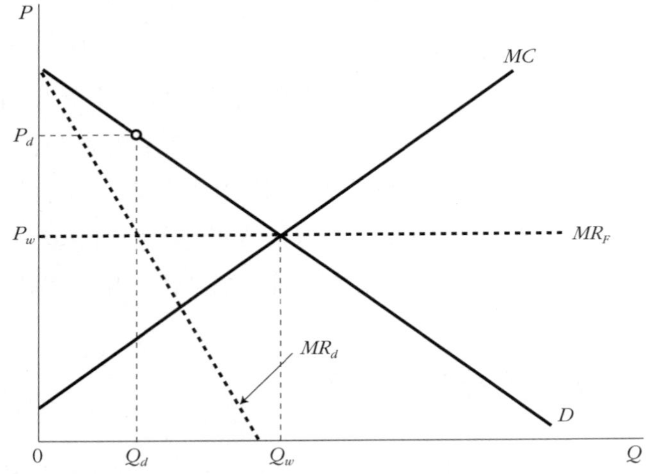

석한다.

3 상호 덤핑

덤핑에 대한 복점시장 모형은 브랜더(Brander, 1981)가 개발하고 이를 더 정치하게 모형화한 브랜더와 크루그만(Brander and Krugman, 1983)에 의해서 정립되었다. 이 모형은 A(국내시장)와 B국가(해외시장)에서 X재가 소비되며 수요는 동일하다 가정한다. 각 국가에는 독점기업이 하나씩 있으며, 비용이 동일하다. 두 국가간 교역시에 운송비용이 소요된다면 국제시장에서 무역이 발생하지 않는다.

운송비용이 그리 크지 않다면, 그리고 두 기업이 쿠르노 경쟁을 한다면 무역이 발생한다. 먼저 무역이 발생하지 않는 상태에서 각 기업은 자국에서 독점기업으로 $MR=MC$에서 생산하고 독점가격을 결정한다. [그림 19–6] (a)와 (b)처럼 A와 B국가의 균형을 각각 (Q_a, P_a)와 (Q_b, P_b)라고 하자. 각 기업은 수출을 위해서 생산을 늘릴 계획이 없다. 각 기업이 생산을 증가하면 가격을 낮추어야 하고 이윤이 감소하기 때문이다.

그러나 각 기업의 가격과 한계비용의 차이가 운송비용보다 더 크다면 상대방 국가로 수출을 할 유인이 존재한다. 단위당 운송비용을 r이라고 하자. 만약에 $P_a > MC + r$이면, A기업은 해외시장(즉 B국가)으로 수출을 할 유인이 있으며, 마찬가지로 $P_b > MC + r$이면, B기업도 해외시장(즉 A국가)으로 수출을 할 유인이 있다. 가격

그림 19-6 상호 덤핑 균형

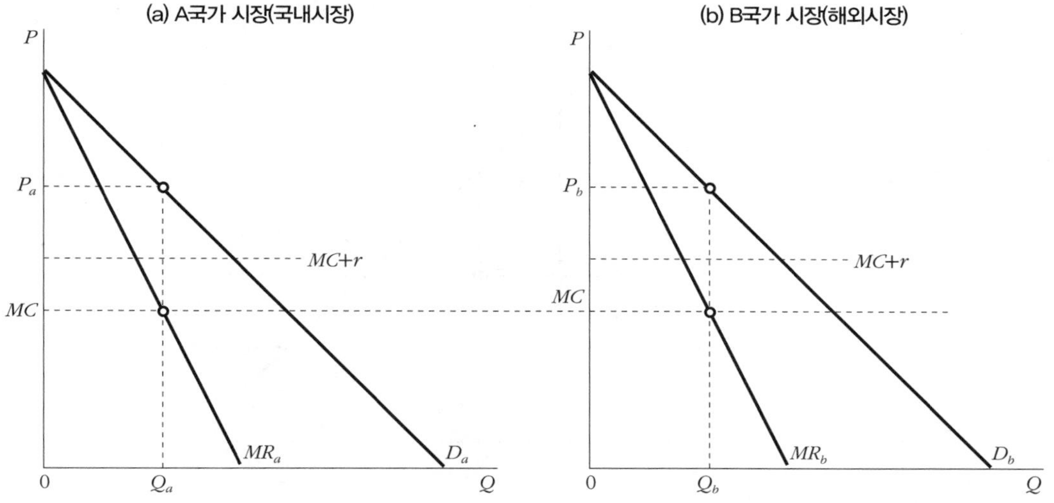

과 운송비용의 차이가 한계비용을 초과하면 수출할 가치가 있다. 해외시장에 한 단위 추가 판매는 해외시장 가격을 낮추지만, 국내가격을 낮추지는 못한다. 즉 A 국가의 기업은 국내시장에서는 높은 가격(P_a)을, 해외시장에서는 낮은 가격($MC+r<P_a$)을 받으므로 덤핑을 하게 되는 것이다. B국가의 기업도 대칭적으로 덤핑을 하게 된다. 결과적으로 두 기업이 쿠르노 경쟁을 하게 되면 상대방 국가의 시장에 '상호 덤핑'을 하게 된다.

쿠르노 행동에 따라서 균형은 다음과 같다: 각 기업은 해외시장에서보다 국내시장에서 점유율이 더 크므로 국내에서보다 해외시장의 수요가 더 탄력적인 것으로 인식하게 된다. 인식된 수요 탄력도의 차이는 기업들로 하여금 운송비용을 흡수하게 한다. 상호 덤핑의 결과로 동일한 재화가 쌍방 교역되는 현상이 발생하며 이를 '산업내 무역(intra-industry trade)'이라고 한다.

■ 상호 덤핑의 후생효과

상호 덤핑 모형은 비교우위나 규모의 경제를 가정하지 않은 상태에서 무역이 발생한다는 결과를 보였다. 이는 전통적 무역이론에서 보았을 때 놀라운 일이다 (Krugman, 1989). 상호 덤핑 모형에서 동일한 재화가 양 방향으로 교역된다. 이 과정에서 운송이라는 자원이 낭비된다. 그러나 무역으로 인해서 각 시장의 독점의 왜곡이 완화되고, 친경쟁적인 효과가 자원 낭비를 초과하여 사회후생의 증가를 가

그림 19-7 상호 덤핑과 사회후생

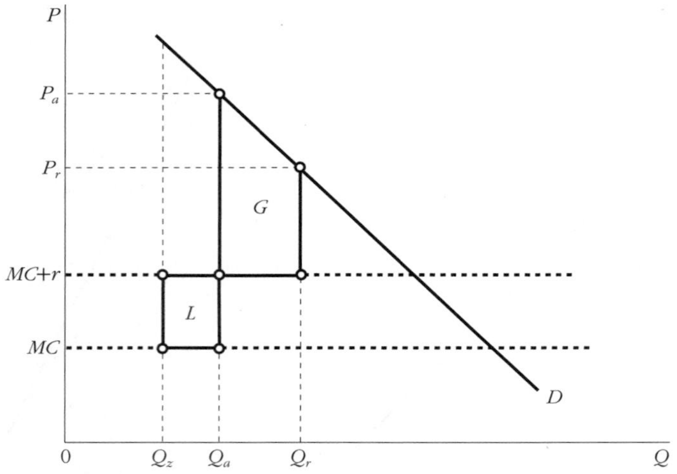

져온다.

상호 덤핑의 후생효과는 [그림 19-7]에서 설명한다. 각 국가의 후생 변화는 동일하므로 우리는 A국가(국내시장)만 분석한다. 교역이 발생하기 전에 균형은 (Q_a, P_a)이다. 한계비용에 운송비용을 포함한 비용($MC+r$)은 P_a보다 작다고 가정한다. 무역 발생 이후에 두 가지 효과가 있다. 첫 번째 효과는 순소비량 증가로 인한 사회후생 증가이다. $MC+r$이 수출 후의 가격 P_r보다 작다면 B기업은 A국가로 수출한다. P_r에서의 소비량을 Q_r이라고 하자. A국가의 시장가격은 P_a에서 P_r로 하락하고 소비량은 (Q_r-Q_a)만큼 증가한다. 소비자잉여와 생산자잉여의 증가에 따른 사회후생의 증가는 그림에서 G의 넓이에 해당한다. 두 번째 효과는 수입의 증가에 따른 국내 생산의 감소 효과이다. Q_a에서 Q_z로 감소한다고 하자. 사회후생의 손실은 이 수량의 감소분에 대한 운송비용이므로 그림에서 L의 넓이에 해당한다. 이는 운송비용 지출에 따른 자원의 낭비이다. 여기서 Q_r-Q_z는 (수출량+수입량)을 표시한다.

상호 덤핑으로 사회후생의 증감은 G와 L의 상대적 크기에 달려 있다. 만약에 $G>L$이면 상호 덤핑은 사회후생을 증가시키고 친경쟁적이다. 운송비용이 영이거나 매우 낮은 수준에서는 $G>L$이다. 운송비용이 증가할수록 후생 증가 효과는 감소하고 운송비용이 매우 높으면 무역이 발생하지 않는다. 운송비용이 매우 조금 감소하는 경우를 고려하자. 운송비용이 매우 조금 하락하면, ① 초기 수출입 물량에 대한 운송비용이 감소하여 이득이 발생한다. ② 초기의 가격이 한계비용과 운송비용의 합보다 높다면, 운송비용의 하락은 소비를 증가시키므로 후생은 증가한다. ③ 수입물량은 국내의 생산을 감소시키므로 단위당 운송비에 생산 감소분을 곱한 크기만큼 손실이 발생한다. 단위당 운송비가 거의 영에 가깝다면 ③의 효과는 거의 영에 가깝고 ①과 ②의 효과만 발생하므로 운송비의 감소는 후생 증진적이다. 운송비가 수입을 금지할 정도로 높은 경우에, ①과 ②의 효과는 거의 무시할 정도로 작으므로 운송비의 상승은 사회후생을 감소시킨다.

제3절 | 전략적 무역정책 이론

1 전략적 보조금 효과: 단순모형

크루그만(Krugman, 1983, 1986)은 한 국가의 정부가 타국 기업과 경쟁하는 자국 기업이 국제시장에서 전략적 우위를 차지할 수 있게 하는 모형을 소개했다. 두 국가(A, B국가)에 각각 하나씩의 민간용 항공기 제조사(A, B기업)가 경쟁을 한다고 가정하자. 두 기업은 초음속, 초대형, 꿈의 항공기를 제조할 의사를 가지고 있으나, 개발비용은 매우 크고 매몰비용이라고 가정한다. 시장수요의 제약으로 세계시장에는 단 한 기업만이 이윤을 얻을 수 있을 뿐이고 두 기업이 모두 생산하는 경우에 둘 다 손실을 면치 못하고 망한다고 가정한다. 각 기업이 선택할 수 있는 전략은 '개발 포기' 또는 '개발 시도'이다. 〈표 19-1〉은 여객기 개발에 따른 보수를 보여준다. 각 셀의 앞 숫자는 A기업, 뒤 숫자는 B기업의 이윤이다.

항공기 개발 계획에 따른 게임에서 두 개의 내쉬 균형이 존재한다. 하나는 A기업이 개발을 시도하고, B기업은 개발을 포기한다. 다른 하나는 그 반대이다. 다른 조건이 없는 이상 이 균형에서 어느 기업이 항공기를 개발을 할지는 예상할 수 없다.

이제 A국가의 전략적 보조금을 고려해 보자. A국가 정부가 자국의 A기업에 항

표 19-1 정부 개입이 없는 경우 항공기 개발에 따른 보수

		B기업	
		개발 포기	개발 시도
A기업	개발 포기	0, 0	0, 50
	개발 시도	50, 0	−10, −10

표 19-2 A국 정부의 전략적 보조금과 항공기 개발에 따른 보수

		B기업	
		개발 포기	개발 시도
A기업	개발 포기	0, 0	0, 50
	개발 시도	65, 0	5, −10

공기 개발비용으로 15의 보조금을 지급하기로 결정했다고 하자. 반면에 B국가 정부와 B기업은 이를 알고 있지만 이에 대응하지 못하고 있다고 하자.[3] 새로운 게임의 보수행렬은 〈표 19-2〉와 같다.

이 새로운 게임에서 A기업은 개발시도가 우월전략이고, B기업은 개발을 포기하는 것이 더 좋은 선택이다. A기업은 꿈의 항공기를 개발하고, B기업은 포기하는 것이 내쉬 균형이다. A국 정부는 시장 수요에 비해서 상대적으로 개발비용이 매우 큰 항공기 개발에 보조금을 지급하여 자국의 기업이 세계시장에서 지배력을 확보하게 할 수 있다. 이 보수행렬에 따르면 보조금 덕분으로 A기업은 세계시장을 지배하게 되고, 사후적으로 예상되는 보수로 보조금을 반환하고도 초과이윤을 얻을 수 있다.

그러나 B국가 정부도 자국 기업에 15의 보조금을 지급하는 결정을 내린다면 내쉬 균형은 두 기업의 개발 시도이다. 이 경우에 두 국가의 사회후생은 감소한다. 두 국가의 정부가 서로 다른 금액의 보조금을 결정한다면, 두 국가 간에 보조금 전쟁이 발생할 것이고 사회후생은 보조금 지급 이전에 비해서 증가할지 감소할지 알 수가 없다. 이제 엄격한 모형을 이용하여 두 국가의 사회 후생의 증감 여부를 점검해 보자.

2 수출보조금과 전략적 행동

앞에서 소개한 크루그만의 아이디어에 기초하여 브랜더와 스펜서(Brander and Spencer, 1985)는 쿠르노 모형을 이용하여 수출보조금의 효과를 분석했다.

1) 수출보조금 지급 이전 균형

A국가의 A기업과 B국가의 B기업은 동질적인 제품(Z)을 생산하여 C국가에 수

3) B국가 의회에서 예산 승인을 안 한다던가, 또는 B기업을 지원하는 것에 대한 시민단체의 반대 등을 예로 들 수 있을 것이다.

출하고 C국가에서 쿠르노 경쟁을 한다고 가정한다. C국가에는 이 제품을 생산하는 기업이 없다. 두 기업의 한계비용은 10이라고 가정한다. C국가의 시장수요는 $P=100-Q$로 주어져 있다. 여기서, Q는 두 기업의 생산량의 합으로 $Q=q_A+q_B$이다. 이 예는 제8장에 나와 있는 쿠르노 모형과 실질적으로 동일하다. 어느 정부도 무역 간섭이 없는 경우에 i기업의 이윤은 다음과 같다; $\pi_i=(100-Q)q_i-10q_i(i=\text{A, B})$. A기업 반응함수는 $q_A=45-\dfrac{q_B}{2}$이고, B기업 반응함수는 $q_B=45-\dfrac{q_A}{2}$이다. 이 반응함수는 [그림 19-8]에 반응곡선으로 표시되어 있다. 각 기업의 쿠르노-내쉬 균형 생산량은 두 반응곡선의 교차점인 E에서 30이다. 두 기업은 C국가에 각각 30의 생산량을 수출한다. C국가에 대한 총 수출량(산업 생산량)은 60, Z재의 시장가격은 40, 각 기업의 이윤은 900, 산업 이윤은 1,800이다.

2) 수출보조금 지급 이후 균형

이제 A기업이 정부를 설득하여 단위당 s의 수출보조금을 받을 수 있게 되었다고 하자. B국가의 정부와 B기업은 이를 알고 있지만 국민들의 수출보조금에 대한 반감으로 이 제도를 도입하지 못한다고 하자. A기업의 이윤은 $\pi_A=(100-Q)q_A-10q_A+sq_A$가 되며, B기업의 이윤은 이전과 같이 $\pi_B=(100-Q)q_B-10q_B$이다.

과연 A기업은 단위당 얼마의 수출보조금(s)을 요청할 것인가? A국가의 정부는 A기업이 요구하는대로 보조금을 지급할 것인가? 보조금은 국민의 세금으로부터

그림 19-8 수출 보조금과 쿠르노 균형

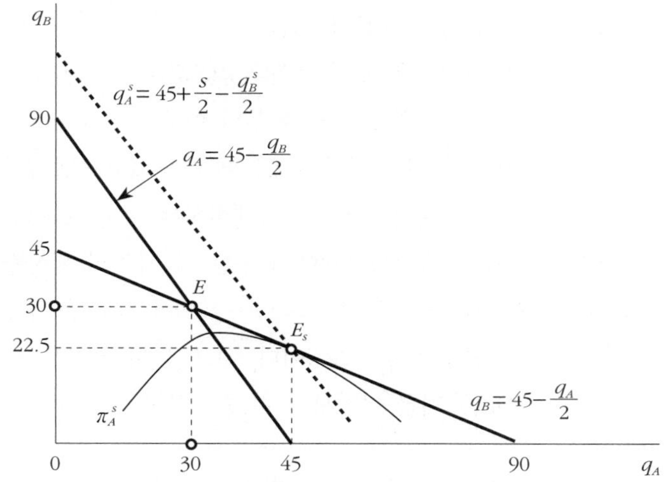

나오기 때문에, 정부는 보조금을 지급한 후에 기업의 이윤이 보조금 이전의 이윤보다 더 증가해야 하며 이 이윤의 증가분이 보조금 총액보다 더 커야 수출보조금을 승인할 것이다. 더 정확히 말하자면, A국가의 정부는 수출보조금 지급 이후 A기업의 이윤의 증가분에서 보조금 총액을 뺀 순사회후생($SW=\pi_A - sq_A$)을 극대화하는 보조금(s^*)을 선택할 것이다.

이 시나리오가 성립하기 위해서 2단계 게임을 통해서 두 기업의 행동과 최적 보조금을 결정한다. 제1단계는 A정부가 순사회후생을 극대화하는 보조금을 발표한다. 이 보조금은 A기업과 B기업 모두에게 알려진다. 제2단계에서 두 기업은 주어진 보조금으로 쿠르노 경쟁을 한다. 역행귀납법을 이용하여 하부게임 완전균형을 구하기 위해서 제2단계의 균형을 먼저 구한다.

(1) 제2단계: 쿠르노 경쟁

제2단계에서 두 기업은 주어진 수출보조금(s)에서 이윤을 극대화 한다. A기업 이윤은 $\pi_A=(100-Q)q_A-10q_A+sq_A$, B기업 이윤은 $\pi_B=(100-Q)q_B-10q_B$이다. A기업 반응함수는 다음과 같이 변한다; $q_A^s=45+\frac{s}{2}-\frac{q_B^s}{2}$. 이에 비해서 B기업 반응함수는 $q_B^s=45-\frac{q_A^s}{2}$로 변함이 없다. A기업의 새로운 반응함수는 [그림 19-8]에 점선의 반응곡선으로 표시되어 있다. 쿠르노-내쉬 균형 생산량은 점 E_s에서 $q_A^s=30+\frac{2s}{3}$, $q_B^s=30-\frac{s}{3}$이다. A국가의 수출보조금으로 A기업 생산량은 보조금 이전에 비해서 증가($\frac{2s}{3}$)하고 B기업 생산량은 감소($\frac{s}{3}$)한다. 산업 생산량(C국가에 대한 총 수출량)은 보조금 이전에 비해서 $\frac{s}{3}$만큼 증가하고 C국가 시장가격은 $40-\frac{s}{3}$로 하락한다. A기업 이윤은 $\pi_A^s=(30+\frac{2s}{3})^2$이고 B기업의 이윤은 $\pi_B^s=(30-\frac{s}{3})^2$이다.

(2) 제1단계: 수출보조금 결정

제1단계에서 A정부는 순사회후생($SW=\pi_A-sq_A$)을 극대화하는 수출보조금 s^*를 선택한다. A기업의 보조금 이후의 이윤은 $\pi_A^s=(30+\frac{2s}{3})^2$이고 보조금 총지출액은 $sq_A^s=s(30+\frac{2s}{3})$이다. 수출보조금에 따른 순사회후생은 $SW=\pi_A-sq_A=(30+\frac{2}{3}s)(30-\frac{s}{3})$이 된다. 순사회후생을 극대화하는 수출보조금은 $s^*=22.5$이다.[4]

이 수출보조금을 제2단계에서 구한 각 기업의 생산량과 이윤에 대입하면, 보조금 지급 이후의 내쉬 균형([그림 19-8]에서 점 E_s)을 구한다. A기업 생산량은 $q_A^s=45$, B기업 생산량은 $q_B^s=22.5$이다. 보조금 지급 이후 산업 생산량(총 수출량)은 $Q^s=67.5$로 보조금 지급 이전보다 더 증가하고 시장가격은 $P^s=32.5$로 하락한다. A기

4) 수학적으로 순사회후생 극대화는 1차 미분을 영($\frac{dSW}{ds}=10-\frac{4s}{9}=0$)으로 놓아서 s^*를 구한다.

업의 보조금을 제외한 이윤은 π_A^s=1,012.5, B기업 이윤은 π_B^s=506.25이다. 보조금 지급으로 인한 *A*국가의 사회후생은 112.5만큼 증가한다.

A국가 정부의 단독적인 수출보조금은 A기업 이윤은 물론 A국가 순후생을 증가시키고 B기업 이윤을 감소시킨다. A기업은 B기업에 비해 점유율이 증가하여 전략적 우위를 차지한다.

■ A기업이 스택클버그 선도기업인 경우

브랜더와 스펜서(1985)는 위 결과에 추가하여 수출보조금이 없는 상태에서 A기업이 스택클버그 선도기업, B기업이 추종기업인 경우를 고려했다. 제8장에서 살펴본 바와 같이 스택클버그 모형은 선도기업이 생산량을 선공약하고, 이를 주어진 것으로 하여 추종기업이 이윤극대화 생산량을 결정하는 2단계 게임이다. 선도기업은 추종기업의 반응함수(여기서는 B기업의 반응함수)를 자신의 이윤에 반영하여 최적 생산량을 선공약하게 된다. 스택클버그 모형의 균형은 A기업 생산량(수출량) 45와 B기업 생산량 22.5이다. C국가의 시장가격은 32.5이다. 선도기업의 이윤은 π_A^s=1,012.5, 추종기업의 이윤은 π_B^s=506.25이다. 선도기업의 동등이윤곡선(π_A^s)은 [그림 19-8]에서 보듯이 점 E_s에서 B기업의 반응곡선에 접한다. 이 균형은 앞에서 A기업에 보조금을 지급하여 동시적 쿠르노 게임을 하는 결과와 동일하다. 즉, 스택클버그 모형의 균형은 [그림 19-8]에서 점 E_s에 위치하여 앞에서 분석한 보조금이 있는 경우의 쿠르노 균형과 동일하다.

이 모형에서 우리는 다음의 결과를 얻을 수 있다: ① 각 국가는 단독적으로 자국의 기업에게 수출 보조금을 지급할 유인이 존재한다. ② 최적 수출보조금으로 인한 쿠르노 모형의 시장균형은 보조금이 없는 경우에 달성했을 스택클버그 모형의 균형과 동일하다.

스택클버그 모형에서 선도기업은 추종기업보다 먼저 생산량을 선공약한다고 했다. 이 모형에서 A국가의 보조금 발표가 없이 A기업이 선도기업의 생산량 45 단위를 공약하는 것은 신뢰성이 없을 것이다. 보조금이 없는 경우에 B기업의 생산량 22.5에 대한 A기업 생산량 45는 A기업 반응곡선상에 존재하지 않으므로 A기업이 45단위의 생산량을 공약하는 것은 신뢰성이 없다. A정부의 최적 보조금 발표는 A기업으로 하여금 스택클버그 선도기업의 위치를 확보하게 하고 신뢰성을 갖게 하는 수단으로 작용한다.

브랜더와 스펜서(1985) 등이 제시한 전략적 무역정책이론은 비판에 직면하게 되었다(그로스만(Grossman), 1993). 만약에 두 국가 모두 최적 보조금을 동시에 발표하고 두 기업이 쿠르노 동시적 게임을 하는 경우에 각 기업의 이윤은 감소하고 각 국가의 사회후생도 감소하는 결과가 나온다(이에 대해서는 연습문제 1을 시도하기 바란다). 이는 게임이론에서 용의자의 딜레마와 같은 결과이다. 또 다른 비판은 정부의 기업에 대한 정보 문제이다. 이 모형에서 정부는 실질적으로 기업과 함께 최적 보조금을 결정하는데, 이 목적을 위해서 정부는 시장수요와 기업의 비용구조에 대한 정보를 가지고 있어야 한다. 기업은 더 많은 보조금을 받기 위해서 비용구조를 왜곡해서 정부에 보고할 수 있다. 딕시트와 그로스만(Dixit and Grossman, 1986)은 일반균형이론을 이용하여 보조금과 같은 보호정책은 유인이 약하다는 결과를 보였다. 고데와 살란트(Gaudet and Salant, 1991)는 한 국가에는 수출기업이 많이 있고, 다른 국가에는 그리 많지 않은 경우에 수출기업이 많은 국가에서 최적 무역정책은 수출 보조금이 아니라 수출 세금(관세)이어야 함을 보였다.

제 4 절 | 수출기업의 R&D에 대한 전략적 보조금

수출 보조금은 WTO 같은 국제 무역기구에서 강력히 금지하는 정책 중의 하나이므로 실시하기에 어려움이 있다. 많은 정부가 채택하는 정책은 수출 기업의 R&D를 보조하는 간접적인 방법이다. R&D를 보조하면 R&D 집약도를 증가하여 생산공정 비용을 낮출 수 있으므로 수출 기업은 해외에서 비교우위를 차지할 수 있다. 스펜서와 브랜더(Spencer and Brander, 1983)는 제3절에서 소개한 브랜더와 스펜서(Brander and Spencer, 1985)와 유사하게 각 기업의 R&D 지출 효과를 고려했다. A국가의 A기업과 B국가의 B기업이 C국가에서 동질적인 제품으로 경쟁하며, 시장수요와 한계비용은 앞 절의 '수출보조금과 전략적 행동'항과 같다고 가정한다. 각 기업은 한계비용을 낮출 수 있는 R&D에 지출하며 이 지출액을 R&D 집약도라고 한다. 각 기업의 R&D 집약도를 x_A와 x_B라 하자. 각 기업의 한계비용은 각각 $(10-x_A)$와 $(10-x_B)$이다. 각 기업은 R&D 집약도를 수행하는 데 소요되는 비용은 $x_i^2(i=A, B)$라고 가정한다. 즉, R&D 비용은 규모의 보수 감소를 보인다.

제1단계에 각 기업은 쿠르노 행동을 하여 이윤극대화 x_i를 선택한다. 제2단계에는 주어진 x_i에서 이윤극대화 생산량을 결정한다. 순차적 게임에서 제2단계 내쉬균형을 먼저 구한다. i기업의 이윤은 다음과 같다: $\pi_i=(100-Q)q_i-(10-x_i)q_i-x_i^2$. A기업 반응함수는 $q_A=R_q(q_B;\ x_A)=\dfrac{90+x_A}{2}-\dfrac{q_B}{2}$이고, B기업 반응함수는 $q_B=$

그림 19-9 R&D 집약도에 대한 전략적 보조금의 효과

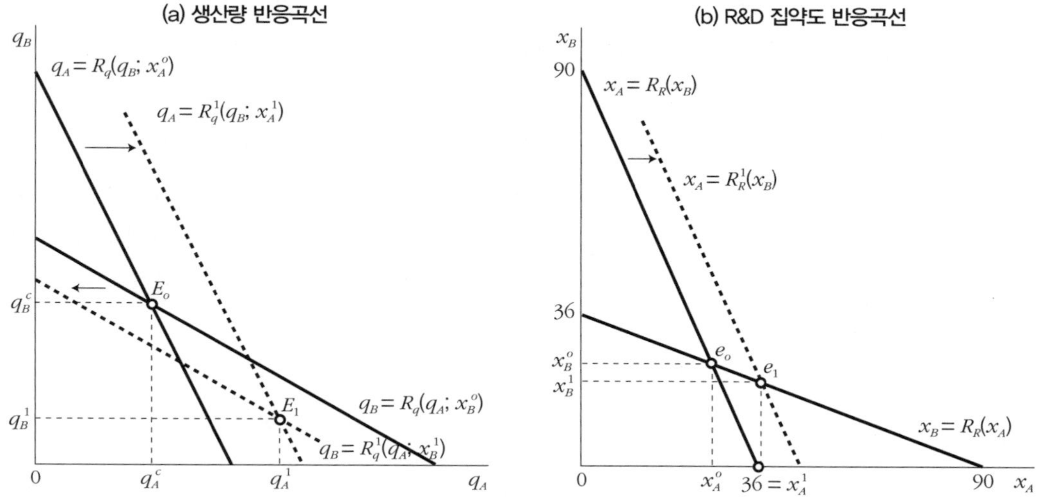

$R_q(q_A;\ x_B) = \dfrac{90 + x_B}{2} - \dfrac{q_A}{2}$이다. 이는 [그림 19-9] (a)에 표시되어 있다. 이 그림은 비록 [그림 19-8]과 동일하게 보이지만 각 기업의 R&D 집약도(x_i) 수준에 따라서 반응곡선이 이동한다는 점에서 다르다. 두 기업의 내쉬 균형 생산량은 [그림 19-9] (a)의 점 E_o에서 달성되며 다음과 같이 x_i수준에 달려 있다; $q_A^c = \dfrac{90 + 2x_A - x_B}{3}$; $q_B^c = \dfrac{90 - x_A + 2x_B}{3}$. 두 기업의 이윤은 다음과 같다; $\pi_A^c = (\dfrac{90 + 2x_A - x_B}{3})^2 - x_A^2$; $\pi_B^c = (\dfrac{90 - x_A + 2x_B}{3})^2 - x_B^2$.

이제 제1단계로 이동하여 R&D 집약도의 내쉬 균형을 구하자. 각 기업의 R&D 집약도(x_i)에 대한 반응함수는 다음과 같다; A기업의 R&D 집약도 반응함수는 $x_A = R_R(x_B) = 36 - (2x_B)/5$, B기업의 R&D 집약도 반응함수는 $x_B = R_R(x_A) = 36 - (2x_A)/5$이다. 이들에 대한 반응곡선은 [그림 19-9] (b)에 표시되어 있다. 반응함수로부터 두 기업의 R&D 집약도는 전략적 대체재이며, 두 기업의 R&D 집약도 반응곡선은 우하향한다. 두 기업의 균형 R&D 집약도는 [그림 19-9] (b)에서 점 e_o에 표시되어 있으며, $x_A^o = x_B^o = \dfrac{180}{7}$이다. 이 균형 R&D 집약도를 다시 제2단계의 생산량에 대입하면, $q_A^c = q_B^c = \dfrac{270}{7}$이고, 각 기업의 이윤은 $\pi_A^c = \pi_B^c = \dfrac{40,500}{49}$이다.

■ 정부의 R&D 집약도 보조금 정책

이제 A국가 정부가 A기업에 R&D 보조금 지급을 공약하였다고 가정하자. 이는 앞의 2단계 게임의 맨 앞에 정부의 보조금 결정 단계를 추가하여 3단계 게임이 된

다. 앞 절에서 정부의 수출보조금 결정과 마찬가지로 정부의 R&D 보조금도 정부가 시장구조와 기업의 반응함수를 알고 있다고 가정한다. 또한 R&D 보조금은 사회후생을 극대화하는 수준을 선택한다. 이 선택에 대한 수학적 과정은 생략하고 반응곡선 분석으로 대신한다. A기업에 대한 R&D 보조금은 A기업의 R&D 집약도 반응곡선을 우측으로 이동시킨다. 즉 [그림 19-9] (b)에서 A국가에 의한 R&D 집약도에 대한 보조금은 A기업의 반응함수를 $x_A=R_R(x_B)$에서 $x_A=R_R^1(x_B)$로 우측이동시키며 내쉬 균형은 점 e_o에서 점 e_1으로 이동한다. 새로운 균형에서 각 기업의 R&D 집약도는 x_A^1와 x_B^1이다. A기업의 R&D 지출은 증가하고, B기업의 R&D 지출은 감소한다.

A국가의 R&D 보조금 증가는 A기업의 R&D 집약도를 증가시키는 동시에 B기업의 R&D 집약도를 감소시키므로 두 기업의 생산량 반응곡선에 상반된 효과를 미친다. 즉, A기업 R&D 집약도 증가로 한계비용은 낮아지므로 [그림 19-9] (a)에서 생산량 반응곡선은 $q_A=R_q(q_B;\ x_A^o)$에서 $q_A=R_q^1(q_B;\ x_A^1)$으로 우측이동한다. 반면에 B기업 R&D 집약도는 감소하므로 한계비용은 올라가게 되어 생산량 반응곡선은 $q_B=R_q(q_A;\ x_B^o)$에서 $q_B=R_q^1(q_A;\ x_B^1)$로 좌측이동한다. [그림 19-9] (a)에서 보듯이 균형은 점 E_o에서 점 E_1으로 변한다. A기업의 균형 생산량(수출량)은 q_A^c에서 q_A^1로 증가하는 반면에, B기업의 균형 수출량은 q_B^c에서 q_B^1로 감소한다.

스펜서와 브랜더(Spencer and Brander, 1983)는 수출보조금의 경우에서처럼, R&D 보조금은 A국가의 사회후생을 증가시킨다는 결과를 보였다. R&D 보조금은 총수출량을 증가시켜서 C국가의 시장가격을 하락시키므로 C국가에 이롭다. 그러나 B기업의 이윤은 감소하므로 B국가에 해롭다. 앞에서 수출보조금의 경우와 마찬가지로 R&D 보조금은 A기업을 R&D 게임에서 스택클버그 선도기업의 위치에 올려놓는다. 정부의 R&D 보조금이 없었더라면 A기업이 R&D 집약도를 x_A^1에 선약하는 것은 신빙성이 없다. 왜냐하면 B기업에게 가장 좋은 선택은 x_B^1인데 이는 A기업 R&D 집약도 반응곡선상에 존재하지 않기 때문이다. 이에 비해서 A정부 R&D 보조금 지급 발표는 A기업이 R&D 집약도를 x_A^1에 선약하는 것을 신빙성있게 만든다. 결과적으로 A기업의 이윤은 물론 A국가의 순후생은 증가한다. R&D 보조금의 전략적 효과에 대한 논쟁은 앞 절의 수출보조금의 효과와 유사하다.

제5절 | 비관세 장벽의 전략적 효과

거의 모든 국가는 국제 무역기구가 엄격히 규제하지 않는 한 자국 기업이 전략적 우위를 확보하는 무역정책을 취하려는 경향이 강하다. 한 국가는 다양한 비관세 장벽으로 다른 국가 기업의 무역 경쟁력을 약화시킬 수 있다. 이에는 수입품의 환경 또는 안전 기준 강화, 형식 인증 지연, 위생 검사 지연 등이 있다. 마찬가지 맥락에서 한 기업은 상대 기업의 판매일정을 지연시키거나 이미지를 악화시키기 위해서 제3국에 경쟁기업 제품의 특허 침해나 디자인 모방을 제소하기도 한다. 이는 제3국 시장에서뿐만 아니라 다른 시장에서도 자신의 경쟁적 우위를 확보하려는 전략일 수 있다. 이러한 비관세 장벽의 전략적 효과에 대해서 살펴보자.

A국가의 A기업과 B국가의 B기업이 동질적인 제품으로 경쟁하는 양상을 다시 고려하자. 이번에는 A기업은 C국가뿐만 아니라 B국가에도 수출하고, 마찬가지로 B기업도 C국가뿐만 아니라 A국가에도 수출한다고 가정한다. 이 모형은 A기업과 B기업이 세 개의 시장(A, B, C국가)에서 쿠르노 복점 경쟁을 하고 있음을 말한다. A, B기업은 규모의 경제하에서 생산한다고 가정한다. 즉 생산량의 증가(감소)에 따라서 한계비용은 하락(상승)한다(크루그만(Krugman), 1983). A국가에서 A기업과 B기업의 쿠르노 경쟁은 [그림 19-10] (a)에 쿠르노 반응곡선으로 보여주고 있으며 균형은 점 E_o에 있다. [그림 19-10] (b)는 C국가에서 A기업과 B기업의 쿠르노 경쟁을 보여준다. 균형은 점 e_o에 있다. B국가에서의 경쟁양상은 [그림 19-10] (a)와 유사하므로 여기서는 생략한다.

① A국가가 A국가내에서 경쟁하는 B기업의 경쟁력을 약화시키기 위한 목적으로 수입품에 대해서 환경기준을 높였다고 가정하자. B기업의 제품은 자동차일 수 있으며 강화된 오염 배출 기준을 충족하기 위해서 한계비용이 c_B^o에서 c_B^1으로 상승했다고 하자. A국가의 비관세 장벽 강화로 B기업 한계비용이 상승하여 A국가에서 B기업 반응곡선은 좌측 이동($q_B = R_{BA}(q_A;\ c_B^o)$에서 $q_B = R_{BA}^1(q_A;\ c_B^1)$)한다. [그림 19-10] (a)에서 보듯이 균형은 점 E_o이 점 E_1로 이동하여 A기업 생산량은 증가하고 B기업 생산량은 감소한다.

② A국가에서 이와 같은 변화는 두 가지 방향으로 영향을 미친다. 하나는 A국가에서 A기업 생산 증가는 규모의 경제로 인하여 A기업 한계비용을 낮추어(c_A^o에서 c_A^1), A기업 반응곡선은 우측이동($q_A = R_q(q_B;\ c_A^o)$에서 $q_A = R_q^1(q_B;\ c_A^1)$)한다. A국가에서 최종 균형은 점 E_2에 위치하게 되어 점 E_1에 비해서 A기업 생산은 더 증가(q_A^c에

그림 19-10 규모의 경제하의 전략적 비관세 장벽의 효과

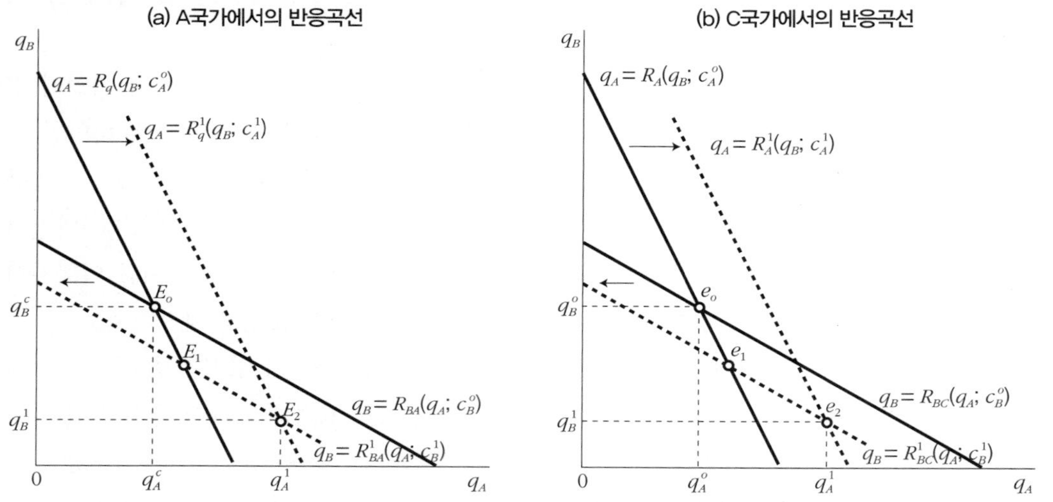

서 q_A^1)하고, B기업 생산(A국가로 수출량)은 더 감소(q_B^c에서 q_B^1)한다.

③ 더 놀라운 사실은 C국가에서의 변화이다. A국가의 비관세 장벽의 강화로 B기업의 생산량 감소는 규모의 경제로 인하여 한계비용을 높이는 결과를 초래한다. 이는 C국가에 수출하는 물량에도 영향을 미치므로 C국가에서 B기업의 반응곡선은 좌측으로 이동($q_B = R_{BC}(q_A;\ c_B^o)$에서 $q_B = R_{BC}^1(q_A;\ c_B^1)$)한다. 이에 비해서 A기업의 한계비용은 낮아졌으므로 C국가에서 반응곡선은 우측이동($q_A = R_A(q_B;\ c_A^o)$에서 $q_A = R_A^1(q_B;\ c_A^1)$)하여 균형은 점 e_o에서 점 e_1을 거쳐서 점 e_2로 이동하게 된다. C국가에서 B기업의 수출량은 감소(q_B^o에서 q_B^1), A기업의 수출량은 증가(q_A^o에서 q_A^1)한다.

크루그만(Krugman, 1983)은 엄격한 모형을 이용하여 규모의 경제가 존재하는 경우에, A국가가 B기업으로부터 수입에 부과한 비관세 장벽은 B기업의 비용을 높일 뿐만 아니라 자국내 A기업의 생산을 증가시킨다는 결과를 보였다. 또한 A국가가 부과한 무역장벽은 A기업이 수출하는 C국가에서 전략적 우위를 차지하는 효과를 발휘한다. A기업이 규모의 경제를 보유하기 때문에 생산량의 증가로 한계비용이 감소하여 수출시장(C국가)의 시장 점유율이 증가하게 된다. B기업은 A국가뿐만 아니라 아무런 무역 제약 조치를 취하지 않은 C국가에서 시장 점유율이 하락하는 전략적 열위에 처하게 된다. 이 모형에서 크루그만은 수입 제약 조치를 취하는 국가의 사회후생이 증가함을 보였다.

연 | 습 | 문 | 제

>>> Theory of Industrial Organization

1. 한국의 K사와 일본의 J사는 "접히는 LCD"를 생산하며 중국 시장에서 쿠르노 경쟁을 하고 있다. 중국 기업 중에서 이 제품을 생산하는 기업은 아직 출현하지 않았다. 두 기업의 한계비용은 $C_o(<A)$로 동일하다. 접히는 LCD에 대한 중국 시장의 수요는 $P=A-Q$이고, $Q=Q_k+Q_j$이다. 여기서, Q_k는 한국의 수출량, Q_j는 일본의 수출량이다. 화폐단위는 $이다.

1) 중국 시장에서 경쟁하는 두 기업의 반응곡선을 그려서 균형 생산량을 도출하고 설명하시오. 시장 가격을 설명하시오.

2) 한국의 K사가 중국 시장에서 선도기업으로, 그리고 일본의 J사가 추종기업으로 경쟁하는 경우에 두 기업의 균형 생산량과 시장 가격을 계산하시오.

3) 한국 정부는 K사에 수출량 단위당 $S의 보조금을 지급하기로 결정했다고 하자. 한국 정부가 이런 유인이 있는지에 대해서 설명하시오. 반응곡선을 이용하여 균형 수출량, 이윤, 가격의 변화에 대해 설명하시오.

4) 위 3)과 2)의 균형 결과를 비교하고 해석하시오.

5) 만약 두 나라 정부가 수출량 단위당 $S의 보조금을 동시에 자국 기업에 지급하는 경우에 발생하는 균형을 설명하시오. 어떤 나라도 수출 보조금을 시행하지 않은 경우에 비해서 두 나라의 사회후생과 수입국의 사회후생의 변화를 설명하시오.

2. 1국가의 1기업은 국내에 공급(내수용)(q_1)할 뿐만 아니라 2국가에 수출(x_1)을 하며, 동질의 재화를 생산하는 2국가의 2기업도 국내에 공급(내수용)(q_2)할 뿐만 아니라 1국가에 수출(x_2)한다. 두 기업의 비용함수는 동일하며 다음과 같다; $C_i(q_i+x_i)=c(q_i+x_i)$. 여기서, 두 기업($i=1, 2$)의 내수용과 수출용 생산물의 한계비용은 c로 동일하고 일정하다. 수출에 따른 수송비는 단위당 t이다. 1국가와 2국가의 시장 역수요함수는 각각 $P_1=a-Q_1$와 $P_2=a-Q_2$이다. 여기서 $Q_1=q_1+x_2$로서 1국가의 수요량이고, $Q_2=q_2+x_1$는 2국가의 수요량이다. 각 기업은 각 국가에서 쿠르노 경쟁을 한다.

1) 두 기업의 이윤(함수)을 작성하시오.

2) 두 국가 내의 반응곡선을 그리시오.

3) 두 기업의 이윤극대화 내수용 생산량, 수출량, 이윤, 소비자잉여, 사회후생을 계산하시오. 단위당 수송비 t의 효과를 설명하시오.

4) 이번에는 위 모형에서 각 기업이 수출을 하지 않는 경우를 고려하자. 즉, $x_1=x_2=0$. 각 기업의 생산량, 이윤, 소비자잉여, 사회후생을 계산하시오.

5) 위 3)과 4)를 비교하고 해석하시오.

3. 위 2번의 문제에서 $t=0$을 가정하시오. 1국가가 2기업의 1국가로의 수출량에 X의 쿼타를 부여했다고 가정하자. (2국가는 이러한 조치를 취하지 않았다고 가정한다.) 여기서, $X < \frac{a-c}{3}$이다.

1) 두 기업의 균형 생산량, 가격, 이윤, 1기업의 수출량, 사회후생을 X의 함수로 표시하시오.

2) 위 2번 3)문제에서 $t=0$을 가정하여 해를 구하고, 문제 3의 1)의 결과와 비교하시오.

4. "전략적 무역정책(예로 수출보조금, R&D 보조금을 이용하는 정책)이 수출국과 수입국의 사회후생을 증진시키는 데 실패하므로 이 정책은 폐기되어야 한다." 이 주장을 평가하시오.

5. 1국가의 1기업과 2국가의 2기업이 제3국에서 쿠르노 경쟁을 하고 있다. 제3국의 시장수요는 $P=a-Q$이다. 여기서 $Q=Q_1+Q_2$, Q_i는 $i=1$, 2)기업의 생산량이다. 두 기업의 공정혁신 이전 한계비용은 C_o이며 $C_o<a$이다.

1) 1국가 R&D 지출 이전과 이후의 두 기업의 생산량과 이윤을 도출하시오.

2) 1국가는 1기업에 공정혁신을 가져오는 x_1의 R&D를 지출한다. (이는 실제적으로 생산에 대한 보조금이나 마찬가지이다.) R&D 지출로 1기업 한계비용은 C_o-x_1이 된다. R&D 지출에 따른 추가적인 비용은 $x_1^2/2$이다. 2국가는 R&D를 지출하지 않는다. 1국가의 R&D 지출 이후에 두 기업의 생산량과 이윤을 도출하고 비교하시오. 여기서 1국가 정부의 최적 R&D 지출비를 도출하시오.

3) 어떤 국가도 자국 기업에 R&D 지출비가 없다고 하자. 1기업이 스택클버그 선도기업, 2기업은 추종기업으로 행동하는 경우에 두 기업의 생산량과 이윤을 도출하고, 2)와 비교-설명하시오.

제20장 규제이론

장을 시작하며

규제는 경쟁 과정과 시장 결과에 영향을 주기 위해서 정부가 시장에 개입하는 행동이라고 광의로 정의할 수 있다. 기업에 대한 규제는 통상적으로 독과점 기업의 과도한 독점력 행사에 집중되어 있었다. 최근에 공공요금 규제는 물론 환경, 노동, 안전, 심지어 SNS의 활동도 규제 대상이다. 개인에 대한 직접적인 규제(예, 운전 시 안전띠를 매는 것, 공공장소에서 금연)도 변화하는 추세이며, 시장가격과 안전 기준에 대한 정부의 규제는 생산자뿐만 아니라 소비자의 구매 행동에 영향을 미친다.

제 1 절 | 경제적 규제의 정당성

규제는 경제적 규제와 사회적 규제로 구분한다. 전자는 가격과 진입에 대한 직접적인 법과 행정적인 규제이며, 후자는 환경, 건강, 안전 등에 대한 규제이다 (조스코우와 로즈(Joskow and Rose), 1989). 이 장에서는 경제적 규제를 다룬다. 모든 시장이 완전경쟁시장이면 사회적 자원배분은 효율성을 달성하므로 규제는 불필요하다. 그러나 독과점기업, 외부성, 공공재 등의 시장실패는 비효율적 자원배분을 초래한다. 규제를 통하여 사회후생을 증진시킬 수 있다. 경제적 규제는 일반적으로 기업의 가격, 생산량, 진입, 퇴출, 다른 경제적 의사결정 등에 정부가 부과하는 제약을 말한다. 한 산업의 규제는 배분적 효율성을 기준으로 산업 성과를 시장 참여자와 정부(구체적으로 규제기관)가 같이 결정한다고 볼 수 있다. 그러나 정부가 기업의 모든 결정을 할 수 없다. 정부가 기업과 소비자를 완벽하게 감독할 수 없기 때문에 물리적으로도 불가능하다. 정부의 개입 정도에 관계없이 시장의 상호작용은 중요한 역할을 하게 된다.

1 규범적 규제

규제가 공공의 이익(public interest)과 사회후생을 증진할 수 있다면 정부 개입이 정당화될 수 있다. 이를 규범적 규제(normative regulation)라고 하며 언제 어떤 상황에서 규제를 해야 한다(should occur)는 규범을 제시한다.[1] 이 견해에 따르면 규제는 시장실패가 발생하는 경우에 합당한 대응책이 될 수 있다. 시장실패는 시장 결과가 효율성을 달성하지 못하는 상태이다. 이 상황에서 정부의 규제는 순후생 증가를 가져올 수 있다. 그러나 이 견해에 대한 비판으로서 '규제자 포획이론(capture theory)'이 제기되었다. 이 이론은 산업을 규제하는 규제기관이 사회후생보다는 오히려 산업 이윤 증진을 도모하여 그 산업에 의해서 포획된다(captured)는 주장이다. 규범적 규제이론이나 규제자 포획이론은 실제로 이론이 아니라 현상에 대한 가설 또는 서술에 불과하다는 비판이 제기되었다.

2 규제의 경제이론

경제적 규제를 하는 두 번째 이유는 '규제의 경제이론'으로 규제가 존재하는 이유를 현실적으로 설명하고자 하는 것이다. 이 이론은 규제 주체와 정치인이 이기적 경제 주체로서 효용을 극대화한다고 가정한다. 스티글러(1971)는 정부는 규제에 대한 독점권을 가지고 있고 기업으로부터의 수요가 이 독점권을 자신들에 유리하게 이용한다고 주장한다. 기업들은 규제를 잘 활용하면 자신들의 이윤을 증가시킬 수 있으므로 정부의 규제 독점권에 대한 수요가 기업으로부터 발생한다. 이에는 다음과 같은 방법이 발견되고 있다; ① 기업 중에는 다른 분야에 세금을 부과하여 그 조세 수입을 자신들에게 보조금으로 지급하게 한다. ② 경쟁을 완화하기 위하여 진입을 불법으로 하고 진입장벽을 조성한다. ③ 대체재 생산자를 규제하도록 하여 경쟁을 제약한다. ④ 정치인들은 정치적 지원과 차후에 고용기회를 얻기 위해서 규제를 공급한다. ⑤ 이익집단도 규제를 통해서 잉여나 지대를 창출할 수 있

1) 이에 비해서 실증적 규제(positive regulation)는 언제 어떤 상황에서 규제가 실제로 발생한다(does occur)고 설명하는 것이다.

기 때문에 규제를 요구한다.

③ 규제와 대리인 문제

규제의 경제이론을 지지하는 다른 견해는 본인-대리인 문제(principal-agent problem)를 이용한 설명이다. 놀(Noll, 1989)은 정치인을 대리인으로 그리고 지역구민(투표인)을 본인으로 설정하면서, 비대칭 정보와 거래비용의 존재로 인하여 정치적 과정에서 규제가 발생함을 보였다. 놀은 세 가지 예상 결과를 제시했다; ① 기업과 요소 공급자(특히, 노동조합)는 규제 정책과 이에 영향을 미치는 결정에 매우 적극적이다. 규제가 독점 지대를 생성·유지하고, 기업, 관리자, 피고용자들이 이를 나누어 가진다. ② 규제는 진입기업의 진입을 저지한다. 진입으로 지대가 사라질 수도 있고, 진입기업은 규제 과정을 잘 이해하지 못할 수도 있다. 이러한 이유 때문에 지대가 감소할 수 있으므로 심지어 소비자 집단도 진입을 반대한다. 진입으로 경쟁이 활성화 되어 소비자가 혜택을 얻는다 해도 그렇다. ③ 조직화된 집단으로 지대를 재분배할 필요성에 따라서 규제가 자원을 얼마나 비효율적으로 배분할지 결정된다. 조직화된 집단은 재분배할 잠재적 지대를 최대화하고자 한다. 효율성에서 얼마나 멀어질지는 조직화되지 않는 집단의 비용에 달려있다. 효율적 생산에서 멀어질수록 사중손실은 더 증가하게 된다.

이 장은 규제를 정당화하는 첫 번째 이유인 규범적 규제에 대해서 분석한다. 자연독점을 대상으로 규제가 어떻게 후생 증가를 도모할 수 있는지 알아본다. 또한 다양한 가격 규제 방법을 소개한다. 이 장에서 논의하는 규제는 다음 장에서 소개하는 경쟁정책과 보완관계이다. 규제는 효율성 증진을 목적으로 하고 있으며 경쟁을 촉진하는 정책과 일맥상통한다.

제2절 | 자연독점

① 정의

자연독점(natural monopoly)은 경제적 규제에서 가장 중요하게 다루는 시장구조의 하나이다. 자연독점은 규모의 경제(또는 규모의 보수 증가)가 존재하는 경우에 발생하는 독점이다. 규모의 경제는 생산 기술에 기초한 개념으로서 생산량이 증가함에 따라서 (장기) 평균비용이 하락하는 상태를 말한다. 전기, 수도, 도시가스, CATV 산업은 규모의 경제를 보인다. [그림 20−1]에서 A기업의 평균비용(AC) 곡선을 표시했다. 평균비용 곡선은 생산량이 증가함에 따라서 평균비용이 하락하는 규모의 경제를 나타낸다. 시장 수요곡선(D)은 우하향한다고 가정하자. 시장 수요곡선과 평균비용 곡선이 교차하는 점 z에서 생산량은 Q_o이고 가격은 P_o이다. 이 점에서 가격은 평균비용($=C_o$)과 같다. 기업이 생존하기 위해서는 최소한 총비용만큼의 총수입을 벌어야 한다. 기업이 설정할 가격은 최소한 평균비용은 되야 한다. A기업이 Q_o보다 더 많은 Q_1을 생산한다면 이 생산량에서 받을 수 있는 가격(점 y에 해당)보다 평균비용(점 x에 해당)이 더 높으므로 단위당 xy의 손실을 보게 된다. 따라서 Q_o을 초과한 생산을 하지 않을 것이다. 동일한 기술을 가진 B기업이 진입하여 $Q_b(<Q_o)$를 생산하고, 기존의 A기업은 $Q_a(<Q_b)$를 생산한다면, B기업은 가격(P)을 평균비용 C_b와 C_a 사이에 설정하여 A기업을 시장에서 몰아낼 수 있다. 그러나 더 낮은 가격으로 이윤을 얻으면서 진입하는 기업을 미리 막을 수 있는 생산량과 가격은 각각 Q_o과 P_o이다. 평균비용이 시장 수요의 전 구간에서 하락하는 경우에 시장 내 경쟁은 불가능하기 때문에 한 기업만이 생산을 하며, 이 시장을 자연독점이라고 한다.

그러나 두 기업(또는 그 이상의 기업)이 생산하는 것이 비용이 더 낮다면 산업은 자연복점이 될 수 있다. 보몰 외(Baumol *et al.*, 1982)는 저가산적(subadditive) 비용함

그림 20−1 자연독점과 생산량

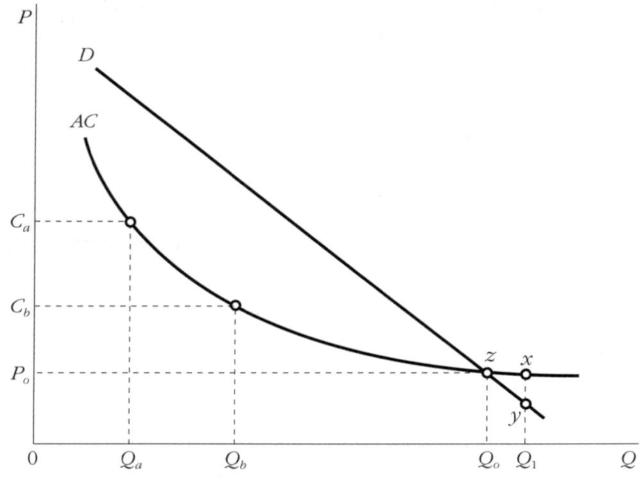

그림 20-2 자연독점과 자연복점

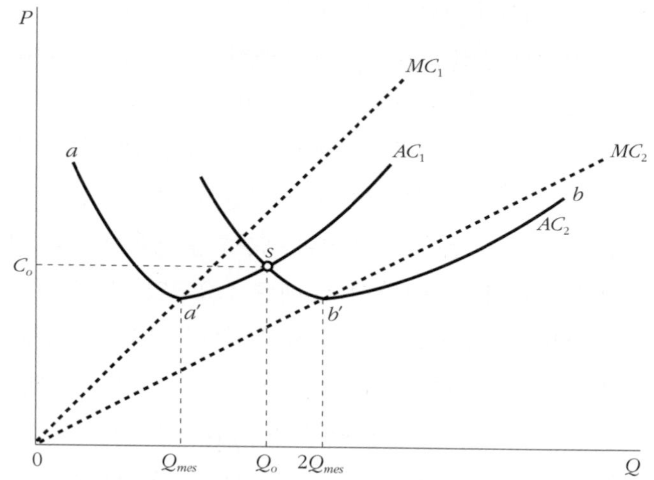

수를 소개하면서 규모의 경제와 저가산성 간의 필요조건과 충분조건을 제시했다. 규모의 경제 구간에서 자연독점이 발생하지만, 자연독점이 반드시 규모의 경제에서만 발생하는 것은 아니다(다르게 말하면, 규모의 경제는 자연독점에 대해서 충분조건이지만, 필요조건은 아니다)(브라우티검(Braeutigam), 1989).

[그림 20-2]는 산업 내에 한 기업이 있는 경우의 평균비용곡선(AC_1)과 두 개의 기업이 생산량을 반씩 생산하는 경우의 평균비용곡선(AC_2)을 보여준다. 두 경우에 최소효율규모의 생산량에서 평균비용은 동일하다. 두 개의 산업 평균비용곡선의 최저 포락선($aa'sb'b$의 W−자 모양)[2]이 모든 생산량에 대한 최저 산업 평균비용이다. 이 산업 평균비용 곡선에서 비록 생산량이 $[Q_{mes}, Q_o]$의 구간에서 규모의 비경제를 보인다 하더라도 $[0, Q_o]$ 구간에서 산업은 자연독점이다. 생산량이 Q_o보다 더 큰 구간에서 $AC_2 < AC_1$이다. 이 구간에서 한 기업보다는 두 기업이 생산하는 것이 비용이 더 저렴하므로 두 기업이 생산하는 것이 한 기업이 생산하는 것보다 더 낫다. 이 산업은 '자연복점'이 된다.

[그림 20-2]를 대표하는 단순한 비용함수의 예를 들면 다음과 같다. 한 기업의 비용함수를 $C(Q;\ n=1)=cQ^2+F$라고 하자. 여기서, c는 한계비용, F는 고정비용이다. 한계비용함수는 $MC_1=2cQ$이고 평균비용함수는 $AC_1=cQ+\frac{F}{Q}$이다(독자들은 이 MC_1과 AC_1를 그림으로 표시하면 [그림 20-2]와 유사하다는 것을 알 것이

2) 포락선은 envelope을 번역한 것으로 [그림 20-2]에서 AC_1과 AC_2가 서로 교차하는데, 두 곡선에서 가장 낮은 곡면인 $aa'sb'b$를 말한다.

다). 이에 따라서 $Q_{mes}=\sqrt{F/c}$ 이다(여기서 Q_{mes}는 $MC_1=AC_1$인 생산량이다. 또는 AC_1을 미분하여 최저점을 구할 수도 있다). 두 기업이 생산하는 경우 최소 비용을 구하기 위해서 생산량은 반분되어야 한다. 이 경우에 비용함수는 다음과 같다; $C(Q; n=2)=2c(\frac{Q}{2})^2+2F$. $MC_2=cQ$이고, $AC_2=\frac{c}{2}Q+\frac{2F}{Q}$ 이다. $AC_1=AC_2$인 생산량(즉, $cQ+\frac{F}{Q}=\frac{c}{2}Q+\frac{2F}{Q}$인 생산량)은 $Q_o=\sqrt{2F/c}$이다. 생산량이 $Q\leq\sqrt{2F/c}$인 구간에서 이 산업은 자연독점이다. 생산량이 $Q>\sqrt{2F/c}$인 구간에서 두 기업이 생산하는 경우에 평균비용은 한 기업이 생산하는 경우보다 더 낮으므로 이 산업은 자연복점이다. 그러나 고정비용이 두 배로 소요되었으므로 비효율이 발생한다.

산업이 자연독점이 될지 자연복점이 될지는 비용뿐만 아니라 수요에도 의존한다. 만약에 우하향하는 수요곡선이 $a's$ 사이를 통과하거나 또는 그 왼쪽에 위치하는 경우에 시장은 자연독점이며 독점기업은 (수요곡선이 aa'를 관통하는 경우) 규모의 경제에서 생산할 수도 있고 규모의 비경제에서 생산할 수도 있다. 시장 수요가 증가하여 수요곡선이 Q_o 이상의 생산량에서 AC_2와 교차한다면, 산업은 자연복점이 된다. 과거에 개인 소득이 낮은 경우에 우리나라의 항공산업은 대한항공(KAL)에 의한 자연독점이있으나 소득의 증가로 해외여행에 대한 수요의 증가로 아시아나(Asiana)가 진입하여 자연복점이 형성되었다. 최근에 저가항공사가 진입한 국내 항공산업은 자연과점 시장이 되어가고 있다고 볼 수 있다.

2 자연독점 규제

한 산업이 자연독점인지 아닌지는 수요와 기술의 상호 작용에 달려있다고 했다. 적절한 시장수요 수준에서 하나의 기업이 있는 경우에 비용이 최소화된다면 가격규제는 정당성이 있다. 자연독점 기업의 단일 가격 설정(즉, 순수 독점기업처럼 $MR=MC$에서 가격 설정)은 자원배분의 비효율이 발생하므로 가격 규제가 요구된다. 자연독점에서 규제의 일환으로 가격 설정 시 다음의 두 가지 조건을 고려한다; ① 사회적 효율성 달성: 한계비용 가격 설정(MC Pricing; $P=MC$)에서 자연독점은 사회적 효율성을 달성하나 손실을 볼 수도 있다. 규모의 비경제 구간에서 자연독점을 유지할 수 있다면, 한계비용 가격 설정으로 양의 이윤을 얻을 수 있지만, 규모의 경제 구간인 경우에 한계비용 가격 설정은 자연독점 기업에게 손실을 가져온다. ② 생존가능성: 수요와 평균비용이 같은 점($P=AC$)에서 가격을 설정하는 것을 평균비용 가격 설정(AC Pricing)이라고 한다. 규모의 경제 구간에서 평균비용 가격 설정을 하면 자연독점 기업은 생존가능성이 있다.

그림 20-3 자연독점의 규제 방안

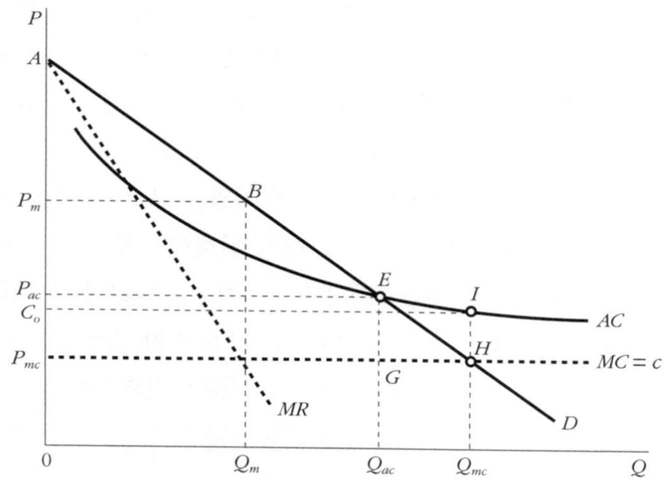

한계비용 가격 설정과 생존가능성에에 기초하여 자연독점의 규제 방안을 살펴본다. [그림 20-3]처럼 자연독점이 모든 생산량 구간에서 규모의 경제를 보이는 경우(*AC*가 우하향)만 분석한다. *MC*는 수평선으로 표시했으나, *AC* 아래에서 우하향하는 곡선이어도 결과는 바뀌지 않는다. 비용함수는 $C(Q)=cQ+F$이다. 여기서, c는 일정한 한계비용이고 F는 고정비용이다. 한계비용은 c에서 일정한 수평선이고, 평균비용은 생산량 모든 구간에서 우하향한다.

1) 단일 가격 설정

먼저 자연독점 기업이 규제없이 순수독점처럼 행동하는 경우를 고려하자. 자연독점 기업은 $MR=MC$에서 이윤을 극대화하여 Q_m을 생산하고 점 B에서 P_m의 단일 가격을 설정한다. 이 균형에서 생존가능성이 없음은 자명하다. 이와 동일한 기술을 보유한 잠재기업이 진입하여 이보다 더 낮은 가격을 설정하여 양의 이윤을 얻을 수 있기 때문이다. 규모의 경제 구간에서 자연독점 기업은 순수독점기업처럼 단일 가격을 설정할 수 없다. 이 산업이 전기, 수도, 도시가스 등과 같이 필수재인 경우, 단일 가격(P_m)에 의한 과소생산은 정부 개입을 야기하기에 충분하다.

2) 한계비용 가격 규제

한계비용 가격 규제는 자연독점 기업이 $P=MC$에서 가격을 설정하게 하는 것이다. $P=MC$는 수요곡선과 한계비용곡선이 교차하는 점 H에서 가격 P_{mc}를 설정하며 Q_{mc}를 생산한다. 이 가격은 설정할 수 있는 가장 낮은 가격이므로 소비자에게 좋은 소식이다. Q_{mc}를 구매하는 모든 소비자들은 최소한 이 생산에 소요되는 한계비용을 지불한다. 사회후생은 $AP_{mc}H$에서 고정비용($F=C_oP_{mc}HI$)을 뺀 차이로서 시장에서 얻을 수 있는 최대의 잉여이다. 이 규제는 사회적 효율성을 달성하므로 '최선책(first best)'이라고 한다.

그러나 이 가격에서 자연독점 기업은 고정비용($F=C_oP_{mc}HI$)만큼 손실을 보게 되어 생존가능성이 없다. 생존하기 위해서 그만큼의 보조금을 받거나 다른 조치가 뒤따라야 한다. 우리나라의 한국전력은 스스로 한계비용 가격 설정을 하고 있다고 주장하고 있다. 한국전력은 오랜 기간 적자 기업이었다. 이 적자에 대해서 정부는 정부 예산에서 보조금을 지급하고 있다. 전력소비가 증가함에 따라서 보조금 규모는 증가하며 이를 감당하기 힘든 시점이 되면 전력 요금을 인상하는 악순환이 이어지고 있다.

규제기관이 자연독점 기업에 보조금을 지급할 방안이 없다면 사회적 잉여를 최대화하면서 생존가능한 방안이 요구된다. 이를 위해서 평균비용 가격 설정을 고려할 수 있다.

3) 평균비용 가격 규제

평균비용 가격 규제는 수요곡선과 평균비용곡선이 교차하는 점 E에서 가격(P_{ac})을 설정하고 생산(Q_{ac})을 하는 것이다. 규제 기관은 $P=AC$에서 규제 가격과 생산량을 결정한다. 이 가격에서 손익분기점에 도달(즉, 총수입과 총비용이 같으므로 초과이윤=0인 상태)하며, 이보다 높은 가격은 사회적 잉여를 감소시킨다. 손익분기점에서 이 기업은 손실을 입지 않으므로 생존가능성이 있다. 손익분기점을 달성하는 가격인 P_{ac}를 '차선책(second-best)'이라고 한다. 그러나 차선책은 EGH의 후생손실을 가져오며 이는 사중손실이다. 평균비용 가격 설정은 자연독점 기업이 손익분기점에 도달하여 생존가능성을 달성하지만 사회적으로 비효율적 자원배분을 가져온다.

3 자연독점 규제 대체방안

자연독점 산업에서 정부 개입은 최선책을 달성하는 하나의 방안이나, 정부의 개입은 또 다른 비용을 야기할 수도 있다. 자연독점 산업에 대한 정부의 규제없이 차선책(또는 이에 근접하는 방안)을 달성하는 대체방안이 제시되어 있다. 이들은 '시장

내'에서가 아니라 '시장을 위한' 경쟁 방안으로서 사중손실이 상대적으로 적은 경우에 채택된다. 세 가지 방안을 소개한다.

1) 자연독점 영업권 입찰

뎀세츠(Demsetz, 1968)는 자연독점 시장에 반드시 규제가 요구되는 것이 아니라고 주장했다. 자연독점 시장에서 경쟁이 불가능하거나 바람직하지 않은 경우에 '시장 내의 경쟁'을 추구할 것이 아니라 '시장을 위한 경쟁 환경'을 조성하여 규제의 필요성을 제거할 수 있다. 정부가 독점 영업권(franchise)을 경매한다면 시장을 위한 경쟁이 발생할 수 있다. 이와 같은 경쟁양상을 '뎀세츠 경쟁'이라고 한다. 이 경쟁을 위한 조건으로는 ① 모든 입찰 기업에게 요소 시장이 경쟁적이어야 하고, ② 입찰 기업들의 담합이 불가능해야 한다. 기업들에 의한 입찰가격은 시장을 공급하고자 하는 가격이 될 것이다. 가장 낮은 가격에 입찰하는 기업이 독점 영업권을 얻으며 시장을 공급한다. [그림 20-3]에서와 같은 상황에서 독점 영업권에 대한 경매를 하면 기업 간 경쟁으로 낙찰가는 P_{ac}가 되며 낙찰 기업(자연독점 기업)은 Q_{ac}를 생산한다. 이 가격은 차선책(또는 평균비용 가격 설정)의 가격이며 손익분기점을 달성한다. 뎀세츠에 따르면 차선책의 가격을 얻는 데 반드시 규제가 필요하지 않다는 것이다. 브라우티검(Braeutigam, 1989)은 행정지역별 쓰레기 수거 기업을 예로 들고 있다.

그러나 뎀세츠 경쟁의 결과로 나타나는 것은 실제로 독점 영업권에 대한 정부와 기업의 계약이다. 계약에는 모든 사항을 다 담을 수 없으므로 낙찰 받은 기업은 단기 이윤을 목적으로 서비스 품질 변경 등 기회주의적 행동을 취할 수 있다. 낙찰 받은 기업은 중간에 계약 변경 등을 요구할 수도 있다. 이 모든 행동은 또 다른 비용을 유발하게 되기 때문에 뎀세츠 경쟁을 도입하는 데 현실적인 문제에 직면할 수 있다.

2) 경쟁가능성

경쟁가능성(contestability) 개념은 제1장에서 소개한 바와 같이 보몰 외(1982)에 의해서 정립되었다. 경쟁가능성은 어떤 생산 구간에서 저가산적(subadditive)이라 하더라도 매몰비용이 없는 한 시장경쟁은 차선책을 가져온다. 뎀세츠 경쟁은 매몰비용을 가정하지 않으므로 자연독점에서 매몰비용이 없다면, 정부가 독점 영업권 입찰과 낙찰 기업과의 계약 없이도 차선책을 달성할 수 있다. 자연독점 시장이 경쟁가능(contestable)하다면 평균비용보다는 높은 가격을 설정하는 기업은 그 가격보다 낮은 가격을 설정하는 잠재기업의 '치고 달리기(hit-and-run)'식 자유진입과 퇴출 때문에 시장에서 퇴출된다. 시장 결과는 평균비용 가격설정(P_{ac}의 가격)이 되며 차선책을 달성한다.

매몰비용을 회수할 수 있을 정도의 일정한 기간 동안(독점영업권 획득 같은 방식으로) 영업을 할 수 있다면 기업은 평균비용 가격을 설정하려 한다. 그러나 경쟁가능성으로 인하여 언제 진입이 발생할지 모른다면 기업은 평균비용을 초과하는 가격을 설정할 수밖에 없다. 따라서 매몰비용이 존재한다면(또는 매몰비용을 회수할 수 없다면) 차선책은 달성되지 않는다.

철도 산업이나 정유산업, 가스 산업 등은 자본 이동성이 매우 낮기 때문에 매몰비용이 상대적으로 높은 편이다. 이와 같은 산업은 경쟁가능성으로 경쟁을 도입하기 어렵다. 물론 이와 같은 산업의 경우에 뎀세츠 경쟁을 도입할 수는 있다. 그러나 항공산업의 경우 자본재(예, 여객기)의 이동이 자유롭기 때문에 매몰비용은 낮고, 진입과 퇴출이 용이한 편이다. 이 산업에서는 경쟁가능성으로 인해서 경쟁을 위한 시장이 형성될 수 있다. 미국에서 항공산업의 경쟁가능성은 잘 알려져 있다. 최근에 우리나라에서 저가 항공사들의 진입은 국내는 물론 일본이나 중국 등 비교적 근거리의 국제항공 시장이 경쟁가능성 시장을 엿보이게 하고 있다.

3) 독점적 경쟁시장

자연독점에 대한 규제를 대체할 수 있는 또 다른 방안의 하나는 독점적 경쟁시장이다. 제9장에서 소개한 바와 같이 독점적 경쟁시장은 규모의 경제를 보이는 기업들이 차별화된 제품으로 경쟁하는 시장구조이다. 운송산업에서 운송 수단 간 경쟁(intermodal competition)은 독점적 경쟁시장으로 분석할 수 있다. 자연독점인 철도 산업과 경쟁적인 화물 트럭 운송 산업이 두 지점의 화물 운송 서비스 경쟁을 하는 경우를 가정하자. 운송 수단 간 경쟁으로 철도산업이 초과이윤을 얻을 수 없다면, 규제하지 않는 시장 결과는 차선책에 가까운 결과를 가져온다. 우리나라의 우체국 우편 서비스는 오랫동안 자연독점적 지위에 있었다. 우체국 택배 서비스는 규제 완화의 결과로 상업 택배 산업과 서류 및 소포 배달 수단 간 경쟁을 하고 있다고 해석할 수 있다. 결과적으로 우체국 택배 서비스는 차선책을 달성하고 있다고 볼 수 있다.

위에서 소개한 세 가지의 규제 대체방안이 차선책을 달성하기에 충분하다 하더라도, 어떤 경우에는 여전히 규제가 필요하다. 만약에 차선책 결과로 초래되는 사중손실이 최선책에 비해서 매우 크다면 최선책을 달성하기 위한 규제를 도입할 수 밖에 없다. 이 규제방안에는 가격차별 허용, 보조금지급, 비선형 가격제 등이 있다.

4 자연독점 규제 일람

자연독점 규제는 가격규제와 관련하여 다양한 경로를 택할 수 있다. 여기서 가격규제는 효율성 달성을 목표로 한다. 브라우티검(Braeutigam, 1989, p. 1308)은 자연독점의 규제에 대한 로드맵을 [그림 20-4]와 같이 제시했다. 최소효율 규모가 시장수요에 비해서 상대적으로 매우 작다면 이는 경쟁시장이므로 최선책을 달성하고 규제가 필요 없다(화살표 A). 그러나 최소효율 규모가 시장수요에 비해서 상대적으로 크다면(예, [그림 20-3]과 같은 경우) 그래서 시장 내의 경쟁이 불가능하다면 시장은 자연독점이다(화살표 B). 앞에서 보았듯이 자연독점인 경우에 최선책인 한계비용 가격 설정은 생존가능성을 충족하지 못하므로 먼저 차선책의 규제를 도입한다. 차선책을 도입하는 경우에 사중손실의 상대적 크기에 따라서 규제 경로를 다음과 같이 정한다; 자연독점시장에서 차선책(즉, $P=AC$)에 의한 사중손실이 최선책에 비해서 매우 크다면(화살표 C) 최선책($P=MC$)을 달성하기 위한 규제를 해야 한다. 이 규제방안은 보조금 지급과 가격차별 등이 있다. 차선책에 의한 사중손실이 최선책에 비해서 용인할 수 있을 정도로 작다면(화살표 D) 시장을 위한 경쟁을 도입할 수 있는지 여부에 대해서 고려해야 한다. 시장을 위한 경쟁이 가능하지 않다면(화살표 E) 차선책 결과를 달성하기 위해서 규제해야 한다. 이는 위에서 설명한 평균비용 가격 설정 규제를 도입해야 한다. 만약에 시장을 위한 경쟁이 가능하다면(화살표 F) 규제를 할 필요 없이 시장을 위한 경쟁을 도입한다. 이에는 앞에서 설명한 세 가지 규제의 대체 방안(뎀세츠의 자연독점 영업권 입찰, 경쟁가능성, 독점적 경쟁시장)을 도입한다.

[그림 20-4]에서 화살표 C의 경우에 나타나는 보조금과 가격차별을 간략히 설명한다. 차선책에서 사중손실이 매우 큰 경우에는 오히려 최선책(한계비용 가격 설정)을 달성하기 위한 규제를 도입한다. 이 경우에 [그림 20-3]에서 본 바와 같이 고정비용만큼의 손실이 발생한다.[3] 이를 만회하기 위해서 이 수준의 보조금을 지급하는 대가로 한계비용 수준으로 시장가격을 받도록 하는 규제이다. 우리나라의 한국 전력이 여기에 해당한다고 할 수 있다. 그러나 손실을 보전할 외부의 보조금

3) 손실이 발생하므로 생존가능성을 충족 못한다. 이러한 한계비용 가격설정은 수입대등(revenue adequate)하지 않다고 한다.

그림 20-4 규제를 위한 로드맵

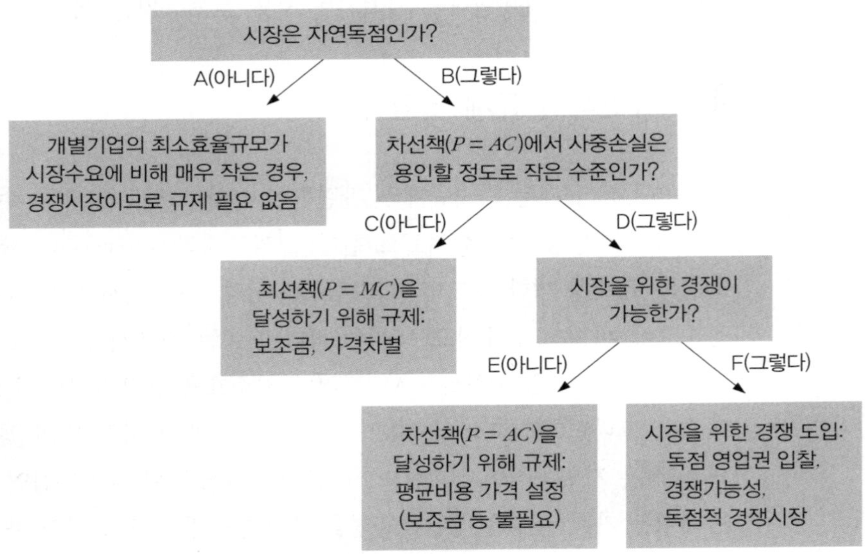

이 마련되어야(또는 한전처럼 제도적 뒷받침이 되어야) 최선책(즉, 배분적 효율성)을 달성할 수 있다. 자연독점의 효율성을 달성하는 대가로 조성된 외부의 보조금은 사실은 다른 산업분야에서 걷은 세금일 가능성이 높다. 이 경우에 자연독점에서 달성한 효율성은 다른 분야에서 사중손실을 야기할 수도 있다. 여기서는 단일 가격하에 보조금을 통한 효율성 달성 가능성을 논의했다. 그러나 가격차별(여러 생산량에 서로 다른 가격)은 보조금없이 효율성을 달성할 수 있다.

자연독점 기업에게 가격차별을 허용할 수 있다. 가격차별은 제6장에서 이미 설명한 바 있다. 여기서는 고정비가 상대적으로 커서 규모의 경제가 발생하는 경우에 가격차별을 소개한다. [그림 20-3]으로 돌아가자. 자연독점 기업은 수요 수요를 파악하고 있다고 가정한다. 따라서 소비자 지불의향을 알고 있다. 자연독점 기업이 수요곡선상의 점 E의 왼쪽에 있는 모든 소비자에게 P_{ac}의 가격을 부과했다고 하자. 이 소비자들을 '1타입 소비자'라고 하자. 가격 P_{ac}와 P_{mc} 사이의 지불의향이 있는 소비자에게는 P_{mc}의 가격을 부과했다고 하자. 이 소비자들을 '2타입 소비자'라고 하자. 즉, 자연독점 기업은 P_{ac}와 P_{mc}의 가격차별을 한다. 점 E에서 총수입=총비용(=총가변비용+총고정비용)이므로 1타입 소비자로부터 얻는 총수입은 Q_{ac}생산에 소요된 총가변비용뿐만 아니라 총고정비용도 지불할 수 있다. 2타입 소비자로부터 얻는 총수입은 $(Q_{mc} - Q_{ac})$의 추가 판매량에 대한 가변비용만 지출할 수 있다. 여기서, 한계비용은 c에서 일정하므로 평균가변비용도 c이다. 따라서 추가 판매량 $(Q_{mc}-Q_{ac})$에 대한 총수입은 총가변비용과 같다. 이와 같은 가격차별은 다음의 결과를 얻을 수 있다; ① 총수입은 총비용을 지출하므로 이 기업은 생존가능성을 위한 보조금을 지급할 필요가 없다. ② 최종 판매량에 대한 소비자의 지불의향은 최소한 한계비용과 같으므로 경제적으로 효율성을 달성한다. 즉, 최선책이 달성된다. ③ 이 가격차별은 생산자잉여가 영이지만(총수입=총비용이므로), 소비자는 양의 소비자잉여($AP_{ac}E+EGH$)를 얻는다.

제3절 | 램지가격 설정

자연독점 기업은 다제품을 생산하는 경우가 많다. 출퇴근 시간대의 간선도로 혼잡도는 낮 시간대의 간선도로 혼잡도와 다르다. 한낮의 전력 서비스는 새벽 시간대의 전력 서비스와는 서로 다르며 주거용 도시가스의 시장 탄력도와 산업용 시장 탄력도는 다르다. 이 경우에 규제기관은 램지가격(Ramsey Pricing) 설정을 고려할 수 있다. 램지가격 설정은 다제품을 생산하는 자연독점 기업이 손익분기점을 달성하는 조건으로 총잉여를 극대화하고 사중손실을 최소화하도록 각 시장의 가격을 설정하는 방안이다. 램지가격 설정은 영국의 경제학자인 램지(Ramsey, 1927)의 최적 세금의 개념에서 나왔으며 이후 보몰과 브래드포드(Baumol and Bradford, 1970)에 의해서 더 발전되었다.

자연독점 기업이 두 제품을 생산하여 두 시장에 판매하고 있다고 하자. 각 시장의 가격을 $P_i(i=1, 2)$, 각 시장에서 수요의 가격탄력도는 ε_{ii}라고 하자. 각 시장의 수요는 독립적이라고 가정한다(한 시장의 가격의 변화가 다른 시장의 수요에 영향을 미치지 않는 경우를 말한다). 모든 생산량에 대한 한계비용은 C_i로 일정하다고 가정한다. 램지가격은 다음의 두 가지 조건을 충족하는 각 시장의 가격이라고 정의한다;

① 램지가격 원칙: $\dfrac{P_1-C_1}{P_1}\varepsilon_{11}=\dfrac{P_2-C_2}{P_2}\varepsilon_{22}=\lambda$, ② 총이윤은 영.
여기서, λ는 그리스 문자로서 램다라고 읽으며 램지 숫자이다.

램지가격 원칙에서 $\dfrac{P_i-C_i}{P_i}$는 러너지수이다. 각 시장의 램지가격은 손익분기점에서 사회적 잉여를 극대화하고 사중손실을 최소화하는 가격이다. 러너지수와 탄

그림 20-5 동일 마크업 가격

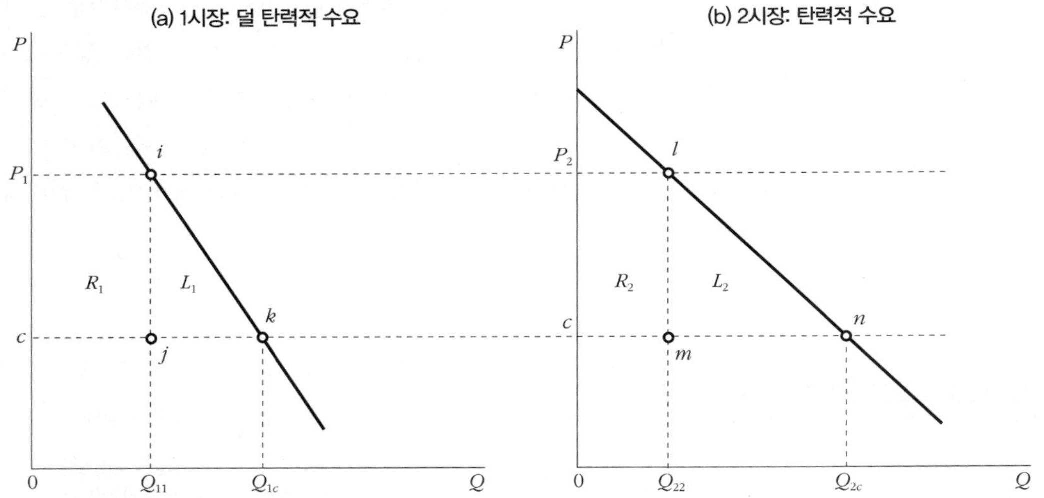

력도의 곱인 램지 숫자는 각 시장에서 동일해야 하다. 총이윤이 영이라는 것은 총수입과 총비용(=총고정비용+총가변비용)이 같을 때 발생하며 손익분기점이다.

램지가격 원칙은 '역탄력도 원칙'이 적용된다. 각 시장의 러너지수는 탄력도 역수에 램지 숫자를 곱했기 때문이다. 손익분기점에서 상대적으로 더 탄력적인 수요는 더 작은 마크업(러너지수)을 가지기 때문이다. 자연독점 기업이 두 시장을 공급하며, 총비용은 다음과 같다고 가정하자; $C(Q)=c(Q_1+Q_2)+F$. 여기서, c는 일정한 한계비용, $c(Q_1+Q_2)$는 총가변비용, F는 고정비용이다. [그림 20-5]를 이용하여 램지가격의 효과를 알아보자. 그림에는 두 시장의 선형 수요를 표시한다. 동일한 가격에서 1시장보다 2시장이 더 탄력적 수요이다. 각 시장에서 한계비용(c) 가격을 설정한다면 1시장([그림 20-5] (a))의 판매량은 $Q_{1c}(=Q_1(c))$이고, 2시장([그림 20-5] (b))의 판매량은 $Q_{2c}(=Q_2(c))$이다. 두 시장에서의 수입의 합이 총비용과 같게 되도록 두 시장의 가격을 동일하게 올렸다고 가정하자. 올린 가격 $P_1=P_2$에서 시장의 판매량은 각각 Q_{11}과 Q_{22}이다. 두 시장 총수입의 합은 총비용과 같다고 가정한다. 즉, $P_1Q_{11}+P_2Q_{22}=C(Q)$. 여기서, $Q=Q_{11}+Q_{22}$이다. 그림에서 $R_1(=P_1cji)$과 $R_2(=P_1cml)$의 합은 총고정비용(F)과 동일하다. 왜냐하면 한계비용은 평균가변비용과 같기 때문이다. 따라서 주어진 가격 $P_1=P_2$에서 이 기업은 손익분기점에 있다. 사중손실은 1시장의 $L_1(=ijk)$과 2시장의 $L_2(=lmn)$의 합이다. 이를 요약하면, 기업을 손익분기점에 있게 하기 위해서 필요한 고정비용 $F(=R_1+R_2)$의 대가는 사중손실(L_1+L_2)이라

그림 20-6 램지가격 설정

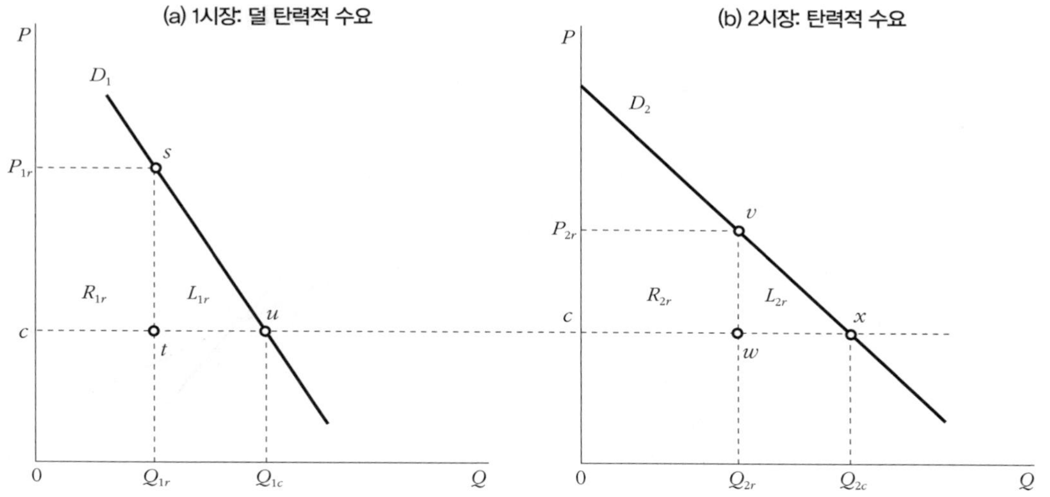

고 말할 수 있다. 동일한 가격 상승으로 2시장에서 고정비용에 대한 기여는 1시장보다 적다. 2시장은 1시장보다 더 탄력적이므로 동일한 가격 상승에 대해서 2시장의 판매량과 수입은 더 많이 감소하기 때문이다. 결과적으로 2시장에서 사중손실이 더 크다.

손익분기점을 달성하면서 사중손실을 최소화하는 램지가격은 램지가격 원칙을 적용하는 것이다. 램지가격 원칙 $\frac{P_1-C_1}{P_1}\varepsilon_{11}=\frac{P_2-C_2}{P_2}\varepsilon_{22}$을 고려하자. 우리의 예에서 $\varepsilon_{11}<\varepsilon_{22}$이고, $C_1=C_2=c$이므로 $\frac{P_2-c}{P_2}<\frac{P_1-c}{P_1}$이어야 한다. 더 탄력적인 시장의 러너지수가 더 낮아야 한다. 이는 곧 $P_2<P_1$여야 한다. 즉, 덜 탄력적인 1시장의 가격이 탄력적인 2시장보다 더 높아야 한다. 램지가격은 [그림 20-6]에 보인다. 램지가격 원칙에 따른 가격 설정은 기업이 손익분기점에 있으면서 사중손실을 최소화 한다. 1시장의 가격(P_1)을 P_{1r}으로 조금 더 높이고, 2시장의 가격(P_2)을 P_{2r}로 조금 낮추어서 램지가격 원칙과 손익분기점 조건을 충족했다고 하자. 이 가격에서 각각의 판매량을 Q_{1r}과 Q_{2r}이라고 하자. 램지가격 원칙과 손익분기점 조건을 충족했으므로 $R_{1r}(=P_{1r}cts)$과 $R_{2r}(=P_{2r}cwv)$의 합은 고정비용(F)과 같으며, 사중손실의 합($L_{1r}+L_{2r}=stu+vwx$)은 최소화된다. 독자들은 그림을 통한 설명이 명백하지 않을 것이다. [그림 20-6]에서 사중손실의 합이 최소화되었는지를 어떻게 아는지 동의하기 어려울 것이다. 수학적인 결과가 그렇게 그려진다! 단순한 수학적 모형을 이용하여 이러한 내용을 확인해 보자.

그림 20-7 예시적 램지가격 설정

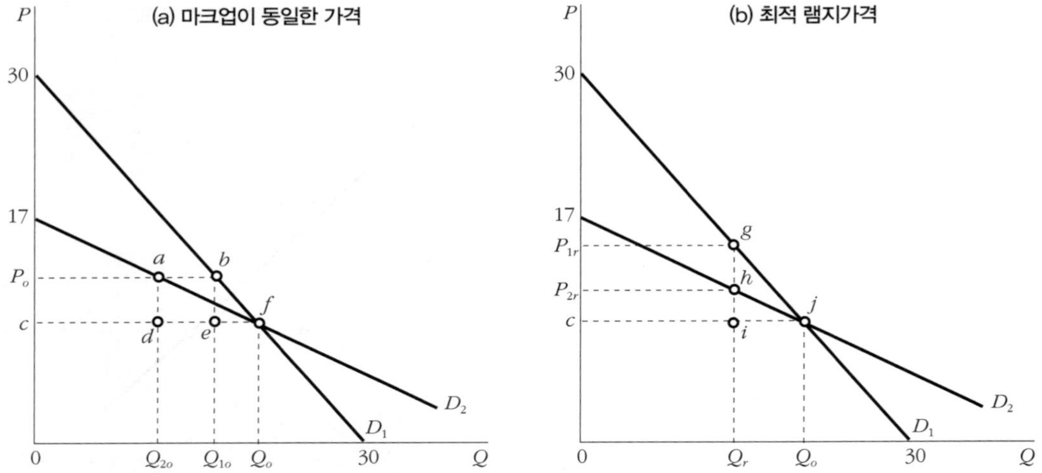

각 시장의 수요함수를 각각 $Q_1=30-P_1$과 $Q_2=34-2P_2$라 하고 비용함수는 $C=150+4(Q_1+Q_2)$라 하자. 고정비용은 150이고 한계비용(c)은 4이다. 가격이 한계비용과 같은 4에서 두 시장의 판매량(Q_o)은 동일하게 26이다. 손익분기점 조건을 충족하면서 두 기업의 마크업이 동일한 경우는(이 경우에 두 기업의 가격은 동일하다) [그림 20-7] (a)와 같다. 두 시장의 동일한 가격을 P_o라고 하면 이 가격은 다음과 같은 손익분기점 조건을 만족한다; $P_o(30-P_o)+P_o(34-2P_o)=150+4(64-3P_o)$. 따라서 $P_o=7.7$이다. 각 시장의 판매량을 각각 Q_{1o}와 Q_{2o}라 하면 역수요함수에서 $Q_{1o}=22.3$과 $Q_{2o}=18.7$이다. 1시장에서 고정비용에 기여하는 부분은 $P_oceb(\approx 81.7)$이고, 2시장에서 고정비용에 기여하는 부분은 $P_ocda(\approx 68.3)$이다. 이 두 면적의 합은 고정비용인 150으로서 손익분기점에 도달해 있다. 사중손실의 합은 20.1($=bef+adf=6.7+13.4$)이다. 그러나 이 해는 사중손실이 최소화 된 것이 아니므로 램지가격이 아니다. 동일 가격 상승으로 2시장에서 사중손실 대비 고정비용이 1시장보다 상대적으로 적다. 따라서 덜 탄력적인 1시장 가격을 더 올려야 한다.

램지가격 설정은 램지가격 원칙과 총이윤은 영(손익분기점 조건)을 충족해야 하며, [그림 20-7] (b)에서 설명한다. 이 단순한 모형의 특별한 상황은 한계비용에서 두 시장의 판매량이 같으며, 램지가격 원칙을 적용할 때 한계비용의 판매량(Q_o)에서 동일한 비율로 두 시장의 판매량이 감소해야 한다. 램지가격에서 두 시장의 판매량은 동일하므로 이를 Q_r이라 하자. 이 판매량은 다음과 같이 손익분기점 조건을 충족해야 한다; $(30-Q_r)Q_r+(17-\frac{Q_r}{2})Q_r=150+4(2Q_r)$. 따라서 $Q_r=21.3$이다.

각 시장의 역수요함수에 Q_r을 대입하면, 1시장의 램지가격은 P_{1r}=8.7이고, 2시장의 램지가격은 P_{2r}=6.3이다. 1시장과 2시장의 수요의 가격탄력도는 각각 0.4와 0.6으로서 2시장의 탄력도가 더 크다. 1시장과 2시장의 사중손실은 각각 11.0과 5.5로서 램지가격 설정에서 사중손실의 합은 앞에서 계산한 것(20.1)보다 더 적음을 알 수 있다(사실 이 사중손실은 다른 어떤 가격 설정보다 가장 작다). 1시장과 2시장의 고정비용에 대한 기여는 각각 $P_{1r}cig$와 $P_{2r}cih$로서 약 100.0과 50.0이다. 램지 숫자(λ)는 0.22이다.

동일 가격 설정에 비해서 램지가격 설정으로 탄력도가 더 높은 2시장 가격은 하락하고 탄력도가 낮은 1시장 가격은 상승한다. 손익분기점을 달성하면서 사중손실은 최소화된다(비스쿠시 외(1995)).

지금까지 램지가격은 두 시장이 서로 독립적, 수요가 직선, 한계비용이 동일한 경우를 가정하여 도출하였다. 두 시장의 재화가 대체성이거나 보완성을 보이고, 수요가 직선이 아니라 일반적이고, 한계비용이 두 시장에서 서로 다르고 일반적인(즉, 상승) 경우에도 램지가격 원칙은 적용된다(처치와 웨어(Church and Ware), 2000).

제4절 | 성수기 가격 설정

전기나 전화, 고속도로 서비스에 대한 수요는 일정하지 않고 시간에 따라서 변동적이다. 한여름이나 겨울동안 전기에 대한 수요는 매우 높으며, 봄과 가을의 전기 수요는 상대적으로 낮다. 일주일 중에서 주말의 전기 수요는 주중보다 적으며, 하루 중에서 낮과 밤의 전기 수요가 다르다. 해변의 리조트에 대한 수요도 성수기와 비수기에 따라 차이가 크다. 이러한 특징을 보이는 재화와 서비스의 성수기 가격은 규제의 측면에서 설정된다.[4] 전통적인 성수기 가격 설정(peak load pricing)이 요구되는 재화와 용역은 다음과 같이 세 가지 특징을 보인다; ① 기업은 여러 기간에 걸쳐서 가변적인 수요에 직면하고 있다. 수요는 순환적으로 변하며 예측 가능하다고 가정한다. ② 기업은 생산이 이루어지는 모든 기간에 수요가 크던 작던 단 하나의 기업 설비 또는 생산용량(capacity)을 선택해야 한다. ③ 모든 생산물(또는 서비스)은 보관할 수 없다(non-storable).

4) 규제받지 않는 기업들도 성수기 가격을 설정하여 더 높은 이윤을 얻을 수 있다. 왜냐하면 수요가 가변적인 경우에 성수기 가격은 효율적이기 때문이다.

성수기(peak load period)의 수요를 충족하기 위해서 기업은 필요한 생산용량을 갖출 수 있다. 그러나 비수기(off-peak load period)에는 모두 다 사용되지 않는다. 이는 비용을 유발하며, 비수기에는 잔여 용량에 대한 매출액을 확보할 수 없다. 반면에, 비수기 수요에 맞추어 생산용량을 줄인다면 비용을 절감할 수 있지만 성수기에 과소공급으로 혼잡 또는 병목현상이 발생한다. 성수기에 일부 소비자의 소비는 제한될 것이며 소비자잉여의 손실은 사회적 비용을 유발한다.

성수기 가격 설정은 서로 다른 수요에 대응해서 최적 가격을 부과하며 효율성을 달성할 수 있다. 주어진 생산용량으로 비수기에는 생산용량의 활용을 높이기 위해서 가격을 낮추어야 한다. 성수기에는 지불의향이 높은 소비자에게 생산용량을 할당하기 위해서 가격을 높여야 한다. 이와 같은 가격 정책은 지불의향이 낮은 소비자의 성수기 수요를 줄여서 혼잡을 완화시키고 생산용량에 대한 수요를 감소시킬 수 있다.

단순한 모형을 소개하여 성수기 가격 설정이 효율적임을 보인다(스타이너(Steiner), 1957). 성수기(D_p)와 비수기(D_o)의 수요는 독립적이며 비수기보다 성수기 수요가 더 크다고 가정한다. 생산함수는 레온티에프 형태로서 $Q_i=f(x_i, K)=min(x_i, K)$이다. 여기서, Q_i는 i기간($i=p$(성수기), o(비수기))의 생산량, x_i는 가변요소 투입량, K는 자본요소 투입량으로 모든 기간에 동일한 생산용량을 나타낸다. 레온티에프 생산함수는 생산을 위해서 가변요소 한 단위와 자본재 한 단위가 요구되는 기술을 나타낸다. 가변요소의 단위당 비용을 C_v, 자본의 단위당 (임대)비용을 C_k라고 하자. 생산용량에 대한 비용은 두 기간에 모두 지출된다. 기업은 두 수요가 발생하기 이전에 생산용량을 구축하며 그 이후에는 수요가 적다 하더라도 생산용량을 감축할 수 없으며, 생산용량에 미달하여 생산하더라도 두 기간에 임대 비용을 지출한다.

한계비용은 다음과 같이 도출한다; 생산량(=소비량)이 생산용량(K)에 못 미치는 경우에 한계비용은 C_v로서 일정하며 평균가변비용과 동일하다. 생산량이 생산용량에 도달하면 추가 생산은 불가능하므로 생산용량 수준(K)에서 수직선이다. 따라서 한계비용(MC)곡선은 [그림 20-8]처럼 역-L자 모양이다. 이와 같은 역-L자 한계비용은 단기 한계비용곡선으로 간주할 수 있다. 생산용량을 초과하여 생산을 지속하고자 하면(예를 들어, 장기에) 기업은 자본 투자를 증가하여 생산용량을 확충할 수 있다. 이 경우에 자본 투자 단위당 C_k의 비용을 추가로 지출해야 한다. 자본을 변경시킬 수 있는 기간을 장기라고하면, 장기의 한계비용은 C_v+C_k에서 일정한 수평선(점선)이다.

[그림 20-8]에서 비수기의 경우에 수요는 D_o이므로 최적 가격은 C_v이며, Q_o를 소비한다. 기업은 C_v0Q_oc의 총수입을 얻으며 총가변비용과 같다. 비수기 구매자는 평균가변비용만 지불하고 고정비용을 지불하지 않는다. 그럼에도 소비자 가격은 한계비용과 같으므로 효율성을 달성한다. 성수기에 최적 가격은 C_v+C_k이며, 생산용량(K)에 해당하는 Q_p를 소비한다. 기업은 $(C_v+C_k)Q_p(=(C_v+C_k)0Q_pd)$의 수입을 얻으며 총가변비용과 총고정비용의 합과 같다. 즉, 성수기 소비자는 가변비용뿐만 아니라 고정비용도 지불한다. 성수기 가격은 한계비용(C_v+C_k)과 같으므로 효율성을 달성하고 또한 생존가능성을 충족한다. 고정비용은 성수기 소비자에 의해서만 충당된다. 성수기 가격은 장기와 단기 한계비용과 같으므로 생산용량은 최적이다.

비수기의 수요에 대한 가격은 비록 효율성을 달성하지만 고정비용을 지불하지 않는다고 했다. 만약에 성수기와 비수기 수요에 대해서 동일한 일정한 가격을 설정하면 어떤 문제가 발생하는지 검토해 보자(비스쿠시 외(Viscusi *et al.*, 1995, pp. 400-401). [그림 20-8]과 같이 C_v와 (C_v+C_k)의 중간 정도에 있는 가격 P_o를 고려하자. 이 가격을 성수기와 비수기에 동일하게 부과했다고 하자. 성수기와 비수기의 수요가 명확하게 차이가 있고, 생산용량은 이미 성수기 수요를 대비해서 투자된 상태라는 점을 다시 상기하기 바란다. 이 가격에서 성수기 수요를 충족하기 위해서는 K_1의 생산용량이 요구된다. 주어진 비용(C_v+C_k)에서 최적 생산용량은 K이므로 이 가격은 과잉투자를 초래한다. 결과적으로 dQ_pK_1f의 자본 비용에 대해서 dQ_pK_1e의 소비자잉여의 증가를 가져오므로 과잉투자로 인하여 def의 사중손실이

그림 20-8 잘못된 성수기 가격 설정

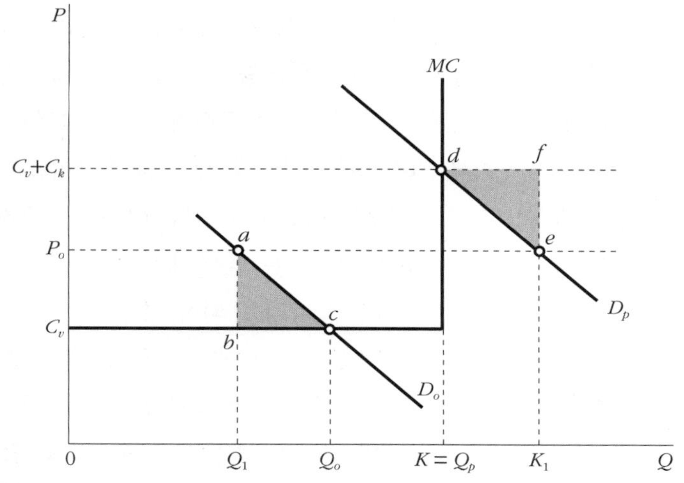

그림 20-9 최적 생산용량과 효율적 성수기 가격 결정

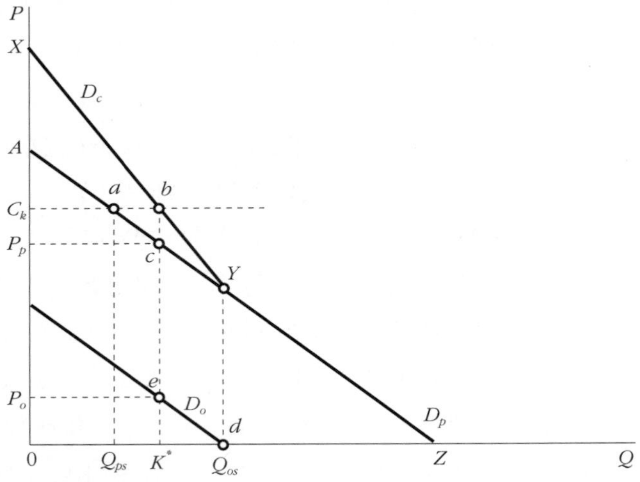

발생한다. 성수기 소비자는 자신들이 초래한 모든 비용을 부담하지 않는다. 다른 한편, 이 가격에서 비수기 소비자는 Q_1의 과소 소비를 하게 되므로 *abc*의 사중손실이 발생한다. 성수기와 비수기 수요가 다름에도 불구하고 동일한 가격을 설정하면 비효율을 유발하므로 이는 성수기 가격으로 적절하지 않다. 이제 성수기와 비수기의 최적 가격을 설정해 보자.

비스쿠시 외(Viscusi *et al.*, 1995, pp. 401–402)는 최적 생산용량을 선택하기 위해서 두 시장의 규모가 비슷한 경우를 가정한다. 또한 단순한 계산을 위해서 $C_v=0$인 경우를 가정한다. [그림 20-9]에 이 가정에 근거한 수요곡선과 가변비용이 그려져 있다. 비수기 수요는 D_o, 성수기 수요는 $D_p(=AYZ)$이다. 성수기 소비자에게 모든 생산용량 비용(C_k)을 지불하도록 가격을 부과하고, 비수기 소비자는 아무 것도 지불하지 않는 경우($C_v=0$이므로)를 고려하자. 이는 [그림 20-9]에서 성수기 소비자는 점 *a*에서 C_k의 가격으로 Q_{ps}의 생산용량을 수요하고, 비수기 소비자는 점 *d*에서 영의 가격으로 Q_{os}의 생산용량을 수요한다. 비수기 소비자가 성수기 소비자보다 더 많은 생산용량을 수요한다는 것은 가격 체계가 잘못되었음을 말한다.

효율적인 성수기–비수기 가격은 최적 생산용량을 고려하여 얻는다. 최적 생산용량을 구하기 위해서 '생산용량에 대한 수요'(D_c)를 도출한다. 이를 위한 개념적인 방법은 재화는 성수기와 비수기 소비자에게 사용되므로 이 재화를 공공재처럼 고려하는 것이다. 공공재의 경우에 두 수요를 수직으로 합(D_o+D_p)하여 재화에 대한

지불의향 가격을 도출한다. 두 수요의 합은 지불의향 가격으로서 $XYZ(=D_c$ for XY, D_p for YZ)로 표시되며 생산용량에 대한 수요를 나타낸다. 최적 생산용량은 생산용량의 한계비용인 C_k와 이 수요곡선이 교차하는 점 b에서 생산용량인 K^*이다. K^*에서 성수기 소비자의 지불의향은 점 c에서 P_p, 비수기 소비자의 지불의향은 점 e에서 P_o이다. 이 둘의 합은 C_k이므로 K^*는 최적 생산용량이다. 이 생산용량에서 성수기 가격(P_p)와 비성수기 가격(P_o)이 결정되며, 효율성을 달성한다. 두 소비자는 생산용량에 대한 비용을 나누어 지불한다. 앞의 성수기 가격 설정에서 비수기 소비자는 생산용량 비용을 부담하지 않은 것과 대비된다. 만약에 C_v가 영이 아니라면, P_p와 P_o에 C_v를 더하면 된다. 이에 대해서 연습문제 2를 시도하기 바란다.

연 | 습 | 문 | 제

>>> Theory of Industrial Organization

1. 다음은 자연독점기업이 직면하는 성수기(D_H)와 비수기(D_L)의 수요를 보여주고 있다. 최대 생산량은 Q_H로서 이에 해당하는 고정요소 투자(K)가 달성되어 있다. 그림에는 비수기에 가동 중인 경우에 평균가변비용(a)과 성수기에 가동 중인 경우에 가변비용과 투자 임대료(b)의 합이 표시되어 있다. 여기서, 임대료는 추가 고정요소에 대한 비용을 뜻한다.

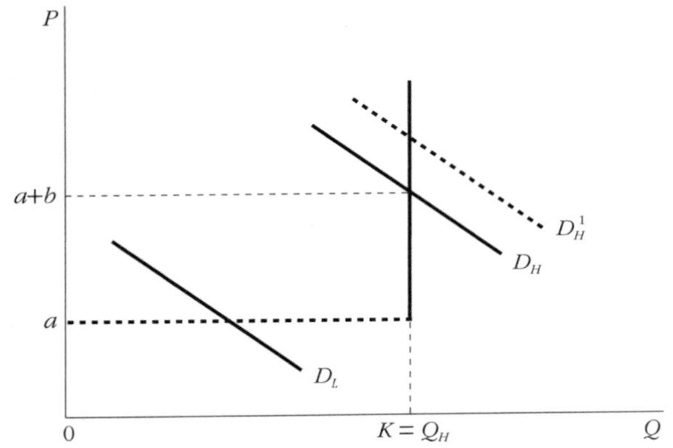

1) 각 기간의 구매량과 가격을 표시하고, 각 소비자로부터 얻는 매출액의 고정비에 대한 기여를 설명하시오.

2) 성수기의 수요가 D_H에서 D_H^1로 증가했다고 하자. 성수기의 가격($a+b$)이 주어져 있다면 이 기업은 어떤 조치를 취해야 하는지, 그리고 그 경우에 사회후생에는 어떤 변화가 있는지 설명하시오.

2. 위 1번 문제와 연계하여 $a=10$, $b=10$, $K=100$이라고 하자. $D_L=30-P$이고, $D_H=140-2P$라고 하자.

1) 비수기와 성수기의 판매량과 가격을 계산하시오.

2) 만약에 비수기와 성수기에 상관없이 일정한 가격 15를 설정했다고 하자. 사회적 비효율을 계산하시오.

3. 자연독점과 자연복점을 비교 설명하시오.

4. 자연독점을 평균비용 설정으로 규제한다고 하자. 사중손실이 용인할 정도로 작은 경우에 시장을 위한 경쟁이 가능하다면, 어떤 경쟁체제를 도입할 것인지 설명하시오.

5. 한 재화를 세 개의 시장에 공급하는 자연독점기업의 한계비용은 10이며, 램지숫자는 2로 알

려져 있다. 1, 2, 3시장의 수요의 가격탄력도가 각각 5, 4, 2.5이다. 사중손실을 최소화하는 각 시장의 가격을 구하시오.

6. 램지가격을 설정하는 목적을 설명하고, 3차 가격차별과 비교하시오.

7. 한 기업의 비용함수가 다음과 같다: $C(Q)=Q^2-2Q+3(Q>0)$. 두 기업이 생산하는 경우 생산량을 반씩 생산한다.

1) 자연독점의 생산량 구간을 정하시오.

2) 자연복점의 생산량 구간을 정하시오.

제21장

경쟁정책

장을 시작하며

경쟁정책은 정부가 경쟁을 보호하고 촉진하는 다양한 정책을 말한다. 경쟁정책의 목표는 시장에서 경쟁을 통해서 효율성을 달성하거나 이 목표에 근접하는 것이다. 효율성은 배분적 효율성을 의미하는 것으로 시장가격이 한계비용과 같을 때($P=MC$) 달성되며 일반적으로 완전경쟁시장의 가정이 충족되어야 한다. 그러나 이 가정을 충족하는 시장을 현실에서 발견하기란 쉽지 않다.

시장을 위한 경쟁을 조성하는 방안은 제20장의 [그림 20-4]에서 설명한 바 있다. 자연독점의 경우에 차선책 가격($P=AC$)에서 사중손실이 용인할 정도로 상대적으로 적다면 경쟁시장을 조성하기 위한 세 가지 방안이 제안되어 있다. 세 가지 방안은 규제정책의 일환으로 제안된 것이지만, 경쟁을 촉진하여 효율성은 아니라 하더라도 이에 근접한 목표를 달성할 수 있다. 이러한 이유 때문에 경제적 규제와 경쟁정책은 밀접한 연관관계를 가지고 있다.

윌리암슨(Williamson, 1975)은 인간과 환경적 요인으로 시장이 불완전하다고 했다. 시장 비효율을 유발하는 인간적 요인들로 합리성 제약과 기회주의를 지적했다. 합리성 제약이란 인간이나 경제 주체가 완전히 합리적이지 못한 특징을 말한다. 합리성 제약으로 소비자는 불확실하고 복잡한 상황에서 올바른 선택을 하기 어렵기 때문에 시장 비효율성이 발생한다. 기회주의는 거래 당사자들이 비대칭 정보로 인하여 자신에게 유리한 행동을 취하여 시장 비효율을 발생하게 한다. 이러한 요인으로 발생한 시장 비효율을 제거하고 경쟁을 촉진할 수 있는 방안은 소비자를 포함한 거래 당사자에게 정보를 제공하는 의무를 명시하는 것이다. 예를 들어 생명보험 가입이나 펀드 구매 시에 구매자에게 충분한 정보를 제공하게 하는 것은 경쟁시장을 조성하는 경쟁정책의 목적에 부합한다고 볼 수 있다. 거래 당사자 간 구체적이고 명시적인 계약서를 작성하게 하고 어느 일방이 불리한 거래를 하지 못하게 하는 방안도 경쟁정책의 일환이다.

우리나라의 경쟁정책은 공정거래법을 근간으로 공정거래위원회(공정위)에서 집행하고 있다. 공정거래법은 '독점규제 및 공정거래에 관한 법률'의 줄인 말로서 독점적 지위의 남용과 과도한 경제력 집중을 방지하고 불공정 거래를 규제하며, 자유로운 경쟁을 촉진하는 목적을 가지고 있다. 이 법은 독점력의 남용을 저지하는 규제법인 동시에 공정거래와 경쟁을 촉진하는 경쟁법이다. 이 법은 알려진 또는 예상되는 독과점 기업의 각종 진입저지 전략과 약탈전략은 물론 다른 전략적 행동을 나열하고 있으며 이런 행동이 독점적 지위의 남용과 불공정 거래에 해당하면 규제를 한다. 공정위는 이 법의 목적과 구체적 조항을 집행하기 위해서 이 법에 의해서 만들어졌으며 적극적으로 시장의 경쟁환경을 조성하는 '경쟁 주창'(competition advocacy) 기능을 수행한다. 각종 경쟁제한적 법령을 개선하고 정부의 규제를 정비하며, 독과점 시장구조를 경쟁시장 구조로 개선하는 정책을 집행하고 있다.

본 장은 경쟁정책을 위한 평가기준이 되는 독점력의 측정방안을 알아보고 경쟁정책을 규정한 공정거래법과 공정위의 역할과 기능을 소개한다.

제1절 | 독점력과 시장 획정

독점력(market power)은 시장 지배력 또는 시장력이라고도 한다. 제4장과 10장에서 독점력 측정에 대해서 소개한 바 있다. 독점력은 러너지수($\frac{P-MC}{P}=\frac{1}{\varepsilon}$)로 측정하며 마크업 비율($\frac{P-MC}{P}$)은 수요의 가격탄력도($\varepsilon$)와 역의 관계임을 나타낸다. 완전경쟁시장에서 탄력도는 무한대이므로 마크업 비율은 영이 되어 $P=MC$의 효율성을 달성한다. 탄력도가 이와 같이 매우 큰 경우에 기업은 독점력을 행사하지 못하고 가격순응자로서 행동한다. 탄력도가 5인 경우에 가격은 한계비용보다 25% 더 높으며, 탄력도가 10이라면, 가격은 한계비용보다 11% 더 높다. 이와 같이 가격을 한계비용보다 더 높게 설정할 수 있으면 그 기업은 독점력을 행사한다고 한다.

러너지수는 이론적으로 독점력을 측정하는 정확한 지수이나, 문제는 한계비용

자료를 구하기가 어렵다는 것이다(현실적으로 한계비용 자료가 없다고 말하는 것이 더 맞을 것이다). 제10장에서 소개한 바와 같이 한계비용 대신에 평균가변비용을 대리 변수로 사용하기도 하지만 이 자료도 얻기가 쉽지 않은 편이다. 또한 시장의 가격 탄력도의 경우에도 정확하게 측정하기 어렵다. 수요 자료가 부정확하거나 이용 가능하지 않기 때문이다.

독점력을 측정하는 데 많이 이용하는 것은 시장점유율이다. 이 자료는 측정이 용이하고 구하기가 쉬운 편이다. 제10장에서 점유율을 이용한 다양한 구조 변수를 소개했다. 일반적으로 한 산업의 상위 기업(들)의 점유율의 합이 높을수록 독점력이 높다고 해석할 수 있다. 공정거래위원회는 상위 1개 기업의 시장점유율이 50%를 초과하거나, 상위 3개 기업의 점유율 합이 75%를 초과하면 그 기업(들)은 시장지배적 사업자(즉, 독점력 행사 기업)로 규정한다.

시장점유율과 상위기업 집중률은 문제를 가지고 있기(제10장 참조) 때문에, 독점력 측정은 정보 효율성이 높은 허핀달지수를 많이 이용한다. 기업의 수평결합 시 심사기준에 따르면 허핀달지수가 1,200 미만인 경우, 1,200에서 2,500 사이이면서 결합 결과 허핀달지수의 증가가 250 이하인 경우, 2,500 이상이고 허핀달지수의 증가가 150 이하인 경우에는 독점력이 약한 안전영역으로 분류하고 있다(수직결합과 혼합결합 시 허핀달지수 기준은 약간 다르다). 미국의 경우에 시장력 측정은 허핀달지수만 이용하며 2,500 이상이고 결합 시 허핀달지수가 200 이상 증가하면 결합기업은 시장력이 있다고 판단한다.

경쟁 효과를 평가하는 데 있어서 이와 같은 지수의 측정은 시장에 대한 정의 및 관련시장 획정에 대한 방법이 선행되어야 한다. 시장지배력을 측정하는 데 있어서 먼저 시장에 대한 정의가 요구된다. (경제적)시장은 구매자와 판매자가 각 생산물을 거래하고 가격을 결정하는 (지리적 영역 등을 포함하는) 일련의 체계로 정의한다. 합병이나 반독점 사건의 경쟁효과를 평가하는 데 있어서 중요한 것은 관련 시장 획정이다. 시장 획정은 한 생산물의 시장의 경계를 정하는 작업이다. 1982년 미국의 법무부 기업결합 심사 지침은 '반독점 시장'이라는 새로운 개념을 소개했는데, 이는 시장지배력을 파악하기 위한 목적을 가지고 있다. 반독점 시장의 경계는 '가상적 독점기업 검증'(hypothetical monopolist test)에 의해서 결정된다. 가상적 독점기업 검증은 결합 이후 합병기업이 시장력을 행사할 수 있을 정도로 대체성 있는 제품을 포함한 시장인지 여부를 검증하는 방법이다. 상품시장에서 유일한 생산자인 가상적 독점기업이 '작지만 의미있고 일시적이지 않은 가격인상'(small but significant and nontransitory increase in price; SSNIP)을 통하여 현재와 미래에 그 상품군(지역)에서 이윤을 증가시킬 수 있다면, 그 상품이나 지역은 독점시장을 의미한다. 반독점시장은 유일한 공급자가 심각한 시장지배력을 행사할 수 있는 지리적 영역과 상품군이다. 심각한 시장지배력에 대한 기준은 가격을 최대한 올릴 수 있는 범주로서, 워든(Werden, 1993, p. 529)은 SSNIP를 일년에 5%로 추정했다. 한 재화(X재) (또는 지역) 시장에서 가상적 독점기업이 작지만 의미있고 일시적이지 않은 가격인상을 했다고 하자. 구매자들이 이 가격 인상에 반응하여 다른 대체재(Y재)를 구매했고 가상적 독점기업의 이윤이 증가한다면 이 대체재를 X재 시장에 포함시켜야 한다. 즉, Y재는 X재와 동일한 시장이다. 이와 같은 가격인상 시험을 반복적으로 행해서 상품의 범위를 넓혀 나갈 때 독점기업의 이윤을 높일 수 있는 최소범위의 상품군이 독점시장이다. 상품시장의 판단 기준은 거래지역(지역시장, 또는 지리적 시장)에도 SSNIP 검증 기준을 적용하고 있다. 공정거래위원회 기업결합 심사기준에 따르면 지역시장은 다른 모든 지역에서의 당해 상품의 가격은 일정하나 특정지역에서만 상당기간 어느 정도 의미있는 가격 인상이 이루어질 경우 당해 지역의 구매자 상당수가 이에 대응하여 구매를 전환할 수 있는 지역 전체를 말한다. 공정거래위원회의 기업결합심사기준도 SSNIP 검증기준을 채택하고 있다(김현종·전성훈, 2011).

부산·경남지역에 근거를 둔 무학소주와 대선소주가 2002년 결합한 사례에서 신광식·전성훈(2006)은 SSNIP검증과 임계매출분석을 이용하여 두 기업의 결합은 이 지역 소비자가 다른 지역에서 구매 전환이 어려울 것이고 경쟁제한으로 가격인상을 감행할 우려가 있다는 추정결과를 제시했다. 두 기업의 제품에 대한 지역적 시장을 전국으로 볼 것이 아니라 경남지역시장으로 획정해야 할 것임을 밝혔다. 이에 근거하여 공정거래위원회는 무학은 취득한 대선소주의 주식을 제3자에게 매각하라는 시정명령을 내렸고, 서울고등법원도 동일하게 판결했다.

제2절 | 우리나라의 경쟁정책, 법, 제도

1 우리나라의 경쟁정책

우리나라의 자본주의 역사는 유럽 국가나 미국에 비하여 짧다. 자본주의는 시장을 중심으로 거래가 이루어진다. 우리나라의 자본주의 경제는 초기에 무질서한 시장경쟁 체제로 출발했다. 산업화 시대에 들어서 정부의 자원 배분은 시장 중심적이지 않았다. 유럽과 미국과 같은 오랜 기간에 걸쳐서 경험으로 터득한 공정한 시장질서와 시장경쟁을 기다리기에는 고속 성장에 대한 열망이 강했기 때문일 것이다. 우리나라 정부는 각 산업 분야에서 승자를 선정했으며 이 승자들은 오늘날 우리나라의 경제성장의 밑바탕이 되었다. 결과적으로 공정하다고 보기에는 동의하기 어려운 각종 정치적 결정과 정책적 조치가 뒤따랐고, 이 과정에서 일부 기업과 정치권, 이익집단은 혜택을 보게 되었다. 다행인 것은 우리나라 기업들의 산업 성과는 괄목할 만 하였다. 그러나 이 과정에서 지나친 경제력 집중과 대규모 기업집단(재벌; 현재는 이 용어를 많이 사용하지 않는다.)의 독과점화는 구조적 문제가 되었다. 시장지배적 지위 남용과 불공정한 경쟁 행동은 고착화되었다. 결과적으로 대규모 기업집단은 우리나라 경제의 밝은 면과 어두운 면을 동시에 가지고 있다.

우리나라 규제기관에 의한 경쟁정책의 핵심은 불공정거래(기업 간, 기업과 소비자 간)를 시정하여 공정거래를 달성하고 궁극적으로 자유경쟁을 정착하는 것이다. 또한 경제력 집중의 대표인 대규모 기업집단을 규제하는 것이다. 물론 대규모 기업집단만이 경쟁정책의 대상은 아니며, 규제 대상의 행동을 한다는 의미는 아니다. 대규모 기업집단은 탁월한 성과를 가져오고 국가경제에 기여도가 높지만 전반적으로 경쟁구조와는 괴리가 있으며, 효율성 달성에 저해요인으로 작용한다. 대규모 기업집단의 각종 행동에 대한 규제는 많은 부분 경쟁정책의 성격을 가지고 있다.

우리나라의 경쟁정책의 근간은 공정거래법에 있으며 이를 실행하는 기구는 공정거래위원회(공정위)이다. 공정위는 경쟁정책을 주관하는 기구로서 경쟁주창(competition advocacy) 기능을 하고 있지만 미국과 유럽의 경쟁당국만큼 정착되어 있지는 않다. 먼저 '독점규제 및 공정거래에 관한 법률'(공정거래법)의 주요 내용을 소개한다.

2 공정거래법

공정거래법은 1980년 12월에 제정된 우리나라 최초의 독점규제를 명시한 법령이다. 공정거래법은 최근 개정된 2022년 12월 기준으로 총 15장 130조로 구성되어 있다. 제1장은 총칙이고, 제2장에서 제7장까지 단속 대상, 시정조치, 과징금 부과에 대해서 규정하고 있다. 제8장은 공정위 설치 조항이다. 그 이하 제15장까지는 한국공정거래조정원 설립, 조사절차, 손해배상 등 법 시행에 필요한 규정들이다(공정위 홈페이지, www.fte.go.kr, 2023년 6월 12일 접근). 먼저, 공정거래법의 제1조(목적)를 통해서 공정거래법의 성격을 알아본다.

제1조(목적) 이 법은 사업자의 시장지배적 지위의 남용과 과도한 경제력의 집중을 방지하고, 부당한 공동행위 및 불공정 거래행위를 규제하여 공정하고 자유로운 경쟁을 촉진함으로써 창의적인 기업활동을 조장하고 소비자를 보호함과 아울러 국민경제의 균형있는 발전을 도모함을 목적으로 한다.

공정거래법의 목적은 자유로운 경쟁을 촉진한다는 점에서 미국의 반독점법[1]과 유럽의 경쟁법과 같다고 볼 수 있다. 그러나 과도한 경제력의 집중 방지 및 국민경제의 균형있는 발전의 도모는 미국과 유럽의 경쟁법과 차이가 있다. 이는 우리나라의 재벌에 의한 과도한 경제력 집중에 대한 반성에서 이를 다소나마 해소하기 위한 의도라고 해석할 수 있다. 공정거래법은 시장지배적 지위의 남용을 규제한다. 시장지배적 지위의 남용에 대한 위법성 판단 기준은 많은 논쟁이 있어 왔다. 이 과정에서 경쟁법의 보호 대상은 경쟁 그 자체이지 경쟁 사업자가 아니라는 원칙이 정립되어 가고 있다.[2] 우리나라 대법원도 2007년 포스코 사건 판결에서 이와 유사한 원칙을 명시적으로 밝힌 바 있다. 포스코사건은 현대자동차 그룹의 계열사인 현대하이스코가 포스코에서 그동안 공급받던 자동차용 냉연강판 대신에 그 원료인 자동차 냉연강판용 열연코일의 공급을 요청하자 이를 거부한 사건이다. 공정위는 이를 공정거래법 제23조 1항의 위반인 거래거절이라고 심결했다. 그러나 대법원은 거래거절 등 다양한 시장지배적 지위 남용 행위는 경쟁기업 간 담합과는 달리 경쟁에 미치는 해악이 명백치 않다는 이유로 고등법원의 판결을 파기환송하였고, 경쟁제한적이지 않은 거래거절을 부당하다고 판단하는 '위법오판'(false positive)을 범하지 않기 위해 위법성을 주장하는 측(이 사건에서 공정위)이 경쟁제한성을 입증해야 한다고 판결했다(이상승, 2011). 이 판결은 정당한 수단으로 취득한 독점력을 이용하여 이윤을 얻는 시장지배적 지위의 남용이 아닌 각종 행동은 경쟁법에서 권장해야 할 사항임을 천명한 것이라고 해석할 수 있다. 이는 공정거래법의 목적인 자유로운 경쟁을 촉진하고 창의적인 기업활동을 조장하는 판결이다.

제2장에서 7장까지의 주요 내용을 요약하면 〈표 21-1〉과 같다. 각 항목을 모두 설명한다는 것은 이 책의 범주를 벗어나므로 여기서는 매우 간략한 용어 설명으로 대체하고 공정거래위원회의 정책에서 조금 더 부연 설명한다. 공정거래법의 많

1) 〈부록 1〉 참조.

2) 이는 1962년 미국 대법원 판결(Brown Shoe Co. v. U.S., 370 U.S. 294, 320)과 2009년 EC가 발간한 보고서에 나타나 있다.

표 21-1 공정거래법의 주요 규제 내용

제1~7장 제목	주요내용	해당 조항
제1장 총칙	목적, 용어 정의(시장지배적 사업자, 계열사 등)	제1~3조
제2장 시장지배적 지위의 남용금지	독과점적 시장구조 개선, 시장지배적 지위의 남용금지	제4~8조
제3장 기업결합의 제한	기업결합의 제한, 기업결합의 신고	제9~16조
제4장 경제력 집중의 억제	지주회사 설립, 상호출자 금지, 계열회사에 대한 채무보증 금지, 금융보험사 의결권 제한, 기업집단 현황 공시, 상호출자제한 기업집단 지정	제17~39조
제5장 부당한 공동행위 등의 제한	부당한 공동행위의 금지(가격 판매 조건의 공동 결정, 거래지역 및 거래 상대방 제한), 자진신고자 감면	제40~44조
제6장 불공정거래 행위의 금지	불공정 거래 행위의 금지(부당한 거래 거절, 부당한 경쟁자 배제, 상대방 사업의 부당한 구속 조건), 특수 관계인에 부당 이익 제공 금지, 재판매가격 유지행위 금지	제45~50조
제7장 사업자단체	사업자단체의 금지 행위(사업분야의 사업자 수 제한, 구성사업자의 사업활동을 부당하게 제한)	제51~53조

은 용어(예로 재판매가격유지)는 이 책에서 이미 설명한 내용과 부합한다. 법의 제1, 2장의 시장지배적 사업자는 기본적으로 독점기업을 말한다. 제3장 기업결합은 본서의 제13장에서 소개한 바와 같이 주식취득, 임원 겸임, 합병, 영업 양수 등의 방법으로 두 개 이상의 기업이 하나의 기업처럼 운영되는 것을 말한다. 제4장 경제력 집중의 억제는 재벌에 대한 문제를 의미한다. 재벌은 대규모 기업집단으로 부르며 현행 공정거래법에서 채무보증제한기업집단으로 규정된다. 제5장의 부당한 공동 행위는 담합을 말하며, 이를 자진신고한 자에 대한 감면 조항을 규정한다. 제6장 불공정 거래행위는 경쟁자 사이의 가격 유지·결정 행동, 거래지역 제한, 거래거절, 재판매가격 유지행위 금지 등을 예로 들 수 있다. 제7장 사업자 단체는 카르텔을 말한다. 카르텔에 대한 금지 조항은 부당한 공동행위의 제한과 공통적인 조항이 존재한다.

3 공정거래위원회

공정거래위원회는 공정거래법 제8장 제54조에 의거하여 설치된 기구이다. 공정위는 위원장 1인, 부위원장 1인, 상임위원 3인, 비상임위원 4인으로 구성된다. 공정위는 공정거래법에 명시된 공정거래(규제 및 경쟁정책)에 관련한 사항을 심의, 의결하고 필요한 경우 처분과 명령을 내리고 있다. 법 제55조는 공정위의 소관 사무를 명시하고 있다. 여기서는 공정위 홈페이지(www.ftc.go.kr, 2023년 6월 12일 접근)에 게시된 주요 업무와 운영 결과를 소개한다. 공정위는 ① 경쟁정책, ② 소비자정책, ③ 기업거래(하도급-가맹사업)정책을 집행한다.

1) 경쟁정책

경쟁정책의 근간은 경쟁제한적 시장구조 개선이다. 이는 경쟁주창(competition advocacy)에 근거하여 적극적으로 시장내 친경쟁적 환경을 조성하는 정책이다. 정부 내 각 행정기관이 경쟁제한적인 법령을 제정 또는 개정시 공정위와 협의하게 되어 있다. 공정거래위원장은 규제개혁위원회에서 당연직 위원으로 참여하여 정부 규제의 개선에 기여하고 있다(이황, 2011). 공정거래법 제4조에 따라 독과점 시장 구조가 장기간 유지되고 있는 시장에 경쟁도입을 추진하고 있다. 공정거래법 위반 유형 사건 처리 자료는 〈표 21-2〉에 나와 있으며 전반적으로 감소하는 추세이다.

경쟁정책의 주요 업무 내용은 다음과 같다.

(1) 시장지배적 지위 남용

시장지배적 사업자는 일반적으로 '독과점 기업'을 의미한다. 독점기업이나 과점 기업으로 재화의 가격, 수량, 품질 등을 결정하여 시장력을 가진 기업(사업자)이다. 1개 사업자의 시장점유율이 50% 이상이거나, 2개 또는 3개 이하 사업의 시장점유율의 합계가 75% 이상인 경우 시장지배적 사업자로 추정한다. 점유율 이외에도 진입장벽의 존재 및 정도, 경쟁사업자의 상대적 규모 등을 종합적으로 고려하여 지

표 21-2 공정거래법 위반 유형별 사건 처리 실적

	2013	2014	2015	2016	2017	2018	2019	2020	2021	2022	합계(%)
시장지배적 지위남용	13	14	11	9	12	12	5	3	10	10	99 (1.4)
기업결합[1)]	21	39	27	23	37	35	14	14	31	23	264 (3.8)
경제력 집중	45	65	100	151	65	71	67	95	94	81	834 (12.1)
공동행위	89	173	235	273	202	315	202	211	176	175	2,051 (29.8)
사업자단체	114	109	126	82	65	74	62	50	37	69	788 (11.5)
불공정 거래행위[2)]	381	478	505	283	205	254	214	191	186	148	2,845 (41.4)
합계	663	878	1,004	821	586	761	564	564	534	506	6,881 (100)

주: 1) 기업결합 신고 위반 건수 포함
2) 국제계약 및 재판매가격유지 포함
자료: 공정거래 위원회, 2023, 『2022 통계연보』.

정한다. 남용행위는 가격남용, 출고조절, 사업활동 방해, 진입제한, 경쟁 사업자 배제 또는 소비자 이익 저해 등 5개 유형으로 구분한다. 남용행위는 공정거래법 제5조에 규정되어 있다. 남용행위의 세부유형 및 기준은 '시장지배적 지위 남용행위의 심사기준'(공정위 고시)에 자세히 규정되어 있다.

공정위는 2018년 1월 CT와 MRI의 후속시장에서 지멘스의 시장지배적 남용행위에 대해서 62억원의 과징금을 의결했다. 지멘스는 GE와 필립스가 경쟁하는 CT와 MRI 시장에서 판매 1위 기업으로 유지-보수도 겸하고 있다. CT와 MRI등에 필요한 유지 보수 서비스시장(이를 후속시장(after market)이라 함)에 중소 독립 유지보수 사업자가 진입하였다. 지멘스는 자사의 CT와 MRI를 구매한 병원이 독립 유지보수 사업자와 거래하는지 여부에 따라서 장비 안전 관리 및 유지 보수에 필수적인 서비스키 발급 조건(가격, 기능, 발급에 소요되는 기간)을 차별적으로 적용했다. 독립 유지보수 사업자와 거래하지 않는 병원에서 요청한 경우, 고급 자동 진단 기능을 포함한 상위 레벨 서비스키(지멘스 내부 엔지니어용)를 무상으로 요청 당일 즉시 발급했다. 독립 유지보수 사업자와 거래하는 병원에서 요청한 경우, 장비 안전 관리 및 유지 보수에 필수적인 기능으로 구성된 기초 레벨 서비스키를 유상으로 요청 후 최대 25일 소요 후에 판매했다. 지멘스의 CT 및 MRI 시장의 진입장벽이 강화되고, 실제 4개 독립 유지보수 사업자 중에서 2개 사업자가 퇴출되는 등 경쟁이 제한되었다(공정위 보도자료, 2018. 1. 17).

(2) 기업결합 심사

기업결합은 본서의 제13장에서 소개한 바 있다. 2개 또는 그 이상의 개별기업이 생산 및 경영에 관한 의사결정을 하나의 기업으로 통합하는 것을 기업결합이라 한다. 공정거래법 제9조는 기업결합을 5가지 유형(주식취득, 임원겸임, 합병, 영업양수, 회사설립 참여)으로 구분한다. 기업결합은 기술혁신과 시장의 변화 등에 대해 전략적으로 대응하고 결합을 통한 규모의 경제 달성으로 비용을 절감하여 효율성을 높일 수 있는 장점(효율성 항변 효과)이 있다. 그러나 경쟁사업자의 결합은 결합하지 않는 다른 경쟁사들에게 경쟁제한적 폐해를 끼칠 수 있고, 시장지배적 사업자로서 지위를 획득하는 등 반경쟁적 효과가 나타날 수 있기 때문에 이를 예방하기 위한 목적으로 결합 심사를 하고 있다. 제13장에서 소개한 바와 같이 결합의 이득과 폐혜는 결합 종류(수직, 수평, 혼합결합)에 따라서, 그리고 시장구조 등에 따라서 매우 상이하다. 공정위는 결합기업 시장점유율이 1위이거나 2위와의 차이가 25% 이상이면 경쟁제한성이 있다고 추정하여 결합기업이 경쟁제한성 없음을 입증하여야 한다. 수평결합으로 HHI가 1,200미만이거나, 1,200이상 2,500미만이면서 HHI 증분이 250미만이거나, HHI가 2,500이상이면서 증분이 150미만이면 경쟁제한성이 없다 추정하여 수평결합을 승인한다.

기업결합에 의한 효율성 항변효과와 경쟁제한성의 상반된 효과는 공정위에서 판단하며, 이에 대한 두 가지 상반된 사례를 소개한다. 앞에서 소개한 무학소주의 대선소주에 대한 기업결합은 경쟁제한이 예상되어 결합을 인정받지 못했다. 경쟁제한성 판단 시 시장획정이 중요하다. 대선소주의 2001년 부산지역 점유율은 84.4%, 무학소주의 경남지역 점유율은 84.3%를 차지하고 있었다. 진로의 전국시장 점유율은 52.3%이나 해당지역의 점유율은 7.2%에 불과하였다. 무학과 대선의 전국시장 점유율은 각각 7.5%, 7.8%밖에 안 된다는 사실을 들어 대선소주를 합병하는 무학소주는 결합으로 시장 경쟁을 제한하지 않는다는 주장을 폈다. 이는 비전문가가 볼 때 일견 타당할 수 있다. 그러나 전문가의 입장에서 중요한 것은 시장획정이었다. 전국시장에서 합병하는 무학소주의 낮은 점유율은 의미가 없으며, 중요한 것은 부산을 포함한 경남지역에서 예상되는 점유율이다. 이들이 결합하면 경남-부산지역에서 소주 가격은 20~30% 오를 것으로 추정되었다(신광식 · 전성훈, 2006). 공정위는 시장획정과 관련하여 전국이 아니라 경남지역 시장으로 시장을 획정하였다. 무학소주의 결합은 지역시장에서 경쟁제한성이 예상되어 이의 시정명령을 내렸고 서울고등법원도 이 시정명령을 지지하는 판결을 내렸다(김현종 · 전성훈, 2011).

경쟁제한성에 해당하지만 효율성 항변 효과가 크기 때문에 결합이 승인된 사례를 소개한다. 1999년 현대차와 기아차의 결합은 경쟁제한적 기업결합의 조건에 해당되었다. 두 기업의 결합 이후 시점점유율의 합계가 1998년 기준으로 승용차 시장은 55.6%, 버스시장은 74.2%, 트럭시장은 94.6%에 달할 것으로 예상되었다. 이는 경쟁제한적 기업결합의 법정추정요건에 해당하였다. 그러나 공정위는 기업결합으로 인한 효율성 증대 효과 판단과 관련해 해당 기업결합에 대해 규모의 경제, 중소부품업체의 수직결합으로 인한 원가절감 효과, 부품업체의 대형화 유도, 생산성 증

표 21-3 기업결합 건수 및 금액 (조원)

	2017	2018	2019	2020	2021	2022
결합 건수	668	702	766	865	1,113	1,027
결합 금액	509	487	448	210	349	326

자료: 공정거래 위원회, 2023,『2022 통계연보』.

대 효과, 산업합리화와 국가 경쟁력 강화 효과를 더 높이 평가하여 결합을 승인하였다. 약 20년이 지난 현재의 시점에서 이 결합 승인은 긍정적인 평가를 받고 있다.

〈표 21-3〉에서 보듯이 기업결합 건수는 전반적으로 증가하나, 결합 금액은 전반적으로 미세하게 감소하는 추세이다. 2022년도 기업결합에서 혼합결합은 510건(49.7%)으로 가장 많으며, 수평결합 401건(39.0%), 수직결합 116건(11.3%)을 차지하고 있다. 우리나라의 기업결합은 전통적으로 혼합결합이 큰 비중을 차지하고 있다. 2022년도 기업결합의 수단을 살펴보면, 주식취득이 305건(29.7%)으로 가장 많고, 합병 254건(24.7%), 회사설립 253건(24.6%), 임원겸임 126건(12.3%), 영업양수 89건(8.7%)을 보이고 있다.

(3) 경제력 집중 억제

공정거래법상 경제력 집중 억제 제도는 대규모 기업집단에 의한 경제력 집중과 시장경쟁 저해요인을 제거하고 공정한 시장경쟁 기반을 조성하려는 정책이다. 우리나라 경제발전에 대한 대규모 기업집단의 기여도는 매우 높다. 그러나 기업집단 형성 과정에서 계열사간 출자를 지렛대로 경제력 집중과 경쟁 제한 등 부작용이 발생하여 이를 시정하기 위해서 경제력 집중 억제책을 시행하고 있다.

대규모 기업집단은 관련 있는 계열사들이 하나의 조직으로 경영되는 기업으로 통상 재벌이라고 부른다. 대규모 기업집단은 공정거래법 제31조에 따라서 상호출자제한 기업집단을 말하며 계열사 자산총액이 5조원 이상이면 기업집단으로 지정하고 있다. 상호출자는 계열사간 상호 출자하여 서로의 주식을 보유하는 것을 말한다. 상호출자는 자본 충실의 원칙을 저해하고 가공 의결권을 형성하여 지배권을 왜곡하는 등 기업 건전성과 책임성을 해칠 수 있는 출자 형태이기 때문에 이와 같은 규제를 하나의 준칙(rule)으로 도입하고 있다. 우리나라 경제규모의 확장으로 자산총액 5조원 대의 기업 중에는 네이버와 카카오 등과 같이 IT와 기술기업들이 많이 포함하게 되었는데 이 기업들을 삼성과 같은 대규모 기업집단과 같은 기준으로 규제하는 것은 문제가 있다는 지적이 제기되었다. 이에 2016년 3월에 공정거래법과 시행령을 개정하여 자산총액 10조원 이상의 기업집단을 '상호출자제한 기업집단'으로, 2017년 3월에는 5조원 이상의 기업집단을 '공시대상 기업집단'으로 이원화하였다. 상호출자제한 기업집단은 공시대상 기업집단이기도 하며, 5조원 이상 10조원 미만의 공시대상 기업집단은 상호출자제한 기업집단이 아니다. 2023년도 공정위가 지정하는 공시대상 (대규모) 기업집단은 총 82개이다. 상호출자제한 기업집단은 48개이다. 대규모 기업집단의 소속회사는 3,076개이다. 2024년부터 자산총액 10조원이 아닌 명목GDP의 0.5% 이상인 집단을 상호출자제한 기업집단으로 지정할 예정이다(공정위 보도자료, 2023. 4. 25.).

공정거래법(제24조)은 채무보증제한 기업집단을 지정하여 계열사간 채무 보증을 전면 금지하고 있으며 상호출자제한 기업집단과 동일하다. 우리나라에서 기업집단 내의 계열사 간 채무 보증이 기업집단으로 여신 편중을 초래하여 경제력 집중을 심화시키고, 중소기업의 공정한 자금조달 기회가 제한된다는 문제가 있다. 또한 기업집단의 부실 계열사에 대한 채무보증으로 한계 계열사의 퇴출을 가로막아 비효율성을 지속시키기 때문에 이 제도가 도입되었다. 2021년에 지정된 40개 채무보증제한 기업집단(상호출자제한 기업집단) 중에서 계열사에 대한 채무보증이 있는 기업집단은 8개로 보증 규모는 1조 1,588억원이다. 이 제도는 기업집단의 동반 부실화를 막고, 한계기업을 처분하여 효율성을 높이는 가시적인 성과가 있었으나 다양한 예외 인정으로 규제 효과의 실효성에 의문이 제기 되고 있다.

시장감시기능을 강화하고 기업집단의 자율적인 소유-지배구조 개선을 유도하기 위해서 공정위는 기업집단의 주식소유 현황과 지배구조를 공개하고 있다. 2021년 71개 대기업집단에서 오너가 있는 60개 기업집단의 내부지분율은 58.0% 수준으로 총수 지분율(1.6%) 포함, 총수 일가 지분율은 3.5%, 계열회사 지분율은 51.7%, 기타 2.8%이다. 1997년 외환위기 시기를 제외하고는 내부지분율은 50% 수준에서 유지되고 있으며, 오너의 지분율은 지속적으로 감소한 반면에 계열사 지분율은 미세하게 등락하는 경향을 보인다(『2022년판 공정거래백서』). 상호출자는 2개 계열사 간 이루어지는 출자를 직접 상호출자, 3개 이상 계열사간 이루어지는 고리 형태의 상호출자를 간접 상호출자 또는 순환출자라고 한다. 순환출자는 총수가 A계열사 주식을 소유하고 A계열사는 B계열사 주식을, B계열사는 C계열사 주식을 소유하여 총수는 C계열사 주식을 보유하지 않음에도 불구하고 C계열사를 지배할 수 있는 상태를 말한다. 계열사간 주식 소유는 다양한 형태의 출자 구조가 있다(『2022년판 공정거래백서』, pp. 309-315). 순환출자의 폐해는 ① 적은 자금으로 더 많은 가공자본과 의결권을 형성해 많은 계열사를 지배하여 소유구조 악화 및 경제력 집중 심화 야기, ② 순환출자를 활용해 총수 2~3세가 큰 자본을 들이지 않고 많은 계열사를 그대로 물려받는 편법적 경영권 승계 가능, ③ 순환출자로 인한 한계기업의 구조조정 저해와 개별기업의 부실이 기업집단 전체로 전이 가능성 등을 들 수 있다. '신규 순환출자 금지 제도'는 상호출자제한 기업집단 소속 계열사 간 새로운 순환출자를 금지하는 제도이다. 순환출자는 신규 순환출자 금지 제도 시행(2014년 7월) 직전 대폭 감소하였고, 2017년에는 특히 기존 순환출자에 대한 기업집단의 자발적 해소가 잇달아 일어남에 따라 순환출자가 대폭으로 감소하였다. 「롯데」가 지주회사로 전환을 하는 지배구조 개편 방식으로 67개의 기존 순환출자 고리를 모두 해소하는 등 총 73개의 순환출자가 해소되었다.

2020년 현재 순환출자는 현대자동차(4개), 태광(2개) 등 2개 기업집단이 6개의 순환출자를 유지하고 있다.

기업집단 소속 금융·보험회사의 국내계열회사 주식에 대해 의결권행사 제한, 지주회사제도, 기업집단 소속 비상장회사의 중요사항 수시공시제도 등도 기업집단의 불공정거래나 경제력 집중을 막기 위한 제도이다.

(4) 부당공동행위와 사업자 단체

공정거래법 제40조의 부당공동행위는 담합을 말하며 사업자가 경쟁을 회피하기 위해서 다른 사업자와 공동으로 가격 인상, 생산량 감소, 시장 분할 행동 등을 말한다. 담합은 독점력을 높이고 참여 기업의 이윤을 증가시키나, 효율성을 악화시키고 소비자잉여를 감소시키는 반경쟁적 효과가 크다.

부당공동행위에는 가격의 결정–유지–변경, 거래조건 설정, 거래제한, 시장분할, 설비제한, 상품의 종류–규격제한 협정, 영업의 주요부문 공동관리, 입찰담합, 기타 다른 사업자의 영업활동 방해 등 9개의 유형으로 구분한다. 부당공동행위는 일반적으로 해당 기업의 임원이나 책임자들이 직접 만나서 명시적으로 과당경쟁 자제, 출고가인상, 최저가 제품의 생산 중단, 유통망에 지급하는 에누리, 장려금 축소, 일정한 가격 수준으로 인상 유지를 합의하여 실행한다.

천안·아산 소재 17개 레미콘 제조업체들의 지역모임인 천안·아산 레미콘제조사협의회는 2016년 3월 9일 천안·아산 레미콘제조사협의회 사무실에서 1군 건설사의 레미콘 판매단가를 지역단가표 대비 67.5%에서 72.5%로 인상하기로 합의했다. 2016년 3월 10일에 1군 건설사에 레미콘 판매단가를 2016년 4월 1일부터 72.5%로 인상한다는 내용의 문서를 발송했다. 이 같은 가격 담합행위로 판매단가율이 합의 전(2016년 3월 기준)보다 3.15%~3.47% 인상되는 결과를 초래했다. 공정위는 합의에 참여한 17개 업체에 시정명령인 재발방지명령을 결정했고, 그 중 합의를 실행한 16개 업체에게는 총 7억 8,300만 원의 과징금을 부과했다(공정위 보도자료, 2018. 12. 12).

담합은 경쟁제한적이며 소비자 후생에 치명적이지만 적발하기가 쉽지 않다. IT 기술을 이용한 교묘한 방법이 성행하여 적발이 더 어려워졌지만 최근 들어 담합 적발 건수가 증가하고 있다. 그 이유는 공정위가 도입한 자진신고(리니언시,

leniency)제도 때문인 것으로 밝혀졌다. 리니언시 제도는 담합을 공모한 기업 중에서 자발적으로 신고한 기업은 과징금을 면제하는 제도이다(공정거래법 제44조). 담합에 가담한 기업들은 다른 기업이 언제 자진 신고를 할지 모르기 때문에 서로 앞다퉈 자진신고를 하게 하는 제도이다. 더 의미있는 것은 서로 자진신고를 먼저 하게 하기 때문에 담합 자체를 꺼려하게 하여 친경쟁적인 효과를 얻을 수 있다. 이 제도는 1997년에 처음 도입되었고, 2005년부터 활성화되었다. 초기에 공정위는 신고자에게 과징금을 얼마나 면제해 줄지에 대해서 사안별로 결정했다. 자진신고를 해도 과징금 감면액이 불확실했기 때문에 활용도가 낮았다. 그러나 2005년부터 1순위로 자진신고한 기업에는 과징금을 전액 감면해 주고 2순위 자진신고 기업은 50% 감면해주는 내용으로 법을 개정한 이후부터 자진신고가 급증했다. 물론 이런 개정 내용에서 부작용이 있지만, 담합을 사전에 막는 효과가 충분히 크다고 볼 수 있다(권남훈, 2010).

신고건수는 2016년 27건, 2017년 42건, 2018년 41건, 2019년 33건, 2020년 48건, 2021년 34건이다. 2005년부터 2021년까지 담합 사건은 737건인데 자진신고자로 적발된 사건은 459건으로 62.3%에 이른다(2022년판 공정거래 백서).

사업자 단체는 카르텔을 말하며, 회원사 기업의 부당한 공동행위, 사업활동 방해, 불공정거래행위, 사업자 수 제한 등 담합과 유사한 점이 많다. 공정위는 경제적 이익을 목적으로 하는 단체를 사업자 단체로 지정한다. 대한변호사협회와 대한의사협회 등을 예로 들 수 있다.

(5) 불공정 거래 행위

불공정 거래 행위는 자유로운 시장 경쟁을 저해하는 각종 방법을 사용하여 거래하는 행동이다. 거래거절, 차별적 취급(가격차별 포함), 경쟁사업자 배제, 부당한 고객 유인, 거래 강제(묶음판매 포함), 거래상 지위 남용, 구속조건부 거래, 사업활동 방해, 부당한 자금·자산·인력의 지원 등이 있다.

(6) 재판매가격유지행위

재판매가격유지(RPM)는 공정거래법 제46조에 규정되어 있으며, 이 책의 제13장에서 소개한 수직제약의 한 가지이다. 일반적으로 상류기업이 하류기업에게 판매하는 상품 또는 중간재의 최저 가격을 정하고, 이를 지키지 않는 경우에 공급 중단 등의 제재를 가하는 행위이다. 이는 수직적 담합 결과를 가져올 수 있기 때문에 반경쟁적이다. 그러나 재판매가격유지를 실시하는 상류기업은 일반적으로 하류기업에 판촉활동비를 지급하고, 이는 소비자잉여와 사회후생을 증가시킬 수 있기 때문에 친경쟁적인 효과도 발생한다. 재판매가격유지행위는 최근 매년 1~3건 적발되는 추세이다.

2) 소비자 정책

소비자 정책은 시장에서 소비자들이 약자로서 겪게 되는 문제를 정부가 법과 제도를 통해서 시장에 직·간접적으로 개입하는 일련의 과정이다. 과거에는 '보호론적 관점'에서 소비자를 보호하였으나, 소비자가 자주적으로 문제를 해결할 수 있게 지원하는 '주권론적 관점'으로 정책이 변경되었다. 소비자 정책은 소비자잉여 증가 뿐만 아니라 기업의 다양한 행동에 경쟁 압력으로 작용하여 친경쟁적인 시장을 조성할 수 있기 때문에 중요하다. 이에는 거래 적정화(사업자의 불공정한 거래조건이나 거래방법으로 인하여 소비자가 부당한 피해를 입지 않고 합리적인 선택을 할 수 있게 함), 피해구제, 불공정 약관 심사(사업자가 거래상 지위 남용하여 불공정한 내용의 약관을 작성하고 통용하는 것을 방지), 부당표시 광고 규제, 전자상거래 소비자 보호 등이 있다. 온라인 쇼핑과 같은 전자상거래는 사업자의 도덕적 해이가 만연할 수 있는데, 이에 대한 적절한 규제는 소비자 후생에 이득이 된다.

3) 기업거래 정책

(1) 하도급 거래

공정위는 하도급 거래에서 규제 및 경쟁정책을 수행하고 있다(하도급거래 공정화 법률). 하도급 거래는 원사업자(일반적으로 대기업 또는 정부)가 자신의 생산활동의 일부를 다른 기업(중소기업 또는 영세 사업자)에 위탁하여 생산을 완성하기 위해서 이루어지는 거래이다. 하도급 거래는 제조위탁, 수리위탁, 건설위탁, 용역위탁 등 네 가지 유형의 거래로 구분한다. 위탁받은 기업을 흔히 '하청업자'라고 한다. 대기업의 우월적 지위를 남용한 불공정한 거래가 있다면 이를 시정하여 공정한 거래를 확립하여 경쟁 환경을 조성하고자 한다. 경제적 약자인 중소기업, 영세사업자, 납품업자는 대기업과의 거래과정(계약체결, 납품단가결정 등)에서 정당한 가치를 인정받지 못하고 경제적 피해를 입을 수 있으며 이는 반경쟁적이라 할 수 있다. 이를 시정하고 중소기업 등을 보호하는 것은 경쟁법의 정신에 부합한다.

(2) 가맹사업 거래

공정위는 가맹사업 거래의 공정화 법률을 제정하여 가맹사업 거래의 공정한 거래 질서를 도모하고 있다. 가맹사업은 가맹본부(상류기업)와 가맹점사업자(하류기업)간에 수직 관계에 있는 사업이며, 제13장에서 소개한 프랜차이즈 제도를 말한다. 2019년 가맹본부는 5,175개, 가맹점 사업자 수는 254,040개, 직영점수는 16,114개이다(공정거래위원회 홈페이지, 2023. 6. 13). 가맹본부 중에는 영세 사업자도 있지만 대기업, 자본 또는 경영기술을 보유하는 기업으로 상류기업이다. 가맹점사업자는 주로 개인 사업을 하는 영세사업자이며, 하류기업으로서 일반적으로 거래상 약자의 위치에 놓여 있다. 최근에 사업자 수의 급격한 증가로 두 주체간 분쟁 발생 건수도 증가하고 있다. 가맹본부의 우월적 지위의 남용을 방지하는 정책은 하도급 정책과 유사하다고 볼 수 있다.

제3절 | 경쟁정책과 발전방안

자유시장 경제체제인 우리나라는 자유 경쟁을 통해서 자원 배분의 효율성을 달성하고자 한다. 자원이 효율적으로 배분된다면 사회후생을 극대화할 수 있기 때문이다. 그러나 자유 경쟁은 현실적으로 반경쟁적인 폐해를 초래할 수 있다. 이러한 폐해는 사회적으로 바람직하지도 않으며 의미 있는 결과도 아니다. 경쟁정책은 공정거래법의 목적에 명시되어 있듯이 시장지배적 지위의 남용과 경제력 집중을 방지하고, 불공정거래 행위를 규제하여 자유롭고 공정한 경쟁을 추구한다. 자유 경쟁과 공정 경쟁은 상충(trade-off)관계에 있기 때문에 경쟁정책은 자유 경쟁과 공정 경쟁의 균형을 잡는 일이라고 말할 수 있다.

현실 경제 거래에서 불공정 거래인지 또는 경쟁을 훼손하거나 저해하는지의 여부를 판단하는 것은 쉬운 일이 아니다. 과거 우리나라의 공정거래법은 다른 나라의 반독점법과 같이 불공정거래와 경제력 집중, 시장지배적 지위의 남용 행위 등을 규정하여 당연위법(per se illegality)의 원칙을 적용했다. 당연위법은 법에서 지정한 일정한 요건이 충족되면 해당 행위를 위법한 것으로 판결하는 것이다. 제15장에서 소개한 바와 같이 묶음판매는 전통적 지렛대이론에 의해 과거에 당연위법이었다. 그러나 경제학에서 묶음판매가 친경쟁적이고 소비자잉여를 포함한 사회후생의 증대 효과가 규명되면서 합리성 원칙(rule of reason)을 적용하는 방향으로 바뀌게 되었다. 마찬가지로 재판매가격유지 행위는 전통적으로 당연위법에 해당하였으나, 합리성의 원칙을 적용받는 분야로 변경되었다. 미국과 유럽 국가는 물론 우리나라 경쟁 당국은 당연위법에서 합리성 원칙으로 선회하는 경향을 보이고 있다.

이러한 경향을 주도하는 것은 경제이론이다. 앞의 여러 주제에서 보았듯이, 과거에 당연위법의 의심을 받는 기업 행동 중에는 친경쟁적인 결과를 가져오는 행동이 발견된다. 또한 기업 수가 감소하거나 경제력 집중이 심화되어도 소비자잉여가 증가한다면, 당연위법을 적용하는 것은 위법오판(false positive)을 가져올 수 있기 때문에 합리성 원칙을 적용하는 것은 매우 중요하다. 마찬가지로 단순히 경쟁기업의 보호차원에서 불공정거래로 보인다고 위법한 판단을 하는 것보다, 경쟁을 위한 행동인지를 더 중요하게 살펴볼 필요가 있다.

산업조직론은 기업의 행동, 특히 전략적 행동에 대한 경제적 이해를 높여 왔고 경제적 분석은 광범위한 지지를 받고 있다. 합리성 원칙을 적용하기 위해서 기업의 행동에 대한 산업조직론의 경제적 분석과 이해는 필수적이다. 경쟁정책은 경제이론이 쌓아온 기업 행동에 대한 분석 결과를 능동적으로 받아들여 활용할 필요가 있다. 그럼에도 불구하고 당연위법의 법칙을 무시할 수는 없다. 당연위법과 합리성 원칙을 보완적으로 조합하여 자유 경쟁과 공정 경쟁을 균형있게 수립하고 집행하는 경쟁정책이 요구된다(김종민 · 신혁승, 2011).

연 | 습 | 문 | 제

1. 다음은 공정거래 백서에서 나타난 기업집단(재벌)의 계열사간 환상형 출자 현황 중에서 2가지의 예를 보여준다. 환상형 출자에 대한 찬성과 반대 의견을 정리하여 보시오.

1) 한 기업집단의 환상형 출자 (계열사 A, B, C, D, E, F)

$$A \rightarrow B \rightarrow C \rightarrow \begin{cases} \rightarrow D \rightarrow \\ \rightarrow E \rightarrow \\ \rightarrow F \rightarrow \end{cases} \rightarrow A$$

2) 다른 기업집단의 환상형 출자 (계열사 X, Y, Z)

X → Y → Z → X

2. 우리나라의 기업집단에 대한 공과에 대해서 정리하고, 기업집단에 대한 강력한 규제가 필요한지 아니면 자유시장 체제에 부합하게 일반 기업과 동일한 규제를 해야 하는지 설명하시오.

3. 공정거래법에서 자유시장의 원칙에 부합하면서 친경쟁적 환경을 조성하는 법 조항을 예로 들어 보시오. 이와 반대로 자유시장의 원칙에 부합하지 않고, 친경쟁적이지 않은 환경을 조성할 수 있는 법 조항을 예로 드시오.

4. 공정거래위원회의 정책이나 활동 중에서 자유시장의 경쟁을 조성하는 데 기여한 정책을 예로 들어 설명하시오.

5. 공정거래위원회의 정책이나 활동 중에서 경쟁 환경의 조성보다는 규제의 성격이 강한 정책의 예를 하나 들어 설명하시오.

6. 규제를 통해서 시장에 경쟁이 달성할 수 있다는 개념 자체에 대한 찬성과 반대 의견을 개진하시오.

부록 | 미국의 반독점법과 규제 체계

미국에서 반독점 정책에 관련된 법은 세 가지이다.[3] ① 셔만법(Sherman Act)은 1890년 제정된 이 분야에서 가장 오래된 법으로 우리나라를 포함한 많은 다른 나라의 반독점법의 기초가 되었다. 이 법은 당시 미국 경제계에 만연한 독점과 합병으로 인한 거대기업들의 독점력 횡포를 제재하기를 원하는 국민정서를 반영하고 있다. 이 법에서 독점기업이 횡포를 부리거나, 시장지배적 지위의 과도한 행사가 없는 한 독점 자체를 범죄로 정의하지 않았다. 법 조문의 모호한 규정과 산업 행동에 대한 불명확성 때문에 미국에서 1914년에 클레이튼법(Clayton Act)과 연방무역위원회법(Federal Trade Commission Act)이 제정되었다. ② 클레이튼법은 네 가지 구체적인 행동에 대해서 금지하고 있다. 이는 경쟁을 위축시키는 가격차별, 묶음판매와 배타적 거래, 경쟁을 위축시키는 합병, 그리고 경쟁 기업 간 이사 겸직 금지 등이다. 가격차별에 대한 조항은 1936년에 로빈슨–패트만법(Robinson–Patman Act)에서 확대 수정되었고, 합병에 대한 조항은 1950년에 셀러–키파버법(Cellae–Kefauver Act)으로 수정되었다. ③ 연방무역위원회법(Federal Trade Commission Act)은 연방무역위원회(Federal Trade Commission; FTC)라는 연방 정부의 규제기구를 창설했다. FTC는 반독점법을 집행하고 경제 주체간 갈등이나 반독점 행동에 대해서 판결하는 기능을 가지고 있다.

FTC와 별도로 미국 법무부는 반독점 행동을 감독하고 제소하는 또 다른 규제기관이다. 법무부 내의 반독점국은 직접적으로 반독점 행동을 법원에 제소한다. 이에 비해서 FTC는 행정 명령을 담당하는 판사가 심결한 결과를 위원의 검토를 거쳐서 확정한다. 판정에 불복하는 피소자는 연방법원에 항소할 수 있다.

반독점법의 목적은 효율성 증진 또는 경쟁 촉진이라기보다는 부당한 독점력의 횡포나 시장지배적 지위남용을 규제하는 성격이 강하다.

3) 반독점은 Antitrust을 번역한 것으로 당시 미국에서 trust는 독점과 거대 합병기업을 의미했다.

참고문헌

* 각 문헌의 끝에 있는 대괄호[ ] 안의 숫자는 문헌을 인용한 장을 표시한다.

[국내 문헌]

강동철, 2015년 12월 18일, "누구나 한 번에 딱 맞는 집 찾도록 신뢰도 높은 부동산 정보 제공에 집중,"「조선일보」. [17]

공정거래위원회, 2023,「2022년판 공정거래 백서」. [21]

______, 2023,「2022년도 통계연보」. [21]

______, 2023,「2022 기업결합 동향 발표」. [21]

______, 2018. 1. 17, 보도자료 [21]

______, 2023. 4. 25, 보도자료 [21]

권남훈, 2010, "자진신고자 감면(Leniency) 제도의 경제 분석,"「산업조직연구」 제 18집 제 4호, pp. 41-73. [21]

김종민 · 신혁승, 2011 "경제이론의 발전과 경쟁정책," 윤창호, 장지상, 김종민 편,「한국의 경쟁정책」, 형설출판사. [21]

김태훈 옮김, 노재범 해제, 2008,「카탈리스 코드」, 한스미디어. [17]

변희원, 2021년 9월 30일, "망이용료 내라, SK브로드밴드, 넷플릭스와 2차전,"「조선일보」(인터넷). [17]

신광식 · 전성훈, 2006, "무학-대선 기업결합과 관련한 지리적 시장획정의 경제분석,"「산업조직연구」, 제 14집 제 4호, pp. 17-66. [21]

이길성, 2015년 12월 18일, "2015 ISSUE 10,"「조선일보」. [17]

이상승, 2011, "시장지배적 지위 남용 행위," 윤창호, 장지상, 김종민 편,「한국의 경쟁정책」, 형설출판사. [21]

이상승 · 정승화, 2002, "공정거래법상 컴퓨터 소프트웨어의 끼워팔기 규제,"「서울대학교 법학」 제 43권 제 3호, pp. 301-386. [14]

이황, 2011, "세계화와 한국 경쟁법의 발전," 윤창호, 장지상, 김종민 편,「한국의 경쟁정

책」, 형설출판사. [21]
조선일보, 2009년 9월 30일 (인터넷판) [20]
통계청, 2008, 「한국표준산업분류표」. [1]

[홈페이지]

공정거래위원회: www.ftc.go.kr [13], [21]
과학기술정보통신부: www.msit.go.kr [10]
방송통신위원회: www.kcc.go.kr [10]
세계지적재산권기구(WIPO): www.wipo.int [15]
위키피디아: ko.wikipedia.org [2], [4], [17]
파리바게뜨: www. paris.co.kr [13]
통계청: www.kostat.go.kr [1]
특허청: www.kipo.go.kr [15]
한국방송광고공사: www.kobaco.co.kr [4]
한국통신사업자연합회: ktoa.or.kr [4]
airbnb: news.airbnb.com/ko/about-us/ [17]
counterpoint: korea.counterpointresearch.com [10]

[외국 문헌]

Adams, W. J., and J. L. Yellen, 1976, "Commodity Bundling and the Burden of Monopoly," *Quarterly Journal of Economics* 90, pp. 475–498. [14]

Armstrong, M., 2006, "Competition in Two-sided Markets," *RAND Journal of Economics* 37, pp. 668–691. [17]

Arrow, K., 1962, "Economic Welfare and the Allocation of Resources for Invention," in National Bureau of Economic Research, *The Rate and Direction of Inventive Activity*, Princeton: Princeton University Press. [15]

Bagwell, K., 2007, "The Economic Analysis of Advertising," in M. Armstrong and R. Porter, eds., *The Handbook of Industrial Organization*, Vol. 3, Amsterdam: North Holland. [18]

Bain, J. S., 1951, "Relation of Profit Rate to Industry Concentration: American Manufacturing, 1936–40," *Quarterly Journal of Economics* 65, pp. 293–324. [1]

_______, J. S., 1956, *Barriers to New Competition*, Cambridge: Harvard University Press. [1]

Baumol, W. J., and D. F. Bradford, 1970, "Optimal Departures from Marginal Cost Pricing," *American Economic Review* 60, pp. 265–283. [20]

Baumol, W. J., J. C. Panzar, and R. D. Willig, 1982, *Contestable Markets and the Theory of Market Structure*, New York: Harcourt Brace Jovanovich. [1][2]

Belleflamme, P., adn M. Peitz, 2005, *Industrial Organization*, Cambridge University Press. [16]

Benham, L., 1972, "The Effects of Advertising on the Price of Eyeglasses," *Journal of Law and Economics* 15, pp. 337−352. [18]

Besen, S. M., and J. Farrell, 1994, "Choosing How to Compete: Strategies and Tactics in Standardization," *Journal of Economic Perspectives* 8, pp. 117−131. [16]

Berle, A., and G. Means, 1932, *The Modern Corporation and Private Property*, New York: Macmillan. [2]

Bertrand, J., 1883, "Recherches sur la Theorie Mathematique de la Richesse," *Journal des Savants* 48 (Septmeber), pp. 499−508, Reprinted in English Translation by J. Friedman in A. F. Daughety, ed., *Cournot Oligopoly*, Cambridge, Cambridge University Press (1988). [8]

Bhagwatti, J., 1965, "On the Equivalence of Tariffs and Quotas," in R. E. Baldwin, ed., *Trade, Growth, and the Balance of Payments*, Amsterdam: North−Holland. [19]

Blair, R. D., and D. L. Kaserman, 1978, *Law and Economics of Vertical Integration and Control*, New York: Academic Press. [14]

Bolton, P., and D. S. Scharfstein, 1987, "A Theory of Predation Based on Agency Problems in Financial Contracting," *American Economic Review* 80, pp. 93−106. [12]

Bork, R., 1966, "The Rule of Reason and the Per Se Concept: Price Fixing and Market Division," *Yale Law Journal* 75, pp. 373−475. [14]

Braeutigam, P., 1989, "Optimal Policies for Natural Monopolies," in R. Schmalensee and R. Willig, eds., *The Handbook of Industrial Organization*, Vol. 2, Amsterdam: North Holland. [20]

Braithwaite, D., 1928, "The Economic Effects of Advertisement," *Economic Journal* 38, pp. 16−37. [18]

Brander, J. A., 1981, "Intra−industry Trade in Identical Commodities," *Journal of International Economics* 11, pp. 1−14. [19]

Brander, J. A., and P. Krugman, 1983, "A Reciprocal Dumping Model of International Trade," *Journal of International Economics* 15, pp. 313−321. [19]

Brander, J. A., and B. J. Spencer, 1985, "Export Subsidies and International Market Share Rivalry," *Journal of International Economics* 18, pp. 83−100. [19]

Brehm, J. W., 1956, "Post−Decision Changes in the Desirability of Alternatives,"

Journal of Abnormal and Social Psychology 52, pp. 384–389. [16]

Bulow, J. I., 1982, "Durable Goods Monopolists," *Journal of Political Economy* 15, pp. 314–332. [4]

Bulow, J. I., 1986, "An Economic Theory of Planned Obsolescence," *Quarterly Journal of Economics* 51, pp. 729–750. [4]

Bulow, J. I., J. D. Geanakoplos, and P. D. Klemperer, 1985a, "Holding Idle Capacity to Deter Entry," *Economic Journal* 95, pp. 178–182. [11]

_______, 1985b, "Multimarket Oligopoly: Strategic Substitutes and Complements," *Journal of Political Economy* 93, pp. 488–511. [8]

Butters, G. R., 1977, "Equilibrium Distributions of Sales and Advertising Prices," *Review of Economic Studies* 44, pp. 465–491. [18]

Cable, J., 1972, "Market Structure, Advertising Policy, and Intermarket Differences in Advertising Intensity," in K. Cowling, ed., *Market Structure and Corporate Behavior*, London: Gray–Mills Publishing, pp. 107–124. [18]

Calton, D. W., and M. Waldman, 2002, "The Strategic Use of Tying to Preserve and Create Market Power in Evolving Industries," *RAND Journal of Economics* 33, pp. 194–220. [14]

Caillaud, B., and B. Jullien, 2003, "Chicken and Egg: Competition among Intermediation Service Providers," *RAND Journal of Economics* 34, pp. 309–328. [17]

Carlton, D. W., and J. M. Perloff, 2005, *Modern Industrial Organization*, Boston: Pearson Addison Wesley. [10]

Caves, R. E., and R. W. Jones, 1985, *World Trade and Payments*, Boston: Little Brown. [19]

Chesbrough, H. W., W. Vanhaverbeke, and J. West, 2006, *Open Innovation: Researching a New Paradigm*, Oxford University Press. [15]

Chou, C. F., and O. Shy, 1990, "Network Effects without Network Externalities," *International Journal of Industrial Organization* 8, pp. 259–270. [16]

Chou, C. F., and O. Shy, 1993, "Partial Compatibility and Supporting Services," *Economics Letters* 41, pp. 193–197. [16]

Church, J., and R. Ware, 2000, *Industrial Organization: A Strategic Approach*, Singapore: McGraw Hill. [20] [21]

Coase, R., 1937, "The Nature of the Firm," *Economica* 4, pp. 386–405. [1]

_______, 1972, "Durability and Monopoly," *Journal of Law and Economics* 15, pp. 143–149. [4]

Collins, N. R., and L. E. Preston, 1969, "Price−Cost Margins and Industry Structure," *Review of Economics and Statistics* 51, pp. 271−286. [10]

Comanor, W. S., and T. A. Wilson, 1967, "Advertising, Market Structure, and Performance," *Review of Economics and Statistics* 49, pp. 423−440. [10]

______, 1974, *Advertising and Market Power*, Cambridge: Harvard University Press. [18]

Cournot, A., 1838, *Recherches sur les Principes Mathematiques de la Theorie des Richesses*, Paris, M. Riviere & Cie, Translated by N. T. Bacon into *Researches into the Mathematical Principles of Wealth*, New York: Macmillan (1897). [8]

Cowling, K., and M. Waterson, 1976, "Price−Cost Margins and Market Structure," *Economica* 43, pp. 267−274. [10]

Darby, M. R., and E. Karni, 1973, "Free Competition and the Optimal Amount of Fraud," *Journal of Law and Economics* 16, pp. 67−88. [5]

Dasgupta, P., and J. Stiglitz, 1980, "Industrial Structure and the Nature of Innovative Activity," *Economic Journal* 90, pp. 266−293. [15]

d'Aspremont, C., J. Gabszewicz, and J. Thisse, 1979, "On Hotelling's Stability in Competition," *Econometrica* 45, pp. 1145−1151. [9]

Demsetz, H., 1968, "Why Regulate Utilities?" *Journal of Law and Economics* 11, pp. 55−65. [1] [20]

Deneckere, R., H. P. Marvel, and J. Peck, 1997, "Demand Uncertainty and Price Maintenance: Markdowns as Destructive Competition," *American Economic Review* 87, pp. 619−641. [13]

Dixit, A. K., 1980, "The Role of Investment in Entry Deterrence," *Economic Journal* 90, pp. 95−106. [11]

Dixit, A. K., and G. M. Grossman, 1986, "Targeted Export Promotion with Several Oligopolistic Industries," *Journal of International Economics* 21, pp. 233−249. [19]

Dixit, A. K., and V. Norman, 1978, "Advertising and Welfare," *Bell Journal of Economics* 9, pp. 1−17. [18]

Dixit, A. K., and J. Stiglitz, 1977, "Monopolistic Competition and Optimum Product Variety," *American Economic Review* 67, pp. 297−308. [9]

Domowitz, I., G. R. Hubbard, and B. C. Petersen, 1986, "Business Cycles and the Relationship between Concentration and Price−Cost Margins," *RAND Journal of Economics* 17, pp.1−17. [10]

Dorfman, R., and P. O. Steiner, 1954, "Optimal Advertising and Optimal Quality,"

American Economic Review 44, pp. 826–836. [18]

Economides, N., 1996, "The Economics of Networks," *International Journal of Industrial Organization* 14, pp. 673–700. [16]

Edgeworth, F., 1897, "La Teoria Pura del Monopolio," Giornale degli Eonomisti 40, pp. 13–31, Translated in English, "The Pure Theory of Monopoly," in F. Edgeworth, ed., *Papers Relating to Political Economy*, Vol. 1, London: Macmillan (1925). [8]

Evans, D., and R. Schmalensee, 2008, "Markets with Two-sided Platforms," in *Issues in Competition Law and Policy* 667 (ABA Section of Antitrust Law 2008), pp. 667–693. [17]

Farrell, J., and G. Saloner, 1985, "Standardization, Compatibility, and Innovation," *RAND Journal of Economics* 16, pp. 70–83. [16]

______, 1986a, "Standardization and Variety," *Economics Letters* 20, pp. 71–74. [16]

______, 1986b, "Installed Base and Compatibility: Innovation, Product Preannouncement, and Predation," *American Economic Review* 76, pp. 940–955. [16]

Ford, G., and M. Stern, 2011, "Endogenous Sunk Cost, Quality Competition and Welfare," *Theoretical Economics Letters* 1, pp. 88–90. [10]

Fudenberg, D., and J. Tirole, 1984, "The Fat Cat Effect, the Puppy Dog Ploy, and the Lean and Hungry Look," *American Economic Review* 74 (Papers and Proceedings), pp. 361–366. [11]

______, 2000, "Customer Poaching and Brand Switching," *RAND Journal of Economics* 31, pp. 634–657. [16]

Gaudet, G., and S. W. Salant, 1991, "Increasing the Profits of a Subset of Firms in Oligopoly Models with Strategic Substitutes," *American Economic Review* 81, pp. 658–665. [19]

Gilbert, R. J., 1981, "Patents, Sleeping Patents, and Entry Deterrence," in S. C. Salop, ed., *Strategy, Predation, and Antitrust Analysis*, Washington, D.C., Federal Trade Commission, pp. 205–269. [15]

Gilbert, R. J., and D. M. D. Newberry, 1982, "Preemptive Patenting and the Persistence of Monopoly," *American Economic Review* 72, pp. 514–526. [15]

Grossman, G. M., 1993, *Imperfect Competition and International Trade*, Cambridge: MIT Press. [19]

Harberger, A. 1954, "Monopoly and Resource Allocation," *American Economic Review* 44, pp. 77 87. [4]

Herman, E. S., 1981, *Corporate Control, Corporate Power*, Cambridge: Cambridge

University Press. [2]

Hicks, J., 1935, "Annual Survey of Economic Theory: The Theory of Monopoly," *Econometrica* 3, pp. 1–20. [4]

Hotelling, H., 1929, "Stability in Competition," *Economic Journal* 39, pp. 41–57. [5]

Joskow, P., and N. Rose, 1989, "The Effects of Economic Regulation," in R. Schmalensee and R. Willig, eds., *The Handbook of Industrial Organization*, Vol. 2, Amsterdam: North Holland. [20]

Kamien, M. I., E. Muller, and I. Zang, 1992, "Research Joint Ventures and R&D Cartels," *American Economic Review* 82, pp. 1293–1306. [15]

Katz, M. L., and C. Shapiro, 1985a, "Network Externalities, Competition, and Compatibility," *American Economic Review* 75, pp. 424–440. [16]

_______, 1985b, "On the Licensing of Innovation," *RAND Journal of Economics* 16, pp. 504–20. [15]

_______, 1986a, "Technology Adoption in the Presence of Network Externalities," *Journal of Political Economy* 94, pp. 822–841. [16]

_______, 1986b, "Product Compatibility Choice in a Market with Technological Progress," *Oxford Economic Papers* 38, pp. 146–165. [16]

Klemperer, P. D., 1987, "Markets with Consumer Switching Costs," *Quarterly Journal of Economics* 102, pp. 375–394. [16]

_______, 1995, "Competition When Consumers Have Switching Costs," *Review of Economic Studies* 62, pp. 515–539. [16]

Kreps, D., and J. Scheinkman, 1983, Quantity Precommitment and Bertrand Competition Yield Cournot Outcomes, *Bell Journal of Economics* 14, pp. 326–347. [8]

Krugman, P., 1983, "Import Protection as Export Promotion: International Competition in the Presence of Economies Scale and Oligopoly," in H. Kierzkowski, ed., *Monopolistic Competition and International Trade*, Oxford: Oxford University Press. [19]

_______, 1986, *Strategic Trade Policy and the New International Trade*, Cambridge: MIT Press. [19]

_______, 1989, "Industrial Organization and International Trade," in R. Schmalensee and R. Willig, eds., *The Handbook of Industrial Organization*, Vol. 2, Amsterdam: North Holland. [19]

Kwoka, J. E., and D. Ravenscraft, 1985, "Cooperation vs. Rivalry: Price–Cost Margins by Line of Business," Working Paper no. 127, U.S. Federal Trade Commission. [10]

Lambertini, L., and R. Orsini, 2001, "Network Externalilies and the Overprovision of Quality by a Monopolist," *Southern Economic Journal* 67, pp. 969–982. [16]

Leibenstein, H., 1966, "Allocative Efficiency vs. 'X–Efficiency'," *American Economic Review* 56, pp. 392–415. [4]

Mann, H. M., 1966, "Seller Concentration, Barriers to Entry, and the Rates of Return in Thirty Industries, 1950–1960," *Review of Economics and Statistics* 48, pp. 290–307. [10]

Martin, S., 1993, *Advanced Industrial Economics*, Cambridge: Blackwell Publishers. [18]

Mas–Colell, A., M. Whinston, and J. Green, 1995, *Microeconomic Theory*, Oxford: Oxford University Press. [11]

Mason, E. S., 1939, "Price and Production Policies of Large Scale Enterprise," *American Economic Review* 29, pp. 61–74. [1]

Mason, E. S., 1949, "The Current State of the Monopoly Problem in the United States," *Harvard Law Review* 62, pp. 1265–1285. [1]

Mathewson, G. F., and R. A. Winter, 1983, "The Incentives for Resale Price Maintenance under Imperfect Information," *Economic Inquiry* 21, pp. 337–348. [13]

_______, 1984, "An Economic Theory of Vertical Restraints," *RAND Journal of Economics* 15, pp. 27–38. [13]

McGee, J., 1958, "Predatory Price Cutting: The Standard Oil Case," *Journal of Law and Economics* 1, pp. 137–169. [12]

McKelvey, R. D., and T. R. Palfrey, 1992, "An Experimental Study of the Centipede Game," *Econometrica* 60, pp. 803–836. [7]

Mueller, D. C., 1982, "A Theory of Conglomerate Mergers," *Quarterly Journal of Economics* 82, pp. 643–659. [13]

Mussa, M. and S. Rosen, "Monopoly and Product Quality," *Journal of Economic Theory* 18, pp. 301–317. [5]

Nash, J., 1950, "Equilibrium Points in N–Person Games," *Proceedings of the National Academy of Science* 36, pp. 48–49. [7]

Nathanson, D. A., and J. Cassano, 1982, "What Happens to Profits When a Company Diversifies?" *Wharton Magazine* 24, pp. 19–26. [13]

Nelson, P., 1970, "Information and Consumer Behavior," *Journal of Political Economy* 78, pp. 311–329. [5] [18]

_______, 1974, "Advertising as Information," *Journal of Political Economy* 82, pp.

729–754. [5] [18]

Neumann, J. von, and O. Morgenstern, 1944, *Theory of Game and Economic Behavior*, Princeton: Princeton University Press. [1]

Noll, R., 1989, "Economic Perspectives on the Politics of Regulation," in R. Schmalensee and R. Willig, eds., *The Handbook of Industrial Organization*, Vol. 2, Amsterdam: North Holland. [20]

Ohlin, B., 1935, *Interregional and International Trade*, Harvard University Press. [19]

Ordover, J., G. Saloner, S. Salop, 1990, "Equilibrium Vertical Foreclosure," *American Economic Review* 80, pp. 127–141. [13]

Pepall, L., D. J. Richards, and G. Norman, 1999, *Industrial Organization: Contemporary Theory and Practice*, Cincinnati: South–Western College Publishing. [11] [13]

Phlips, L., and J. Thisse, 1982, "Spatial Competition and the Theory of Differentiated Markets," *Journal of Industrial Organization* 31, pp. 1–9. [5]

Pigou, A. C., 1920, *The Economics of Welfare*, London: Macmillan. [6]

Posner, R., 1976, *Antitrust Law: An Economic Perspective*, Chicago: University of Chicago Press. [14]

Postrell, S. R., 1988, *Three Essays in Industrial Organization*, Massachusetts Institute of Technology, Ph.D. Thesis. [16]

Ramsey, F. P., 1927, "A Contribution to the Theory of Taxation," *Economic Journal* 37, pp. 47–61. [20]

Rasmusen, E., 1993, *Games and Information*, 2nd ed., Oxford: Basil Blackwell. [12]

Ricardo, D., 1817, *On the Principles of Political Economy and Taxation*, in P. Sraffa, ed., *The Works and Correspondence of David Ricardo*, Vol. 1, Indianapolis: Liberty Fund (2005) [19]

Riordan, M. H., and S. C. Salop, 1995, "Evaluating Vertical Mergers: A Post–Chicago Approach," *Antitrust Law Journal* 63, pp. 513–568. [12]

Robinson, J., 1933, *Economics of Imperfect Competition*, London: Macmillan. [6]

Rohlfs, J., 1974, "A Theory of Interdependent Demand for a Communication Service," *Bell Journal of Economics* 5, pp. 16–37. [16]

Salant, S. W., S. Switzer, and R. Reynolds, 1983, "Losses from Horizontal Merger: The Effects of an Exogenous Change in Industry Structure on Cournot–Nash Equilibrium," *Quarterly Journal of Economics* 98, pp. 185–199. [13]

Salinger, M. A., 1984, "Tobin's q, Unionization, and the Concentration–Profits Relationship," *RAND Journal of Economics* 15, pp. 159–170. [10]

_______, 1988, "Vertical Mergers and Market Foreclosure," *Quarterly Journal of Economics* 77, pp. 345–456. [13]

Salop, S. C., 1979, "Monopolistic Competition with Outside Goods," *Bell Journal of Economics* 10, pp. 141–156. [9]

Salop, S. C., and D. T. Scheffman, 1983, "Raising Rivals' Cost," *American Economic Review* 73 (Papers and proceedings), pp. 267–271. [12]

_______, 1987, "Cost–Raising Strategies," *Journal of Industrial Economics* 36, pp. 19–34. [12]

Scheffmann, D. T., 1992, "The Application of Raising Rivals' Costs Theory to Antitrust," *Antitrust Bulletin* 37, pp. 187–206. [12]

Schmalensee, R., 1978, "Entry Deterrence in the Ready–to–eat Breakfast Cereal Industry," *Bell Journal of Economics* 9, pp. 305–327. [11]

_______, R., 1981, "Output and Welfare Implications of Monopolistic Third–Degree Price Discrimination," *American Economic Review* 71, pp. 242–247. [6]

_______, R., 1983, "Advertising and Entry Deterrence: An Exploratory Model," *Journal of Political Economy* 91, pp. 636–653. [18]

Schumpeter, J., 1965, *Capitalism, Socialism, and Democracy*, London: Allen and Unwin (1942). [15]

Scotchmer, S., 2004, *Innovation and Incentives*, Cambridge: MIT Press. [15]

Selten, R., 1975, "Reexamination of the Perfectness Concept for Equilibrium Points in Extensive Games," *International Journal of Game Theory* 4, pp. 25–55. [7]

Shapiro, C., and H. R. Varian, *Information Rules*, Cambridge: Harvard University Press. [16]

Shy, O., 1995, *Industrial Organization*, Cambridge: MIT Press. [16]

_______, 2001, *The Economics of Network Industries*, Cambridge: Cambridge University Press. [16]

Singh, N., and X. Vives, 1984, "Price and Quantity Competition in a Differentiated Duopoly," *RAND Journal of Economics* 15, pp. 546–554. [9]

Smith, A., 1776, *An Inquiry into the Nature and Causes of the Wealth of Nations*, London: Methuen and Co., (1904). [19]

Spencer, B. J., and J. A. Brander, 1983, "International R&D Rivalry and Industrial Strategy," *Review of Economic Studies* 50, pp. 707–722. [19]

Spengler, J., 1950, "Vertical Integration and Anti–Trust Policy," *Journal of Political Economy* 58, pp. 347–352. [13]

Stackelberg, H. von., 1934, *Marktform und Gleichgewicht*, Berlin, J. Springer,

Translated by A. Peacock as *The Theory of the Market Economy,* London, Williams Hodge (1952). [8]

Steiner, P. O., 1957, "Peak Loads and Efficient Pricing," *Quarterly Journal of Economics* 71, pp. 585–610. [20]

Stigler, G. L., 1961, "The Economics of Information," *Journal of Political Economy* 69, pp. 213–225. [18]

______, 1968, *The Organization of Industry*, Homewood: Richard D. Irwin. [1]

______, 1971, "The Theory of Economic Regulation," *Bell Journal of Economics* 2, pp. 3–21. [20]

Stigler, G. J., and G. S. Becker, 1977, "De Gustibus non est Disputandum," *American Economic Review* 67, pp. 76–90. [18]

Sutton, J., 1991, *Sunk Cost and Market Structure*, Cambridge: MIT Press. [10]

______, 1998, *Technology and Market Structure*, Cambridge: MIT Press. [10]

Tirole, J., 1988, *The Theory of Industrial Organization*, Cambridge: MIT Press. [5] [11]

Varian, H. R., 1989, "Price Discrimination," in eds., R. Schmalensee and R. Willig, *Handbook of Industrial Organization* Vol. 1, Ch. 10, pp. 597 654. [6]

Vernon, J. M., and D. A. Graham, 1971, "Profitability of Monopolization by Vertical Integration," *Journal of Political Economy* 79, pp. 924–925. [13]

Viscusi, W., J. M. Vernon, J. Harrington, 1995, *Economics of Regulation and Antitrust*, Cambridge: MIT Press. [20]

Weiss, L. W., 1974, "The Concentration–Profits Relationship and Antitrust," in H. J. Goldschmid, H. M. Mann, and J. F. Weston, eds., *Industrial Concentration: The New Learning*, Boston: Little Brown. [10]

Werden, S., 1993, "Market Delineation under the Merger Guidelines: A Tenth Anniversary Retrospective," *The Antitrust Bulletin* 38, pp. 517–555. [21]

Weyl, E. G., 2010, "A Price Theory of Multi–Sided Platforms," *American Economic Review* 100, pp. 1642–1672. [17]

Whinston, M., 1990, "Tying, Foreclosure, and Exclusion," *American Economic Review* 80, pp. 837–859. [14]

Williamson, O., 1967, *The Economics of Discretionary Behavior: Managerial Objectives in a Theory of the Firm*, Chicago: Markham. [2]

______, 1971, "The Vertical Integration of Production: Market Failure Considerations," *American Economic Review* 61, pp. 112–123. [17]

______, 1975, *Markets and Hierarchies-Analysis and Antitrust Implications: A Study in the Economics of Internal Organization*, New York: Free Press. [1] [21]

_______, 1985, *The Economic Institutions of Capitalism: Firms, Markets, Relational Contracting*, New York: Free Press. [1]

Wu, Tim, 2003, "Network Neutrality, Broadband Discrimination," *Journal of Telecomm and High Tech Law*, Vol. 2, pp. 141 – 176. [17]

[미국 대법원 판결문] [14]

Brown Shoe Co. v. U.S., 370 U.S. 294, 320 (1962).

IBM Co. v. U.S., 298 U.S., 131 (1936).

International Salt Co. v. U.S., 332 U.S. 392 (1947).

Jefferson Parish Hospital Dist. No. 2 v. Hyde, 466 U.S. 2 (1984).

Motion Pictures Patents Co. v. Universal Film Co., 243 U.S. 502 (1917).

Nothern Pacific Railway Co. v. U.S., 356 U.S. 1 (1958).

* 상기 판결문은 www.findlaw.com/casecode/supreme.html에서 찾을 수 있음.

찾아보기

ㅊ

A~Z

[저자 약력]

경희대학교 신문방송학과 졸업
미국 Iowa State University 경제학 학사, 석사, 박사
전 경희대학교 경제학과 학과장, 정경대학장, 교무처장
전 한국산업조직학회 이사,『경제학연구』편집위원 등
전 경희대학교 경제학과 교수; 현재 명예교수

■ 저서

『우리나라의 이동전화 서비스 시장』, 2004, 경희대학교 출판국. 외 다수

■ 논문

"Customer Poaching in Vertical Differentiation," 2001, *Korean Economic Review*, Vol. 17, No. 2, pp. 361–375.
"양면시장에서 비용 정보 공유 효과," (공저자 이금노) 2015,『산업조직연구』, 제23집, 제4호, pp. 1–32. 외 다수.

■ 수상

2015 春堂 학술상 수상 (공동수상 이금노),
2016년 2월, 한국산업조직학회.

산업조직론 [제4판]

2012년 4월 15일 초판 발행
2016년 3월 5일 제2판 발행
2020년 1월 20일 제3판 발행
2023년 8월 30일 제4판 1쇄 발행

저 자 박 종 국
발행인 배 효 선
발행처 도서출판 法 文 社

주 소 10881 경기도 파주시 회동길 37-29
등 록 1957년 12월 12일 / 제2-76호(윤)
TEL (031) 955-6500~6 FAX (031) 955-6525
e-mail (영업) bms@bobmunsa.co.kr
(편집) edit66@bobmunsa.co.kr
홈페이지 http://www.bobmunsa.co.kr
조 판 (주) 성 지 이 디 피

정가 36,000원 ISBN 978-89-18-91433-6